Dörr / Schwartmann

Medienrecht

Dieter Dörr/Rolf Schwartmann

Medienrecht

6., neu bearbeitete und erweiterte Auflage

CFM C.F. Müller

Professor Dr. Dieter Dörr ist Seniorforschungsprofessor sowie ehem. Inhaber des Lehrstuhls für Öffentliches Recht, Völker- und Europarecht, Medienrecht an der Johannes Gutenberg-Universität Mainz.

Professor Dr. Rolf Schwartmann ist Leiter der Kölner Forschungsstelle für Medienrecht und Inhaber der Professur für Bürgerliches Recht und Wirtschaftsrecht, insbesondere Öffentliches und Internationales Wirtschaftsrecht an der TH Köln, sowie Mitglied in der Datenethikkommission der Bundesregierung und Vorsitzender der Gesellschaft für Datenschutz und Datensicherheit e.V. (GDD).

Bibliografische Information der Deutschen Nationalbibliothek

Die Deutsche Nationalbibliothek verzeichnet diese Publikation in der Deutschen Nationalbibliografie; detaillierte bibliografische Daten sind im Internet über <http://dnb.d-nb.de> abrufbar.

ISBN 978-3-8114-4823-0

E-Mail: kundenservice@cfmueller.de

Telefon: +49 89 2183 7923
Telefax: +49 89 2183 7620

www.cfmueller.de
www.cfmueller-campus.de

Satz: Gottemeyer, Rot
Druck: CPI Clausen & Bosse, Leck

Vorwort

Dieses Buch soll im Wesentlichen eine Einführung in das nationale Medienrecht[1] der Bundesrepublik Deutschland darstellen. Es kann keine abschließenden und eingehenden Antworten auf die sich hier ergebenden Rechtsfragen geben. Vielmehr will es einen ersten schnellen und – wo es uns geboten erscheint – fundierteren Zugriff auf ein vielschichtiges Rechtsgebiet geben. Es ist gleichermaßen aus der Erfahrung der Lehre an der Hochschule und der im Rahmen eines auf die Anforderungen der Medienpraxis zugeschnittenen Masterstudiengangs entstanden, der seit 2002 von der Johannes Gutenberg-Universität in Kooperation mit dem Mainzer Medieninstitut[2] durchgeführt wird. Seit dem Wintersemester 2008 wird an der Kölner Forschungsstelle für Medienrecht ein vergleichbarer Studiengang angeboten, der neben rechtlichen auch medienwirtschaftliche Inhalte abdeckt. Der Band erfüllt eine zweifache Funktion. Er ist zum einen als Lernbuch für Studenten des Medienrechts geschrieben. In der Breite ist der Stoff an die Anforderungen des Schwerpunktbereichs Medienrecht im juristischen Staatsexamen angepasst. Hauptaugenmerk liegt dabei wiederum auf dem öffentlich-rechtlichen Medienrecht. Solche Bereiche dieser Materie, die in der Ausbildung eine größere Rolle spielen, sind auch in der hierfür erforderlichen Tiefe behandelt und zusätzlich mit Nachweisen aus Rechtsprechung und Literatur versehen, um ein genaueres Nachlesen zu ermöglichen. Der Gesamtmaterie Medienrecht zuzuordnende Bereiche wie das Multimedia- und Internetrecht sowie das Telekommunikationsrecht und mit dem Medienrecht verwobene Gebiete wie Datenschutzrecht, Wettbewerbs- und Kartellrecht, Urheber-, Marken- und Werberecht sowie Strafrecht, werden vorgestellt, aber im Sinne der Konzeption des Buches nicht vertieft behandelt. Das gilt auch für das Europäische und Internationale Medienrecht. Insoweit verweisen wir jeweils auf weiterführende Quellen. Zum anderen dient das Buch als Orientierung gerade auch für den nichtjuristischen Medienpraktiker, der auf einen prägnanten Überblick im Medienrecht angewiesen ist.

Da sich das Buch vornehmlich an Einsteiger richtet, haben wir einem auf diese Bedürfnisse zugeschnittenen Überblick mit einer Reihe von aktuellen Beispielen den Vorzug vor einer in die Tiefe gehenden Aufbereitung des Stoffes gegeben. Insgesamt ist das Buch bei Einzelproblemen mit dem Mut zur Lücke verfasst, der für den Leser ohne Vorkenntnisse notwendig ist, um sich in dem vielschichtigen Regelungsgeflecht nicht zu verlieren. Wo es uns angebracht erschien, haben wir zudem vertiefende Passagen eingefügt, die Hintergrundwissen vermitteln können, ohne den Lesefluss zu

1 Vgl. aber auch die kurze Vorstellung der internationalen Dimension des Medienrechts unten Rn. 440 ff. Im Übrigen sei insoweit auf *Fink/Cole/Keber*, Europäisches und Internationales Medienrecht, 2009 und *Heer-Reißmann*, in: Handbuch Medienrecht, 2. Auflage, S. 15 ff., *Dörr*, in: Handbuch Medienrecht, 2. Auflage, S. 37 ff., *Schwartmann/Lamprecht-Weißenborn*, in: Schwartmann, Praxishandbuch Medienrecht, 2. Kap. Rn. 1 ff. verwiesen.

2 Dazu *Dörr*, K&R – Die erste Seite – Heft 2/2005.

stören, wenn sie übersprungen werden. Die bisweilen eingestreuten Übungsfragen sollen zum aktiven Lesen anregen. Ein Fazit und ein Glossar am Ende von Sinnabschnitten dienen der schnellen Wiederholung des Stoffes. Aufgrund der Schnelllebigkeit medienrechtlicher Vorschriften und ihrer problemlosen tagesaktuellen Verfügbarkeit in kostenlosen Datenbanken, die über Suchmaschinen leicht aufzufinden oder über www.gesetze-im-internet.de bereit stehen, geben wir keine Fundstellen für Rechtsvorschriften an. Im Übrigen sind die Textbücher Fechner/Mayer, Medienrecht, Fink/Schwartmann/Cole/Keber, Europäisches und Internationales Medienrecht, Schwartmann/Jaspers Internet- und Datenschutzrecht sowie Eckardt/Klett/Schwartmann/Jung, Wettbewerbsrecht, Urheberrecht und Gewerblicher Rechtsschutz aus der Reihe Textbuch Deutsches Recht auf die Anforderungen dieses Bandes zugeschnitten.

Die 6. Auflage des Lehrbuchs erscheint vier Jahre nach der Vorauflage. Angesichts der hohen Dynamik des Rechtsgebietes, insbesondere durch die Digitalisierung, ist die Überarbeitung intensiv und umfangreich geraten. Es mussten erhebliche Neuerungen bei den Rechtsquellen ebenso berücksichtigt werden wie der zunehmende Einfluss sozialer Netzwerke und anderer Intermediäre. Zudem sind wichtige neue Entscheidungen des Bundesverfassungsgerichts und der Fachgerichte eingeflossen.

Die sechste Auflage ist im Rahmen eines gemeinsamen Prozesses entstanden, so dass einzelne Teile keinem von uns gesondert zuzuordnen sind. Sie ist auf dem Stand von März 2019. Über Anregungen und Kritik an ddoerr@uni-mainz.de und rolf.schwartmann@th-koeln.de freuen wir uns.

Besonders danken wir den wissenschaftlichen Mitarbeiten an der Kölner Forschungsstelle für Medienrecht *Rechtsanwalt Maximilian Hermann, LL.M.* und *Robin Mühlenbeck* für die wertvolle Mitwirkung bei der Überarbeitung der 6. Auflage. Den studentischen Hilfskräften *Frau Luisa Kleinen* und *Herr David Merten* danken wir für die Hilfe bei der Aktualisierung von Literatur und Fußnoten.

Mainz und Köln im März 2019 *Dieter Dörr* und *Rolf Schwartmann*

Inhaltsverzeichnis

1. Teil

Einführung

Das Medienrecht ist eine juristische Disziplin, in der – wie in kaum einem anderen Bereich – hergebrachte Inhalte mit neuen Anforderungen der Lebenswirklichkeit in Einklang gebracht werden müssen. Der Medienjurist denkt nicht mehr nur in den Kategorien des **Presse-, Rundfunk-** und **Filmrechts**. Heute haben das **Datenschutzrecht**, das **Telekommunikationsrecht** und das **Telemedienrecht** als Recht der neuen Medien im Zusammenhang mit dem **Internet**[1] und dem Einsatz sozialer Netzwerke in Zeiten der Digitalisierung eine ebenso hohe Bedeutung gewonnen. Die Besonderheit des Medienrechts liegt darin begründet, dass sich die überkommenen Rechtsquellen keineswegs überleben. Sie beanspruchen aber nicht mehr nur in ihrem ursprünglichen Normzusammenhang Geltung, sondern auch in neu entstehenden Anwendungsgebieten. Technische Entwicklungen lassen die Grenzen zwischen Massenkommunikation und Individualkommunikation verschwimmen und es entstehen immer neue Verbreitungswege. 1

> **Beispiel:** Dies veranschaulicht etwa der Einsatz sozialer Medien. Nahezu jedes Kind verwendet heute Smartphones und verbreitet darüber Medieninhalte, die häufig als Bewegtbildaufnahmen selbst erzeugt oder von Dritten übernommen sind. Dabei sind Verstöße gegen Persönlichkeitsrechte – am eigenen Wort oder am eigenen Bild – ebenso an der Tagesordnung wie Konflikte mit dem Urheber-, Datenschutz-, dem Telemedien- und dem Wettbewerbsrecht.

Diese von den Nutzern eröffneten Verbreitungswege befinden sich aber nicht im rechtsfreien Raum, sondern haben aufgrund ihrer Rundfunkähnlichkeit und Massenwirksamkeit rechtliche Relevanz und müssen rechtlich erfasst und bewertet werden. Dies ist oft schwierig, weil die vorhandenen rechtlichen Maßstäbe sich auf die neuen wirtschaftlichen und technischen Lebenssachverhalte nicht ohne weiteres übertragen lassen. 2

A. Die Aufgabe des Medienjuristen

Die Dynamik der Entwicklung in diesen Bereichen – insbesondere vor dem Hintergrund der Möglichkeiten des Internet – führt dazu, dass der naturgemäß schwerfällig agierende internationale und nationale Gesetzgeber strukturell bedingt hinter der Entwicklung herhinkt. Diese Tatsache stellt für den Rechtsanwender eine große Schwierigkeit dar, birgt aber zugleich Chancen und Herausforderungen. Ungelöste Rechtsfragen in einer inhomogenen Gemengelage verschiedener Bereiche schaffen Raum für kreative Lösungen und neue Ansätze mit eigenen Gestaltungsmöglichkeiten. Diese existieren in einem breiten und teilweise neuen Spektrum medienrechtlicher Berufe 3

1 Zum Begriff siehe unten Rn. 13.

eines ständig expandierenden Marktes. Dies gilt unabhängig davon, ob man als Rechtsanwalt oder Rechtsberater, als Mitarbeiter in Medienunternehmen der verschiedenen Gattungen, in Aufsichtsbehörden oder Aufsichtsgremien, im Staatsdienst oder Verbänden arbeitet, die sich durch sämtliche Branchen innerhalb der Medien ziehen.

4 *Randnummer derzeit nicht belegt.*

5 Neben den klassischen juristischen Betätigungsfeldern in Medienunternehmen drängen neue Aufgaben in den Vordergrund, denkt man an Nutzungsrechte von Streamingdiensten, an Versandrechte beim Online-Handel, an den Schutz des geistigen Eigentums bei Software oder digitalen Dokumenten. Unabhängig davon, ob ein Jurist in einem Presseunternehmen, bei einem öffentlich-rechtlichen oder privaten Rundfunkveranstalter, bei einem Kabelnetzbetreiber, bei einem Unternehmen der neuen Medien – etwa einem Online-Dienst –, bei einem Telekommunikationsunternehmen oder beim Film arbeitet, muss er die Grundzüge des Medienrechts sicher beherrschen. Von dieser Basis aus sind Spezialisierungen möglich und angesichts des Facettenreichtums im Medienbereich unerlässlich. So entwickeln sich im Medienbereich etwa spezielle Berufsbilder, wie das des Informations-[2] oder Medienjuristen[3], als Fachleute für rechtliche Fragen im Zusammenhang mit Herstellung, Vertrieb und Nutzung digitaler Güter insbesondere mit dem Internet. Solche Studiengänge können zusätzlich oder an Stelle eines juristischen Studiums belegt werden.

B . Medienrecht als Medienwirtschaftsrecht

6 Medienrecht ist immer auch Medienwirtschaftsrecht. Die Nettowerbeerlöse im Fernsehen beliefen sich im Jahr 2017 auf 4,59 Milliarden Euro. Dies entspricht im Vergleich zum Vorjahr einem Wachstum von 0,03 % (4,56 Milliarden Euro). Für die Fernsehwerbung war 2017 das achte Jahr in Folge mit Wachstum und Marktanteilsgewinnen, auch für 2018 und 2019 wird ein weiteres Wachstum prognostiziert sowie auch in den kommenden Jahren eine weitere positive Entwicklung erwartet.[4] Die Pay-TV- und Paid-Video-on-Demand-Umsätze betrugen im Jahr 2017 in Deutschland 2,3 Milliarden Euro[5], die des Teleshoppings im Jahre 2017 2 Milliarden Euro[6].

2 www.fh-darmstadt.de oder http://www.uni-duesseldorf.de oder http://www.uni-oldenburg.de.
3 www.mainzer-medieninstitut.de oder www.medienrecht.th-koeln.de oder http://www.hu-berlin.de/.
4 Aktuelle Statistiken und Prognosen des VPRT, vgl. https://www.vau.net/pressemitteilungen/content/vaunet-prognose-medienmarkt-deutschland-2018 (zuletzt abgrufen am 08.03.2019).
5 Aktuelle Statistiken und Prognosen des VPRT, vgl. https://www.vau.net/system/files/documents/vaunet-pay-tv-in-d-2018.pdf (zuletzt abgerufen am 08.03.2019).
6 Aktuelle Statistiken und Prognosen des VPRT, vgl. https://www.vau.net/system/files/documents/vaunet-pay-tv-in-d-2018.pdf (zuletzt abgerufen am 08.03.2019) und https://www.vau.net/presse mitteilungen/content/vaunet-prognose-medienmarkt-deutschland-2018 (zuletzt abgerufen am 08.03.2019).

Bei den Zuschaueranteilen (bezogen auf Zuschauer ab 3 Jahren) im öffentlich-rechtlichen Rundfunk war das ZDF im Jahr 2018 mit einem Zuschaueranteil von 13,9 % Marktführer vor dem Ersten der ARD (11,48 %) sowie den dritten Programmen der ARD (13,4 %).[7] Das Erste der ARD verlor im Vergleich zum Vorjahr (0,8 %), während die Zuschaueranteile des ZDF im Vergleich zum Vorjahr gleichgeblieben sind. Meistgesehenes privates TV-Programm war RTL mit einem Zuschaueranteil von 9,2 %, gefolgt von SAT.1 mit 6,7 % und VOX mit 5,1 %. Auf Platz vier liegt ProSieben (4,5 %). RTL und SAT.1 büßten gegenüber dem Vorjahr 0,5 bzw. 0,6 % Zuschaueranteil ein, ebenso wie Vox 0,1 und ProSieben 0,5 Prozentpunkte gegenüber dem Vorjahr verloren.[8]

I. Alte und neue Geschäftsmodelle

Dass Unternehmen der klassischen Mediengattungen, wie Presse, Rundfunk, Film und Telekommunikation wichtige Arbeitgeber sind und mit ihrer Massen- und Werbewirksamkeit ein beachtliches wirtschaftliches Potenzial haben, versteht sich von selbst. **7**

Eine neue, nicht nur mediale, sondern auch wirtschaftliche Dimension haben die neuen Medien, namentlich das Internet. Ein erster Boom erlitt im Jahre 2001 einen erheblichen Rückschlag, den nur wenige, dafür aber heute umso kapitalkräftigere Unternehmen überstanden. Mittlerweile sind in etwa dreiviertel der Deutschen täglich im Internet unterwegs.[9] Die durchschnittliche tägliche Dauer der Internetnutzung in Deutschland lag 2018 bei ungefähr 196 Minuten.[10] **7a**

Heute erlebt die Internetwirtschaft vor dem Hintergrund der aktiven Nutzung des Internet eine nie dagewesene Blüte. Dabei gewinnen Intermediäre, zu denen soziale Netzwerke, Videoportale, Instant-Messenger und Suchmaschinen zählen, eine immer größere Bedeutung.[11] Anfang 2019 verzeichnete Facebook rund 2,27 Milliarden monatlich aktive Nutzer, gefolgt von YouTube mit 1,9 Milliarden und WhatsApp mit 1,5 Milliarden monatlich aktiven Nutzern.[12]

---

7 Vgl. *KEK* Statistik zu Fernsehnutzung und Zuschaueranteilen 2018, abrufbar unter https://www.kek-online.de/fileadmin/user_upload/KEK/Medienkonzentration/Zuschaueranteil/Zuschaueranteile_2018.pdf (zuletzt abgerufen: 08.03.2019).

8 Vgl. unter https://www.kek-online.de/medienkonzentration/mediennutzung/fernsehnutzung/ (zuletzt abgerufen: 08.03.2019).

9 Vgl. *ARD/ZDF-Onlinestudie*, abrufbar unter: http://www.ard-zdf-onlinestudie.de/ard-zdf-online studie-2018/ (zuletzt abgerufen: 08.03.2019).

10 Vgl. *ARD/ZDF-Onlinestudie*, abrufbar unter: http://www.ard-zdf-onlinestudie.de/onlinenutzung/nutzungsdauer/taegliche-nutzung/ (zuletzt abgerufen: 08.03.2019).

11 *Zimmer*, Intermediäre und Meinungsbildung – Vielfaltsbericht der Medienanstalten 2018, 53 ff. Differenzierter *Schwartmann/Ohr*, Recht der sozialen Medien, Rn. 13 ff.

12 Siehe dazu unter: https://datareportal.com/reports/digital-2019-global-digital-overview (zuletzt abgerufen: 08.03.2019).

Neben der kommunikativen Nutzung des Internets nimmt auch die mediale Nutzung zu.[13] Der Streaming-Anbieter Netflix konnte Ende 2018 weltweit 48,5 Millionen Abonnenten verzeichnen.[14] Der Gesamtumsatz des Unternehmens lag 2018 bei 15,79 Milliarden US-Dollar.[15]

Auch Musik-Streaming Dienste erfreuen sich immer größerer Beliebtheit. Im Jahr 2017 konnten insgesamt 549 Millionen Euro mit Aboservices und Musikstreamingplattformen erwirtschaftet werden.[16]

Alphabet, die Muttergesellschaft des Suchmaschinenbetreibers Google und YouTube, erzielte 2018 nach eigenen Angaben einen Jahresumsatz von über 136,8 Milliarden US-Dollar.[17]

Wirtschaftlich sehr lukrative Angebote stellen Suchmaschinen im Internet wie etwa Google oder yahoo dar, die Informationen im Netz auffindbar machen und die von jedem Nutzer benötigt werden. Die rechtlichen Implikationen von Suchmaschinenangeboten sind komplex und spielen eine immer wichtigere Rolle.[18]

7b In diesen Möglichkeiten des Internet wird von Medienwissenschaftlern eine neue Dimension erblickt[19], die zugleich Vermarktungschancen eröffnen und Wertschöpfungsketten knüpfen lassen[20]. Inzwischen haben die Medienkonzerne die Notwendigkeit eines völligen Umbruchs ihrer Branche erkannt und versuchen neue Geschäftsfelder zu eröffnen, indem sie einerseits durch gezielte Aquisitionsstrategien interessante Start-Up-Unternehmen erwerben oder sich an diesen durch Media for Equity-Kooperationen beteiligen. Durch derartige Diversifizierungsstrategien werden die Medienunternehmen schrittweise unabhängiger vom klassischen TV-Werbegeschäft. In noch drastischerer Weise veranschaulicht der Springerkonzern den Umbruch in der Printbranche, indem er sich von zahlreichen Printtiteln trennte und im wesentlichen nur die beiden Hauptmarken „Bild" und „Welt" als Printprodukte beibehielt, um auf deren Basis den Fokus auf den digitalen Vertrieb von journalistischen Inhalten im Internet zu richten.[21]

---

13 Vgl. *ARD/ZDF-Onlinestudie*, abrufbar unter: http://www.ard-zdf-onlinestudie.de/files/2018/0918_Frees_Koch.pdf (zuletzt abgerufen: 08.03.2019).

14 Informationen zu Nutzerzahlen uvm. unter: https://www.netflixinvestor.com/financials/quarterly-earnings/default.aspx (zuletzt abgerufen: 08.03.2019).

15 Umsatzzahlen sind einsehbar unter: https://ir.netflix.com/quarterly-earnings (zuletzt abgerufen: 08.03.2019).

16 Vgl. Umsatzentwicklung digitaler Musikverkäufe von *musikindustrie.de* unter: http://www.musikindustrie.de/fileadmin/bvmi/upload/05_Presse/01_Pressemitteilungen/Bilderdownloads/300dpi_BVMI_2017_Umsatzentwicklung_digitaler_Musikverk%C3%A4ufe.jpg (zuletzt abgerufen: 08.03.2019).

17 Vgl. *Alphabet* unter: https://abc.xyz/investor/static/pdf/2018Q4_alphabet_earnings_release.pdf?cache=adc3b38 (zuletzt abgerufen: 08.03.2019).

18 Vgl. dazu etwa *Dörr/Natt*, Suchmaschinen und Meinungsvielfalt, ZUM 2014, S. 829 ff.

19 *N. Bolz*, Interview in Der Spiegel, Nr. 29/2006, S. 68 f.

20 Siehe dazu unten Rn. 255.

21 Vgl. die Meldung auf *handelsblatt.de* unter https://www.handelsblatt.com/unternehmen/it-medien/springer-verlag-das-zeitungshaus-ist-im-digitalen-zeitalter-angekommen/6574558-all.html (zuletzt abgerufen: 08.03.2019).

In diesem Zusammenhang erwarb er auch die Ausstrahlungsrechte für die Fußballbundesliga als WebTV[22].

II. Konvergenz der Medien und neue Wertschöpfungsmöglichkeiten

Eine besondere Vitalität und Dynamik erhält das Medienrecht durch die beständige 8
technische Weiterentwicklung digitaler Verbreitungswege und Empfangsgeräte. Dieser technische Entwicklungsprozess hat auch maßgeblichen Einfluss auf die Verbreitungs- und Nutzungsformen der Medien und wird häufig als Konvergenz der Medien beschrieben.[23] Dieser Begriff trägt der Tatsache Rechnung, dass die hergebrachte Unterscheidung zwischen den beschriebenen Mediengattungen immer mehr an Bedeutung verliert, weil die modernen digitalen Kommunikationswege, insbesondere unter Nutzung des Internetprotokolls, eine gattungsübergreifende Verbreitung von Inhalten auf eine Vielzahl unterschiedlicher Endgeräte zulassen.[24] Daher muss etwa die Frage, wie die Kommunikationswege in Zukunft für die Rezipienten offen gehalten werden können, aufgrund veränderter technischer und ökonomischer Rahmenbedingungen neu beantwortet werden.

Randnummer derzeit nicht belegt. 9

Aus der Sicht der Zugangsregulierung ist ein Paradigmenwechsel eingetreten für den 10
zwei Entwicklungen maßgeblich waren: Erstens die Digitalisierung der Kommunikationsinfrastrukturen und zweitens deren Privatisierung. Die Verbindung dieser beiden Faktoren wird durch die Konvergenz der Medien als Begleiterscheinung der sich rasch entwickelnden Digitaltechnik begünstigt. Diese technische Entwicklung geht mit einer erheblichen wirtschaftlichen Komponente einher, da sich für die Produzenten von Medieninhalten durch die Schaffung einer Vielzahl neuer Nutzungsformen eine Erweiterung der **Wertschöpfungskette** ergibt. In der crossmedialen Welt gibt es Plattformen, die Inhalte, massenmediale Transportleistungen und individuelle Kommunikationsleistungen (Daten/Internet/Telefonie) ermöglichen und so eine neue Verkettung von Wertschöpfungsebenen hervorrufen[25]. Insbesondere wird ein Endkundenkontakt für Massenmedien möglich, die sich damit zu Netzwerkmedien entwickeln. Die Möglichkeit, digitalisierte Kommunikationsinhalte auf verschiedenen Übertragungswegen zu verbreiten und somit die Empfänger auf beliebigen Endgeräten mit einem umfas-

22 Vgl. die Meldung auf *faz.net*, abrufbar unter: https://www.faz.net/aktuell/sport/fussball/bundesliga/fussball-uebertragungsrechte-finanzieller-meilenstein-fuer-bundesliga-11720863.html (zuletzt abgerufen: 08.03.2019).

23 Dazu *Kempermann*, Content-Regulierung in konvergierenden Medien, 2010. Vgl. auch *Holznagel/Dörr/Hildebrand,* Elektronische Medien, S. 307 ff. *Michel*, MMR 2005, 284 ff. Dazu eingehend *Gounalakis*, Konvergenz der Medien – Sollte das Recht der Medien harmonisiert werden? Gutachten C zum 64. Deutschen Juristentag 2002.

24 Dazu *Amelung/Martin*, ZUM 2009, 442 ff.; *Stürner*, AfP 2002, 283; *Petersen*, Medienrecht, § 1, Rn. 21.

25 Dazu *Holznagel/Dörr/Hildebrand*, Elektronische Medien, S. 363 ff. zu Wertschöpfungsmodellen und S. 307 ff. zu Szenarien und Entwicklungen.

senden Informations- und Unterhaltungsangebot zu versorgen, machen private Investitionen in digitale Kommunikationsnetze auch ökonomisch attraktiv[26]. Es werden immer neue Verbreitungs- und Finanzierungsformen erprobt. Naturgemäß spielen hier transnational agierende Unternehmen – sog. global player – eine maßgebliche Rolle, da nur diese die erheblichen Investitionen tätigen können. Aber neue Techniken (IPTV, web-TV oder Peer-to-Peer-Angebote)[27] machen es auch kleinen Marktteilnehmern möglich, sich zu betätigen. Hinzu kommt, dass Internetnutzer nicht nur Inhalte abrufen, sondern auch eigene digitale Inhalte im Internet verbreiten können.[28]

11 Medienübergreifende Content-Konvergenz entsteht, wenn z.B. zwei Medien ein gleiches neues Marktsegment wie beispielsweise den Versandhandel oder die – über klassische Werbung hinausgehende – Vertriebsunterstützung von Produkten betreiben. Die aufkeimende wirtschaftliche Aktivität in diesem Bereich ist aber gerade im Hinblick auf viele Möglichkeiten, die die Konvergenz mit sich bringt, rechtlich unsicher. Hier bestehen schwierige und bislang ungelöste Probleme, wie die Frage nach der Rundfunklizenz für sog. Livestreams zeigt. Ferner eröffnet das Internet in räumlicher Hinsicht ein globales Geschäftsfeld, das nur durch Sprachbarrieren und territorial beschränkte Nutzungsrechte (z.B. Verbreitungslizenzen für Sportübertragungen) begrenzt wird. So verwundert es nicht, dass auch Telekommunikationsunternehmen, Computerkonzerne, wie Microsoft, und Betreiber von Internetdiensten, wie Suchmaschinen (Google) oder Versandhandel (Amazon), in den Markt der Massenmedien eingreifen und weitere komplexe Sachzusammenhänge erzeugen, die es rechtspolitisch und rechtlich zu bewerten gilt. Dabei ist noch offen, in welchem Verhältnis Regulierung, Deregulierung und netz(werk)adäquate alternative Regulierungsformen zueinander stehen werden.

III. Das System der Rundfunkregulierung

11a Das System der Rundfunkregulierung im deutschen Recht ist vergleichsweise kompliziert. Wer dem Nutzer einen Rundfunkinhalt anbieten will, muss eine Reihe regulatorischer Vorgaben einhalten. Zur Veranschaulichung der komplexen Umsetzung des nationalen Medienrechts in die Regulierungsvorgaben und -körper mag folgende Übersicht dienen:

---

26 *Gounalakis/Zagouras*, NJW 2006, 1624, 1624; *M. Döpfner* im Interview mit der F.A.Z. Nr. 3 vom 4.1.2006, S.34; zu den damaligen Plänen der Axel Springer AG epd medien 65/2008, S. 9 f.

27 Vgl. dazu etwa das Peer-to-Peer-TV-Angebot von *Zattoo*, www.zattoo.com. Zu den Begriffen *Holznagel/Dörr/Hildebrand*, Elektronische Medien, S. 49 ff.

28 *Janik*, in: Schwartmann Praxishandbuch, 8. Kap. Rn. 1.

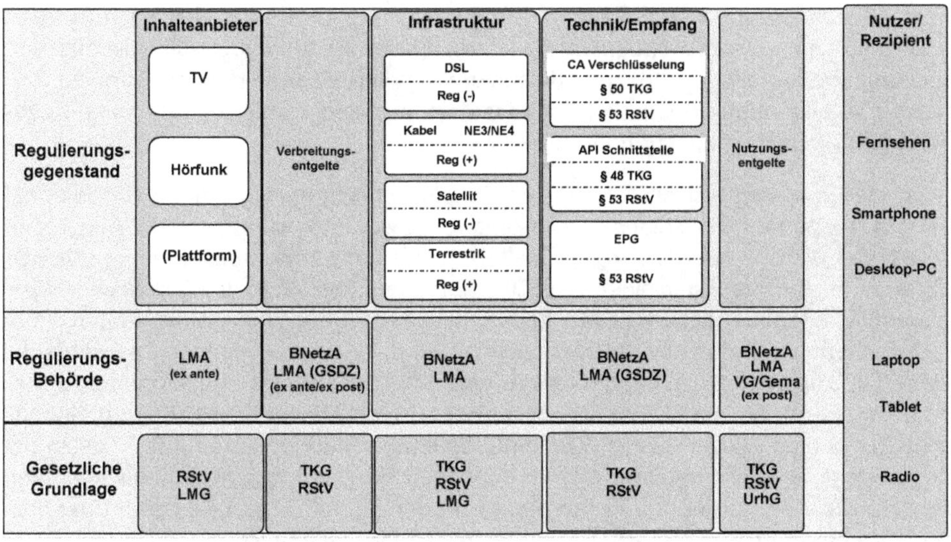

Wer als privater Rundfunkveranstalter einen **Inhalt anbieten** möchte, bedarf der vorherigen Erlaubnis (Zulassung, § 20 RStV).[29] Er unterliegt aber insbesondere in den Bereichen Werbung[30] und Jugendschutz[31] auch einer nachträglichen Beanstandungskontrolle. **11b**

Für die **Verbreitung** des Inhaltes erhebt der Eigentümer der Infrastruktur regelmäßig Entgelte, deren Höhe sowohl durch die Bundesnetzagentur als auch durch Landesmedienanstalten (ZAK) kontrolliert wird (§§ 27 ff. TKG bzw. § 52c, d RStV). Sofern keine sektorspezifische Regulierung durch die Bundesnetzagentur gegeben ist, kann im Einzelfall das Bundeskartellamt Verbreitungsentgelte auf Basis des allgemeinen Wettbewerbsrechts überprüfen. **11c**

Die Verbreitung des Inhalts ist auf unterschiedlichen Wegen möglich, die ihrerseits unterschiedlich reguliert sind.[32] Die Verbreitung über das Breitbandkabel in den Netzebenen 3 und 4[33] ist wesentlich bedingt durch Art. 31 Universaldienst-RL[34] und richtet sich im deutschen Recht nach §§ 50, 51b ff. RStV und §§ 28, 31 TKG. Das TKG enthält zudem eine Reihe von Vorschriften, die Anreize für Investitionen in neue Hochgeschwindigkeitsnetze schaffen und den Netzausbau erleichtern. Die Verbreitung über terrestrische Sendenetze richtet sich hinsichtlich der Frequenzzuteilung nach §§ 55, **11d**

29 Zu den Gründen, unten Rn. 197.
30 Dazu *Hahn/Lamprecht-Weißenborn,* in: Schwartmann, Praxishandbuch Medienrecht, 6. Kap.
31 Dazu *Schwartmann,* in: Schwartmann, Praxishandbuch Medienrecht, 7. Kap.
32 Zur inhaltlichen Regulierung der Verbreitung von Inhalten über das Internet, unten Rn. 13.
33 Dazu *Janik,* in: Schwartmann, Praxishandbuch Medienrecht, 8. Kap. Rn. 28 ff.
34 Richtlinie 2002/22/EG des Europäischen Parlaments und des Rates vom 7.3.2002 über den Universaldienst und Nutzerrechte bei elektronischen Kommunikationsnetzen und -diensten (Universaldienstrichtlinie) in der Fassung der Änderungsrichtlinie 2009/136/EG des Europäischen Parlaments und des Rates vom 25.11.2009, ABL. EG Nr. L 337, S. 11.

57 ff. TKG und bezogen auf die Zuweisung der Übertragungskapazität nach §§ 50 ff. RStV und den entsprechenden Landesmediengesetzen. Demgegenüber ist die Verbreitung über Satellit rundfunkrechtlich kaum reguliert. Dies liegt daran, dass die führenden Satellitenbetreiber im Ausland ansässig sind und damit der nationalen Regulierung in Deutschland nicht unterliegen.[35]

11e Auch die **Empfangstechnik** ist reguliert. Zugangsberechtigungssysteme (Conditional Access), die zumeist zur Steuerung des Zugangs zu entgeltpflichtigen Pay-TV-Angeboten verwendet werden, wurden sogar parallel im Telekommunikationsgesetz (§ 50 TKG) als auch im Rundfunkstaatsvertrag (§ 52c RStV) reguliert. Sog. API (Application Programming Interface)-Schnittstellen haben eine Vermittlungsfunktion zwischen einer technischen Anwendung bzw. Funktionalität und der zugrundeliegenden Betriebssoftware der Empfangsgeräte: Ihnen kommt eine Schlüsselfunktion beim Zugang zu Medieninhalten zu. Auch für diese sind technische Zugangsfragen (§ 48 TKG) und inhaltliche Regelungen vorgesehen (§ 52c RStV). Elektronische Programmführer[36] sollen bei der Vielzahl digitaler Programme einen schnellen Programmzugriff ermöglichen. Weil sie über die Wahrnehmung des Programms in der Öffentlichkeit und damit über dessen Akzeptanz in der Werbewirtschaft entscheiden, sind auch sie reguliert (§ 52c Abs. 1, S. 2 Nr. 3 RStV).

11f **Nutzungsentgelte** (Rundfunkbeiträge, Abonnemententgelte für Pay-TV-Angebote oder Anschlussentgelte) werden nur teilweise reguliert. So wird beispielsweise die Höhe der Rundfunkbeiträge für öffentlich-rechtliche Sendeanstalten in einem dreistufigen Verfahren gemäß den Anforderungen des Rundfunkfinanzierungstaatsvertrages festgelegt[37] und die diskriminierungsfreie Erhebung von Verbreitungsentgelten wegen ihrer technischen und inhaltlichen Komponente durch die Bundesnetzagentur und von den Landesmedienanstalten kontrolliert.

IV. Technische Vorgaben

12 Zudem gibt es eine Vielzahl technischer Vorgaben, die der Medienjurist in Zeiten der Konvergenz begreifen muss, um ihre rechtliche Zulässigkeit bewerten zu können. Moderne Informationstechnologie macht es möglich, Fernsehinhalte via Internetprotokoll zu verbreiten, weshalb Sendeunternehmen verstärkt dazu übergehen, ihre Programminhalte nach Durchführung der linearen Verbreitung auch zum nicht-linearen Abruf im Internet bereitzustellen. Auch die lineare Verbreitung von Fernsehprogrammen im offenen Internet (web-TV) verzeichnet wachsende Nutzungszahlen, aber es ist noch unklar, ob sich diese Verbreitungsform für Fernsehinhalte auf Dauer durch-

35 Die meisten deutschen Rundfunkprogramme werden über die luxemburgischen **ASTRA-Satelliten** und die französischen **EUTELSAT-Satelliten** ausgestrahlt. Die Verbreitung auf diesem Wege erfolgt auf Grundlage zivilrechtlicher Vereinbarungen. Dazu *Schütz*, Kommunikationsrecht, Rn. 427 ff. Die der deutschen Hoheitsgewalt unterliegenden DFS-Kopernikus-Satelliten konnten sich wegen ihrer geringen Sendeleistung nicht durchsetzen.

36 Electronic Programme Guides (EPG). Dazu *Kocks/Sporn*, Electronic Program Guides – Eine urheberrechtliche Bewertung, 2011.

37 Vgl. dazu unten Rn. 216 ff.

setzen wird, denn derzeit bietet web-TV noch keine vergleichbaren Refinanzierungsmöglichkeiten wie eine Verbreitung über die klassischen Verbreitungswege Kabel, Satellit und Terrestrik. Insbesondere im Hinblick auf den Einsatz mobiler Endgeräte entwickeln sich hier stetig neue Angebote. Auch insoweit bringt die Konvergenz nicht nur Möglichkeiten, sondern sie birgt auch ein erhebliches unternehmerisches Risiko.

Von den technischen Begriffen im Medienrecht muss man insbesondere den des **13**
Internet verstehen. Es handelt sich dabei um ein Netz von Rechnern, das aus einer nicht mehr bestimmbaren Anzahl von Computern und Computernetzen besteht. Die einzelnen Rechner verbindet das Internet so miteinander, dass sie Daten untereinander austauschen können. Die Verteilung der Informationsspeicherung erfolgt über das weltweite Rechnernetz. Das Internet ist also ein dezentrales Netzwerk, bei dem die Server, auf denen die Daten abgelegt sind, weltweit verteilt und mit dem Internet verbunden sind. Auch die Vernetzung an sich erfolgt nicht über ein zentrales bzw. zentral administriertes Netz, sondern über viele kleinere, meist private Netzwerke von Netzwerkbetreibern, die sich gegenseitig Datenverkehr übergeben (peering), innerhalb ihrer Netze verbreiten und sodann den jeweiligen Nutzern oder weiteren Netzbetreibern zuleiten. Daten werden über alle diese Netze übertragen und können auf diese Weise vom Internetnutzer versendet und abgerufen werden. Die Daten werden anhand der Vergabe des technisch normierten **Internet Protokoll (IP)** transportiert. Dabei kommt es nicht auf die Form der Daten an. Es können Text-, Sprach-, Video-, Bilder- oder Sound-Daten sein. Sie alle können versendet werden, sofern sie mit einem IP-Protokoll versehen sind.

C. Überblick über Arbeitsmittel im Medienrecht

Der Medienjurist arbeitet mit den üblichen Quellen für Rechtsprechung und Literatur, **14**
die sich über die verschiedenen Bereiche des Rechtsgebiets erstrecken. Die hier angegebene Auswahl[38] ist subjektiv und erhebt keinen Anspruch auf Vollständigkeit[39]. Daneben gibt es zahlreiche weitere Veröffentlichungen und spezifische Fachorgane.

I. Textsammlungen

Eckardt/Klett/Schwartmann/Jung, Wettbewerbsrecht, Urheberrecht und Gewerblicher Rechtsschutz, 6. Auflage, 2019. **15**
Fechner (Hrsg.), Entscheidungen zum Medienrecht, 3. Auflage, Juli 2018.
Fechner/Mayer, Medienrecht, 15. Auflage, 2019 (zit. *Fechner/Mayer*).
Fink/Schwartmann/Cole/Keber, Europäisches und Internationales Medienrecht, 2. Auflage, 2012.
Ring, Medienrecht, Loseblattsammlung, Bd. I–IV (zit. *Ring*).
Schwartmann/Jaspers (Hrsg.), Internet- und Datenschutzrecht, 2018.

---

38 Sofern nichts anderes vermerkt ist, werden die Werke in der jeweils aktuellen Auflage bzw. Nachlieferung zitiert. Nicht aufgenommen sind die für das Medienrecht zentralen Kommentierungen zu Art. 5 GG in den Grundgesetzkommentaren.
39 Werke, deren kurzfristiges Erscheinen angekündigt ist, sind bereits berücksichtigt.

II. Lehrbücher, Handbücher und ausgewählte Monographien

1. Gesamtdarstellungen

16 *Beater*, Medienrecht, 2. Auflage, 2016.
Bornemann/Erdemir (Hrsg.) Jugendmedienschutz-Staatsvertrag, 2017.
Büscher/Dittmer/Schiwy (Hrsg.) Gewerblicher Rechtsschutz Urheberrecht, 3. Auflage, 2014.
Dörr/Kreile/Cole, Handbuch Medienrecht, 2. Auflage, 2011 (zit. *Bearbeiter*, in: Dörr/Kreile/Cole, Handbuch Medienrecht, Abschnitt Rn.).
Fechner, Medienrecht, 18. Auflage, 2018 (zit. *Fechner*, Kapitel Rn.).
Fechner, Fälle und Lösungen zum Medienrecht, 3. Auflage, 2012.
Gersdorf/Paal, BeckOK Informations- und Medienrecht, 22. Edition v. 01.11.2018.
Hans-Bredow Institut (Hrsg), Internationales Handbuch Medien, 28. Auflage, 2009.
Holznagel/Dörr/Hildebrand, Elektronische Medien – Entwicklung und Regulierungsbedarf, 2008 (zit. *Bearbeiter*, in: Holznagel/Dörr/Hildebrand, Elektronische Medien, S.).
Kübler, Medien, Menschenrechte und Demokratie. Das Recht der Massenmedien, 2008. (zit. Kübler, §).
Paschke/Berlit/Meyer (Hrsg.), Hamburger Kommentar Gesamtes Medienrecht, 3. Auflage, 2016.
Peifer, Übungen im Medienrecht, 3. Auflage, 2017.
Petersen, Medienrecht, 5. Auflage, 2010 (zit. *Petersen*, §, Rn.).
Rehbock, Medien- und Presserecht, 2. Auflage, 2011.
Schiwy/Schütz/Dörr, Lexikon des Medienrechts, 5. Auflage, 2010.
Schütz, Kommunikationsrecht, 2005.
Schwartmann, Praxishandbuch Medien-, IT- und Urheberrecht, 4. Auflage, 2018 (zit. *Bearbeiter*, in: Schwartmann, Praxishandbuch Medienrecht, Kapitel, Rn.).
Spindler/Schuster, Recht der elektronischen Medien, 3. Auflage, 2016.

2. Presserecht

17 *Löffler,* Presserecht, 6. Auflage, 2015.
Ricker/Weberling, Handbuch des Presserechts, 6. Auflage, 2012. (zit. *Ricker/Weberling*, Kapitel, Rn.).
Soehring/Hoene, Presserecht, 5. Auflage, 2013.

3. Rundfunkrecht

18 *Binder/Vesting*, Beck'scher Kommentar zum Rundfunkrecht, 4. Auflage, 2018.
Gersdorf, Grundzüge des Rundfunkrechts, 2003 (zit. *Gersdorf*, Rn.).
Heidelberger Kommentar Rundfunkstaatsvertrag, Loseblattsammlung, Stand 76. Aktualisierung 2018, Bd. I–III (zit. *Bearbeiter,* in: HK-RStV).
Herrmann/Lausen, Rundfunkrecht, 2. Auflage, 2004.
Hesse, Rundfunkrecht, 3. Auflage, 2003.

4. Multimediarecht/Internetrecht/Telekommunikationsrecht/Urheberrecht

19 *Gennen/Völkel*, Recht der IT-Verträge, 2009.
Geppert/Piepenbrock/Schütz/Schuster, Beck'scher TKG-Kommentar, 4. Auflage, 2013.
Gersdorf, Telekommunikationsrecht, Stand 2015 (http://www.informationsrecht.uni-oldenburg.de/download/Leseprobe_Telekommunikationsrecht_Nov_2011 (zit. Gersdorf, TK, S.).
Gounalakis (Hrsg.), Rechtshandbuch Electronic Business, 2003.
Härting, Internetrecht, 6. Auflage, 2017.
Heun, Handbuch Telekommunikationsrecht, 3. Auflage, 2018.
Hoeren, Internet- und Kommunikationsrecht, 2. Auflage, 2012.
Hoeren, IT-Vertragsrecht, 2. Auflage, 2012.

Hoeren, Internetrecht, Stand April 2018 (abrufbar unter https://www.uni-muenster.de/Jura.itm/hoeren/itm/wp-content/uploads/Skript-Internetrecht-Maerz-2018.pdf; zuletzt abgerufen am 08.03.2019) (zit. *Hoeren*, S.).
Holznagel/Enaux/Nienhaus, Telekommunikationsrecht, 2. Auflage, 2006 (zit. *Holznagel/Enaux/Nienhaus*, S.).
Neumann/Koch, Telekommunikationsrecht, 2. Auflage, 2013.
Köhler/ Fetzer, Recht des Internet, 8. Auflage, 2016 (zit. *Köhler/ Fetzer*, S.).
Kühling/Schall/Biendl, Telekommunikationsrecht, 2. Auflage, 2014.
Kühling/Klar/Sackmann, Datenschutzrecht, 4. Auflage, 2018.
Malek/Popp, Strafsachen im Internet, 2. Auflage, 2014 (zit. *Malek/Popp*, Rn.).
Moritz/Dreier (Hrsg.), Rechts-Handbuch zum E-Commerce, 2. Auflage, 2005.
Scheurle/Mayen (Hrsg.), Telekommunikationsgesetz Kommentar, 3. Auflage, 2018.
Schwartmann/Hentsch, Falltraining im Urheberrecht, 2017.
Schwartmann/Keber/Mühlenbeck, Social Media – Soziale Netzwerke und Homepages sicher gestalten und nutzen, 2. Auflage, 2018.
Schwartmann/Ohr, Recht der sozialen Medien, 2015.

5. Übergreifendes Wirtschaftsrecht

Ekey, Grundriss des Wettbewerbs- und Kartellrechts, 5. Auflage, 2016 (zit. *Ekey*, Rn.). **20**
Eisenmann/Jautz, Grundriss Gewerblicher Rechtsschutz und Urheberrecht, 10. Auflage, 2015 (zit. *Eisenmann/Jautz*, Rn.).

6. Europäisches und Internationales Medienrecht

Fink/Cole/Keber, Europäisches und Internationales Medienrecht, 2008. **21**

III. Zeitschriften und Tageszeitungen

Computer und Recht (CR) **22**
Gewerblicher Rechtsschutz und Urheberrecht (GRUR)
Der IT-Rechts-Berater (ITRB)
Kommunikation und Recht (K&R)
Multimedia und Recht (MMR)
Medien & Kommunikationswissenschaft (M&K)
(bis 1999 Rundfunk und Fernsehen, RuF)
Zeitschrift für Datenschutz-, Informations- und Kommunikationsrecht (RDV)
Telekommunikations- und MedienRecht (TMR)
Zeitschrift für Medien- und Kommunikationsrecht (AfP)
Zeitschrift für Urheber- und Medienrecht (ZUM)

Einige Tageszeitungen, etwa die Frankfurter Allgemeine Zeitung (sowie F.A.Z. Einspruch), die Süddeutsche Zeitung oder der Kölner Stadt-Anzeiger, haben regelmäßige Medienberichterstattung auf eigenen Seiten, deren Lektüre lohnend ist.

IV. Medieninformationsdienste

www.epd.de	Evangelischer Pressedienst Medien (epd-medien)	**23**
www.heise.de	Heise Online	
www.urheberrecht.org	Institut für Urheber- und Medienrecht München	
www.irights.info	iRIGHTS	
www.lto.de	Legal Tribune Online	

www.medienkorrespondenz.de	MEDIEN KORRESPONDENZ (MK)
www.telemedicus.info	Telemedicus Rechtsfragen der Informationsgesellschaft
www.turi2.de	Turi

V. Internetadressen und Datenbanken

24

www.alm.de	Arbeitsgemeinschaft der Landesmedienanstalten
www.bundesnetzagentur.de	Bundesnetzagentur
www.dataagenda.de	Data Agenda
www.presserat.de	Deutscher Presserat
www.epra.org	EPRA European Platform of Regulatory Authorities
https://www.obs.coe.int/en/home	Europäische Audiovisuelle Dienststelle
www.filmstiftung.de	Filmstiftung Nordrhein-Westfalen
www.medienrecht.th-koeln.de	Kölner Forschungsstelle für Medienrecht
www.kjm-online.de	Kommission für Jugendmedienschutz der Landesmedienanstalten
www.kek-online.de	Kommission zur Ermittlung der Konzentration im Medienbereich
www.mainzer-medieninstitut.de	Mainzer Medieninstitut
https://mbei.nrw	media NRW
www.rdv-online.com	RDV-Online

D. Definition des Medienrechts

25 Weil das Medienrecht die Gesamtheit aller gesetzlichen Regelungen und richterlichen Vorgaben umfasst, die die Wirkung von Medien bestimmen, hat sich bislang keine allgemeine Definition des Begriffs durchsetzen können. „Der relativ neue Begriff Medienrecht bezeichnet keine Rechtsdisziplin im systematischen Sinne, sondern versucht als **Sammelbegriff** die über alle Teilbereiche des öffentlichen, Zivil- und Strafrechts verstreuten relevanten Tatbestände im Sinne eines Mantels zusammenzufassen. Ausgangspunkt ist die in Art. 5 Abs. 1 Grundgesetz (GG) geschützte Meinungs- und Informationsfreiheit, jedoch in ihrer kollektiven Ausprägung als Recht der Massenmedien und -kommunikation, insbesondere also im Recht der Presse, des Rundfunks und Films nach Art. 5 Abs. 1 S. 2 GG"[40].

26 Ebenso wenig haben sich im Medienrecht bislang leitende Prinzipien, vergleichbar etwa der Privatautonomie im Bürgerlichen Recht oder den Grundprinzipien im Umweltrecht[41], etabliert[42].

27 Ausgehend von der weiten Formulierung des Art. 5 GG kann zwischen einem *individuellen* und einem *institutionellen* Medienrecht unterschieden werden.

40 *Cole*, Medienrecht, in: Schanze (Hrsg.), Metzler Lexikon Medientheorie, Medienwissenschaft, 2002.
41 Vgl. *Schwartmann/Pabst*, Umweltrecht, Rn. 38 ff.
42 So zutreffend *Petersen*, § 1 Rn. 12.; *Cole*, Medienrecht, in: Schanze (Hrsg.), Metzler Lexikon Medientheorie, Medienwissenschaft, 2002.

- Das **individuelle** Medienrecht schließt das Recht der aktiv am Herstellungsprozess Beteiligten ebenso ein wie das Recht der Rezipienten und Nutzer.
- Das **institutionelle** Medienrecht gibt den Rahmen für die Schaffung von Medienangeboten und die Rolle des Staates darin vor.

Das Medienrecht schafft einerseits erst den für eine freie Entfaltung von Medien nötigen Raum und erfüllt damit einen Verfassungsauftrag. Dabei unterscheidet sich der Grad der Regelungsdichte nach den Besonderheiten des in Frage stehenden Mediums und hängt stark von der jeweiligen Medientechnologie ab. Andererseits gehören zum Medienrecht alle die Medienunternehmen limitierenden Regeln, die freiheitsbeschränkende Wirkungen von Medien, z.B. bei Meinungsmacht oder Verletzung persönlicher Rechtsgüter, verhindern sollen.[43] **28**

Zur Vertiefung

Das Medienrecht heutiger Prägung ist aus der Regelung der klassischen Materien entstanden und damit vor allem mit der **Geschichte** der Presse verbunden, die bis in die Anfänge des Buchdrucks reicht. So begann die kommerzialisierte Weiterleitung von Bekanntmachungen und Neuigkeiten durch Zeitungen bereits Anfang des 17. Jahrhunderts. 1605 erschien die „Straßburger Relation" als vermutlich erste Zeitung. Zu Beginn des 20. Jahrhunderts erfolgte der Aufstieg von zunächst Film und dann Hörfunk, dem sich das Fernsehen und seit einigen Jahren mit zunehmender Bedeutung Telemedien – insbesondere unter Berücksichtigung des Internet – anschlossen. Von der staatlichen Überwachung bis zum Verbot der Zensur und der effektiven Durchsetzung der Freiheit der Massenmedien hat das Medienrecht eine grundsätzliche Wandlung seiner Funktion erlebt. Grundlegend sind die Aufnahme der Freiheit der Massenmedien in das Grundgesetz und die Errichtung einer pluralen Medienlandschaft durch die Alliierten nach den Erfahrungen mit dem Staatsrundfunk und der Manipulation der Medien im NS-Regime durch das Reichspropagandaministerium, das Verbot von Pressezensur – einschließlich mit Druckpressen erzeugte Flugblätter – und die umfassende Informationsfreiheit. Intensiv werden weiterhin eine moderne Ausgestaltung des ordnungsrechtlichen Rahmens für die unterschiedlichen Medien sowie das „richtige" Verständnis der Rundfunk- und Pressefreiheit – institutionell bzw. funktionell/dienend und/oder individuell – diskutiert. **29**

Medienrecht ist ohne Berücksichtigung supranationaler Einflüsse, insbesondere der bindenden Vorgaben des Europarechts für die EU-Mitgliedstaaten, nicht mehr zu verstehen. Bei vorhandenen Normen ist immer kritisch nach der Regelungszuständigkeit sowohl auf der europäischen Ebene zwischen EU und Mitgliedstaaten unter dem Stichwort Subsidiarität als auch innerhalb Deutschlands zwischen Bund und Ländern zu fragen.[44] **30**

I. Mediengattungen

Im Medienrecht unterscheidet man nach medialen Erscheinungsformen oder Mediengattungen. Unter **Printmedien** versteht man stofflich verkörperte Werke, also etwa gedruckte Presseerzeugnisse wie Zeitungen, Zeitschriften, aber auch Bücher, die zur Verbreitung von Bildung, Meinung und Unterhaltung in einem Massenverfahren hergestellt werden. Der **Film** unterscheidet sich von den Printmedien dadurch, dass Gedankeninhalte nicht stofflich verkörpert, sondern auf optische Weise durch Vorführen **31**

---

43 Vgl. mit anderen Schwerpunkten *Beater*, JZ 2005, 822 ff.
44 *Cole*, Medienrecht, in: Schanze (Hrsg.), Metzler Lexikon Medientheorie, Medienwissenschaft, 2002.

verbreitet werden. **Rundfunk** und **Telemedien** zeichnen sich durch eine nicht verkörperte spezielle Verbreitung der Informationen mittels elektromagnetischer Wellen aus. **Telekommunikation** betrifft den technischen Vorgang des Übermittelns von Daten. Gleichgültig ist es dabei, ob diese der individuellen Kommunikation oder der Massenkommunikation dient. Über das **Internet** können aufgrund seiner technischen Besonderheiten ganz unterschiedliche Inhalte verbreitet werde. Dies reicht von Individualkommunikation, über lineare Rundfunkangebote bis hin zu den hier am häufigsten anzutreffenden Abrufangeboten, die regelmäßig als Telemedien[45] einzuordnen sind.

II. Medienrecht als Querschnittsrecht

32 Medienrecht wird als Querschnittsrecht bezeichnet, weil sich dessen Regelungen in verschiedenen Bereichen der herkömmlichen Rechtsgebiete finden. Dies mag folgende Auswahl verdeutlichen.[46]

1. Bürgerliches Recht

33 Im Bürgerlichen Recht ist z.B. in § 823 Abs. 1 BGB als sonstiges Recht das allgemeine Persönlichkeitsrecht angesiedelt, dessen Verletzung für mögliche Schadensersatzansprüche im Presserecht sowie im Rundfunkrecht eine große Rolle spielt. Solche Ansprüche werden etwa geltend gemacht, wenn Prominente Persönlichkeitsrechtsverletzungen durch Medienberichterstattung beklagen. Daneben finden sich medienrelevante Regelungen zum Beispiel im **Kartellrecht**. Das **Urheberrecht** befasst sich mit den Rechten von Medienschaffenden an ihren Werken. Dem Zivilrecht unterfallen auch wesentliche Bereiche des Multimediarechts und des Informationstechnikrechts.

2. Öffentliches Recht

34 Das öffentliche Recht ist für das Medienrecht unter anderem besonders bedeutsam, weil es die verfassungsrechtlichen Grundlagen der Rundfunk-, Presse- und Filmfreiheit enthält, die in öffentlich-rechtlichen Spezialgesetzen näher ausgestaltet sind. Daneben hat das die Medien regulierende öffentliche Recht eine wichtige ordnungsrechtliche Funktion. Da die Verbreitung von Medien häufig datenbasiert ist und neue Geschäftsmodelle auch in diesem Bereich datengetrieben sind, erlangt insbesondere das Datenschutzrecht auch für Medien eine regulierende Bedeutung.

3. Straf- und Ordnungswidrigkeitenrecht

35 Schließlich finden sich im Straf- und Ordnungswidrigkeitenrecht eine Reihe medienrechtlicher Vorschriften. Zu denken ist etwa an Delikte, die mittels der Medien begangen werden können. In Betracht kommt das Verbreiten von Propagandamitteln verfassungswidriger Organisationen nach § 86 StGB, die mit medialer Hilfe begangene

45 Siehe unten Rn. 260 f.
46 Näheres findet sich bei den jeweiligen Detaildarstellungen.

Volksverhetzung gemäß § 130 StGB, die Verbreitung pornographischer Schriften nach § 184 StGB oder die mit medialer Hilfe begangenen Ehrverletzungsdelikte gemäß §§ 185 ff. StGB. Daneben gibt es auch Delikte, die den großen Bereich der Computerkriminalität betreffen, etwa das als Ausspähen von Daten nach § 202a StGB zu bewertende „Hacken" und der Computerbetrug nach § 263a StGB.

III. Beteiligte am Medienprozess und Bedeutung der Medien

Beteiligte am Medienprozess sind einmal die **Individuen**, die als Medienschaffende aktiv an den medialen Produkten mitwirken oder als Bürger (Rezipienten) ihre Informationen aus den Medien beziehen. 36

Zur Vertiefung

Im Internet steht das aktive Mitwirken des Einzelnen an den Inhalten des World Wide Web im Vordergrund. Es wird zunehmen unter dem Stichwort Internet der Dinge oder Web 4.0 durch das Kommunizieren von intelligenten Geräten. Das bloße Konsumieren von Medieninhalten wird zunehmend in den Hintergrund gedrängt. Jedes Individuum wird über Soziale Netzwerke und Microbloggs zum Medienschaffenden. Jeder kann dabei Medien der Massenkommunikation einsetzen und durch die ubiquitäre Verfügbarkeit des Netzes maßgeblich am Prozess der Meinungsbildung teilnehmen. Diese Entwicklung hat fast schon revolutionäre Züge, zumindest werden dem arabischen Frühling Wurzeln im Internet zugeschrieben, und es erstaunt auch nicht, dass Staaten mit einem weniger freiheitlich ausgeprägten Demokratieverständnis bestrebt sind, nicht nur die Betätigung auf sozialen Netzwerken auf google oder twitter einzuschränken oder sogar zu unterbinden, sondern sogar das Internet auf den territorialen Maßstab des eigenen Staatsgebietes zurück zu stutzen. 37

Zum anderen gehören **Medienunternehmen**, also Presse sowie öffentlich-rechtliche und private Rundfunkveranstalter, zu den Beteiligten. Schließlich setzt der **Staat** als Gesetzgeber die Rahmenbedingungen für die Medien, wobei sich in diesem Zusammenhang bei der Rechtsaufsicht besondere Probleme wegen des Grundsatzes der Staatsfreiheit bzw. -ferne von Presse und Rundfunk ergeben. 38

Die **Bedeutung** der Medien liegt zunächst darin, dass diese insbesondere in ihrer Erscheinungsform Presse und Rundfunk als Medium und Faktor der öffentlichen Willensbildung[47] einen entscheidenden Beitrag zur demokratischen **Meinungsbildung** leisten und damit „für die Funktionsfähigkeit der Demokratie schlechthin konstituierend sind"[48]. Daneben haben die Medien trotz eines Rückgangs der Werbeeinnahmen im Pressewesen eine stetig wachsende **wirtschaftliche Bedeutung**. Direkt und indirekt hängen viele Arbeitsplätze von Medienprodukten ab, und schon die Vielzahl von Zeitschriftentiteln und die weitere Diversifizierung des Fernsehprogramms zeigen, dass auch bei den klassischen Medien Wachstumspotenziale bestehen, die gerade im Zusammenhang mit der Abdeckung neuer Wertschöpfungsketten gesehen werden. Schließlich stellen die Medien einen bedeutsamen Faktor für die **Kultur** und **Bildung** dar, und für die Unterhaltung spielt das Fernsehen weiter die dominierende Rolle. Zudem sind die Medien für die **Information** der Bürger von überragender Bedeutung. 39

47 *BVerfGE* 83, 238, 295, 315 – WDR.
48 Ständige Rspr. seit *BVerfGE* 20, 56, 97 – Parteienfinanzierung I; speziell für den Rundfunk 74, 297, 338 – 5. Rundfunkentscheidung.

Diese beziehen aus dem Fernsehen und zunehmend aus dem Internet ihre Informationen. Ähnliche Bedeutung haben insoweit nur Gespräche im persönlichen Umfeld. Während für einen beachtlichen Teil der Bevölkerung die tägliche Zeitungslektüre zum genutzten Medienangebot zählt, spielt nicht allein, aber ganz besonders für die jüngere Generation das Internet eine überragende Rolle.

Auch die öffentlich-rechtlichen Sender haben das Internet als eine wichtige Komponente für die Verbreitung ihrer publizistischen Inhalte erkannt und haben in diesem Bestreben ihre Betätigung im Internet bereits frühzeitig ausgebaut. Die Vorschrift des § 11a Abs. 1 RStV zählt nunmehr neben Hörfunk- und Fernsehprogrammen auch Telemedien ausdrücklich zu den Angeboten des öffentlich-rechtlichen Rundfunks.

E. Rechtsquellen des Medienrechts

40 Die Rechtsquellen des Medienrechts sind vielschichtig und weisen Besonderheiten auf. Sie finden sich auf der Ebene des nationalen und des internationalen Rechts, wie folgende Auswahl zeigt.

I. Nationale Rechtsquellen

41 Im Medienrecht der Bundesrepublik Deutschland geht es vor allem darum, eine Kommunikationsinfrastruktur zu gewährleisten, Chancengleichheit für Medienschaffende herzustellen bzw. eine Abschottung der Märkte zu vermeiden, Meinungsvielfalt und kulturelle Vielfalt (Pluralität), ferner Rezipientenschutz sowie Persönlichkeitsrechte und den Jugendschutz sowie den Schutz geistigen Eigentums zu sichern. Die wichtigste nationale Rechtsquelle zur Durchsetzung dieser Ziele ist das **Grundgesetz**. Es enthält diesbezüglich insbesondere in Art. 5 GG die wichtigen Eckpunkte unserer Medienverfassung und in Art. 70 ff. GG die Kompetenzzuweisungen im Medienrecht. So finden sich auf Bundesebene etwa das **Telekommunikationsgesetz** (TKG 2004/2018), das **Telemediengesetz** (TMG 2007/2017) in der Fassung des Ersten Gesetzes zur Änderung des Telemediengesetzes[49], das Datenschutzgesetz (BDSG 2017), das Verbraucherschutzrecht des BGB im Zusammenhang mit dem **elektronischen Rechtsverkehr** und das **Urheberrechtsgesetz** (UrhG), um die wichtigsten zu nennen.

42 Die Kompetenzen im Medienrecht sind namentlich für das Presse- und Rundfunkwesen landesrechtlich dominiert, so dass sich in den **Mediengesetzen der Länder**, insbesondere den Presse- und Rundfunkgesetzen, wichtige Rechtsquellen des Medienrechts finden. Die Länder gehen zunehmend dazu über, die presse- und rundfunkbezogenen Regelungen in einheitlichen Mediengesetzen zusammenzufassen. Weil rundfunkrechtliche Regelungen zum einen unter Gesetzesvorbehalt stehen[50] und zum anderen län-

49 BGBl. I 2010, 692 ff.
50 *BVerfGE* 57, 295, 320 f.; 83, 238, 296; 95, 220, 236.

derübergreifende Probleme sinnvoll nur einheitlich geregelt werden können, bedienen sich die Länder aufgrund ihrer Gesetzgebungskompetenz für das Rundfunkrecht in diesem Bereich des Instruments des **Staatsvertrages.** Nach seiner Inkorporation in das Recht des jeweiligen Bundeslandes nimmt er den Rang eines einfachen Landesgesetzes ein und bindet zum einen die Länder untereinander und zum anderen den Bürger. Der Staatsvertrag über den Rundfunk im Vereinten Deutschland enthält als Mantelstaatsvertrag alle wichtigen rundfunkrechtlichen Einzelstaatsverträge, bis auf den eigenständigen Staatsvertrag über den Schutz der Menschenwürde und den Jugendschutz in Rundfunk und Telemedien (Jugendmedienschutz-Staatsvertrag, JMStV). Diese gelten inzwischen in der Fassung des Zweiundzwanzigsten Rundfunkänderungsstaatsvertrages, der am 01. Mai 2019 in Kraft tritt. Wichtigster Teil des Mantelstaatsvertrages ist der Rundfunkstaatsvertrag (**RStV**). Daneben haben die Länder in den Mantelstaatsvertrag den

- ARD-Staatsvertrag, den
- ZDF-Staatsvertrag, den
- am 1. Januar 2013 in Kraft getretenen Rundfunkbeitragsstaatsvertrag, den
- Rundfunkfinanzierungsstaatsvertrag und den
- Staatsvertrag über die Körperschaft des Öffentlichen Rechts „Deutschlandradio"

aufgenommen.

II. Internationale Rechtsquellen

Auf **europäischer Ebene** sind **primärrechtlich** insbesondere die Dienstleistungsfreiheit in Art. 56 AEUV, die Beihilfenkontrolle in Art. 107 AEUV, die Kulturförderungsvorschrift des Art. 167 AEUV und Art. 170 ff. AEUV über Transeuropäische Netze von Bedeutung. **Sekundärrechtlich** spielen vor allem die 2010 neu kodifizierte und im November 2018 geänderte Richtlinie für audiovisuelle Mediendienste **(AVMD-RL)**[51], die **E-Commerce-Richtlinie 2000**[52] und das **TelekommunikationsRL-Paket 2002** eine Rolle, das 2009 umfassend reformiert wurde[53]. Die Ziele der neuen Vorschriften sind mehr Wettbewerb unter Anbietern der Telekommunikationsbranche, verbesserter Datenschutz und bessere Verbraucherrechte, sowie eine Stärkung der Bürgerrechte im Internet und ein strikter Rahmen für staatliche Zugangsbeschränkungen zum Netz („Internetsperren"). Das EU-Parlament hat der Reform am 24. November 2009 schließlich 43

51 2010/13/EU, zuletzt geändert durch RL 2018/1808/EU, Amtsbl. L 303 v. 28.11.2018, S. 69 ff.

52 2000/31/EG.

53 2002/19/EG (Zugangsrichtlinie); 2002/20/EG (Genehmigungsrichtlinie); 2002/21/EG (Rahmenrichtlinie); 2002/22/EG (Universaldienstrichtlinie); 2002/58/EG (E-Datenschutzrichtlinie), geändert durch 2006/24/EG (Vorratsdatenspeicherungsrichtlinie), in der Fassung der Richtlinie 2009/140/EG des Europäischen Parlaments und des Rates vom 25.11.2009 zur Änderung der Richtlinie 2002/21/EG, der Richtlinie 2002/19/EG und der Richtlinie 2002/20/EG; ABl. EU Nr. L 337, S. 37; Richtlinie 2009/136/EG des Europäischen Parlaments und des Rates vom 25.11.2009 zur Änderung der Richtlinie 2002/22/EG, der Richtlinie 2002/58/EG und der Verordnung (EG) Nr. 2006/2004, ABl. EU Nr. L 337, S. 11; Verordnung (EG) Nr. 1211/2009 des Europäischen Parlaments und des Rates vom 25.11.2009 zur Einrichtung des Gremiums Europäischer Regulierungsstellen für elektronische Kommunikation (GEREK) und des Büros, ABl. EU Nr. L 337, S. 1.

zugestimmt. Die Mitgliedstaaten mussten den EU-Rechtsrahmen bis Mitte 2011 in der nationalen Gesetzgebung umsetzen. Bedeutsam ist darüber hinaus die seit dem 25. Mai 2018 in Deutschland anwendungspflichtige **EU-Datenschutz-Grundverordnung**[54], die die RL 95/46/EG aufhebt und den Schutz personenbezogener Daten verbindlich in allen Mitgliedstaaten regelt. Völkerrechtlich ist neben einer Reihe von internationalen Abkommen[55] insbesondere auf das Übereinkommen über das grenzüberschreitende Fernsehen und die Meinungsäußerungsfreiheit des Art. 10 EMRK hinzuweisen.

F. Fazit und Glossar

44 Der erste Teil diente der Einführung in das komplexe und facettenreiche Medienrecht. Er sollte einen ersten Überblick über dessen Bedeutung und rechtliche Grundzüge vermitteln. Wichtig ist es, zum einen den gattungsübergreifenden Ansatz des Medienrechts zu erkennen und es zum anderen als Querschnittsrecht zu begreifen.

Begriff des Medienrechts	Medienrecht umfasst als **Sammelbegriff** über das öffentliche, Zivil- und Strafrecht verstreute relevante Normen. Ausgangspunkt ist die Meinungs- und Informationsfreiheit des Art. 5 Abs. 1 GG. Im Medienrecht haben sich bislang keine Grundprinzipien etabliert.
Mediengattungen	Das Medienrecht kennt unterschiedliche Mediengattungen. **Printmedien** sind stofflich verkörperte Werke, die zur Verbreitung von Informationen in einem Massenverfahren hergestellt werden. Im **Film** werden Gedankeninhalte nicht stofflich, sondern auf optische Weise verkörpert und durch Vorführen verbreitet. **Rundfunk-** und **Telemedien** zeichnen sich durch eine nicht verkörperte spezielle Verbreitung der Informationen mittels elektromagnetischer Wellen aus. Die Telekommunikation bezieht sich auf den technischen Vorgang des Übermittelns von Daten. Dabei ist es gleichgültig, ob diese der individuellen Kommunikation oder der Massenkommunikation dient. Über das **Internet** können aufgrund seiner technischen Besonderheiten ganz unterschiedliche Inhalte verbreitet werde. Dies reicht von Individualkommunikation, über lineare Rundfunkangebote bis hin zu den hier am häufigsten anzutreffenden Abrufangeboten, die regelmäßig als Telemedien einzuordnen sind.
Individuelles Medienrecht	Individuelles Medienrecht betrifft das Recht der aktiv am Herstellungsprozess Beteiligten ebenso wie das der Rezipienten.
Institutionelles Medienrecht	Institutionelles Medienrecht gibt den Rahmen für die Schaffung von Medienangeboten und die Rolle des Staates darin vor.

54 Verordnung (EU) 2016/679 des Europäischen Parlaments und des Rates zum Schutz natürlicher Personen bei der Verarbeitung personenbezogener Daten, zum freien Datenverkehr und zur Aufhebung der Richtlinie 95/46/EG (Datenschutz-Grundverordnung) v. 27. April 2016, ABl. Nr. L 119 S. 1, ber. ABl. Nr. L 314 S. 72 und ABl. 2018 Nr. L 127 S. 2.

55 *Fink/Cole/Keber*, Europäisches und Internationales Medienrecht, Rn. 196 ff.

Ausprägungen des Medienrechts	Medienrecht ist **Querschnittsrecht**. Es hat etwa Ausprägungen im Bürgerlichen Recht des **BGB,** im **Kartellrecht** und im **Urheberrecht**. Das öffentliche Recht enthält zum einen die verfassungsrechtlichen Grundlagen der Rundfunk-, Presse- und Filmfreiheit, die in öffentlich-rechtlichen Spezialgesetzen näher ausgestaltet sind. Daneben kommt dem öffentlichen Medienrecht eine wichtige ordnungsrechtliche Funktion zu. Schließlich finden sich im **Straf- und Ordnungswidrigkeitenrecht** eine Reihe medienrechtlicher Vorschriften.
Konvergenz der Medien	Der Begriff der **Konvergenz** der Medien trägt der Tatsache Rechnung, dass die Unterscheidung zwischen herkömmlichen Mediengattungen zunehmend an Bedeutung verliert, weil die modernen Kommunikationswege, namentlich über das Internet, eine gattungsübergreifende Verbreitung von Inhalten zulassen und sich die Inhalte infolge dieses Prozesses annähern.
Wichtige Rechtsquellen	Die wichtigste nationale Rechtsquelle des Medienrechts ist das **Grundgesetz**. Auf Bundesebene finden sich etwa mit dem **Telekommunikationsgesetz** (TKG), dem **Telemediengesetz** (TMG), dem Bundesdatenschutzgesetz (BDSG), den Vorschriften über **Fernabsatzverträge** des BGB (§§ 312b-312f BGB) nach der Schuldrechtsreform von 2002 und dem **Urheberrechtsgesetz** (UrhG) weitere wichtige Rechtsquellen. Auf Landesebene sind die **Mediengesetze der Länder**, insbesondere die Presse- und Rundfunkgesetze, wichtig. Die Länder gehen zunehmend dazu über, die presse- und rundfunkbezogenen Regelungen in einheitlichen Mediengesetzen zusammenzufassen. Besondere Bedeutung kommt im Bereich des Rundfunks und der Telemedien auch **Staatsverträgen** zu. Europarechtlich sind die Dienstleistungsfreiheit in Art. 56 AEUV, die Beihilfenkontrolle in Art. 107 AEUV, die Kulturförderungsvorschrift des Art. 167 AEUV und die Bestimmungen über Transeuropäische Netze in Art. 170 ff. AEUV sowie die DS-GVO, die AVMD-RL, die im Jahr 2014 geänderte Transparenzrichtlinie 1998, die E-Commerce-Richtlinie 2000, die 2017 geänderte Multimedia-Richtlinie 2001 und das TelekommunikationsRL-Paket 2002 bedeutsam. Letzteres wurde mit dem Telekom-Reformpaket 2009 umfassend reformiert. Die Ziele der neuen Vorschriften sind mehr Wettbewerb unter Anbietern der Telekommunikationsbranche, mehr Datenschutz und Verbraucherrechte, eine Stärkung der Bürgerrechte im Internet sowie ein strikter Rahmen für staatliche Zugangsbeschränkungen („Internetsperren"). Völkerrechtlich ist insbesondere auf das Übereinkommen über das grenzüberschreitende Fernsehen und die Meinungsäußerungsfreiheit des Art. 10 EMRK hinzuweisen.

2. Teil
Das Medienrecht im Grundgesetz

45 Für das Medienrecht im Grundgesetz kommt neben den Bestimmungen über die Kompetenzen für diesen Bereich vornehmlich Art. 5 GG eine besondere Bedeutung zu. Aus diesem Grundrecht hat das Bundesverfassungsgericht als authentischer Interpret unserer Verfassung, namentlich für den Rundfunkbereich, weitreichende Vorgaben abgeleitet.

A. Kompetenz für die Regelung des Medienrechts

46 Der Schwerpunkt der Gesetzgebungskompetenz im Medienrecht, besonders für die wichtigsten Bereiche Presse und Rundfunk, liegt bei den Ländern. Die Zuständigkeit verteilt sich hier im föderalen System des Grundgesetzes wie folgt:

I. Presserecht

47 Nach Art. 30, 70 GG regeln die **Länder** das Presserecht insbesondere in ihren Landespressegesetzen, wobei im Urheber- und Verlagsrecht eine Abgrenzung zu Rechtsfragen des Schutzes des geistigen Eigentums im Hinblick auf das Urheberrecht (Art. 73 Abs. 1 Nr. 9 GG) und das Verlagsrecht erforderlich wird.

48 Gemäß Art. 72, 74 GG[1] hat der **Bund** die konkurrierende Zuständigkeit
- nach Art. 74 Abs. 1 Nr. 1 GG unter anderem im bürgerlichen Recht, im Strafrecht und grundsätzlich im gerichtlichen Verfahrensrecht. Dies ist bei Zeugnisverweigerungsrechten für Presseberufe (§ 53 Abs. 1 S. 1 Nr. 5, S. 2, 3, Abs. 2 S. 2, 3 StPO, § 383 Abs. 1 Nr. 5, Abs. 3 ZPO) und bei Beschlagnahmeverboten in Presseunternehmen (§ 97 Abs. 5 StPO) von Bedeutung.
- Art. 74 Abs. 1 Nr. 11 und 16 GG weisen dem Bund mit dem Recht der Wirtschaft eine entsprechende Zuständigkeit für die kartellrechtliche Fusionskontrolle von Presseunternehmen zu, die er in §§ 30, 36 Abs. 1 Nr. 3, 38 Abs. 3 GWB umgesetzt hat.[2] Das Recht der Wirtschaft hat der Bund angeführt, um die Regelungskompetenz im Bereich der Telemedien zu begründen und darauf gestützt das Telemediengesetz (TMG) zu erlassen.

---

1 Bis zu der im Wege der Föderalismusreform im Jahre 2006 herbeigeführten Änderung des Grundgesetzes i.V.m. 74a GG.

2 Bis zu der durch die Föderalismusreform im Jahre 2006 herbeigeführten Änderung des Grundgesetzes hatte der Bund nach Art. 75 Abs. 1 S. 1 Nr. 2 GG eine in diesem Rahmen aufgehobene Rahmenkompetenz für die allgemeinen Rechtsverhältnisse der Presse. Diese Zuständigkeit hatte der Bund nie in Anspruch genommen. Zur Gesetzgebungskompetenz im Presserecht *Groß*, VR 2004, 289 ff.

II. Rundfunkrecht

Der Schwerpunkt der Gesetzgebungskompetenz liegt auch im Rundfunkbereich nach Art. 30, 70 GG bei den **Ländern**. Die Hauptregelungen finden sich in den Landesrundfunk- bzw. Landesmediengesetzen, den Staatsverträgen der Länder für den Rundfunk und dem Jugendmedienschutz-Staatsvertrag. 49

Nach Art. 71, 73 GG kommt dem Bund die **ausschließliche** Gesetzgebungskompetenz für einen Teil des Rundfunkrechts[3] zu, nämlich für den Auslandsrundfunk im Rahmen der Deutschen Welle (Art. 73 Abs. 1 Nr. 1 GG). 50

Zur Vertiefung

Der Bund besitzt nach Art. 71 i.V.m. 73 Abs. 1 Nr. 1, Art. 87 GG die Gesetzgebungs- und Verwaltungskompetenz für den **Auslandsrundfunk**. Im Rahmen dessen wurden zunächst die **Deutsche Welle** und der **Deutschlandfunk** betrieben. Letzterer hatte ursprünglich die Information aller Deutschen, insbesondere derjenigen in der ehemaligen DDR zum Programmauftrag. Damit sollte vor allem der Gedanke der gesamtdeutschen Identität und der Wiedervereinigung trotz bestehender Teilung aufrechterhalten werden. Da das Verhältnis zwischen beiden deutschen Staaten auf einer Ebene zwischen Völkerrecht und innerstaatlichem Recht angesiedelt wurde, nahm der Bund insoweit die Kompetenz in entsprechender Anwendung der auswärtigen Beziehungen für sich in Anspruch. Mit der Deutschen Einheit haben sich diese Fragen erledigt. Daher wurde der Deutschlandfunk zusammen mit Teilen des ehemaligen DDR-Kulturradios ab dem 1. Januar 1994 mittels Deutschlandradio-Staatsvertrag in die Länderhoheit überführt[4] und besteht dort mit drei bundesweiten Programmen Deutschlandfunk, Deutschlandfunk Kultur und Deutschlandfunk Nova als landesrechtliche Körperschaft mit dem Namen Deutschlandradio fort.[5] Die Deutsche Welle ist auf die Repräsentation der Bundesrepublik im Ausland gerichtet.[6] Sie wird vom Bund betrieben. Nach § 4 des Gesetzes über die Rundfunkanstalt des Bundes „Deutsche Welle" (DWG) ist es Ziel dieser „Angebote der Deutschen Welle (...), Deutschland als europäisch gewachsene Kulturnation und freiheitlich verfassten demokratischen Rechtsstaat verständlich (zu) machen. Sie sollen deutschen und anderen Sichtweisen zu wesentlichen Themen vor allem der Politik, Kultur und Wirtschaft sowohl in Europa wie in anderen Kontinenten ein Forum geben mit dem Ziel, das Verständnis und den Austausch der Kulturen und Völker zu fördern. Die Deutsche Welle fördert dabei insbesondere die deutsche Sprache." 51

Die **konkurrierende** Zuständigkeit weisen Art. 72, 74 GG dem Bund in 52

- Art. 74 Abs. 1 Nr. 1 GG für Zeugnisverweigerungsrechte und Beschlagnahmeverbote (§ 53 Abs. 1 S. 1 Nr. 5, S. 2, 3, Abs. 2 S. 2, 3 StPO, § 383 Abs. 1 Nr. 5, Abs. 3 ZPO und Beschlagnahmeverbote § 97 Abs. 5 StPO) zu.
- Art. 21 Abs. 3 GG i.V.m. § 5 PartG ist bezüglich der Chancengleichheit für politische Parteien, die sich auf die Verteilung Sendezeit für Wahlwerbung auswirkt, einschlägig.
- Weiterhin unterfallen die für das Rundfunkrecht relevanten Bereiche Jugendschutz (Art. 74 Abs. 1 Nr. 7 GG) sowie Wirtschaftsrecht und Kartellrecht (Art. 74 Abs. 1 Nr. 11 und 16 GG) der konkurrierenden Zuständigkeit des Bundes.

---

3 Vgl. auch *BVerfGE* 12, 205, 225 – 1. Rundfunkentscheidung.
4 *Gersdorf*, Rn. 55.
5 *Gersdorf*, Rn. 157; *Hartstein/Stettner*, in: HK-RStV, Vor § 11 Rn. 22 ff.
6 Dazu *Dörr*, Die verfassungsrechtliche Stellung der Deutschen Welle, 1998, S. 18 ff.

III. Telekommunikationsrecht

53 Zudem hat der **Bund** nach Art. 73 Abs. 1 Nr. 7, 87f Abs. 1 GG die ausschließliche Kompetenz für Telekommunikation, die er vornehmlich im Telekommunikationsgesetz (TKG) umgesetzt hat.

B. Individuelle Kommunikationsfreiheiten des Art. 5 Abs. 1 GG

54 Die Grundlage für die nationale Medienordnung ist insbesondere das Grundgesetz, wobei den Kommunikationsfreiheiten eine überragende Bedeutung zukommt. Schon aus Art. 5 Abs. 1 GG lässt sich die Unterscheidung nach individuellem/institutionellem Medienrecht als Regulierung der verschiedenen Kommunikationsfreiheiten ableiten.

I. Formen der Medienfreiheit

Art. 5 Abs. 1 GG kennt fünf Formen der Medienfreiheit.

1. Meinungsfreiheit

55 Die Bestimmung des Art. 5 Abs. 1 GG verankert zunächst die individuelle Meinungsfreiheit im Sinne eines subjektiven Rechts, die zu den Kommunikationsfreiheiten gehört. Die Freiheit der Meinung wird als „unmittelbarster Ausdruck der menschlichen Persönlichkeit in der Gesellschaft" und „in gewissem Sinn (als) die Grundlage jeder Freiheit überhaupt"[7] begriffen.

2. Informationsfreiheit

56 Mit der Meinungsfreiheit korrespondiert die Informationsfreiheit, die sich aber nur auf allgemein zugängliche Quellen bezieht. Dies ist bei Informationsquellen der Fall, die technisch dazu geeignet und bestimmt sind, nicht einem Einzelnen, sondern der Allgemeinheit Informationen zu verschaffen.[8]

3. Pressefreiheit

57 Die Pressefreiheit betrifft alle zur Verbreitung geeigneten Druckerzeugnisse. Für den Begriff des Druckerzeugnisses kommt es auf das Kriterium des gedruckten Wortes un-

---

7 *BVerfGE* 7, 198, 208 – Lüth.

8 *Bethge,* in: Sachs (Hrsg.), Grundgesetz Kommentar, 8. Aufl. 2018, Art. 5 Rn. 55 ff.; *Dörr,* in: Merten/Papier, Handbuch der Grundrechte, Bd. IV, 2011, § 103 Informationsfreiheit, Rn. 27 (im Folgenden zitiert als *Bearbeiter,* in: HGR IV, §, Rn.).

abhängig von dem zu bedruckenden Material an, so dass es sich bei einer bedruckten DVD insofern auch um ein Druckerzeugnis handelt.[9]

4. Rundfunkfreiheit

Die Rundfunkfreiheit bildet eine Brücke zwischen Meinungs- und Informationsfreiheit und schützt im Unterschied zu Presse- und Filmfreiheit die elektromagnetische Verbreitung von Informationen.[10] Bei der Frage, was unter Rundfunk zu verstehen ist, muss man zwischen dem verfassungsrechtlichen und dem einfachgesetzlichen Rundfunkbegriff unterscheiden. **58**

Nach der Definition von § 2 Abs. 1 RStV ist Rundfunk „ein linearer Informations- und Kommunikationsdienst; er ist die für die Allgemeinheit und zum zeitgleichen Empfang bestimmte Veranstaltung und Verbreitung von Angeboten in Bewegtbild oder Ton entlang eines Sendeplans unter Benutzung elektromagnetischer Schwingungen." Damit werden eine neue Bestimmung des einfachgesetzlichen Rundfunkbegriffs und auch eine neue Abgrenzung zwischen Rundfunk und Telemedien vorgenommen. Dabei orientierte sich der Gesetzgeber an den Kategorien der ursprünglichen AVMD-Richtlinie[11], die zwischen linearen audiovisuellen Mediendiensten (Fernsehprogrammen) und nicht linearen audiovisuellen Mediendiensten (Abrufdiensten) unterscheidet. Daran ändert auch die Richtlinie zur Änderung der AVMD-Richtlinie vom 14. November 2018[12] nichts, die an der Unterscheidung zwischen linearen und nicht linearen audiovisuellen Mediendiensten festhält.[13] Rundfunk sind nach § 2 Abs. 1 RStV nur lineare Angebote; dagegen werden Abrufdienste aus dem Rundfunkbegriff ausgeklammert. Die Bestimmung des § 2 Abs. 1 RStV definiert den einfachgesetzlichen Rundfunk. Abs. 3 nimmt bestimmte Angebote aus diesem Rundfunkbegriff wieder heraus. Der einfachgesetzliche Rundfunkbegriff verzichtet auf das zuvor zentrale Merkmal der Darbietung und führt mit dem Begriff „linear" ein neues, weitgehend inhaltsneutrales Element ein. Wie bisher enthält § 2 Abs. 1 RStV die Elemente der Allgemeinheit und der Funktechnik (Benutzung elektromagnetischer Schwingungen). Das bis zum Zwölften Rundfunkänderungsstaatsvertrag auch im einfachgesetzlichen Rundfunkbegriff enthaltene Merkmal der „Darbietung" wurde durch das überwiegend technische Merkmal „linearer Informations- und Kommunikationsdienst" ersetzt. Ein Informations- und Kommunikationsdienst liegt vor, wenn das Angebot in Bewegtbild oder Ton entlang eines Sendeplanes verbreitet wird. Auch damit werden sinngemäß Merkmale der AVMD-Richtlinie herangezogen, die ebenfalls auf das Vorliegen eines Sendeplanes und – da es lediglich um audiovisuelle Angebote geht – auf das Bild abstellt. Mit den Merkmalen „Bewegtbild oder Ton" werden reine Textangebote, auch solche, die mit unbewegten Bildern verbunden sind, aus dem Rundfunkbegriff ausgeklammert, was vor dem Zwölften Rundfunkänderungsstaatsvertrag nicht der Fall war. **58a**

9 *Bethge*, in: Sachs, Art. 5 Rn. 68 ff.
10 *Bethge*, in: Sachs, Art. 5 Rn. 90a.
11 2010/13/EU, Amtsbl. L 95 v. 14.4.2010, S. 1 ff..
12 2018/1808/EU, Amtsbl. L 303 v. 28.11.2018, S. 69 ff.
13 Vgl. unten Rn. 456.

Zudem kann einfachgesetzlicher Rundfunk nur dann vorliegen, wenn Bewegtbilder oder Töne entlang eines Sendeplanes verbreitet werden. Es muss sich also um eine zeitlich geordnete Folge von Inhalten handeln, die in einem Plan festgelegt ist.[14] Daraus lässt sich ableiten, dass ein Sendeplan nur dann vorliegt, wenn der Rundfunkanbieter die einzelnen inhaltlichen Elemente (Sendungen) seines Programms in einer gewissen Reihefolge zusammenstellt, also eine redaktionelle Gestaltung seines Angebots vornimmt. Damit wird der ansonsten technisch bestimmte Begriff durch gewisse inhaltliche Elemente angereichert.[15] Nach dieser Definition unterliegen Teleshopping-Kanäle, die vor dem Zwölften Rundfunkänderungsstaatsvertrag ausdrücklich den Mediendiensten zugeordnet waren, grundsätzlich dem einfachgesetzlichen Rundfunkbegriff. Sie werden nämlich üblicherweise als Verteildienste, also point-to-multipoint, verbreitet. Zudem sind sie auch entlang eines Sendeplans aufgebaut, reihen also in zeitlich geordneter Folge Inhalte aneinander. In welchem Umfang sie die öffentliche Meinungsbildung beeinflussen können, ist nach der nunmehr technisch geprägten Definition des § 2 Abs. 1 S. 1 RStV unerheblich. Schließlich macht auch die Bestimmung des § 1 Abs. 4 RStV deutlich, dass klassische Teleshopping-Kanäle, die aufgrund ihrer geringen Meinungsbildungsrelevanz vormals als Mediendienste kategorisiert wurden, jetzt als Rundfunk anzusehen sind. Ansonsten wäre es nicht erforderlich, in § 1 Abs. 4 RStV anzuordnen, dass bestimmte Regelungen, die der Sicherung der Meinungsvielfalt dienen, auf Teleshopping nicht anzuwenden sind. Zudem ordnete Art. 7 Abs. 2 des Zwölften Rundfunkänderungsstaatsvertrags an, dass Teleshopping-Kanäle, die zum Zeitpunkt des Inkrafttretens des Staatsvertrags verbreitet wurden, für die Dauer von 10 Jahren als zugelassen gelten. Auch dies erhellt, dass Teleshopping-Kanäle grundsätzlich der Zulassungspflicht unterliegen und damit einfachgesetzlicher Rundfunk sind.[16]

§ 2 Abs. 3 RStV nimmt bestimmte Angebote, die nach der Definition des § 2 Abs. 1 S. 1 und 2 RStV Rundfunk darstellen, wieder aus dem Rundfunkbegriff heraus. Besondere Bedeutung hat § 2 Abs. 3 Nr. 4 RStV, der solche Angebote aus dem Rundfunkbegriff ausklammert, die nicht journalistisch-redaktionell gestaltet sind. Diese Ausnahmebestimmung lässt erkennen, dass die Länder davon ausgehen, dass das vollständige Fehlen des Einflusses auf die öffentliche Meinungsbildung dazu führen muss, Angebote aus der strengen Rundfunkregulierung herauszunehmen.

58b Allerdings ist nicht der einfachgesetzliche, sondern der verfassungsrechtliche Rundfunkbegriff zentrale Voraussetzung für die Anwendung des Rundfunkgrundrechts aus Art. 5 Abs. 1 S. 2 GG.[17] Hierbei ist zu beachten, dass die Verfassung grundsätzlich ihre Begriffe selbst bildet („Selbststand der Verfassung") und Verfassungsbegriffe nicht ein-

14 Vgl. dazu etwa *Castendyk/Böttcher*, MMR 2008, 13, 16; *Weberling*, AfP 2008, 445, 447 f.; *Holznagel/Kibele*, in: Spindler/Schuster (Hrsg.), Recht der elektronischen Medien, 2011, § 2 Rn. 43; *Dörr*, in: HK-RStV, § 2 Rn. 22.

15 Vgl. *Dörr*, in: HK-RStV, § 2 Rn. 22; anders *Bornemann*, ZUM 2013, 845, 847 ff., der darin lediglich eine Erläuterung der Linearität sieht.

16 So zu Recht *Schütz*, MMR 2009, 227, 228.

17 Zur Unterscheidung zwischen verfassungsrechtlichem und einfachgesetzlichem Rundfunkbegriff vgl. *Dörr*, in: HK-RStV, § 2 Rn. 8; *Schemmer*, in: Epping/Hillgruber, Beck'scher Online-Kommentar Grundgesetz, Art. 5 Rn. 66.1.

fach nach Maßgabe einfachen Gesetzesrechts ausgelegt werden können, wenn auch eine Wechselwirkung mit der unterverfassungsrechtlichen Rechtsordnung nicht zu übersehen ist. Die einfachgesetzliche Definition des Rundfunkstaatsvertrags ist deshalb nicht ohne weiteres für die Verfassungsinterpretation maßgebend; vielmehr hat das Bundesverfassungsgericht bereits in der 5. Rundfunkentscheidung („Baden-Württemberg-Entscheidung")[18] anerkannt, dass zwischen dem verfassungsrechtlichen und dem einfachgesetzlichen Rundfunkbegriff unterschieden werden kann.[19] Dies ermöglicht den Ländern in ihrer Gesetzgebungszuständigkeit für den Rundfunkbereich, bestimmte Erscheinungsformen aus dem weiten verfassungsrechtlichen Rundfunkbegriff auszunehmen, sie einfachgesetzlich als Telemedien zu bezeichnen und wegen geringerer publizistischer Relevanz einer weniger strengen Regelung zu unterwerfen.[20] In der Bestimmung des Art. 5 Abs. 1 S. 2 GG wird der Begriff „Rundfunk" vom Grundgesetz nicht definiert, sondern vorausgesetzt, ohne dass er eine unmittelbare verfassungsrechtliche Konkretisierung erfährt. Nach der Rechtsprechung des Bundesverfassungsgerichts ist sein Inhalt aus einer am normativen Funktionszweck orientierten Betrachtungsweise zu erschließen.[21] Dabei geht das Bundesverfassungsgericht davon aus, dass der Begriff „Rundfunk" dynamisch zu interpretieren und damit für neue technische Entwicklungen flexibel und offen ist. Auf die physikalische Art der Übertragung kommt es beim Rundfunkbegriff nach der Rechtsprechung des Bundesverfassungsgerichts nicht an.[22] Entscheidend ist in verfassungsrechtlicher Hinsicht die publizistische Wirkung für die öffentliche Meinungsbildung.[23] Aktualität, Breitenwirkung und Suggestivkraft sind danach die Charakteristika des Rundfunks. Für den verfassungsrechtlichen Rundfunkbegriff sind nach der Rechtsprechung des Bundesverfassungsgerichts die gleichen Kriterien maßgeblich, die bis zum Zwölften Rundfunkänderungsstaatsvertrag auch den einfachgesetzlichen Rundfunkbegriff prägten. Es handelt sich dabei um die Merkmale der Allgemeinheit, der Funktechnik (Verbreitung mittels elektromagnetischer Schwingungen) und der Darbietung. Das Merkmal der Allgemeinheit bewirkt, dass nur Massenkommunikation als Rundfunk gewertet werden kann. Wie viele Rezipienten die Ausstrahlung tatsächlich empfangen, ist gleichgültig, eine gewisse Breitenwirkung muss jedoch gegeben sein; notwendig ist Öffentlichkeit und Adressierung an die Allgemeinheit. Das technische Kriterium für Rundfunk ist das der Übertragung im Wege elektromagnetischer Schwingungen, was die Überwindung einer räumlichen Distanz zum Rezipienten bedingt. Der Begriff der elektromagnetischen Schwingungen umfasst nach Sinn und Zweck der Regelung auch digitale Verbreitungsformen, selbst wenn er aus der analogen Welt stammt. Daher ist auch das Internet ein geeigneter Verbreitungsweg, der das technische Kriterium für Rundfunk erfüllt.[24] An der Überwindung einer räumlichen Distanz fehlt es, wenn Sender und Empfänger in unmittelbarer

18 *BVerfGE* 74, 297.

19 Vgl. dazu eingehend *Dörr*, in: HK-RStV, § 2 Rn. 8 ff.; siehe auch *Michel*, Senden als konstitutiver Bestandteil des Rundfunkbegriffs?, ZUM 2009, 453, 454 f.

20 Vgl. hierzu *Holznagel*, Multimedia zwischen Regulierung und Freiheit, ZUM 1999 425, 427 f.

21 *BVerfGE* 73, 118, 154 – 4. Rundfunkentscheidung.

22 *BVerfGE* 73, 118, 154 – 4. Rundfunkentscheidung.

23 Dazu eingehend *Dörr*, in: HK-RStV, § 2 Rn. 15; *Hesse*, Rundfunkrecht, 3. Auflage 2003, 3. Kap. Rn. 9.

24 *Dörr*, in: HK-RStV, § 2 Rn. 14.

Verbundenheit miteinander stehen und sich die Verbreitung innerhalb einer überschaubaren räumlichen Einheit vollzieht. Rundfunk im verfassungsrechtlichen Sinne erfordert aber auch ein inhaltliches Element, das mit dem Begriff der „Darbietung" umschrieben wird. Diesem inhaltlichen Element kommt entscheidende Bedeutung zu. Rundfunk als „Faktor und Medium" der öffentlichen Meinung ist den Grundsätzen von Pluralität und Ausgewogenheit des repräsentierten Meinungsspektrums verpflichtet. Die dafür geschaffene „positive Ordnung", die der Gesetzgeber vorzuhalten hat, ist aber nur dann am Platze, wenn Angebote auch tatsächlich Meinungsrelevanz besitzen, wenn also elektronische Angebote die nach der Verfassungsrechtsprechung geforderte Suggestivwirkung der bewegten Bilder, Aktualität und Breitenwirkung aufweisen. Breitenwirkung, Aktualität und Suggestivkraft begründen nach Auffassung des Bundesverfassungsgerichts die Sonderrolle des Rundfunks.[25]

58c Die Zuordnung eines Angebots zum verfassungsrechtlichen Rundfunk ist keineswegs nur von theoretischem Interesse. Sie hat vielmehr erhebliche praktische Auswirkungen. Die Anbieter bzw. Veranstalter eines solchen Angebots können sich dann auf den Schutz der Rundfunkfreiheit mit seinen tragenden Prinzipien berufen.

5. Filmfreiheit

59 Die Filmfreiheit schützt die Berichterstattung durch den Film als chemisch-optischen oder digitalen Tonträger, der durch Vorführung verbreitet wird[26].

II. Die Meinungsfreiheit als allgemeine Basis der Kommunikationsgrundrechte

60 Allen Kommunikationsgrundrechten liegt die Meinungsfreiheit des Art. 5 Abs. 1 S. 1 GG zugrunde.

1. Übungsfrage: Anlässlich der Fußballweltmeisterschaft veröffentlicht ein satirisches Jugendmagazin erdachte WM-Tagebucheinträge des deutschen Fußballnationalspielers Lukas Podolski. Im Wortlaut geht es etwa um folgende Beiträge:

- „Liebes Tagebuch, heute ist Laktat-Test. Aber Schweini und ich haben überhaupt nicht geübt.",
- „Wenn Trinidad und Tobago zusammenspielen, dürfen wir dann nicht mit Spanien oder so?",
- „Lieber Tagesbuch, heute haben unsere Nutella-Boys, also Mesut und Manuel versucht, dem Jogi am Pool mit einem nassen Handtuch auf den Arsch zu klatschen. Ich hab ein bisschen an meinem Mofa rumgeschraubt und Philipp Lahm und Miro Klose haben Postkarten geschrieben, die Streber".

Für den Verlag, die X-GmbH, zeugen die Beiträge von besonderer Sympathie für den Spieler, dessen Management sieht darin indes ehrverletzende und unterlassungswürdige Äußerungen und beantragt im Wege der einstweiligen Verfügung, die Ausstrahlung der Serie zu untersagen.

---

25 Vgl. dazu insbesondere *BVerfGE* 119, 181, 215; eingehend dazu *Dörr*, in: HK-RStV, § 2 Rn. 15.
26 *Bethge*, in: Sachs, Art. 5 Rn. 116, 118.

1. Adressaten und Träger der Meinungsfreiheit

Die individuellen Kommunikationsfreiheiten sind Menschenrechte, die jedem zustehen. 61

■ **2. Übungsfrage:** Kann sich in der Übungsfrage 2 die X-GmbH auf die Meinungsfreiheit berufen, oder ist dies nur einer natürlichen Person möglich, etwa dem Redakteur, der ihr Urheber ist?

Das Grundrecht der Meinungsfreiheit steht nicht nur natürlichen Personen zu; hierauf können sich auch juristische Personen berufen, wenn das Grundrecht seiner Natur nach auch auf diese anwendbar ist (Art. 19 Abs. 3 GG). Da die Ausübung der Meinungsfreiheit auch für den Verlag als juristische Person des Privatrechts elementar und darüber hinaus schon ihrer Natur nach auf das Unternehmen zugeschnitten ist, kann sich auch dieser auf das Grundrecht aus Art. 5 GG berufen. 62

Zur Vertiefung: Es ist umstritten, ob sich ein Presseunternehmen für einzelne wertende Äußerungen, also Meinungen, nur auf die Pressefreiheit oder daneben auch auf die allgemeine Meinungsfreiheit berufen kann. Nach der Rechtsprechung des Bundesverfassungsgerichts sind die in einem Presseerzeugnis enthaltenen Äußerungen bereits durch die allgemeine Meinungsfreiheit gedeckt[27]. 63

2. Schutzbereich der Meinungsfreiheit

Der Schutzbereich der Meinungsfreiheit, die ein individuelles und politisches Grundrecht ist, umfasst grundsätzlich die Freiheit der Meinungsbildung und Meinungsäußerung, auf deren Wert es nicht ankommt.[28] Hinsichtlich des Schutzbereichs der Meinungsfreiheit sind die folgenden Probleme zentral. 64

a) Werturteile und Tatsachenbehauptungen. Der Schutzbereich der Meinungsfreiheit umfasst das Äußern und Verbreiten von Werturteilen. Werturteile sind stellungnehmende, dafürhaltende, meinende Äußerungen, auf deren Wert, Richtigkeit oder Vernünftigkeit es nicht ankommt[29]. Grundsätzlich umfasst der Schutzbereich auch scharfe und überspitzte. So sind für den BGH etwa im Zusammenhang mit der straffreien Abtreibung die Formulierungen „Babycaust", „Kindermord im Mutterschoß" und „„Tötungsspezialist für ungeborene Kinder" beanstandungsfrei[30], anders jedoch, wenn eine Tierschutzorganisation die Käfighaltung von Geflügel durch gegenübergestellte Bilder mit dem Holocaust vergleicht[31]. 65

■ **3. Übungsfrage:** Der Verlag in Übungsfrage 2 zitiert den Fußballspieler mit den fiktiven Aussagen: „Heute ist Laktat-Test. Aber Schweini und ich haben überhaupt nicht geübt", wenn „Trinidad und Tobago zusammenspielen, dürfen wir dann nicht mit Spanien oder so?" und „Lieber Tagesbuch, heute haben unsere Nutella-Boys, also Mesut und Manuel, versucht, dem Jogi am Pool mit einem nassen Handtuch auf den Arsch zu klatschen. Ich hab ein bisschen an meinem Mofa rumgeschraubt und Philipp Lahm und Miro Klose haben Postkarten geschrieben, die Streber". Unterfallen diese Aussagen dem Schutzbereich der Meinungsfreiheit? 66

---

27 *BVerfGE* 85, 1, 11, 12 f.; 97, 391, 400; 113, 63, 75.
28 *Fechner*, 3. Kap., Rn. 50.
29 *BVerfGE* 33, 1, 14; 61, 1, 7.
30 *BGH*, NJW 2000, 3421.
31 *LG Berlin*, AfP 2004, 461.

67 Auch Äußerungen, mit denen die Grenze zur **Schmähkritik** und Formalbeleidigung überschritten wird oder die die Menschenwürde tangieren, sind nach zutreffender wenn auch umstrittener Auffassung vom Schutzbereich erfasst.[32] Über ihre Zulässigkeit ist auf der Schrankenebene zu befinden[33], also bei der Frage, inwieweit das Grundrecht der Meinungsfreiheit Einschränkungen unterliegen kann. Dagegen geht das Bundesverfassungsgericht in einigen Entscheidungen davon aus, dass bei Formalbeleidigungen und Schmähkritik keine Abwägung zwischen der Meinungsfreiheit und dem Persönlichkeitsrecht mehr stattfinden muss. Nach dieser Rechtsprechung bilden herabsetzenden Äußerungen, die sich als Formalbeleidigung oder Schmähung darstellen, einen Sonderfall, bei dem jedenfalls keine Abwägung zwischen der Meinungsfreiheit und dem Persönlichkeitsrecht notwendig sei, weil die Meinungsfreiheit regelmäßig hinter den Ehrenschutz zurückzutreten habe.[34] Diese für die Meinungsfreiheit einschneidende Folge gebietet es nach dieser Rechtsprechung aber, hinsichtlich des Vorliegens von Formalbeleidigungen und Schmähkritik strenge Maßstäbe anzuwenden.[35] Herabsetzende Äußerungen, denen ein Sachbezug nicht abgesprochen werden kann, sind nicht schon deshalb schmähend, weil es an einer hinreichenden Tatsachengrundlage fehlt.[36] Schmähkritik liegt vielmehr erst dann vor, wenn eine schmähende Wertung ohne tatsächliche Bezugspunkte – etwa als „geschmiert“ oder „korrumpiert“ – getroffen wird.[37]

68 Vom Schutzbereich ausgeschlossen sind bewusst **unwahre Tatsachenäußerungen.** Das Bundesverfassungsgericht geht davon aus, dass dies auch für unwahre Tatsachenbehauptungen gilt, deren Unwahrheit dem Äußernden zwar nicht bewusst ist, aber zum Zeitpunkt der Äußerung feststeht[38]. Fraglich ist zudem, ob auch unrichtige Zitate bereits aus dem Schutzbereich ausgeklammert sind[39] oder die Meinungsfreiheit bei der Abwägung mit dem Persönlichkeitsrecht zurücktreten muss, wenn eine das Persönlichkeitsrecht beeinträchtigende Bewertung mit einem unrichtigen Zitat des Verletzten untermauert wird.[40] Ob im Einzelfall eine Tatsachenbehauptung oder ein Werturteil vorliegt, richtet sich danach, ob die Aussage einem **Wahrheitsbeweis** zugänglich ist.[41]

32 Dazu *Soehring/Seelmann-Eggebert*, NJW 2005, 571, 579 f.
33 *BVerfGE* 93, 266, 293 – Soldaten sind Mörder.
34 *BVerfGE* 82, 43, 51; 90, 241, 248; 93, 266, 294.
35 *BVerfGE* 93, 266, 294.
36 *BVerfG*, NJW 2004, 277; dazu *Soehring/Seelmann-Eggebert*, NJW 2005, 571, 579.
37 *Soehring/Seelmann-Eggebert*, NJW 2005, 571, 579.
38 *BVerfGE* 99, 185, 187 – Helnwein; kritisch dazu *Dörr*, in: Wendt/Rixecker, Verfassung des Saarlandes, Kommentar Art. 5 Rn. 4; *Di Fabio*, in: Schiwy/Schütz/Dörr, Lexikon des Medienrechts, S. 373.
39 So tendenziell *BVerfGE* 54, 208, 219 – Böll.
40 Auch so lassen sich die Ausführungen des Bundesverfassungsgerichts deuten, wenn dort ausgeführt wird: „Jedenfalls rechtfertigt das Grundrecht der Meinungsfreiheit es nicht, eine bei Anlegung dieses Maßstabs vertretbare Interpretation einer mehrdeutigen Äußerung des Kritisierten als Zitat auszugeben, ohne kenntlich zu machen, daß es sich um eine Interpretation des Kritikers handelt.“ (*BVerfGE* 54, 208, 219).
41 *BVerfGE* 90, 241, 247 – Auschwitzlüge.

b) Tatsachenbehauptungen sind durch das Grundrecht der Meinungsäußerungsfreiheit dann geschützt, wenn sie Voraussetzung für die Bildung von Meinungen sind. Allerdings fallen bewusst unwahre Tatsachenbehauptungen stets aus dem Schutzbereich der Meinungsfreiheit hinaus.[42] **69**

Die Abgrenzung zwischen Werturteilen und Tatsachenbehauptungen kann im Einzelfall auch deshalb problematisch sein, weil beide Äußerungsformen nicht selten miteinander verbunden werden und erst gemeinsam den Sinn einer Äußerung ausmachen. In solchen Fällen ist nach der Rechtsprechung des Bundesverfassungsgerichts der Begriff der Meinung weit zu verstehen.[43] **70**

Bei der ersten dem Fußballspieler in den Mund geschobenen Aussage geht es um einen Laktat-Test, also einen Test zur Ermittlung von bestimmten Salzen im Körper, die als negatives Ion das Säurerest-Ion der Milchsäure tragen. Der Satz enthält die inzidente Behauptung: „Ich weiß nicht, was ein Laktat-Test ist und glaube, man könne dafür üben." Die zweite Aussage enthält inzident die Behauptung: „Ich weiß nicht, dass Trinidad und Tobago *ein* Staat ist." Dieser Fall zeigt, wie nah Tatsachenbehauptung und Werturteil beieinander liegen. Beide Aussagen sind zwar durch Befragen des Betroffenen, ob er es zum Zeitpunkt der Veröffentlichung des Beitrages besser gewusst habe, theoretisch einem Wahrheitsbeweis zugänglich. Allerdings sind sie keine Tatsachenbehauptungen, weil es sich hierbei um rein erdachte Zitate gehandelt hat. Die Aussage, ein Fußballspieler wisse nicht einmal grob, worum es sich bei einem für ihn alltäglichen Bluttest handele, und die, er könne WM-Teilnehmer geographisch nicht zuordnen und schließe daraus auf das Recht, eine gemeinsame Mannschaft mit einem WM-Favoriten zu bilden, enthält – wenn auch in das Stilmittel der Satire verpackt – die inzidente Aussage, der Spieler sei sehr ungebildet. Der Charakter des Werturteils wird schließlich durch den Text über infantiles Verhalten der Fußballprofis am Pool unterstrichen, der mit einem Syntaxfehler beginnt und auf diese Weise den Spieler als dumm darstellt. Es handelt sich bei den Aussagen also insgesamt um Meinungen, die vom Schutzbereich der Meinungsfreiheit erfasst sind, die aber auch aufgrund ihrer Substanzarmut nicht an Schmähkritik herankommen[44]. **71**

b) Positive Freiheit und negative Freiheit. Meinungsfreiheit und Informationsfreiheit geben zunächst jedem das Recht, seine Meinung zu äußern, diese zu verbreiten und sich umfassend zu informieren (positive Meinungsfreiheit). Zudem ist auch das Recht, keine Meinung äußern zu wollen (negative Meinungsfreiheit), vom Schutzbereich erfasst.[45] **72**

42 *BVerfGE* 90, 1, 14 f. – Kriegsschuld; 99, 185, 187 – Helnwein.
43 *BVerfGE*, 85, 1, 15 f. – Bayer; 90, 1, 15– Kriegsschuld.
44 Ähnlich *LG München I*, AfP 2006, 582 ff. „Die Beiträge … sind handwerklich so schlecht gemacht, inhaltlich so dumm dreist, dass sie auf die Antragsgegnerin selbst zurückfallen. Weder wird sie der Hörer dem Antragsteller selbst zuschreiben, noch wird er denken, dass der Antragsteller auch nur entfernt so geistesschwach sein könnte, wie er dargestellt wird".
45 *BVerfGE* 95, 173, 182 – Tabakwerbung.

73 **Zur Vertiefung** Daneben wird auch das Kommunikationsgeheimnis grundrechtlich geschützt. Dieser Schutz ist notwendig, da Kommunikation auch auf Privatheit und Vertraulichkeit angelegt sein kann. Grundrechtlich ist insoweit Art. 10 GG einschlägig, der vom Bundesverfassungsgericht als einheitliches Grundrecht verstanden wird. Er gewährleistet das Brief, Post- und Fernmeldegeheimnis.

3. Schrankensystematik und Abwägung

Die Informationsgrundrechte kennen folgende Schranken und Schranken-Schranken.

74 **a) Schranken.** Die Schranken des Art. 5 Abs. 1 GG sind in der Schrankentrias des Art. 5 Abs. 2 GG enthalten. Dazu zählen die allgemeinen Gesetze, der Jugendschutz und das Recht der persönlichen Ehre.

aa) Allgemeine Gesetze

75 **4. Übungsfrage:** In Übungsfrage 2 fühlt sich der Fußballspieler durch die Beiträge in seiner Ehre verletzt. Gibt es ein allgemeines Gesetz, das die Freiheit des Verlages zur Verbreitung derartiger Meinungen einschränkt?

76 Unter den Schranken der Meinungsfreiheit kommt den „allgemeinen Gesetzen" eine besondere Bedeutung zu. Allgemeine Gesetze können sowohl solche im formellen als auch im materiellen Sinne, also auch Rechtsverordnungen, sein[46]. Zu deren Bestimmung wurden verschiedene Lehren entwickelt, die auch miteinander kombiniert wurden. Nach der Sonderrechtslehre erkennt man allgemeine Gesetze daran, dass sie nicht bestimmte Meinungen verbieten, sich also nicht gegen eine Meinung als solche richten. Nach der **Abwägungslehre** müssen die allgemeinen Gesetze dem Schutz eines schlechthin zu gewährleistenden Rechtsguts dienen, das der Meinungsfreiheit vorgeht. Das Bundesverfassungsgericht hat die allgemeinen Gesetze zunächst in der Lüth-Entscheidung[47] definiert und dazu die **Kombinationstheorie**[48] entwickelt. Diese kombiniert die Sonderrechtslehre mit der Abwägungslehre. Danach liegt ein allgemeines Gesetz nur vor, wenn sich die einschränkende Vorschrift nicht gegen die Meinung als solche richtet (Sonderrechtslehre), sondern dem Schutz eines anderen Rechtsguts dient, das im konkreten Fall gegenüber der Meinungsfreiheit Vorrang hat (Abwägungslehre). Allerdings hat das Bundesverfassungsgericht schon in der Lüth-Entscheidung die Abwägung gerade nicht beim Begriff des „allgemeinen Gesetzes", sondern im Rahmen der Schranken-Schranken bei der Verhältnismäßigkeit vorgenommen. Danach fanden sich zunehmend in Entscheidungen des Bundesverfassungsgerichts Ansätze, die nur noch auf die Sonderrechtslehre abhoben[49].

76a Auch in der Wunsiedel-Entscheidung vom 4. November 2009[50] hat das Bundesverfassungsgericht nur noch die **Sonderrechtslehre** angewandt. Es zitiert zwar ausdrücklich

46 *BVerwGE* 72, 183, 186.
47 *BVerfGE* 7, 198 ff.
48 *BVerfGE* 7, 198, 208 – Lüth; 97, 125, 146 – Caroline von Monaco I.
49 *BVerfGE* 111, 147, 155.
50 Vgl. *BVerfGE* 124, 300, 322 f.

die Lüth-Entscheidung, definiert aber allgemeine Gesetze als Bestimmungen, „die sich nicht gegen die Meinungsfreiheit an sich oder gegen die Äußerung einer bestimmten Meinung richten, die vielmehr dem Schutz eines schlechthin, ohne Rücksicht auf eine bestimmte Meinung, zu schützenden Rechtsguts dienen" und verlangt für das Vorliegen eines allgemeinen Gesetzes gerade nicht mehr, dass das von diesem Gesetz zu schützende Rechtsgut gegenüber der Meinungsfreiheit Vorrang hat. Zudem betont es, dass Ausgangspunkt für die Prüfung, ob ein Gesetz ein allgemeines ist, zunächst die Frage sei, ob eine Norm an Meinungsinhalte anknüpft. Erfasst sie das fragliche Verhalten völlig unabhängig von dem Inhalt einer Meinungsäußerung, bestehen nach Ansicht des Bundesverfassungsgerichts hinsichtlich der Allgemeinheit keine Zweifel. Knüpft sie demgegenüber an den Inhalt einer Meinungsäußerung an, kommt es darauf an, ob die Norm dem Schutz eines auch sonst in der Rechtsordnung geschützten Rechtsguts dient. Ist dies der Fall, ist in der Regel zu vermuten, dass das Gesetz nicht gegen eine bestimmte Meinung gerichtet ist, sondern meinungsneutral-allgemein auf die Abwehr von Rechtsgutverletzungen zielt. Insoweit nimmt nicht schon jede Anknüpfung an den Inhalt von Meinungen als solche einem Gesetz den Charakter als allgemeines Gesetz. Vielmehr sind auch inhaltsanknüpfende Normen dann als allgemeine Gesetze zu beurteilen, wenn sie erkennbar auf den Schutz bestimmter Rechtsgüter und nicht gegen eine bestimmte Meinung gerichtet sind. Allerdings kann daraus nach Auffassung des Bundesverfassungsgerichts nicht im Umkehrschluss abgeleitet werden, dass immer, wenn eine Norm ein anerkanntes Rechtsgut schützt, deren Allgemeinheit schon allein damit gesichert ist. Die Tatsache, dass ein meinungsbeschränkendes Gesetz ein anerkanntes Rechtsgut schützt, garantiert dessen Allgemeinheit nicht für jeden Fall, sondern ist lediglich Indiz für die Wahrung rechtsstaatlicher Distanz und die Einhaltung des Gebots der Meinungsneutralität. Das Bundesverfassungsgericht betont insoweit, dass das fragliche Rechtsgut schlechthin, ohne Rücksicht auf eine bestimmte Meinung geschützt sein muss und damit Inhaltsanknüpfungen in Neutralität zu den verschiedenen politischen Strömungen und Weltanschauungen stehen müssen. Die Abwägung der Rechtsgüter nimmt es bei den Schranken-Schranken vor und gerade nicht beim Begriff des allgemeinen Gesetzes, wie es die Abwägungslehre an sich verlangen würde.

Zudem erstreckt es das Erfordernis der „Allgemeinheit" in der Wunsiedel-Entscheidung **76b** auch auf Bestimmungen zum Ehrschutz und zum Jugendschutz. Insoweit führt der Senat aus, dass dieses Verständnis auch in der Geschichte der Meinungsfreiheit eine Stütze finde. So habe bereits nach Art. 118 der Verfassung des Deutschen Reichs (Weimarer Reichsverfassung) die Meinungsfreiheit ihre Schranken in den allgemeinen Gesetzen gefunden. Eine zusätzliche, über Einzelbestimmungen zum Zensurverbot hinausgehende Ausnahme zum Jugend- und Ehrschutz habe die Vorschrift nicht enthalten. Es sei nicht ersichtlich, dass der Grundgesetzgeber mit Art. 5 Abs. 1 und 2 GG diesbezüglich eine andere Grundentscheidung treffen wollte. Die ausdrückliche Aufnahme des Jugend- und Ehrschutzes in Art. 5 Abs. 2 GG sollte aus Sicht des Bundesverfassungsgerichts lediglich sicherstellen, dass solche Vorschriften weiterhin zulässig seien. Dagegen war nicht beabsichtigt, die an alle Gesetze zu stellenden Anforderungen an eine rechtsstaatliche Distanz durch Meinungsneutralität zurückzunehmen.

76c Schließlich ist von dem Erfordernis der Allgemeinheit meinungsbeschränkender Gesetze gemäß Art. 5 Abs. 2 GG nach Auffassung des Bundesverfassungsgerichts eine Ausnahme für Vorschriften anzuerkennen, die auf die Verhinderung einer propagandistischen Affirmation der nationalsozialistischen Gewalt- und Willkürherrschaft zwischen den Jahren 1933 und 1945 zielen.[51] Insoweit führt der Erste Senat in der Wunsiedel-Entscheidung aus: „Das menschenverachtende Regime dieser Zeit, das über Europa und die Welt in unermesslichem Ausmaß Leid, Tod und Unterdrückung gebracht hat, hat für die verfassungsrechtliche Ordnung der Bundesrepublik Deutschland eine gegenbildlich identitätsprägende Bedeutung, die einzigartig ist und allein auf der Grundlage allgemeiner gesetzlicher Bestimmungen nicht eingefangen werden kann. Das bewusste Absetzen von der Unrechtsherrschaft des Nationalsozialismus war historisch zentrales Anliegen aller an der Entstehung wie Inkraftsetzung des Grundgesetzes beteiligten Kräfte (vgl. Verfassungsausschuss der Ministerpräsidenten-Konferenz der Westlichen Besatzungszonen, Bericht über den Verfassungskonvent auf Herrenchiemsee vom 10. bis 23. August 1948, S. 18, 20, 22, 56), insbesondere auch des Parlamentarischen Rates (vgl. Parlamentarischer Rat, Schriftlicher Bericht zum Entwurf des Grundgesetzes für die Bundesrepublik Deutschland, Anlage zum stenographischen Bericht der 9. Sitzung des Parlamentarischen Rates am 6. Mai 1949, S. 5, 6, 9) und bildet ein inneres Gerüst der grundgesetzlichen Ordnung (vgl. nur Art. 1, Art. 20 und Art. 79 Abs. 3 GG). Das Grundgesetz kann weithin geradezu als Gegenentwurf zu dem Totalitarismus des nationalsozialistischen Regimes gedeutet werden und ist von seinem Aufbau bis in viele Details hin darauf ausgerichtet, aus den geschichtlichen Erfahrungen zu lernen und eine Wiederholung solchen Unrechts ein für alle Mal auszuschließen. Die endgültige Überwindung der nationalsozialistischen Strukturen und die Verhinderung des Wiedererstarkens eines totalitär nationalistischen Deutschlands war schon für die Wiedererrichtung deutscher Staatlichkeit durch die Alliierten ein maßgeblicher Beweggrund und bildete – wie etwa die Atlantik-Charta vom 14. August 1941, das Potsdamer Abkommen vom 2. August 1945 und das Kontrollratsgesetz Nr. 2 zur Auflösung und Liquidierung der Naziorganisationen vom 10. Oktober 1945 zeigen – eine wesentliche gedankliche Grundlage für die Frankfurter Dokumente vom 1. Juli 1948, in denen die Militärgouverneure die Ministerpräsidenten aus ihren Besatzungszonen mit der Schaffung einer neuen Verfassung beauftragten. Auch für die Schaffung der Europäischen Gemeinschaften sowie zahlreiche internationale Vertragswerke wie insbesondere auch die Europäische Menschenrechtskonvention ging von den Erfahrungen der Zerstörung aller zivilisatorischen Errungenschaften durch den Nationalsozialismus ein entscheidender Impuls aus. Sie prägen die gesamte Nachkriegsordnung und die Einbindung der Bundesrepublik Deutschland in die Völkergemeinschaft bis heute nachhaltig.

Vor diesem Hintergrund entfaltet die propagandistische Gutheißung der historischen nationalsozialistischen Gewalt- und Willkürherrschaft mit all dem schrecklichen tatsächlich Geschehenen, das sie zu verantworten hat, Wirkungen, die über die allgemeinen Spannungslagen des öffentlichen Meinungskampfes weit hinausgehen und allein auf der Grundlage der allgemeinen Regeln zu den Grenzen der Meinungsfreiheit nicht

51 *BVerfGE* 124, 300, 328.

erfasst werden können. Die Befürwortung dieser Herrschaft ist in Deutschland ein Angriff auf die Identität des Gemeinwesens nach innen mit friedensbedrohendem Potenzial. Insofern ist sie mit anderen Meinungsäußerungen nicht vergleichbar und kann nicht zuletzt auch im Ausland tiefgreifende Beunruhigung auslösen. Dieser geschichtlich begründeten Sonderkonstellation durch besondere Vorschriften Rechnung zu tragen, will Art. 5 Abs. 2 GG nicht ausschließen. Das Erfordernis der Allgemeinheit meinungsbeschränkender Gesetze, mit dem Art. 5 Abs. 2 GG den Gesetzgeber in Anknüpfung an lange Traditionslinien darauf verpflichtet, Rechtsgüterschutz vor Meinungsäußerungen unabhängig von bestimmten Überzeugungen, Haltungen und Ideologien zu gewährleisten, kann für diese die geschichtsgeprägte Identität der Bundesrepublik Deutschland betreffende, auf andere Konflikte nicht übertragbare einzigartige Konstellation keine Geltung beanspruchen. § 130 Abs. 4 StGB ist dementsprechend nicht deshalb verfassungswidrig, weil er eine Sonderbestimmung ist, die allein die Bewertung der nationalsozialistischen Gewalt- und Willkürherrschaft zu ihrem Gegenstand hat."[52]

Bei Frage 4 schützt der Beleidigungstatbestand des § 185 StGB den Fußballer vor Ehr- 77
verletzungen. Dieser Schutz richtet sich nicht gegen bestimmte Meinungen und auch nicht gegen eine Meinung als solche, sondern das Gesetz dient der Erhaltung der Ehre des von der Meinungsäußerung Betroffenen. Es ist also ein allgemeines Gesetz im Sinne der neueren Rechtsprechung des Bundesverfassungsgerichts. Ob der Ehrenschutz im konkreten Fall der Meinungsfreiheit vorgeht, prüft das Bundesverfassungsgericht im Rahmen der Verhältnismäßigkeit.

bb) Jugendschutz. Die Schranke des Schutzes der Jugend kommt nur zum Tragen, 78
wenn sie gesetzlich verankert ist. Dies ist insbesondere im Jugendschutzgesetz (JuSchG) und im Staatsvertrag über den Schutz der Menschenwürde und den Jugendschutz in Rundfunk und Telemedien (Jugendmedienschutzstaatsvertrag, JMStV) geschehen.[53]

cc) Persönliche Ehre. Das bereits im „Podolski-Fall"[54] erwähnte Recht der persönli- 79
chen Ehre wird einfachgesetzlich etwa von §§ 823 ff. BGB und von den Beleidigungsdelikten der §§ 185 ff. StGB geschützt.[55]

dd) Kollidierende Grundrechte. Mit der Meinungsfreiheit kollidierende Grundrechte 80
sind Schranken dieses Grundrechts, die unabhängig von Art. 5 Abs. 2 GG direkt aus der Verfassung zu entnehmen sind.[56] Da die Schrankenanforderungen der allgemeinen Gesetze aufgrund des hohen Ranges der Meinungsfreiheit eng sind, muss die Rechtsprechung dafür sorgen, dass diese nicht über den Umweg der kollidierenden Grundrechte unterlaufen werden.[57]

52 So *BVerfGE* 124, 300, 328 ff.
53 Siehe dazu unten Rn. 360 ff.
54 Siehe oben Rn. 60.
55 *BVerfGE* 33, 1, 17.
56 *BVerfGE* 111, 147, 157 f.
57 *Kingreen/Poscher*, Grundrechte Staatsrecht II, 34. Aufl., 2018, Rn. 645a (im Folgenden zitiert als *Kingreen/Poscher*, Rn.).

81 b) **Weitere besondere Schranken.** Als weitere besondere Schranken der Grundrechte aus Art. 5 Abs. 1 GG sind Art. 17a Abs. 1 GG bezogen auf Meinungsäußerungen im Wehr- und Ersatzdienst[58] und die Staatsschutzbestimmung des Art. 18 GG hinsichtlich der Grundrechtsverwirkung zu nennen.

82 c) **Schranken-Schranken.** Bei der Einschränkung der Grundrechte aus Art. 5 Abs. 1 GG unterliegt der Gesetzgeber seinerseits Schranken, sog. Schranken-Schranken.[59]

83 Hierzu zählt zunächst die sog. **Wechselwirkungslehre** des Bundesverfassungsgerichts, die traditionell dessen Maßstab für die Abwägung bei Meinungsäußerungen ist[60]. Hier wird das allgemeine Gesetz unter Berücksichtigung der Bedeutung des Grundrechts ausgelegt, wobei die Meinungsäußerung objektiv und nicht nach dem Erklärungs- oder Empfängerhorizont gedeutet wird.[61] Auf der anderen Seite ist auch das hinter der Schranke stehende Rechtsgut in die Betrachtung einzubeziehen, also mit der Meinungsfreiheit abzuwägen, so dass eine Wechselwirkung zwischen Grundrecht und Schranke stattfindet. Fraglich ist daher, ob sich die Wechselwirkungstheorie tatsächlich von der üblichen Verhältnismäßigkeitsprüfung unterscheidet, bei der ebenfalls nach Feststellung der Eignung und Erforderlichkeit eine Abwägung erfolgen muss. Es muss also in Übungsfrage 2 abgewogen werden, ob die Ehre des Fußballspielers oder die Meinungsäußerungsfreiheit des Magazins überwiegt. Hierbei ist der satirische Charakter des Beitrags genauso zu berücksichtigen, wie die Einlassung des Magazins, die nahe legt, die Parodie sei gerade das Gegenteil einer Beleidigung, nämlich ein Ausdruck der besonderen Wertschätzung für den Spieler, die dessen Sympathiewerte erhöhe[62]. Als eigentliche Schranken-Schranke gilt auch hier wie bei allen Grundrechten das Übermaßverbot mit dem Grundsatz der Verhältnismäßigkeit, wonach Eingriffshandeln des Staates die Anforderungen der Eignung, Erforderlichkeit und Angemessenheit erfüllen muss.[63] Wichtig ist allerdings, dass das Bundesverfassungsgericht eine zentrale Abwägungsregel bereits in der Lüth-Entscheidung entwickelt hat. Diese lautet auf eine Kurzformel gebracht: „Im Zweifel für die freie Rede".[64] Wenn also der Meinungsfreiheit und dem entgegenstehenden Rechtsgut gleiches Gewicht zukommt, ist für die Meinungsfreiheit zu entscheiden.[65]

84 Beim **Zensurverbot** des Art. 5 Abs. 1 S. 3 GG handelt es sich um eine besondere Schranken-Schranke für Art. 5 Abs. 1 und 2 GG, die auf alle Grundrechte des Art. 5 Abs. 1 GG mit Ausnahme der Informationsfreiheit[66] anwendbar ist.[67] Als Schranken-Schranke kann das Zensurverbot selbst den Schranken von Art. 5 Abs. 2 GG nicht

58 *Kingreen/Poscher*, Rn. 650.
59 Zu diesem Begriff *Kingreen/Poscher*, Rn. 285 ff.
60 *BVerfGE* 7, 198, 208 f. – Lüth.
61 *BVerfGE* 7, 198, 208 f. – Lüth.
62 So *Sabine Töpperwien*, Leiterin des WM-Hörfunkteams der ARD, zitiert nach Kölner Stadt-Anzeiger vom 19.6.2006, S. 8 bezogen auf die Vorlage des hier abgewandelten Falles.
63 *Kingreen/Poscher*, Rn. 289.
64 *BVerfGE* 7, 197, 212.
65 *BVerfGE* 7, 198, 212 – Lüth.
66 So *BVerfGE* 27, 88, 102.
67 *Kingreen/Poscher*, Rn. 651.

unterliegen[68], was aber heute kaum praktische Bedeutung hat, weil die gesetzlichen Regelungen im Rahmen der allgemeinen Gesetze insoweit Eingriffe des Staates, die einer Zensur gleichkommen, verhindern.

Zur Vertiefung

Gleichwohl wird gelegentlich bei der Diskussion um die Einschränkung des Vertriebs von Medien, z.B. Schriften oder Filmen, die nur an der Öffentlichkeit nicht zugänglichen Stellen gezeigt werden dürfen, regelmäßig auch auf das Zensurverbot eingegangen. Grundsätzlich ist von Bedeutung, dass mit der ausdrücklichen Aufnahme in das Grundgesetz eine formale Zensur verfassungsrechtlich untersagt ist. **85**

C. Institutionelles Medienrecht aus Art. 5 Abs. 1 GG

Als institutionelles Medienrecht bezeichnet man den Rahmen für die Schaffung von Medienangeboten und die Rolle des Staates bei diesem Vorgang. **86**

I. Begriff des institutionellen Medienrechts

In Art. 5 Abs. 1 GG sind neben den individualrechtlichen Aspekten auch diejenigen Freiheiten verbürgt, die sich auf die sog. Massenmedien beziehen. Wegen deren „schlechthin konstitutionierender" Bedeutung[69], insbesondere des Fernsehens und der Presse für die freie Meinungsbildung[70] und damit für die Demokratie[71], hat das Bundesverfassungsgericht dem Gesetzgeber aufgetragen, die grundrechtliche Gewährleistung durch konkrete Regelungen auszugestalten, wenn die Verankerung im Grundgesetz alleine für ein Funktionieren des Mediums in seiner demokratiebezogenen Perspektive nicht genügt. **87**

Beispiel: So schützt Art. 5 Abs. 1 GG schon seinem Wortlaut nach das Institut der freien **Presse**. Diese **Institutsgarantie** sorgt dafür, dass Entwicklungen auf dem Pressesektor, die beispielsweise zu einer erheblichen Meinungsbildungskonzentration in einer Hand führen würden, vom Gesetzgeber nicht zugelassen werden dürfen. Andererseits hat sich gerade der Pressebereich auch ohne konkrete einfachgesetzliche Regelungen frei und plural entwickelt. Daher hat das Bundesverfassungsgericht seinen **Ausgestaltungsauftrag** vor allem auf den Rundfunksektor bezogen, weil dieser – zunächst aufgrund der Frequenzknappheit und der hohen finanziellen Aufwendungen für die Veranstaltung von Rundfunkdarbietungen (sog. Sondersituation)[72], danach unabhängig von der Sondersituation aufgrund der besonderen Suggestivkraft des Rundfunks[73] – eines besonderen Schutzes bedürfe, um einen Missbrauch der Meinungsbildungsfunktion zu verhindern.

68 *Kingreen/Poscher*, Rn. 653.
69 *BVerfGE* 20, 56, 97 f. – Parteienfinanzierung I; 35, 202, 221 f. – Lebach.
70 *BVerfGE* 57, 295, 319 f. – 3. Rundfunkentscheidung.
71 *BVerfGE* 7, 198, 208 – Lüth; 90, 27, 31 f. – Parabolantenne.
72 *BVerfGE* 12, 205, 261 – 1. Rundfunkentscheidung; 31, 314, 326 – 2. Rundfunkentscheidung.
73 *BVerfGE* 57, 295, 322 f. – 3. Rundfunkentscheidung.

88 Dass unter die Kategorie Massenmedien auch die Filmfreiheit und die Freiheit der neuen Medien fallen, ist kaum zu bestreiten, wenngleich die letztgenannte nicht explizit in Art. 5 GG aufgeführt ist.

89 Es hat sich eingebürgert, in diesem Zusammenhang vom institutionellen Medienrecht zu sprechen, weil sich neben der Einrichtungsgarantie, beispielsweise auf die freie Presse oder auf den funktionierenden Rundfunk bezogen, in diesem zentralen Artikel auch der Anspruch für alle Mitwirkenden an Massenmedien verbirgt, sich auf die Kommunikationsfreiheit zu berufen. Dies umfasst etwa die Produzenten von Medien, also zum Beispiel Fernsehveranstalter ebenso wie Zeitungsredaktionen, Verleger und Filmproduzenten. Daneben gibt es eine Vielzahl von Produktionsfirmen, derer sich die Rundfunkveranstalter bedienen. Auch die institutionelle Seite des Medienrechts kommt den Individuen insoweit zugute, als diese von der freien Medienlandschaft profitieren und sie in Anspruch nehmen können. Ein Einzelner kann jedoch, mangels Betroffenheit in eigenen Rechten, Art. 5 GG insoweit nicht stellvertretend für einen Medienproduzenten für sich reklamieren.

90 Das institutionelle Medienrecht differenziert zwischen den Gattungen Presse, (klassischer) Rundfunk und Telemedien, wobei eine getrennte Behandlung noch üblich ist. Die Entwicklung der Medien und insbesondere der Disziplin Medienrecht mag langfristig dazu führen, dass sich ähnlich wie beispielsweise im Strafrecht ein allgemeiner Teil herausbilden wird, der übergreifende Regelungen enthält, die für alle Medien gelten. Dies ist heute ansatzweise in manchen Mediengesetzen der Länder und beim Jugendschutz der Fall.

II. Schrankensystematik

91 Für die medienschaffenden Anspruchsberechtigten des institutionellen Medienrechts gelten dieselben Schranken wie im individuellen Medienrecht. So steht die Ausübung der Rechte aus Art. 5 Abs. 1 GG auch hier unter dem Vorbehalt des Art. 5 Abs. 2 GG, namentlich des Rechts der Ehre und des Jugendschutzes sowie der allgemeinen Gesetze. Dies hat erhebliche Auswirkungen beispielsweise auf die Programmfreiheit von Rundfunkveranstaltern oder auf das Recht von Zeitungsredaktionen, auch in satirischer Weise über Geschehnisse des Alltags zu berichten.

Beispiel: Dies belegen die Übungsfrage 2 und die satirische Auseinandersetzung mit dem Fußballprofi Lukas Podolski. Für ihn und sein Management liegen die zitierten Aussagen in den Beiträgen „unterhalb der Gürtellinie". Die Comedy-Sendungen sind aber nicht nur beim Publikum sehr beliebt, sondern zugleich ein gängiges und wichtiges Stilmittel in Unterhaltungsbeiträgen. Eine Untersagung dieses Stilmittels stellt für den Journalisten, die Redaktion und den Verlag eine Einschränkung der journalistischen Arbeit und damit im konkreten Fall der Pressefreiheit dar[74]

74 In diese Richtung *Monika Piel*, ehemalige WDR-Intendantin, zitiert nach Kölner Stadt-Anzeiger vom 19.6.2006, S. 8.

Auf der anderen Seite sind in der journalistischen Arbeit Grenzen zu beachten, bei deren Überschreitung es auch zu einer straf- und/oder zivilrechtlichen Haftung kommt. Bei der Abwägung im konkreten Fall zwischen dem geschützten Rechtsgut Dritter und der Medienfreiheit ist die überragende Bedeutung der Medienfreiheit zu berücksichtigen. Diese Auslegung „im Lichte des Grundrechts aus Art. 5 GG" führt im Zweifel – so auch die Rechtsprechung des Bundesverfassungsgerichts[75] – zu einem gewissen **Prae der Medien** im Sinne eines im Allgemeinen geltenden Vorrangs des Informationsinteresses gegenüber dem Persönlichkeitsschutz.[76] Es ist also in Grenzen hinzunehmen, wenn bei der Berichterstattung vereinzelt Regeln des Anstands zulasten der persönlichen Ehre anderer überschritten werden. Die Medien sollen nicht durch intensive Bevormundung zu sehr eingeschränkt werden. Dies spielt vor allem für die Bewertung satirischer Beiträge eine Rolle. 92

III. Pflichten als Kehrseite des Grundrechts

Die geschilderte verfassungsrechtlich gebotene Bevorzugung der Medien verlangt auf der anderen Seite nach Sicherungsmechanismen. 93

5. Übungsfrage: In der Morgensendung eines privaten Lokalsenders bezeichnet der Moderator um 5.45 Uhr einen Lokalpolitiker als „korrupten Klüngelbruder". Der auf diesen Vorfall angesprochene Chefredakteur hat die Sendung nicht gehört. Der Moderator kann sich nicht erinnern, etwas Anstößiges geäußert zu haben. Kann dieser Vorfall überprüft werden?

Ein Sicherungsmechanismus ist unter anderem die **interne Kontrolle**. So haben Medienproduzenten besondere Pflichten zu beachten. Wegen der Bedeutung für die Meinungsbildung in der Demokratie und der damit auch einhergehenden Gefahr von Meinungsmanipulation müssen beispielsweise Presseorgane **Sorgfaltspflichten** bei der Zeitungsgestaltung berücksichtigen. Rundfunkveranstalter müssen ihre Sendungen aufzeichnen und für eine gewisse Zeit aufbewahren, um die Arbeit der Kontrollorgane zu unterstützen[77]. Auch gibt es in § 11 Abs. 2 bzw. in § 41 RStV **programmliche Vorgaben**, die für öffentlich-rechtlichen (§ 11 Abs. 2 RStV) und den bundesweiten privaten Rundfunk (§ 41 RStV) gelten. Sie sollen sicherstellen, dass ein Rundfunkprogramm die Grenzen des gesellschaftlichen Konsenses, insbesondere die der Menschenwürde, nicht überschreitet. Eine weitere Sicherung stellen die standesrechtlichen **Sorgfaltspflichten** der Presse dar, deren Einhaltung durch den Deutschen Presserat überwacht wird[78]. Diese Pflichten werden bisweilen als Beschränkung der Möglichkeit einer freien Arbeit kritisiert. Sie sind aber unverzichtbar, weil Medien in der Herstellung ein sensibleres Produkt sind als beispielsweise Verpackungsmaterial. Der in Übungsfra-

75 *BVerfGE* 35, 202, 231 f. – Lebach; *BVerfG*, NJW 2006, 2835.

76 Dazu *BVerfG*, NJW 2006, 2835, 2836, wo es um die Veröffentlichung eines Fotos mit einem Bericht über Verfehlungen von Ernst August von Hannover ging.

77 Vgl. etwa die Dokumentationspflicht nach § 12 WDR-Gesetz. Entsprechende Regelungen bestehen in allen für den öffentlich-rechtlichen und privaten Rundfunk sowie für die Presse maßgeblichen Gesetzen, z.B. § 43 LMG NRW.

78 Dazu *Ricker/Weberling*, 39. Kapitel, Rn. 6 ff.

ge 5 angesprochene Vorfall bei dem Privatsender kann also dadurch geklärt werden, dass man die entsprechende Aufzeichnung der Sendung heranzieht und prüft.

D. Verwandte Grundrechte

94 Medienrecht lässt sich nicht isoliert verstehen. Art. 5 Abs. 1 GG steht wie alle Grundrechte im Gefüge des Grundrechtskatalogs. Besondere Bedeutung für die Medien haben naturgemäß auch Art. 5 Abs. 3 GG und die dort geschützte **Kunst- und Wissenschaftsfreiheit**. Insbesondere die Kunstfreiheit steht in engem Zusammenhang mit den Kommunikationsfreiheiten des Art. 5 Abs. 1 GG, wenn mit dem künstlerischen Werk auch ein Beitrag zur öffentlichen Willensbildung geleistet werden soll. Anders als die Meinungs-, Presse- und Rundfunkfreiheit unterliegt die Kunstfreiheit aber nur den verfassungsimmanenten Schranken.[79] Zu diesen verfassungsimmanenten Schranken zählt insbesondere auch das durch Art. 2 Abs. 1 i.V.m. Art. 1 Abs. 1 GG geschützte Persönlichkeitsrecht. Bei erheblichen Beeinträchtigungen des Persönlichkeitsrechts kann ein gerichtliches Verbot eines Romans, in dem Vorbilder aus der Lebenswirklichkeit verwendet worden sind, gerechtfertigt sein.[80] Die Bedeutung der **Filmfreiheit** ist im Vergleich zur Kunstfreiheit nachrangig, da ein Film wegen des weiten Kunstbegriffs[81] in der Regel auch ein Kunstwerk ist. Auch die Wissenschaftsfreiheit ist häufig mitbetroffen, beispielsweise wenn es um die Darstellung von Wissenschaftsergebnissen in den Medien geht. Zum System des Art. 5 GG gehört zudem das in Art. 5 Abs. 1 S. 3 GG genannte und bereits erwähnte **Zensurverbot**[82].

I. Wirtschaftsgrundrechte

95 Für das Medienrecht sind zudem die **Wirtschaftsgrundrechte** der Berufs- und Eigentumsfreiheit von Bedeutung.

6. Übungsfrage: Ein großes deutsches Verlagshaus möchte sich in der crossmedialen Welt aus Print, Fernsehen und Internet behaupten und Synergien schaffen und einen der marktbeherrschenden deutschen privaten Fernsehveranstalter erwerben. Print- und elektronische Medien sollen auf diese Weise miteinander verbunden werden, um die Basis für „das wirkliche Wachstumsgeschäft der Zukunft" zu schaffen, das „digitale Geschäft, mobile Endgeräte, Internet, digitales, interaktives Fernsehen". Auf diesen Feldern will sich das Presseunternehmen „nach der Fusion (vom) angestammten Printgeschäft mit dem TV-Geschäft schnell und umfassend aufstellen, weil (es) damit Zugriff auf bewegte Bilder und geschriebenen Text" hat.[83] Welche rechtlichen Grenzen sind diesem Vorhaben bezogen auf das Medienrecht gezogen?

---

79 Vgl. *BVerfGE* 30, 173. 193 – Mephisto; 83, 130, 143. Vgl. zu den verfassungsimmanenten Schranken oben Rn. 80.

80 Dazu *BVerfGE* 119, 1 – Esra. Dazu *Hufen,* JuS 2008, 363, 363 ff.; grundlegend *BVerfGE* 30, 173 – Mephisto.

81 *Kingreen/Poscher*, Rn. 663 ff.

82 Siehe oben Rn. 84 und unten Rn. 247 f.

83 *M. Döpfner* im Interview mit der F.A.Z. Nr. 3 vom 4.1.2006, S. 34.

Es leuchtet ein, dass durch die medienrechtlichen Regelungen die Freiheiten aus Art. 12 und 14 GG ausgestaltet bzw. beeinträchtigt werden können. Dies bedeutet im Ergebnis, dass ein Medienunternehmer sich nicht uneingeschränkt auf die Freiheit seines Berufs oder die freie Verwendung seines Eigentums berufen kann, sondern beispielsweise Beschränkungen bezüglich des Vertriebs und/oder Inhalts seiner Medienangebote unterliegt oder ihm schon der Erwerb eines Medienunternehmens verwehrt sein kann. Die Wirtschaftsverfassung des Grundgesetzes schützt die beteiligten Unternehmen in ihrer Berufs- und Eigentumsfreiheit in Übungsfrage 7, wenn es zu einer Expansion im Inland kommt und ein leistungsfähiges und marktstärkeres Unternehmen gegründet werden soll. Dies nutzt der Volkswirtschaft und erhält Arbeitsplätze. Diese Freiheit unterliegt aber auch medienspezifischen verfassungsrechtlichen **Schranken**. Im Bereich des Rundfunks gelten spezifische Besonderheiten. Nach unserem System erfolgt die staatliche Kontrolle der unternehmerischen Freiheit im Medienbereich auf zwei nebeneinander liegenden Ebenen. Aus **kartellrechtlicher Sicht** geht es um die Verhinderung marktschädigender Wirtschaftsmacht. Die **rundfunkrechtliche Sicherung** zielt auf Wahrung von Meinungsvielfalt ab und hat nicht nach wirtschaftlichen Aspekten zu fragen[84]. Die wichtigsten wettbewerbsrechtlichen Vorschriften, die auch den Medienbereich betreffen, finden sich im Gesetz gegen Wettbewerbsbeschränkungen (GWB), das mit seinen Vorschriften zur Zusammenschluss- oder Fusionskontrolle in §§ 35 bis 42 GWB den Wettbewerb sichern und die Vielzahl der Konkurrenten erhalten soll[85]. Rundfunkrechtlich besteht hier ein Erfordernis der Verhinderung von „Meinungskartellen“. Präziser gesagt, geht es um die Sicherung von Meinungsvielfalt in einem funktionsfähigen Wettbewerb der Rundfunkveranstalter, um die Möglichkeit einer unabhängigen Meinungsbildung zu erhalten. Es muss dafür gesorgt werden, dass Meinungen von verschiedenen Anbietern und Medien auf dem Markt sind. Das Grundgesetz unterstützt die in Übungsfrage 7 angesprochene Freiheit von Medienunternehmen durch Art. 12 und 14 GG. Es ist Bestandteil dieser Freiheiten, sich aus wirtschaftlichen Gründen zusammenzuschließen. Allerdings werden zugleich Grenzen gezogen. Diese Grenzen gelten auch für die Freiheit des Verkäufers eines privaten Rundfunkunternehmens, nach Art. 14 GG über sein Eigentum nach Belieben zu verfügen. Das sogenannte Medienkonzentrationsrecht, das die Meinungsvielfalt sichern, insbesondere vorherrschende Meinungsmacht im privaten Fernsehen verhindern soll, wurde in den §§ 26 ff. RStV geregelt. 96

II. Weitere Grundrechte

Eine weitere, immer wieder relevant gewordene und als „Leitgrundrecht“ die anderen Grundrechte und damit auch das Medienrecht überstrahlende Verbürgung ist die Achtung der **Menschenwürde**. Diese spielt insbesondere im Zusammenhang mit dem 97

84 *Dörr*, in: Eberle u.a. (Hrsg.), Kap. III, Rn. 111.

85 Sie soll auf diese Weise zugleich die Meinungsvielfalt sichern, so *Paetow*, Medienmacht, Medienvielfalt und wirtschaftliche Vernunft als kartellrechtliche Herausforderung, in: 20. Sinclair-Hausgespräch, Medien in der Krise, 2003, S. 48.

Jugendschutz eine große Rolle, wie noch gezeigt werden wird. Auch **andere Grundrechte** können für die Medien in einzelnen Bereichen von Bedeutung sein.

98 ■ **7. Übungsfrage:** Die Staatsanwaltschaft Potsdam ließ im September 2005 die Redaktionsräume des Magazins Cicero durchsuchen. In der Aprilausgabe hatte der Journalist S. den irakischen Terroristen A unter Verwendung von Zitaten aus vertraulichen Akten des Bundeskriminalamtes portraitiert. Dem Chefredakteur der Zeitschrift und dem Autor des Artikels wurden Beihilfe zum Geheimnisverrat vorgeworfen. Inwieweit könnte dieses staatsanwaltschaftliche Vorgehen medienrechtlich problematisch sein?

99 Sieht man von den Eingriffen in das Grundrecht der Pressefreiheit einmal ab, so ist die Durchsuchung im Hinblick auf Art. 13 GG problematisch. Dieses Grundrecht schützt Betriebsräume[86] und damit in bestimmtem Umfang Medienunternehmen und Journalisten vor einer Durchsuchung ihrer Geschäftsräume, also der Redaktion. Aus diesem Grunde stellt die Durchsuchung jedenfalls einen Eingriff in Art. 13 GG dar. Dieser Eingriff muss unter anderem dem Grundsatz der Verhältnismäßigkeit (Schranken-Schranke)[87] entsprechen. Daher ist zu prüfen, ob die Durchsuchung bei Abwägung der Interessen der Strafrechtspflege (Vorwurf der Beihilfe zum Geheimnisverrat) mit der Unverletzlichkeit der Wohnung (also hier der Redaktionsräume) angemessen ist. Zudem ist auch der Eingriff in die Pressefreiheit verfassungsrechtlich zu beleuchten. Das Bundesverfassungsgericht ist in seiner Prüfung lediglich auf die Pressefreiheit und die Gewährleistung eines effektiven Rechtsschutzes eingegangen. Nach seiner Ansicht sind Durchsuchungen und Beschlagnahmen in einem Ermittlungsverfahren gegen Presseangehörige unzulässig, wenn sie ausschließlich oder vorwiegend dem Zweck dienen, die Person des Informanten zu ermitteln. Die Pressefreiheit schütze das Vertrauensverhältnis der Medien zu ihren Informanten. Damit die gebotene Anonymität nicht unterlaufen werde, seien Durchsuchungen und Beschlagnahmen nur dann ausnahmsweise zulässig, wenn ein genügender Verdacht der Beihilfe des Journalisten zum Geheimnisverrat vorliege. Dafür müssten zureichende tatsächliche Anhaltspunkte gegeben sein.[88] Ein Fall weit größeren Ausmaßes war die Spiegel-Affäre im Jahr 1962, bei der es zu einer Verhaftung des damaligen Herausgebers Rudolf Augstein kam.[89]

100 Neben Art. 13 GG ist im Hinblick auf das Fernmeldegeheimnis insbesondere Art. 10 Abs. 1 GG von Bedeutung[90]. Dieser spielt im Zusammenhang mit der **Vorratsdatenspeicherung** eine wichtige Rolle. Daher hat das Bundesverfassungsgericht durch eine einstweilige Anordnung einen Teil der durch das Gesetz zur Neuregelung der TK-Überwachung und anderer verdeckter Übermittlungsmaßnahmen sowie zur Umsetzung der Richtlinie 2006/24/EG vom 21. Dezember 2007 eingeführten Vorschriften zur Vorratsdatenspeicherung einstweilen ausgesetzt[91] und in der Hauptsacheentscheidung

86 *BVerfGE* 32, 54, 68; *Herdegen,* in: Bonner Kommentar zum Grundgesetz, Art. 13 Rn. 30 ff. (im Folgenden zitiert als *BK-Herdegen*, Art. 13 Rn.).

87 Siehe oben Rn. 82 ff.

88 Dazu *BVerfGE* 117, 244, 265 f. – Cicero; dazu *Schulenberg,* in: Schwartmann, Praxishandbuch Medienrecht, 9. Kapitel Rn. 7.

89 Vgl. *BVerfGE* 20, 162; siehe auch *BVerfG,* NJW 2005, 965. Dazu *Dörr/Zorn*, NJW 2005, 3114, 3119.

90 Vgl. *BVerfGE* 115, 166, dazu *Scherer*, NJW 2006, 2016, 2021 f.

91 *BVerfGE* 121, 1.

vom 2. März 2010[92] für nichtig erklärt. In seinem Urteil geht das Bundesverfassungsgericht davon aus, dass eine sechsmonatige, anlasslose Speicherung von Telekommunikationsverkehrsdaten durch private Diensteanbieter, wie sie die europäische Vorratsdatenspeicherungsrichtlinie[93] vorsah[94], mit Art. 10 GG zwar nicht schlechthin unvereinbar sei. Der Grundsatz der Verhältnismäßigkeit verlange aber, dass die gesetzliche Ausgestaltung einer solchen Datenspeicherung dem besonderen Gewicht des mit der Speicherung verbundenen Grundrechtseingriffs angemessen Rechnung trägt. Erforderlich sind daher nach Auffassung des Bundesverfassungsgerichts hinreichend anspruchsvolle und normenklare Regelungen hinsichtlich der Datensicherheit, der Datenverwendung, der Transparenz und des Rechtsschutzes. Diesen Anforderungen wurden die angegriffenen Vorschriften nicht gerecht.

In einem richtungsweisenden Urt. v. 8. April 2014 hat der Europäische Gerichtshof entschieden, dass die genannte Richtlinie zur Vorratsdatenspeicherung von Daten ungültig ist. Der Europäische Gerichtshof stellt in dem Urteil fest, dass die Richtlinie 2006/24/EG sowohl in das in Art. 7 GrCH garantierte Grundrecht auf Achtung des Privatlebens als auch in das Grundrecht auf Schutz personenbezogener Daten nach Art. 8 GrCh verletzt.[95] Mit diesem Urteil hat der Europäische Gerichtshof neue Maßstäbe für den Grundrechts- und Datenschutz in Europa aufgestellt.[96] Dagegen hat der Bundesgerichtshof in einem Urt. v. 3. Juli 2014[97] entschieden, dass das siebentätige Speichern von IP-Adressen durch Telekommunikationsunternehmen rechtmäßig ist, um im Einklang mit dem Telekommunikationsgesetz Netzstörungen und Fehler an TK-Anlagen abzuwehren. Nach Ansicht des Bundesgerichtshofs waren die Erwägungen des Europäischen Gerichtshofs in dem Urt. v. 8. April 2014 nicht auf den konkreten Fall übertragbar, da die Speicherung nicht für die Zwecke der Strafverfolgungsbehörden erfolge, sondern im Interesse des Netzbetreibers.

E. Fazit und Glossar

Im zweiten Teil wurden zunächst die Kompetenzen für die wichtigsten Bereiche des Medienrechts – nämlich das Presse- und Rundfunkrecht – vorgestellt, die im Schwerpunkt bei den Ländern liegen. Die fünf Formen der **individuellen Medienfreiheiten** des Art. 5 Abs. 1 GG und – insbesondere die Meinungsfreiheit als allgemeine Basis der Kommunikationsgrundrechte insgesamt – sind – vor allem was Schutzbereich und Schrankensystematik anbelangt – stark von der Rechtsprechung des Bundesverfassungsgerichts geprägt. Wichtige Schlagworte sind hier auf Tatbestandsebene die Abgrenzung zwischen Tatsachenbehauptungen und Werturteilen, auf Schrankenebene **101**

92 *BVerfGE* 125, 260 – Vorratsdatenspeicherung.
93 Richtlinie 2006/24/EG v. 15.3.2006; ABl L 105 vom 13.4.2006, S. 54.
94 Die Richtlinie wurde inzwischen vom *EuGH,* Urt. v. 8.4.2014, C-293/12 u. C-594/12, BB 2014, 1100 = MMR 2014, 412 wegen Verstoßes gegen Art. 7, 8 GrCh für ungültig erklärt.
95 *EuGH*, BB 2014, 1100 = MMR 2014, 412: Dazu *Schwartmann/Theodorou*, RDV 2014, 61, 70 ff.
96 Dazu *Roßnagel*, MMR 2014, 372 ff.
97 *BGH*, NJW 2014, 2500.

die allgemeinen Gesetze und im Bereich der Schranken-Schranken die Wechselwirkungslehre. Das **institutionelle Medienrecht** dient dem Schutz der Medienschaffenden. Es unterteilt sich insbesondere in Presse, (klassischen) Rundfunk und Telemedien. Hierzu zählen etwa die Einrichtungsgarantien der freien Presse und eines funktionierenden Rundfunks, aber auch die Filmfreiheit und die Freiheit der neuen Medien. Da die Auslegung im Bereich des institutionellen Medienrechts „im Lichte des Grundrechts aus Art. 5 GG" im Zweifel zu einer gewissen Bevorzugung der Medien führt, ist auf der anderen Seite hier die Beachtung der Grundrechtsschranken und Pflichten der Medienschaffenden wichtig. Neben den klassischen Mediengrundrechten des Art. 5 GG spielen auch die Wirtschaftsgrundrechte der Art. 12 und 14 GG und Art. 13 GG eine wichtige Rolle.

Meinungsfreiheit (Art. 5 Abs. 1 S. 1 1. Alt GG)	Die individuelle Meinungsfreiheit ist das von Art. 5 Abs. 1 GG geschützte Recht zur Äußerung von Meinungen als unmittelbarster Ausdruck der menschlichen Persönlichkeit, die als Grundlage jeder Freiheit begriffen wird. Auf den Wert oder die Richtigkeit einer Meinung kommt es nicht an. In der Praxis stellen sich Probleme bei der Abgrenzung zwischen Werturteilen und Tatsachenbehauptungen.
Informationsfreiheit (Art. 5 Abs. 1 S. 1 2. Alt GG)	Die Informationsfreiheit ist die Freiheit, sich aus allgemein zugänglichen Quellen – also solchen, die technisch dazu geeignet und bestimmt sind, nicht dem Einzelnen, sondern der Allgemeinheit Informationen zu verschaffen – zu informieren.
Pressefreiheit (Art. 5 Abs. 1 S. 2. Var. 1 GG)	Die Pressefreiheit betrifft alle zur Verbreitung geeigneten Druckerzeugnisse. Für den Begriff des Druckerzeugnisses kommt es auf das Kriterium des gedruckten Wortes unabhängig von dem zu bedruckenden Material an.
Rundfunkfreiheit (Art. 5 Abs. 1 S. 2. Var. 2 GG)	Der Schutz der Rundfunkfreiheit greift nur dann ein, wenn das Angebot Rundfunk im verfassungsrechtlichen Sinne darstellt. In der Bestimmung des Art. 5 Abs. 1 S. 2 GG wird der Begriff „Rundfunk" vom Grundgesetz nicht definiert, sondern vorausgesetzt, ohne dass er eine unmittelbare verfassungsrechtliche Konkretisierung erfährt. Nach der Rechtsprechung des Bundesverfassungsgerichts ist sein Inhalt aus einer am normativen Funktionszweck orientierten Betrachtungsweise zu erschließen. Nicht entscheidend ist die einfachgesetzliche Definition in § 2 Abs. 1 RStV, die nur noch lineare Informations- und Kommunikationsdienste in Bewegtbild bzw. Ton einfachgesetzlich als Rundfunk bezeichnet. Vielmehr sind für den verfassungsrechtlichen Rundfunkbegriff die Merkmale der Allgemeinheit, der Funktechnik (Verbreitung mittels elektromagnetischer Schwingungen) und der Darbietung maßgeblich.
Filmfreiheit (Art. 5 Abs. 1 S. 2. Var. 3 GG)	Von der Filmfreiheit ist die Berichterstattung durch den Film, als chemisch-optischer oder digitaler Tonträger, geschützt, der durch Vorführung verbreitet wird.
Werturteile	Die Meinungsfreiheit umfasst das Äußern und Verbreiten von Werturteilen. Werturteile sind stellungnehmende, dafürhaltende, meinende Äußerungen, auf deren Wert, Richtigkeit oder Vernünftigkeit es nicht ankommt. Sie sind grundsätzlich auch dann vom Schutzbereich der Meinungsfreiheit nach Art. 5 Abs. 1 S. 1 GG erfasst, wenn sie scharfe und überspitzte Äußerungen enthalten. Die Grenze zur Schmähkritik, Formalbeleidigung oder die Menschenwürdeverletzung darf nicht überschritten werden.

Tatsachenbehauptungen	Tatsachenbehauptungen sind vom Schutzbereich der Meinungsfreiheit erfasst, wenn sie der Meinungsbildung dienen. Ob eine Tatsachenbehauptung oder ein Werturteil vorliegt, richtet sich danach, ob die Aussage einem **Wahrheitsbeweis** zugänglich ist. Werden Tatsachenbehauptungen und Werturteile miteinander verbunden, so ist regelmäßig eine durch Art. 5 Abs. 1 S. 1 GG geschützte Meinungsäußerung anzunehmen. Falsche Tatsachenbehauptungen unterfallen nicht dem Schutzbereich der Meinungsfreiheit.
Allgemeine Gesetze	Nach der **Kombinationslehre** liegt ein allgemeines Gesetz vor, wenn sich die Vorschriften nicht gegen die Meinung als solche richten (Sonderrechtslehre), sondern dem Schutz eines anderen Rechtsguts dienen, das im konkreten Fall gegenüber der Meinungsfreiheit Vorrang hat (Abwägungslehre). In seiner neueren Rechtsprechung wendet das Bundesverfassungsgericht der Sache nach nur noch die **Sonderrechtslehre** an. Die konkrete Abwägung ist bei den Grundrechtsschranken nach Maßgabe der **Wechselwirkungslehre** vorzunehmen.
Wechselwirkungslehre	Die Wechselwirkungslehre beschreibt eine Schranken-Schranke der Meinungsfreiheit und ist Maßstab für die Abwägung bei Meinungsäußerungen. Dabei wird ein allgemeines Gesetz unter Berücksichtigung der Bedeutung des Grundrechts ausgelegt, wobei die Meinungsäußerung objektiv gedeutet wird. Auf der anderen Seite ist das hinter der Schrankenbestimmung stehende Rechtsgut einzubeziehen, so dass eine Wechselwirkung zwischen Grundrecht und Schranke stattfindet. Damit liegt kein wesentlicher Unterschied zur Prüfung nach dem allgemeinen Maßstab der Verhältnismäßigkeit vor.
Zensur	Zensur ist ein präventives Verfahren zur Kontrolle von Meinungsäußerungen, vor dessen Abschluss ein Werk nicht veröffentlicht werden darf. Eine solche Zensur ist durch Art. 5 Abs. 1 S. 3 GG ausdrücklich verboten.

3. Teil

Medienrecht nach medialen Erscheinungsformen

A. Allgemeines

102 Auch wenn die Konvergenz der Medien voranschreitet und ein wichtiges Thema der medienrechtlichen Debatte der Zukunft ist, macht es Sinn, zwischen verschiedenen medialen Erscheinungsformen oder Mediengattungen zu unterscheiden. Dabei ist zunächst zu berücksichtigen, dass sich Presse, Rundfunk und Telemedien inhaltlich weniger angenähert haben, als vielfach angenommen. Dies liegt insbesondere daran, dass technische Konvergenz noch keine inhaltliche Konvergenz bedingt und insoweit jeweils eigene rechtliche Maßstäbe gelten. Die Auswirkungen der verschiedenen medialen Erscheinungsformen auf die öffentliche Meinungsbildung sind noch unterschiedlich, so dass auch auf absehbare Zeit differenzierte Regelungen notwendig bleiben.[1]

B. Presserecht

103 Die periodische Presse, also vor allem (Tages-)Zeitungen und Zeitschriften, ist für das Medienrecht von besonderer Bedeutung. Das mit dem Buch zusammenhängende Verlagswesen ist im allgemeinen Medienrecht zwar auch bedeutend – denkt man an Fragen des Urheberrechts[2] und der Buchpreisbindung – es wird hier aber angesichts der geringen Bedeutung für die Ausbildung im Schwerpunktfach Medienrecht nur kurz dargestellt.

I. Begriff der Presse

104 Unter Presse wird im Allgemeinen jedes Druckerzeugnis verstanden, das durch Drucktechnik entsteht.

105 Der sog. **formale**[3] und vorwiegend in den Landespressegesetzen verankerte Pressebegriff geht von der Herstellung, Vervielfältigung und Verbreitung bestimmter Erzeugnisse an die Allgemeinheit aus. Geschützt ist die Verwirklichung der Meinungsfreiheit

1 Vgl. zu der diesbezüglichen kontroversen Diskussion: Ein Grundrecht der Medienfreiheit – gleiches Recht für alle?!, 6. Kölner Mediensymposium der Forschungsstelle für Medienrecht der Fachhochschule Köln, K & R Beihefter 2/2013 mit Beiträgen von *Sporn*, *Dörr*, *Schiwy*, *Stock* und *Schmit*.

2 Vgl. dazu etwa *Eisenmann/Jautz*, Gewerblicher Rechtsschutz und Urheberrecht.

3 *BVerfGE* 66, 116, 134.

durch Vervielfältigung und Verbreitung von Gedanken mittels des **„gedruckten Wortes“**[4]. Der Begriff der Presse ist **weit** und **entwicklungsoffen** und umfasst etwa Zeitungen, Zeitschriften, Bücher, Flug- und Handzettel, Plakate und auch audiovisuelle Speichermedien wie Video- und Tonbänder, etc.[5] Auch Letztgenannte können das gedruckte Wort verkörpern, wobei in Bezug auf Filme überwiegend von einem Vorrang der Filmfreiheit auszugehen sein wird.

Zur Vertiefung

Gerade das Presserecht lässt sich nur vor dem Hintergrund seiner historischen Entwicklung verstehen. Die Wiege des Buchdrucks mit beweglichen Lettern steht in Mainz, und deren Erfindung wird Johannes Gutenberg zugeschrieben. Bereits mit dem Aufkommen der ersten gedruckten Schriften, die leicht und schnell – und nicht durch Abschreiben von Hand – verbreitet werden konnten, entstand die Notwendigkeit, gegebenenfalls regelnd, einzugreifen. Die Bedeutung der Buchdruckerpresse spielte insbesondere auch in Revolutionen bei der Verbreitung von politischen Schriften und Flugblättern eine Rolle. Die negative Funktion des Presserechts im Sinne einer meinungsbeschränkenden Regulierung zog sich weitgehend in das 20. Jahrhundert hinein. Erst nach dem Zweiten Weltkrieg und der während des NS-Regimes vorherrschenden Gleichschaltung der Medien wurde insbesondere durch den Erlass des Grundgesetzes die zukünftige Freiheit der Presse gewährleistet. Die Zunahme von Tageszeitungen und anderen regelmäßigen Druckerzeugnissen, wie z.B. Zeitschriften, in den letzten Jahrzehnten ist allgegenwärtig und erfolgte und erfolgt weitgehend auf den in der Nachkriegszeit geschaffenen Rechtsgrundlagen der Presse, die zum Teil bis heute mit Anpassungen fortbestehen. Gegenwärtig ist im Pressewesen noch immer eine Krise aufgrund des Einbruchs bei den Werbeeinahmen und mindestens stagnierenden Auflagen zu beobachten. Es bleibt abzuwarten, welche Folgen dies für die Pressevielfalt und die Ausgestaltung der rechtlichen Rahmenbedingungen haben wird. **106**

II. Rechtsgrundlagen

Um die Gleichschaltung der Medien in Zukunft auch strukturell zu erschweren, blieb – wie gesehen[6] – die Presse ebenso wie die übrige Kultur in Länderzuständigkeit. Das Presserecht ist daher hauptsächlich in den **Landespresse**- bzw. **Landesmediengesetzen** geregelt. Die Pressegesetze gestalten insoweit die Pressefreiheit des Art. 5 Abs. 1 S. 2 Var. 1 GG aus und regeln zahlreiche Details, die teilweise schon aus der grundgesetzlichen Gewährleistung zwingend folgen. Diese gehen weitgehend – soweit die alten Länder betroffen sind – auf einen Musterentwurf von 1963 zurück. Daher ist bei aller Verschiedenheit, insbesondere was den Aufbau der Landespressegesetze angeht, eine weitgehende inhaltliche Übereinstimmung der rechtlichen Regelungen festzustellen[7]. Allerdings sind einzelne Länder dazu übergegangen, die für die Presse geltenden Regelungen in neue Landesmediengesetze zu integrieren[8]. **107**

---

4 *Degenhart,* in: Bonner Kommentar zum Grundgesetz, Art. 5 Abs. 1 und 2 Rn. 363 (im Folgenden zitiert als *BK-Degenhart,* Art. 5 Rn.).

5 Dazu *BVerfGE* 95, 28, 35; *Dörr,* JuS 1997, 1036.

6 Siehe oben Rn. 47.

7 Vgl. die Synopse bei *Fechner/Mayer,* Medienrecht, Nr. 19.

8 Vgl. etwa das Saarländische Mediengesetz (SMG) und das Rheinland-Pfälzische Landesmediengesetz (LMG) mit jeweiligen Abschnitten zu den Mediengattungen. Speziell zum Landesmediengesetz Nordrhein-Westfalen (LMG NRW) vgl. *Schwartmann/Sporn,* Landesmediengesetz Nordrhein-Westfalen, 2014.

III. Praktische Bedeutung des Presserechts

108 Die praktische Bedeutung des Presserechts erklärt sich aus der Allgegenwart der Printmedien im Alltag und im Bewusstsein des Menschen in der Informationsgesellschaft sowie der Möglichkeit zu Manipulation, die auch Printerzeugnissen, insbesondere Boulevardblättern, zukommt. Der Zeitung kann es gelingen, mit wenigen Worten eine Stimmung in der Bevölkerung aufzugreifen („Wir sind Papst") und diese möglicherweise zu steuern. Damit sind Manipulationen der Rezipienten – die sich nicht auf die Leser beschränken, sondern auch diejenigen erreichen, die eine Schlagzeile in Auslagen und Schaukästen wahrnehmen – nicht auszuschließen. Das Presserecht schafft in Umsetzung der Vorgaben aus Art. 5 Abs. 1 GG die rechtlichen Rahmenbedingungen und Kontrollmöglichkeiten für die Vielzahl der hier relevanten Lebenssachverhalte.

IV. Das Presserecht in Art. 5 GG

1. Schutzbereich der Pressefreiheit

109 Der Schutzbereich der Pressefreiheit ist von der Aufgabe der Presse im Zusammenhang mit der Befriedigung des Informationsbedürfnisses des Bürgers bestimmt. Geschützt sind die individuelle und institutionelle Pressefreiheit. Der Einzelne darf seine Tätigkeit hier ohne staatliche Beeinflussung ausüben, und die Freie Presse steht als Institut unter staatlichem Schutz[9].

110 **a) Träger der Pressefreiheit.** Träger der Pressefreiheit[10] sind alle „im Pressewesen tätigen Personen und Unternehmen"[11]. Dazu gehören der Journalist, der Redakteur, der Zeitungsverleger und Herausgeber, der Drucker, aber auch der Sachbearbeiter für Anzeigen[12]. Auch Privatleute können sich, wenn sie sich als Presseorgan betätigen, auf die Pressefreiheit berufen, wobei hier oft die Meinungsfreiheit vorrangig einschlägig sein wird.

111 **b) Allgemeine Inhalte der Pressefreiheit.** Die Pressefreiheit „reicht von der Beschaffung der Information bis zur Verbreitung der Nachrichten und Meinungen"[13].

8. Übungsfrage: Dem für Fußball zuständigen Reporter einer Lokalzeitung wird der Zugang zu einem Fußballbundesligaspiel des örtlichen Fußballvereins verwehrt, obwohl noch Platz auf der Pressetribüne wäre. Der Zugang wird mit der Begründung versagt, der Reporter habe beim letzten Spiel übergebührlich Kritik am neuen Trainer geübt. Ist es zulässig, dem Reporter den Zugang zu verweigern?

9 *Fechner*, 8. Kapitel, Rn. 17.
10 Dazu *Kingreen/Poscher*, Rn. 615.
11 *BVerfGE* 20, 162, 175 – Spiegel.
12 *BVerfGE* 64, 108, 114.
13 *BVerfGE* 20, 162, 176 – Spiegel.

Zentral ist „die **Freiheit der Gründung und Gestaltung von Presserzeugnissen**"[14]. 112
Weitere wichtige Inhalte[15] der Pressefreiheit sind das **Redaktionsgeheimnis**[16], der **Schutz** der täglichen **Recherchearbeit** des Journalisten und das damit zusammenhängende Zeugnisverweigerungsrecht, das **Zutrittsrecht** zu öffentlichen Veranstaltungen und der Zugang des Presseunternehmens bzw. Journalisten zu Sport-Großveranstaltungen.

Dies ist bei staatlichen Veranstaltungen unproblematisch, da sie der Öffentlichkeit ins- 113
gesamt zugänglich sind. Der Ausschluss eines Pressevertreters verstieße gegen Art. 5 Abs. 1 S. 1 und 2 GG[17]. Das Zugangsrecht besteht aber auch dann, wenn es sich – wie bei einem Fußballbundesligaspiel – um eine private Veranstaltung handelt. In diesem Fall kommt die **Drittwirkung** der Grundrechte – hier der Pressefreiheit – ins Spiel, die sich unter bestimmten Umständen auch auf den privat organisierten Fußballverein erstreckt. Hier kann sich ein Zugangsanspruch des Journalisten gegen den Verein aus § 826 BGB ergeben, der im Ergebnis einen Kontrahierungszwang mit dem Journalisten auslöst.

Bei Kapazitätsproblemen darf der Zugang freilich – sowohl bei öffentlichen als auch bei privaten Veranstaltungen – unter Berücksichtigung der Pressegleichheit beschränkt werden.[18] Brisanz erlangte diese Problematik im Hinblick auf die Vergabe von Sitzplätzen für Medienvertreter im NSU-Strafverfahren. Insoweit hat das Bundesverfassungsgericht im Rahmen einer einstweiligen Anordnung festgestellt, dass die Entscheidung über die Zugänglichkeit zu Gerichtsverhandlungen sowie die Reservierung und Verteilung einer knappen Sitzplatzanzahl für Medienvertreter dem Gericht und insbesondere der Prozessleitung des Vorsitzenden obliegt. Auch wenn den diesbezüglichen gerichtlichen Anordnungen ein weiter Entscheidungsspielraum zugrunde liegt, müssen sie jedoch dem subjektiven Recht der Medienvertreter auf gleiche Teilhabe an den Berichterstattungsmöglichkeiten Rechnung tragen.[19] Dabei kann die begrenzte Zahl an Sitzplätzen nach dem Prioritätsprinzip oder dem Losverfahren vergeben werden.[20] Allerdings müssen dabei die Chancengleichheit sowie die tatsächliche Situation der vorhersehbar Interessierten hinreichend berücksichtigt werden.[21] Denkbar ist nach Auffassung des Bundesverfassungsgerichts ausnahmsweise auch eine Quotenlösung, die eine bestimmte Anzahl an Sitzplätzen für eine bestimmte Gruppe von Medienvertretern bereitstellt. Eine solche Abweichung von der grundsätzlichen Gleichbehandlung aller Medienvertreter darf jedoch nur aufgrund eines zwingenden Sachgrundes vorgenommen werden. Mit Blick auf das NSU-Strafverfahren käme dies – angesichts der zahlreichen türkischen Opfer – etwa bei Medienvertretern aus der Türkei in Betracht.[22]

14 *BVerfGE* 97, 125, 144 – Caroline von Monaco I.
15 Dazu *BK-Degenhart*, Art. 5 Abs. 1 und 2 Rn. 417 ff.
16 *BVerfGE* 20, 162, 176 – Spiegel; 66, 116, 132.
17 *BK-Degenhart*, Art. 5 Abs. 1 und 2 Rn. 392.
18 Vgl. dazu *BK-Degenhart*, Art. 5 Abs. 1 und 2, Rn. 398, 298, 389 unter Hinweis auf Exklusivbindungen.
19 *BVerfG*, Beschl. der 3. Kammer des 1. Senats vom 12.4.2013, NJW 2013, 1293, 1294.
20 *BVerfG*, NJW 2013, 1293, 1294, 1295.
21 *BVerfG*, NJW 2013, 1293, 1294.
22 *BVerfG*, NJW 2013, 1293, 1295.

9. Übungsfrage[23]**:** Der türkische Journalist J möchte dem NSU-Prozess beiwohnen, um in seinem Heimatland über die Geschehnisse unmittelbar berichten zu können. Unter Übermittlung seines Presseausweises nimmt J fristgemäß bei der Pressestelle des OLG München seine Akkreditierung vor. Auf telefonische Anfrage einzelner Journalisten teilt das OLG München mit, dass die zulässigen Akkreditierungsgesuche voraussichtlich nach der Reihenfolge ihres Eingangs berücksichtigt werden. Nach Fristablauf erfährt J, dass sein Gesuch aufgrund des großen Medienandrangs nicht berücksichtigt werden konnte. Gegen diese gerichtliche Verfügung erhebt er Verfassungsbeschwerde wegen Verletzung seines Rechts auf Gleichbehandlung im publizistischen Wettbewerb (Art. 3 Abs. 1 i.V.m. Art. 5 Abs. 1 S. 2 GG). Mit Erfolg?

Auch wenn die Vergabe begrenzter Sitzplätze im Gerichtssaal grundsätzlich im Ermessen des Gerichts steht, muss doch jeder Medienvertreter die Chance auf gleichberechtigte Teilhabe an einem Verfahren haben. Es besteht demnach zwar kein Recht auf tatsächlichen Zugang zur Gerichtsverhandlung. Allerdings muss die Auswahl der zugelassenen Medienvertreter unter Wahrung der Chancengleichheit erfolgen.[24] Hieran müssen besondere Anforderungen gestellt werden, wenn – wie im NSU-Prozess – mit einem großen Andrang ausländischer Medienvertreter zu rechnen ist. Da diese mit den Gegebenheiten deutscher Gerichtsprozesse regelmäßig nicht vertraut sind, können besondere Hinweis- und Informationspflichten des Gerichts bestehen. Denkbar wäre ein ausdrücklicher – nicht nur den telefonisch anfragenden Journalisten gewährter – Hinweis auf die Begrenzung der Platzkapazitäten und die damit verbundene Anwendung des Prioritätsverfahrens. Angesichts der Eilbedürftigkeit der Anmeldung hätte dann auch der Beginn des Akkreditierungsverfahrens rechtzeitig angekündigt werden müssen.[25] Demnach hätte die von J erhobene Verfassungsbeschwerde Aussicht auf Erfolg. Zweckmäßig wäre darüber hinaus ein Antrag auf Erlass einer einstweiligen Anordnung (§ 32 BVerfGG). Mithilfe dieses Eilverfahrens vor dem Bundesverfassungsgericht könnte J unter Umständen die zusätzliche Berücksichtigung einer angemessenen Zahl ausländischer Medienvertreter erreichen.[26] Eine solche Vorwegnahme der Hauptsache ist ausnahmsweise zulässig, wenn die Entscheidung in der Hauptsache – wie hier – zu spät erginge und ein ausreichender Rechtsschutz daher nicht mehr gewährleistet wäre.[27]

114 Von der Pressefreiheit geschützt ist zudem die privilegierte Behandlung der Verbreitung rechtsüblich erlangter Informationen, wobei dem Schutzbereich auch Ergebnisse rechtswidrig recherchierter Informationen unterfallen können[28]. Weil der freiheitliche Rechtsstaat nicht einmal den Anschein erwecken darf, er würde Journalisten mittels des Strafrechts von kritischer Recherche und Berichterstattung abhalten, ist in § 353b Abs. 3a StGB nunmehr die Rechtswidrigkeit der Beihilfe zum Geheimnisverrat ausgeschlossen, wenn sich ein Medienangehöriger darauf beschränkt, geheimes Material entgegenzunehmen, auszuwerten oder zu veröffentlichen. Überdies genügt zur Be-

23 Nachgebildet dem Sachverhalt, der dem Beschl. *BVerfG*, NJW 2013, 1293 m. Anm. *Zuck* zugrunde lag.
24 *BVerfG*, NJW 2013, 1293, 1295.
25 *BVerfG*, NJW 2013, 1293, 1294.
26 So die Vorgabe des *BVerfG*, NJW 2013, 1293, 1295 an das zuständige Strafgericht im NSU-Prozess.
27 *BVerfGE* 34, 160, 162 f.
28 *OLG München*, ZUM 2005, 3999; auch *BVerfGE* 66, 116, 137. Dazu *Dörr/Zorn*, NJW 2005, 3114, 3120.

schlagnahme verdächtigen Materials künftig nicht mehr nur ein einfacher Tatverdacht gegen den jeweiligen Journalisten. Vielmehr bedarf es eines dringenden Tatverdachts (§ 97 Abs. 5 S. 2 StPO). Diese Änderungen gehen auf einen von der im Jahr 2012 amtierenden Bundesregierung eingebrachten Gesetzesentwurf zur Stärkung der Pressefreiheit im Straf- und Strafprozessrecht (PrStG) zurück. Auf diese Weise wird insbesondere der für die Pressefreiheit zentrale Quellen- und Informantenschutz gestärkt.[29]

Dem Verleger einer Zeitung wird ferner **Tendenzschutz,** also das Recht in eine bestimmte Richtung zu publizieren, gewährt. Negative Pressefreiheit bedeutet, dass – außer bei ganz bestimmten Informationen – kein Zwang zur Veröffentlichung besteht[30]. Erfasst sind schließlich **unternehmerische Aspekte**, wie die freie Gründung von Presseunternehmen und die Platzierung **kommerzieller Anzeigen** als gewichtiger Bestandteil der Presse sowie die Auslieferung und der Vertrieb von Druckwerken.[31] Weil Druckerzeugnisse ohne eine effektive Verbreitung ihre meinungsbildende Funktion nicht entfalten können, fallen auch die internen Hilfsfunktionen der Presse insgesamt grundsätzlich unter den Grundrechtsschutz.[32] Es ist unabdingbar, nicht nur das Produkt, sondern auch dessen Konsum zu gewährleisten. So ist das so genannte Presse-Grosso, das sich um den Vertrieb von Tageszeitungen kümmert, eine der wesentlichen **Hilfsfunktionen**, die auch grundrechtlichen Schutz genießen[33].

c) Teilhabe an staatlichen Leistungen. Bei der Garantie der Pressefreiheit gelten einige Besonderheiten. Presseunternehmen arbeiten nach privatwirtschaftlichen Grundsätzen[34]. Ihnen ist es garantiert, sich frei bilden zu können. Sie stehen aber auch in einem publizistischen und wirtschaftlichen Wettbewerb zueinander[35]. Zudem ist die Pressefreiheit ein Abwehr- und kein Leistungsrecht[36]. Aus diesem Grund darf die öffentliche Hand nur unter strengen Auflagen Presseunternehmen Subventionen, etwa **Teilhabe** an staatlichen Einrichtungen, gewähren, die aber wegen der Gefahr einer Verzerrung des Meinungswettbewerbs nur in engen Grenzen zulässig sind[37]. Insbesondere ist es ausgeschlossen, dass die öffentliche Hand einzelnen Presseunternehmen mit gezielten Subventionen hilft und damit in den publizistischen Wettbewerb sowie den Meinungsbildungsprozess eingreift. Dies folgt nicht zuletzt aus dem Grundsatz der Staatsfreiheit der Presse und der Neutralitätspflicht des Staates[38]. Schließlich ist wegen der potenziellen Auswirkungen auf die Pressefreiheit für alle staatlichen Leistungen an Presseunternehmen eine gesetzliche Grundlage erforderlich[39]. **115**

29 Vgl. *Schwartmann,* in: Schwartmann, Praxishandbuch Medienrecht, 3. Kap. Fn. 147.
30 *BK-Degenhart,* Art. 5 Abs. 1 und 2 Rn. 420 ff.
31 *BK-Degenhart,* Art. 5 Abs. 1 und 2 Rn. 382.
32 *Kingreen/Poscher,* Rn. 613.
33 *BK-Degenhart,* Art. 5 Abs. 1 und 2 Rn. 425 ff.; vgl. auch *BGH,* NJW 2016, 1652, 1657; *BVerfGE* 77, 346, 355.
34 *BVerfGE* 20, 162, 174 f. – Spiegel. *BK-Degenhart,* Art. 5 Abs. 1 und 2 Rn. 437.
35 *BVerfGE* 20, 162 – Spiegel.
36 *BK-Degenhart,* Art. 5 Abs. 1 und 2 Rn. 64.
37 *BVerfGE* 80, 124; *BK-Degenhart,* Art. 5 Abs. 1 und 2 Rn. 432 ff.
38 *BVerfGE* 80, 124, 133 ff.
39 *OVG Berlin,* NJW 1975, 1938.

2. Schranken

116 Materiell stehen Eingriffe in die Pressefreiheit wegen der so genannten Polizeifestigkeit des Presserechts unter Gesetzesvorbehalt und müssen den üblichen Einschränkungsregeln folgen. Die öffentliche Hand darf nur bei Vorliegen einer Eingriffsgrundlage handeln. Dabei sind jedoch die bereits umschriebenen Möglichkeiten der Beschränkung des Art. 5 Abs. 2 GG in vollem Umfang auch gegenüber der Presse anzuwenden.

117 **10. Übungsfrage:**[40] Das Land Nordrhein-Westfalen hatte in seinen Verfassungsschutzberichten 1994 und 1995 die Wochenzeitschrift „Junge Freiheit" aufgeführt. Grund waren „tatsächliche Anhaltspunkte für den Verdacht auf rechtsextremistische Bestrebungen". Hiergegen erhob die Zeitung Verfassungsbeschwerde wegen Verletzung der Pressefreiheit. Mit Erfolg?

118 Als juristische Person des Privatrechts kann sich die Zeitschrift gemäß Art. 19 Abs. 3 GG auf die Meinungs- und Pressefreiheit berufen[41]. Das Land stützte die Aufnahme der Zeitschrift in den Verfassungsschutzbericht auf § 15 Abs. 2 VSG NRW. Dieses ist ein **allgemeines Gesetz**. „Die in § 15 Abs. 2 VSG NRW enthaltene Ermächtigung zur Information der Öffentlichkeit in Verfassungsschutzberichten zum Zweck der Aufklärung über verfassungsfeindliche Bestrebungen und Tätigkeiten dient, wie die Bezugnahme auf § 3 Abs. 1 VSG NRW zeigt, dem Schutz der freiheitlichen demokratischen Grundordnung in Bund und Ländern. Die Ermächtigung ist weder gegen eine bestimmte Meinung noch gegen den Prozess der freien Meinungsbildung oder gegen freie Information als solche gerichtet, sondern zielt auf die Wahrung eines allgemein in der Rechtsordnung, hier der Verfassung, verankerten Rechtsguts, dessen Schutz unabhängig davon ist, ob es durch Meinungsäußerungen oder auf andere Weise gefährdet oder verletzt wird."[42]

119 Bei der Anwendung des allgemeinen Gesetzes, welches die Meinungs- oder Pressefreiheit beschränkt, ist der **Wechselwirkungstheorie**[43] des Bundesverfassungsgerichts Rechnung zu tragen, so dass im Ergebnis häufig die Pressefreiheit obsiegen wird. So ließ das Bundesverfassungsgericht auch in Übungsfrage 10 die Erwähnung des Verlags im Verfassungsschutzbericht nur in eingeschränktem Maße zu. Es schloss nicht aus, dass in den Berichtsjahren 1994 und 1995 in der Zeitschrift verfassungsfeindliche Positionen vertreten wurden. Allerdings „reiche die bloße Kritik an Verfassungswerten nicht als Anlass aus, um eine verfassungsfeindliche Bestrebung im Sinne des § 15 Abs. 2 in Verbindung mit § 3 Abs. 3 VSG NRW zu bejahen oder allein deshalb die negative Sanktion einer Veröffentlichung in den Verfassungsschutzberichten zu ergreifen."[44] Erforderlich sei eine klare Aussage dazu, ob die Äußerungen der Zeitung zugerechnet werden können. „Von der Pressefreiheit ist auch die Entscheidung erfasst, ein Forum nur für ein bestimmtes politisches Spektrum bieten zu wollen, dort aber den Autoren große Freiräume zu gewähren und sich in der Folge nicht mit allen einzelnen Veröffentlichungen zu identifizieren. Die „Junge Freiheit" ist nach eigener Einschätzung

40 Nach *BVerfGE* 113, 63 = NJW 2005, 2912 – Junge Freiheit; dazu *Murswiek*, NVwZ 2006, 121 ff.
41 *BVerfGE* 80, 124, 131; 95, 28, 34.
42 *BVerfGE* 113, 63 = NJW 2005, 2912. Zu dieser Entscheidung *Wisuschil*, ZUM 2006, 294 ff.
43 Siehe oben Rn. 83.
44 *BVerfGE* 113, 63 = NJW 2005, 2912.

rechtskonservativ, veröffentlicht aber im rechten Spektrum Artikel ganz unterschiedlicher Autoren mit verschiedenen Anliegen. Darunter sind zum Teil auch Artikel prominenter konservativer Politiker und Schriftsteller, die nicht im Verdacht der Verfassungsfeindlichkeit stehen. Es bedürfte also besonderer Anhaltspunkte dafür, warum die Redaktion sich nicht mit diesen Artikeln, wohl aber mit den von den Gerichten herangezogenen Beiträgen identifiziert, oder aber dafür, dass sie sich dieses Spektrums von Meinungen nur bedient, um in einem solchen Umfeld verfassungsfeindliche Beiträge platzieren und der Öffentlichkeit besser vermitteln zu können."[45] Aus diesem Grund gab das Gericht der Verfassungsbeschwerde statt und verwies die Sache zur erneuten Überprüfung an das Verwaltungsgericht zurück.

V. Einfachgesetzliche Ausgestaltung

Die einfachgesetzliche Ausgestaltung des Presserechts ist Ländersache und hier in Details unterschiedlich, aber wurde insgesamt in Anlehnung an das Mustergesetz zum Pressegesetz vorgenommen[46]. **120**

1. Presserecht der Länder

Die Presse erfüllt die **öffentliche Aufgabe**, insbesondere Nachrichten von öffentlichem Interesse zu beschaffen und zu verbreiten. **121**

Zur Vertiefung: Dazu gehört es auch, dass der Verleger von jedem Druckwerk im Geltungsbereich des Gesetzes der Landesbibliothek ein **Pflichtexemplar** anbieten und dieses auf Verlangen unentgeltlich überlassen muss (§ 12 PresseG MusterG)[47].

Presse hat Stellung zu nehmen, Kritik zu üben oder auf andere Weise an der Meinungsbildung mitzuwirken (§ 3 PresseG MusterG). Die besondere Bedeutung und auch Gefahr, die das **zulassungsfreie** Pressewesen[48] (§ 2 PresseG MusterG) birgt, schlägt sich in weitergehenden Pflichten nieder. So müssen Journalisten sorgfältig recherchieren und **wahrheitsgemäß** berichten (§ 5 PresseG MusterG).[49] Die Zeitungen müssen ihre Verantwortlichkeit gegenüber dem Leser durch eine **Impressumpflicht** (§ 7 PresseG MusterG) offen legen, und nach manchen Gesetzen müssen die Beteiligungsverhältnisse an Medienunternehmen bekannt gemacht werden, damit der Konsument die Zusammensetzung des Unternehmens und den daraus folgenden Einfluss auf die Meinungsrichtung nachvollziehen kann. [50] Wenngleich Journalist kein hand- **122**

45 *BVerfGE* 113, 63 = NJW 2005, 2912.

46 Die Darstellung bezieht sich auf das PresseG MusterG. Eine Synopse der jeweiligen landesrechtlichen Vorschriften findet sich bei *Fechner/Mayer*, Medienrecht, Nr. 19.

47 Zur Verfassungsmäßigkeit dieser Verpflichtung als Naturalabgabe *BVerfGE* 58, 137 – Pflichtexemplar; *Ricker/Weberling*, 15. Kapitel, Rn. 1 f.

48 Hierin liegt ein entscheidender Unterschied zum Rundfunk.

49 Zu den Grenzen der Berichterstattung im Rahmen eines strafrechtlichen Ermittlungsverfahrens vgl. *Molle*, ZUM 2010, 331 ff.

50 Vgl. etwa § 9 Abs. 4 LMG Rheinland-Pfalz, dazu *Dörr*, § 10 Medienrecht, Rn. 12, in: Hufen/Jutzi/Proelß, Landesrecht Rheinland-Pfalz, 8. Aufl. 2018.

werksrechtlich erfasster Beruf ist, müssen die **verantwortlichen Redakteure** in Zeitungen bestimmte Qualifikationen erfüllen und es gelten Vorgaben betreffend die private Lebensführung, wie z.B. eine Wohnsitzpflicht im Inland (§ 8 PresseG MusterG). Von zentraler Bedeutung ist auch die Pflicht zur Beachtung des Prinzips der **Trennung** von **Werbung** und **redaktionellem Teil** (§ 9 PresseG MusterG), was die Gestaltung von Zeitungsseiten erheblich beeinflusst.

2. Ansprüche und Abwehrrechte im Pressebereich

123 Von zentraler Bedeutung für die Arbeit insbesondere der Zeitungen ist der grundsätzlich[51] bestehende Auskunfts- und Informationsanspruch (§ 4 PresseG MusterG)[52] als institutionelle Rechtsgarantie mit Schutzpflicht des Staates für die Presse[53] gegenüber Behörden[54], wobei diese Garantie keinen unmittelbaren Anspruch auf Unterstützung der Pressearbeit gewährt[55].

124 **11. Übungsfrage:** Reporter R einer Lokalzeitung interessiert sich für Besonderheiten des liturgischen Ablaufs im Gottesdienst der örtlichen katholischen Kirchengemeinde, über die der ganze Ort spricht. Ebenso munkelt der Ort darüber, dass der Pastor mit seiner Haushaltshilfe drei uneheliche Kinder haben solle. Der Reporter möchte über die Liturgie und darüber berichten, ob die Kirche Alimente zahlt. Hat er diesbezüglich jeweils einen presserechtlichen Auskunftsanspruch gegen die Kirchengemeinde?

125 Als Körperschaft des öffentlichen Rechts (Art. 140 GG i.V.m. Art. 137 Abs. 6 WRV) ist auch die Kirche der Verfassung unterworfen und damit zur Auskunft durch ihre Behörden (§ 4 PresseG MusterG) verpflichtet. Dies gilt jedoch nur, soweit es sich um Auskünfte aus dem staatlichen Bereich handelt[56]. Sofern sich der Reporter also nach den liturgischen Eigenheiten des Gottesdienstes erkundigt, kann die Kirche die Auskunft verweigern, da hier eine rein geistliche Angelegenheit in Rede steht. Da die Kirche jedoch im Zweifel unter Verwendung von Steuergeldern für die Kinder des Pastors aufkommen muss, geht es beim zweiten Aspekt um eine weltliche Frage, deren Beantwortung die Kirche schuldig ist.

126 Journalisten und Presseunternehmen können sich auf der anderen Seite gegen staatliche **Eingriffe wehren**, indem sie sich z.B. auf den Schutz gegen Durchsuchung oder das Beschlagnahmeverbot berufen, wie der Fall zur Durchsuchung der Redaktion des Magazins *Cicero* zeigt. Die Einziehung, also die hier relevante Form der pressespezifischen Beschlagnahme, ist nur unter engen Voraussetzungen zulässig[57].

---

51 Zu den Grenzen dieses pressespezifischen Informationsanspruchs *Ricker/Weberling*, 20. Kapitel, Rn. 1 ff.

52 Zu Inhalt und Umfang *Ricker/Weberling*, 19. Kapitel, Rn. 1 ff. Für den allgemeinen Informationsanspruch sind nunmehr das Informationsfreiheitsgesetz des Bundes und die Informationsfreiheitsgesetze der Länder von Bedeutung.

53 Zu den Anspruchsberechtigten *Ricker/Weberling*, 19. Kapitel, Rn. 3 ff.

54 Zu den Anspruchsverpflichteten *Ricker/Weberling*, 19. Kapitel, Rn. 10 ff.

55 *BVerfGE* 80, 162 ff.; *Ricker/Weberling*, 18. Kapitel, Rn. 1.

56 Siehe dazu *Soehring/Hoene*, Presserecht, § 4, Rn. 21; *Schröer-Schallenberg*, Informationsansprüche der Presse gegenüber Behörden, S. 85 ff.; *Ricker/Weberling*, Handbuch des Presserechts, 19. Kapitel, Rn. 10 ff.

57 Dazu *Ricker/Weberling*, 31. Kapitel, Rn. 3 ff.

Daneben kennen die Landespressegesetze den Anspruch auf Abdruck einer angemessenen **Gegendarstellung**[58]. Dieser Anspruch setzt voraus, dass der Anspruchssteller von einer in der Presse veröffentlichten Tatsachenbehauptung betroffen sein kann. Die Gegendarstellung ihrerseits muss sich ebenfalls auf Tatsachen beschränken („Tatsachen gegen Tatsachen"). Sie kann sich gegen den verantwortlichen Redakteur und den Verleger eines periodischen Druckwerks richten. Das Recht auf Abdruck einer Gegendarstellung besteht grundsätzlich nur, wenn der Betroffene ein berechtigtes Interesse hieran nachweisen kann (§ 10 PresseG MusterG). Zu beachten sind dabei Vorschriften bezüglich des Zeitpunkts, der Platzierung und Größe der Gegendarstellung. Diese muss sich nicht auf den Inhalt des Beitrags, sondern kann sich allein auf die dazugehörige Schlagzeile beziehen. 127

Zur Vertiefung

Eine auffällige Gegendarstellung enthielt die Bild-Zeitung vom 15. Juli 2006 auf Seite 1. Sie nahm nahezu den gesamten für den Verkauf der Zeitung wichtigen Bereich über dem Bruch mit folgendem Text ein: „Gegendarstellung zu der Überschrift in Bild vom 2. Mai 2006 „Heide Simonis jetzt ins Dschungel TV?" Hierzu stelle ich fest: Ich habe stets erklärt, dass ich zur Teilnahme an einer solchen TV-Show nicht zur Verfügung stehe. 2. Mai 2006 RA Johannes Eisenberg für Heide Simonis. Anmerkung der Redaktion: Frau Simonis hatte stets erklärt, dass sie zur Teilnahme an einer solchen Show nicht zur Verfügung stehe." Ähnlich im Kölner Express vom 26. Februar 2010 auf Seite 1 oben rechts: „Gegendarstellung. Am 25. November 2009 schrieben Sie auf der Titelseite des EXPRESS über mich: „Aussprache mit FC-Manager. Wutauftritt von Poldi." Hierzu stelle ich fest: „Ich hatte bei der Aussprache mit dem FC-Manager keinen Wutauftritt". Köln den 17. Dezember 2009, Lukas Podolski". Eine ganzseitige erweiterte Fassung der Gegendarstellung war im Sportteil desselben Tages auf Seite 24 abgedruckt. Redaktionen reagieren auf Gegendarstellungen bisweilen mit Erläuterungen, sog. Redaktionsschwänzen. Ein Beispiel aus der F.A.Z. vom 5. Juli 2010, Seite 31: Gegendarstellung. In der Frankfurter Allgemeinen Zeitung vom 18. März 2010 schreiben Sie auf Seite 35 in einem Artikel mit der Überschrift „Kein ‚Cyberstalking'. Niederlage für Berliner Anwalt" über mich: „Das Landgericht hielt die Berufung von Schertz für verspätet und damit unzulässig". Hierzu stelle ich fest: Das Landgericht hielt die Berufung nicht für verspätet, sondern stellte ausdrücklich in der mündlichen Verhandlung fest, dass sie fristgerecht eingelegt wurde. Die Unzulässigkeit der Berufung beruht auf einem anderem Grund" Berlin 18. März 2010 Rechtsanwalt Dr. Christian Schertz." Es schließt sich folgender **Redaktionsschwanz** an: „Anmerkung der Redaktion: Herr Dr. Schertz hat Recht. Das Landgericht (AZ 86 S 6/10) stellte in den Urteilsgründen Folgendes fest: Die Berufung sei unzulässig, weil sie den Erlass einer neuen einstweiligen Verfügung teils gleichen, teils weitergehenden Inhalts begehre. Damit verkenne der Anwalt „Sinn und Zweck des Rechtsmittels der Berufung". Zweitens sei der neue in der mündlichen Verhandlung gestellte Antrag nicht innerhalb der Berufungsbegründungsfrist eingegangen und ändere daher an der Unzulässigkeit der Berufung nichts. Schließlich sei die Berufung auch deshalb unzulässig, weil die dem Kläger durch das angefochtene Urteil entstandene Beschwer inzwischen mit dem Ablauf der einstweiligen Verfügung entfallen sei.". 128

Das Bundesverfassungsgericht hat das Recht auf Gegendarstellung in einer Kammerentscheidung vom 19. Dezember 2007[59] **eingeschränkt**, wenn es um mehrdeutige Aussagen in einem Zeitschriftenartikel geht. Das Gegendarstellungsrecht sei im Lichte der Pressefreiheit auszulegen, die durch den Abdruck massiv beeinträchtigt werde. Daher komme eine Gegendarstellung bei mehrdeutigen Aussagen nur in Betracht, wenn sich dem Leser die angeblich versteckte Aussage, gegen die sich die Gegendarstellung richte, als unabweisbar aufdränge. Im Streitfall ging es um einen ironisch 128a

58 Dazu noch unten Rn. 312, 347.

59 *BVerfG*, Beschl. der 1. Kammer des 1. Senats vom 19.12. 2007, DVBl. 2008, 313=ZUM 2008, 325.

intonierten Bericht, der eine zivilrechtliche Verurteilung einer Privatperson zur Rückzahlung von 35 Millionen Euro betraf. Diesen Bericht konnte man so verstehen, dass sich in diesem Zusammenhang wichtige Aktien in einem Schiffskoffer befunden hätten. Ausdrücklich war diese Behauptung in dem Artikel aber nicht aufgestellt worden.

In einer weiteren Kammerentscheidung vom 7. Februar 2018[60] geht es darum, unter welchen Voraussetzungen Fragen, die ein Zeitungsartikel stellt, als verdeckte Tatsachenbehauptungen gegendarstellungsfähig sind. Das Bundesverfassungsgericht bestätigt zunächst, dass verdeckte Tatsachenbehauptungen gegendarstellungsfähig sind, wenn sich die verdeckte Aussage dem verständigen Leser als unabweisbare Schlussfolgerung aufdrängt.[61] Allerdings gehe es nicht an, dass ein Zivilgericht in eine offene Aufmacherfrage die verdeckte Tatsachenbehauptung hineininterpretiert, für das Aufwerfen der Frage bestünden hinreichende tatsächliche Anhaltspunkte.

Andererseits hat das Bundesverfassungsgericht in einer Kammerentscheidung vom 9. April 2018[62] hervorgehoben, dass die Geltendmachung des Gegendarstellungsrechts nicht von einer vorherigen Stellungnahme des Betroffenen zu einer geplanten Berichterstattung abhängig gemacht werden darf, da eine solche Obliegenheit die Möglichkeiten zur Geltendmachung eines Gegendarstellungsanspruchs weitgehend leerlaufen lassen oder jedenfalls unzumutbar erschweren würde. Der Gegendarstellungsberechtigte hatte sich im konkreten Fall geweigert, eine Vorabanfrage des Publikationsorgans zu einer geplanten, ihn betreffenden Berichterstattung zu beantworten.

128b **12. Übungsfrage:** Ein Wirtschaftsmagazin veröffentlicht eine Luftaufnahme der Villa eines bekannten Fernsehmoderators und verfasst darunter den Begleittext: „Unten am Bootssteg schaukelt eine Motoryacht auf dem Wasser des Sees, auf der Terrasse laden Liegen zu einer Verschnaufpause ein.“
Der Moderator beantragt daraufhin eine Gegendarstellung mit folgendem Inhalt: „An meinem Bootssteg liegt keine Motoryacht. Ich besitze eine solche auch nicht.“ Er begründete die Gegendarstellung damit, dass ihm ein Luxusgut zugeschrieben werde, das er nicht besitze und nicht für erstrebenswert halte. Er protze auch nicht mit seinen Einkommensverhältnissen.[63]
Liegen die Voraussetzungen eines Gegendarstellungsanspruchs vor?

128c In **Übungsfrage 12** enthält der Begleittext (als sog. Erstmitteilung) keine Aussage, die sich dem Leser als unabweisbare Schlussfolgerung dahingehend aufdrängt, dass das als Motoryacht beschriebene und auf der abgebildeten Luftbildaufnahme erkennbare Boot dem Moderator gehört. Aus der gewählten Formulierung lässt sich zwar der Eindruck gewinnen, dass die beschriebene „Motoryacht“ sein Eigentum ist, zumindest wird man eine solche Deutung nicht als äußerst fernliegend bezeichnen können. Als unabweisliche Schlussfolgerung stellt sich diese Deutung aber nicht dar. Es bestehen auch andere Deutungsvarianten, wem das auf der Luftbildaufnahme ersichtliche Boot gehören könnte – wie etwa einem in Nähe des Bootstegs Rast machenden Wassersportler, einem Besucher des Moderators oder gar einem Paparazzi oder Fan, der ei-

60 *BVerfG*, Beschl. der 3. Kammer des 1. Senats vom 7.2.2018, NJW 2018, 1596 = ZUM 2018, 361.
61 *BVerfGE* 85, 23, 32; vgl. auch BVerfGK 13, 97, 102 ff.
62 *BVerfG*, Beschl. der 3. Kammer des 1. Senats vom 9.4.2018, NJW 2018, 2250 = ZUM 2018, 612.
63 Vgl. *OLG Düsseldorf*, Urt. v. 20.2.2008; Az.: I-15 U 176/07, ZUM-RD 2008, 469; Vorinstanz: *LG Düsseldorf*, Az. 12 O 513/07, Urt. v. 24.10.2007.

nen Blick auf das Anwesen werfen möchte. Da somit die Deutung des Begleittextes nicht unabweislich dahin geht, dass das beschriebene Boot dem Moderator gehört, besteht kein Anspruch auf Abdruck der begehrten Gegendarstellung – jedenfalls insoweit, als er damit klarstellen möchte, dass er keine Motoryacht besitzt.

Ungeachtet dieser Beschränkung des Gegendarstellungsrechts bei mehrdeutigen Aussagen unterstellt das Bundesverfassungsgericht solche Äußerungen, die verschiedene Deutungsvarianten zulassen, einem sog. **Interpretationsvorbehalt**. Bei der Wiedergabe mehrdeutiger Aussagen im Rahmen von Presseberichten muss daher stets ohne Aufwand und Zeitverlust erkennbar sein, dass es sich bei der entsprechenden Darstellung um eine Deutung des jeweiligen Kommentators handelt.[64] Die in Rede stehende Textpassage ist dabei im Gesamtzusammenhang zu betrachten. Der geforderte Interpretationsvorbehalt muss nicht ausdrücklich formuliert werden, sondern kann sich gleichsam aus der Süffisanz oder der ironisch pointierten Zusammenfassung einer mehrdeutigen Äußerung ergeben.[65]

12a. Übungsfrage[66]**:** Eine ehemalige Nachrichtensprecherin stellt im Rahmen einer Pressekonferenz das von ihr verfasste Buch mit dem Titel „Das Prinzip Arche Noah – Warum wir die Familie retten müssen" vor. Dabei äußert sie, dass „das Bild der Mutter in Deutschland, welches „leider mit dem Nationalsozialismus und der darauf folgenden 68er-Bewegung abgeschafft wurde", wieder wertgeschätzt werden müsse. Eine Tageszeitung kommentiert die Buchpräsentation mit folgenden Worten: „(...) In diesem Zusammenhang machte die Autorin einen Schlenker zum Dritten Reich. Da sei einiges sehr schlecht gewesen, aber einiges auch sehr gut. Zum Beispiel sei die Wertschätzung der Mutter durch die 68er abgeschafft worden. Deshalb habe man nun den gesellschaftlichen Salat. Kurz danach war diese Buchvorstellung Gott sei Dank zu Ende."
Die Nachrichtensprecherin sieht diesen Artikel als Falschzitat an und begehrt die Richtigstellung der Äußerung. Steht ihr ein solcher Anspruch gegenüber dem Herausgeber der Zeitung zu?

Sofern die herausgebende Tageszeitung fremde Äußerungen, die verschiedentlich interpretierbar sind, zitiert, unterliegt sie der Einhaltung des Interpretationsvorbehalts.[67] Dieser Verpflichtung zur Kenntlichmachung der eigenen Deutungsweise ist in **Übungsfrage 12a** hinreichend Rechnung getragen. Aus dem Gesamtzusammenhang des maßgeblichen Zeitungsartikels ergibt sich, dass dieser die persönliche Meinung der Verfasserin wiedergibt. Für den Leser ist insbesondere durch die Formulierung „gesellschaftlicher Salat" sowie den letzten Satz des Artikels erkennbar, dass es sich um eine verkürzende, ironisch zugespitzte Abhandlung aus subjektiver Perspektive handelt.

---

64 *BVerfGE* 54, 208, 217 – Böll, wonach eine eventuell vertretbare Interpretation einer mehrdeutigen Äußerung vom Kommentator jedenfalls nicht als Zitat des Äußernden ausgegeben werden darf; vgl. dazu auch *BGH*, Urt. v. 15.11.2005, NJW 2006, 609, 610.

65 *BVerfG*, Beschl. der 1. Kammer des 1. Senat vom 25.10.2012, NJW 2013, 774.

66 Nachgebildet dem Sachverhalt, der dem Beschl. *BVerfG*, NJW 2013, 774 zugrunde lag.

67 Während der *BGH*, Urt. v. 21.6.2011, NJW 2011, 3516, 3516 einen mehrdeutigen Aussagegehalt im hiesigen Fall von vornherein ablehnte, ließ das *BVerfG* (NJW 2013, 774) diese Frage offen, da jedenfalls die Anforderungen an die zulässige Wiedergabe eines mehrdeutigen Zitats erfüllt seien.

3. Verfahren und Prozessuales

129 Im Bereich des Rechtsschutzes schlägt sich die Eigenschaft des Medienrechts als Querschnittsmaterie nieder, die auch den Bereich der Presse erfasst. Während staatliche Eingriffe in die Pressefreiheit, etwa die Nichtgewährung einer Auskunft[68], der Kontrolle durch die Verwaltungsgerichte unterliegen, werden Streitigkeiten um Gegendarstellungsansprüche vor den Zivilgerichten ausgetragen.[69]

VI. Das Buch- und Verlagswesen

130 Trotz seiner Bedeutung findet das Buch **keine eigenständige grundrechtliche Absicherung**, unterliegt aber selbstverständlich der Pressefreiheit. Daher gelten aber nicht nur die Rechte, sondern ebenso die Beschränkungen der Pressefreiheit auch für das Buch, was sich z.B. hinsichtlich des Jugendschutzes auswirkt. Darüber hinaus kann ein Buch ein Kunstwerk darstellen und damit dem Schutz der Kunstfreiheit unterfallen[70]. Das Buchwesen ist wesentlich durch das **Verlagsgesetz** bestimmt, wonach zwischen einem Autor (Verfasser) und einem Verleger ein vertragliches Rechtsverhältnis zustande kommt (§ 1 VerlG). Danach wird einerseits dem Verleger das Werk zur Vervielfältigung überlassen. Im Gegenzug ist dieser verpflichtet, es zu verbreiten. Das VerlG regelt die Vervielfältigungsrechte (§ 2 VerlG), Details der Vervielfältigung und weitere Fragen des Verhältnisses zwischen Autor und Verleger, etwa im Hinblick auf das Honorar (§§ 21 ff. VerlG), auf Freiexemplare (§ 25 VerlG) und Ähnliches.

131 Eine Besonderheit im medienrechtlichen Wettbewerbsrecht gilt im Buchwesen im Hinblick auf die **Buchpreisbindung** nach dem Gesetz über die Preisbindung von Büchern (BuchPrG). Streitig ist die Zulässigkeit einer solchen Bindung insbesondere im Hinblick auf das Europarecht.[71] Prinzipiell handelt es sich bei der Buchpreisbindung um eine Absprache zwischen verschiedenen Verlegern, wonach die Lieferanten sich verpflichten, Bücher zu bestimmten Preisen weiterzuverkaufen. Der damit eingeschränkt stattfindende Wettbewerb wird mit der kulturellen Funktion des Buches begründet, die einen Mindestpreis erfordere.

132 **12b. Übungsfrage:** Ein Anbieter von Büchern über das Internet rechnet Bonusmeilen für Flüge, die zuvor durch den Kauf preisgebundener Bücher erworben wurden, auf den Kaufpreis der Bücher an. Ist das zulässig?

133 Die Buchpreisbindung muss auch bei Kundenbindungssystemen strikt eingehalten werden. Daher ist etwa das geschilderte Verfahren im Bonusmeilenprogramm nicht zulässig. Erlaubt ist es, dass der Händler die Meilen entweder ausgibt oder einlöst; eine Kopplung ist unzulässig. Ebenfalls unzulässig ist die Ausgabe von Gutscheinen im Rahmen des sog. Trade-In-Geschäfts. Dabei werden den Kunden für den Eintausch bestimmter Artikel geldwerte Bonusgutscheine gewährt, die sodann bei einem späte-

68 Dazu *Ricker/Weberling*, 22. Kapitel, Rn. 1 ff.
69 Dazu *Schulenberg*, in: Schwartmann, Praxishandbuch Medienrecht, 9. Kapitel Rn. 151 ff.
70 Dazu *BVerfGE* 119, 1 = NJW 2008, 39 – Esra.
71 Zur europarechtlichen Problematik vgl. unten *EuGH*, EuZW 2009, 426.

ren Kauf preisgebundener Bücher angerechnet werden können. Wäre dies zulässig, könnte die Buchpreisbindung durch die Wahl eines entsprechenden Geschäftsmodells allzu leicht umgangen werden.[72]

VII. Fazit und Glossar

Im Bereich der Presse sind das Recht der periodischen Presse, also vor allem (Tages-) Zeitungen und Zeitschriften, sowie das Verlagswesen von besonderer Bedeutung. Hier ist es wichtig, die zentralen Begriffsbestimmungen und die verfassungsrechtlichen und einfachgesetzlichen Rahmenbedingungen zu kennen. Besonderes Augenmerk ist auf die abgrenzungsscharfe Verwendung presserechtlicher Begriffe zu legen. **134**

Druckwerk	Der zentrale Begriff des Presserechts ist der des **Druckwerks**. Er ist in § 6 Pressegesetz (Mustergesetz) und den teilweise hiervon abweichenden[73] Landespressegesetzen definiert. Es kommt dabei insbesondere auf die Herstellung eines Druckerzeugnisses mittels Buchdruckerpresse oder eines sonstigen zur Massenherstellung geeigneten Vervielfältigungsverfahrens an, das zur Verbreitung bestimmt ist.
Journalist	Ein berufsmäßiger Verfasser von Beiträgen in periodischen Druckwerken.
Reporter	Ein berufsmäßiger Berichterstatter über Tagesereignisse, der oft zugleich Redakteur ist.
Redakteur[74]	Ein mit Entscheidungsbefugnis ausgestatteter Verfasser oder Bearbeiter von publizistischen Beiträgen mit der Aufgabe des Redigierens (sammeln, sichten und ordnen des zu veröffentlichenden Stoffes). Bei einigen Zeitungen und Zeitschriften ist auch der veraltete Begriff des **Schriftleiters** gebräuchlich.
Chefredakteur[75]	Ein Redakteur mit Leitungsfunktion und Verantwortung auch für den wirtschaftlichen Erfolg eines Druckerzeugnisses. Das Presserecht kennt den Begriff des Chefredakteurs nicht.
Verantwortlicher Redakteur[76]	Vom Verleger eines periodischen Druckwerks zu benennender Redakteur mit Verantwortung im Sinne des Presserechts, der in das Impressum aufzunehmen ist (§ 8 PresseG MusterG). Hintergrund ist die anderenfalls bestehende Anonymität der periodischen Presse.
Publizist	Ein Schriftsteller mit tagesaktuellem und politischem Bezug. Der Begriff entspricht insoweit dem des Journalisten.
Verleger[77]	Ein gewerbsmäßig mit der Herstellung, Vervielfältigung und Verbreitung von Druckwerken befasster (Medien-)Unternehmer (natürliche oder juristische Person) mit weit reichender Verantwortung und Haftung sowie dem Recht, eine Zeitung oder Zeitschrift zu gründen, zu erwerben oder zu veräußern und deren Tendenz zu bestimmen.

72 *OLG Frankfurt am Main*, GRUR-RR 2013, 127, 129.
73 Dazu die Synopse bei *Fechner/Mayer*, Medienrecht, Nr. 19.
74 Dazu *Ricker/Weberling*, 13. Kapitel, Rn. 20 ff.
75 Dazu *Ricker/Weberling*, 13. Kapitel, Rn. 21.
76 Dazu *Ricker/Weberling*, 13. Kapitel, Rn. 22 ff.
77 Dazu *Ricker/Weberling*, 13. Kapitel, Rn. 18 ff.

Herausgeber[78]	Ihm kommen verlegerische Aufgaben und Befugnisse – insbesondere Vorgabe inhaltlicher Tendenzen – zu, die auf einen Herausgeber als natürliche Person oder Personenmehrheit delegiert sind („Geistiger Oberleiter"). Der Herausgeber veröffentlicht ein Druckwerk, ohne zugleich dessen (alleiniger) Verfasser zu sein. Personalunion mit dem Verleger ist möglich, aber in der Praxis selten.
Drucker	Der neben Verleger und Herausgeber für die Herstellung eines Druckwerks zuständige Inhaber eines Druckereibetriebs. Auch er ist aufgrund seiner Bedeutung für das Druckwerk in das Impressum aufzunehmen.[79] Im allgemeinen Sprachgebrauch werden als Drucker auch diejenigen Personen bezeichnet, die in einem Druckereibetrieb mit der Herstellung des Druckwerks beschäftigt sind.

C. Rundfunkrecht

135 Dem vielschichtigen Rundfunkrecht kommt in Praxis und Ausbildung eine besondere Bedeutung zu.[80]

I. Begriff des Rundfunks

1. Der verfassungsrechtliche Rundfunkbegriff

136 Der Begriff des Rundfunks ist in der Verfassung nicht definiert[81], sondern wird von dieser vorausgesetzt (vgl. auch oben Rn. 58). Er ist daher maßgeblich von der Rechtsprechung des Bundesverfassungsgerichts geprägt. In diesem Zusammenhang betonte es bereits im Ersten Rundfunkurteil[82], dass der Rundfunk, ebenso wie die Presse, zu den unentbehrlichen modernen Massenkommunikationsmitteln gehört, durch die die öffentliche Meinung beeinflusst und mit gebildet wird. Rundfunk ist also nicht nur **Medium**, sondern auch **Faktor** der öffentlichen Meinungsbildung, die ihrerseits als schlechthin konstituierend für ein freiheitliches Gemeinwesen angesehen wird[83].

137 Der vom einfachgesetzlichen Rundfunkbegriff zu unterscheidende[84] verfassungsrechtliche Rundfunkbegriff setzt sich nach der Rechtsprechung des Bundesverfassungsgerichts aus **drei Elementen** zusammen.

- Erstens muss das Angebot an die **Allgemeinheit** gerichtet sein.
- Zweitens muss das Angebot mittels **Funktechnik** verbreitet werden.
- Drittens muss es sich um eine **Darbietung** in Wort, Ton oder Bild handeln. Dies ist nur gegeben, wenn eine **publizistische Wirkung** bejaht werden, also das Angebot zur öffentlichen Meinungsbildung beitragen kann.

---

78 *Ricker/Weberling*, 13. Kapitel, Rn. 19.
79 *Ricker/Weberling*, 13. Kapitel, Rn. 17 ff.
80 Vgl. den Überblick von *Degenhart*, K&R 2008, 214 ff. Zum Zugang zu Frequenzen *Weißenborn*, IRIS plus 2007-02, S. 1 ff. Zu den Verbreitungswegen das Schaubild oben Rn. 11 a.
81 Zum verfassungsrechtlichen Rundfunkbegriff siehe *Dörr*, in: HK-RStV, § 2 Rn. 12 ff.
82 *BVerfGE* 12, 205 – 1. Rundfunkentscheidung.
83 *BVerfGE* 83, 238, 295, 315 – 6. Rundfunkentscheidung.
84 Vgl. bereits oben Rn. 58 ff.

Obwohl sich dies in der Definition nicht wiederfindet, ist unbestritten, dass zum Rundfunk sowohl der **Hörfunk** als auch das **Fernsehen** zählen.[85] Schwieriger ist die **Abgrenzung** zwischen **Rundfunk** und **Telemedien.** Dabei sind der verfassungsrechtliche und der einfachgesetzliche Rundfunkbegriff zu unterscheiden[86]. **138**

Das **Verfassungsrecht** kennt nur Rundfunk und Presse, aber keine Telemedien. Daher sind diese Angebote entweder dem Rundfunk- oder dem Pressebegriff zuzuordnen. Das Bundesverfassungsgericht hat es jedenfalls nicht beanstandet, dass der Gesetzgeber bestimmte, für die öffentliche Meinungsbildung weniger relevante Erscheinungsformen von verfassungsrechtlichem Rundfunk aus dem einfachgesetzlichen Rundfunkbegriff ausklammert und einem liberaleren Regelungsregime unterwirft.[87] Der verfassungsrechtliche Rundfunkbegriff wird weit und dynamisch interpretiert. Danach spricht viel dafür, die Telemedien dem verfassungsrechtlichen Rundfunkbegriff zuzuordnen.[88] **138a**

2. Der einfachgesetzliche Rundfunkbegriff

Dagegen unterscheidet der Rundfunkstaatsvertrag **einfachgesetzlich**[89] zwischen Rundfunk und Telemedien. Für den einfachgesetzlichen Rundfunkbegriff orientiert er sich an der Definition der linearen audiovisuellen Mediendienste (Fernsehprogramme) der Richtlinie über audiovisuelle Mediendienste vom 11. Dezember 2007, die am 19. Dezember 2007 in Kraft getreten ist.[90] Diese Richtlinie wurde zwar durch die Richtlinie 2010/13/EU vom 10. März 2010[91] zur Koordinierung bestimmter Rechts- und Verwaltungsvorschriften der Mitgliedstaaten über die Bereitstellung audiovisueller Mediendienste (Richtlinie über audiovisuelle Mediendienste, AVMD) aus Gründen der Klarheit und Übersichtlichkeit aufgehoben und die bestehenden Vorschriften mit zusammengefassten Erwägungsgründen in durchgängiger Nummerierung neu kodifiziert. Inhaltlich waren mit der Neukodifizierung aber keine Änderungen verbunden, insbesondere blieben die Fristen für die Umsetzung, die bereits am 19. Dezember 2009 abgelaufen waren, gemäß Art. 34 AVMD unberührt. Daran wird auch die Richt- **138b**

---

85 Siehe dazu unten Rn. 274, 277. Zur Frage, ob der Rundfunkbegriff neuen technischen Standards im Fernsehen gerecht wird *Reinemann*, ZUM 2006, 523 ff. Siehe auch *Schwartmann,* in: Schwartmann, Praxishandbuch Medienrecht, 3. Kap. Rn. 12 ff.

86 Siehe *Dörr*, in: HK-RStV, § 2 Rn. 8. Dazu auch *Schwartmann,* in: Schwartmann, Praxishandbuch Medienrecht, 3. Kap. Rn. 8 ff.

87 *BVerfGE* 74, 297, 351 f. – 5. Rundfunkentscheidung.

88 So schon *BVerfGE* 74, 297, 351 f. – 5. Rundfunkentscheidung, für die „rundfunkähnlichen Kommunikationsdienste" (Ton- und Bewegtbilddienste auf Abruf; anders *Fink,* in: Spindler/Schuster, Recht der Elektronischen Medien, Erster Teil. C Rn. 29 ff., der die über Internet verbreiteten neuen Angebote verfassungsrechtlich in der Regel der Pressefreiheit zuordnet, da diese nach seiner Ansicht gegenüber der Rundfunkfreiheit ein Auffanggrundrecht darstellt. Die Zuordnung dieser Dienste unter den Rundfunkbegriff mangels Sondersituation sei wegen der damit verbundenen Eingriffe grundrechtsverkürzend. Vgl. dazu auch *Dörr,* in: Holznagel/Dörr/Hildebrand, Elektronische Medien, S. 193; vgl. auch *Möllers*, AfP 2008, 241 ff.

89 Dazu siehe *Dörr*, in: HK-RStV, § 2 Rn. 12 ff.

90 Vgl. ABl. EG Nr. L 332 vom 18.12.2007, 27 ff.

91 Vgl. Abl. EU Nr. L 95 vom 15.4.2010, 1 ff.

linie zur Änderung der AVMD-Richtlinie vom 14. November 2018[92] nichts ändern, deren Vorgaben Deutschland bis zum 19. September 2020 in nationales Recht umsetzen muss, da auch diese an der Unterscheidung zwischen linearen und nicht linearen audiovisuellen Mediendiensten festhält.[93]

Rundfunk ist nach der einfachgesetzlichen Definition in § 2 Abs. 1 S. 1 RStV ein linearer Informations- und Kommunikationsdienst; er ist die für die Allgemeinheit und zum zeitgleichen Empfang bestimmte Veranstaltung und Verbreitung von Angeboten in Bewegtbild oder Ton entlang eines Sendeplans unter Benutzung elektromagnetischer Schwingungen. Der Begriff schließt Angebote ein, die verschlüsselt verbreitet werden oder gegen besonderes Entgelt empfangbar sind. Der einfachgesetzliche Rundfunkbegriff klammert also nicht-lineare Angebote ebenso aus wie Textangebote. Zudem nimmt § 2 Abs. 3 RStV weitere Angebote, die nach der Definition des § 2 Abs. 1 S. 1 und 2 RStV Rundfunk darstellen, wieder aus dem Rundfunkbegriff heraus. Besondere Bedeutung hat § 2 Abs. 3 Nr. 4 RStV, der solche Angebote aus dem Rundfunkbegriff ausklammert, die nicht journalistisch-redaktionell gestaltet sind. Diese Ausnahmebestimmung lässt erkennen, dass die Länder davon ausgehen, dass das vollständige Fehlen des Einflusses auf die öffentliche Meinungsbildung dazu führen muss, Angebote aus der strengen Rundfunkregulierung herauszunehmen. Schließlich ist mit § 20b RStV für den Hörfunk über Internet eine besondere Regelung durch den Zwölften Rundfunkänderungsstaatsvertrag eingeführt worden, nach der dieser nicht mehr zulassungs-, sondern nur anzeigepflichtig ist.

138c Gegenüber den Telemedien wird eine Negativabgrenzung vorgenommen. Alles, was nicht Rundfunk ist, ist Telemedium, soweit es sich nicht um Telekommunikationsdienste oder telekommunikationsgestützte Dienste handelt. Aufgrund dieser Negativabgrenzung stellen in erster Linie die Informations- und Kommunikationsdienste auf Abruf (nicht-lineare Angebote im Sinne der Richtlinie über audiovisuelle Mediendienste) Telemedien dar, da der einfachgesetzliche Rundfunkbegriff ein lineares Angebot voraussetzt. Hinzu kommen Angebote, die nicht entlang eines Sendeplans verbreitet werden oder keine Bewegtbilder oder Töne enthalten, da diese ebenfalls notwendige Voraussetzungen für einfachgesetzlichen Rundfunk darstellen.[94] Auch wenn die Merkmale des einfachgesetzlichen Rundfunkbegriffs nicht erfüllt sind, liegt ein Telemedium dann nicht vor, wenn es sich um einen Telekommunikationsdienst nach § 3 Nr. 24 TKG bzw. um einen telekommunikationsgestützten Dienst nach § 3 Nr. 25 TKG handelt. § 3 Nr. 24 und 25 TKG definieren Telekommunikationsdienste bzw. telekommunikationsgestützte Dienste, wobei der Diensteanbieter solcher Dienste nach der dortigen Nr. 6 derjenige ist, der Telekommunikationsdienste erbringt oder an der Erbringung mitwirkt. Telekommunikation ist nach Nr. 22 „der technische Vorgang des Aussendens, Übermittelns und Empfangens von Signalen mittels Telekommunikationsanlagen". Telekommunikationsdienste sind Dienste, bei denen die Übertragung von Signalen über Telekommunikationsnetze einschließlich solcher in Rundfunknetzen üblicherwei-

92 2018/1808/EU, Amtsbl. L 303 v. 28.11.2018, S. 69 ff.
93 Vgl. unten Rn. 455 ff.
94 Zum Begriff der Telemedien *Kreile*, in: Schiwy/Schütz/Dörr; Medienrecht, Lexikon für Praxis und Wissenschaft, 5. Auflage, 2010, 617 ff.; *Dörr*, in: HK-RStV, § 2 Rn. 31 f.

se gegen Entgelt erfolgt. Die nur telekommunikationsgestützten Dienste sind solche, bei denen die eigentliche Dienstleistung schon durch die Telekommunikationsverbindung selbst erfüllt wird und kein davon zu trennender Akt einer eigenen Diensterbringung unter Zuhilfenahme des TK-Netzes vorliegt. Der Begriff der elektronischen Informations- und Kommunikationsdienste steht daher als Oberbegriff über den Telekommunikationsdiensten, dem Rundfunk und den Telemedien. Zusammengefasst lässt sich das Verhältnis von Telekommunikations- zum sonstigen Medienrecht daher so beschreiben, dass das Telekommunikationsrecht die technischen Belange der Übertragung regelt, das übrige Medienrecht die inhaltlichen Fragen. Dies lässt sich prägnant dahingehend zusammenfassen, dass das Telekommunikationsrecht die Dienste der Telekommunikation, das übrige Medienrecht die Dienste durch Telekommunikation regelt.[95] Für die Einordnung als Telekommunikationsdienst ist also entscheidend, dass der Dienst ausschließlich, oder zumindest überwiegend, in der Übertragung von Signalen in das Telekommunikationsnetz besteht. Dafür stellt etwa die Internet-Telefonie (Voice over IP) ein wichtiges Beispiel dar.[96]

II. Rechtsgrundlagen

Die Rechtsgrundlagen des Rundfunks sind verwirrend vielfältig.

1. Grundgesetz

An erster Stelle ist hier die Bestimmung des Art. 5 Abs. 1 S. 2 GG zu nennen, die nach ihrem Wortlaut die Freiheit der Berichterstattung durch **Rundfunk** gewährleistet. Diese Bestimmung kann nur zusammen mit den Rundfunkurteilen des Bundesverfassungsgerichts gelesen werden, das aus dem knappen Wortlaut der Norm differenzierte und weitgehende Anforderungen an die Rundfunkordnung in der Bundesrepublik Deutschland entwickelt hat. Das Gericht sah und sieht einen Verfassungsauftrag darin, eine demokratische und vielfältige Rundfunklandschaft zu erhalten und fortzuentwickeln und damit einen der Demokratie dienenden Beitrag zum Rundfunkrecht zu leisten. **139**

Konkret hat das Bundesverfassungsgericht seine grundlegenden **Weichenstellungen** für die Rundfunkfreiheit insbesondere in zwölf Rundfunkentscheidungen[97] vorgenommen. **140**

Zur Vertiefung: Dabei ist zu beachten, dass das Bundesverfassungsgericht authentischer Interpret der Verfassung ist und diese mit verbindlicher Wirkung (§ 31 BVerfGG) für alle Staatsgewalten auslegt. Neben dieser Bindungswirkung haben Entscheidungen des Bundesverfassungsgerichts, mit denen ein Gesetz für nichtig erklärt wird, ihrerseits Gesetzeskraft.

---

95 So *Oster*, Rechtsfragen der Medienkonvergenz am Beispiel der Internet-Telefonie, in: Fechner, Konvergenz – Datenschutz – Meinungsforen: Fragestellungen des Internetrechts, 2009, 15.

96 *Oster*, Rechtsfragen der Medienkonvergenz am Beispiel der Internet-Telefonie, in: Fechner, Konvergenz – Datenschutz – Meinungsforen: Fragestellungen des Internetrechts, 2009, 16 ff.; *ders.*, Telekommunikationsrechtliche Vorfragen, in: Handbuch Multimedia-Recht, 2009, Teil 4, Rn. 18 ff.

97 Darüber hinaus hat das BVerfG weitere für die Rundfunkfreiheit wichtige Entscheidungen getroffen; vgl. dazu die umfassende Darstellung von *Stettner*, in: HK-RStV,B 2 Rn. 28 ff.

141 Darin wurden die Grundlagen des **dualen Systems** geklärt, der Begriff der **Grundversorgung** in die Debatte eingeführt und ausgelegt, der in den letzten Entscheidungen meist durch den Begriff „klassischer Funktionsauftrag" ersetzt wurde, inhaltliche Vorgaben für den **privaten Rundfunk** gemacht, **Programmgrundsätze** umrissen, die **Bestands- und Entwicklungsgarantie** für den öffentlich-rechtlichen Rundfunk entwickelt und dezidierte Vorgaben für das **Gebührenfestsetzungsverfahren** gemacht. Folgende Tabelle soll einen Überblick über die wichtigsten Rundfunkurteile des Bundesverfassungsgerichts geben.[98]

142	**1. Rundfunkurteil (BVerfGE 12, 205)**	In dieser Entscheidung aus dem Jahr **1961**, die in der Literatur wegen ihrer zentralen Bedeutung als Magna Charta des Rundfundrechts bezeichnet wird,[99] geht es zunächst um die Abgrenzung der Verwaltungs- und Gesetzgebungskompetenzen zwischen Bund und Ländern und die Anforderungen an die Rundfunkorganisation zur Sicherung der Meinungsvielfalt sowie die rechtlichen Vorgaben für den Umgang mit der Frequenzknappheit. Das Gericht hat den Ländern die Kompetenz für den Rundfunkbereich zugestanden. Zum anderen enthält die Entscheidung grundlegende Ausführungen zur Rundfunkfreiheit, der fundamentale Bedeutung für die Meinungsbildung zugewiesen wird und die aus Sicht des Gerichts nicht nur Medium, sondern auch ein eminenter Faktor der öffentlichen Meinungsbildung ist. Zudem fordere die Rundfunkfreiheit, dass alle gesellschaftlich relevanten Kräfte zu Wort kommen und für das Gesamtprogramm Leitgrundsätze verbindlich sind, die ein Mindestmaß an inhaltlicher Ausgewogenheit, Sachlichkeit und gegenseitiger Achtung gewährleisten. Dies ist gesetzlich sicherzustellen. Schließlich dürfe der Rundfunk weder dem Staat noch einer gesellschaftlichen Gruppe ausgeliefert werden. Dies schließe es aus, dass der Staat selber – auch in der Form einer privaten Gesellschaft – als Rundfunkveranstalter auftritt, wie es mit der Deutschland-Fernseh-GmbH geplant war. Zudem dürfe der Staat keinen beherrschenden Einfluss etwa über ihm zuzurechnende Gremienmitglieder ausüben. Allerdings schließe dieser Grundsatz der „Staatsfreiheit" es nach Ansicht des Gerichts nicht aus, dass den Organen der Rundfunkanstalt ein „angemessener Anteil" staatlicher Vertreter angehört.
143	**2. Rundfunkurteil (BVerfGE 31, 314)**	Hauptgegenstand der Entscheidung von **1971** ist die Definition der öffentlichen Aufgabe der Rundfunkanstalten, die weder dem gewerblichen noch dem freiberuflichen Bereich zuzuordnen ist. Aufhänger war die Frage nach der Umsatzsteuerpflichtigkeit der Rundfunkgebühr. Die öffentlich-rechtlichen Rundfunkanstalten werden hier als eine Art staatsferne grundrechtsgeschützte Einrichtung des öffentlichen Rechts eingeordnet.
144	**3. Rundfunkurteil (BVerfGE 57, 295)**	In dieser Entscheidung über die Konzession der **FRAG** (Freie Rundfunk-AG) ging es **1981** um die Zulässigkeit privaten Rundfunks. Das Gericht verlangte für dessen Zulassung eine gesetzliche Grundlage, die bestimmten Anforderungen entsprechen müsse. Damit legte es

98 Soweit die Entscheidungen von inhaltlicher Bedeutung sind, finden sie an entsprechender Stelle des Buches gesonderte Erwähnung. Vgl. auch die Zusammenstellung bei *Fechner*, 10. Kapitel, Rn. 51 ff.

99 Dazu *Dörr*, Die Magna Charta des Rundfunkrechts – Das Erste Fernsehurteil und seine Folgen, in: Becker/Weber (Hrsg.), Funktionsauftrag, Finanzierung, Strukturen – Zur Situation des öffentlich-rechtlichen Rundfunks in Deutschland, Liber Amicorum für Carl-Eugen Eberle, 2012, S. 143 ff.

hier die Grundlage für die **„Duale Rundfunkordnung"**, in der privater und öffentlich-rechtlicher Rundfunk koexistieren können, wenn rechtliche Vorgaben für den privaten Rundfunk, insbesondere zur Sicherung des Pluralismusgebots, eingehalten werden.

4. Rundfunkurteil (BVerfGE 73, 118 ff.)

Das sog. **Niedersachsen**-Urteil erging **1986,** nachdem infolge des FRAG-Urteils die ersten Landesmediengesetze in den Ländern ergangen waren und sich für eine duale Rundfunkordnung entschieden hatten. Konkret war darüber zu entscheiden, ob die Vorgaben im Niedersächsischen Landesmediengesetz gegenüber den privaten Rundfunkveranstaltern, insbesondere bei der **Vielfalts- und Pluralitätssicherung,** ausreichend waren. Das Gericht senkte die programmlichen Anforderungen an private Rundfunkveranstalter im Hinblick auf die mit der Werbefinanzierung zwangsläufig einhergehenden Defizite in programmlicher Hinsicht. Im Gegenzug gestand es dem öffentlich-rechtlichen Rundfunk die Aufgabe der Grundversorgung zu. Nur wenn der öffentlich-rechtliche Rundfunk seine Aufgabe einer umfassenden Information der Bevölkerung in vollem Umfang erfülle, sei es hinzunehmen, dass an die privaten Veranstalter geringere Anforderungen gestellt würden. Hierin liegt eine Fortentwicklung gegenüber dem 3. Rundfunkurteil. In Reaktion auf dieses 4. Urteil vereinbarten die Länder den „Staatsvertrag zur Neuordnung des Rundfunkwesens" – kurz **Rundfunkstaatsvertrag** – der am 1.12.1987 in Kraft trat[100]. 145

5. Rundfunkentscheidung (BVerfGE 74, 297)

In der Entscheidung von **1987** ging es um das Landesmediengesetz Baden-Württemberg. Der damalige SDR hatte sich als öffentlich-rechtliche Rundfunkanstalt dagegen gewandt, von Spartenprogrammen und Online-Diensten ausgeschlossen zu werden. Das Gericht umschrieb den Begriff der **Grundversorgung** näher. Es versteht ihn nicht im Sinne einer Minimalversorgung, sondern möchte die gesamte Bandbreite der programmlichen Gestaltungsformen abgebildet sehen. Grundversorgung verlangt eine umfassende Information der Bürger und ein grundlegendes Angebot aller Typen von Rundfunksendungen, die technisch für alle erreichbar angeboten werden müssen. Zudem ist durch verfahrensrechtliche Sicherungen zu gewährleisten, dass das Angebot ausgewogen und vielfältig bleibt sowie alle Strömungen der Gesellschaft widerspiegelt. Schließlich macht das Gericht deutlich, dass der öffentlich-rechtliche Rundfunk auch außerhalb der Grundversorgung an neuen Techniken und Programmformen teilhaben können muss. Dies folge aus dem Gedanken des publizistischen Wettbewerbs und der Möglichkeit, dass neue Programmformen oder Techniken in Zukunft Teil der Grundversorgung werden könnten. Daher hält das Gericht den Ausschluss des öffentlich-rechtlichen Rundfunks von Sparten-, Regional- und Lokalprogrammen sowie von Ton- und Bewegtbilddiensten für verfassungswidrig, obwohl es offen lässt, ob und inwieweit diese Angebote zur Grundversorgung gehören. Zugleich erklärte es Werbeverbote im öffentlich-rechtlichen Regional- und Lokalfunk für zulässig. 146

6. Rundfunkurteil (BVerfGE 83, 238)

Das sog. **WDR-Urteil** von **1991** befasst sich mit der Verfassungsmäßigkeit des WDR-Gesetzes und betraf die genauere Festlegung des **Grundversorgungsauftrags**. Konkret ging es um die Bestands- und Entwicklungsgarantie des öffentlich-rechtlichen Rundfunks, um Fragen der Mischfinanzierung, die Durchführung sog. neuer Dienste und um die Betätigung der Rundfunkanstalten am Rande ihres klassischen Handlungsfeldes. Zudem wurde über **Programmanforderungen** für 147

100 Dazu unten Rn. 152 ff.

den **privaten Rundfunk** und über Möglichkeiten der **Zusammenarbeit** zwischen öffentlich-rechtlichen und privaten Veranstaltern entschieden. Das Gericht interpretiert den Begriff der Grundversorgung dynamisch und hält die Bestands- und Entwicklungsgarantie zugunsten des öffentlich-rechtlichen Rundfunks für geboten. Außerdem gesteht es dem öffentlich-rechtlichen Rundfunk ein aus der Rundfunkfreiheit fließendes Recht zu, in begrenztem Umfang Druckwerke mit vorwiegend programmbezogenem Inhalt herauszugeben.

148 **7. Rundfunkentscheidung (BVerfGE 87, 181)**

In der sog. **Hessen 3-Entscheidung** von **1992** gesteht das Bundesverfassungsgericht dem öffentlich-rechtlichen Rundfunk einen aus der Rundfunkfreiheit abgeleiteten Anspruch auf funktionsgerechte Finanzierung zu. Dieser Anspruch umfasse aber nur dasjenige, was zur Erfüllung der Aufgaben **erforderlich** sei. Daher entschied es, dass das neu eingeführte Verbot für den HR, in seinem 3. Fernsehprogramm Werbung zu betreiben (ein entsprechendes Verbot galt für die anderen 3. Fernsehprogramme schon vorher), keinen Eingriff in die Rundfunkfreiheit darstellt, solange die Finanzierung der Anstalt gesichert ist. Der HR hatte aus Karlsruher Sicht nicht dargelegt, dass ihm die erforderlichen Mittel zur Erfüllung seiner Aufgaben ohne die Werbeeinnahmen fehlen würden.

149 **8. Rundfunkurteil (BVerfGE 90,60)**

Die Entscheidung aus Anlass des „Kabelgroschen" im Jahr **1994** betrifft anknüpfend an die 7. Rundfunkentscheidung Rechtsfragen der Rundfunkgebühren. Das Gericht erklärte die bis dahin geltende **Gebührenfestsetzung** wegen eines Verstoßes gegen den Grundsatz der Staatsferne für verfassungswidrig. Es geht davon aus, dass die Frage der Gebührenfestsetzung letztlich zu einem Dilemma führe, das nur verfahrensrechtlich zu lösen sei. Davon ausgehend gibt es ein dreistufiges Verfahren vor, durch das aus seiner Sicht die Interessen der Gebührenzahler mit den Belangen der Rundfunkanstalten ausgeglichen würden und sicher gestellt werde, dass der öffentlich-rechtliche Rundfunk die für seine Aufgaben **erforderlichen Mittel** erhalte. Dabei kommt dem Sachverständigengremium, das die Bedarfsanmeldungen der Rundfunkanstalten nach fachlichen Maßstäben überprüfen soll, eine entscheidende Rolle zu. Sein Vorschlag soll für die Länder, die die Gebühr durch Staatsvertrag oder auf andere Weise festsetzen, grundsätzlich bindend sein. In der Folge dieser Entscheidung wurde 1996 im 3. **Rundfunkänderungsstaatsvertrag** das dreistufige System der Gebührenerhebung staatsvertraglich vereinbart. Die Rundfunkanstalten müssen nun einen anhand ihrer Aufgaben zusammengestellten Bedarf anmelden, dessen Erforderlichkeit zunächst von einer Sachverständigenkommission – der Kommission zur Überprüfung und Ermittlung des Finanzbedarfs der Rundfunkanstalten **(KEF)**[101] – fachlich überprüft und ermittelt wird, bevor die Gebührenhöhe von den Landesparlamenten unter Berücksichtigung des KEF-Vorschlags festgelegt wird.

149a **9. Rundfunkurteil (BVerfGE 119, 181)**

Das 2. Gebührenurteil befasst sich mit der Abweichungsmöglichkeit der Länder vom Gebührenvorschlag der KEF und bestätigt die Linie des 8. Rundfunkurteils. Daneben beschäftigt es sich auch mit der **Ausgestaltung der dualen Rundfunkordnung** vor dem Hintergrund der Digitalisierung und Konvergenz. Die Notwendigkeit einer gesetzlichen Ausgestaltung der Rundfunkordnung ist nach Ansicht der Karlsruher Richter durch den Wegfall der durch die Knappheit der Sendefrequenzen bedingten Sondersituation nicht entfallen. Gerade wegen

101 Dazu unten Rn. 151, 214 ff.

seiner Breitenwirkung, Aktualität und Suggestivkraft kommt dem Rundfunk eine herausgehobene Bedeutung zu, die gesetzliche Regelungen erfordert. Die neuen Technologien verstärken die Gefahren für die Vielfalt im privaten Bereich nach Auffassung des Gerichts durch den zunehmenden Wettbewerbsdruck. Es komme zu verzerrenden Darstellungsweisen, Bevorzugung des Sensationellen und zur Skandalisierung von Vorgängen. Zudem schreite der Prozess horizontaler und vertikaler Verflechtung auf den Medienmärkten weiter voran. Sowohl für die Sicherung der Meinungsvielfalt als auch für die Qualität der Programme spielt daher der öffentlich-rechtliche Rundfunk für das Gericht eine entscheidende Rolle. Bei der **Gebührenfrage** bestätigt das Gericht, dass die Festsetzung der Rundfunkgebühr **frei von medienpolitischen Zwecksetzungen** erfolgen muss und bekräftigt den Anspruch auf bedarfsgerechte Finanzierung. Der Gesetzgeber hat nicht das Recht, über die Gebührenfestsetzung medienpolitische Ziele zu verfolgen und mit einer Entscheidung über Zeitpunkt, Umfang und Geltungsdauer der Gebührenerhöhung medienpolitische Vorgaben zu verstecken oder durchzusetzen. Die Abweichungsgründe erschöpfen sich regelmäßig in der Sicherung des Informationszugangs und der Angemessenheit der Belastung der Gebührenzahler. Es ist dem Gesetzgeber also verwehrt, mit der Stellschraube der Rundfunkgebühr Rundfunkpolitik zu betreiben. Daher muss er die Tatsachen, die eine Abweichung allein rechtfertigen können, nachvollziehbar benennen und seine daran anknüpfende Bewertung offenlegen. Neben der Gebühr sind **andere Finanzierungsquellen** (Sponsoring und Werbung) nicht ausgeschlossen, dürfen aber nicht im Vordergrund stehen. Die Nutzung dieser Finanzierung muss vom Gesetzgeber laufend daraufhin überprüft werden, ob sie nicht zu einer zunehmenden Ausrichtung des Programms auf Massenattraktivität und einer Erosion der Identifizierbarkeit des öffentlich-rechtlichen Charakters führt.

10. Rundfunkurteil (BVerfGE 121, 30)

Die 10. Rundfunkentscheidung erging auf einen Normenkontrollantrag der SPD-Bundestagsfraktion gegen die Novellierung der Vorschriften des hessischen Privatrundfunkgesetzes (HPRG) über die Beteiligung politischer Parteien an privaten Rundfunksendern. Nach § 6 Abs. 2 Nr. 4 HPRG darf politischen Parteien und Unternehmen, an denen Parteien unmittelbar oder mittelbar beteiligt sind, vor dem Hintergrund der Staatsferne keine Zulassung erteilt werden. Die Entscheidung befasst sich damit, ob dieses absolute Verbot für politische Parteien, sich an privaten Rundfunkveranstaltern zu beteiligen, mit der Verfassung vereinbar ist. Dabei macht sich der zweite Senat die ständige Rechtsprechung des ersten Senats zu Eigen, wonach die Rundfunkfreiheit der gesetzlichen Ausgestaltung bedarf. Zudem bestätigt das Gericht, dass Art. 5 Abs. 1 S. 2 GG die Staatsferne des Rundfunks fordert. Der Grundsatz der Staatsferne ist aus Sicht des Gerichts auch im Verhältnis zu den Parteien zu beachten, weil diese zwar nicht dem Staat zuzuordnen seien, aber eine gewisse Staatsnähe aufwiesen. Auf der anderen Seite stehe den Parteien die subjektive Rundfunkfreiheit zur Verfügung, die durch den Mitwirkungsauftrag des Art. 21 Abs. 1 S. 1 GG verstärkt werde. Bei dem Ausgleich der Staatsferne mit den Rechten der Parteien hat der Gesetzgeber nach Auffassung des zweiten Senats zwar einen weiten Gestaltungsspielraum, da es sich um ein Ausgestaltungsgesetz handele. Er fragt aber bei der Prüfung dieses Ausgestaltungsgesetzes nicht nur danach, ob die Regelung geeignet ist, das Ziel der Rundfunkfreiheit zu fördern, sondern auch, ob die Abwägung der widerstreitenden Rechtsgüter in angemessener Weise, also verhältnismäßig im engeren Sinne, vorge- **149b** nommen wurde. Damit wird bei diesem Ausgestaltungsgesetz eine Verhältnismäßigkeitskontrolle vorgenommen, die derjenigen bei Eingriffsgesetzen weitgehend entspricht. Wenn die Parteien gänzlich von der Beteiligung an privaten Rundfunkveranstaltern ausgeschlossen werden, liegt nach Ansicht des Gerichts keine sachgerechte Abwägung der Interessen vor. Dagegen steht es dem Gesetzgeber nach der Entscheidung frei, den Parteien die Beteiligung zu verwehren, soweit sie dadurch bestimmenden Einfluss auf die Programmgestaltung nehmen können.

149c **11. Rundfunkurteil (BVerfGE 136, 9)**

Auch die 11. Rundfunkentscheidung erging in einem Normenkontrollverfahren, das die Länder Rheinland-Pfalz und Hamburg gegen die Zustimmungsgesetze und -beschlüsse zum ZDF-Staatsvertrag bezüglich der Regelungen, die die Zusammensetzung der Gremien betreffen, angestrengt hatten. Sie wandten sich gegen einen ihrer Ansicht nach übermäßigen Einfluss des Staates im Fernseh- und Verwaltungsrat. In seiner Entscheidung hebt das Gericht den Auftrag zur Ausgestaltung der Rundfunkfreiheit hervor. Die durch den Gesetzgeber zu schaffende Ordnung sei an dem Ziel der Vielfaltsicherung auszurichten. Daher müssten die Gremien, die die Aufsicht über den Intendanten als Sachwalter des Interesses der Allgemeinheit wahrnehmen, nach Maßgabe der Vielfaltsicherung organisiert werden. Dabei habe der Gesetzgeber dafür zu sorgen, dass bei der Bestellung der Mitglieder dieser Gremien möglichst unterschiedliche Gruppen und dabei neben großen, das öffentliche Leben bestimmenden Verbänden untereinander wechselnd auch kleinere Gruppierungen Berücksichtigung finden und auch nicht kohärent organisierte Perspektiven abgebildet werden. Zur Gewährung verschiedener Blickwinkel dürfe der Gesetzgeber neben den Mitgliedern der gesellschaftlichen Gruppen auch Vertreter aus dem staatlichen Bereich Plätze in den Gremien einräumen. Dabei sei aber auch dem Gebot der Staatsferne, das eine Ausprägung der Vielfaltsicherung darstelle, Rechnung zu tragen. Daraus folgt nach Ansicht des Senats, dass der Einfluss der staatlichen und staatsnahen Mitglieder in den Aufsichtsgremien der Rundfunkanstalten und deren Ausschüssen konsequent auf höchstens ein Drittel zu begrenzen ist. Um zu bestimmen, wer als staatliches und staatsnahes Mitglied anzusehen ist, muss nach Auffassung des Senats eine funktionale Betrachtungsweise angelegt werden, wonach auch von politischen Parteien entsandte Vertreter der Staatsbank zuzurechnen sind. Darüber hinaus müssen die staatlichen und staatsnahen Vertreter die föderale und parteipolitische Vielfalt widerspiegeln; gerade auch kleinere politische Strömungen müssen einbezogen werden. Weder bei der Auswahl noch bei der Bestellung der staatsfernen Mitglieder dürften Vertreter der Exekutive einen bestimmenden Einfluss haben. Auch hat der Gesetzgeber durch Inkompatibilitätsregelungen sicherzustellen, dass die als staatsferne Mitglieder in die Aufsichtsgremien berufenen Personen in einer hinreichenden Distanz zu staatlich-politischen Entscheidungszusammenhängen stehen. Als weitere Absicherung in persönlicher Hinsicht ist den Gremienmitgliedern hinreichende persönliche Freiheit und Unabhängigkeit im Rahmen ihrer Aufgabenwahrung zuzusichern. Schließlich habe der Gesetzgeber für die Gremienarbeit ein Mindestmaß an Transparenz zu gewährleisten, um eine praktisch wirksame Ausgestaltung der Aufsichtsgremien und eine Kontrolle durch die Gesellschaft gewährleisten zu können. Der Senat stellt fest, dass die in § 21 ZDF-StV geregelte Zusammensetzung des Fernsehrats und die in § 24 ZDF-StV geregelte Zusammensetzung des Verwaltungsrats mit diesen Grundsätzen in

	mehrfacher Hinsicht nicht zu vereinbaren seien. Er erklärte die von ihm als verfassungswidrig eingestuften Vorschriften nicht für nichtig, sondern stellte nur ihre Unvereinbarkeit mit dem Grundgesetz fest und gab den Ländern auf, eine verfassungsgemäße Neuregelung bis spätestens zum 30.6.2015 zu schaffen.
12. Rundfunkurteil (BVerfG, ZUM 2018, 680)	Die 12. Rundfunkentscheidung hat die Verfassungsmäßigkeit des geräteunabhängigen Rundfunkbeitrags zum Gegenstand. Die Beschwerdeführer hatten mit ihren Verfassungsbeschwerden geltend gemacht, dass ihre Heranziehung zu Rundfunkbeiträgen verfassungswidrig sei, weil die zugrundeliegenden Normen des Rundfunkbeitragsstaatsvertrages aus unterschiedlichen Gründen gegen die Verfassung verstießen. Das Gericht hält die Regelungen über des Rundfunkbeitragsstaatsvertrages mit einer Ausnahme für verfassungsgemäß. Es geht davon aus, dass der Rundfunkbeitrag keine Steuer, sondern eine nichtsteuerliche Abgabe darstelle, mithin unter die Gesetzgebungskompetenz der Länder für den Rundfunk falle. Dem stehe nicht entgegen, dass eine unbestimmte Vielzahl oder gar alle Bürgerinnen und Bürger zu Rundfunkbeiträgen herangezogen werden, weil jeweils ein Vorteil individuell-konkret zugerechnet werden könne, dessen Nutzung realistischerweise möglich erscheine. Der Vorteil liegt nach Ansicht des Gerichts, in der Möglichkeit, den öffentlich-rechtlichen Rundfunk nutzen zu können. Das Gericht hält es im Hinblick auf den Gestaltungsspielraum des Gesetzgebers für verfassungsrechtlich hinnehmbar, dass die Landesgesetzgeber die Rundfunkbeitragspflicht im privaten Bereich an das Innehaben von Wohnungen in der Annahme anknüpfen, das Programmangebot des öffentlich-rechtlichen Rundfunks werde typischerweise in der Wohnung in Anspruch genommen. Es weist aber darauf hin, dass auch ein Pro-Kopf-Maßstab, verfassungsrechtlich zulässig gewesen wäre, der jede und jeden in Deutschland Wohnhaften zu einem vollen Beitrag herangezogen hätte. Auch die gesonderte Inanspruchnahme von Inhabern von Betriebsstätten und von nicht ausschließlich zu privaten Zwecken genutzten Kraftfahrzeugen zusätzlich zur Rundfunkbeitragspflicht im privaten Bereich hält das Gericht wegen der Nutzungsmöglichkeit des öffentlich-rechtlichen Rundfunks zu betrieblichen Zwecken für gerechtfertigt. Dagegen geht es aus Sicht des Gerichts nicht an, Inhaber mehrerer Wohnungen für die Möglichkeit privater Rundfunknutzung mit insgesamt mehr als einem vollen Rundfunkbeitrag zu belasten. Daher sei die Regelung über die Beitragspflicht von Zweitwohnungen, nach der Zweitwohnungsinhaber für denselben Vorteil doppelt herangezogen würden, verfassungswidrig. Insoweit gibt das Gericht dem Gesetzgeber auf, eine Neuregelung bis zum 30. Juni 2020 vozunehmen. Bis zu einer Neuregelung sind nach den Vorgaben des Urteils diejenigen Personen, die nachweislich als Inhaber ihrer Erstwohnung ihrer Rundfunkbeitragspflicht nachkommen, auf ihren Antrag hin von einer Beitragspflicht für weitere Wohnungen zu befreien.

Neben diesen zwölf hervorgehobenen Entscheidungen existieren eine Reihe weiterer wichtiger rundfunkrechtlicher Entscheidungen des Bundesverfassungsgerichts. Diese betreffen etwa die „schlechthin konstituierende Bedeutung" der Rundfunkfreiheit für die freie demokratische Grundordnung (**Lebach** 1973)[102], die Kompetenzverteilung zwischen der Europäischen Gemeinschaft, Bund und Ländern anlässlich der nunmehr 150

102 *BVerfGE* 35, 202 ff. Dazu noch unten Rn. 185 ff., 319, 342.

durch die Richtlinie über audiovisuelle Mediendienste abgelösten **EG-Fernsehrichtlinie** (1995)[103], Fragen der Zusammensetzung der **Rundfunkräte** und der Rolle des Staates bei deren Besetzung (1995)[104], das **Kurzberichterstattungsrecht** bei Sportveranstaltungen (1998)[105], Fragen der Grundrechtsträgerschaft der Rundfunkfreiheit und **Rundfunkunternehmerfreiheit** insgesamt (**Extra-Radio** 1998)[106], die **wirtschaftliche Reichweite** der Rundfunkfreiheit etwa in Bezug auf das Merchandising (Guldenberg 1998)[107] und die Befugnis des Gesetzgebers zu Eingriffen in die Organisationsstruktur der Rundfunkanstalten unter Wahrung der Programmfreiheit (**Radio Bremen** 1999)[108].

151 Am 25. März 2014 ist die wichtige elfte Rundfunkentscheidung des Bundesverfassungsgerichts[109] ergangen, die sich erstmals grundlegend mit den Vorgaben der Vielfaltsicherung und der Staatsferne für die Organisation der Aufsichtsgremien im öffentlich-rechtlichen Rundfunk befasst. Die damit verbundenen Fragestellungen hatten im Zusammenhang mit der Entscheidung des ZDF-Verwaltungsrats, das Einvernehmen mit dem Vorschlag des Intendanten, Nikolaus Brender erneut zum ZDF-Chefredakteur zu berufen, nicht herzustellen, Brisanz erlangt.[110] Anfang des Jahres 2011 reichte die rheinland-pfälzische Landesregierung einen Normenkontrollantrag zur Überprüfung des ZDF-Staatsvertrages beim Bundesverfassungsgericht ein, dem sich Hamburg mit einem eigenen Normenkontrollantrag anschloss. Streitpunkt war die personelle Zusammensetzung der Aufsichtsgremien des ZDF, also des Fernsehrats und des Verwaltungsrats. Dem 77-köpfigen ZDF-Fernsehrat gehörten neben den vom Bund und den Ländern entsandten insgesamt 19 Mitgliedern weitere zwölf Vertreter der politischen Parteien an. Weitere 16 Mitglieder wurden jeweils von den Ministerpräsidenten aus im Staatsvertrag (§ 21 Abs. 1 r) ZDF-StV) genannten Bereichen ohne jedes Vorschlagsrecht von Vereinigungen oder Verbänden berufen. Auch bei der Auswahl der übrigen Mitglieder wirkten die Ministerpräsidenten mit Ausnahme der fünf Mitglieder der Kirchen und des Zentralrats der Juden dergestalt mit, dass sie aus einem Dreiervorschlag der entsendungsberechtigten Verbände und Organisationen den jeweiligen Vertreter einvernehmlich beriefen.

151a Mit seiner elften Rundfunkentscheidung hat das Bundesverfassungsgericht klargestellt, dass die Zusammensetzung der Aufsichtsgremien des ZDF in mehrfacher Hinsicht dem Gebot der Vielfaltsicherung und der daraus abzuleitenden Staatsferne[111] widerspricht. So würden die staatlichen und staatsnahen Mitglieder die verfassungs-

103 *BVerfGE* 92, 203. Dazu noch unten Rn. 455 ff.
104 *BVerfG*, NVwZ 1996, 781.
105 *BVerfGE* 97, 228. Dazu auch unten Rn. 237 ff.
106 *BVerfGE* 97, 298.
107 *BVerfG*, NJW 1999, 709 f.
108 *BVerfG*, NVwZ-RR 1999, 376 ff. Eine auszugsweise Zusammenstellung medienrechtlicher Entscheidungen mit Kommentierung findet sich bei *Fechner*, Entscheidungen zum Medienrecht, 2007.
109 *BVerfGE* 136, 9.
110 Vgl. *Dörr*, K & R 2009, 555 ff.
111 *BVerfGE* 136, 9, 33.

rechtlich erlaubte Grenze von einem Drittel[112] sowohl im Verwaltungsrat als auch im Rundfunkrat deutlich übersteigen. Auch die Bestellung der in § 21 I Buchst. r ZDF-StV genannten sechszehn Gremienmitglieder allein durch die Ministerpräsidenten verstoße gegen das Gebot der Staatsferne. Hingegen sei das Auswahlrecht aus dem Dreiervorschlag nach § 21 Abs. 3, 4 ZDF-StV einer verfassungskonformen Auslegung zugänglich, indem die Ministerpräsidenten grundsätzlich an die entsprechenden Vorschlagslisten gebunden sind und ein Abweichen nur bei Vorliegen besonderer rechtlicher Gründe möglich ist. Weiterhin fehlt es nach Ansicht des Senats an den erforderlichen Regelungen, die für die Arbeit des Fernsehrats ein Mindestmaß an Transparenz festlegen würden, und an einer hinreichenden Absicherung der Eigenständigkeit der Gremienmitglieder. Zwar seien die Gremienmitglieder nach § 21 IX 1 ZDF-StV weisungsfrei, aber die Vertreter der Länder, des Bundes, der Parteien und der Religionsgemeinschaften könnten ohne Grund abberufen werden. Schließlich müssten die Neuregelungen zur Auswahl der staatsfernen Mitglieder dem Ziel der Vielfaltsicherung Rechnung tragen. Einer Dominanz von Mehrheitsperspektiven und einer Versteinerung der Zusammensetzung der Gremien sei entgegenzuwirken. Allerdings gibt das Gericht zu bedenken, dass in den Aufsichtsgremien das Gemeinwesen nur unvollkommen und nicht wirklichkeitsgerecht abgebildet werden könnte, weshalb der Gesetzgeber einen weiten Gestaltungsspielraum für die Zusammensetzung der Gremien habe.[113]

Da die tragenden Gründe einer Entscheidung des Bundesverfassungsgerichts Bindungswirkung auch über den konkreten Fall hinaus entfalten (§ 31 Abs. 1 BVerfGG), **151b**
betrifft die Entscheidung nicht nur das ZDF, sondern ist für den gesamten öffentlich-rechtlichen Rundfunk von grundlegender Bedeutung.[114] Die Länder mussten daher prüfen, ob die Zusammensetzung der Aufsichtsgremien der in der ARD zusammengeschlossenen Landesrundfunkanstalten sowie des Deutschlandradios den verfassungsrechtlichen Vorgaben entspricht und haben entsprechende Änderungen der diesbezüglichen Staatsverträge und Gesetze vorgenommen. Ferner sprechen gute Gründe dafür, dass die gerichtlichen Aussagen auch auf die Landesmedienanstalten, die die Aufsicht über den privaten Rundfunk ausüben, Anwendung finden, weil diese ebenfalls über vergleichbare Gremien verfügen.[115]

Die zwölfte Rundfunkentscheidung vom 18. Juli 2018[116], die im Rahmen mehrerer **151c**
Verfassungsbeschwerdeverfahren getroffen wurde, beschäftigt sich mit der Verfassungsmäßigkeit des durch den Rundfunkbeitragsstaatsvertrag eingeführten geräteun-

112 *BVerfGE* 136, 9, 37.
113 Vgl. zur Bewertung der Entscheidung *Cornils*, K&R 2014, 386; *Degenhart*, K&R 2014, 340; *Dörr*, Funkkorrespondenz 21/2014, 6; *Hesse*, NVwZ 2014, 881 f.
114 Vgl. dazu *Dörr*, pro media 12/2013, 15, 16.
115 *Dörr*, Funkkorrespondenz 21/2014, 6, 12.
116 *BVerfG*, ZUM 2018, 680 = NJW 2018, 3223; vgl. zur Bewertung dieser Entscheidung s. *Schiedermair*, ZUM 2018,701 ff., *Bosmann*, K&R 2018, 553 ff., *Wiemers*, NVwZ 2018, 1272 ff., *Henneke*, DVBl 2018, 1228 ff.; *Hain*, JZ 2018, 1050 ff.; *Cornils*, ZJS 2018, 627 ff.; *Selmer*, JuS 2018, 1255 ff.

abhängigen Rundfunkbeitrags[117], der die zuvor geltende, an das Bereithalten an ein Rundfunkempfangsgerät anknüpfende Rundfunkgebühr mit Wirkung ab dem 1. Januar 2013 ersetzt hat.

Dabei ging es zunächst um die Frage, ob den Ländern die Gesetzgebungskompetenz für die Regelung des Rundfunkbeitrags zusteht. Dies hängt davon ab, ob es sich bei dem Rundfunkbeitrag um eine Steuer oder um eine nichtsteuerliche Abgabe handelt. Dafür ist nicht die Bezeichnung sondern der materielle Gehalt maßgeblich. Danach handelt es sich um eine nichtsteuerliche Abgabe, weil jeweils ein Vorteil individuell-konkret zugerechnet werden könne, dessen Nutzung realistischerweise möglich erscheint. Dieser Vorteil liegt nach zutreffender Auffassung des Bundesverfassungsgerichts darin, dass die Beitragspflichtigen die Möglichkeit erhalten, die Angebote des öffentlich-rechtlichen Rundfunks nutzen zu können.

Das Gericht hält es auch für zulässig, dass die Länder im Rundfunkbeitragsstaatsvertrag die Rundfunkbeitragspflicht im privaten Bereich an das Innehaben von Wohnungen in der Annahme anknüpfen, das Programmangebot des öffentlich-rechtlichen Rundfunks werde dort typischerweise in Anspruch genommen. Eingehend setzt es sich im Hinblick auf den aus dem Gleichheitssatz abzuleitenden Gebot der Belastungsgleichheit mit der Frage auseinander, dass dies zu einer Entlastung von Mehrpersonenhaushalten führt, da für jede Wohnung nur ein Rundfunkbeitrag zu entrichten ist. Dies bedeutet, dass ein allein lebender Wohnungsinhaber den vollen Rundfunkbeitrag trägt, während mehrere Wohnungsinhaber den Beitrag untereinander aufteilen können, wobei sie im Innenverhältnis im Zweifel zu gleichen Anteilen haften. Damit ist die Belastung der einzelnen Beitragsschuldner desto geringer, je mehr Personen die Wohnung bewohnen. Für dieses Modell spricht, dass private Haushalte in der Vielfalt der modernen Lebensformen häufig Gemeinschaften abbilden, die auf ein Zusammenleben angelegt sind, und dass die an dieser Gemeinschaft Beteiligten typischerweise das Rundfunkangebot in der gemeinsamen Wohnung nutzen. Daher hält es der 1. Senat im Hinblick auf den Gestaltungsspielraum des Gesetzgebers für verfassungsrechtlich hinnehmbar, jede Wohnung unabhängig von der dort lebenden Personenzahl mit einem Rundfunkbeitrag zu belasten. Allerdings weist er ausdrücklich darauf hin, dass auch ein Pro-Kopf-Maßstab verfassungsrechtlich zulässig gewesen wäre, der jede und jeden in Deutschland Wohnhaften zu einem vollen Beitrag herangezogen hätte, vorbehaltlich von Befreiungen aus sozialen Gründen. Einen solchen Maßstab scheint das Gericht sogar für vorzugswürdig zu halten, da es den einheitli-

117 Vgl. grundlegend zum Rundfunkbeitrag *Kirchhof*, Die Finanzierung des öffentlich-rechtlichen Rundfunks, 2010; *Wagner*, Abkehr von der geräteabhängigen Rundfunkgebühr, Die Neuordnung der Rundfunkfinanzierung, 2011; *Dörr*, Der neue Rundfunkbeitrag – sachgerechte Finanzierung des öffentlich-rechtlichen Rundfunks oder verkappte Steuer, in: Jochum/Elicker/Lampert/Bartone (Hrsg.), Freiheit, Gleichheit, Eigentum – Öffentliche Finanzen und Abgaben, Festschrift für Rudolf Wendt zum 70. Geburtstags, 2015, 799 ff.; kritisch zum Beitragsmodell *Waldhoff*, Verfassungsrechtliche Fragen einer Steuer/Haushaltsfinanzierung des öffentlich-rechtlichen Rundfunks, AfP 2011, 1 ff. Die Verfassungsmäßigkeit des Rundfunkbeitrags wurde vor der Entscheidung des BVerfG vom *Verfassungsgerichtshof Rheinland-Pfalz* mit Urt. v. 13.5.2014, VGH B 35/12, DVBl. 2014, 842 und vom *Bayerischen Verfassungsgerichtshof* mit Entsch. vom 15.5.2014, Vf. 8-VII-12 u. Vf. 24-VII-12, DVBl. 2014, 848 = ZUM-RD 2014, 404 bejaht.

chen Rundfunkbeitrag für jede Wohnung unabhängig von der dort wohnenden Personenzahl lediglich als „verfassungsrechtlich hinnehmbar" bezeichnet.

Dagegen geht es aus Sicht des Gerichts nicht an, Inhaber mehrerer Wohnungen für die Möglichkeit privater Rundfunknutzung mit insgesamt mehr als einem vollen Rundfunkbeitrag zu belasten. Daher ist die Regelung über die Beitragspflicht von Zweitwohnungen, nach der Zweitwohnungsinhaber für denselben Vorteil doppelt herangezogen werden, verfassungswidrig. Insoweit gibt das Gericht dem Gesetzgeber auf, eine Neuregelung bis zum 30. Juni 2020 vorzunehmen. Bis zu einer Neuregelung sind nach den Vorgaben des Urteils diejenigen Personen, die nachweislich als Inhaber ihrer Erstwohnung ihrer Rundfunkbeitragspflicht nachkommen, auf ihren Antrag hin von einer Beitragspflicht für weitere Wohnungen zu befreien.

Keine Bedenken hat der 1. Senat gegen die Regelungen im Rundfunkbeitragsstaatsvertrag, die Inhaber von Betriebsstätten und von nicht ausschließlich zu privaten Zwecken genutzten Kraftfahrzeugen zusätzlich zur Rundfunkbeitragspflicht im privaten Bereich gesondert in Anspruch nehmen, da die Angebote des öffentlich-rechtlichen Rundfunks gerade auch zu betrieblichen Zwecken genutzt werden können. Auch der Grundsatz der Belastungsgleichheit wird dabei nach zutreffender Ansichts des Gerichts beachtet. Die gilt in jedem Fall für die einheitliche Belastung jedes beitragspflichtigen Kraftfahrzeugs mit einem Drittelbeitrag ungeachtet der unterschiedlichen Nutzung, da der Gesetzgeber Kraftfahrzeuge als Orte, an denen der Rundfunk typischerweise intensiv genutzt wird, mit einem eigenen (Teil-)Beitrag belasten darf, um damit auch Unternehmer ohne Betriebsstätte zu erreichen Die Staffelung der Beitragshöhe nach der Anzahl der Beschäftigten in der Betriebsstätte ist nach Auffassung des 1. Senats ebenfalls sachgerecht, Mit der Anknüpfung an die Beschäftigtenzahl orientiere sich der Gesetzgeber an dem Umstand, dass der Vorteil durch eine größere Zahl der Beschäftigten auch für den Inhaber der Betriebsstätten steige. Die degressive Staffelung trage der Tatsache Rechnung, dass der betriebliche Vorteil nicht mit der Anzahl der Beschäftigten linear ansteigt. Wie sich die Vorteile aus der Rundfunknutzungsmöglichkeit zueinander verhalten, lässt sich nicht allgemein quantifizieren und hänge vor allem von der Art der Betriebsstätte ab. Daher sei der Gesetzgeber berechtigt, die Vielgestaltigkeit der Nutzungsvorteile typisierend zu erfassen und zuzuordnen. Wenn er in diesem Zusammenhang eine degressive Beitragsbelastung wähle, überschreite dies nicht den ihm zuzubilligenden Gestaltungsspielraum.[118]

2. Staatsverträge

Eine besondere Rechtsquelle im Medienrecht stellen Staatsverträge dar, welche die **152**
Länder als originäre Hoheitsträger schließen[119] und die nach dem jeweiligen Landesrecht der Zustimmung des Landtags bedürfen. Bei Staatsverträgen handelt es sich von der **Rechtsnatur** her um einen eigenen Typ des „Zwischen-Länder-Rechts"[120] als

118 Zur europarechtlichen Zulässigkeit des Rundfunkbeitrags vgl. unten Rn. 453.

119 *Maurer*, Staatsrecht I, 6. Aufl., 2010, § 10 Rn. 62, der auf Art. 32 Abs. 3 GG als Bestätigung hinweist.

120 So *Maurer*, Staatsrecht I, § 10 Rn. 66.

eine staatliche Handlungsform des föderativen Vertragsrechts der Bundesrepublik Deutschland jenseits von Bundes-[121], Landes-[122] und Völkerrecht[123]. Die rechtsverbindliche Wirkung eines solchen Staatsvertrages lässt sich mit der eines völkerrechtlichen Vertrages vergleichen.[124]

Zur Vertiefung

Um Bestandteil des jeweiligen Landesrechts zu werden, bedarf der Staatsvertrag einer Umsetzung, die regelmäßig durch Gesetz erfolgt. Nach der Transformationstheorie ist ein Gesetz sogar unabdingbar, um den Staatsvertrag in das geltende Landesrecht zu überführen. Allerdings ist nach Art. 72 Abs. 2 Bayerische Verfassung die parlamentarische Zustimmung zu einem Staatsvertrag und damit auch zum Rundfunkstaatsvertrag gerade nicht im Wege des förmlichen Gesetzes, sondern durch Zustimmungsbeschluss[125] zu erteilen. Das Bundesverfassungsgericht hat aber, ohne auf die Frage abschließend einzugehen, ausdrücklich gebilligt, dass die reine parlamentarische Zustimmung, wie sie im bayerischen Recht vorgesehen ist, Staatsverträge zum Bestandteil des Landesrechts werden lässt.[126] Damit hat es erkennen lassen, dass es der im Völkerrecht zunehmend vertretenen Lehre vom Anwendungsbefehl folgt. Nach der Lehre vom Anwendungsbefehl genügt eine einfache parlamentarische Zustimmung, um Staatsverträge Bestandteile des Landesrechts werden zu lassen. Sie bewirkt rechtlich, dass die Regelungen des Staatsvertrages in dem betreffenden Land angewandt werden müssen. Sie bleiben aber materiell vertragliche Regelungen, für deren Auslegung gewisse Besonderheiten gelten.

153 Ausgehend von der Rechtsprechung des Bundesverfassungsgerichts haben die Länder 1987 mit dem **Rundfunkstaatsvertrag** eine Art Grundgesetz für die **duale Rundfunkordnung**, also das Nebeneinander von **privatem und öffentlich-rechtlichem Rundfunk** geschaffen.

154 Der Rundfunkstaatsvertrag, der mit dem Zehnten Rundfunkänderungsstaatsvertrag die Bezeichnung „Staatsvertrag für Rundfunk und Telemedien" erhalten hat, gilt heute in der Fassung des Zweiundzwanzigsten Rundfunkänderungsstaatsvertrags als Teil des Staatsvertrages über den Rundfunk im vereinten Deutschland[127]. In den **allgemeinen Vorschriften** des Rundfunkstaatsvertrages (§§ 1–10 RStV) sind wichtige Begriffsbestimmungen, etwa der des **Rundfunks** selbst (§ 2 Abs. 1, 3 RStV) sowie in § 2 Abs. 2 RStV der des **Rundfunkprogramms** (Nr. 1), der **Sendung** (Nr. 2), des **Vollprogramms** (Nr. 3), des **Spartenprogramms** (Nr. 4), des **Satellitenfensterprogramms** (Nr. 5), des **Regionalfensterprogramms** (Nr. 6), der **Werbung** (Nr. 7), der **Schleichwerbung** (Nr. 8), des **Sponsoring** (Nr. 9 in Verbindung mit § 8 RStV), des **Teleshopping** (Nr. 10), der Produktplatzierung (Nr. 11), des **Programmbouquets** (Nr. 12), des **Plattformanbieters** (Nr. 13) und des **Rundfunkveranstalters** (Nr. 14) enthalten, die den öffentlich-rechtlichen und den privaten Rundfunk betreffen. In § 2 Abs. 2 Nr. 15 bis 19 RStV finden sich weitere Definitionen dessen, was unter Information (Nr. 15), Bildung (Nr. 16), Kultur (Nr. 17), Unterhaltung (Nr. 18) sowie unter öffentlich-rechtlichen Telemedienangeboten (Nr. 19) zu verstehen ist. Ferner sind hier übergreifende Fragen wie

---

121 Keine Beteiligung des Bundes.

122 Keine Beschränkung auf ein Bundesland.

123 Kein Vertragsschluss zwischen den Ländern als Völkerrechtssubjekte, sondern als Glieder des Bundesstaates.

124 *Maurer*, Staatsrecht I, § 10 Rn. 66.

125 Vgl. BayGVBl. 1991, 451.

126 *BVerfGE* 37, 191.

127 Vertrag vom 31.8.1991. In der Fassung des 22. Rundfunkänderungsstaatsvertrages tritt er am 1.5.2019 in Kraft.

etwa die Übertragung von Großereignissen (§ 4 RStV), das Kurzberichterstattungsrecht (§ 5 RStV), Werbegrundsätze (§ 7 RStV), Einfügung von Werbung und Teleshopping in das Programm (§ 7a RStV), Sponsoring (§ 8 RStV) und Gewinnspiele (§ 8a RStV) sowie die Informationsrechte der Rundfunkveranstalter (§ 9a RStV), der Verbrauchersschutz (§ 9b RStV) und insbesondere das wegen der seit dem 25. Mai 2018 anwendungspflichtigen Datenschutz-Grundverordnung (DS-GVO) überaus bedeutsame Medienprivileg[128] (§ 9c RStV) normiert. Weitere Definitionen typischer Organe der öffentlich-rechtlichen Rundfunkanstalten – nämlich des **Rundfunkrats**, des **Verwaltungsrats**[129] und des **Intendanten** sind in den Landesrundfunkgesetzen bzw. Landesmediengesetzen, den Staatsverträgen der Mehrländeranstalten und im ZDF-Staatsvertrag enthalten[130].

Die Regeln des zweiten Abschnitts betreffen den **öffentlich-rechtlichen Rundfunk** **155**
(§§ 11–19a RStV). Hier geht es neben dessen Auftrag und seinen Angeboten in §§ 11 ff. RStV, zu denen neben Rundfunkprogrammen seit dem 12. RÄStV auch Telemedien gehören (§ 11a Abs. 1 RStV), insbesondere um die Finanzierung speziell durch den seit 1. Januar 2013 eingeführten Rundfunkbeitrag (§§ 12 ff.), die Begrenzungen bei der Dauer der Werbung in Fernsehen und Hörfunk (§ 16 RStV) und um die einzelnen, dem öffentlich-rechtlichen Rundfunk übertragenen Fernseh- (§ 11b RStV) und Hörfunkprogramme (§ 11c RStV). Schließlich regeln die Bestimmungen der §§ 11d und 11f RStV, inwieweit der öffentlich-rechtliche Rundfunk Telemedienangebote, also Online-Angebote auf Abruf, verbreiten darf.

Im dritten Abschnitt des RStV finden sich die Regelungen für den **privaten Rundfunk.** **156**
Hier geht es in sieben Unterabschnitten jeweils um Zulassungsfragen und verfahrensrechtliche Belange (§§ 20–24 RStV), um die **Sicherung der Meinungsvielfalt** (§§ 25–34 RStV)[131], die Organisation der **Medienaufsicht** und die Finanzierung besonderer Aufgaben (§§ 35–40 RStV), um Programmgrundsätze (§ 41 RStV) und das Einräumen von Sendezeit für Dritte (§§ 42 RStV) sowie um die **Finanzierung des privaten Rundfunks** durch Produktplatzierung (§ 44 RStV) Werbung (§ 45 RStV) und Teleshopping (§ 45a RStV).

Der vierte Abschnitt befasst sich mit der Revision zum Bundesverwaltungsgericht **157**
(§ 48 RStV) und den Ordnungswidrigkeiten (§ 49 RStV).

Der fünfte Abschnitt regelt Plattformen und Übertragungskapazitäten in §§ 52, 52a–f, 53 sowie 53a und b RStV.

Daneben enthält der Staatsvertrag über den Rundfunk im vereinten Deutschland den **158**

- ARD-Staatsvertrag, den
- ZDF-Staatsvertrag, den

128 Vgl. dazu auch unten Rn. 335.
129 Zur Problematik der Gremienzusammensetzung beim ZDF vgl. oben Rn. 149c sowie 151, 151a u. 151b, *Dörr*, K&R 2009, 555 ff.; näher zum Gebot der Staatsferne unten Rn. 174.
130 Vgl. dazu die Zusammenstellung bei *Fechner/Mayer*, Medienrecht, Nr. 21, Anhang II.
131 Siehe dazu unten Rn. 202 ff.

- **Rundfunkbeitragsstaatsvertrag**, der am 1. Januar 2013 in Kraft getreten ist und damit den Rundfunkgebührenstaatsvertrag ersetzt hat, den
- Rundfunkfinanzierungsstaatsvertrag und den
- Staatsvertrag über die Körperschaft des Öffentlichen Rechts „**Deutschlandradio**".

3. Rundfunk-/Mediengesetze der Länder

159 Neben dem Rundfunkstaatsvertrag existieren in den Ländern **Landesrundfunk- bzw. Landesmediengesetze**, die unter anderem die **Aufsicht** über den privaten Rundfunk durch die **Landesmedienanstalten** und deren Organisation[132] regeln (vgl. etwa §§ 87 ff. LMG NRW)[133].

160 In den vergangenen Jahren wurden von einigen Ländern (z.B. Saarland, Rheinland-Pfalz) die Landespresse- und Landesrundfunkgesetze unter neuen, üblicherweise als Landesmediengesetz bezeichneten Dächern zusammengeführt und durch einige übergreifende Regelungen ergänzt.

Zur Vertiefung: Auch die sog. **Mehrländeranstalten** wie MDR, NDR, SWR und RBB[134] haben ihre Rechtsgrundlage in Staatsverträgen der Länder. Letztere tragen die Anstalten jeweils gemeinsam, also im Fall des SWR Baden-Württemberg und Rheinland-Pfalz, auf Grundlage eines Staatsvertrages. Demgegenüber beruhen die **Einländeranstalten** wie WDR, SR, HR, RB und BR auf Landesgesetzen, etwa dem WDR-Gesetz.

4. Satzungen und Richtlinien

162 Schließlich haben die Landesmedienanstalten auf der Grundlage von Bestimmungen im Rundfunkstaatsvertrag (vgl. etwa §§ 33, 46 RStV) und in den Landesgesetzen zahlreiche **Satzungen** und **Richtlinien** erlassen[135].

III. Praktische Bedeutung und historischer Kontext des Rundfunkrechts

1. Praktische Bedeutung

163 Die praktische Bedeutung des Rundfunkrechts wird insbesondere durch die **Massenwirksamkeit** von Radio und Fernsehen geprägt, die in Zeiten der Konvergenz der Medien durch neue Rechtsfragen angereichert wird.[136] Aufgrund seiner Bedeutung ist der Rundfunk ein begehrter und umkämpfter Bereich, um Inhalte verschiedener Art, etwa Meinungen, Informationen und andere Botschaften, z.B. Werbung, zu übermitteln.

---

132 Siehe dazu unten Rn. 196 ff.

133 Vgl. dazu die Kommentierung von *Sporn* und *Bühler*, in: Schwartmann/Sporn, Kommentar zum LMG NRW.

134 Mit Wirkung vom 1.5.2003 ist der RBB durch die die Fusion von ORB und SFB entstanden.

135 Welchen Umfang das Rundfunkrecht angenommen hat, macht etwa die Sammlung zum Medienrecht von *Ring* mit mehr als 5000 Seiten deutlich.

136 Vgl. dazu etwa *Schwartmann*, in: Schwartmann, Praxishandbuch Medienrecht, 1. Kap. Rn. 12 ff. sowie *Schwartmann/Ohr*, in: Schwartmann, Praxishandbuch Medienrecht, 11. Kap. Rn. 254 f.

2. Historischer Kontext

In der **Weimarer Republik** wurde 1923 der „Allgemeine Öffentliche Rundfunk" eingeführt. Die Weimarer Verfassung erwähnte den Rundfunk, der sich am Anfang seiner Entwicklung befand, nicht. Er entstand daher zunächst in einem rechtsfreien Raum, bevor ministerielle Verordnungen dem Interessenausgleich zwischen Reichsregierung, Ländern und privaten Veranstaltern dienen sollten. Bereits 1925 wurden alle Sendeunternehmen in der Reichsrundfunkgesellschaft zusammengefasst, und die Reichspost zog Rundfunkgebühren ein. 1932 hatte der Staat sich den Rundfunk einverleibt und private Beteiligungen mussten aufgegeben werden. Die Reichsrundfunkgesellschaft und die regionalen Radiounternehmen waren nun ausschließliches Eigentum des Reiches (vorwiegend) und der Länder, so dass endgültig ab 1932 ein zentralistischer staatlicher Rundfunk existierte. **164**

Diese Rundfunkorganisation machte es 1933 den nationalsozialistischen Machthabern und insbesondere dem zuständigen Minister für „Volksaufklärung und Propaganda" leicht, den Reichsrundfunk schnell zum wichtigsten Instrument der Massenlenkung und Propaganda zu machen. Damit erwiesen sich **Staatsnähe** und **Zentralismus** als **Konstruktionsfehler** des Weimarer Rundfunks.[137] **165**

Die Entstehung des **föderalen Rundfunksystems**, zunächst in West- und nunmehr in Gesamtdeutschland, ist entscheidend durch die von den Briten und den US-Amerikanern vorgegebenen Grundbedingungen in ihren Besatzungszonen geprägt, die eine Reaktion auf die negativen Erfahrungen mit dem Staatsrundfunk in der Weimarer Zeit und seinen Missbrauch als Propagandainstrument im Nationalsozialismus bildeten. Die starke föderale Komponente steuerten US-Amerikaner bei, und die öffentlich-rechtliche Natur der Landesrundfunkanstalten brachten vor allem die Briten in das neue Rundfunksystem ein. Dabei waren sich beide Beteiligten einig, einen demokratischen Rundfunk schaffen zu wollen. Dieser sollte weder dem Staat oder den Parteien noch einzelnen gesellschaftlichen Gruppen, z.B. den Kapitalgebern, sondern der Allgemeinheit gehören. Hierbei entschied man sich anders als bei der Presse nicht für eine privatwirtschaftliche Organisation und Regelung, sondern für eine öffentlich-rechtliche Anstalt. Um eine staatliche Kontrolle zu vermeiden, setzte man auf binnenplurale Aufsichtsgremien, die mit Vertretern der relevanten gesellschaftlichen Gruppen besetzt sein sollten. **Staatsferne**, **Föderalismus** und **Pluralität** zur Gewährleistung umfassender und ausgewogener Information der Bürger bildeten das Fundament des Rundfunks in der Bundesrepublik Deutschland. **166**

Die Auseinandersetzung über die Rundfunkverfassung begann bereits 1947/48 und spitzte sich zu Beginn der 50er Jahre zu, als das Fernsehen populär wurde. **167**

Zur Vertiefung: So sollten nach den Plänen der damaligen Bundesregierung, wie sie im Entwurf des Bundesrundfunkgesetzes von 1953 zum Ausdruck kamen, der gesamte Fernsehbetrieb und die Kurz- und Langwellensender sowie die Rundfunk- und Fernsehforschung – ähnlich wie in der Weimarer Republik – in einer Institution unter Aufsicht der Bundesregierung

137 Vgl. zur Entwicklung des Rundfunkrechts *Buchwald*, ZUM 1995, 258 ff.; *Dörr*, 75 Jahre Medienrecht in Deutschland, in: Dörr (Hrsg.), Die Macht der Medien, 2011, S. 21 ff.

zusammengefasst werden. Nicht zuletzt zur Abwehr dieser sich bereits vor 1950 abzeichnenden Pläne, aber auch zur Lösung der alle Rundfunkanstalten betreffenden Fragen, intensivierte man erste Überlegungen, die schon vorher auf eine Zusammenarbeit der neu errichteten Landesrundfunkanstalten in den drei Westzonen abzielten. Dies führte am 9./10. Juni 1950 zur Gründung der Arbeitsgemeinschaft der öffentlich-rechtlichen Rundfunkanstalten der Bundesrepublik Deutschland (**ARD**) als ein Element des kooperativen Föderalismus, deren Satzung ursprünglich die einzige Rechtsgrundlage der ARD bildete. In der Satzung ist auch die Mitgliedschaft in der ARD geregelt, der heute 9 Landesrundfunkanstalten sowie die Deutsche Welle als einzig verbliebene Rundfunkanstalt des Bundesrechts angehören. Damit erbrachten die Landesrundfunkanstalten den Beweis, dass auch ein föderales Rundfunksystem in der Lage ist, Ländergrenzen überschreitende Fragen – wie den Aufbau eines Fernsehgemeinschaftsprogramms zum 1. November 1954 – zu lösen; und dies sogar ohne staatsvertragliche Grundlage. Diese existiert erst seit dem 1. Januar 1992 in Form des zu diesem Zeitpunkt in Kraft getretenen ARD-Staatsvertrags, der keine Ermächtigung zur Veranstaltung des Fernsehgemeinschaftsprogramms enthält, sondern die Landesrundfunkanstalten lediglich zur Veranstaltung des bestehenden Fernsehgemeinschaftsprogramms verpflichtet.[138]

168 Mit der Gründung der **ARD** im Jahre 1950 und der Einführung eines gemeinsamen Fernsehprogramms zum 1. Januar 1954 war aber die Gefahr für die Unabhängigkeit und die föderale Struktur des öffentlich-rechtlichen Rundfunks nicht abgewehrt. Zwar lehnten der Bundesrat und große Teile des Bundestages den damaligen Gesetzentwurf der Bundesregierung ab. Unter Bundeskanzler Konrad Adenauer wurde dennoch 1960 die **Deutschland-Fernsehen GmbH** gegründet, die in Form einer im staatlichen Eigentum stehenden privaten Gesellschaft ein zweites Fernsehprogramm veranstalten sollte. Da sich kein Land als Gesellschafter der GmbH fand, übernahm der Bund als alleiniger Inhaber alle Gesellschaftsanteile. Dem widersprach indes das Bundesverfassungsgericht im **ersten Fernsehurteil**[139], der so bezeichneten „Magna Charta" des Rundfunkrechts[140]. Damit trat das Bundesverfassungsgericht erstmals als entscheidender Akteur im Rundfunkrecht auf den Plan, der in der Folge seine Rundfunkentscheidungen erließ[141] und im Kontext der jüngeren Geschichte der Bundesrepublik Deutschland, deren letzter großer Markstein die Wiedervereinigung war, seine verfassungsrechtlichen Vorgaben für den Rundfunkbereich entwickelte.[142]

IV. Das Rundfunkrecht in Art. 5 GG

169 Das Rundfunkrecht des Art. 5 GG ist in vielfältiger Weise durch die Rechtsprechung des Bundesverfassungsgerichts geprägt. Die Rundfunkfreiheit stellt in erster Linie ein drittnütziges Freiheitsrecht dar, das der freien, individuellen und öffentlichen Mei-

138 Dazu auch *Gersdorf*, Rn. 30 ff.
139 *BVerfGE* 12, 205 ff.
140 So der damalige Intendant des SDR *Hans Bausch*. Zitiert nach *Hickethier*, Geschichte des deutschen Fernsehens, 1998, S. 116, vgl. auch *Dörr*, Die Magna Charta des Rundfunkrechts – Das Erste Fernsehurteil und seine Folgen, in: Becker/Weber (Hrsg.), Funktionsauftrag, Finanzierung, Strukturen – Zur Situation des öffentlich-rechtlichen Rundfunks in Deutschland, Liber Amicorum für Carl-Eugen Eberle, 2012, S. 143 ff.
141 Siehe oben Rn. 141 ff.
142 Zur Entwicklung des Rundfunkrechts bis in die Gegenwart vgl. *Dörr,* 75 Jahre Medienrecht in Deutschland, in: Dörr (Hrsg.), Die Macht der Medien, Medienrechtliches Kolloquium zum 75. Geburtstag von Hartmut Schiedermair, 2011, S. 21 ff.; *Gersdorf*, Rn. 1–59.

nungsbildung dient und zugleich eine **ausgestaltungsbedürftige** Grundvoraussetzung für die funktionsfähige Demokratie ist.

1. Dienende Freiheit

Grundrechte enthalten in der Regel Freiheiten, die der Selbstverwirklichung des Individuums dienen. Sie schützen als Handlungsrechte subjektiv-rechtliche, individuelle Eigeninteressen. Daneben gibt es Verbürgungen von Befugnissen, die im Interesse Dritter gegen den Zwang und die Intervention des Staates abgeschirmt sind. Bei den letztgenannten Grundrechten spricht man von dienenden oder drittnützigen Freiheitsrechten. Die Rundfunkfreiheit wird als eine solche **dienende Freiheit**[143] begriffen. Ihr Sinn kann auch darin liegen, einem Rechtssubjekt Handlungs-, Gestaltungs- und Entscheidungsautonomie zuzuerkennen, weil entweder ein öffentliches Interesse an einem aus autonomer Handlung, Gestaltung und Entscheidung hervorgegangenen geistigen oder gegenständlichen Produkt besteht oder weil die Abschirmung von Handlungsbefugnissen der Gewährleistung des Rechts- und Freiheitsstatus Dritter dient. 170

2. Ausgestaltungsbedürftigkeit

Wegen des dienenden Charakters erschöpft sich die Funktion des Art. 5 Abs. 1 S. 2 GG nicht in der Abwehr staatlicher Einflussnahmen. Vielmehr gebietet die ausgestaltungsbedürftige Rundfunkfreiheit auch die Schaffung einer **positiven Ordnung**, die die Meinungsvielfalt gewährleistet und sicherstellt, dass der Rundfunk nicht dem Staat, einzelnen gesellschaftlichen Gruppen oder gar einer einzigen gesellschaftlichen Gruppe ausgeliefert wird.[144] Daher entspricht es nicht dem verfassungsrechtlichen Gebot in der Lesart des Bundesverfassungsgerichts, die Freiheit des Rundfunks zu gewährleisten, wenn dieser dem freien Spiel der Kräfte überlassen wird. 171

Der Gesetzgeber hat die Informationsfreiheit des Bürgers und damit die Ausgewogenheit und Vielfältigkeit des Gesamtangebotes des Rundfunks von Verfassungs wegen zu gewährleisten. Zentrale Elemente sind die Sicherung von **Ausgewogenheit**, **Neutralität** und der **Tendenzfreiheit**[145]. Das Gesamtangebot der inländischen Programme muss der bestehenden Meinungsvielfalt im Wesentlichen entsprechen, und es ist dafür Sorge zu tragen, dass der Rundfunk nicht einer oder einzelnen gesellschaftlichen Gruppen ausgeliefert wird und dass die in Betracht kommenden Kräfte im Gesamtprogramm zu Wort kommen können. 172

---

143 *BVerfGE* 57, 295, 319; 83, 238, 295; 87, 181, 197 – WDR; dazu *Dörr/Schiedermair*, Die Deutsche Welle, S. 33 f.; *Beater*, Medienrecht, Rn. 226 ff.; kritisch *Hain*, JZ 2008, 128, 129 ff.; *Fink*, DÖV 1992, 805 ff.

144 Vgl. zuletzt zur Unvereinbarkeit bestimmter Vorschriften des ZDF-StV mit diesen Anforderungen der Rundfunkfreiheit *BVerfGE* 136, 9, dazu oben Rn. 149c, 151, 151a u. 151b.

145 *BVerfGE* 73, 118, 152 ff. – Niedersachsen.

3. Strukturprinzipien der Rundfunkfreiheit

173 Als wesentliche Strukturprinzipien stehen die **Staatsferne**, das **Pluralismusgebot** und die **Programmfreiheit** im Zentrum der Rundfunkfreiheit.

174 **a) Staatsferne.** Um seine ihm von der Verfassung zugewiesene Aufgabe erfüllen zu können, muss der Rundfunk Freiheit gegenüber dem Staat genießen. Dieses Gebot der Staatsferne versteht das Bundesverfassungsgericht als Ausprägung der Vielfaltsicherung.[146] Wenn der Rundfunk zwischen Staat und Bürger in einem freien und individuellen und vielfaltsorientierten Meinungsbildungsprozess vermitteln soll, dann muss dieser Vermittlungsprozess frei und ungesteuert ablaufen.[147] Der Staat darf insbesondere nicht an der publizistischen Funktion des Rundfunks mitwirken, er darf sich etwa nicht in die Programmgestaltung oder sonstige Belange des Rundfunks einmischen, oder diesen beeinträchtigen oder ihn gar instrumentalisieren oder beherrschen.[148] Daher spricht man zutreffend vom Grundsatz der Staatsferne, auch wenn das Bundesverfassungsgericht in früheren Entscheidungen den Begriff „Staatsfreiheit" vorzog.[149] Nach der Rechtsprechung des Bundesverfassungsgerichts verlangt der Grundsatz der Staatferne, dass der Staat nicht als Rundfunkveranstalter auftreten[150] und dass er keinen bestimmenden Einfluss auf das Programm nehmen darf[151]. Dies schließt es aber nach der Rechtsprechung des Bundesverfassungsgerichts nicht aus, dass Benannte des Staates, auch aus den Parlamenten, den **Kontrollgremien** öffentlich-rechtlicher Rundfunkanstalten[152] und Landesmedienanstalten[153] angehören. Allerdings folgt aus dem Gebot der Staatsferne zumindest ein Beherrschungsverbot. Art. 5 Abs. 1 S. 2 GG verlangt also, dass der Staat den öffentlich-rechtlichen Rundfunk nicht beherrschen bzw. dominieren darf.[154] Hiervon ausgehend ist in der Literatur[155] immer wieder bezweifelt worden, dass die frühere Zusammensetzung des ZDF-Fernsehrats und auch des ZDF-Verwaltungsrats angesichts der hohen Zahl der dem Staat zuzurechnenden Vertreter mit dem Grundsatz der Staatsferne zu vereinbaren ist. Das Bundesverfas-

146 Vgl. oben Rn. 149c.

147 Zur Parallele mit der Staatsfreiheit politischer Parteien *Schwartmann*, Verfassungsfragen der Allgemeinfinanzierung politischer Parteien, S. 30 f.

148 *BVerfGE* 90, 60, 88. Dazu *Gersdorf*, Rn. 142.

149 Vgl. etwa *BVerfGE* 12, 205, 262 f.; *BVerfGE* 83, 238, 322, anders aber nun *BVerfGE* 136, 9, 33 f., in der sich das Gericht ausdrücklich zum Begriff der Staatsferne bekennt und den Unterschied zur Staatsfreiheit hervorhebt.

150 *BVerfGE* 12, 205, 263; 83, 238, 330; vgl. zu der Diskussion um das Parlamentsfernsehen zutreffend *Goerlich/Laier*, ZUM 2008, 475 ff. A.A. *Gersdorf*, Parlamentsfernsehen des Deutschen Bundestages, 2008, der das Parlamentsfernsehen für zulässig hält.

151 *BVerfGE* 73, 118, 165; 83, 238, 330.

152 *BVerfGE* 12, 205, 263; 73, 118, 165; 83, 238, 336; zu den Grenzen vgl. *BVerfGE* 136, 9, 33 f., zu dieser Entscheidung oben Rn. 149c, 151, 151a, 151b.

153 *BVerfGE* 73, 118, 165.

154 Vgl. dazu eingehend *Bumke*, Die öffentliche Aufgabe der Landesmedienanstalten, 1995, S. 145 ff.; *Lerche*, Landesbericht der Bundesrepublik Deutschland, in: Bullinger/Kübler (Hrsg.), Rundfunkorganisation und Kommunikationsfreiheit, 1979, S. 15 ff., 75 ff.; *BVerfGE* 31, 314, 327 und 329; 83, 238, 334.

155 *Hahn*, Die Aufsicht des öffentlich-rechtlichen Rundfunks, 2010, S. 195; *Herrmann/Lausen*, Rundfunkrecht, § 7 Rn. 83; *Schuster*, Meinungsvielfalt in der dualen Rundfunkordnung, 1990, S. 154; *Dörr*, K&R 2009, 558 f.

sungsgericht hatte zur Gremienzusammensetzung zwar allgemeine Leitlinien vorgegeben, sich aber lange Zeit nicht dazu geäußert, ob eine konkrete Gremienzusammensetzung den Grundsatz der Staatsferne verletzt, weil diese Frage nicht hauptsächlicher Gegenstand eines konkreten Verfahrens war.[156] Dies hat sich durch die Entscheidung zum ZDF-Staatsvertrag geändert, mit der das Bundesverfassungsgericht detaillierte Vorgaben zur Gremienzusammensetzung entwickelte.[157]

Auch im Hinblick auf die Gremienzusammensetzung will der Grundsatz der Staats- **174a** ferne sicherstellen, dass der vom Rundfunk vermittelte vielfaltsorientierte Meinungsbildungsprozess frei und ungesteuert abläuft. Daher darf sich der Staat insbesondere nicht in die publizistische Funktion des Rundfunks einmischen, diesen beeinträchtigen oder gar instrumentalisieren oder beherrschen. Die mit der Ausgestaltungsbefugnis zwangsweise verbundenen Einflussmöglichkeiten sollen also so weit wie möglich ausgeschlossen werden.[158] Adressaten des Grundsatzes der Staatsferne sind unbestritten Vertreter der Regierungen und der Exekutive,[159] aber auch Vertreter der Legislative, also Angehörige der Parlamente.[160] Umstritten war dagegen, ob auch Vertreter von politischen Parteien der staatlichen Ebene zuzurechnen sind, bzw. ihnen gegenüber der Grundsatz der Staatsferne Geltung beansprucht.[161] Insoweit hat das Bundesverfassungsgericht anknüpfend an die Erste Gebührenentscheidung[162] bereits mit seiner Entscheidung zur Beteiligung von politischen Parteien an Rundfunkunternehmen für Klarheit gesorgt.[163] Zutreffend weist es darauf hin, dass die Parteien im Gegensatz zu anderen gesellschaftlichen Kräften eine besondere Staatsnähe aufweisen, weil sie auf die Erlangung staatlicher Macht ausgerichtet sind, entscheidenden Einfluss auf die Besetzung der obersten Staatsämter ausüben und die Bildung des Staatswillens beeinflussen, indem sie in die staatlichen Institutionen hineinwirken, vor allem durch Einflussnahme auf die Beschlüsse von Parlament und Regierung. Hierbei kommt es zudem auch noch zu personellen Überschneidungen zwischen den politischen Parteien und den Staatsorganen.[164] Es ist daher geboten, den Grundsatz der Staatsferne sowohl bei der Beteiligung von politischen Parteien an privaten Rundfunkveranstaltern als auch bei der Beteiligung an der Kontrolle des öffentlich-rechtlichen Rundfunks zu beachten.

Der Grundsatz der Staatsferne erschöpft sich nach zutreffender Auffassung bei der **174b** Gremienbesetzung allerdings nicht in einem Beherrschungsverbot. Vielmehr ist es

156 *BVerfG*, NVwZ 1996, 782 = JuS 1997, 267.
157 Vgl. oben Rn. 149c, 151, 151a, 151b.
158 *BVerfGE* 90, 60, 88 f.
159 *BVerfGE* 73, 118, 182 f.; 83, 238, 323.
160 *BVerfGE* 90, 60, 89 f.; 83, 238, 323 f.; 73, 118, 182.
161 Befürwortend *Huber*, Die Staatsfreiheit des Rundfunks – Erosion und Neujustierung, in: Detterbeck/Rozek/von Coelln (Hrsg.), Recht als Medium der Staatlichkeit, Festschrift für Herbert Bethge zum 70. Geburtstag, 2009, S. 497, 507, 509; *Dörr*, K&R 2009, 557; ablehnend *Cornils*, ZJS 2009, 472 f.; *H.H. Klein*, in: Morlok/Alemann/Streit, Medienbeteiligungen politischer Parteien, 2004, 36 ff.
162 *BVerfGE* 90,60,89.
163 *BVerfGE* 121, 30, 53; bestätigt durch *BVerfGE* 136, 9,3 41; siehe dazu oben Rn. 149c, 151, 151a, 151b.
164 *BVerfGE* 121, 30, 54 f.

auch untersagt, dass der Staat bzw. seine Vertreter indirekt Einfluss auf Inhalt und Form der Programme gewinnen können.[165] Demnach bleibt festzuhalten, dass staatliche und/oder parteipolitische Vertreter weder allein noch im Zusammenwirken Einfluss auf die Programmgestaltung gewinnen dürfen. Die Gefahr eines solchen Einflusses muss bei den Regelungen über die Gremienzusammensetzung wirksam unterbunden werden. Gerade das Zusammenspiel von staatlichem und parteipolitischem Einfluss ist besonders zu beachten.[166] Zu Recht hat das Bundesverfassungsgericht darauf hingewiesen, dass die Neigung zur Instrumentalisierung des Rundfunks nicht nur bei der Regierung, sondern gerade auch bei den im Parlament vertretenen Parteien bestehen kann.[167] Eine zu hohe Zahl von staatlichen und parteipolitischen Vertretern lässt sich nicht mit einem Hinweis auf eine angeblich föderale Brechung bzw. auf mangelnde Homogenität der staatlichen Vertreter rechtfertigen. Es kommt gerade nicht darauf an, dass die staatlichen Einflussmöglichkeiten alle aus derselben politischen Richtung kommen. Vielmehr ist staatlicher Einfluss als solcher verboten. Zudem greift das Argument der fehlenden Homogenität auch zu kurz, als sich die jeweiligen Landesvertreter auf ihre jeweilige Parteizugehörigkeit besinnen und so im Endergebnis aus parteipolitischer Räson mit einer Stimme sprechen. Dies gilt insbesondere dann, wenn den Rundfunkgremien neben den vom Staat entsandten Mitgliedern auch von den politischen Parteien entsandte Mitglieder angehören. Das Zusammenspiel zwischen den Vertretern der politischen Parteien und denen des Staates hebt die angebliche föderale Brechung weitgehend auf. Zudem wird treffend darauf hingewiesen, dass die verstärkte Neigung zu „Paketlösungen" und die Abstimmung in parteipolitisch geprägten „Freundeskreisen" die auf den ersten Blick divergierenden Interessen doch wieder zusammenführen können. Damit verbleibt bei der von *Huber* zu Recht angemahnten realistischen Betrachtungsweise auch wenig von der fehlenden Homogenität, die einen maßgeblichen oder beherrschenden Einfluss ausschließen soll.[168] Angesichts der konkreten Zusammensetzung des ZDF-Fernsehrats war selbst bei großzügiger Betrachtungsweise, also bei einem alleinigen Abstellen auf das Beherrschungsverbot, davon auszugehen, dass der Grundsatz der Staatsferne nicht beachtet wurde.[169]

Für Klarheit hat insoweit die Entscheidung des Bundesverfassungsgerichts im Rahmen des Normenkontrollverfahrens gegen den ZDF-Staatsvertrag gesorgt, die am 25. März

---

165 Vgl. dazu *BVerfGE* 90, 60, 94 f.; 119, 181, 222.

166 *Huber*, Die Staatsfreiheit des Rundfunks – Erosion und Neujustierung, in: Detterbeck/Rozek/von Coelln (Hrsg.), Recht als Medium der Staatlichkeit, Festschrift für Herbert Bethge zum 70. Geburtstag, Berlin 2009, S. 507 f.

167 *BVerfGE* 90, 60, 89.

168 *Huber*, Die Staatsfreiheit des Rundfunks – Erosion und Neujustierung, in: Detterbeck/Rozek/von Coelln (Hrsg.), Recht als Medium der Staatlichkeit, Festschrift für Herbert Bethge zum 70. Geburtstag, Berlin 2009, S. 509.

169 So im Ergebnis *Hahn*, Die Aufsicht des öffentlich-rechtlichen Rundfunks, 2010, S. 190; *Huber*, Die Staatsfreiheit des Rundfunks – Erosion und Neujustierung, in: Detterbeck/Rozek/von Coelln (Hrsg.), Recht als Medium der Staatlichkeit, Festschrift für Herbert Bethge zum 70. Geburtstag, Berlin 2009, S. 502; *Dörr*, K&R 2009, S. 558; *W. Hahn*, epd medien, 17/2009, S. 3 f. *Herrmann/Lausen*, § 7 Rn. 83, § 11 Rn. 19; *Schuster*, Meinungsvielfalt in der dualen Rundfunkordnung, 1988, S. 154.

2014 ergangen ist. Hierin hat das Bundesverfassungsgericht erstmals grundlegende Aussagen zur Zusammensetzung der Gremien des öffentlich-rechtlichen Rundfunks getroffen und auch den Anteil staatlicher und staatsnaher Vertreter konsequent auf ein Drittel begrenzt.[170]

b) Pluralismusgebot. Die aus der Rundfunkfreiheit abzuleitenden Ausgestaltungsregelungen müssen insgesamt den Erfordernissen der **Meinungsvielfalt** und der **Ausgewogenheit** Rechnung tragen[171]. Weder ein vielfältiges noch ein ausgewogenes Gesamtangebot allein genügen aber den verfassungsrechtlichen Vorgaben. Ein Gesamtangebot kann nämlich auch ausgewogen sein, ohne dass es vielfältig ist. Umgekehrt kann ein Gesamtangebot vielfältig sein, ohne dem Gebot der Ausgewogenheit zu entsprechen. Dies gilt für das Gesamtangebot im privaten und im öffentlich-rechtlichen Bereich. Nach der Rechtsprechung des Bundesverfassungsgerichts ist die Vielfalt der Anbieter und damit der Meinungen von Verfassungs wegen auch im Bereich privater Veranstalter durch die Länder als Rundfunkgesetzgeber zu sichern[172]. Dabei handelt es sich nicht um eine bloße Zuständigkeit der Länder, sondern um die Verpflichtung, eine **positive Ordnung** zu schaffen, die die Erreichung dieser Ziele gewährleistet. **175**

Die entsprechenden Regelungen bedeuten nach der Rechtsprechung des Bundesverfassungsgerichts **keine Einschränkungen** der Rundfunkfreiheit, sondern gestalten diese aus. Hierbei hat der Gesetzgeber einen breiten Gestaltungsspielraum[173]. Er kann sich auch zwischen dem binnenpluralen und dem außenpluralen Modell oder für eine **Mischform**[174] entscheiden. Insgesamt favorisiert das Bundesverfassungsgericht eine Kombination aus Binnen- und Außenpluralismus. Die Ausgewogenheit der Meinung im Innenbereich will es durch Beteiligung aller gesellschaftlich relevanten Gruppen an der Willensbildung in der Leitungsebene (Rundfunkrat) der Veranstalter gewährleisten.[175] Außenpluralismus soll durch ein ausgewogenes Angebot inländischer Programme erhalten werden, das der Meinungsvielfalt entspricht.[176] **176**

Das **binnenplurale** Modell – das den **öffentlich-rechtlichen Rundfunk** prägt – sieht vor, dass die maßgeblichen gesellschaftlichen Gruppen[177] im Binnenbereich des Rundfunkveranstalters vertreten und mit bestimmten Einwirkungsmöglichkeiten ausgestattet sind. Dadurch wird die Pluralität verfahrensrechtlich hinreichend gesichert[178], so dass eine darüber hinausgehende inhaltliche Kontrolle abgesehen von der Rechtsaufsicht, die nur in extremen Fällen einschreiten darf, entfällt. **177**

Im **außenpluralen** Modell – das sich für den **privaten Rundfunk** durchgesetzt hat – muss der einzelne Veranstalter kein in sich ausgewogenes Programm anbieten. Aller- **178**

---

170 Vgl. dazu oben Rn. 149c, 151, 151a, 151b.
171 *BVerfGE* 57, 295, 320, 323; dazu *Dörr,* ZWeR 2004, 159, 164.
172 *BVerfGE* 57, 295, 324; 83, 238, 296 f., dazu *Dörr,* ZWeR 2004, 159, 164.
173 *BVerfGE* 57, 295, 321, 325; *BK-Degenhart,* Art. 5 GG Abs. 1 und 2 Rn. 638.
174 *BK-Degenhart,* Art. 5 GG Abs. 1 und 2 Rn. 638.
175 *BVerfGE* 12, 205, 261; 31, 314, 326.
176 *BVerfGE* 57, 295, 323, 73, 118, 153.
177 *BK-Degenhart,* Art. 5 Abs. 1 und 2 GG Rn. 769 ff.
178 *BK-Degenhart,* Art. 5 Abs. 1 und 2 GG Rn. 638; *BVerfGE* 136, 9, 30.

dings ist er zu „sachgemäßer, umfassender und wahrheitsgemäßer Information und einem Mindestmaß an gegenseitiger Achtung verpflichtet“[179].

179 c) **Programmfreiheit.** Rundfunkfreiheit ist in ihrer hier zunächst wesentlichen Bedeutung **Programmfreiheit. Dadurch wird der Veranstalter vor Einflussnahmen von dritter Seite geschützt.** Dies betrifft nicht nur staatliche, sondern jede fremde Einflussnahme auf Auswahl, Inhalt und Ausgestaltung der Programme, wie es das Bundesverfassungsgericht formuliert. Die Programmfreiheit umfasst somit den Kernbereich der Tätigkeiten des Rundfunkveranstalters.

4. Träger der Rundfunkfreiheit

180 Nach ständiger Rechtsprechung dürfen sich neben privaten Rundfunkveranstaltern auch öffentlich-rechtliche Rundfunkanstalten gem. Art. 19 Abs. 3 GG auf die Rundfunkfreiheit berufen[180], da ihnen dieses Grundrecht ausdrücklich zugeordnet ist. Damit können sie in diesem Bereich ausnahmsweise sogar im Wege der Verfassungsbeschwerde gegen Verletzungen vorgehen, eine Ausnahme, die sonst nur für die Prozessgrundrechte gilt. Neuerdings hat das Bundesverfassungsgericht den öffentlich-rechtlichen Rundfunkanstalten auch die Berufung auf ein die Ausübung der Rundfunkfreiheit unterstützendes Grundrecht, wie Art. 10 GG[181], gestattet.

181 ▪ **13. Übungsfrage:**[182] Aufgrund von Art. 111a der Bayerischen Verfassung darf Rundfunk in Bayern nur in öffentlicher Verantwortung und öffentlich-rechtlicher Trägerschaft betrieben werden. Nach dem Bayerischen Mediengesetz sind in Bayern Private zwar nicht von der Betätigung im Rundfunkbereich ausgeschlossen, aber als Veranstalter privater Rundfunkangebote tritt die öffentlich-rechtlich organisierte Bayerische Landeszentrale für neue Medien (BLM) auf. E bot seit 1987 aufgrund eines von der BLM genehmigten Vertrags Hörfunksendungen über lokale UKW-Frequenzen an. 1992 kam es nicht zu einer Verlängerung der Frequenz-Vergabe. Hiergegen wehrte sich der private Veranstalter unter Berufung auf seine Rundfunkveranstalterfreiheit. Steht diese einem privaten Veranstalter in Bayern zu?

182 Es war lange umstritten, ob die Rundfunkfreiheit des Art. 5 GG[183] auch die **private Rundfunkveranstalterfreiheit** gewährleistet. Diese ist jetzt im Ergebnis anerkannt[184]. Das Bundesverfassungsgericht konstruierte sie, indem es über den Umweg der Vorwirkungen der Programmfreiheit auf das Vorliegen einer Grundrechtsträgerschaft Rückschlüsse zog. Für das Gericht sind private Anbieter ungeachtet der gesetzlichen Veranstaltereigenschaft der BLM Begünstigte des Rechts zur Wahrnehmung der Programmgestaltung als Kernfunktion des Rundfunks. Private Programmanbieter und Bewerber um Rundfunklizenzen nach bayerischem Medienrecht sind daher Träger der Rundfunkfreiheit, da sie alleinige Produzenten des Programms sind. Dieses werde ge-

179 *BVerfGE* 57, 295, 326.
180 *BVerfGE* 21, 362, 373; 31, 314, 322.
181 *BVerfGE* 107, 299, 309 f.
182 *BVerfGE* 97, 298 – extra radio.
183 Der EGMR geht seit der Entscheidung *Lentia Informationsgesellschaft* – siehe dazu unten Rn. 496 – davon aus, dass jedenfalls Art. 10 EMRK die private Rundfunkveranstalterfreiheit garantiert.
184 *BVerfGE* 97, 298 – extra radio.

rade nicht im Auftrag oder nach Weisung der BLM erstellt. Dieser komme lediglich die Aufgabe zu, Programme zu genehmigen und danach auf die Beachtung der allgemeinen Programmgrundsätze zu achten und die Einhaltung der Programmausrichtung und des Programmschemas zu kontrollieren. Insoweit entsprächen die Aufgaben der BLM denjenigen der anderen Landesmedienanstalten.

Mit dieser Entscheidung hatte das Bundesverfassungsgericht aber noch nicht ausdrücklich anerkannt, dass alle natürlichen und juristischen Personen Träger eines Grundrechts auf Rundfunkveranstaltung (Rundfunkveranstalterfreiheit) sind.[185] In seiner Entscheidung zum hessischen Privatrundfunkgesetz[186] hat aber der Zweite Senat des Bundesverfassungsgerichts politische Parteien ausdrücklich in den persönlichen Schutzbereich der Rundfunkfreiheit einbezogen und diesen die Rundfunkveranstalterfreiheit, im konkreten Fall ein Beteiligungsrecht an privaten Rundfunkveranstaltern, zuerkannt.[187] Aus dieser Entscheidung folgt, dass in Zukunft das Bundesverfassungsgericht auch allen natürlichen und juristischen Personen eine Rundfunkveranstalterfreiheit zugestehen wird. **182a**

5. Schutzbereich

Wie die Pressefreiheit umfasst der Schutzbereich der Rundfunkfreiheit das gesamte Spektrum von der Beschaffung einer Information bis hin zu deren Verbreitung, einschließlich der medienspezifischen technischen Vorkehrungen etwa zur Übertragung von Informationen.[188] Trotz des Wortlauts „Berichterstattung" ist der inhaltliche Umfang der Rundfunkfreiheit nicht kleiner als der der Pressefreiheit.[189] So können Informationen und Meinungen nicht nur durch Nachrichten oder politische Kommentare, sondern auch durch Fernsehspiele oder Musiksendungen vermittelt werden[190]. **183**

6. Ausgestaltungen

Das Bundesverfassungsgericht geht in ständiger Rechtsprechung davon aus, dass der Gesetzgeber auf zwei Arten Zugriff auf die Rundfunkfreiheit nehmen kann, nämlich durch ausgestaltende Regelungen und durch Schrankenbestimmungen. Unter Ausgestaltung ist eine positiven Ordnung zu verstehen, welche sicherstellt, dass die Vielfalt der bestehenden Meinungen in möglichster Breite und Vollständigkeit Ausdruck findet und dass auf diese Weise umfassende Information geboten wird. Dazu sind materielle, organisatorische und Verfahrensregelungen erforderlich, die an der Aufgabe der Rundfunkfreiheit orientiert und geeignet sind, das zu bewirken, was die Rundfunkfreiheit gewährleisten will.[191] Zu den Fragen, die der Gesetzgeber ausgestaltend regeln **183a**

---

185 Vgl. insoweit weitergehend *EGMR*, Entsch. v. 28.3.1990, Antr. Nr. 10890/84 – Groppera; dazu *Fink*, in: Fink/Cole/Keber, Europäisches und Internationales Medienrecht, Rn. 253 ff.

186 *BVerfGE* 121, 30; vgl. oben Rn. 149b

187 *BVerfGE* 121, 30 ff.

188 *BVerfGE* 91, 125, 134 f.; *Kingreen/Poscher*, Rn. 619.

189 So schon *BVerfGE* 12, 205, 260 f.

190 *BVerfGE* 35, 202, 222; *Kingreen/Poscher*, Rn. 619.

191 So *BVerfGE* 57, 295, 320.

muss, gehören die Grundlinien der Rundfunkordnung. Daher bedurfte die Einführung privaten Rundfunks einer gesetzlichen Grundlage.[192] Außerdem muss der Gesetzgeber sicherstellen, dass der Rundfunk nicht einer oder einzelnen Gruppen ausgeliefert wird und dass die in Betracht kommenden Kräfte im Gesamtprogramm angemessen zu Wort kommen. Darüber hinaus hat der Gesetzgeber für den Inhalt des Gesamtprogramms Leitgrundsätze verbindlich zu machen, die ein Mindestmaß an inhaltlicher Ausgewogenheit, Sachlichkeit und gegenseitiger Achtung gewährleisten. Zu den erforderlichen Ausgestaltungsregelungen zählt auch die Normierung einer begrenzten Staatsaufsicht, die ausschließlich die Aufgabe hat, die Einhaltung der zur Gewährleistung der Rundfunkfreiheit ergangenen Bestimmungen sicherzustellen. Schließlich ist nach Auffassung des Bundesverfassungsgerichts bei jeder Form der gesetzlichen Ordnung eine vorherige Prüfung unverzichtbar, ob bei der Aufnahme privater Rundfunkveranstaltungen diesen Anforderungen Genüge getan ist.[193]

183b Entsprechende Regelungen sind eine Ausgestaltung des Schutzbereiches und keine gemäß Art. 5 Abs. 2 GG rechtfertigungsbedürftige Schranke der Rundfunkfreiheit. Dies heißt aber nicht, dass der Gesetzgeber bei ausgestaltenden Regelungen vollständig frei ist. Zwar kommt dem Gesetzgeber ein weiter Gestaltungsspielraum zu.[194] Dieser Gestaltungsspielraum hat aber Grenzen. Von Anfang an bestand Einigkeit darüber, dass ausgestaltende Regelungen geeignet sein müssen, einen freien Rundfunk zu gewährleisten.[195] Demnach findet in jedem Falle eine Kontrolle am Maßstab der Geeignetheit statt.[196] In seiner neueren Rechtsprechung prüft das Bundesverfassungsgericht aber auch, ob die Abwägung der widerstreitenden Interessen in angemessener Weise, also verhältnismäßig im engeren Sinne, vorgenommen wurde.[197] Damit wird bei den Ausgestaltungsgesetzen eine Verhältnismäßigkeitsprüfung vorgenommen, die derjenigen bei Eingriffsgesetzen mit Ausnahme des Merkmals der Erforderlichkeit entspricht.[198] Der Unterschied zwischen Ausgestaltungs- und Eingriffsgesetzen verliert dadurch erheblich an Bedeutung.[199]

---

192 *BVerfGE* 57, 295, 324.

193 Zu diesen Anforderungen und Mindestinhalten von Ausgestaltungsgesetzen grundlegend *BVerfGE* 57, 295, 324 ff.; zum Fortbestehen der Ausgestaltungsbedürftigkeit in der digitalen und zunehmend konvergenten Medienwelt eingehend *BVerfGE* 119, 181, 214 ff.; bestätigend durch *BVerfGE* 121, 30, 51.

194 *BVerfGE* 57, 295, 321 f.; 90, 60, 94; 114, 371, 387; 121, 30, 50.

195 So schon *BVerfGE* 57, 295, 320.

196 Vgl. *Schüller*, in: Dörr/Kreile/Cole, Handbuch Medienrecht, B Rn. 153.

197 So *BVerfGE* 121, 30, 59 in Anknüpfung an *BVerfGE* 97, 228, 267; ähnl. das Minderheitenvotum in *BVerfGE* 103, 44, 75; dazu *Dörr*, in: Merten/Papier, Handbuch Grundrechte, IV, § 103 Rn. 45.

198 So zutr. *Schüller*, in: Dörr/Kreile/Cole, Handbuch Medienrecht, B Rn. 153; für eine volle Verhältnismäßigkeitsprüfung plädiert *Fehling*, in: Ehlers/Fehling/Pünder, Besonders Verwaltungsrecht, Bd. 2, 4. Aufl. 2019, § 59 Rn. 18.

199 Vgl. dazu auch *Dörr*, in: Brocker/Droege/Jutzi, Verfassung für Rheinland-Pfalz, 2014, Art. 10 Rn. 21 f.

7. Schranken

Auch für die Rundfunkfreiheit gelten die bereits beschriebenen Schranken des Art. 5 Abs. 2 GG[200]. Dabei ist ebenso wie bei der Meinungs- und Pressefreiheit die Abwägungsregel „im Zweifel für die freie Rede“[201] (den freien Rundfunk) zu beachten. **184**

14. Übungsfrage: 1969 waren im saarländischen Lebach bei einem Überfall auf ein Munitionslager vier Soldaten getötet und Munition gestohlen worden. Ein Jahr später wurden die Haupttäter zu lebenslanger Freiheitsstrafe verurteilt. Mittäter A wurde wegen Beihilfe zum Mord zu sechs Jahren Haft verurteilt. 1972 wollte das ZDF einen Dokumentarfilm ausstrahlen, in dem die Straftat und die Täter mit Namen und Bildern vorgestellt werden sollten. Im Anschluss an die Dokumentation sollte die Tat von Schauspielern nachgespielt werden. Die Entscheidung über die Aussetzung der Reststrafe des A zur Bewährung stand noch aus, als A die Ausstrahlung der Sendung untersagen lassen wollte. Bekam er Recht? **185**

Die Untersagung der Ausstrahlung der Sendung ist im Hinblick auf die Grundrechtsschranken problematisch. Der Schutzbereich der Rundfunkfreiheit, die neben der Auswahl des Stoffes auch Art und Weise seiner Darstellung und Sendeform erfasst, ist hier betroffen. **186**

Allerdings muss auf Schrankenebene eine Abwägung der Rundfunkfreiheit mit dem Persönlichkeitsrecht erfolgen. Dabei war für das Bundesverfassungsgericht die Suggestivwirkung und Reichweite des Fernsehens gegenüber Presse, Hörfunk und Film zu berücksichtigen. Das grundrechtseinschränkende **allgemeine Gesetz**[202] im Sinne des Art. 5 Abs. 2 GG enthält § 22 KUG, der das Recht am eigenen Bild regelt. „Bildnisse dürfen (danach) nur mit Einwilligung des Abgebildeten verbreitet oder öffentlich zur Schau gestellt werden.“ (…) § 23 KUG regelt Ausnahmen. Nach dessen Abs. 1 dürfen ohne die nach § 22 KUG erforderliche Einwilligung Bildnisse aus dem Bereich der Zeitgeschichte verbreitet und zur Schau gestellt werden. Nach Abs. 2 erstreckt sich die Befugnis „jedoch nicht auf eine Verbreitung und Schaustellung, durch die ein berechtigtes Interesse des Abgebildeten oder, falls dieser verstorben ist, seiner Angehörigen verletzt wird.“ Während grundsätzlich das über die Rundfunkfreiheit geschützte Informationsinteresse an einer aktuellen Berichterstattung über schwere Straftaten gegenüber dem Persönlichkeitsschutz des Täters überwiegt[203], muss bei einer nicht mehr tagesaktuellen Sendung im Hinblick auf den Persönlichkeitsschutz aus Art. 2 Abs. 1 GG in Verbindung mit der Menschenwürde nach Art. 1 Abs. 1 GG neu abgewogen werden. Das Persönlichkeitsrecht des inzwischen verurteilten und inhaftierten Täters kann insbesondere dann überwiegen, wenn durch die Berichterstattung die Resozialisierung – hier insbesondere in Form der Entscheidung über die Aussetzung der Strafe zur Bewährung – gefährdet ist. Dies nahm das Bundesverfassungsgericht an.[204] **187**

---

200 Siehe oben Rn. 74 ff.
201 *BVerfGE* 7, 198, 212.
202 Siehe dazu bereits oben Rn. 74 ff., 118 und unten Rn. 320.
203 *BVerfGE* 35, 202, 231 f. Vgl. dazu auch unten Rn. 319 ff.
204 *BVerfGE* 35, 202, 233 f.

V. Einfachgesetzliche Ausgestaltung der Rundfunkfreiheit

188 Mit der Einführung des privaten Rundfunks in Deutschland im Jahr 1984[205] erhob ein Teil der Medienpolitik die Forderung, dass – sobald die privaten Anbieter etabliert seien – der öffentlich-rechtliche Rundfunk, wenn schon nicht als ein „Modell von Gestern" abgeschafft, so doch auf eine Restversorgung im Bereich der Hochkultur reduziert werden solle. Die in der ARD zusammengeschlossenen öffentlich-rechtlichen Rundfunkanstalten und das ZDF als gemeinsame Fernsehanstalt aller Länder[206] sahen sich in eine Auseinandersetzung um die Rolle des öffentlich-rechtlichen Rundfunks im so genannten **Dualen System** verwickelt. Dessen eine Säule ist der **öffentlich-rechtliche Rundfunk** und die andere Säule sind die **privaten Rundfunkveranstalter und die Landesmedienanstalten**.

1. Regelungen für den öffentlich-rechtlichen Rundfunk

189 Das öffentlich-rechtliche System aus ARD und ZDF hat davon profitiert, dass das Bundesverfassungsgericht im Laufe der Jahre die Rolle des öffentlich-rechtlichen Rundfunks gestärkt hat und diesem neben dem klassischen Rundfunkauftrag die Grundversorgungsaufgabe übertrug, die es im Sinne einer Vollversorgung konkretisierte und dynamisch interpretierte[207].

190 Die **Grundversorgung** erwies sich als ein neues Lebenselixier für den öffentlich-rechtlichen Rundfunk, als das Gericht den öffentlich-rechtlichen Rundfunk zum Garanten für die Erfüllung der Voraussetzungen machte, die die Rundfunkfreiheit an ein **duales Rundfunksystem** stellt. Der öffentlich-rechtliche Rundfunk wird im Interesse der Informationsfreiheit und der Demokratie in die Pflicht genommen, um insgesamt ein vielfältiges, umfassendes und ausgewogenes mediales Angebot zu gewährleisten.[208]

190a Allerdings verwendet das Bundesverfassungsgericht in seinen neueren Entscheidungen den Begriff der Grundversorgung meist nicht mehr, sondern spricht von dem **„klassischen Funktionsauftrag"** des öffentlich-rechtlichen Rundfunks. Er habe die Aufgabe, als Gegengewicht zu den privaten Rundfunkanbietern ein Leistungsangebot hervorzubringen, das einer anderen Entscheidungsrationalität als der der marktwirtschaftlichen Anreize folge und damit eigene Möglichkeiten der Programmgestaltung eröffne. Dieser Auftrag umfasse neben seiner Rolle für die Meinungs- und Willensbildung, neben Unterhaltung und Information auch seine kulturelle Verantwortung.[209]

191 Im dualen System hat der beitragsfinanzierte öffentlich-rechtliche Rundfunk die **Aufgabe**, ein umfassendes Programm anzubieten, das sowohl **Information, Bildung, Beratung** und **Unterhaltung** umfasst als auch die gesamte Bandbreite des gesell-

205 Sog. „Ludwigshafener Urknall".
206 Es wurde durch Staatsvertrag vom 6.6.1961 nach dem 1. Fernsehurteil des Bundesverfassungsgerichts gegründet.
207 *BVerfGE* 73, 118 ff. – 4. Rundfunkurteil; 74, 297 ff. – 5. Rundfunkurteil; 83, 238 ff. – 6. Rundfunkurteil.
208 Zur Finanzierung des öffentlich-rechtlichen Rundfunks unten Rn. 212 ff.
209 So *BVerfGE* 136, 9, 29; 119, 181, 216 ff.; 90, 60, 90; in der Entscheidung zum Rundfunkbeitrag spricht das Gericht aber wieder von Grundversorgung, *BVerfG*, ZUM 2018, 680, 688.

schaftlichen Lebens und die kulturelle Vielfalt widerspiegelt, insbesondere die demokratischen, sozialen und kulturellen Bedürfnisse der Gesellschaft erfüllt (§ 11 Abs. 1 RStV). Seine Programme müssen sich an alle richten und für alle erreichbar sein. Nur wenn diese Aufgabe erfüllt ist, sind die wesentlich geringeren Programmanforderungen an private Veranstalter – die keinen Zugriff auf Rundfunkbeiträge haben – hinnehmbar.

Grundversorgung bedeutet also, dass der öffentlich-rechtliche Rundfunk den Bürgern gründliche und umfassende Information und ein grundlegendes Angebot aller Typen von Rundfunksendungen anbieten muss, das technisch für alle erreichbar ist. **192**

Die besonderen Pflichten des öffentlich-rechtlichen Rundfunks rechtfertigen es, die privaten Anbieter einem liberaleren Regime zu unterstellen und von ihnen lediglich ein Mindestmaß an inhaltlicher Ausgewogenheit, Sachlichkeit und gegenseitiger Achtung zu verlangen. Mehr ist schon deshalb nicht zu leisten, weil die Werbefinanzierung zwangsläufig Defizite bezüglich der Breite, der Ausgewogenheit und der Vielfalt des Angebots mit sich bringt[210]. Die Freiräume der privaten Anbieter hängen also unmittelbar mit der Funktionsfähigkeit und der Aufgabenerfüllung der öffentlich-rechtlichen Rundfunkanstalten zusammen. **193**

2. Regelungen für die privaten Rundfunkveranstalter

Es ist jedoch auch wichtig, kommerziellen Rundfunkveranstaltern zum einen attraktive Bedingungen für ihre freie wirtschaftliche Betätigung zu bieten und dieser Tätigkeit andererseits rechtliche Grenzen im Sinne der Rundfunkfreiheit zu setzen. Die Rahmenbedingungen hierfür sowie die zentralen Regelungen für das duale System insgesamt enthält der dritte Abschnitt des **Rundfunkstaatsvertrages**, der regelmäßig aktualisiert[211] wird. **194**

Zur Vertiefung

Die Länder haben im Rundfunkstaatsvertrag alle **Werbemöglichkeiten** und alle weiteren Möglichkeiten der sog. **kommerziellen Kommunikation**, die das Europarecht in der früheren EG-Fernsehrichtlinie und in der diese ersetzenden, neu kodifizierten Richtlinie über audiovisuelle Mediendienste (AVMD-RL) für Fernsehveranstalter zulässt, an die kommerziellen Anbieter weitergegeben. Im Gegensatz zu fast allen anderen Mitgliedstaaten der Europäischen Union haben sie nicht von der Möglichkeit Gebrauch gemacht, strengere Regelungen für die eigenen Veranstalter vorzusehen. Diese Möglichkeit der sog. Inländerdiskriminierung wurde dazu genutzt, die Fernsehwerbung der öffentlich-rechtlichen Rundfunkanstalten, die ebenfalls von der AVMD-RL erfasst werden, in einem Ausmaß zu begrenzen, das nur vom Vereinigten Königreich übertroffen wird. **195**

a) Die Landesmedienanstalten als Besonderheit des Rundfunkrechts. Die privaten Veranstalter unterliegen einer begrenzten Aufsicht der **Landesmedienanstalten**[212], die ihrerseits einer begrenzten Rechtsaufsicht der Länder unterstehen. Deren öffentliche Aufgabe besteht darin, den individuellen Freiraum für die privaten Rundfunkveranstalter zu vermitteln und zu organisieren und dabei zugleich die gesamtgesellschaftlich bedeutsame Funktionsfähigkeit des privaten Rundfunks im allgemeinen Interesse zu sichern. Aus diesem Grund besteht wegen des Pluralitätsgebots die Notwendigkeit **196**

210 *BVerfGE* 73, 118 ff. – 4. Rundfunkurteil.
211 Zuletzt durch den 22. Rundfunkänderungsstaatsvertrag, der am 1.5.2019 in Kraft tritt.
212 Für eine „Ländermedienanstalt" als gemeinsame Einrichtung aller Länder: *Sporn*, K&R 2009, 237 ff.; *ders.*, Die Ländermedienanstalt, 2001.

der gesellschaftspluralen Organisation der Landesmedienanstalten, die man rechtlich als verselbständigte und grundrechtssichernde Verwaltungseinheiten begreifen muss. Deren Autonomie verlangt es, dass die Entscheidungen von plural und staatsfern zusammengesetzten Gremien getroffen werden müssen.[213]

Beispiel: Dies ist etwa bei der rheinland-pfälzischen Landeszentrale für Medien und Kommunikation (LMK) der Fall, bei der die Versammlung neben dem Direktor das Hauptorgan ist (§ 39 ff. LMG). Sie ist gemäß § 42 Nr. 9 LMG dazu berufen, über die Erteilung und Verlängerung von Lizenzen („Zulassungen") zu entscheiden. In ihrer pluralen Organisation, die den Aufbau der LMK kennzeichnet, kommt die gesellschaftliche Gemeinwohlorientierung zum Ausdruck; sie stellt zudem sicher, dass sich in den Entscheidungen der LMK die gesamte Bandbreite der Gesellschaft widerspiegelt.

197 Zur Rundfunkveranstaltung ist – von wenigen Ausnahmen abgesehen[214] – eine **Zulassung** (Lizenz, Konzession) erforderlich, bei der gleiche Zugangschancen im Lizenzierungsverfahren bestehen müssen (§ 20 RStV). Über die Vergabe der Lizenz entscheiden die **Landesmedienanstalten**. Die Einzelheiten des Zulassungsverfahrens sind in den jeweiligen Landesmedien- bzw. Landesrundfunkgesetzen geregelt.

198 Die Rechtsstellung der Landesmedienanstalten ist von der Rundfunkfreiheit des Art. 5 Abs. 1 S. 2 GG, der das Konzept einer organisierten Aufgabenverantwortung zugrunde liegt, geprägt. Eine besondere Bedeutung hat dabei das Gebot der **Staatsferne**[215].

199 Die privaten Veranstalter und die Landesmedienanstalten stellen zusammengenommen die zweite Säule des dualen Rundfunksystems neben dem öffentlich-rechtlichen Rundfunk dar. Die Autonomie der Landesmedienanstalten gegenüber dem Staat ist demnach grundrechtlich gesichert. Die Landesmedienanstalten können ihre autonomen Entscheidungsbefugnisse also unter Berufung auf das Grundrecht der Rundfunkfreiheit verteidigen. Diese Autonomie bedeutet aber nicht, dass es im Ermessen der Landesmedienanstalten stünde, im Sinne einer Aufsicht des Rundfunkmarktes tätig zu werden oder dies zu unterlassen. Ihre Tätigkeit, z.B. die Ausschreibung und Vergabe von Frequenzen, ist gesetzlich nicht nur detailliert geregelt, sondern vor allem als Pflichtaufgabe vorgegeben. Die Entscheidung über das Handeln, also das Arbeitsfeld, ebenso wie die Ausgestaltung des Handelns, d.h. die Ausübung ihrer Tätigkeit, sind durch den Landesgesetzgeber festgeschrieben. Dieser wiederum kommt dadurch, dass er durch Gesetz die Landesmedienanstalt errichtet und ihr bestimmte Funktionen zuweist, seiner Aufgabe nach, im Sinne der verfassungsgerichtlichen Rechtsprechung die Gesamtveranstaltung Rundfunk durch das Element einer staatsfreien Aufsicht über den privaten Rundfunk zu vervollständigen.

200 **Zur Vertiefung:** Es ist nicht überzeugend, die Landesmedienanstalten als Teil der mittelbaren Staatsverwaltung einzuordnen[216]. Dies wird ihrer besonderen Rechtsstellung nicht gerecht. Sie

---

213 Ausdrücklich hat das Bundesverfassungsgericht dies in Bezug auf die Aufsichtsgremien der öffentlich-rechtlichen Rundfunkanstalten entschieden (*BVerfGE* 136, 9 = ZUM 2014, 501). Eine Übertragbarkeit dieser Grundsätze auf die pluralistischen Gremien der Landesmedienanstalten liegt indessen nahe, vgl. dazu oben Rn. 151b.

214 So ist etwa die Verbreitung von Hörfunkprogrammen im Internet nach § 20b RStV zulassungsfrei.

215 Siehe oben Rn. 38, 149c, 151, 151a, 151b, 174 ff. und unten Rn. 258.

216 So *Bumke*, Die öffentliche Aufgabe der Landesmedienanstalten (1995), S. 193 ff. *Gersdorf*, Rn. 373, a.A. *Degenhart*, AfP 1988, 327, 335 ff.

besitzen das Recht zur Selbstverwaltung und Autonomie. Dieses wurzelt in Art. 5 Abs. 1 S. 2 GG, soweit es um das Verhältnis der Landesmedienanstalten zum Staat geht. Dafür ist die Funktion der Landesmedienanstalten entscheidend, die hauptsächlich darin besteht, grundrechtliche Freiheitsverbürgungen organisatorisch umzusetzen. Daher ist das Vorhandensein der Landesmedienanstalten – mit plural zusammengesetzten Aufsichtsgremien – Voraussetzung dafür, dass privater Rundfunk überhaupt in verfassungskonformer Weise veranstaltet werden kann.[217]

Um ihren Aufgaben gerecht zu werden, müssen die Landesmedienanstalten vor allem **201** untereinander zusammenarbeiten. Dabei ist eine deutliche Tendenz zu beobachten, für bestimmte Bereiche gemeinsame Einrichtungen (zentrale Kommissionen) einzurichten und diese im Rundfunkstaatsvertrag oder in neuen Staatsverträgen (Jugendschutz) mit Entscheidungskompetenzen auszustatten.

Seit dem Zehnten Rundfunkänderungsstaatsvertrag sind zur Aufsicht über den privaten Rundfunk vier Einrichtungen berufen.[218] Ihre Aufgaben legt § 36 RStV fest. Es handelt sich um die Kommission für Zulassung und Aufsicht (**ZAK**), die Gremienvorsitzendenkonferenz (**GVK**), die Kommission zur Ermittlung der Konzentration im Medienbereich (**KEK**) und die Kommission für Jugendmedienschutz (**KJM**). Sie fungieren dabei als Organe der jeweils zuständigen Landesmedienanstalt.

202

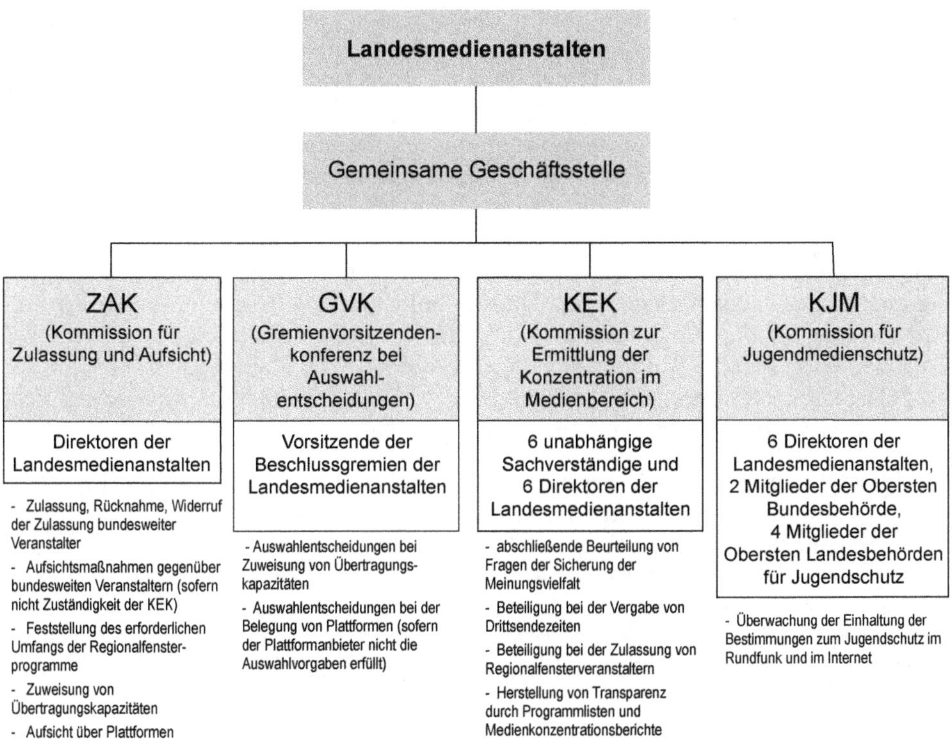

Abbildung: Organisation der Rundfunkaufsicht nach dem 10. Rundfunkänderungsstaatsvertrag[219]

217 Eingehend *BVerfGE* 57, 295.
218 Dazu auch *Ritlewski*, ZUM 2008, 403, 407 ff.
219 Entnommen aus *KEK*, 10. Jahresbericht (2007), 292.

202a **b) Vielfaltsicherung.** Ein funktionsfähiger Wettbewerb ist grundlegende Voraussetzung für Meinungsvielfalt und somit auch für die Möglichkeit einer unabhängigen Meinungsbildung, weil er Monopole verhindert und sicherstellt, dass unterschiedliche Informationen und Meinungen von verschiedenen Anbietern und Medien vorhanden sind.

203 **aa) Verbot vorherrschender Meinungsmacht.** Im Rundfunkbereich gewährleistet ein funktionsfähiger Wettbewerb allein noch keine Meinungsvielfalt. Vielmehr kann der ökonomische Druck zwischen den Medienunternehmen im Kampf um Quote und damit auch um Werbeaufträge umgekehrt zu einem Qualitätsverlust führen. Im dualen System aus öffentlich-rechtlichem und privatem Rundfunk garantiert auch eine Vielzahl von Anbietern keine Vielfalt von Inhalten.

Beispiel: Im Bereich des frei empfangbaren Fernsehens gibt es eine Reihe verschiedener Programme bzw. Sender. Faktisch stehen sich hier aber nur drei Gruppen gegenüber, nämlich ARD und ZDF als öffentlich-rechtliche Rundfunkanbieter, die ProSiebenSat.1 Media AG (die ehemalige Kirch-Gruppe) und die Mediengruppe RTL, so dass sich den privaten Fernsehmarkt ein Duopol teilt.[220]

204 Anders als bei der Presse[221] hält das Bundesverfassungsgericht im Fall des Rundfunks den wirtschaftlichen Wettbewerb zur Pluralismussicherung nicht für ausreichend. Die besondere Bedeutung der Rundfunkfreiheit für die öffentliche Meinungsbildung und die Wahrung der Staatsferne verpflichten den Gesetzgeber hier, der Entstehung vorherrschender Meinungsmacht entgegenzuwirken. Dahinter steht die Befürchtung, dass Private Einfluss auf die Staatsgewalt nehmen können, wenn sie über Massenmedien verfügen.

205 **bb) Aufgaben der KEK.** Vor und nach der Zulassung einer Rundfunkveranstaltung hat die zuständige Landesmedienanstalt daher zu prüfen, ob die für die privaten Veranstalter geltenden Bestimmungen zur Sicherung der Meinungsvielfalt eingehalten werden. Dazu bedienen sich die Landesmedienanstalten der KEK, die als Organ der jeweils für die Zulassung zuständigen Landesmedienanstalt in die Organisation der Medienzulassung und -aufsicht einbezogen ist[222].

206 Mit dem Zehnten Rundfunkänderungsstaatsvertrag ist die KEK grundlegend verändert worden. Neben die sechs unabhängigen Sachverständigen (und zwei Stellvertreter) sind nunmehr gemäß § 35 Abs. 5 S. 1 Nr. 2 RStV auch „sechs nach Landesrecht bestimmte gesetzliche Vertreter der Landesmedienanstalten" (und zwei Stellvertreter) getreten. Gesetzliche Vertreter der Landesmedienanstalten, die der KJM angehören, sind ausgeschlossen, § 35 Abs. 6 RStV.[223] Die KEK entscheidet mit der Mehrheit ihrer gesetzlichen Mitglieder. Bei Stimmgleichheit entscheidet die Stimme des Vorsitzenden

220 *Dörr*, in: Eberle u.a., Kap. III, Rn. 86 ff.
221 *BVerfGE* 20, 162, 174.
222 Sie wird also z.B. als Organ der BLM tätig, wenn es um die Zulassung eines Veranstalters in Bayern geht, und als Organ der LfM, wenn es sich um Zulassungsfragen eines Veranstalters in Nordrhein-Westfalen handelt.
223 Kritisch dazu die *KEK* in ihrem 10. Jahresbericht (2007), 293.

oder dessen Stellvertreters (§ 35 Abs. 9 S. 2 RStV), die aus dem Kreis der Sachverständigen kommen müssen (§ 35 Abs. 5 S. 7 RStV). Die Konferenz der Direktoren der Landesmedienanstalten (KDLM) als Prüfungsinstanz wurde durch den Zehnten Rundfunkänderungsstaatsvertrag als Kontrollinstanz der KEK abgeschafft. Damit entfiel die vorherige doppelte medienkonzentrationsrechtliche Prüfung durch KEK und KDLM.

Schließlich hat die KEK in § 37 Abs. 4 RStV eigene Ermittlungsbefugnisse erhalten, **207**
während ihr diese Rechte vorher nur „durch die zuständige Landesmedienanstalt" zustanden. Damit ist die KEK berechtigt, die sich aus den §§ 21, 22 RStV ergebenden Ermittlungsbefugnisse selbständig im Namen der jeweils zuständigen Landesmedienanstalt auszuüben. Dies ist ein Schritt in Richtung rechtlicher Verselbständigung der KEK.[224] Die rechtlichen Vorgaben für die Tätigkeit der KEK finden sich in §§ 25 bis 34 über die Sicherung der Meinungsvielfalt im Rundfunkstaatsvertrag. Diese Normen gehen davon aus, dass in Deutschland durch die öffentlich-rechtlichen und privaten bundesweiten Programme grundsätzlich Außenpluralität gewährleistet ist. Ein Unternehmen darf selbst oder durch ihm zuzurechnende Unternehmen bundesweit eine unbegrenzte Anzahl von Programmen veranstalten, solange es keine vorherrschende Meinungsmacht erlangt (§ 26 Abs. 1 RStV).[225] Dies bemisst sich nach den Regelungen im Rundfunkstaatsvertrag maßgeblich an Zuschaueranteilen. Wenn die KEK eine vorherrschende Meinungsmacht feststellt, darf eine Zulassung nicht erteilt bzw. eine Beteiligung nicht erworben werden[226].

Zur Vertiefung

Hauptaufgabe der KEK ist es also, vorherrschende Meinungsmacht durch die Ermittlung von Zu- **208**
schaueranteilen im privaten Bereich und damit auch im Gesamtangebot zu verhindern[227] (Zuschaueranteilsmodell). Hierfür stellt ihr der Rundfunkstaatsvertrag ein Instrumentarium zur Verfügung, das nicht nach allen Auffassungen den Praxisanforderungen gerecht wird.[228] So wird die Idee, die Meinungsvielfalt standortunabhängig und vorbeugend zu sichern, im RStV nicht durchgängig umgesetzt und nur unzureichend verfahrensrechtlich abgesichert. Dies führt zu der Gefahr, dass sich die Verfahren bei der KEK verzögern. Auch kann es zu Reibungsverlusten im Verhältnis zu einzelnen Landesmedienanstalten kommen.

Ob vorherrschende Meinungsmacht vorliegt, wird unter Berücksichtigung von § 26 Abs. 2 RStV unter bestimmten Voraussetzungen „vermutet".[229] Dabei enthält § 26 Abs. 2 RStV drei unterschiedliche Alternativen.

224 Dazu *Reinlein/Wagner*, K&R 2008, 518.
225 Dazu eingehend HK-RStV, § 26 RStV Rn. 4.
226 *Dörr*, in: Eberle u.a., Kap. III, Rn. 101.
227 Dazu *Dörr* in Eberle u.a., Kap. III, Rn. 92 m.w.N.
228 Zu möglichen Anpassungen des derzeitigen Medienkonzentrationsrechts vgl. *Schwartmann/Ohr*, in: Schwartmann, Praxishandbuch Medienrecht, 11. Kap. Rn. 261.
229 In diesem Zusammenhang ist streitig, ob es sich um eine Vermutungsregelung im rechtlichen Sinne handelt. So vertrat die KDLM den Standpunkt, dass § 26 Abs. 2 RStV den Begriff der „vorherrschenden Meinungsmacht abschließend definiere. Vgl. ZUM 1998, 1054. Anders KEK 026 – Premiere, ZUM – RD 1999, 251, 258; KEK 007/029 – Pro 7, ZUM – RD 1999, 241, 248; KEK 040 – ZUM – RD 2000, 41, 50; *KEK*, Fortschreitende Medienkonzentration im Zeichen der Konvergenz, 2000, 54 ff.; zur Vermutungsregelung auch *Prütting*, Die Vermutung vorherrschender Meinungsmacht, in: Stern/Prütting, Marktmacht und Konzentrationskontrolle auf dem Fernsehmarkt, 2000, S. 115 ff., 121; *VG München*, K&R 2008, 195 ff. mit Anmerkung *Hain*, K&R 2008, 160 ff.

208a Zunächst wird vorherrschende Meinungsmacht nach § 26 Abs. 2 S. 1 RStV vermutet, wenn die einem Veranstalter zurechenbaren Programme im Jahresdurchschnitt einen Zuschaueranteil von 30 % erreichen.[230]. Darüber hinaus lässt § 26 Abs. 2 S. 2 RStV die Annahme einer vorherrschenden Meinungsmacht auch schon bei einem Zuschaueranteil von 25 % zu, sofern entweder das Unternehmen auf einem medienrelevanten verwandten Markt eine marktbeherrschende Stellung hat oder eine Gesamtbeurteilung seiner Aktivitäten im Fernsehen und auf medienrelevanten verwandten Märkten ergibt, dass der dadurch erzielte Meinungseinfluss dem eines Unternehmens mit einem Zuschaueranteil von 30 % entspricht.[231] Mit beiden Tatbeständen kann dem sog. „cross-ownership" in begrenztem Ausmaß Rechnung getragen werden und etwa der Printmarkt über die medienrelevanten verwandten Märkte in die Bewertung vorherrschender Meinungsmacht im Rundfunkmarkt einbezogen werden.[232] Zugleich existiert aber ein Bonussystem, nach dessen Maßgabe die Vielfalt verstärkt werden kann. Diese Boni wurden durch den Sechsten Rundfunkänderungsstaatsvertrag in S. 3 in § 26 Abs. 2 RStV eingeführt.[233] Sie kommen bei der Berechnung des nach § 26 Abs. 2 S. 2 „maßgeblichen Zuschaueranteils" zur Anwendung, gelten also ihrem Wortlaut nach für die beiden Tatbestände, die an den Zuschaueranteil von 25 % anknüpfen. Die Boni erhalten Unternehmen, die Regionalfenster in den Vollprogrammen (§ 25 Abs. 4 RStV) ausstrahlen und die Sendezeit für Dritte in ihrem zuschauerstärksten Programm (§ 26 Abs. 5 RStV) einräumen. Für die nach dem Gesetz auszustrahlenden Regionalfenster erhalten sie einen Bonus von 2 %. Ferner gibt es einen weiteren Bonus von 3 % für die beiden führenden privaten Fernsehveranstalter, wenn sie entsprechend ihrer gesetzlichen Verpflichtung unabhängige Drittsendungen in ihr Programm aufgenommen haben. Nach dem Wortlaut der Norm wird der Schwellenwert von 25 % beim Eingreifen der Bonifikation um 5 % auf 30 % angehoben. Dies gilt allerdings nur dann, wenn man die Boni vorab vom tatsächlichen Zuschaueranteil abziehen und nicht erst bei einer Gesamtbeurteilung berücksichtigen muss.

208b Strittig ist, ob vorherrschende Meinungsmacht auch bejaht werden kann, wenn die Voraussetzungen des § 26 Abs. 2 RStV nicht vorliegen, wie sich also § 26 Abs. 1 RStV zu § 26 Abs. 2 RStV verhält.[234] Die KDLM interpretierte die Vorgaben des § 26 Abs. 2 RStV mit den dort enthaltenen Zuschaueranteilswerten als abschließende materiellrechtliche Maßgabe, ließ also einen Rückgriff auf § 26 Abs. 1 RStV nicht zu.[235] Die Gegenposition verneint jegliche materiell-rechtliche Bedeutung von § 26 Abs. 2 RStV und versteht diese Bestimmung allein als widerlegliche Vermutungsregelung, die auch im Verwaltungsrecht für den Fall von Bedeutung sei, dass es der KEK trotz aller zumutbaren Bemühungen nicht gelinge, den Sachverhalt vollständig aufzuklären.[236] Zwischen

230 Vgl. § 26 Abs. 2 S. 1 RStV. Dazu *Dörr,* in: Eberle u.a., Kap. III, Rn. 93 ff.
231 Zu den Voraussetzungen des § 26 Abs. 2 Satz 2 RStV vgl. *Dörr/Schiedermair*, Ein kohärentes Konzentrationsrecht für die Medienlandschaft in Deutschland, 2007, S. 17 ff.
232 Dazu auch *Dörr,* in: Eberle u.a., Kap. III, Rn. 97.
233 Dazu *Dörr,* in: Eberle u.a., Kap. III, Rn. 98.
234 Eingehend dazu *Reinlein*, Medienfreiheit und Medienvielfalt, 2011, S. 247 ff.
235 Vgl. ZUM 1998, 1054; ähnlich *Engel*, ZUM 2005, 776, 781 f.
236 Vgl. *Prütting,* Die Vermutung vorherrschender Meinungsmacht, in: Stern/Prütting, Marktmacht und Konzentrationskontrolle auf dem Fernsehmarkt, 2000, S. 115 ff.; *Hain*, MMR 2000, 537, 538 f.; *ders.*, K&R 2006, 150, 154.

diesen Polen, aber näher am Verständnis des § 26 Abs. 2 RStV als Vermutungsregelung liegt die Auffassung der KEK. Sie meint, dass vorherrschende Meinungsmacht auch außerhalb der Vermutungsregeln vorliegen kann, erkennt aber § 26 Abs. 2 RStV über die Vermutungsfunktion den materiell-rechtlichen Charakter eines „Leitbildes" für das Vorliegen vorherrschender Meinungsmacht zu.[237] Das Sachverständigengremium nimmt auf dieser Grundlage eine Gesamtbetrachtung vor und begreift die Regelungen des § 26 Abs. 2 RStV als Mittel, um das Vorliegen vorherrschender Meinungsmacht im Sinne eines Leitbildes zu konkretisieren.[238] Ein schwieriges Folgeproblem ist die Gewichtung der Meinungsmacht in den unterschiedlichen Mediengattungen, wenn sich der Zuschaueranteil unterhalb der 25 %-Grenze bewegt. Bei ihrer Gesamtgewichtung kommt es der KEK neben dem Zuschaueranteil auch entscheidend auf die Aktivitäten auf sog. „medienrelevanten verwandten Märkten",[239] etwa dem Printmarkt, an. Einen ähnlichen Ansatz wie die KEK vertrat *Holznagel*[240], der allerdings § 26 Abs. 2 RStV noch stärker materiell-rechtlich interpretierte und in die Nähe einer „Sollvorschrift" rückte. Danach darf außerhalb der Voraussetzungen des § 26 Abs. 2 RStV nur in atypischen Fällen „vorherrschende Meinungsmacht" bejaht werden. Dies setzt voraus, dass das Festhalten an den Regelungen des § 26 Abs. 2 RStV „offensichtlich unangemessen" ist.

Das Bundesverwaltungsgericht hat anknüpfend an seine Entscheidung vom 24. November 2010[241] in seinem Urt. v. 29. Januar 2014[242] grundlegend dazu Stellung genommen, ob und inwieweit außerhalb der Vermutungstatbestände des § 26 Abs. 2 RStV vorherrschende Meinungsmacht angenommen werden kann. Mit dem abschließenden Urteil wurde ein langjähriger Rechtsstreit zwischen der klagenden Axel Springer AG und der beklagten Bayerischen Landeszentrale für neue Medien (BLM) beendet, bei dem es um die 2005 geplante, aber gescheiterte Übernahme der ProSiebenSat1 Media AG (P7S1) durch die Axel Springer AG ging. Die KEK hatte dieser Übernahme wegen aus ihrer Sicht entstehender vorherrschender Meinungsmacht die medienkonzentrationsrechtlich erforderliche Unbedenklichkeitserklärung verweigert, obwohl der Zuschaueranteil der ProSiebenSat1 Media AG im maßgeblichen Zeitpunkt mit 22,06 % den für das Eingreifen der Vermutungsregel des § 26 Abs. 2 S. 2 RStV maßgeblichen Wert von 25 % deutlich unterschritt. Nachdem das VG München[243] die auf die bindende Vorgabe der KEK gestützte Entscheidung der BLM bestätigte und der Bayerische Verwaltungsgerichtshof[244] die dagegen gerichtete Berufung als unzulässig zurückwies, weil der Fortsetzungsfeststellungsklage das Feststellungsinteresse fehle, wurde dieses **208c**

237 Beschluss vom 10.1.2006 KEK 293-1 bis -5, S. 78 f.; ähnlich auch *Groh*, Die Bonusregelungen des § 26 Abs. 2 S. 3 des Rundfunkstaatsvertrages, 2005, S. 186 ff., insbesondere S. 198 f.; *Janik*, AfP 2002, 104, 111.

238 Vgl. Beschluss der KEK vom 10.1.2006, Az. 293-1 bis -5, abrufbar unter https://www.kek-online.de/medienkonzentration/verfahren/kek-293-3/ (zuletzt abgerufen: 20.02.2019).

239 § 26 Abs. 2 Satz 2 Alt. 2 RStV.

240 Vgl. *Holznagel/Krone*, MMR 2005, 666, 673.

241 *BVerwGE* 138, 186.

242 *BVerwGE* 149, 52 = K&R 2014, 547.

243 *VG München*, K&R 2008, 195.

244 *BayVGH*, ZUM 2010, 191.

vom Bundesverwaltungsgericht in seiner ersten Entscheidung[245] bejaht und die Sache an den Bayerischen Verwaltungsgerichtshof zurückverwiesen. Dieser kam nun in seinem Urt. v. 15. Februar 2012[246] zu dem Ergebnis, dass die Entscheidung der KEK rechtswidrig gewesen sei, da die Aufgreifschwelle des § 26 Abs. 2 RStV mehr als geringfügig unterschritten sei. Zudem müssten die Boni des § 26 Abs. 3 RStV auch bei Anwendung des § 26 Abs. 1 RStV vorab abgezogen werden, sodass sich der maßgebliche Zuschaueranteil nur auf 17,06 % belaufen habe. Schließlich sei auch die Berechnung der KEK, mit der diese vorherrschende Meinungsmacht begründe, beurteilungsfehlerhaft. Die Revision ließ der Hof nicht zu. Die gegen diese Entscheidung nach erfolgreicher Nichtzulassungsbeschwerde[247] eingelegte Revision wurde vom Bundesverwaltungsgericht mit Urt. v. 29. Januar 2014[248] zurückgewiesen.

208d Wie auch die KEK geht der 6. Senat des Bundesverwaltungsgerichts in beiden Entscheidungen davon aus, dass § 26 Abs. 1 RStV einen eigenständigen materiell-rechtlichen Eingriffstatbestand darstellt. Entscheidend ist aus seiner Sicht der Sinn und Zweck der Vorschrift, der darin besteht, dass vorherrschende Meinungsmacht verhindert werden soll. Allein aufgrund der Regelungen des § 26 Abs. 2 RStV ist nach Auffassung des Senats ein wirksamer Schutz zur Vielfaltsicherung und eine effektive Konzentrationskontrolle nicht gegeben. Konsequenterweise kann daher auch außerhalb der Vermutungsregeln vorherrschende Meinungsmacht vorliegen. Soweit die Schwellenwerte des § 26 Abs. 2 RStV nicht erreicht werden, darf aber nach Ansicht des Senats vorherrschende Meinungsmacht nur aus gewichtigen Gründen und nach einer Gesamtabwägung angenommen werden, da die Bestimmung als Leitbild mit Regelbeispielscharakter zu verstehen ist. Aus diesem Grunde sei eine Annahme vorherrschender Meinungsmacht bei einem Zuschaueranteil unterhalb von 20 % jedenfalls in der Regel ausgeschlossen, da das Gesetz in § 26 Abs. 2 S. 1 und 2 RStV (30 % und 25 %) in Fünferschritten vorgehe. Ob von dieser 20 % Untergrenze Ausnahmen denkbar sind, lässt der Senat ausdrücklich offen. Zur Ermittlung des maßgeblichen Zuschaueranteils sind auch im Rahmen des § 26 Abs. 1 RStV nach Auffassung des Senats die Boni nach § 26 Abs. 2 S. 3 RStV vorab abzuziehen, auch wenn der Wortlaut der Vorschrift nicht eindeutig sei. Nach dieser Rechnung betrug der Zuschaueranteil lediglich 17,06 %, lag also deutlich unter der vom Senat entwickelten Untergrenze von 20 %. Daher schied aus Sicht des Senats eine Annahme vorherrschender Meinungsmacht von vorneherein aus.

208e Diese Entscheidung hat zur Folge, dass die KEK nur noch dann medienrelevante verwandte Märkte in ihre Prüfung einbeziehen, also crossmediale Effekte berücksichtigen darf, wenn der maßgebliche Zuschaueranteil aller dem Unternehmen zuzurechnenden Programme mindestens 20 % beträgt. Bei der Ermittlung dieses Zuschaueranteils sind die Boni für Regional- und Drittfenster von insgesamt 5 % vorab abzuziehen. Ob in extremen Ausnahmefällen bei einer geringfügigen Unterschreitung der 20 %-Gren-

245 *BVerwGE* 138, 186.
246 *BayVGH*, MMR 2012, 489.
247 *BVerwGE* 149, 52 = K&R 2014, 547.
248 *BVerwGE* 149, 52 = K&R 2014, 547.

ze eine Prüfung in Betracht kommt, bleibt offen. Damit wird der Anwendungsbereich des § 26 Abs. 1 RStV ganz erheblich eingeschränkt, da selbst die RTL Group nach dieser Rechnung unter 20 % liegt. Fraglich ist, ob dies noch der vom Bundesverfassungsgericht vorgegebenen effektiven Vielfaltsicherung entspricht. Daher wäre es sicherlich wünschenswert, wenn der so interpretierte § 26 Abs. 1, 2 RStV einer verfassungsgerichtlichen Prüfung unterzogen würde.[249] Auch bleibt weiterhin abzuwarten, ob die Länder dies zum Anlass nehmen, die schon seit langem diskutierte Reform des § 26 RStV in Gang zu bringen, um eine medienübergreifende Vielfaltsicherung voranzutreiben. Bisher ist es den Ländern nicht gelungen, einen Konsens zu finden. Auch in dem Entwurf eines Medienstaatsvertrages, den die Länder bis 30. September 2018 mit der Gelegenheit für Stellungnahmen, Anmerkungen und Feedback online[250] gestellt haben, finden sich keinerlei Vorschläge für Änderungen des Medienkonzentrationsrechts.[251]

Im Zusammenhang mit den Fragen der Konzentration bei privaten bundesweiten Fernsehprogrammveranstaltern ist die Beurteilung der **KEK** für die Landesmedienanstalten **verbindlich**, die auf dieser Grundlage den Antragsteller zu bescheiden haben. **209**

cc) Verfahren und Prozessuales. Die Konzentrationsentscheidung der KEK ist, wie sich aus den obigen Ausführungen ergibt, letztlich verwaltungsgerichtlich überprüfbar. Die Überprüfung erfolgt allerdings inzident, da sich die Klage gegen die Entscheidung der Landesmedienanstalt richten muss, die den Beschluss der KEK umsetzt. Falls sich die Hauptsache dadurch erledigt, dass der Antragsteller von seinem Vorhaben vorläufig Abstand nimmt, kommt eine Fortsetzungsfeststellungsklage in Betracht. Insoweit muss allerdings ein hinreichendes Fortsetzungsfeststellungsinteresse vorliegen. Das ist jedenfalls dann der Fall, wenn der Kläger nachvollziehbar vorträgt, dass er an dem Vorhaben in Zukunft festhalten will.[252] **210**

---

249 So auch *Hain*, K&R 2014, 492, 496.

250 Abrufbar unter https://www.rlp.de/fileadmin/rlp-stk/pdf-Dateien/Medienpolitik/Medienstaatsvertrag_Online_JulAug2018.pdf (zuletzt abgerufen: 20.02.2019).

251 Vgl. dazu auch die kritischen Anmerkungen der *KEK*, Sicherung der Meinungsvielfalt im digitalen Zeitalter, Bericht der Kommission zur Ermittlung der Konzentration im Medienbereich (KEK) über die Entwicklung der Konzentration und über Maßnahmen zur Sicherung der Meinungsvielfalt im privaten Rundfunk, 2018, S. 488 f.

252 So *VG München*, K&R 2008, 195, 196; kritisch dazu *Hain*, K&R 2008, 160, 161 f., der jedenfalls die Äußerung eines „vagen Interesses" für nicht ausreichend hält, sondern konkrete Anhaltspunkte für das Festhalten an dem Vorhaben verlangt. Vgl. zu dieser Entscheidung auch *Hepach*, ZUM 2008, 351 ff.; das *BVerwG* (MMR 2011, 265 ff.) geht in seiner Entscheidung vom 24.10.2010 schon dann von einem fortbestehenden Feststellungsinteresse aus, wenn die Klägerin ein berechtigtes Interesse daran habe, den in der Verweigerung der medienrechtlichen Unbedenklichkeitsbestätigung liegenden „Makel" für zukünftige Fälle zu beseitigen, unabhängig davon, ob sie an dem konkreten abgelehnten Vorhaben festhält. In seiner zweiten Entscheidung zur medienrechtlichen Konzentrationskontrolle hat *das BVerwG* erneut bestätigt, dass es ausreicht, wenn die Klägerin durch die ablehnende Entscheidung „bemakelt" ist (K&R 2014, 547 ff.).

3. Aufsicht über Telemedien

211 Die Aufsicht über die Telemedien[253] ist im Gegensatz zum Rundfunk, aber ähnlich wie bei der Presse, vom Grundsatz der (medienspezifischen) Anmelde- und Zulassungsfreiheit geprägt (§ 54 Abs. 1 S. 1 RStV, § 4 TMG).

Die Aufsicht über die Telemedien regelt § 59 RStV. Dabei ist zwischen Datenschutz und Einhaltung der übrigen, die Telemedien betreffenden Bestimmungen zu differenzieren.

211a Die jeweiligen nach den allgemeinen **Datenschutzgesetzen** zuständigen Aufsichtsbehörden des Bundes und der Länder überwachen nach § 59 Abs. 1 S. 1 RStV die Einhaltung der allgemeinen Datenschutzbestimmungen und des § 57 RStV, der die Datenverarbeitung zu journalistischen Zwecken und das Medienprivileg regelt. Dagegen überwachen die für den Datenschutz im journalistischen Bereich beim öffentlich-rechtlichen Rundfunk und bei den privaten Rundfunkveranstaltern zuständigen Stellen auch die Einhaltung der Datenschutzbestimmungen für journalistisch-redaktionell gestaltete Angebote bei Telemedien (§ 59 Abs. 1 S. 2 RStV). Gehört ein Printunternehmen dem Deutschen Presserat an, so genießt die Selbstregulierung Vorrang vor der staatlichen Aufsicht (§ 59 Abs. 1 S. 3 RStV). Im Zuge der Wirksamkeit der europäischen Datenschutz-Grundverordnung steht nunmehr in der Diskussion, ob sich Presseunternehmen durch eine Selbstregulierung auch der Aufsicht durch die Datenschutzbehörden im Falle von Datenschutzverstößen entziehen können. Dies erscheint vor dem Hintergrund, ob die in den Landespressegesetzen geregelten datenschutzrechtlichen Medienpiviliegien den europarechtlichen Maßstäben des Art. 85 DS-GVO gerecht werden, fraglich.[254]

211b Nach § 59 Abs. 2 RStV überwachen die landesrechtlichen Aufsichtsbehörden die Einhaltung der **übrigen Bestimmungen** zu **Telemedien.** Es geht um Informationspflichten (§ 55 Abs. 1 RStV, §§ 5, 6 TMG) und Regeln für Werbung und Sponsoring (§ 58 RStV). § 59 Abs. 3 RStV enthält spezielle Eingriffsbefugnisse für die Aufsichtsbehörden. Sie können die Untersagung von Angeboten und deren Sperrung anordnen. Für die Sperrung von journalistisch-redaktionell gestalteten Angeboten, in denen ausschließlich vollständig oder teilweise Inhalte periodischer Druckerzeugnisse in Text oder Bild wiedergegeben werden, sind § 97 Abs. 5 S. 2 und § 98 StPO zu beachten. Sie darf nicht außer Verhältnis zu den Grundrechten des Art. 5 Abs. 1 GG stehen und steht unter dem Vorbehalt der richterlichen Anordnung.

211c Die **Sperrung** kann nur gegenüber den **Verantwortlichen** nach § 7 **TMG** ausgesprochen werden.[255] Dies sind diejenigen, die **eigene Inhalte** anbieten. Wer **fremde In-**

---

253 Dazu oben Rn. 38. Mit einem Überblick über die Entwicklung des Telemedienrechts 2007, *Engels/Kleinschmidt*, K&R 2008, 65 ff.

254 Dazu vertiefend *Schwartmann/Jacquemain*, DataAgenda Arbeitspapier 02 Personenfotografie: DS-GVO vs. KUG, S. 3 sowie *Buchner/Tinnefeld*, in Kühling/Buchner DS-GVO Art. 85 Rn. 31 ff.; Vgl. dazu und zu weiteren Einzelheiten *Oster*, in: HK-RStV, § 59 Rn. 13 ff.; siehe zu den Datenschutzbeauftragten bei dem öffentlich-rechtlichen Rundfunk auch *Dörr/Schiedermair*, Rundfunk und Datenschutz, 2002, 9 ff.

255 Dazu *Brock/Schmittmann*, in: Schwartmann, Praxishandbuch Medienrecht, 10. Kap. Rn. 72 ff.

halte anbietet, kann nur unter den Voraussetzungen der §§ 8 bis 10 TMG in Anspruch genommen werden. Das Vorgehen gegen den Verantwortlichen darf sich nicht als nicht durchführbar oder nicht Erfolg versprechend erweisen, etwa weil er sich außerhalb Deutschlands aufhält. Eine Inanspruchnahme von Anbietern fremder Inhalte setzt zudem voraus, dass sie von den Inhalten Kenntnis haben und es ihnen möglich und zumutbar wäre, die Nutzung zu unterbinden (§§ 8 bis 10 TMG). Bei bloßer Vermittlung des technischen Zugangs zur Nutzung (*Access-Providing*) wird nicht gehaftet.[256]

4. Plattformen und Übertragungskapazitäten

▪ **14a. Übungsfrage:** Ein Anbieter, der über ein peer-to-peer Netzwerk fremde Fernsehprogramme verbreiten möchte, fragt nach den rechtlichen Anforderungen an ein solches Vorhaben. **211d**

Die Bestimmungen der §§ 50 bis 51b RStV enthalten **allgemeine Grundsätze** für die **Zuordnung**, **Zuweisung** und **Nutzung** von Übertragungskapazitäten (§ 50 RStV) und für die Zuordnung und Zuweisung der digitalen terrestrischen Übertragungskapazitäten (§§ 51, 51a RStV). Besondere Bedeutung kommt § 51b RStV zu. Die **Weiterverbreitung** von bundesweit empfangbaren Fernsehprogrammen mit europäischer Zulassung ist ohne Gestattungsakt zulässig. Es ist lediglich die Zulassung oder ein vergleichbares Dokument vorzulegen. Das Fernsehprogramm muss allerdings den Anforderungen des § 3 RStV und des JMStV entsprechen. Ferner muss es unverändert verbreitet werden. Zudem muss der Veranstalter nach dem geltenden Recht des Ursprungslands zur Veranstaltung von Rundfunk befugt sein.

§§ 52 bis 52f RStV enthalten die eigentliche **Plattformregulierung**.[257] Eine Plattform **211e** bietet nach § 2 Abs. 2 Nr. 13 RStV derjenige an, der Rundfunk und vergleichbare Telemedien auf digitalen Übertragungskapazitäten oder digitalen Datenströmen mit dem Ziel zusammenfasst, diese Angebote als Gesamtangebot zugänglich zu machen. Auch derjenige, der über die Auswahl für die Zusammenfassung entscheidet, ist ein Plattformanbieter. Dagegen reicht die ausschließliche Vermarktung von Rundfunk oder vergleichbaren Telemedien nicht aus, um ein Plattformangebot zu bejahen.

Beispiel: Neben den klassischen analogen und digitalen Kabelnetzen kommen server- und peer-to-peer basierte Angebote in Betracht, bei denen eigene und fremde Rundfunkprogramme und Telemedienangebote als Gesamtangebote bereitgestellt werden, wie etwa die Angebote der Telekom Deutschland GmbH (serverbasiert)[258] oder Zattoo (peer-to-peer-basiert)[259].

Nach § 52 Abs. 1 S. 1 RStV sind Plattformen auf allen technischen Übertragungskapa- **211f** zitäten erfasst (Satellit, Terrestrik, Breitbandkabel, internetbasierte Angebote). Darunter fallen grundsätzlich auch Anbieter softwaregestützter Plattformen im Internet, die Fernsehen über das Internetprotokoll ohne eine garantierte Bandbreite anbieten, wie etwa das Angebot der Telekom Deutschland GmbH oder Zattoo. Allerdings müssen

---

256 Vgl. dazu und zu weiteren Einzelheiten *Oster*, in: HK-RStV, § 59 Rn. 32 ff.; *Keber*, in: Dörr/Kreile/Cole, Handbuch Medienrecht, M Rn. 55 ff.; *Schwartmann/Polzin*, in: Hoeren/Bensinger, Haftung im Internet, 6. Kap. Rn. 7 ff.

257 Dazu auch *Ritlewski*, ZUM 2008, 403, 404 ff.

258 http://www.telekom.de/.

259 www.zattoo.com.

diese eine marktbeherrschende Stellung besitzen. § 52 Abs. 1 S. 2 Nr. 1 RStV schließt ausdrücklich Plattformen in offenen Netzen wie dem Internet und UMTS, denen eine solche Stellung nicht zukommt, von der Anwendung der §§ 52 ff. RStV aus.[260]

211g Gemäß § 52 Abs. 3 RStV ist der **Betrieb** einer Plattform **zulassungsfrei**. Allerdings darf die Plattform nur von demjenigen betrieben werden, der den für die Veranstalter von bundesweitem privaten Rundfunk geltenden Anforderungen des § 20a Abs. 1, 2 RStV genügt. Mindestens einen Monat vor Inbetriebnahme muss die Plattform gemäß § 52 Abs. 3 S. 1 RStV angezeigt werden. Dabei muss die Anzeige Angaben entsprechend § 20a Abs. 1, 2 RStV enthalten und darlegen, wie den Anforderungen der §§ 52a bis 52d entsprochen werden soll. Verstößt ein Plattformbetreiber gegen diese Vorgaben des Staatsvertrages, kann die zuständige Landesmedienanstalt gemäß § 52f RStV, der auf § 38 Abs. 2 RStV verweist, das weitere Betreiben der Plattform untersagen. Dies führt im Ergebnis also zu einer Erlaubnis mit Verbotsvorbehalt.

Die inhaltlichen Mindestanforderungen, die alle Plattformer zu erfüllen haben, sind in § 52a Abs. 1, 3 RStV festgelegt. Danach müssen die Vorschriften der allgemeinen Gesetze und die gesetzlichen Bestimmungen zum Schutz der persönlichen Ehre eingehalten werden. Darüber hinaus darf der Anbieter einer Plattform ohne Zustimmung des jeweiligen Rundfunkveranstalters dessen Programme und vergleichbare (d.h. rundfunkähnliche) Telemedien nicht inhaltlich und technisch[261] verändern. Auch ist es untersagt, ohne Zustimmung des jeweiligen Rundfunkveranstalters einzelne Programme oder Inhalte in Programmpakete aufzunehmen oder in anderer Weise entgeltlich oder unentgeltlich zu vermarkten.

211h Zur **Aufsicht** über Plattformbetreiber sind die jeweils zuständigen Landesmedienanstalten berufen. Als Maßnahmen kommen insbesondere die Beanstandung, Untersagung sowie Rücknahme und Widerruf in Betracht. Fraglich ist aber, gegen wen sich die Maßnahmen richten müssen. Gemäß § 52a Abs. 2 S. 1 RStV sind Plattformanbieter für fremde Inhalte nicht verantwortlich. Sie müssen aber Verfügungen der Aufsichtsbehörden gegen Inhalte Dritter umsetzen (S. 2). Zudem können die Landesmedienanstalten Maßnahmen auch direkt gegen den Plattformanbieter richten, wenn ein Vorgehen gegen Dritte nicht durchführbar bzw. nicht Erfolg versprechend ist (S. 3). Dies ist vor allem denkbar, wenn der Dritte seinen Sitz im Ausland hat. Die Landesmedienanstalten sind zudem ermächtigt, durch Satzungen und Richtlinien die Bestimmungen über die Plattformen zu konkretisieren (§ 53 RStV).

211i Private Anbieter müssen Plattformen, die Fernsehprogramme enthalten, nach § 52b RStV im Rahmen einer so genannten 1/3 Regelung belegen. Innerhalb der technischen Kapazität müssen **Must-Carry-Regelungen** erfüllt werden.[262] Dies dient dazu, ein plurales Gesamtangebot zu gewährleisten und damit die verfassungsrechtlich vor-

260 Mit Ausnahme der §§ 52a und 52f RStV.

261 Lediglich solche technischen Veränderungen, die ausschließlich einer effizienten Kapazitätsnutzung dienen und den vereinbarten Qualitätsstandard nicht beeinträchtigen, sind erlaubt.

262 Dazu *Dörr*, in: Dörr/Kreile/Cole, E I 2 a), *Brocker*, in: Schwartmann, Praxishandbuch Medienrecht, 5. Kap. Rn. 39 ff.

gegebene Vielfalt zu sichern[263]. Von dieser Must-Carry-Verpflichtung profitieren vor allem die öffentlich-rechtlichen Programme und die privaten Fernsehprogramme, die Regionalfenster enthalten. Eine Sonderregelung für Plattformen mit Hörfunkprogrammen enthält § 52b Abs. 2 RStV. Unter bestimmten Voraussetzungen, etwa wenn die Inhalte, die der Must-Carry-Verpflichtung unterliegen, ohne zusätzlichen Aufwand empfangen werden können, sind die Plattformbetreiber von den Belegungspflichten befreit.[264]

Unter Berufung auf die Must-Carry-Verpflichtung haben ARD und ZDF ihre bestehenden Einspeiseverträge mit den damaligen drei großen Kabelnetzbetreibern Kabel Deutschland, Unitymedia und KabelBW[265] fristgemäß zum Ablauf des Jahres 2012 gekündigt. Die Kabelnetzbetreiber haben gegen das ZDF und die anderen öffentlich-rechtlichen Landesrundfunkanstalten Zahlungsklagen vor den Zivilgerichten erhoben, die zunächst erfolglos blieben. [266] Dies folgte nach Ansicht der Zivilgerichte auch und vor allem aus Art. 31 UDRL. Nach Art. 31 Abs. 1 UDRL dürfen Mitgliedstaaten der Europäischen Union den ihrer Rechtshoheit unterliegenden Unternehmen, die elektronische Kommunikationsnetze zum Empfang von Hörfunk- und Fernsehsendungen betreiben, zur Erreichung klar umrissener Ziele von allgemeinem Interesse Übertragungspflichten auferlegen, also sog. Must-Carry-Regelungen vorsehen, insbesondere um eine umfassende Information und eine für die Demokratie unerlässliche öffentliche Meinungsbildung zu sichern. Von dieser Möglichkeit hat die Bundesrepublik Deutschland durch ihre Länder sowohl im Bereich analoger als auch digitaler Kabelnetze Gebrauch gemacht.[267] Die Vorschrift des Art. 31 Abs. 2 UDRL regelt ergänzend dazu die Frage, ob für die Erfüllung der von den Mitgliedstaaten auferlegten Übertragungspflicht ein Entgelt festgelegt werden darf. Diese Bestimmung eröffnet den Mitgliedstaaten lediglich die Möglichkeit, in Bezug auf die Übertragungspflichten gegebenenfalls ein angemessenes Entgelt festzulegen. Die Festlegung einer Entschädigungspflicht steht also im Ermessen der Mitgliedstaaten.[268] Wenn ein Mitgliedstaat ein konkretes Entgelt zugunsten der Netzbetreiber wegen der auferlegten Übertragungspflichten festlegt, muss er regeln, wer dieses Entgelt zu entrichten hat. Zudem muss dieses Entgelt angemessen sein. Dies bedeutet, dass das von den Mitgliedstaaten fest-

263 Dazu *BVerfGE* 73, 118, 155 f.

264 Zu weiteren Ausnahmen *Schwartmann,* in: Schwartmann, Praxishandbuch Medienrecht, 3. Kap. Rn. 55.

265 Nach der Fusion von Unitymedia und KabelBW handelt es sich nunmehr um ein einheitliches Unternehmen, das unter der Bezeichnung Unitymedia KabelBW firmiert.

266 Vgl. etwa *OLG Düsseldorf*, Urt. v. 21.5.2014 – VI-U (Kart) 16/13 –, juris = NZKart 2014, 285; *OLG Düsseldorf*, Urt. v. 30.4.2013 – VI-U (Kart) 15/13 – juris; *OLG München*, K&R 2014, 209 ff.; *OLG Stuttgart*, Urt. v. 21.11.2013 – 2 U 46/13 – juris = BeckRS 2013, 22052; *LG Bremen*, ZUM-RD 2013, 645 ff.; *LG Köln*, Urt. v. 13.6.2013 – 31 O (Kart) 346/12 –, juris; *LG Berlin*, ZUM 2013, 954 ff.; *LG Mannheim*, ZUM-RD 2013, 610 ff; *LG Stuttgart*, Urt. v. 20.3 2013 – 11 O 215/12 –, juris = ZUM-RD 2014, 224 ff.; vgl. zu den rechtlichen Hintergründen *Holznagel/Salwitzek*, K&R 2013, 454.

267 Vgl. dazu im Einzelnen *Dörr*, Die rechtliche Einordnung der „Must-Carry"-Regelungen im Rundfunkstaatsvertrag und in den Landesmediengesetzen, ZUM 2013, 81, 86 ff.

268 *Gersdorf*, Einspeisung öffentlich-rechtlicher Rundfunkprogramme in die Kabelnetze, Rechtsgutachten im Auftrag der Kabel Deutschland GmbH (KDG), K&R 2009, Beihefter 1, unter IV. 4; so auch *LG Stuttgart*, 11 O 215/12, BeckRS 2013, 06705.

gelegte Entgelt in einem sachgerechten Verhältnis zu den Lasten stehen muss, die für den Netzbetreiber mit den Übertragungspflichten verbunden sind. Die Entgelte müssen darüber hinaus diskriminierungsfrei, d.h. in einer Weise festgelegt werden, die den Gleichheitssatz beachtet, also die verschiedenen Netzbetreiber nicht ohne sachlichen Grund unterschiedlich behandelt. Schließlich müssen die Mitgliedstaaten mit ihren Entgeltregulierungen sicherstellen, dass die Erhebung in transparenter Weise erfolgt und dem Grundsatz der Verhältnismäßigkeit entspricht.[269] In Deutschland sehen die einschlägigen Bestimmungen über die Belegung analoger und digitaler Kabelanlagen nicht vor, dass ein Entgelt entrichtet werden muss. Es fehlt in allen Gesetzen bzw. Staatsverträgen eine Vorschrift, die im Sinne des Art. 31 Abs. 2 UDRL festlegt, dass für die Übertragungspflicht ein angemessenes Entgelt zu zahlen ist, und sicherstellt, dass die Erhebung eines solchen Entgelts nach dem Grundsatz der Verhältnismäßigkeit sowie in transparenter Weise erfolgt. Dieses spricht dafür, dass die Kabelnetzbetreiber keine Einspeiseentgelte von den öffentlich-rechtlichen Rundfunkanstalten dafür verlangen dürfen, dass ihnen Deutschland in Gestalt der Bundesländer Übertragungspflichten bezogen auf die Must-Carry-Programme für analoge und digitale Kabelnetze auferlegt hat.[270]

211j Allerdings kam der Bundesgerichtshof in seinem Urt. v. 16. Juni 2015[271] im konkreten Fall zu einem anderen Ergebnis. Zwar bestätigt er, dass sich aus den Regelungen des Rundfunkstaatsvertrags, namentlich aus §§ 52b, 52d RStV, keine Pflicht ableiten lässt, ein Entgelt für die Übertragung von must-Carry-Programmen zu bezahlen.[272] § 52b RStV verpflichtet auch nach Ansicht des Bundesgerichtshofs Plattformbetreiber vielmehr dazu, die gesetzlich bestimmten beitragsfinanzierten Programme sowie die Dritten Programme des öffentlich-rechtlichen Rundfunks einzuspeisen und zu übertragen. Auch aus Art. 31 UDRL folgt nach seiner Auffassung keine Verpflichtung der Mitgliedstaaten, eine Übertragungspflicht des Kabelnetzbetreibers nur unter der Voraussetzung zu begründen, dass der begünstigte Programmanbieter im Gegenzug zur Zahlung eines Entgelts verpflichtet wird.

Die gemeinsamen Kündigungen sind aber nach Ansicht des Bundesgerichtshofs an § 1 UWG zu messen. Diese seien wegen Verstoßes gegen § 1 UWG unwirksam, wenn die jeweilige Landesrundfunkanstalt bzw. das ZDF den Entschluss hierzu nicht auf Grund einer autonomen Entscheidung gefasst, sondern in Vollziehung der kartellrechtswidrigen Absprache gehandelt habe. Ein solcher Verstoß scheitert nach seiner Auffassung

---

269 Eingehend dazu *Dörr*, ZUM 2013, 81, 85 f.

270 So auch *Dörr*, ZUM 2013, 81; *Ladeur*, ZUM 2013, 511; *ders.*, ZUM 2012, 939 ff.; a.A. *Fink/Keber*, MMR-Beil. 2013, 1, die einen aus dem Grundversorgungsauftrag abzuleitenden Kontrahierungszwang der öffentlich-rechtlichen Rundfunkanstalten zum Abschluss eines entgeltlichen Einspeisevertrages annehmen; *Trute/Broemel*, MMR-Beilage 11/2012, 1, die von einer kartellrechtlichen Missbräuchlichkeit ausgehen, da eine unentgeltliche Verbreitung weder bei privaten noch bei öffentlich-rechtlichen Programmanbietern marktüblich sei, sondern sich vielmehr allein als Ausdruck des medienrechtlichen Sonderstatus der öffentlich-rechtlichen Rundfunkveranstalter darstelle.

271 *BGH*, ZUM-RD 2015, 569-577, vgl. zu der Entscheidung *Dörr*, JuS 2016, 86 ff.

272 So auch *Hain/Steffen/Wierny* in MDR (Hrsg.), Must Carry: Einspeisepflichten für öffentlich-rechtliche Rundfunkprogramme, 2014, 89, 122 ff. u. 134 ff.; *Dörr*, ZUM 2013, 81, 95 ff.

nicht daran, dass die öffentlich-rechtlichen Rundfunkanstalten den Vertrag gemeinsam abgeschlossen haben und ihn daher auch nur gemeinsam kündigen können, weil sie ja nicht zum gemeinsamen Vertragsabschluss verpflichtet gewesen seien. Der deutsche Gesetzgeber hat sich aber dazu entschieden, für die Einspeiseverpflichtung gerade keine Entgeltpflicht zu Lasten der Programmanbieter vorzusehen. Angesichts dieser Sachlage sind aber die öffentlich-rechtlichen Anbieter gehalten, im Interesse der Wirtschaftlichkeit und Sparsamkeit keine entgeltlichen Einspeiseverträge abzuschließen. Zudem ermöglichte bereits die zum Zeitpunkt der Entscheidung geltende Fassung des § 11 Abs. 3 RStV den öffentlich-rechtlichen Rundfunkanstalten ausdrücklich die Zusammenarbeit. Schließlich drohte die mediengesetzgeberische Entscheidung, den Bereich der öffentlich-rechtlichen Must-Carry-Programme dem Markt und dem Wettbewerb zu entziehen, durch die Vorgaben des Bundesgerichtshofs konterkariert zu werden.[273]

Die Entscheidung des Bundesgerichtshofs hat daher mit dazu beigetragen, dass die Länder die Bestimmung des § 11 RStV im Einundzwanzigsten Rundfunkänderungsstaatsvertrag geändert und ergänzt haben. Nunmehr verpflichtet § 11 Abs. 3 RStV die öffentlich-rechtlichen Rundfunkanstalten ausdrücklich zur Zusammenarbeit bei der Erfüllung ihres Auftrags. Zudem hebt der neue Absatz 4 mit Blick auf das Unionsrecht hervor, dass die öffentlich-rechtlichen Rundfunkanstalten mit der Erbringung von Dienstleistungen von allgemeinem wirtschaftlichem Interesse im Sinne des Art. 106 Abs. 2 des Vertrages über die Arbeitsweise der Europäischen Unio betraut sind, soweit sie zur Erfüllung ihres Auftrags gemäß Absatz 1 bei der Herstellung und Verbreitung von Angeboten im Sinne des § 11a zusammenarbeiten. Die Betrauung gilt insbesondere für die Bereiche Produktion, Produktionsstandards, Programmrechteerwerb, Programmaustausch, Verbreitung und Weiterverbreitung von Angeboten, Beschaffungswesen, Sendernetzbetrieb, (IT-) Infrastrukturen, Vereinheitlichung von Geschäftsprozessen, Beitragsservice und allgemeine Verwaltung. Damit wird deutlich, dass die Pflicht zur Zusammenarbeit sich gerade auch auf die Weiterverbreitung von Programmen erstreckt. Ausweislich der Begründung soll damit verhindert werden, dass gewünschte Kooperationen öffentlich-rechtlicher Rundfunkanstalten in Konflikt mit dem Kartellrecht geraten. **211k**

Die Must-Carry-Regelungen dienen dazu, ein umfassendes und vielfältiges Rundfunkangebot zu gewährleisten. Als unerlässliche Voraussetzung für ein demokratisches Gemeinwesen muss dieses umfassende Angebot, dessen Vielfältigkeit insbesondere durch den öffentlich-rechtlichen Rundfunk gewährleistet wird, unter allen Umständen für alle an die Kabelnetze angeschlossenen Haushalte zur Verfügung stehen. **211l**

VI. Finanzierung des öffentlich-rechtlichen Rundfunks

Von besonderer Bedeutung ist die Frage der Finanzierung des öffentlich-rechtlichen Rundfunks. Die Rundfunkanstalten haben einen Anspruch auf funktionsgerechte Finanzausstattung, um ihrem Grundversorgungsauftrag nachzukommen. Die Finanzie- **212**

273 So auch *Hain*, K&R 2015, 563, 565.

rung soll vorwiegend aus Gebühren bzw. nunmehr aus Beiträgen erfolgen.[274] Seit dem 1. Januar 2013 ist die Gebühr infolge des zu diesem Zeitpunkt in Kraft getretenen Fünfzehnten Rundfunkänderungsstaatsvertrages durch einen geräteunabhängigen Rundfunkbeitrag ersetzt worden. Entscheidend ist aber, wie ein Gebühren- bzw. nunmehr Beitragsfestsetzungsverfahren gestaltet sein muss, um diesem verfassungsrechtlich gewährleisteten Anspruch gerecht zu werden. Insoweit hat das Bundesverfassungsgericht mit seinen Gebührenurteilen Klarheit geschaffen.

213 Diese Gebührenurteile von 1994[275] und 2007[276] haben entscheidend dazu beigetragen, die Unabhängigkeit des öffentlich-rechtlichen Rundfunks zu stärken und zu sichern. Die Urteile beruhen auf der Überlegung, dass sich der Betrag, den der öffentlich-rechtliche Rundfunk zur Erfüllung seiner Aufgaben benötigt, nicht durch materielle Bestimmungen hinreichend genau konkretisieren und errechnen lässt. Daher muss ein Verfahren vorgegeben werden, das zu möglichst sachgerechten Ergebnissen führt und die Unabhängigkeit, also die Staatsferne des öffentlich-rechtlichen Rundfunks, gewährleistet. Es geht demnach darum, die **Rundfunkfreiheit** bei der Beitragsfestsetzung durch ein sachgerechtes **Verfahren** zu **schützen**, welches das Bundesverfassungsgericht – seinerzeit noch zu den Rundfunkgebühren – in Grundzügen vorgegeben[277] hat und das im Rundfunkfinanzierungsstaatsvertrag (RFinStV)[278] verankert ist.

214 Eine wichtige Rolle spielt hierbei die Kommission zur Überprüfung und Ermittlung des Finanzbedarfs der Rundfunkanstalten (**KEF**), die in ihrer jetzigen Form das Resultat des 8. Gebührenurteils des Bundesverfassungsgerichts ist.[279] Die KEF muss nicht nur rundfunk-, sondern auch politikfrei zusammengesetzt sein[280]. Zudem ist die Unabhängigkeit der Mitglieder des Gremiums durch den Rundfunkfinanzierungsstaatsvertrag abgesichert. Nach § 4 Abs. 1 RFinStV besteht die KEF aus 16 unabhängigen Sachverständigen. Dabei benennt jedes Land ein Mitglied. Die Sachverständigen sollen aus bestimmten Bereichen (Wirtschaftsprüfung und Unternehmensberatung, Betriebswirtschaft, Rundfunkrecht, Medienwirtschaft und -wissenschaft, Rundfunktechnik, Landesrechnungshöfen) stammen. Die Einzelheiten regelt § 4 Abs. 4 RFinStV. So ist sichergestellt, dass die funktionsgerechte Finanzierung durch ein Verfahren gewährleistet wird, das jedenfalls zu plausiblen und nachvollziehbaren Ergebnissen führt.

215 Anknüpfend an ein Gutachten von Paul Kirchhof zur zukünftigen Finanzierung der öffentlich-rechtlichen Rundfunkanstalten[281] hatte sich die Ministerpräsidentenkonferenz schon am 9. Juni 2010 in Berlin auf einen Wechsel von der geräteabhängigen Rundfunkgebühr zu einem geräteunabhängigen Rundfunkbeitrag verständigt. Der von der

---

274 *BVerfGE* 90, 60, 90 f. (3. Leitsatz).
275 *BVerfGE* 90, 60 ff. Vgl. zur Unterstützung privater Anbieter durch das bayerische Teilnahmeentgelt *BVerfGE* 114, 371 ff. Dazu *Cornils*, DVBl. 2006, 789 ff.
276 *BVerfGE* 119, 181.
277 Siehe oben Rn. 149.
278 In Form des Zwölften Rundfunkänderungsstaatsvertrags.
279 *BVerfGE* 90, 60.
280 *BVerfGE* 90, 60, 103.
281 *Kirchhof,* Die Finanzierung des öffentlich-rechtlichen Rundfunks, 2010.

Rundfunkkommission erarbeitete Fünfzehnte Rundfunkänderungsstaatsvertrag wurde bereits zwischen dem 15. und 21. Dezember 2010 von allen Ländern unterzeichnet. Nachdem am 16. Dezember 2011 der schleswig-holsteinische Landtag als letztes Landesparlament dem Staatsvertrag zugestimmt hatte, trat dieser am 1. Januar 2013 in Kraft. Für die Finanzierung gelten seither die folgenden Rahmenbedingungen, die sich aus dem Rundfunkbeitragsstaatsvertrag (RBStV) ergeben: Die Unterscheidung zwischen Grund- und Fernsehgebühr entfällt. Anknüpfungspunkt sind nicht mehr Empfangsgeräte, sondern Orte der typischen Rundfunknutzung. Insoweit wird im privaten Bereich an die Wohnung und im nicht privaten Bereich an die Betriebsstätte bzw. das zu gewerblichen Zwecken genutzte Kraftfahrzeug angeknüpft. Im privaten Bereich wird ein einheitlicher Beitrag pro Wohnung erhoben, und zwar unabhängig davon, wie viele Fernseher, Radios, internetfähige Computer oder Handys dort jeweils genutzt werden (§ 2 Abs. 1 RBStV). Dabei wird eine Gesamtschuldnerschaft aller volljährigen Bewohner statuiert (§ 2 Abs. 3 S. 1 RBStV). Im nicht privaten Bereich findet bei den Betriebstätten eine Staffelung nach Mitarbeiterzahlen statt, für Kleinstbetriebe (unterste Kategorie) mit bis zu acht Beschäftigen wird nur ein Drittel des Rundfunkbeitrags gefordert. Insgesamt sieht der Rundfunkbeitragsstaatsvertrag in § 5 Abs. 1 zehn Staffelungen vor. Betriebe, in denen typischerweise Geräte Dritten zur Nutzung überlassen werden (z.B. Hotels, Mietwagen), unterliegen einer zusätzlichen Beitragspflicht in Höhe von einem Drittel des Rundfunkbeitrags pro Zimmer bzw. pro Mietwagen (§ 5 Abs. 2 RBStV). Ein Rundfunkbeitrag für die berufliche Nutzung eines Arbeitszimmers in einer privaten Wohnung wird nicht erhoben.[282]

Das Verfahren zur Überprüfung und Ermittlung des Finanzbedarfs des öffentlich-rechtlichen Rundfunks wurde beibehalten. Auch die Höhe des Rundfunkbeitrags bewegte sich seit dem 1. Januar 2013 auf Höhe der früheren monatlichen Rundfunkgebühr (17,98 Euro) und wurde durch den Sechszehnten Rundfunkänderungsstaatsvertrag ab dem 1. April 2015 auf 17,50 Euro pro Monat abgesenkt.

Das Verfahren der Beitragsfestsetzung gestaltet sich über Bedarfsanmeldung, Bedarfsüberprüfung und Festsetzung **dreistufig**:

- Zu Beginn der Beitragsentscheidung steht die **Bedarfsanmeldung** der öffentlich-rechtlichen Rundfunkanstalten, die auf ihren Programmentscheidungen beruht und sich nach den Grundsätzen der Wirtschaftlichkeit und Sparsamkeit zu richten hat. **216**
- Auf der zweiten Stufe ist eine **Überprüfung** der Bedarfsanmeldung durch die KEF vorzunehmen. Diese darf kontrollieren, ob sich die Bedarfsanmeldungen innerhalb des rechtlich umgrenzten Rundfunkauftrages halten und der daraus abgeleitete Finanzbedarf zutreffend und in Einklang mit den Grundsätzen von Wirtschaftlichkeit und Sparsamkeit ermittelt worden ist. Es handelt sich also bei dieser Kontrolle nicht um eine politische, sondern um eine fachliche Aufgabe. Die Kon- **217**

282 Eingehend zu den mit dem Fünfzehnten Rundfunkänderungsstaatsvertrag verbundenen Neuerungen *Wagner*, Abkehr von der gerätebezogenen Rundfunkgebühr, 2011, 107 ff.; HK-RStV, § 13 Rn. 7 ff.

trolle endet in einem konkreten Beitragsvorschlag auf der Grundlage des überprüften Finanzbedarfs (KEF-Bericht).[283]

218 – Die eigentliche **Beitragsfestsetzung** erfolgt durch einen Staatsvertrag, dem alle Landesparlamente zustimmen müssen. Allerdings sind Abweichungen von dem Beitragsvorschlag der KEF zu Lasten der öffentlich-rechtlichen Rundfunkveranstalter nur in begründeten Ausnahmefällen zulässig[284]. Dabei erschöpfen sich die Abweichungsgründe im Wesentlichen in den Gesichtspunkten des Informationszuganges und der angemessenen Belastung der Rundfunkteilnehmer, also der Sozialverträglichkeit des Beitrags.

219 Zur Vertiefung

Mit der zweiten Gebührenentscheidung[285] hat das Bundesverfassungsgericht hohe Hürden für das Abweichen vom Gebührenvorschlag der KEF errichtet. Der Gesetzgeber muss die Abweichungsgründe nachvollziehbar benennen und seine daran anknüpfende Bewertung offen legen. Dabei muss auch erkennbar sein, dass die von der KEF vorgeschlagene Gebühr den Gebührenzahler unangemessen belastet und dass die abweichende Festsetzung dem Rechnung trägt, also zu einer angemessenen Belastung führt. Entscheidend für die verfassungsgerichtliche Nachprüfung ist die staatsvertragliche Begründung. Mit diesen strengen Anforderungen soll verhindert werden, dass aus medienpolitischen Erwägungen, etwa um die Wettbewerbssituation für private Rundfunkveranstalter zu verbessern, vom Gebührenvorschlag abgewichen wird. Aus diesen Gründen wurde das Abweichen vom Gebührenvorschlag der KEF bei der Gebührenerhöhung zum 1. April 2005 als verfassungswidrig eingestuft.[286] Die genannten Grundsätze lassen sich ohne Einschränkung auf den nunmehr geltenden Rundfunkbeitrag übertragen.

Auch im Bereich des neuen Rundfunkbeitrags bestanden Streitfragen, die das Bundesverfassungsgericht in seinem Rundfunkbeitragsurteil beschäftigt haben.

220 **15. Übungsfrage:** A ist Inhaber von einer Erst- und einer Zweitwohnung, die er jeweils allein bewohnt. Eine liegt in Mainz und die andere in Saarbrücken. Muss A für beide Wohnungen jeweils einen Rundfunkbeitrag entrichten?

221 Nach § 2 RbetrStV ist für jede Wohnung ein Rundfunkbeitrag zu entrichten. Die Anknüpfung der Gebührenpflicht an die Wohnung hat auch zur Folge, dass alle Wohnungen erfasst werden, also auch Wochenend- und sonstige Zweitwohnungen. Mit dieser Regelung haben die Länder die bisherige Systematik des RGebStV in den RBStV übernommen. Schon nach § 5 Abs. 1 Satz 1 Nr. 1, 2. Halbs. RGebStV galt, dass „für Rundfunkempfangsgeräte in mehreren Wohnungen für jede Wohnung eine Rundfunkgebühr zu entrichten ist". Der Staatsvertrag sieht insoweit keine Ausnahmen vor.

Allerdings stellt sich die Frage, ob dies mit der Verfassung vereibar ist. Mit dem Rundfunkbeitrag wird der Vorteil abgegolten, die Angebote des öffentlich-rechtlichen Rundfunks zu nützen. Daher **ist es zulässig, dass** die Länder im Rundfunkbeitrags-

---

283 Während die KEF in ihrem 18. Bericht im Dezember 2011 noch einen ungedeckten Finanzbedarf von 304,1 Mio. € festgestellt hatte, empfahl sie im Rahmen des 19. Berichts eine Absenkung des Rundfunkbeitrags um 73 Cent auf 17,25 € pro Monat ab dem Jahr 2015, vgl. 19. Bericht der Kommission zur Ermittlung des Finanzbedarfs der Rundfunkanstalten vom Februar 2014, abrufbar unter https://www.ard.de/download/480202/19__KEF_Bericht_als_PDF.pdf (zuletzt abgerufen: 20.02.2019), die Länder setzten daraufhin den monatlichen Rundfunkbeitrag auf 17,50 € fest.

284 *BVerfGE* 90, 60, 103 f.; vgl. dazu auch *Wagner*, in: HK-RStV, § 14 Rn. 34.

285 Kritisch dazu *Jungheim*, ZUM 2008, 493 ff.

286 *BVerfGE* 119, 181 = JuS 2008, 544 ff. (*Dörr*).

staatsvertrag die Rundfunkbeitragspflicht im privaten Bereich an das Innehaben von Wohnungen in der Annahme anknüpfen, das Programmangebot des öffentlich-rechtlichen Rundfunks werde dort typischerweise in Anspruch genommen. Dagegen geht es nicht an, A für denselben Vorteil doppelt heranzuziehen. Daher ist die Regelung verfassungswidrig, soweit sie dazu führt, dass ein Beitragspflichtiger, der bereits nachweislich für eine Wohnung bezahlt hat, für eine Zweitwohnung zusätzlich herangezogen wird.

Aus der Umstellung der Finanzierung des öffentlich-rechtlichen Rundfunks haben sich weitere rechtliche Probleme ergeben. Insbesondere wurde eingewandt, dass der neue Rundfunkbeitrag in Wahrheit eine Steuer sei und seine Ausgestaltung vor allem im nicht privaten Bereich den Gleichheitssatz verletze. Daher ist die neue Rundfunkfinanzierung bereits vor der Beitragsentscheidung des Bundesverfassungsgerichts auf dem Klagewege, bereits vielfach angegriffen worden.[287] So hatte der Verband Deutscher Grundstücksnutzer (VDGN) bereits vorher zwei Verfassungsbeschwerden gegen den Rundfunkbeitrag wegen Verletzung des informationellen Selbstbestimmungsrechts aus Art. 2 Abs. 1 i.V.m. Art 1 Abs. 1 GG und Verletzung des Gleichheitssatzes gemäß Art. 3 Abs. 1 GG erhoben. Das Bundesverfassungsgericht hat indes beide Beschwerden mangels hinreichender Substantiierung gemäß §§ 23 Abs. 1, 92 BVerfGG als unzulässig verworfen.[288] Ferner hatte das Bundesverfassungsgericht auch die Verfassungsbeschwerde eines streng gläubigen Christen, welcher aus religiösen Gründen über keine Empfangsmöglichkeit für Rundfunk und Internet verfügt, nicht zur Entscheidung angenommen. Dies folgte aus dem in § 90 Abs. 2 S. 1 BVerfGG zum Ausdruck kommenden Grundsatz der Subsidiarität der Verfassungsbeschwerde, wonach im vorliegenden Streitfall zunächst der Verwaltungsrechtsweg zu beschreiten sei.[289] **221a**

Auch beim Verfassungsgerichtshof Rheinland-Pfalz und beim Bayerischen Verfassungsgerichtshof wurden eine Verfassungsbeschwerde bzw. zwei Popularklagen gegen das Zustimmungsgesetz bzw. den Zustimmungsbeschluss zum Rundfunkbeitragsstaatsvertrag erhoben. Der Verfassungsgerichtshof Rheinland-Pfalz wies die Verfassungsbeschwerde mit Urt. v. 13. Mai 2014[290] zurück. Er kam zu dem Ergebnis, dass es sich bei dem Rundfunkbeitrag um einen Beitrag im abgabenrechtlichen Sinn und nicht um eine Steuer handele. Zulässiger Beitragsgrund sei die Möglichkeit des Rundfunkempfangs, die typischerweise in Wohnungen bestehe. Zudem können nach Ansicht des Verfassungsgerichtshofs Rundfunkbeiträge auch für den nicht privaten Bereich erhoben und dabei an Betriebsstätten und Kraftfahrzeuge angeknüpft werden. Von einer funktionierenden, auf einer von politischen und finanziellen Interessen unbeeinflussten Meinungs- und Informationsfreiheit aufbauenden Demokratie profitierten nicht nur die Bürger. Der öffentlich-rechtliche Rundfunk komme auch einer unternehmerischen Tätigkeit zugute. Der Gesetzgeber müsse allerdings die Entwicklung des Rundfunkbeitragsrechts einschließlich der hierzu wechselbezüglichen technischen Verände- **221b**

287 Vgl. hierzu eingehend *Schwartmann,* in: Schwartmann, Praxishandbuch Medienrecht, 4. Kap. Rn. 66.
288 *BVerfG,* MMR-Aktuell 2013, 342674 und BeckRS 2013, 50770.
289 *BVerfG,* NVwZ 2013, 423.
290 *VerfGH Rheinland-Pfalz,* Urt. v. 13.5.2014 – VGH B 35/12, ZUM 2014, 687 = DVBl 2014, 842.

rungen kontinuierlich beobachten und eventuell eine Härtefallregelung auch im nicht privaten Bereich einführen, falls extremen Härtefällen auch im Wege einer verfassungskonformen Auslegung oder (entsprechenden) Anwendung von § 5 Abs. 4 Satz 1, Abs. 5 Nr. 2 RBStV keine Rechnung getragen werden könne.

Auch der Bayerische Verfassungsgerichtshof kam zu dem Ergebnis, dass der Rundfunkbeitrag mit der Bayerischen Verfassung sowohl im privaten (§ 2 RBStV) als auch im nicht privaten Bereich (§ 5 RBStV) vereinbar ist.[291]

221c Mit seiner Rundfunkbeitragsentscheidung hat das Bundesverfassungsgericht292 für Klarheit gesorgt. Ebenso wie die Landesverfassungsgerichte ist es der Ansicht, dass der Rundfunkbeitrag keine Steuer, sondern eine nichtsteuerliche Abgabe darstellt, mithin unter die Gesetzgebungskompetenz der Länder für den Rundfunk fällt. Der den Beitrag legitimierende Vorteil liegt nach Ansicht des Gerichts, in der Möglichkeit, den öffentlich-rechtlichen Rundfunk nutzen zu können. Das Gericht hält es im Hinblick auf den Gestaltungsspielraum des Gesetzgebers für verfassungsrechtlich hinnehmbar, dass die Landesgesetzgeber die Rundfunkbeitragspflicht im privaten Bereich an das Innehaben von Wohnungen in der Annahme anknüpfen, das Programmangebot des öffentlich-rechtlichen Rundfunks werde typischerweise in der Wohnung in Anspruch genommen. Auch die gesonderte Inanspruchnahme von Inhabern von Betriebsstätten und von nicht ausschließlich zu privaten Zwecken genutzten Kraftfahrzeugen zusätzlich zur Rundfunkbeitragspflicht im privaten Bereich hält das Gericht wegen der Nutzungsmöglichkeit des öffentlich-rechtlichen Rundfunks zu betrieblichen Zwecken für gerechtfertigt. Dagegen geht es aus Sicht des Gerichts nicht an, Inhaber mehrerer Wohnungen für die Möglichkeit privater Rundfunknutzung mit insgesamt mehr als einem vollen Rundfunkbeitrag zu belasten. Daher ist die Regelung über die Beitragspflicht von Zweitwohnungen, nach der Zweitwohnungsinhaber für denselben Vorteil doppelt herangezogen würden, verfassungswidrig. Insoweit gibt das Gericht dem Gesetzgeber auf, eine Neuregelung bis zum 30. Juni 2020 vorzunehmen. Bis zu einer Neuregelung sind nach den Vorgaben des Urteils diejenigen Personen, die nachweislich als Inhaber ihrer Erstwohnung ihrer Rundfunkbeitragspflicht nachkommen, auf ihren Antrag hin von einer Beitragspflicht für weitere Wohnungen zu befreien.

VII. Vertiefungsthemen des Rundfunkrechts

1. Politische Parteien im Rundfunk

222 Der staatliche sowie der Einfluss politischer Parteien im Rahmen der Organisation des öffentlich-rechtlichen Rundfunks war, namentlich bei Zusammensetzung der Gremien, ein lange ungelöstes Problem. Erstmals im März 2014 hat das Bundesverfassungsgericht deutliche Vorgaben zu Staatsferne und Vielfaltsicherung in den Aufsichtsgremien der Rundfunkanstalten gemacht. Zugleich hat das Gericht die Unvereinbarkeit der damaligen Gremienzusammensetzung beim ZDF mit dem Grundgesetz festgestellt. Bis

291 *BayVerfGH*, Urt. v. 15.5.2014 – Vf. 8-VII-12, DVBl. 2014, 848.
292 *BVerfG*, ZUM 2018, 680; dazu oben Rn. 149d.

zum 30. Juni 2015 hatte der Gesetzgeber, also die Länder, eine Neuregelung für das ZDF zu schaffen, die der Staatsferne des Rundfunks hinreichend Rechnung trägt.[293]

Die Länder haben mit den im Siebzehnten Rundfunkänderungsstaatsvertrag vorgenommenen Änderungen des ZDF-StV, der am 18. Juni 2015 unterzeichnet wurde und am 1. Januar 2016 in Kraft getreten ist, den Versuch unternommen, den differenzierten und vielfältigen Vorgaben des Bundesverfassungsgerichts gerecht zu werden. Dies ist jedenfalls weitgehend gelungen. Größere Bedenken bestehen im Hinblick auf das vom Bundesverfassungsgericht postulierte Gebot der vielfältigen Brechung des Staats- und Parteieneinflusses bei der Zusammensetzung der Staatsbank. Es ist zwar zuzugestehen, dass die Realisierungschance dieses Gebots von der Gesamtgröße des Gremiums abhängt und insoweit dem Gesetzgeber eine Einschätzungsprärogative zusteht. Es lässt sich aber schwerlich mit der Gesamtgröße des Gremiums Fernsehrat rechtfertigen, dass die zwanzig Mitglieder der Staatsbank ausschließlich aus unmittelbar dem Staat zuzurechnenden Vertretern bestehen, die die Landesregierungen, die Bundesregierung und die Landkreise und Städte entsenden, mit der Folge, dass politische Parteien überhaupt nicht berücksichtigt werden. Gerade die unterschiedlichen politischen Parteien spiegeln aber die Vielfalt der Sichtweisen wider. Insoweit hätte es nahegelegen, einen Teil der Staatsbank Mitgliedern vorzubehalten, die von den Parteien entsendet werden. Dies wäre auch nicht schwer zu bewerkstelligen gewesen. Man hätte etwa vorsehen können, dass der Bund nur einen und die Länder acht Vertreter in den Fernsehrat entsenden, verbunden mit einem rollierenden System, das die Berücksichtigung jedes Landes in jeder zweiten Amtsperiode sicherstellt. Allein damit wäre es möglich gewesen, neun Mitglieder der Staatsbank für die politischen Parteien vorzusehen, was auch eine Berücksichtigung kleineren Parteien ermöglicht hätte. Demnach bleibt festzuhalten, dass durchaus Zweifel bestehen, ob dem Gebot der vielfältigen Brechung des staatlichen und parteipolitischen Einflusses durch die in § 21 Abs. 1 a-c ZDF-StV vorgesehene Besetzung der „Staatsbank" des Fernsehrates hinreichend Rechnung getragen wird.[294]

a) Besetzung von Gremien. Das Bundesverfassungsgericht hatte zu diesem Komplex lange Zeit nur zurückhaltend Leitlinien vorgegeben. Erste grundlegende Aussagen zur Frage der **Gremienbesetzung** enthält das sechste Rundfunkurteil von 1991[295]. Nach dieser Rechtsprechung bilden die aus Vertretern der gesellschaftlich relevanten Gruppen zusammengesetzten anstaltsinternen Kontrollgremien des öffentlich-rechtlichen Rundfunks eine verfassungsmäßige Möglichkeit, die Grundrechtsverwirklichung organisatorisch zu sichern. Dasselbe gilt danach für die ähnlich beschaffenen externen Kontrollgremien der privaten Rundfunkanbieter. Es sei nicht Sinn der Bildung von Auf- **223**

293 Vgl. dazu eingehend Rn. 149c.

294 Vgl. dazu *Dörr*, Das ZDF-Urteil des Bundesverfassungsgerichts und seine Folgen, in: Kops (Hrsg.), Der Rundfunk als privates und öffentliches Gut, 25 Jahre Institut für Rundfunkökonomie, 2016, S. 317 ff, 328.

295 *BVerfGE* 83, 238. Es erging anlässlich eines Normenkontrollantrags von 236 Mitgliedern des Deutschen Bundestages, der sich auf Bestimmungen des nordrhein-westfälischen Rundfunkgesetzes (NRWRG) und des Gesetzes über den Westdeutschen Rundfunk Köln (WDR-Gesetz) bezog.

sichtsgremien, den gesellschaftlich relevanten Gruppen die Programmgestaltung zu übertragen oder diese zum Träger des Grundrechts der Rundfunkfreiheit zu machen. Vielmehr seien sie Sachwalter des Interesses der Allgemeinheit. In dieser Funktion kontrollierten sie die für die Programmgestaltung maßgeblichen Personen darauf, dass alle bedeutsamen politischen, weltanschaulichen, gesellschaftlichen Kräfte im Gesamtprogramm angemessen zu Wort kommen, das Programm nicht einseitig einer Partei, Interessengemeinschaft, Weltanschauung oder einem Bekenntnis dient und eine der Vielfalt Rechnung tragende Berichterstattung erfolgt. Die **Aufgabe** der Kontrollgremien muss folglich – auch wenn die meisten Mitglieder bestimmten gesellschaftlichen Gruppen angehören – nicht in der Vertretung ihrer spezifischen Interessen bestehen. Vielmehr dient das Gremium der Gewährleistung der **Staatsfreiheit** bzw. der **Staatsferne** im Rundfunk.[296] Dass die damalige Zusammensetzung der ZDF-Gremien dem Gebot der Vielfaltsicherung und der hieraus abzuleitenden Staatsferne gerade nicht entsprach, hat das Bundesverfassungsgericht in seinem mit Spannung erwarteten 11. Rundfunkurteil vom 25. März 2014 entschieden.[297] Eine auf Vielfaltsicherung und Staatsferne gerichtete Kontrolle ist nicht möglich, soweit staatliche und staatsnahe Mitglieder aufgrund ihrer zahlenmäßigen Präsenz und ihrer Einbindung in politische Kommunikationsstrukturen übermäßigen Einfluss auf die Gremien ausüben können.

224 **Zur Vertiefung**

Das Bundesverfassungsgericht hat den pluralistischen Gremien damit lediglich eine Kontrollfunktion zugewiesen.[298] Die Rechtsprechung verweist hier auf die gesetzgeberische Gestaltungsfreiheit bei der Gewichtung und Bestimmung der maßgeblichen gesellschaftlichen Kräfte. Diese umfasst die Befugnis, das Kriterium der gesellschaftlichen Relevanz zu konkretisieren, die danach in Betracht kommenden Kräfte zu ermitteln, die ihnen zuzurechnenden Gruppen festzustellen und unter diesen die Entsendungsberechtigten auszuwählen und zu gewichten. Allerdings sollte der Gestaltungsspielraum nach Auffassung des Bundesverfassungsgerichts in seinem 6. Rundfunkurteil nicht erst an der Willkürgrenze des Art. 3 Abs. 1 GG enden, da sich etwa grob einseitig zusammengesetzte Kontrollgremien nicht zur Sicherung der Meinungsvielfalt eignen. Akzeptabel sollten lediglich Über- oder Unterrepräsentationen vergleichbarer Gruppen sein, die noch unterhalb der Schwelle grober Verzerrungen liegen.[299] Diese Rechtsprechung vermochte die Gefahr der parteipolitischen Einflussnahme in den Rundfunkräten indes nicht zu beseitigen. Vornehmlich die pluralistisch gebildeten Kontrollgremien waren nach wie vor Einbruchstellen für die Einflussnahme der politischen Parteien. Zudem hatte das Bundesverfassungsgericht die Kontrolle über die Zusammensetzung der Gremien im öffentlich-rechtlichen Rundfunk letztlich nur verbal verschärft. Mit der Terminologie von „groben Verzerrungen" bzw. „grob einseitig zusammengesetzten Kontrollgremien" erfolgten nur in begrenztem Umfang verfassungsrechtliche Vorgaben, die darüber hinaus aufgrund ihrer Auslegungsbedürftigkeit nur beschränkt verwertbar waren. Damit blieb offen, wann bei der Auswahl der Gremienmitglieder die Grenze zur groben Verzerrung tatsächlich überschritten war. Der im 6. Rundfunkurteil defi-

---

296 An der ausreichenden Staatsferne des Rundfunks bestanden allerdings in der Praxis erhebliche Zweifel, deren Berechtigung das Bundesverfassungsgericht in seinem 11. Rundfunkurteil, das aus dem Fall des ZDF-Chefredakteurs Nikolaus Brender hervorging, bestätigt hat, vgl. dazu eingehend oben Rn. 174 ff.

297 Vgl. dazu oben Rn. 149c und 151 ff.

298 Zugleich betont das Bundesverfassungsgericht allerdings die weitreichenden Einflussmöglichkeiten der Gremien auf die Gestaltung der Berichterstattung. Im Hinblick auf den Fernseh- oder Rundfunkrat gelte dies bereits aufgrund seiner unmittelbar programmbezogenen Kontrollfunktion. Der Verwaltungsrat verfüge dagegen über weitreichende Mitbestimmungsbefugnisse bei der Besetzung programmbestimmender Führungspersonen, vgl. *BVerfGE* 136, 9, 37.

299 *BVerfGE* 83, 283, 335 – 6. Rundfunkurteil.

nierte Maßstab erschien auch nur graduell strenger als das aus Art. 3 GG folgende Willkürverbot. Erst in seinem 11. Rundfunkurteil vom 25. März 2014 hat das Bundesverfassungsgericht deutlichere Leitlinien zur Zusammensetzung der Aufsichtsgremien vorgegeben. Lediglich ein Drittel der Mitglieder darf demnach auf staatliche und staatsnahe Vertreter entfallen. Dabei müssen die verschiedenen politischen Strömungen möglichst vielfältig Abbildung finden. Auch die Auswahl der übrigen staatsfernen Mitglieder muss an dem übergeordneten Ziel der Vielfaltsicherung ausgerichtet sein. Auch wenn die Zusammensetzung der Gremien die gesellschaftliche Wirklichkeit nicht in jeder Hinsicht abbilden kann, muss dennoch aufgrund möglichst verschiedenartiger Sichtweisen und Erfahrungen der Mitglieder ein facettenreiches Bild des Gemeinwesens entstehen.[300]

b) Chancengleichheit. Ein weiteres Problem stellt die **Chancengleichheit** der Parteien dar, wenn es etwa um die Sendezeit im Wahlkampf geht. Eine neuere Spielart ist hier im Zusammenhang mit einem sog. **Kanzlerduell** aufgetreten. 225

16. Übungsfrage:[301] Vor einer Bundestagswahl möchte die F-Partei – die bei realistischer Betrachtung zwar im künftigen Bundestag vertreten sein wird, aber keine Chance hat, den Kanzler zu stellen – erreichen, dass ihr Vorsitzender an einer Fernsehsendung mit dem Titel „TV-Duell der Kanzlerkandidaten" teilnehmen darf. Die Sendung soll von ARD und ZDF zwei Wochen vor der Wahl ausgestrahlt werden. Der Bundeskanzler und der von der Opposition für das Amt des Bundeskanzlers benannte Kandidat soll von zwei Moderatorinnen 75 Minuten lang zu Inhalten des Wahlkampfes befragt werden. Da die zuständigen Intendanten die Teilnahme der F-Partei nicht gestatteten, ersuchte diese das Bundesverfassungsgericht um einstweiligen Rechtsschutz. Zu Recht? 226

Es geht hier um Fragen der (abgestuften) Chancengleichheit politischer Parteien[302], die verfassungsrechtlich in Art. 3 Abs. 1, Art. 21 Abs. 1 GG verankert ist und einfachgesetzlich von § 5 Abs. 1 PartG konkretisiert wird. Dort heißt es in Satz 1: „Wenn ein Träger öffentlicher Gewalt den Parteien Einrichtungen zur Verfügung stellt oder andere öffentliche Leistungen gewährt, sollen alle Parteien gleichbehandelt werden". 227

Das Bundesverfassungsgericht nahm die entsprechende Verfassungsbeschwerde mangels grundlegender rechtlicher Bedeutung nicht zur Entscheidung an. Anders als bei Wahlwerbesendungen, für die die Rundfunkanstalten den Parteien Sendezeit zur Verfügung stellten, gehe es hier um einen redaktionell gestalteten Beitrag. Dabei sei die Programmfreiheit der Rundfunkanstalt zu beachten. Die Sendung verfolgte für das Gericht ein von Art. 5 Abs. 1 S. 2 GG geschütztes[303] journalistisches Konzept, das unter anderem darin bestehe, nur solche Politiker gegenüberzustellen, die ernsthaft mit einer Wahl zum Bundeskanzler rechnen können. Das Gericht ließ offen, ob und inwieweit der Grundsatz der Chancengleichheit die Programmfreiheit bei redaktionellen Sendungen einzuschränken vermöge. Jedenfalls sei der Ausschluss des Vorsitzenden der kleinen Partei angesichts des journalistischen Konzepts und der aktuellen politischen Machtverhältnisse hinzunehmen. Damit liege ein Verstoß gegen das Recht auf Chancengleichheit nicht vor, da die Rundfunkanstalten sachgerecht differenziert hätten. Auf der anderen Seite sei es aber den öffentlich-rechtlichen Rundfunkanstalten nicht ohne weiteres gestattet, ein redaktionelles Konzept zu verfolgen, das die Erfolgs- 228

300 *BVerfGE* 136, 9 – 11. Rundfunkurteil.
301 Nach *BVerfG,* NJW 2002, 2939. – Kanzlerduell.
302 *BVerfGE* 14, 121, 137 f.; 24, 300, 354 f.; 34, 160, 163 f.; 48, 271, 277 f.
303 *BVerfGE* 97, 298, 310.

aussichten von Beteiligten am Wahlkampf nachhaltig mindern könne.[304] Das Gericht ließ aber offen, wann dies der Fall ist.

228a **c) Beteiligung politischer Parteien an privaten Rundfunkveranstaltern.** Im Hinblick auf die Staatsferne ist fraglich, ob und inwieweit sich politische Parteien an privaten Rundfunkveranstaltern beteiligen dürfen. Hierzu hat das Bundesverfassungsgericht in seiner 10. Rundfunkentscheidung grundlegend Stellung genommen.[305] Zwar ist der Grundsatz der Staatsferne aus Sicht des Gerichts auch im Verhältnis zu den Parteien zu beachten. Diese sind nicht dem Staat zuzuordnen, weisen aber eine gewisse Staatsnähe auf. Andererseits steht den Parteien nach Auffassung des Senats die subjektive Rundfunkfreiheit zur Verfügung, die durch den Mitwirkungsauftrag des Art. 21 Abs. 1 S. 1 GG verstärkt werde. Bei dem Ausgleich der Staatsferne mit den Rechten der Parteien hat der Gesetzgeber nach Ansicht des Gerichts einen weiten Gestaltungsspielraum. Dieser ist überschritten, wenn die Parteien gänzlich von der Beteiligung an privaten Rundfunkveranstaltern ausgeschlossen werden. Dagegen steht es dem Gesetzgeber nach der Entscheidung frei, den Parteien die Beteiligung zu verwehren, soweit sie dadurch bestimmenden Einfluss auf die Programmgestaltung nehmen können.

2. Jugendschutz in Rundfunk und Telemedien

229 Kinder und Jugendliche befinden sich in der Entwicklung ihrer Persönlichkeit und sind aufgrund von Beeinflussungen durch den Rundfunk und insbesondere das Fernsehen besonders gefährdet[306]. Vor diesem Hintergrund spielt der Jugendschutz eine wichtige Rolle.

230 **a) Verfassungsrechtliche Verankerung des Jugendschutzes.** Der Verfassungsrang des Jugendschutzes ergibt sich neben seiner ausdrücklichen Nennung in der Schrankenregelung des Art. 5 Abs. 2 GG aus dem elterlichen Erziehungsrecht des Art. 6 Abs. 2 S. 1 GG und aus dem eigenen Recht der Kinder und Jugendlichen auf Entfaltung ihrer Persönlichkeit[307]. Der Schutz von Kindern und Jugendlichen ist nach einer vom Grundgesetz selbst getroffenen Wertung ein Ziel von bedeutsamem Rang und ein wichtiges Gemeinschaftsanliegen[308]. Der Jugendschutz soll die ungestörte Entwicklung der Jugend gewährleisten und durch den Schutz vor sittlicher Gefährdung zugleich verfassungsrechtliche Güter wahren. Den Staat trifft insoweit eine positive Schutzpflicht. Jugendmedienschutz entfaltet vor allem auch im Rundfunkbereich unmittelbare Wirkung, so dass die Kompetenz dafür kraft Sachzusammenhangs, wie für den Rundfunk selbst, bei den Ländern anzusiedeln ist.[309]

---

304 *BVerfG*, NJW 2002, 2939 f. – Kanzlerduell und *BVerfGE* 82, 54, 59.
305 *BVerfGE* 121, 30, dazu oben Rn. 149b.
306 Dazu aus medizinischer Sicht *Spitzer*, Lernen: Gehirnforschung und Schule des Lebens, 2003, S. 361 ff.
307 Vgl. *BVerfGE* 83, 130, 139 ff.; *Dörr/Cole*, Jugendschutz in den elektronischen Medien, 2001, S. 19; *Cole*, in: Dörr/Kreile/Cole, Handbuch Medienrecht, H II, Rn. 4 ff.
308 *BVerfGE* 30, 336, 347 f.; 77, 346, 356; 83, 130, 139. Zum Verfassungsrang des Jugendschutzes *Dörr/Cole*, Jugendschutz in den elektronischen Medien, 2001, S. 50 ff.
309 *BVerfGE* 12, 205 ff – 1. Fernsehurteil.

Die Verfassungsaufgabe Jugendschutz ist gerade im Hinblick auf die durch Meinungs- und Medienfreiheit drohenden Gefahren in spezifischen Regelungen umzusetzen. Dabei ist es Sache des Gesetzgebers, den Jugendschutz im Einzelnen normativ zu ordnen. Art. 5 Abs. 2 GG verweist insoweit auf die gesetzlichen Bestimmungen zum Schutze der Jugend. Allerdings dürfen sich auch Jugendschutzregelungen nicht gegen bestimmte inhaltliche Meinungen richten. Dies hat das Bundesverfassungsgericht in der Wunsiedel-Entscheidung klargestellt.[310] Schon in der **FRAG-Entscheidung**, die sich mit der Zulässigkeit privaten Rundfunks beschäftigt, hat das Bundesverfassungsgericht den Jugendschutz im Rundfunk explizit erwähnt und die Landesgesetzgeber zu entsprechenden Regelungen aufgefordert[311]. Das Gericht betont, dass alle Veranstalter neben einem Mindestmaß an inhaltlicher Ausgewogenheit, Sachlichkeit und gegenseitiger Achtung an die Schranken des Art. 5 Abs. 2 GG gebunden sind. Daher ist namentlich für den Jugendschutz in den Rundfunkgesetzen Sorge zu tragen, und die Länder müssen ihn bei der Rundfunkgesetzgebung angemessen berücksichtigen. **231**

b) Einfachgesetzliche Ausgestaltung des Jugendschutzes. Wie der Jugendschutz im Detail geregelt wird, ist nach der Rechtsprechung des Bundesverfassungsgerichts dem Beurteilungsspielraum des Gesetzgebers überlassen. Dieser weite Spielraum bezieht sich zum einen auf die Frage, welche Risikobewertung er zur Grundlage gesetzlicher Regelungen macht, also welche Sicherheit eines Zusammenhangs zwischen Gefahrenquelle und Auswirkung auf Kinder und Jugendliche er als ausreichend ansieht. Der Wirkungszusammenhang gilt wegen der Bedeutung des Jugendschutzes auch dann als nachgewiesen, wenn nicht eine mit an Sicherheit grenzende Wahrscheinlichkeit des Gefahreneintritts vorliegt. Zum anderen hat der Gesetzgeber bei der Frage, welche Kinder oder Jugendliche die „Norm" für die Annahme der Gefahr vorgeben, einen Beurteilungsspielraum. Tatsächlich geht der Gesetzgeber hier nicht von einem wie auch immer gearteten Mittelwert aus, sondern er bejaht eine Gefahr bei jeder Art der Auswirkung auf Kinder und Jugendliche. Ausgenommen sind lediglich Extremfälle, wie etwa besonders ängstliche Kinder. Der Beurteilungsspielraum des Gesetzgebers findet seine Grenze in der Pflicht, gesetzliche Regelungen für einen effektiven Jugendschutz zu schaffen. **232**

Erstmals der Rundfunkstaatsvertrag von 1987 enthielt im damaligen Art. 10 Abs. 3 RStV, dann § 3 Abs. 3 RStV a.F., Regelungen zum Jugendmedienschutz. Diese Bestimmung wurde durch die späteren Rundfunkänderungsstaatsverträge jeweils verschärft und ergänzt. Nicht zuletzt als Reaktion auf den Amoklauf in einer Erfurter Schule wurde 2003 ein neuer Regelungsrahmen für den Jugendschutz in Kraft gesetzt. **233**

Auf Bundesebene hat das **Jugendschutzgesetz (JSchG)** die vorherigen Regelungen des JÖSchG und des GjSM ersetzt. Das Jugendschutzgesetz gilt für den Zugang von Kindern und Jugendlichen zu Gaststätten, Tanzveranstaltungen, Spielhallen und anderen jugendgefährdenden Orten, sowie für Alkohol, Tabak, Filme, Trägermedien und Bildschirmspielgeräte. **234**

---

310 Vgl. oben Rn. 76 ff.
311 *BVerfGE* 57, 295, 326.

235 Auf Länderebene gilt nunmehr der Staatsvertrag über den Schutz der Menschenwürde und den Jugendschutz in Rundfunk und Telemedien (**Jugendmedienschutz-Staatsvertrag – JMStV**), der entsprechende Rundfunkstaatsvertrags- und Mediendienstestaatsvertragsregelungen ersetzt und durch den Neunzehnten Rundfunkänderungsstaatsvertrag nicht unerheblich geändert wurde. Er gilt für Telemedien und für den Rundfunk.[312] Die materielle Regelung des Jugendschutzes, die die Beeinträchtigung der Entwicklung von Kindern und Jugendlichen zu einer eigenverantwortlichen und gemeinschaftsfähigen Persönlichkeit verhindern soll, findet sich in der Vorschrift des § 5 Abs. 1 JMStV. Zudem bekennt sich dieser Staatsvertrag zur **„regulierten Selbstregulierung"**. Er sieht anerkannte Einrichtungen der Selbstkontrolle und die im Jahr 2003 geschaffene **Kommission für Jugendmedienschutz** (KJM)[313] vor (§§ 14, 16, 19 JMStV). Die Kommission überwacht die Einhaltung der Bestimmungen des Staatsvertrages, darf aber Beurteilungen der anerkannten Selbstkontrolleinrichtungen nur begrenzt überprüfen, nämlich nur darauf, ob die rechtlichen Grenzen des Beurteilungsspielraums überschritten worden sind. Zudem hat die Kommission zu entscheiden, ob die im JMStV niedergelegten Voraussetzungen für die Anerkennung einer Selbstkontrolleinrichtung vorliegen (§ 19 Abs. 3 JMStV). Sind die gesetzlichen Voraussetzungen erfüllt, hat die betreffende Selbstkontrolleinrichtung einen Anspruch auf Anerkennung (§ 19 Abs. 2 JMStV). Nur anerkannte Selbstkontrolleinrichtungen profitieren von der Privilegierung im JMStV; gehört ein Veranstalter keiner anerkannten Selbstkontrolleinrichtung an, obliegt die Überprüfung im vollen Umfang der Kommission. Diese setzt sich aus sechs Mitgliedern aus dem Kreis der Direktoren der Landesmedienanstalten und sechs weiteren Sachverständigen zusammen, wobei den Vorsitz ein Direktor einer Landesmedienanstalt führt. Die Stimme des Vorsitzenden entscheidet bei Stimmengleichheit. Der JMStV sollte durch den Vierzehnten Rundfunkänderungsstaatsvertrag mit Wirkung zum 1. Januar 2011 umfassend novelliert werden[314]. Dieser Änderungsstaatsvertrag trat jedoch nicht wie geplant am 1. Januar 2011 in Kraft. Der Landtag von Nordrhein-Westfalen lehnte das Regelwerk am 16. Dezember 2010 endgültig ab. Dies war ein historischer Vorgang, denn es ist seit 1967 das erste Mal, dass ein von allen Ländern unterzeichneter Rundfunkstaatsvertrag scheiterte. Durch den neuen JMStV sollten im Internet freiwillige Altersklassifizierungen der Web-Seiten eingeführt werden. Dies stieß im Vorfeld bereits auf heftige Kritik von Online-Anbietern und Bloggern. Nunmehr erfolgte eine umfassende Novellierung durch den 19. Rundfunkänderungsstaatsvertrag[315], der am 1. Oktober 2016 in Kraft getreten ist.

236 **Zur Vertiefung** Die wichtigen Regelungen über unzulässige Angebote in § 4 des Staatsvertrages entsprechen im Wesentlichen § 3 RStV a.F. Wesentliche materielle Änderungen hat der JMStV im Bereich der Pornographie gebracht. Sie ist jetzt ohne Bezugnahme auf das Strafrecht generell unzulässig, aber für geschlossene Benutzergruppen von Erwachsenen ist die sog. einfache Pornographie in Telemedien gestattet. Ebenso verhält es sich mit indizierten Filmen, deren Ausstrahlung die Aufhebung der Indizierung voraussetzt, die aber in Telemedien zulässig ist.

---

312 Zu den Einzelheiten vgl. *Dörr*, in: HK-RStV, § 2 JMStV, Rn. 2 ff.
313 www.kjm-online.de.
314 Siehe unten Rn. 364a.
315 Vgl. zu den Einzelheiten *Schmieding*, in: HK-RStV, B 1, Rn. 598.

c) Schutzpflichten Privater[316]. Neben dem Staat sind allerdings auch Private in der Pflicht, Minderjährige vor dem Konsum entwicklungsgefährdender Inhalte zu schützen. Vor allem Erziehungsberechtigte können einer Konfrontation mit unerwünschten Angeboten durch die Installation geeigneter Jugendschutzsoftware (§ 11 JMStV) vorbeugen. Mehrheitlich wird auf die Verwendung derartiger – insbesondere durch die Kommission für Jugendmedienschutz anerkannte – Programme jedoch verzichtet.[317] Gerade bei mobilen Endgeräten, die von Minderjährigen verstärkt genutzt werden, bestehen erhebliche Schutzlücken im Hinblick auf den technischen Jugendschutz.[318] Vor diesem Hintergrund sind auch Forderungen nach der Einführung von Jugendschutzfiltern nach britischem Vorbild laut geworden.[319] Ende des Jahres 2013 hatten die vier großen Internetprovider in Großbritannien auf Druck der Regierung Jugendschutzfilter installiert, die pornographische Inhalte blockieren sollen. Dabei handelt es sich um vorinstallierte Programme, die auf Wunsch des Anschlussinhabers deaktiviert werden können. Andererseits können – je nach Bedürfnis des Anschlussinhabers – auch weitere Inhalte zu anderen jugendgefährdenden Themenbereichen (z.B. Gewalt, Suizid- und Magersuchtsforen) gefiltert werden.[320] In Deutschland stößt die Einführung eines derartigen Filters in weiten Teilen indes auf erheblichen Widerstand. Zwar wurde der Anstoß zur Diskussion über die Verantwortung der Internetprovider grundsätzlich als positiv begrüßt. Andererseits wurde die mangelnde Effizienz eines solchen Filtersystems bemängelt und vor unerwünschten Nebenwirkungen gewarnt.[321] An vergleichbaren Bedenken scheiterte im Jahr 2011 bereits das Gesetz zur Bekämpfung der Kinderpornographie in Kommunikationsnetzen (Zugangserschwerungsgesetz).[322] Durch dieses Gesetz wurden die großen Internetprovider verpflichtet, den Zugriff auf kinderpornographische Inhalte anhand einer vom Bundeskriminalamt herausgegebenen und täglich aktualisierten Liste zu sperren.[323] Nachdem das Gesetz Anfang 2010 zunächst in Kraft getreten war, wurde es bereits Ende 2011 wieder aufgehoben.[324] Grund für die Aufhebung waren erhebliche Proteste in Gesellschaft und Politik.[325] Kritisiert wurde dabei die umfassende Kontrolle der Internetkommunikation. Zudem wurde die Befürchtung geäußert, die Filterung von Inhalten könne auf weitere Problembereiche ausgeweitet werden, so dass das Internet einer weitreichenden Zensur unterworfen

316 Vgl. dazu eingehend *Schwartmann,* in: Schwartmann, Praxishandbuch Medienrecht, 7. Kap. Rn. 2 ff.

317 Vgl. dazu http://www.heise.de/newsticker/meldung/Jugendschuetzer-Wirtschaft-muss-ihren-Beitrag-leisten-2118854.html (zuletzt abgerufen: 13.02.2019).

318 Vgl. dazu https://www.heise.de/newsticker/meldung/Landesmedienchef-rechtfertigt-Forderung-nach-Pornofilter-2112422.html (zuletzt abgerufen: 13.02.2019).

319 So der Direktor der Niedersächsischen Landesmedienanstalt *Andreas Fischer* sowie der CSU-Politiker *Norbert Geis.*

320 Vgl. etwa https://www.heise.de/newsticker/meldung/Landesmedienchef-rechtfertigt-Forderung-nach-Pornofilter-2112422.html (zuletzt abgerufen: 13.02.2019).

321 Zu den diesbezüglichen Stellungnahmen der Deutschen Kinderhilfe und des Verbands der deutschen Internetwirtschaft e.V. *eco.*

322 BGBl. I 2010, S. 78 ff.

323 Vgl. dazu *Schnabel,* JZ 2009, 996 ff.

324 Gesetz zur Aufhebung von Sperrregelungen bei der Bekämpfung von Kinderpornographie in Kommunikationsnetzen, BGBl. I 2011, S. 2958.

325 So wurde beispielsweise eine Online-Petition gegen das Gesetz eingereicht, die von über 134 000 Menschen unterzeichnet worden war.

sei.[326] Ferner wurde auf die Gefahr verwiesen, dass legale Inhalte versehentlich gesperrt (sog. Overblocking) und dadurch die Meinungs- und Informationsfreiheit unverhältnismäßig beeinträchtigt werden.[327] Dass Bedenken dieser Art durchaus gerechtfertigt sind, zeigt sich aktuell am Beispiel Großbritanniens. Hier wurden nicht – wie beabsichtigt – ausschließlich pornographische Inhalte, sondern teils auch harmlose oder sogar beratende Webseiten gesperrt.[328]

236a **d) Netzwerkdurchsetzungsgesetz.** Am 30. 6. 2017 wurde das sog. Netzwerkdurchsetzungsgesetz (NetzDG)[329] nach einem straffen Gesetzgebungsverfahren und letzten inhaltlichen Korrekturen trotz nicht unerheblicher Kritik in unionsrechtlicher[330] und verfassungsrechtlicher Hinsicht[331] beschlossen und trat am 1. Oktober 2017 in Kraft. Das Gesetz gilt gem. § 1 Abs. 1, 2 NetzDG für Betreiber sozialer Netzwerke, die im Inland mehr als zwei Millionen registrierte Nutzer haben. Es soll dazu beitragen, die Verrohung der Debattenkultur in sozialen Netzwerken zu bekämpfen und das friedliche Zusammenleben in einer freien, offenen demokratischen Gesellschaft zu wahren. Zu diesem Zweck werden Betreiber sozialer Netzwerke wie Facebook, Twitter und YouTube gemäß § 3 Abs. 2 Nr. 2 NetzDG verpflichtet, „offensichtlich rechtswidrige Inhalte innerhalb von 24 Stunden" nach Eingang einer Beschwerde zu löschen oder zu sperren. Bei komplexeren Fällen soll in der Regel eine Sieben-Tages-Frist gelten, um über eine Löschung oder Sperrung zu entscheiden (§ 3 Abs. 2 Nr. 3 NetzDG). Welche rechtswidrigen Inhalte erfasst werden, regelt § 1 Abs. 3 NetzDG. Dazu zählen neben der Gefährdung des demokratischen Rechtsstaates, der landesverräterische Fälschung und Straftaten gegen die öffentliche Ordnung wie die Bildung krimineller Vereinigungen, die Beschimpfung von Bekenntnissen, Religionsgesellschaften und Weltanschauungsvereinigungen, Beleidigung, üble Nachrede , Verleumdung, die Verletzung des höchstpersönlichen Lebensbereichs durch Bildaufnahmen, Bedrohung sowie die Fälschung beweiserheblicher Daten auch bestimmte Straftaten gegen die sexuelle Selbstbestimmung wie die Verbreitung kinderpornographischer Schriften.

Mit dem NetzDG wurden somit gesetzliche Compliance-Regelungen für soziale Netzwerke eingeführt. So werden Betreiber sozialer Netzwerke verpflichtet, halbjährlich einen Bericht über den Umgang mit Hasskriminalität herauszugeben. Kommen die Betreiber ihrer Berichtspflicht nicht nach, droht ihnen ein Bußgeld. Darüber hinaus

---

326 *Marberth-Kubicki,* NJW 2009, 1792, 1795.
327 *Sieber,* JZ 2009, 653, 660.
328 Vgl. dazu https://www.zeit.de/digital/internet/2014-02/pornofilter-internetfilter-deutschland (zuletzt abgerufen: 20.02.2019).
329 Gesetz zur Verbesserung der Rechtsdurchsetzung in sozialen Netzwerken (Netzwerkdurchsetzungsgesetz – NetzDG), BGBl 2017 I, S. 3352 ff.
330 *Spindler*, Der Regierungsentwurf zum Netzwerkdurchsetzungsgesetz - europarechtswidrig? ZUM 2017, 473 ff.
331 Vgl. etwa *Hain/Ferreau/Brings-Wiesen*, Regulierung sozialer Netzwerke revisited, K&R 2017, 433 ff.; *Gersdorf*, Hate Speech in sozialen Netzwerken, MMR 2017, 439 ff.; *Guggenberger*, Das Netzwerkdurchsetzungsgesetz - schön gedacht, schlecht gemacht, ZRP 2017, 98 ff.; *Holznagel*, Das Compliance-System des Entwurfs des Netzwerkdurchsetzungsgesetzes, ZUM 2017, 615; *Liesching*, Die Durchsetzung von Verfassungs- und Europarecht gegen das NetzDG, MMR 2018, 26 ff.; dagegen hält *Schwartmann*, Verantwortlichkeit Sozialer Netzwerke nach dem Netzwerkdurchsetzungsgesetz, GRUR-Prax 2017, 317 ff. das Gesetz für verfassungsmäßig.

werden die Betreiber der sozialen Netzwerke verpflichtet, offensichtlich rechtswidrige Inhalte i.S.d. §§ 86, 86a, 89a, 91, 100a, 111, 126, 129-129b, 130, 131, 140, 166, 184b i.V.m. 184d, 185-187, 201a, 241 oder 269 StGB innerhalb von 24 Stunden nach Eingang der Beschwerde zu löschen. Vom Anwendungsbereich des NetzDG ausgenommen bleiben Plattformen mit journalistisch-redaktionell gestalteten Angeboten, die vom Diensteanbieter selbst verantwortet werden sowie soziale Netzwerke mit weniger als zwei Millionen Nutzern im Inland.

Zur Vertiefung

In der Literatur begegnet das NetzDG umfangreichen rechtlichen Bedenken. Insbesondere wird das NetzDG als verfassungs- und europarechtswidrig eingestuft.[332] Gegner des NetzDG argumentierten auch, dass es die Betreiber dazu verleite, aus Angst vor hohen Bußgeldern grenzwertige Inhalte eher zu sperren. Das könne zu einem „Zensursystem" führen.[333] Unter verfassungsrechtlichen Gesichtspunkten handelt es sich jedoch bei der Verpflichtung zur nachträglichen Entfernung von öffentlich gewordenen Inhalten auf Plattformen im Internet aus rechtlichen Gründen begrifflich nicht um Zensur im Sinne des Zensurverbots des Art. 5 Abs. 1 S. 3 GG. Das liegt daran, dass es sich bei Löschungen von vorhandenen Inhalten durch Anbieter Sozialer Netzwerke weder um eine staatliche Maßnahme, noch um eine vor der Äußerung erfolgende Maßnahme handelt. Zur „Nachzensur" heißt es in der Rechtsprechung des Bundesverfassungsgerichts: „Ist das Geisteswerk an die Öffentlichkeit gelangt und vermag es Wirkung auszuüben, so gelten die allgemeinen Regeln über die Meinungs- und Pressefreiheit und ihre Schranken, wie sie sich aus Art. 5 Abs. 1 S. 1 und 2 sowie aus Art. 2 GG ergeben. Diese würden gegenstandslos, wenn das Zensurverbot auch Nachzensur umfasste."[334] Nach dem NetzDG sind die Plattformbetreiber auch dazu verpflichtet in einem Bericht Auskunft darüber zu geben, wie viele Beschwerden bei ihnen eingegangen sind und wie viele Inhalte tatsächlich gelöscht wurden. So gingen beispielsweise beim Kurznachrichtendienst Twitter knapp 265.000 Beschwerden ein.[335] Beim Videodienst YouTube wurden knapp 215.000 Inhalte gemeldet.[336] Bei Facebook waren es 1.704 Beiträge die gemeldet wurden.[337] Die Meldungen bei Facebook führten zu insgesamt 362 gelöschten oder gesperrten Inhalten.[338] Nicht nur in Deutschland, sondern beispielsweise auch in Frankreich werden neue Wege bei der Regulierung von Internetanbie-

332 *Spindler/Schmitz-Liesching*, Telemediengesetz, § 1 NetzDG Rn. 13 ff.; *Hoeren*, Netzwerkdurchsetzungsgesetz europarechtswidrig, beck communtity vom 30.30.2017, abrufbar unter: https://community.beck.de/2017/03/30/netzwerkdurchsetzungsgesetz-europarechtswidrig (zuletzt abgerufen: 20.02.2019); *Spindler* ZUM 2017, 473 ff.; *Nolte* ZUM 2017, 552, 561; *Bitkom*, Stellungnahme zum NetzDG-E vom 20.04.2017, Seite 5, abrufbar unter: https://www.bmjv.de/SharedDocs/Gesetzgebungsverfahren/Stellungnahmen/2017/Downloads/04202017_Stellungnahme_Bitkom_2_RefE_NetzDG.pdf?__blob=publicationFile&v=3. (zuletzt abgerufen: 13.02.2019).

333 *Liesching,* Netzwerkdurchsetzungsgesetz, Einleitung Rn. 6.

334 *BVerfGE* 33, 52 (53, 71 f.). Zur fehlenden Zensur auch *Schwartmann*, promedia Heft 3, 2017, S. 12 ff. A.A. etwa *Liesching*, allerdings für „faktische" Zensur, Das Bundesverfassungsgericht wird das Netzwerkdurchsetzungsgesetz kippen, 27.4.2017, https://community.beck.de (zuletzt abgerufen: 13.02.2019).

335 *Twitter* Netzwerkdurchsetzungsgesetzbericht: Januar–Juni 2018, abrufbar unter: https://cdn.cms-twdigitalassets.com/content/dam/transparency-twitter/data/download-netzdg-report/netzdg-jan-jun-2018.pdf (zuletzt abgerufen: 13.02.2019).

336 *YouTube* Transparenzbericht, abrufbar unter: https://transparencyreport.google.com/netzdg/youtube (zuletzt abgerufen; 13.02.2019).

337 *Facebook* NetzDG-Transparenzbericht Juni 2018, S. 3, abrufbar unter: https://fbnewsroomus.files.wordpress.com/2018/07/facebook_netzdg_juli_2018_deutsch-1.pdf (zuletzt abgerufen: 13.02.2019).

338 *Facebook* NetzDG-Transparenzbericht Juni 2018, S. 7, abrufbar unter: https://fbnewsroomus.files.wordpress.com/2018/07/facebook_netzdg_juli_2018_deutsch-1.pdf (zuletzt abgerufen: 13.02.2019).

tern gegangen. Frankreichs Nationalversammlung hat trotz erheblicher Kritik ein Gesetzespaket gegen gezielt gestreute Falschinformation in Wahlkampfzeiten beschlossen. Die Gesetze sollen es zum Beispiel ermöglichen, dass sich Kandidaten in den drei Monaten vor Wahlen im Eilverfahren gegen die Verbreitung von Falschinformationen im Internet wehren können.[339]

3. Das Kurzberichterstattungsrecht

237 Ein weiteres Spezialthema ist das Recht zur unentgeltlichen Kurzberichterstattung durch das Fernsehen, das in Zeiten der Vermarktung von Sportrechten zumindest aus medienrechtlicher Sicht eine große Rolle spielt. Gerade Berichte über herausragende Sportveranstaltungen hängen eng mit der Informationsaufgabe des Fernsehens im Allgemeinen und der öffentlich-rechtlichen Rundfunkveranstalter im Besonderen zusammen. Die Informationsfunktion des Fernsehens beschränkt sich nicht auf politische Informationen in einem eng verstandenen Sinne. Vielmehr umfasst die Meinungsbildung alle Gegenstände des öffentlichen Interesses, ohne dass von außen bestimmte Kriterien für die angebliche Relevanz oder Irrelevanz solcher Themen vorgegeben werden dürfen. Gerade deswegen gehört zur Information im Sinne des klassischen Rundfunkauftrages, den der öffentlich-rechtliche Rundfunk insbesondere zu erfüllen hat und der mit seiner demokratischen Funktion eng verbunden ist, auch die uneingeschränkte Information über den Sportbereich unter Zugrundelegung publizistischer Kriterien. Die Bedeutung großer Sportereignisse erschöpft sich nicht in einem reinen Unterhaltungswert. Vielmehr erfüllen sportliche Großereignisse wichtige **gesellschaftliche Funktionen**. Der Sport bietet Identifikationsmöglichkeiten im lokalen und nationalen Rahmen und ist ein bedeutsamer Anknüpfungspunkt für breite Kommunikation in der Bevölkerung. Die vom öffentlich-rechtlichen Rundfunk geforderte umfassende Berichterstattung lässt sich daher unter Verzicht auf sportliche Großereignisse nicht verwirklichen.

238 Ein solches Kurzberichterstattungsrecht war im WDR-Gesetz und im NRW-Rundfunkgesetz geregelt, die dem Bundesverfassungsgericht im Rahmen eines abstrakten Normenkontrollverfahrens zur Prüfung vorlagen[340]. Bei der Überprüfung dieser Vorschriften gestattete das Gericht eine unentgeltliche Fernsehkurzberichterstattung im Stil von Nachrichten, um das Entstehen von Informationsmonopolen zu verhindern. Sofern Veranstaltungen – wie regelmäßig – berufsmäßig durchgeführt werden, hielt es allerdings ein **Entgelt** für geboten.

239 Das Kurzberichterstattungsrecht generell wurde danach in **§ 5 RStV**[341] verankert. In der Praxis wird das Kurzberichterstattungsrecht bisher nicht in Anspruch genommen. Vielmehr wird auch die nachrichtenmäßige Kurzberichterstattung in der Regel vertraglich vereinbart. Allerdings ist das Kurzberichterstattungsrecht aus Sicht vieler Beobachter ein entscheidender Grund dafür, dass den Rundfunkveranstaltern ohne größere

339 Vgl. Meldung auf *www.heise.de*, abrufbar unter: https://www.heise.de/newsticker/meldung/Frankreich-Abgeordnete-beschliessen-Gesetz-gegen-Fake-News-4227977.html (zuletzt abgerufen: 13.02.2019).
340 *BVerfGE* 97, 228, 252 ff.
341 Zur Bedeutung *BVerfGE* 97, 228 ff.

Schwierigkeiten vertraglich das Recht eingeräumt wird, in knapper Form über wichtige Ereignisse in Art von Nachrichten zu berichten.

Anfang des Jahres 2013 hatte der Europäische Gerichtshof (EuGH) über die Zulässigkeit einer Kostenerstattungsregelung beim Kurzberichterstattungsrecht zu entscheiden.[342] Nach Art. 15 Abs. 6 der Richtlinie über audiovisuelle Mediendienste (AVMD-RL) darf eine Kostenerstattung, soweit diese im nationalen Recht zugunsten des von der Kurzberichterstattung betroffenen Veranstalters vorgesehen ist, die unmittelbar mit der Gewährung des Zugangs verbundenen zusätzlichen Kosten nicht übersteigen. Zwar bejahte der EuGH einen Eingriff in die unternehmerische Freiheit des Inhabers der Übertragungsrechte nach Art. 16 GRCharta, weil es diesem durch die entsprechende Deckelung der Kosten verwehrt sei, frei über den Preis des Signalzugangs zu verhandeln. Allerdings sei der Eingriff gerechtfertigt, da mit ihm ein dem Gemeinwohl dienendes Ziel verfolgt werde. Soweit etwaige Kostenerstattungsansprüche auf die reinen Zugangskosten beschränkt werden, kann jeder Fernsehveranstalter unabhängig von seinen finanziellen Möglichkeiten Kurzberichte über exklusiv vermarktete Ereignisse von großem öffentlichem Interesse senden. Dies wiederum verhilft dem Grundrecht der Informationsfreiheit innerhalb des Rundfunks zu größtmöglicher Entfaltung. Demnach erfasst die Kostenerstattung nur die mit der Gewährung des Zugangs verbundenen zusätzlichen Kosten. Diese Entscheidung des EuGH entspricht nicht der Entscheidung des Bundesverfassungsgerichts zum Kurzberichterstattungsrecht[343] und der daraufhin erfolgten Regelung in § 5 Abs. 7 RStV, wonach der Veranstalter bei berufsmäßig durchgeführten Veranstaltungen ein dem Charakter der Kurzberichterstattung entsprechendes billiges Entgelt verlangen kann. Diese Vorschrift muss man in Zukunft europarechtskonform dahingehend auslegen, dass sie lediglich die zusätzlichen Kosten für den Zugang umfasst.

4. Die Listenregelung des § 4 Abs. 2 RStV

Über das Kurzberichterstattungsrecht hinaus findet sich in § 4 RStV eine besondere Regelung zur Übertragung von Großereignissen. Mit dieser Regelung haben die Länder von der durch Art. 3a der früheren Fernsehrichtlinie (nunmehr Art. 14 AVMD-Richtlinie) ausdrücklich eingeräumten Möglichkeit Gebrauch gemacht, die Ausstrahlung von Ereignissen von erheblicher gesellschaftlicher Bedeutung zeitgleich in einem frei empfangbaren und allgemein zugänglichen Fernsehprogramm zu ermöglichen. Damit wird verhindert, dass die Übertragung solcher Großereignisse exklusiv ins Pay-TV verlagert werden kann. Den Mitgliedstaaten ist durch die AVMD-Richtlinie prinzipiell freigestellt, welche Ereignisse sie als Großereignisse ansehen und in einer entsprechenden Listenregelung aufführen. In § 4 Abs. 2 RStV werden die Olympischen Sommer- und Winterspiele, bei Fußball-Europa- und -Weltmeisterschaften alle Spiele mit deutscher Beteiligung sowie unabhängig von einer deutschen Beteiligung das Eröffnungsspiel, die Halbfinalspiele und das Endspiel, die Halbfinalspiele und das Endspiel um den Vereinspokal des Deutschen Fußball-Bundes, Heim- und Auswärtsspiele der deutschen 240

342 *EuGH*, ZUM 2013, 202.
343 *BVerfGE* 97, 228, 252 ff.

Fußballnationalmannschaft und die Endspiele der europäischen Vereinsmeisterschaften im Fußball (Champions League, Europa League) bei deutscher Beteiligung genannt. Bemerkenswert ist, dass die deutsche Regelung lediglich Sportveranstaltungen als Großereignisse aufführt.

241 Die Einordnung als Großereignis hat zur Folge, dass das Ereignis einem frei empfangbaren und allgemein zugänglichen Fernsehprogramm zur zeitgleichen Übertragung zu angemessenen Bedingungen angeboten werden muss. Dabei gilt als allgemein zugängliches Fernsehprogramm nur ein Programm, das in mehr als ⅔ der Haushalte tatsächlich empfangbar ist. Die Regelung des § 4 RStV hat erhebliche Auswirkungen für die Chancen des Pay-TV in Deutschland. Es handelt sich bei den in § 4 RStV aufgeführten Großereignissen um besonders attraktive Veranstaltungen, die vom Pay-TV nicht exklusiv angeboten werden können.

VIII. Fazit und Glossar

242 Das Rundfunkrecht ist wegen der großen Bedeutung von Hörfunk und Fernsehen ein besonders bedeutender Ausschnitt des Medienrechts. Diese Medien erreichen noch immer die meisten Rezipienten und spielen für die öffentliche Meinungsbildung und in der öffentlichen Wahrnehmung eine entscheidende Rolle.

Rundfunkentscheidungen	Das Bundesverfassungsgericht hat die Rundfunkfreiheit maßgeblich in zwölf Rundfunkentscheidungen ausgestaltet (BVerfGE 12, 205; 31, 315; 57, 295; 73, 118; 74, 297; 83, 238; 87, 181; 90, 60, BVerfGE 119, 181; BVerfGE 121, 30; BVerfGE 136, 9; *BVerfG*, ZUM 2018, 680).
Rundfunkprogramm	... im Sinne des § 2 Abs. 2 Nr. 1 RStV eine nach einem Sendeplan zeitlich geordnete Folge von Inhalten.
Sendung	... im Sinne des § 2 Abs. 2 Nr. 2 RStV ein inhaltlich zusammenhängender, geschlossener, zeitlich begrenzter Teil eines Rundfunkprogramms.
Vollprogramm	... im Sinne von § 2 Abs. 2 Nr. 3 RStV ist ein Rundfunkprogramm mit vielfältigen Inhalten, in welchem Information, Bildung, Beratung und Unterhaltung einen wesentlichen Teil des Gesamtprogramms bilden.
Spartenprogramm	... im Sinne von § 2 Abs. 2 Nr. 4 RStV ist ein Rundfunkprogramm mit im Wesentlichen gleichartigen Inhalten.
Satellitenfensterprogramm	... im Sinne von § 2 Abs. 2 Nr. 5 RStV ist ein zeitlich begrenztes Rundfunkprogramm mit bundesweiter Verbreitung im Rahmen eines weiterreichenden Programms (Hauptprogramm).
Regionalfensterprogramm	... im Sinne von § 2 Abs. 2 Nr. 6 RStV ist ein zeitlich und räumlich begrenztes Rundfunkprogramm mit im Wesentlichen regionalen Inhalten im Rahmen eines Hauptprogramms.
Werbung	... im Sinne von § 2 Abs. 2 Nr. 7 RStV ist jede Äußerung bei der Ausübung eines Handels, Gewerbes, Handwerks oder freien Berufs, die im Rundfunk von einem öffentlich-rechtlichen oder privaten Veranstalter oder einer natürlichen Person entweder gegen Entgelt oder eine ähnliche Gegenleistung oder als Eigenwerbung gesendet wird, mit dem Ziel, den Absatz von Waren oder die Erbringung von Dienst-

	leistungen, einschließlich unbeweglicher Sachen, Rechte und Verpflichtungen, gegen Entgelt zu fördern.
Schleichwerbung	... im Sinne von § 2 Abs. 2 Nr. 8 RStV ist die Erwähnung oder Darstellung von Waren, Dienstleistungen, Namen, Marken oder Tätigkeiten eines Herstellers von Waren oder eines Erbringers von Dienstleistungen in Sendungen, wenn sie vom Veranstalter absichtlich zu Werbezwecken vorgesehen ist und mangels Kennzeichnung die Allgemeinheit hinsichtlich des eigentlichen Zwecks dieser Erwähnung oder Darstellung irreführen kann. Eine Erwähnung oder Darstellung gilt insbesondere dann als zu Werbezwecken beabsichtigt, wenn sie gegen Entgelt oder eine ähnliche Gegenleistung erfolgt.
Sponsoring	... im Sinne von § 2 Abs. 2 Nr. 9 RStV ist jeder Beitrag einer natürlichen oder juristischen Person oder einer Personenvereinigung, die an Rundfunktätigkeiten oder an der Produktion audiovisueller Werke nicht beteiligt ist, zur direkten oder indirekten Finanzierung einer Sendung, um den Namen, die Marke, das Erscheinungsbild der Person oder Personenvereinigung, ihre Tätigkeit oder ihre Leistungen zu fördern.
Teleshopping	... im Sinne von § 2 Abs. 2 Nr. 10 RStV ist die Sendung direkter Angebote an die Öffentlichkeit für den Absatz von Waren oder die Erbringung von Dienstleistungen, einschließlich unbeweglicher Sachen, Rechte und Verpflichtungen, gegen Entgelt.
Produktplatzierung	... im Sinne des § 2 Abs. 2 Nr. 11 RStV die gekennzeichnete Erwähnung oder Darstellung von Waren, Dienstleistungen, Namen, Marken, Tätigkeiten eines Herstellers von Waren oder eines Erbringers von Dienstleistungen in Sendungen gegen Entgelt oder eine ähnliche Gegenleistung mit dem Ziel der Absatzförderung. Die kostenlose Bereitstellung von Waren oder Dienstleistungen ist Produktplatzierung, sofern die betreffende Ware oder Dienstleistung von bedeutendem Wert ist.
Programmbouquet	... im Sinne von § 2 Abs. 2 Nr. 12 ist die Bündelung von Programmen und Diensten, die in digitaler Technik unter einem elektronischen Programmführer verbreitet werden.
Allgemeine Programmgrundsätze	Die in der Arbeitsgemeinschaft der öffentlich-rechtlichen Rundfunkanstalten der Bundesrepublik Deutschland (ARD) zusammengeschlossenen Landesrundfunkanstalten, das Zweite Deutsche Fernsehen (ZDF), das Deutschlandradio und alle Veranstalter bundesweit verbreiteter Rundfunkprogramme haben nach § 3 RStV in ihren Angeboten die Würde des Menschen zu achten und zu schützen. Sie sollen dazu beitragen, die Achtung vor Leben, Freiheit und körperlicher Unversehrtheit, vor Glauben und Meinung anderer zu stärken. Die sittlichen und religiösen Überzeugungen der Bevölkerung sind zu achten. Weitergehende landesrechtliche Anforderungen an die Gestaltung der Angebote sowie § 41 dieses Staatsvertrages bleiben unberührt.
Rundfunkrat	Nach Art. 6 BayRG[344] vertritt der Rundfunkrat die Interessen der Allgemeinheit auf dem Gebiet des Rundfunks. Er wacht darüber, dass der Bayerische Rundfunk seine Aufgaben gemäß dem Gesetz erfüllt und übt das hierzu nötige Kontrollrecht aus. Seine Mitglieder sind verpflichtet, sich in ihrer Tätigkeit für die Gesamtinteressen des Rundfunks und der Rundfunkteilnehmer einzusetzen. Sie sind an

344 Vgl. zu anderen Gesetzesfassungen die Übersicht bei *Fechner/Mayer*, Nr. 21 Anhang II.

	Aufträge nicht gebunden. An der Kontrolle des Rundfunks sind die in Betracht kommenden bedeutsamen politischen, weltanschaulichen und gesellschaftlichen Gruppen nach Maßgabe dieses Gesetzes angemessen zu beteiligen. Der Anteil der von der Staatsregierung und dem Landtag in die Kontrollorgane entsandten Vertreter darf ein Drittel nicht übersteigen. Die weltanschaulichen und gesellschaftlichen Gruppen wählen oder berufen ihre Vertreter selbst. Zu den Aufgaben des Rundfunkrates gehören unter anderem insbesondere die Wahl und die Abberufung des Intendanten, die Zustimmung zu dem vom Intendanten bestimmten Stellvertreter; die Zustimmung zur Berufung der Programmdirektoren, des Verwaltungsdirektors, des technischen und des juristischen Direktors (Justitiar) und der leitenden Angestellten (Hauptabteilungsleiter) der Anstalt; die Wahl von vier Mitgliedern des Verwaltungsrates; die Wahl von Mitgliedern und deren Stellvertreter für überregional errichtete Beratungs- und Kontrollorgane; die Genehmigung des Haushaltsplans und des Jahresabschlusses sowie die Entgegennahme des Prüfungsberichts des Bayerischen Obersten Rechnungshofes; die Beratung des Intendanten in allen Rundfunkfragen, insbesondere bei der Gestaltung des Programms und die Überwachung der Einhaltung der Grundsätze sowie der von ihm aufgestellten Richtlinien.
Intendant	Nach Art. 12 BayRG[345] führt der Intendant die Geschäfte des Bayerischen Rundfunks. Er trägt die Verantwortung für den gesamten Betrieb und die Programmgestaltung. Er vertritt den Bayerischen Rundfunk gerichtlich und außergerichtlich, schließt die Anstellungsverträge ab und setzt die Honorare der freien Mitarbeiter fest. Mit Zustimmung des Rundfunkrats beruft der Intendant die Programmdirektoren, einen Verwaltungsdirektor, einen technischen und einen juristischen Direktor (Justitiar) sowie aus ihrer Mitte seinen Stellvertreter. Ebenso bedarf der Intendant der Zustimmung des Rundfunkrats zur Berufung der leitenden Angestellten (Hauptabteilungsleiter) und des Jugendschutzbeauftragen.
Verwaltungsrat	Der Verwaltungsrat hat nach Art. 8 BayRG[346] die wirtschaftliche und technische Entwicklung des Rundfunks zu fördern. Der Verwaltungsrat schließt den Dienstvertrag mit dem Intendanten ab und überwacht dessen Tätigkeit. Er hat sechs Mitglieder, nämlich den Präsidenten des Landtags und den Präsidenten des Verwaltungsgerichtshofs und vier weitere Mitglieder, die vom Rundfunkrat gewählt werden und die weder der Staatsregierung noch dem Landtag angehören dürfen.
Dienende Freiheit	Die Rundfunkfreiheit stellt in erster Linie ein drittnütziges (dienendes) Freiheitsrecht dar, das der freien, individuellen und öffentlichen Meinungsbildung dient und ist zugleich eine Grundvoraussetzung für die funktionsfähige Demokratie.
Ausgestaltungsbedürftigkeit	Art. 5 Abs. 1 S. 2 GG gebietet, die Rundfunkordnung im Sinne einer positiven Ordnung auszugestalten, die die Meinungsvielfalt gewährleistet und sicherstellt, dass der Rundfunk weder dem Staat, einzelnen gesellschaftlichen Gruppen oder gar einer einzigen gesellschaftlichen Gruppe ausgeliefert wird.
Staatsferne	Der Rundfunk muss Freiheit gegenüber dem Staat genießen, um zwischen Staat und Bürger in einem freien und individuellen und

345 Vgl. zu anderen Gesetzesfassungen die Übersicht bei *Fechner/Mayer*, Nr. 21 Anhang II.
346 Vgl. zu anderen Gesetzesfassungen die Übersicht bei *Fechner/Mayer*, Nr. 21 Anhang II.

	vielfaltsorientierten Meinungsbildungsprozess vermitteln zu können. Daher gilt der Grundsatz der Staatsferne, der unmittelbar mit dem Gebot der Meinungsvielfalt verbunden ist. Der Staat darf nicht an der publizistischen Funktion des Rundfunks mitwirken, sich etwa nicht in die Programmgestaltung oder sonstige Belange des Rundfunks einmischen, oder diesen beeinträchtigen oder ihn gar instrumentalisieren oder beherrschen. Der Staat darf nicht als Rundfunkveranstalter auftreten und keinen bestimmenden oder maßgeblichen Einfluss auf das Programm nehmen. Der Staat und politische Parteien dürfen Mitglieder für die Besetzung der Kontrollgremien öffentlich-rechtlicher Rundfunkanstalten und Landesmedienanstalten benennen und in die Gremien entsenden, Allerdings darf die Anzahl der dem Staat zuzurechnenden Gremienmitglieder ein Drittel nicht übersteigen.. Auch von politischen Parteien entsandte Gremienmitglieder sind der „Staatsbank" zuzurechnen.
Pluralismusgebot	Die Ausgestaltung der Rundfunkfreiheit muss den Erfordernissen der Meinungsvielfalt, der Staatsferne und der Ausgewogenheit Rechnung tragen. Die Vielfalt der Anbieter und damit der Meinungen ist von Verfassung wegen auch im Bereich privater Veranstalter durch die Länder als Rundfunkgesetzgeber zu sichern. Das binnenplurale Modell (öffentlich-rechtlicher Rundfunk) sieht vor, dass die maßgeblichen gesellschaftlichen Gruppen im Binnenbereich des Rundfunkveranstalters vertreten und mit bestimmten Einwirkungsmöglichkeiten ausgestattet sind. Im außenpluralen Modell (privater Rundfunk) muss der einzelne Veranstalter kein in sich ausgewogenes Programm anbieten. Er ist aber zu „sachgemäßer, umfassender und wahrheitsgemäßer Information und einem Mindestmaß an gegenseitiger Achtung verpflichtet".
Veranstalterfreiheit	Die Rundfunkfreiheit steht auch den Rundfunkveranstaltern zu. Private Anbieter sind auch in Bayern ungeachtet der gesetzlichen Veranstaltereigenschaft der bayerischen Landesmedienanstalt Begünstigte des Rechts zur Wahrnehmung der Programmgestaltung als Kernfunktion des Rundfunks.
ARD	Arbeitsgemeinschaft der öffentlich-rechtlichen Rundfunkanstalten der Bundesrepublik Deutschland.
ZDF	Zweites Deutsches Fernsehen (gemeinsame Fernsehanstalt aller Länder).
Öffentlich-rechtliches System	Das öffentlich-rechtliche System beschreibt das Miteinander von ARD und ZDF.
Duales System	Die beiden Säulen des dualen Systems sind der öffentlich-rechtliche Rundfunk auf der einen Seite und die privaten Rundfunkveranstalter und die Landesmedienanstalten auf der anderen Seite.
LMA	Die Landesmedienanstalten sind rechtlich verselbständigte, grundrechtssichernde Verwaltungseinheiten zur Aufsicht der privaten Rundfunkveranstalter. Sie erfüllen die öffentliche Aufgabe, den individuellen Freiraum für die privaten Rundfunkveranstalter zu vermitteln und zu organisieren und dabei zugleich die gesamtgesellschaftlich bedeutsame Funktionsfähigkeit des privaten Rundfunks im allgemeinen Interesse zu sichern. Sie müssen gesellschaftsplural organisiert sein. In der Bundesrepublik Deutschland gibt es 14 Landesmedienanstalten: – Landesanstalt für Kommunikation Baden-Württemberg (**LFK**) – Bayerische Landeszentrale für neue Medien (**BLM**)

	– Medienanstalt Berlin-Brandenburg (**mabb**) – Bremische Landesmedienanstalt (**brema**) – Medienanstalt Hamburg/Schleswig-Holstein (**MA HSH**) – Hessische Landesanstalt für privaten Rundfunk (**LPR Hessen**) – Landesrundfunkzentrale Mecklenburg-Vorpommern (**LRZ**) – Niedersächsische Landesmedienanstalt (**NLM**) – Landesanstalt für Medien Nordrhein-Westfalen (**LfM**) – Landeszentrale für Medien und Kommunikation Rheinland-Pfalz (**LMK**) – Landesmedienanstalt Saarland (**LMS**) – Sächsische Landesanstalt für privaten Rundfunk und neue Medien (**SLM**) – Medienanstalt Sachsen-Anhalt (**MSA**) – Thüringer Landesmedienanstalt (**TLM**).
ALM	Die Arbeitsgemeinschaft der Landesmedienanstalten in der Bundesrepublik Deutschland (ALM) koordiniert grundsätzliche und länderübergreifende Fragen der Zulassung und Kontrolle sowie Entwicklung des privaten Rundfunks. Ihre Mitglieder sind die 14 deutschen Landesmedienanstalten.
KEF	Die Kommission zur Überprüfung und Ermittlung des Finanzbedarfs der Rundfunkanstalten ist in das dreistufige Verfahren der Rundfunkbeitragsfestsetzung (Bedarfsanmeldung, Bedarfsüberprüfung, Festsetzung) eingebunden. Sie überprüft auf der zweiten Stufe den von den Rundfunkanstalten angemeldeten Finanzbedarf nach fachlichen Kriterien (Einhaltung des Rundfunkauftrags und der Grundsätze von Wirtschaftlichkeit und Sparsamkeit) auf ihre Erforderlichkeit und macht einen konkreten Beitragsvorschlag. Sie besteht aus 16 unabhängigen Sachverständigen und muss rundfunk- und politikfrei zusammengesetzt sein.
KEK	Die Kommission zur Ermittlung der Konzentration im Medienbereich dient als Sachverständigengremium und Organ der jeweils zuständigen Landesmedienanstalt. Ihre Aufgabe ist es, Medienkonzentration bei der bundesweiten Veranstaltung von Fernsehprogrammen zu verhindern. Maßstab und Grenze ist dabei die vorherrschende Meinungsmacht. Die rechtlichen Vorgaben für die Tätigkeit der KEK sind in §§ 25 bis 34 RStV niedergelegt. Sie besteht aus sechs Sachverständigen des Rundfunk- und des Wirtschaftsrechts und sechs gesetzlichen Vertretern der Landesmedienanstalten. Den Vorsitz und den stellvertretenden Vorsitz führen Mitglieder aus dem Kreis der Sachverständigen. Bei einer 6 : 6 Stimmengleichheit entscheidet die Stimme des Vorsitzenden.
KJM	Die Kommission für Jugendmedienschutz ist für die abschließende Beurteilung von Angeboten am Maßstab des Jugendmedienschutzstaatsvertrages zuständig. Ihre Aufgaben sind im Einzelnen in § 16 JMStV geregelt. Dabei wirkt sie mit den Einrichtungen der freiwilligen Selbstkontrolle – etwa der FSK – zusammen (Modell der regulierten Selbstregulierung). Sie besteht aus sechs Mitgliedern aus dem Kreis der Direktoren der Landesmedienanstalten, vier Mitgliedern von den für Jugendschutz zuständigen obersten Landesbehörden und zwei Mitgliedern von der für den Jugendschutz zuständigen obersten Bundesbehörde. Den Vorsitz führt ein Direktor einer Landesmedienanstalt, dessen Stimme bei einer 6 : 6 Stimmengleichheit entscheidet.

ZAK	Die Kommission für Zulassung und Aufsicht ist vor allem für die Zulassung, Rücknahme und Widerruf der Zulassung bundesweiter Rundfunkveranstalter, die Zuweisung von Übertragungskapazitäten für bundesweite Versorgung, soweit nicht dafür die GVK zuständig ist, und die Aufsicht über Plattformen sowie über bundesweite Rundfunkveranstalter zuständig. Sie arbeitet als Organ der jeweils zuständigen Landesmedienanstalt. Ihr gehören die nach Landesrecht zu bestimmenden gesetzlichen Vertreter der Landesmedienanstalten an.
GVK	Die Gremienvorsitzendenkonferenz befasst sich mit den Auswahlentscheidungen bei den Zuweisungen von Übertragungskapazitäten nach § 51a Abs. 4 RStV und mit der Entscheidung über die Belegung von Plattformen. Außerdem muss die ZAK die Gremienvorsitzendenkonferenz bei grundsätzlichen Angelegenheiten, insbesondere bei der Erstellung von Satzungen und Richtlinienentwürfen einbeziehen. Die GVK setzt sich aus den jeweiligen Vorsitzenden der plural besetzten Beschlussgremien der Landesmedienanstalten zusammen.
Grundversorgung	Grundversorgung ist die Versorgung mit Rundfunk, die die gesamte Bandbreite der programmlichen Gestaltungsformen abbildet und für jedermann erreichbar ist. Sie ist durch die öffentlich-rechtlichen Rundfunkanstalten sicher zu stellen. In seiner neuen Rechtsprechung verwendet das Bundesverfassungsgericht diesen Begriff meist nicht mehr, sondern spricht vom klassischen Funktionsauftrag des öffentlich-rechtlichen Rundfunks.

D. Filmrecht

Ein weiteres in Art. 5 Abs. 1 GG geschütztes Massenmedium ist der Film. Der gesonderte Schutz erklärt sich daraus, dass Filme ebenso wie Rundfunksendungen Meinungen und Informationen enthalten und damit zur Meinungsbildung der Öffentlichkeit beitragen. **243**

I. Praktische Bedeutung des Filmrechts

Freilich hat der einzelne Film keine dem Rundfunk oder der Presse vergleichbare Bedeutung im Meinungsbildungsprozess. Der Film steht zwischen dem Presse- und Rundfunkrecht, wobei es keine rechtlichen Rahmenbedingungen in konzentrierter Form gibt. Insbesondere gibt es kein in sich geschlossenes Gesetz zur Regelung der Materie Film. Da die Herstellung von Filmen teuer, aber kulturell wertvoll ist, spielt die **Filmförderung** eine wichtige Rolle. Diese ist im Filmförderungsgesetz (FFG) des Bundes geregelt und wird mit Hilfe einer Filmförderungsanstalt (§ 1 FFG) umgesetzt.[347] Neben dem Bund unterhalten auch die Länder Einrichtungen und Programme zur **244**

347 Vgl. von *Have/Schwarz*, in: von Hartlieb/Schwarz, Handbuch des Film-, Fernseh- und Videorechts, 5. Aufl. 2011, 105. Kap., Rn. 12.

Filmförderung[348]. Zudem ist vor allem das Zivilrecht im Hinblick auf Fragen der Verwertung von Filmen und die Gestaltung von Filmverträgen bedeutsam.[349] Verfassungsrechtlich ist die Filmfreiheit eher von eingeschränkter Bedeutung, weil der Film als Ganzes in der Regel auch ein Kunstwerk ist[350]. Daher ist auch meistens die weiter gehende Kunstfreiheit des Art. 5 Abs. 3 GG einschlägig[351]. Im Gegensatz zur Filmfreiheit unterliegt die Kunstfreiheit nämlich nicht den Schranken des Art. 5 Abs. 2 GG, sondern lediglich den sog. verfassungsimmanenten Schranken, also kollidierenden Grundrechten oder anderen Rechtsgütern mit Verfassungsrang. Daher kommt es auf die isolierte Filmfreiheit des Art. 5 Abs. 1 S. 2 GG meist nicht an.

II. Begriff des Films

245 Film[352] erfasst die für die Allgemeinheit geeignete und bestimmte Produktion und Verbreitung von Darbietungen aller Art in Form von bewegten Bildern regelmäßig mit begleitenden Tonfolgen auf einem geeigneten Bild-Ton-Träger[353], die zur öffentlichen Aufführung bestimmt sein müssen[354]. Durch die Art der Vorführung dieser bewegten Bilder unterscheidet sich der Film vom Rundfunk. Bei Ausstrahlung im Fernsehen greift nicht mehr die Film-, sondern die Rundfunkfreiheit ein.[355] Im Gegensatz zum Rundfunk, der durch Funkwellenübertragung gesendet wird, wird der Film an bestimmten Orten, insbesondere in Kinos, einem Publikum vorgeführt. Die Filmfreiheit schützt auch die Verbreitung von Filmen über bestimmte Bildträger, d.h. über Videobänder, Bildplatten, etwa VHS-Kassetten, DVDs u.Ä.

III. Die Freiheit des Films nach Art. 5 Abs. 1 S. 2 GG

246 Träger der Filmfreiheit sind sowohl die für die Herstellung und Verbreitung der Filme zuständigen Personen, als auch die mit Filmen Handel Treibenden. Der **Schutzbereich** umfasst das Herstellen und Verbreiten von Filmen. Das Anschauen eines Films unterfällt der Informationsfreiheit.[356] Zudem ist die Institution Film zu gewährleisten, ohne dass daraus individuelle Förderungsansprüche abgeleitet werden können[357].

247 Im Zusammenhang mit der Filmfreiheit spielt das Verbot staatlicher **Zensur** eine besondere Rolle. Der Staat darf nach Art. 5 Abs. 1 S. 3 GG keinen Einfluss auf Inhalt und

348 Vgl. *Schwarz/Hansen*, in: von Hartlieb/Schwarz, Handbuch des Film-, Fernseh- und Videorechts, 5. Aufl. 2011, 133. Kap.; *Castendyk*, Die deutsche Filmförderung. Eine Evaluation, 2008, S. 47 ff
349 Dazu *Fechner*, 11. Kapitel, Rn. 39 ff.
350 *BK-Degenhart*, Art. 5 Abs. 1 und 2 GG, Rn. 902.
351 *BVerwGE* 1, 303, 305.
352 Dazu *BK-Degenhart*, Art. 5 Abs. 1 und 2 GG Rn. 901 ff.
353 *BK-Degenhart*, Art. 5 Abs. 1 und 2 GG Rn. 904, 900.
354 *BK-Degenhart*, Art. 5 Abs. 1 und 2 GG Rn. 904, 900; *Wendt*, in: v. Münch/Kunig, Grundgesetz Kommentar, Band 1, 6. Aufl., 2012, Art. 5 GG Rn. 61.
355 Zur Abgrenzung *BK-Degenhart*, Art. 5 Abs. 1 und 2 GG Rn. 901.
356 *Fechner*, 11. Kapitel, Rn. 21.
357 *BVerfGE* 39, 159, 163.

Gestaltung eines Films nehmen (Vorzensur)[358], sondern lediglich die Verbreitung eines Filmes unter Berücksichtigung beispielsweise des Jugendschutzes einschränken. Eine Nachzensur kann zur Gewährleistung rechtlicher Vorgaben, insbesondere des Jugendschutzes geboten sein.[359] Das Bundesverfassungsgericht hat die Bedeutung der Zensur[360] präzisiert.

Zur Vertiefung

Bekannte Beispiele sind die Filme „Die Sünderin" von Willi Forst (bürgerlich Wilhelm Anton Frohs) von 1950 und „Tanz der Teufel" von Sam Raimi aus dem Jahr 1981. „Die Sünderin"[361] mit Hildegard Knef und Gustav Fröhlich handelt von einer Prostituierten, die sich in einen schwerkranken Maler verliebt, den sie schließlich aus Mitleid umbringt, bevor sie selbst den Freitod wählt. Der Film war insbesondere wegen einer Nacktszene von Hildegard Knef ein großer Skandal in der damaligen Zeit. Er ist heute ab 12 Jahren freigegeben und lief bereits mehrfach im Fernsehen. Auch in Reaktion auf diesen Film wurde zur Umsetzung des Gesetzes gegen jugendgefährdende Schriften (GjS) von 1953 im Jahr 1954 die Bundesprüfstelle für jugendgefährdende Medien gegründet. In „Tanz der Teufel" von 1981, der in der Videofassung von 1984 indiziert wurde, geht es um eine Gruppe von Jugendlichen, die in einer Waldhütte ein Buch und ein Tonbandgerät mit Beschwörungsformeln finden. Die dämonischen Kräfte dieser Gegenstände dezimieren die Gruppe. Nacheinander werden die menschlichen Körper als Wirte für nach Tod und Verderben strebende Kreaturen genutzt. **248**

Filme, die einem breiteren Publikum gezeigt werden sollen, müssen zur Alterskennzeichnung vorgelegt werden. Dies ist keine Vorzensur[362]. Der Staat wird damit seiner Pflicht zu einem effektiven Jugendschutz gerecht. In den vergangenen Jahrzehnten hat sich, um behördlichen Maßnahmen vorzubeugen, im Rahmen der sog. regulierten Selbstregulierung ein System der **Freiwilligen Selbstkontrolle der Filmwirtschaft** (FSK) etabliert, das für jeden Film Einstufungen und Altersfreigaben im Hinblick auf das Kino- und Videopublikum erteilt[363]. Der Staat greift auf dieses System zurück, auch wenn er von einer Bewertung der FSK abweichen kann.[364] **249**

IV. Einfachgesetzliche Ausgestaltung

Filme sind in der Produktion vergleichsweise teuer, so dass sie häufig nur durch intensive staatliche Bezuschussung möglich sind. Dies wird allgemein befürwortet, weil Filme ein populärer Ausdruck nationaler Kultur sind oder sein können. Im Zusammenhang mit der Filmfreiheit ist daher das System der **Filmförderung** von besonderer Bedeutung.[365] Auch dieses kann einen Eingriff in Rechte Dritter, z.B. nicht berücksichtigter Förderungsempfänger, durch den Staat begründen. Zur Regelung dieser Fragen hat der Bund das **Filmförderungsgesetz** (FFG) erlassen, das durch Förderung die Qualität des deutschen Films auf breiter Grundlage steigern und zugleich die deutsche Filmwirtschaft überlebensfähig halten soll. Wenn es zu einer Filmförderung kommt, **250**

358 *Kingreen/Poscher*, Rn. 652.
359 *Fechner*, 11. Kapitel, Rn. 16.
360 *BVerfGE* 33, 52, 72; 87, 209, 230.
361 Dazu auch *BVerwGE* 1, 303.
362 *BVerfGE* 33, 52, 73 ff.
363 Dazu *Fechner*, 11. Kapitel, Rn. 23.
364 *BVerfGE* 87, 209, 230 ff.
365 Dazu *Fechner*, 11. Kapitel, Rn. 28 ff.

muss der Staat seine **weltanschauliche Neutralität** wahren[366]. Die einzelnen Länder haben zusätzlich eigene Systeme zur Filmförderung eingerichtet. Auch bei der Filmförderung sind die Vorgaben des AEUV, insbesondere Art. 107 AEUV, zu beachten. Staatliche oder aus staatlichen Mitteln gewährte Beihilfen, die durch die Begünstigung bestimmter Unternehmen oder Produktionszweige den Wettbewerb verfälschen oder zu verfälschen drohen, sind danach nur zulässig, soweit sie den Handel zwischen den Mitgliedstaaten nicht beeinträchtigen.

Finanziert wird die Filmförderung durch die Erhebung einer Filmabgabe. Während bis zum Jahr 2004 ausschließlich die Betreiber von Filmtheatern und die Lizenzinhaber der Videowirtschaft abgabepflichtig waren, hat der Gesetzgeber im Jahr 2010 auch die Fernsehveranstalter rückwirkend ab 2004 der Abgabenverpflichtung unterworfen. Nachdem sich mehrere Betreiber von Filmtheatern im Wege der Verfassungsbeschwerde gegen Abgabenbescheide der Filmförderungsanstalt gewandt hatten[367], musste das Bundesverfassungsgericht über die Verfassungsmäßigkeit der Filmabgabe entscheiden. Mit Urt. v. 28. Januar 2014 hat das Gericht die entsprechenden Regelungen des Filmförderungsgesetzes für verfassungsgemäß erklärt.[368] Die für die Filmabgabe maßgeblichen Bestimmungen (§§ 66 ff. FFG) seien durch die Gesetzgebungskompetenz des Bundes für das Recht der Wirtschaft (Art. 74 Abs. 1 Nr. 11 GG) gedeckt. Etwas anderes ergebe sich auch nicht daraus, dass der Gesetzgeber mit den wirtschaftsbezogenen Regelungen zugleich kulturelle Zwecke verfolge, die für sich gesehen in die Gesetzgebungszuständigkeit der Länder fallen würden. Auch in materieller Hinsicht sah das Bundesverfassungsgericht die finanzverfassungsrechtlichen Anforderungen an die Erhebung von Sonderabgaben gewahrt. Mit einer Sonderabgabe darf ausschließlich ein homogener, von der Allgemeinheit und anderen Gruppen abgrenzbarer Personenkreis belegt werden, der zu dem Zweck der Abgabenerhebung in spezifischer Sachnähe steht, so dass ihm eine besondere Finanzierungsverantwortung zugerechnet werden kann. Da es sich bei den belasteten Kinobetreibern, Lizenzrechtsinhabern und Fernsehveranstaltern um Inlandsvermarkter deutscher Kinofilme handelt, deren gemeinsames Interesse im Erfolg des deutschen Films und der Filmwirtschaft liegt, war hier von einer homogenen Gruppe mit besonderer Sachnähe und zurechenbarer Finanzierungsverantwortung auszugehen.[369]

251 Einfachgesetzlich spielt das Urheberrechtsgesetz für Fragen der Verwertung von Filmen, etwa bei der Einräumung von **Nutzungsrechten** an bestimmten Filmwerken eine Rolle.[370] Besonders die Vertragsgestaltung mit den Filmverleihunternehmen, die für eine Ausstrahlung in den Kinos sorgen, ist ein urheberrechtlich interessantes Konstrukt. Im Zusammenhang mit der Gestaltung von Filmrechten hat in den letzten Jahren auf der Ebene der Europäischen Union, aber auch im Rahmen entsprechender Verhandlungen bei der World Trade Organisation (WTO) die Aufstellung und Beach-

366 *BVerfGE* 80, 124, 134.
367 Entsprechend dem Gebot der Rechtswegerschöpfung nach § 90 Abs. 2 S. 1 BVerfGG wurde zuvor der Verwaltungsrechtsweg gegen die Abgabenbescheide beschritten.
368 *BVerfGE* 135, 155 = NVwZ 2014, 646.
369 *BVerfG*, NVwZ 2014, 646, 650 ff.
370 Dazu *Kuck*, in: Schwartmann, Praxishandbuch Medienrecht, 26. Kap. Rn. 291 ff.

tung sog. nationaler Produktionsquoten eine Rolle gespielt. Nach diesen sollen die entsprechenden Unternehmen – z.B. Verleihfirmen und Kinos – gezwungen werden, einen Mindestanteil der im Verleih befindlichen Filme aus nationaler oder europäischer Produktion aufzunehmen. Solche Regelungen sind im Lichte des Unionsrechts und des Welthandelsrechts kritisch zu betrachten.

V. Fazit und Glossar

Neben seiner kulturellen Rolle hat der Film eine große wirtschaftliche Bedeutung. Aus 252
beiden Gründen spielt die Filmförderung in Gestalt der Filmabgabe, deren Verfassungsmäßigkeit das Bundesverfassungsgericht Anfang des Jahres 2014 bestätigt hat, eine wichtige Rolle. Verfassungsrechtlich ist die Filmfreiheit von nachrangiger Bedeutung, weil der Film als Ganzes auch dem Begriff der Kunst unterfällt und damit von der Kunstfreiheit des Art. 5 Abs. 3 GG geschützt ist. Im Hinblick auf Fragen der Vertragsgestaltung, Urheberrechte und Filmförderung sind zivilrechtliche Regelungen wichtig.

Filmfreiheit	Filme sind für die Allgemeinheit geeignete und bestimmte Produktionen und Verbreitung von Darbietungen aller Art in Form von bewegten Bildern mit regelmäßig begleitenden Tonfolgen auf einem Bild-Ton-Träger, die zur öffentlichen Aufführung bestimmt sein müssen. Träger der Filmfreiheit sind sowohl die für die Herstellung und Verbreitung der Filme zuständigen Personen, als auch die mit Filmen Handel Treibenden. Geschützt ist das Herstellen und Verbreiten von Filmen.

E. Recht der Telemedien

I. Praktische Bedeutung der Telemedien

Die praktische und wirtschaftliche Bedeutung der Telemedien ist in Zeiten inhaltlicher 253
und technischer Konvergenz auch von den Möglichkeiten geprägt, klassische Mediengattungen zu kombinieren. Dies liegt einmal daran, dass unterschiedliche Medieninhalte über dieselben Transportwege verbreitet werden können (technische Konvergenz). Dies führt zunehmend dazu, dass sich – zumindest bei den Randbereichen – auch Inhalte angleichen. Individual- und Massenkommunikation bzw. Presse und Rundfunk (elektronische Presse) sind nicht mehr eindeutig unterscheidbar. Auch die Unterscheidung von Rundfunk und Telemedien hat angesichts der zahlreichen Kommunikationsformen des Internet an Komplexität gewonnen.[371] Zudem sind Suchmaschinen, soziale Netzwerke, Videoplattformen und Instant-Messanger wesentliche Elemente der Kommunikation in der digitalen Gesellschaft geworden, die das Kommunikations- und Informationsverhalten fundamental immer weiter verändern.[372]

371 Zur Einordnung der sozialen Medien in eine der beiden Kategorien *Schwartmann/Ohr,* in: Schwartmann, Praxishandbuch Medienrecht, 11. Kap. Rn. 93 ff.

372 Vertiefend dazu *Zimmer*, Intermediäre und Meinungsbildung, in: die medienanstalten, Vielfaltsbericht der Medienanstalten, Berlin 2018, S. 52 ff.

Zur Vertiefung

254 Dabei ist es interessant, dass bei der Nutzung von Bewegtbildangeboten das klassische lineare Fernsehen zwar noch dominiert. So entfallen nach der Studie „Massenkommunikation Trends 2017"[373] täglich 167 Minuten (netto) auf lineare Fernsehsendungen und nur 18 Minuten auf Videonutzung im Internet. Bei den unter 30-jährigen macht die Live-Fernsehnutzung aber nur noch 86 Minuten täglich und die Videonutzung im Internet bereits 55 Minuten täglich aus. Dabei nutzt mit stark steigender Tendenz fast jeder Vierte dieser Altersgruppe ein Videoportal zur Information über das Zeitgeschehen, wobei YouTube dominiert. Daher spricht man bereits von der Generation YouTube.[374]

Die Internetnutzung in Deutschland hat insgesamt ein hohes Niveau erreicht. Im Jahr 2017 lag der Anteil der Internetnutzer bei 81 % der Bevölkerung.[375] So nutzt bereits über die Hälfte der Bevölkerung an einem durchschnittlichen Tag mindestens einmal eine Suchmaschine, ein soziales Netzwerk oder einen Instant Messenger zur Information, Unterhaltung oder zur persönlichen Kommunikation. Fast die Hälfte der 14 bis 29-jährigen nutzt die Suchmaschine Google, um sich über das Zeitgeschehen zu informieren. Daneben haben bei den sozialen Netzwerken in dieser Altersgruppe Facebook (29,8 %), Instagram (11,2 %) und Snapchat (5,4 %) als Informationsquelle Bedeutung. Dagegen spielen die Instant-Messanger wie WhatsApp, trotz ihrer weiten Verbreitung und ihrer über Individualkommunikation hinausgehenden Angebote als Informationsquelle über das Zeitgeschehen noch keine wichtige Rolle, da die persönliche Kommunikation mit Freunden und Bekannten im Vordergrund steht.

255 Medienunternehmen betrachten es als eine wichtige Herausforderung der Zukunft, neue Märkte in der digitalen Welt zu erschließen. Sie sehen dies nicht nur als Chance an, sondern auch als Notwendigkeit für das Überleben der Branche. Gerade Printunternehmen glauben in der digitalen Gesellschaft auf lange Sicht nicht mehr an die Zukunft ihres Mediums in isolierter Form und suchen Synergieeffekte, die aufgrund der Zusammenarbeit im audiovisuellen Sektor[376] sowie der Kombination verschiedener Verbreitungswege möglich sind.

Beispiel: Ein Zeitungsverlag bietet in Tageszeitungen Ausflugsreisen an. Er erwägt, einen privaten Rundfunkveranstalter zu erwerben, um so eine über klassische Werbung hinausgehende Vertriebsunterstützung dieser Reiseveranstaltungen zu ermöglichen. Ein Zeitungsverlag stellt seine gesamte Berichterstattung im Rahmen eines hierfür eingerichteten Online-Angebots zur Verfügung. Teilweise sind die Artikel den Lesern kostenlos zugänglich. Besonders aktuelle und spannende Artikel sind ausschließlich über ein kostenpflichtiges Online-Abonnement verfügbar.

256 In der crossmedialen Welt gibt es Plattformen, die zugleich Inhalte, massenmediale Transportleistungen und individuelle Kommunikationsleistungen (Fernsehen/Internet/Telefonie) anbieten und so eine neue Verkettung von Wertschöpfungsebenen ermöglichen. Insbesondere kann auf diese Weise ein Endkundenkontakt hergestellt werden. Die Möglichkeit, digitalisierte Kommunikationsinhalte auf verschiedenen Übertragungswegen zu verbreiten und somit die Empfänger auf beliebigen Endgeräten mit einem umfassenden Informations- und Unterhaltungsangebot zu versorgen, macht private Investitionen in digitale Kommunikationsnetze auch ökonomisch attraktiv.

373 MP 2017, 358 ff.

374 *Zimmer*, Intermediäre und Meinungsbildung, in: die medienanstalten, Vielfaltsbericht der Medienanstalten, Berlin 2018, S. 56 f.

375 Vgl. *die medienanstalten* (Hrsg.), Sicherung der Meinungsvielfalt im digitalen Zeitalter, Bericht der Kommission zur Ermittlung der Konzentration im Medienbereich (KEK) über die Entwicklung der Konzentration und über Maßnahmen zur Sicherung der Meinungsvielfalt im privaten Rundfunk, 2018, S. 206.

376 In diesem Sinne *M. Döpfner* im Interview mit der F.A.Z. vom 4.1.2006, S. 34.

Neue Techniken – z.B. IP-TV oder peer-to-peer-Angebote – erlauben es auch kleinen Marktteilnehmern, crossmediale Effekte zu nutzen.

Andererseits haben sich im Bereich des Internet – namentlich durch Facebook und Google – **„Kommunikationsmonopole"** gebildet. Eine derart überragende Marktmacht einzelner Unternehmen hat regelmäßig zur Folge, dass sich neue Anbieter auf den betroffenen Märkten kaum behaupten können.[377] Dies wirft nicht nur kartellrechtliche, sondern vor allem auch datenschutzrechtliche Probleme auf. Dies zeigt etwa das Verfahren, dass das Bundeskartellamt 2016 gegen Facebook wegen des Verdachts des Missbrauchs seiner marktbeherrschenden Stellung durch Verstöße gegen das Datenschutzrecht einleitete.[378] Der Vorwurf lautete, dass Facebook im Rahmen seiner Vertragsbestimmungen eine für den Nutzer hinsichtlich ihres Umfangs nur schwer verständliche Einwilligung zur Verwendung von Nutzerdaten einhole und die Nutzung des Dienstes dabei von der Erteilung dieser Einwilligung abhängig mache.[379] Daher kam das Bundeskartellamt zu der Einschätzung, dass Facebook einen „Konditionenmissbrauch"[380] begehe, indem das Unternehmen die Nutzung des sozialen Netzwerks davon abhängig mache, unbegrenzt jegliche Art von Nutzerdaten aus Drittquellen sammeln und mit dem Facebook-Konto zusammenführen zu dürfen.[381] Im Zuge der neuen Anforderungen der seit 25. Mai 2018 in Europa anzuwendenden Datenschutz-Grundverordnung (DS-GVO) hat Facebook seine Datenschutzrichtlinien angepasst.[382] Im Februar 2019 hat das Bundeskartellamt dementsprechend Facebook die Zusammenführung der Nutzerdaten aus Drittquellen untersagt:[383] So ist eine Zusammenführung von Daten aus Drittquellen mit dem Nutzerkonto von Facebook nur nach vorheriger freiwilliger und informierter Einwilligung der Nutzer möglich. **257**

377 Vgl. dazu speziell im Hinblick auf soziale Medien *Schwartmann/Ohr,* in: Schwartmann, Praxishandbuch Medienrecht, 11. Kap. Rn. 258 ff.

378 Vgl. dazu die Pressemitteilung des *BKartA* v. 2.3.2016, abrufbar unter https://www.bundeskartellamt.de/SharedDocs/Meldung/DE/Pressemitteilungen/2016/02_03_2016_Facebook.html (zuletzt abgerufen am 27.09.2018) sowie *Kundan*, in: Schwartmann Praxishandbuch Medienrecht Kap. 13 Rn. 50.

379 Vgl. dazu die Pressemitteilung des *BKartA,* v. 19.12.2017, abrufbar unter https://www.bundeskartellamt.de/SharedDocs/Meldung/DE/Pressemitteilungen/2017/19_12_2017_Facebook.html sowie *Kundan*, in: Schwartmann Praxishandbuch Medienrecht Kap. 13 Rn. 50..

380 Vgl. dazu die Pressemitteilung des *BKartA,* v. 2.3.2016, abrufbar unter https://www.bundeskartellamt.de/SharedDocs/Meldung/DE/Pressemitteilungen/2016/02_03_2016_Facebook.html (zuletzt abgerufen am 27.09.2018).

381 Pressemitteilung des *BKartA,* v. 19.12.2017, abrufbar unter https://www.bundeskartellamt.de/SharedDocs/Meldung/DE/Pressemitteilungen/2017/19_12_2017_Facebook.html (zuletzt abgerufen: 28.09.2018).

382 Vgl. https://de-de.facebook.com/policy.php (zuletzt abgerufen: 28.09.2018)

383 Vgl. dazu Pressemitteilung des *BKartA,* v. 07.02.2019, abrufbar unter https://www.bundeskartellamt.de/SharedDocs/Meldung/DE/Pressemitteilungen/2019/07_02_2019_Facebook.html (zuletzt abgerufen: 13.02.2019) sowie dazugehöriger Hintergrundpapier des *BKartA,* v. 07.02.2019, abrufbar unter https://www.bundeskartellamt.de/SharedDocs/Publikation/DE/Pressemitteilungen/2019/07_02_2019_Facebook_FAQs.pdf?__blob=publicationFile&v=7 (zuletzt abgerufen: 13.02.2019).

Nicht zuletzt ist auch die **Meinungs- und Informationsvielfalt** betroffen.[384] So kann etwa ein Suchmaschinenbetreiber mithilfe von Algorithmen, die die unüberschaubare Menge an Webinhalten nach Relevanz für die jeweilige Suchanfrage ordnen, auf die Reihenfolge der angezeigten Suchergebnisse Einfluss nehmen. Die Zulässigkeit einer derartigen Einflussnahme auf die Ergebnisse einer Suchanfrage stand etwa im Juni 2017 zur Diskussion, als die EU-Kommission gegen Google wegen einer Wettbewerbsverzerrung eine Strafe in Höhe von 2,42 Milliarden Euro verhängte.[385] Die Kommission warf Google vor, beim Online-Shopping sein eigenes Preisvergleichsangebot in den Suchergebnissen zuerst aufzuführen und damit seine Konkurrenten zu benachteiligen. Auch kann eine inhaltliche Vorselektierung der Trefferliste anhand persönlicher Vorlieben des Suchenden erfolgen. Ermöglicht wird dies durch die umfangreiche Sammlung von Nutzerdaten und die Dokumentation des Surfverhaltens der Nutzer.[386] Des Weiteren können die Nutzer durch gezielte Vorschläge, die den jeweiligen Suchbegriff automatisch ergänzen (sog. Autocomplete-Funktion), zur Auswahl bestimmter Inhalte bewegt werden.[387] Im Falle derartiger Machtstellungen von Unternehmen, die auf den Zugang zu Informationen unmittelbaren Einfluss nehmen können (sog. Gatekeeper), muss der Gesetzgeber regulierend tätig werden, um die Meinungs- und Informationsvielfalt im Wege neutraler und transparenter Auswahlprozesse zu gewährleisten.[388] Dementsprechend hat der Gesetzgeber das Gesetz zur Verbesserung der Rechtsdurchsetzung in sozialen Netzwerken (Netzwerkdurchsetzungsgesetz – NetzDG) erlassen, das am 1.10.2017 in Kraft getreten ist.[389] Das Gesetz enthält Verfahrensregeln im Hinblick auf den Umgang mit strafbaren Inhalten im Rahmen der Nutzung sozialer Netzwerke und erweitert damit die Verantwortung der Anbieter.[390]

Besonderes Augenmerk muss ferner auf die Einhaltung datenschutzrechtlicher Standards gelegt werden.

258 Einen wesentlichen Schritt in diese Richtung hat der Europäische Gerichtshof vorgenommen. Zum einen hat er die Durchsetzung nationaler Datenschutzstandards gegenüber international tätigen Unternehmen wie Google oder Facebook wesentlich er-

384 Dazu *Dörr/Natt*, Suchmaschinen und Meinungsvielfalt – Ein Beitrag zum Einfluss von Suchmaschinen auf die demokratische Willensbildung, ZUM 2014, 828 ff.

385 *EU-Kommission*, MEMO/17/1785 v. 27.6.2017, abrufbar unter http://europa.eu/rapid/press-release_MEMO-17-1785_de.htm (zuletzt abgerufen: 20.02.2019) sowie Pressemitteilung v. 27.6.2017, abrufbar unter http://europa.eu/rapid/press-release_IP-17-1784_de.htm (zuletzt abgerufen: 20.02.2019).

386 Vgl. dazu eingehend *Schwartmann*, in: Schwartmann, Praxishandbuch Medienrecht, 1. Kap. Rn. 13 ff.

387 Zur Haftung Googles für persönlichkeitsverletzende Suchergänzungsvorschläge *BGHZ* 197, 213.

388 Vgl. dazu *Dörr/Schuster*, in: Stark/Dörr/Aufenanger, Die Googleisierung der Informationssuche, Suchmaschinen zwischen Nutzung und Regulierung, 2014, 262, 284 ff.; *Kreile/Thalhofer*, ZUM 2014, 629.

389 BT-Drs. 18/12727 v. 14.6.2017.

390 Vgl. dazu ausführlich Rn. 236a, siehe auch *Schwartmann*, in: Schwartmann, Praxishandbuch Medienrecht Kap. 1 Rn. 19; *Schwartmann*, GRUR-Prax 2017, 317 ff.; *Hain/Ferreau/Brings-Wiesen*, K&R 2017, 433 ff. sowie kritisch *Gersdorf*, MMR 2017, 439 ff.

leichtert.[391] Zum anderen muss ein Suchmaschinenbetreiber von nun an Links zu solchen Webseiten, die Informationen über eine Person enthalten und im Rahmen der Suchergebnisse angezeigt werden, entfernen, soweit der Betroffene dies verlangt und die Information über ihn zum gegenwärtigen Zeitpunkt nicht mehr dem ursprünglichen Zweck der Datenverarbeitung entspricht (sog. „Recht auf Vergessenwerden").[392] Dies gilt unabhängig davon, ob es sich um sachlich richtige Informationen handelt oder dem Betroffenen durch die Einbeziehung der betreffenden Daten in die Suchergebnisliste ein Schaden entstanden ist.[393] Grundsätzlich ist dabei von einem Überwiegen des Rechts auf Schutz personenbezogener Daten gegenüber den wirtschaftlichen Interessen des Suchmaschinenbetreibers sowie dem Informationsinteresse der Öffentlichkeit auszugehen.[394]

17. Übungsfrage[395]**:** Bei Eingabe seines Namens in eine bekannte Suchmaschine bemerkt A, dass im Rahmen der Suchergebnisse eine Verlinkung angezeigt wird, die zu einer alten Zeitungsanzeige führt. Diese Anzeige enthält einen Hinweis auf die vor 16 Jahren erfolgte Zwangsversteigerung eines Grundstücks, dessen Eigentümer A bis zum diesem Zeitpunkt war. Sofort wendet sich A an den Suchmaschinenbetreiber und verlangt die Löschung der Verlinkung aus der Liste von Suchtreffern, die bei Eingabe seines Namens erscheinen. Er meint, der Eintrag verdiene keine Erwähnung mehr, da das Zwangsvollstreckungsverfahren seit vielen Jahren vollständig abgeschlossen sei. Zu Recht?

Angesichts ihrer weltweiten Verbreitung kann der Schutz personenbezogener Daten **259** durch die Tätigkeit einer Suchmaschine erheblich beeinträchtigt werden. Dies gilt insbesondere für solche Daten, die dem Internetnutzer nicht von vornherein bekannt sind, sondern erst durch Eingabe des Namens einer Person bekannt werden. Auch kann die Suche dazu führen, dass die Nutzer der Suchmaschine anhand der Ergebnisliste einen strukturierten Überblick über die betreffende Person erhalten, wodurch sie ein mehr oder weniger detailliertes Profil der Person erstellen können.[396] Umso wichtiger ist es daher, die Verarbeitung personenbezogener Daten auf ein solches Maß zu begrenzen, das den Interessen des Betroffenen hinreichend Rechnung trägt. Auf Verlangen der betroffenen Person ist daher zu prüfen, ob ihr ein Recht darauf zusteht, dass die mithilfe der Suchmaschine auffindbare Information über sie zum gegenwärtigen Zeitpunkt nicht mehr durch eine Ergebnisliste angezeigt und mit ihrem Namen in Verbindung gebracht wird.[397] Dabei ist das berechtigte Interesse des Betroffenen mit

391 Vgl. dazu eingehend *Schwartmann/Ohr,* in: Schwartmann, Praxishandbuch Medienrecht, 11. Kap. Rn. 67.

392 *EuGH,* Urt. v. 13.5.2014 – C-131/12 – Google Spain SL, Google Inc./AEPD, Mario Costeja González, Rn. 92 ff., ZUM 2014, 559, 569. Bereits am ersten Tag nach Veröffentlichung des entsprechenden Löschformulars sind bei dem Internetkonzern Google rund 12 000 Löschanträge eingegangen, vgl. dazu *Schmidt,* Datenschutzberater 7/8/2014, 148.

393 *EuGH,* Urt. v. 13.5.2014 – C-131/12 – Google Spain SL, Google Inc./AEPD, Mario Costeja González, Rn. 93 und 96, ZUM 2014, 559, 569.

394 *EuGH,* Urt. v. 13.5.2014 – C-131/12 – Google Spain SL, Google Inc./AEPD, Mario Costeja González, Rn. 96 f., ZUM 2014, 559, 569.

395 Nachgebildet dem Sachverhalt, der dem Urt. *EuGH,* ZUM 2014, 559 zugrunde lag.

396 *EuGH,* Urt. v. 13.5.2014 – C-131/12 – Google Spain SL, Google Inc./AEPD, Mario Costeja González, Rn. 36 ff., ZUM 2014, 559, 564.

397 *EuGH,* Urt. v. 13.5.2014 – C-131/12 – Google Spain SL, Google Inc./AEPD, Mario Costeja González, Rn. 96, ZUM 2014, 559, 569.

dem potenziellen Informationsinteresse der Internetnutzer in angemessenen Ausgleich zu bringen. Selbst wenn die Rechte der betroffenen Person im Allgemeinen gegenüber dem Interesse der Internetnutzer überwiegen werden, sind auch die Art der betreffenden Information, deren Sensibilität für das Privatleben sowie das Interesse der Öffentlichkeit am Zugang zu der Information in die Abwägung einzubeziehen.[398] Im Falle der hiesigen Zwangsvollstreckung handelt es sich um sensible Informationen, die geeignet sind, den Ruf des A auch gegenwärtig noch erheblich zu gefährden. Da das Verfahren bereits vor vielen Jahren ordnungsgemäß abgeschlossen wurde, dürfte das öffentliche Informationsinteresse dagegen gering ausfallen. Folglich kann A gegenüber dem Betreiber der Suchmaschine beanspruchen, dass die Information über die Zwangsversteigerung seines Grundstücks nicht mehr durch die Suchergebnisliste mit seinem Namen verknüpft wird.[399]

II. Der Begriff Telemedien

260 Telemedien[400] sind eine Vielzahl von unterschiedlichen Erscheinungsformen elektronisch gespeicherter und verbreiteter Inhalte. Sie kombinieren typischerweise verschiedene Elemente der klassischen Medien sowohl zum individuellen Austausch wie zur massenmedialen Verbreitung. Sie lassen sich nur schwer vom Rundfunk abgrenzen. Hervorzuheben sind journalistisch-redaktionell gestaltete Angebote, die oft nach Gestaltung und Inhalt Zeitungen oder Zeitschriften ähnlich sind und daher von einigen als elektronische Presse bezeichnet werden. Sie unterfallen in Deutschland besonderen Vorschriften des Rundfunkstaatsvertrags (§§ 54 ff. RStV). Daneben sind Telemedien aber auch im Telemediengesetz des Bundes (TMG) geregelt. Es geht vornehmlich darum, die neuen Angebote „liberaler" zu regulieren, als den über eine Zulassungspflicht regulierten Rundfunk. Allerdings stehen diese unterschiedlichen Regulierungsanforderungen angesichts der wachsenden Bedeutung von Internetangeboten vermehrt in der Kritik.[401]

Zur Vertiefung: Auch das Europarecht[402] befasst sich in der Richtlinie über audiovisuelle Mediendienste mit diesen neuen Angeboten.[403] Sie unterscheidet zwischen linearen audio-

398 *EuGH,* Urt. v. 13.5.2014 – C-131/12 – Google Spain SL, Google Inc./AEPD, Mario Costeja González, Rn. 81, ZUM 2014, 559, 568.

399 *EuGH,* Urt. v. 13.5.2014 – C-131/12 – Google Spain SL, Google Inc./AEPD, Mario Costeja González, Rn. 98, ZUM 2014, 559, 569.

400 Diese wurden bis zum Neunten Rundfunkänderungsstaatsvertrag auch als „Multimediadienste" bezeichnet. Vgl. die 3. Auflage unter Rn. 253 ff.

401 Vgl. dazu *Schwartmann,* in: Schwartmann, Praxishandbuch Medienrecht, 1. Kap. Rn. 12 ff. Zur Frage, ob telemedialen Angeboten bereits eine dem Rundfunk vergleichbare Aktualität, Suggestivkraft und Breitenwirkung zukommen kann *Schwartmann/Ohr,* in: Schwartmann, Praxishandbuch Medienrecht, 11. Kap. Rn. 254.

402 Vgl. im Einzelnen hierzu unten Rn. 455 ff.

403 Im April 2013 stand die AVMD-RL im Mittelpunkt eines Grünbuchs über die Vorbereitung auf die vollständige Konvergenz der audiovisuellen Welt (COM(2013) 231 final). Dabei handelt es sich um ein von der Europäischen Kommission herausgegebenes Diskussionspapier, das eine öffentliche Debatte über das fortschreitende Zusammenwachsen herkömmlicher Rundfunkdienste mit dem Internet anregen sollte, vgl. dazu eingehend *Schwartmann,* in: Schwartmann, Praxishandbuch Medienrecht, 3. Kap. Rn. 15 sowie *Holznagel,* MMR 2014, 18 ff.

visuellen Mediendiensten (Fernsehen), nicht-linearen audiovisuellen Mediendiensten auf Abruf und solchen elektronischen Angeboten, die überhaupt nicht von der AVMD-RL erfasst werden (elektronische Ausgaben von Zeitungen und Zeitschriften). Diese unterfallen als Dienste der Informationsgesellschaft lediglich der E-Commerce-Richtlinie. In einem neuen Vorschlag der EU-Kommission vom 25.5.2016[404] sollen als neue Kategorie der Abrufdienste Videoplattformdienste in den Anwendungsbereich der AVMD-RL miteinbezogen werden. Hierbei handelt es sich um Dienste wie YouTube, die die öffentliche Zugänglichmachung und den Abruf von Inhalten Dritter ermöglichen, ohne dabei selbst redaktionelle Aufgaben wahrzunehmen.[405] Im Oktober 2018 nahm das EU-Parlament die reformierten Regelungen für audiovisuelle Medien (AVMD-RL) an:[406] Die neuen Regeln haben dabei nicht nur den Anwendungsbereich der Rechtsvorschriften auch auf Videoplattformdienste ausgeweitet, sondern gewährleisten auch einen umfangreichen Schutz von Minderjährigen vor Gewalt, Hass, Terrorismus und schädlicher Werbung.[407]

Der Begriff der Telemedien wird in § 2 Abs. 1 S. 3 RStV in Form einer **Negativabgrenzung** definiert. Danach muss ein elektronischer Informations- oder Kommunikationsdienst vorliegen, der gerade kein Rundfunk ist. Nur wenn das entsprechende Angebot die Merkmale des Rundfunkbegriffs in § 2 Abs. 1 S. 1 und 2 RStV nicht erfüllt oder durch § 2 Abs. 3 RStV wieder aus dem Rundfunkbegriff herausgenommen wird, kann es sich um ein Telemedium handeln. Aufgrund dieser Negativabgrenzung stellen in erster Linie die **Informations- und Kommunikationsdienste** auf Abruf (nicht-lineare Angebote im Sinne der Richtlinie über audiovisuelle Mediendienste) Telemedien dar, da der einfachgesetzliche Rundfunkbegriff ein lineares, zum zeitgleichen Empfang bestimmtes Angebot voraussetzt. Hinzu kommen Angebote, die nicht entlang eines Sendeplans verbreitet werden oder keine Bewegtbilder oder Töne enthalten, da diese ebenfalls notwendige Voraussetzungen für einfachgesetzlichen Rundfunk darstellen.[408] **262**

Die wachsende Medienkonvergenz und die Darbietung zunehmend vergleichbarer Inhalte macht eine Einordnung unter den Begriff des Telemediums oder des Rundfunks damit häufig schwierig.[409] Denn oftmals verzahnen sich verschiedene Mediengattungen miteinander. Insbesondere **Streaming-Angebote**, wie Netflix oder Amazon Instant Video erlangen neben dem Rundfunk besondere Bedeutung.[410] Ähnliches gilt

404 Am 25.5.2016 hat die EU-Kommission einen Vorschlag für die Novellierung der AVMD-Richtlinie veröffentlicht (COM/2016/0287 final - 2016/0151 (COD), abrufbar unter https://eur-lex.europa.eu/legal-content/DE/ALL/?uri=CELEX:52016PC0287 (zuletzt abgerufen: 20.02.2019). Der Vorschlag wurde am 2. Oktober 2018 vom Europäischen Parlament angenommen. Er wurde am 14.11.2018 (Amtsbl. L 303 v. 28.11.2018, S. 69 ff. endgültig verabschiedet.

405 Vgl. dazu ausführlich *Brock/Schmittmann*, in: Schwartmann, Praxishandbuch Medienrecht, Kap. 10 Rn. 10.

406 Vgl. dazu Pressemitteilung des *Europäischen Parlaments* v. 2.10.2018, abrufbar unter http://www.europarl.europa.eu/news/de/press-room/20180925IPR14307/mehr-eu-filme-neue-regeln-fur-audiovisuelle-mediendienste (zuletzt abgerufen: 06.03.2019).

407 Vgl. dazu Pressemitteilung des *Europäischen Parlaments* v. 2.10.2018, abrufbar unter http://www.europarl.europa.eu/news/de/press-room/20180925IPR14307/mehr-eu-filme-neue-regeln-fur-audiovisuelle-mediendienste (zuletzt abgerufen: 06.03.2019).

408 Zum Begriff der Telemedien *Kreile*, Telemedien, in: Schiwy/Schütz/Dörr; Medienrecht, Lexikon für Praxis und Wissenschaft, 5. Auflage, 2010, 617 ff.; *Dörr*, in: HK-RStV, § 2 Rn. 31.

409 *Schwartmann*, in: Schwartmann Praxishandbuch Medienrecht, Kap. 1 Rn. 15 sowie *Sporn* K&R Beihefter 2/2013 zu Heft 5.

410 *Schwartmann*, in: Schwartmann Praxishandbuch Medienrecht, Kap. 1 Rn. 16 sowie *Binder* ZUM 2015, 674 (677).

für **YouTube-Kanäle**, auf denen Nutzer regelmäßig Videobeiträge zum Abruf bereitstellen.[411] So hat die Kommission für Zulassung und Aufsicht (ZAK) der Medienanstalten beanstandet[412], dass der YouTube-Kanal „PietSmietTV" als Rundfunkangebot einzustufen und daher eine Zulassung zu beantragen sei. Bei dem Angebot handelt es sich um einen Streaming-Kanal, der täglich überwiegend „Let's Plays", die das Spielen von Games zeigen, verbreitet. Letztlich dürfen die Überschneidungen der verschiedenen Mediengattungen nicht den Blick dafür verstellen, dass im Rahmen einer rechtlichen Beurteilung stets von den o.g. Tatbestandsmerkmalen des § 2 Abs. 1 S. 1 und 3 RStV auszugehen ist.

Auch wenn die Merkmale des einfachgesetzlichen Rundfunkbegriffs nicht erfüllt sind, liegt ein Telemedium dann nicht vor, wenn es sich um einen Telekommunikationsdienst nach § 3 Nr. 24 TKG bzw. um einen telekommunikationsgestützten Dienst nach § 3 Nr. 25 TKG handelt. § 3 Nr. 24 und 25 TKG definieren Telekommunikationsdienste bzw. telekommunikationsgestützte Dienste, wobei der Diensteanbieter solcher Dienste nach der dortigen Nr. 6 derjenige ist, der Telekommunikationsdienste erbringt oder an der Erbringung mitwirkt. Telekommunikation ist nach Nr. 22 „der technische Vorgang des Aussendens, Übermittelns und Empfangens von Signalen mittels Telekommunikationsanlagen" und demzufolge die genannten Telekommunikationsdienste und die Übertragung von Signalen über Telekommunikationsnetze, einschließlich solcher in Rundfunknetzen, die üblicherweise gegen Entgelt erfolgt. Die nur telekommunikationsgestützten Dienste sind solche, bei denen die eigentliche Dienstleistung schon durch die Telekommunikationsverbindung selbst erfüllt wird und kein davon zu trennender Akt einer eigenen Diensterbringung unter Zuhilfenahme des TK-Netzes vorliegt. Der Begriff der elektronischen Informations- und Kommunikationsdienste steht daher als Oberbegriff über den Telekommunikationsdiensten, dem Rundfunk und den Telemedien. Zusammengefasst lässt sich das Verhältnis von Telekommunikations- zum sonstigen Medienrecht daher so beschreiben, dass das Telekommunikationsrecht die technischen Belange der Übertragung regelt, das übrige Medienrecht die inhaltlichen Fragen. Dies lässt sich prägnant dahingehend zusammenfassen, dass das Telekommunikationsrecht die Dienste der Telekommunikation, das übrige Medienrecht die Dienste durch Telekommunikation regelt.[413] Für die Einordnung als Telekommunikationsdienst ist also entscheidend, dass der Dienst ausschließlich, oder zumindest überwiegend, in der Übertragung von Signalen über das Telekommunikationsnetz besteht. Dafür stellt etwa die Internet-Telefonie (Voice over IP) ein wichtiges Beispiel dar.[414]

---

411 Dazu ausführlich *Schwartmann*, in: Schwartmann Praxishandbuch Medienrecht, Kap. 1 Rn.16.

412 So die *ZAK* in ihrer Sitzung v. 21.5.2017, vgl. dazu https://www.die-medienanstalten.de/atrium/rundfunk-oder-nicht-erlaeuterungen-zur-pietsmiet-tv-entscheidung-der-zak/ (zuletzt abgerufen: 28.09.2018).

413 So bei *Oster*, Rechtsfragen der Medienkonvergenz am Beispiel der Internet-Telefonie, in: Fechner, Konvergenz – Datenschutz – Meinungsforen: Fragestellungen des Internetrechts, 2009, 9, 15.

414 *Oster*, Rechtsfragen der Medienkonvergenz am Beispiel der Internet-Telefonie, in: Fechner, Konvergenz – Datenschutz – Meinungsforen: Fragestellungen des Internetrechts, 2009, 9, 16 ff.; *ders.*, Telekommunikationsrechtliche Vorfragen, in: Handbuch Multimedia-Recht, 2009, Teil 4, Rn. 18 ff.

III. Technische Grundlagen

Da die technische Entwicklung im Multimediarecht rasant ist, hinkt die Schaffung von Rechtsnormen der Technik immer wieder hinterher. Dies kann dazu führen, dass kaum in Kraft getretene Vorschriften wieder angepasst werden müssen. Dies erleben wir bei der Fortentwicklung mobiler Endgeräte wie Smartphones oder Tablet-PCs oder der Entstehung neuer Internetangebote, die eine Zuordnung der verschiedenen Dienste zu Rundfunk oder Telemedien erforderlich machen. **263**

Daher gehören zum Verständnis der rechtlichen Rahmenbedingungen für den Multimediasektor auch die technischen Bezüge. Entscheidend ist zunächst das Wissen um die vielfältigen Kommunikationsübertragungsmöglichkeiten, die mit der Digitalisierung einhergegangen sind. Über ein Glasfaserkabel kann sowohl ein Fernsehprogramm übertragen und – soweit das Kabel eine Rückkanaltechnik hat – gleichzeitig eine umgekehrte Kommunikation vom Empfänger zum Sender ermöglicht werden (z.B. Bestellmöglichkeit bei Pay-per-View-Angeboten in Fernsehprogrammen). Ferner können der Abruf und das Absenden von Internetdienstleistungen über dieses Kabel erfolgen. Die gleichen Möglichkeiten bestehen heute auch mittels Satelliten- und Funktechnik. Letztlich spielt der Übertragungsweg für die rechtliche Bewertung nur eine untergeordnete Rolle, wenn er nicht gerade dafür sorgt, dass eine bestimmte Art der Anwendung erst durch die Besonderheit der Technik ermöglicht wird. **264**

IV. Rechtliche Grundlagen – Verankerung in den verfassungsrechtlichen Kommunikationsfreiheiten, Telemedienangebote des öffentlich-rechtlichen Rundfunks

Auch im Zuge der technischen Entwicklungen muss grundrechtlicher Schutz für neue Kommunikationsformen gewährleistet sein. Hier treten indes nicht selten Zuordnungsprobleme auf. **265**

- **18. Übungsfrage:** Tageszeitung T hat einen großen Internetauftritt, auf dem sie ihre Nachrichten ins Netz stellt. In welcher Form ist sie von Art. 5 GG grundrechtlich geschützt? **266**

- **19. Übungsfrage:** Ein Einkaufssender wirbt im Fernsehen mit direkter Bestellmöglichkeit am Bildschirm. Welchem Regelungsregime unterfällt ein solches Angebot? **267**

Einige der neuen Angebote weisen inhaltlich starke Ähnlichkeiten mit der Presse oder dem klassischen Rundfunk auf. Dies gilt etwa für Online-Angebote von Tageszeitungen (Übungsfrage 18), wenn diese im Wesentlichen eine elektronische Ausgabe des gedruckten Exemplars darstellen oder ganz überwiegend textbasiert sind. Seit dem Dreizehnten Rundfunkänderungsstaatsvertrag[415] enthielt der RStV eine eigene Definition **presseähnlicher Angebote in § 2 Abs. 2 Nr. 20 RStV**, die aber durch den Zwei- **268**

415 In Kraft seit dem 1.4.2010.

undzwanzigsten Rundfunkänderungsstaatsvertrag aufgehoben wurde. Seitdem wird der Begriff ohne eine allgemeine Definition in § 11d Abs. 7 RStV umschrieben. Dort ist auch geregelt, dass die Telemedienangebote des öffentlich-rechtlichen Rundfunks weiterhin nicht „presseähnlich" sein dürfen. Nach der alten Definition waren unter „presseähnlichen Angeboten" nicht nur elektronische Ausgaben von Zeitungen, sondern alle journalistisch-redaktionell gestalteten Angebote, die nach Gestaltung und Inhalt Zeitungen oder Zeitschriften entsprechen. Die inhaltliche Ähnlichkeit war ein gewichtiges Argument dafür, solche Online-Angebote auch verfassungsrechtlich dem Pressebegriff zu unterstellen. Hält man aber daran fest, dass für die Presse die Verkörperung des Gedankeninhalts entscheidend ist, so ist dieses Angebot wegen der Verwendung der Funktechnik verfassungsrechtlich dem Rundfunkbegriff zuzuordnen.[416]

268a Bei den Angeboten des öffentlich-rechtlichen Rundfunks für das Internet richtet sich die Frage ihrer Zulässigkeit insbesondere nach der Reichweite des Grundversorgungs- bzw. Funktionsauftrages außerhalb des klassischen Rundfunks. Er betrifft nicht mehr nur das „reine" Internet an festen Standorten. In den Fokus sind vielmehr Anwendungen für mobile Endgeräte, namentlich die kostenlose sog. „Tagesschau-App" der ARD als Applikation für mobile Geräte, wie Smartphones und Tablet-PCs, geraten. Seit Februar 2013 stellt auch das ZDF mit der „heute-App" ein vergleichbares Telemedienangebot zur Verfügung. Allerdings ist auch diese Nachrichten-App als zu „textlastig" und damit presseähnlich kritisiert worden.[417] Neben diesen umstrittenen Anwendungen existiert jedoch eine weitere, die ZDF „Mediathek-App", die weit weniger „textlastig" ist. Aufgrund ihres hohen Anteils an Bewegtbildern unter Verzicht auf längere Texte ist die ZDF „Mediathek-App" bei den Zeitungsverlegern durchweg auf positive Resonanz gestoßen.[418]

268b Anlässlich der **„Tagesschau-App"** haben im Sommer 2011 verschiedene Zeitungsverlage die ARD sowie den für die Produktion der App zuständigen NDR verklagt, um eine wettbewerbsrechtliche Klärung der Befugnisse des öffentlich-rechtlichen Rundfunks im Internet herbeizuführen. Sie machen insbesondere einen Verstoß gegen § 4 Nr. 11 UWG geltend. Danach liegt unlauterer Wettbewerb vor, wenn jemand „einer gesetzlichen Vorschrift zuwiderhandelt, die auch dazu bestimmt ist, im Interesse der Marktteilnehmer das Marktverhalten zu regeln." Die Verlage sahen dies wegen eines Verstoßes gegen § 11d Abs. 2 Nr. 3 letzter Hs. RStV a.F. (Verbot „nichtsendungsbezogener presseähnliche Angebote") als gegeben an. Im September 2012 hat sich das Landgericht Köln (LG) der Auffassung der Verlage angeschlossen und der Klage stattgegeben.[419] Aufgrund der optischen Dominanz zeitungsähnlicher Textbeiträge ohne ausgewiesenen oder erkennbaren Sendebezug sah das Gericht in der „Tagesschau-App" vom 25. Mai 2011[420] ein unzulässiges nichtsendungsbezogenes presseähnli-

416 Vgl. dazu oben Rn. 136 ff.
417 Pressemitteilung des Bundesverbands Deutscher Zeitungsverleger e.V. v. 28.2.2013.
418 Pressemitteilung des Bundesverbands Deutscher Zeitungsverleger e.V. v. 5.9.2011.
419 *LG Köln,* ZUM-RD 2012, 613.
420 Nur dieses konkrete Angebot war Streitgegenstand des Verfahrens.

ches[421] Angebot im Sinne von § 11d Abs. 2 Nr. 3 letzter Hs. RStV.[422] Dass sich am Ende der Textbeiträge teils weiterführende Verknüpfungen zu audiovisuellen Beiträgen befinden, sei insoweit irrelevant. Schließlich nehme der Nutzer primär diejenigen Informationen wahr, die ihm unmittelbar zugänglich seien.[423]

Allerdings wurde das betreffende Urteil Ende des Jahres 2013 auf die Berufung von ARD und NDR durch das Oberlandesgericht Köln aufgehoben.[424] Wie auch bereits das Landgericht sah das OLG Köln (OLG) in der „Tagesschau-App" eine mobile Übertragungsform des Nachrichten- und Informationsportals „tagesschau.de".[425] Die Freigabe des Telemedienkonzepts für dieses Online-Portal durch die zuständige Rechtsaufsichtsbehörde sei daher als rechtsverbindlicher Verwaltungsakt, jedenfalls aber als Erklärung mit vergleichbarer Legalisierungswirkung auch für die „Tagesschau-App" anzusehen.[426] Soweit also das Dachportal „tagesschau.de" im Rahmen des Drei-Stufen-Tests gemäß § 11f RStV als nicht presseähnlich eingestuft worden ist, muss diese Bewertung nach Auffassung des OLG Köln gleichermaßen für die „Tagesschau-App" als mobile Variation gelten.[427] Wegen der grundsätzlichen, über den konkreten Fall hinausgehenden Bedeutung hat das OLG Köln die Revision zum Bundesgerichtshof (BGH) zugelassen, die von den betroffenen Zeitungsverlagen auch eingelegt wurde. **268c**

Der BGH hat der Revision mit Urt. v. 30. April 2015[428] teilweise stattgegeben[429] und die Sache zur endgültigen Entscheidung an das OLG Köln zurückverwiesen. Dabei vertrat er die Auffassung, dass es für die Presseähnlichkeit nicht darauf ankomme, ob einzelne Beiträge innerhalb eines Telemedienangebots für sich genommen als presseähnlich einzustufen seien. Es sei bei der Prüfung der Presseähnlichkeit allein die Gesamtheit der nichtsendungsbezogenen Beiträge maßgeblich. Für den Vergleich sei auf die gedruckte Ausgabe von Zeitungen und Zeitschriften abzustellen. Für Zeitungen und Zeitschriften sei es charakteristisch, dass sie vor allem Texte und daneben (unbewegte) Bilder enthielten. Stehe der Text deutlich im Vordergrund, deute dies auf die Presseähnlichkeit eines Angebots hin. **268d**

---

421 Allerdings verwendete das Landgericht teilweise den Begriff „presseersetzend", was vielfach auf Kritik stieß, vgl etwa *Hain/Brings*, WRP 2012, 1495, 1499. Weiterhin kritisiert wurde die „zweifelsfreie" Einordnung des § 11d Abs. 2 Nr. 3 letzter Hs. RStV als Marktverhaltensregel im Sinne von § 4 Nr. 11 UWG. Stattdessen wäre auch die Annahme eines Marktzutrittsverbots in Betracht gekommen, welches dann vor den ordentlichen Gerichten nicht hätte beanstandet werden können, vgl. dazu *Hain/Brings*, WRP 2012, 1495, 1498 sowie *Peifer*, GRUR-Prax 2012, 521, 522 ff. Im Ergebnis offen gelassen, aber jedenfalls angedacht wurde diese Möglichkeit auch von der Berufungsinstanz *OLG Köln*, ZUM 2014, 245, 247.

422 *LG Köln*, ZUM-RD 2012, 613, 619.

423 *LG Köln*, ZUM-RD 2012, 613, 618.

424 *OLG Köln*, ZUM 2014, 245.

425 *OLG Köln*, ZUM 2014, 245, 248; vgl. auch *LG Köln*, ZUM-RD 2012, 613, 616 f.

426 *OLG Köln*, ZUM 2014, 245, 248 f.

427 *OLG Köln*, ZUM 2014, 245, 250.

428 *BGHZ* 205, 195 = ZUM 2015, 989 ff.

429 Die Klage gegen die ARD hielt der *BGH* zutreffend für unzulässig, da die ARD nicht parteifähig ist.

268e Mit Urt. v. 30. September 2016 hat das OLG Köln[430] der Klage im wesentlichen stattgegeben. Bei dem streitgegenständlichen Angebot der „Tagesschau-App" vom 15. Juni 2011 handele es sich um ein nichtsendungsbezogenes presseähnliches und damit unzulässiges Angebot. Weder allein die dynamische Natur des über die „Tagesschau-App" abrufbaren Angebots noch das Vorhandensein von Verweisen (Hyperlinks) zu anderen Inhalten oder interaktive Elemente, führten dazu, dass das Angebot insgesamt als presseunähnlich zu qualifizieren sei. Entscheidend sei, dass aus Sicht des Nutzers die pressetypischen Elemente Text und Standbilder oder presseuntypische audiovisuelle Elemente im Vordergrund stünden.

268f Gegen die Entscheidungen und die zugrundeliegenden Normen der § 11d Abs. 2 Nr. 3 in Verbindung mit § 2 Abs. 2 Nr. 20 in der Fassung des Dreizehnten Rundfunkänderungsstaatsvertrages hat der Norddeutsche Rundfunk (NDR) Verfassungsbeschwerde erhoben. Er macht u.a. geltend, dass das Verbot der Presseähnlichkeit nichtsendungsbezogener presseähnlicher Angebote einen schweren Eingriff in die Rundfunkfreiheit darstellt. Es mache die Erfüllung des verfassungsrechtlichen Telemedienfunktionsauftrags der öffentlich-rechtlichen Rundfunkanstalten partiell unmöglich und beschneide ihre Programmautonomie in inhaltlicher und gestalterischer Hinsicht. Mit dem Verbot der Presseähnlichkeit nichtsendungsbezogener presseähnlicher Telemedien würden ökonomischen Zwecke zulasten des publizistischen Wettbewerbs verfolgt. Zwar habe das Bundesverfassungsgericht in der 4. Rundfunkentscheidung[431] explizit anerkannt, dass der Schutz der Finanzierungsgrundlagen der Presse einen legitimen Zweck darstellen kann, der Grundrechtseingriffe zu rechtfertigen vermag. Dabei sei allerdings strikt zwischen dem Schutz vor publizistischer Konkurrenz und dem Schutz vor wirtschaftlicher Konkurrenz zu unterscheiden. Diese Unterscheidung sei geboten, da der Erhalt freien publizistischen Wettbewerbs den Grundgedanken der Gewährleistung des Art. 5 Abs. 1 Satz 2 GG bilde. Das Verbot nichtsendungsbezogener presseähnlicher Angebote sei jedenfalls nicht angemessen, also unverhältnismäßig im engeren Sinne, weil es die Erfüllung des verfassungsrechtlichen Telemedienauftrags partiell verhindere, jedenfalls in einer nicht mehr akzeptablen Weise in die Programmautonomie des öffentlich-rechtlichen Rundfunks eingreife. Nach der Rechtsprechung des Bundesverfassungsgerichts[432] dürften aufgrund ökonomischer Motive die funktionserforderlichen Angebote des öffentlich-rechtlichen Rundfunks und der publizistische Wettbewerb nicht eingeschränkt werden, zumal die vollständige Erfüllung des öffentlich-rechtlichen Funktionsauftrags die Voraussetzung für die Verfassungsmäßigkeit des gesamten dualen Systems und damit auch seiner privaten Säule bilde. Gerechtfertigt seien lediglich Verbote der Werbung und von Anzeigen, die der RStV für alle Telemedienangebote des öffentlich-rechtlichen Rundfunks enthalte.

268g Die Länder haben den Streit über das Verbot nichtsendungsbezogener presseähnlicher Angebote und die Auslegung des Begriffs der Presseähnlichkeit zum Anlass genommen, die maßgeblichen Bestimmungen durch den Zweiundzwanzigsten Rundfunkänderungsstaatsvertrag, der am 1. Mai 2019 in Kraft getreten ist, zu ändern. Als

430 *OLG Köln*, ZUM 2017, 247 ff.
431 *BVerfGE* 73, 118.
432 *BVerfGE* 74, 297, 334.

Grundlage diente eine Einigung zwischen den Vertretern der ARD und des ZDF mit Vertretern der Zeitungsverlage. Die Bestimmung des § 2 Abs. 2 Nr. 20 RStV mit der Definition der Presseähnlichkeit wurde aufgehoben. § 2 Abs. 2 Nr. 19 RStV definiert nicht mehr sendungsbezogene Telemedien, sondern öffentlich-rechtliche Telemedienangebote. Nach der geänderten Bestimmung des § 11d Abs. 7 Satz 1 RStV dürfen öffentlich-rechtliche Telemedienangebote nicht presseähnlich sein. Was dies bedeutet, erläutert § 11d Abs. 7 Sätze 2 bis 5 RStV in komplizierter Art und Weise. Zur Anwendung dieser Vorgaben sieht § 11d Abs. 7 Satz 6 RStV vor, dass die öffentlich-rechtlichen Rundfunkanstalten und die Spitzenverbände der Presse eine Schlichtungsstelle einrichten, um Streitfälle zu klären.

Seit dem Zwölften Rundfunkänderungsstaatsvertrag sind außerdem Einkaufssender, **268h**
also Teleshoppingkanäle (Übungsfrage 19) in § 2 Abs. 2 Nr. 10 RStV geregelt und unterfallen daher grundsätzlich dem Rundfunkregime.

Verfassungsrechtlich kommt es allerdings für die Zuordnung immer noch entscheidend darauf an, ob der Einkaufssender das Merkmal der Darbietung erfüllt. Dies ist dann der Fall, wenn er zur Meinungsbildung beitragen kann. Bei den redaktionell und professionell gestalteten Verkaufssendungen von QVC und Homeshopping Europe (HSE) wird man dies nicht ohne weiteres von der Hand weisen können.

Aber auch wenn mediale Angebote nicht unter diese besonderen Erscheinungsfor- **269**
men subsumiert werden können, unterfallen sie als Möglichkeit zum Äußern und Verbreiten von Meinung der allgemein geschützten Meinungsfreiheit des **Art. 5 Abs. 1 S. 1 GG**[433]. Diese Bestimmung schützt auch den Empfang aller Angebote in Form der Informationsfreiheit.

> **Zur Vertiefung:** Individualkommunikation wie elektronische Post kann ferner auch unter dem Schutz des Fernmeldegeheimnisses aus Art. 10 Abs. 1 GG stehen, der den individuellen Kommunikationsvorgang schützt.

Dieser umfassende grundrechtliche Schutz ist gerechtfertigt, weil die neuen Kommu- **270**
nikationsformen das Potenzial bergen, auch grenzüberschreitend demokratisierend zu wirken. Der Informationszugang wird selbst in Ländern mit strenger Zensur durch das Internet, auch wenn dieses gefiltert wird, verbessert. Auf der anderen Seite wird es wesentlich einfacher, gefährliche Inhalte – etwa rassistisches Gedankengut oder strafbare Pornographie – zu verbreiten.[434] Zudem ergeben sich durch die Digitalisierung ganz neue Möglichkeiten, auf die öffentliche Willensbildung Einfluss zu nehmen. Zwar ist der Versuch, andere durch eine Aufbereitung und Darstellung von Daten und Ansichten, notfalls auch durch Manipulation, von der eigenen Position zu überzeugen, keine Erscheinung des Internetzeitalters. Neu ist aber die Möglichkeit, durch Tarnprofile oder Social Bots die eigenen Überzeugungen um ein Vielfaches multipliziert zu verbreiten und so den Anschein einer mehrheitsfähigen Tendenz zu erwecken.[435] Die

433 Vgl. auch *Schüller*, in: Dörr/Kreile/Cole, Handbuch Medienrecht, B III, Rn. 1 ff.; *Fechner*, 12. Kapitel, Rn. 13.

434 Zur Diskussion über die Einführung von Jugendschutzfiltern im Internet vgl. oben Rn. 236a.

435 Vgl. dazu auch *Dörr/Holznagel/Picot*, Legitimation und Auftrag des öffentlich-rechtlichen Fernsehens in Zeiten der Cloud, 2016, S. 32 ff.

rechtlichen Grenzen, die die jeweiligen nationalen Gesetze ziehen, sind mittels Internet leichter zu umgehen. Da das Recht auch im Internet seinen vollen Geltungsanspruch besitzt, steht der Gesetzgeber vor der schwierigen Aufgabe, die vorhandenen Vorschriften so zu gestalten und erforderlichenfalls anzupassen, dass sie auch dort effektiv angewendet und durchgesetzt werden können.[436]

V. Die einfachgesetzliche Doppelregulierung der Telemedien

271 Telemedien werden sowohl im TMG als auch im RStV geregelt. Ihre **Definition** in § 1 Abs. 1 TMG (Bundesgesetzgeber) bzw. in § 2 Abs. 1 S. 3 RStV (Landesgesetzgeber) ergibt sich aus einer Negativabgrenzung. Danach sind Telemedien alle elektronischen Informations- und Kommunikationsdienste, die nicht Telekommunikationsdienste nach § 3 Nr. 24 TKG, telekommunikationsgestützte Dienste nach § 3 Nr. 25 TKG oder Rundfunk im Sinne von § 2 Abs. 1 S. 1 u. 2 RStV sind. [437]

1. Die Regelungen im Rundfunkstaatsvertrag

272 Der Rundfunkstaatsvertrag regelt die Telemedien in §§ 54 ff. RStV. Hier werden insbesondere die **journalistisch-redaktionell gestalteten Telemedienangebote** einbezogen. Handelt es sich demnach um ein Angebot, in dem vollständig oder teilweise Inhalte periodischer Druckerzeugnisse in Text oder Bild wiedergegeben werden, muss dieses den anerkannten journalistischen Grundsätzen entsprechen (§ 54 Abs. 2 RStV). **Elektronische Presse** wird also als ein Beispiel von Telemedien betrachtet.[438]

Telemedien sind nach § 54 Abs. 1 RStV[439] **zulassungs- und anmeldefrei.** Dies ist ein erheblicher Unterschied zum Rundfunk, der gemäß §§ 20, 20a RStV einer Zulassung bedarf.[440] Eine Ausnahme vom Grundsatz der Zulassungsfreiheit gilt dann, wenn der Informations- und Kommunikationsdienst im Ergebnis dem Rundfunk zuzuordnen ist und die zuständige Landesmedienanstalt dies gemäß § 20 Abs. 2 S. 1 RStV feststellt, es sich also nicht um ein Telemedium, sondern um Rundfunk handelt.[441] §§ 56 ff. RStV enthalten inhaltlich beschränkende Vorgaben für journalistisch-redaktionell gestaltete Telemedienangebote. Sie gehen über die Regeln im Telemediengesetz – etwa zur Verantwortlichkeit (§§ 7 ff. TMG) – hinaus. Dessen Bestimmungen gelten nach § 60 Abs. 1 RStV parallel. Der Rundfunkstaatsvertrag gilt formal für alle Telemedien. Es werden aber bei den einzelnen materiellen Vorschriften neue Subkategorien eingeführt bzw. bestehende weitergeführt. §§ 54 ff. RStV gelten vor allem für Telemedien mit

---

436 Zu dieser Problematik *Schwartmann*, Was Recht ist muss Recht bleiben!, in: Schwartmann, Leben im Schwarm – Wie das Internet uns verändert (2011).

437 Siehe oben Rn. 138.

438 Siehe oben Rn. 138.

439 So auch nach § 4 TMG. Siehe unten Rn. 282. Hierzu insgesamt *Holznagel/Dörr/Hildebrand*, Elektronische Medien, S. 193 ff.

440 Etwas anderes gilt nur für solche Hörfunkprogramme, die ausschließlich über das Internet verbreitet werden, vgl. § 20b RStV.

441 Zur Auslegung der Vorschrift vgl. *Schwartmann/Ohr*, in: Schwartmann, Praxishandbuch Medienrecht, 11. Kap. Rn. 103.

journalistisch-redaktionell gestalteten Angeboten. Hiervon soll vor allem elektronische Presse wegen ihrer Meinungsbildungsrelevanz erfasst sein.[442] Eine hohe Relevanz für die Meinungsbildung der Nutzer weisen häufig auch soziale Medien auf. Allerdings fehlt es dabei teilweise an der journalistisch-redaktionellen Gestaltung der Social Media-Angebote. Der Schwerpunkt liegt dort meist auf dem Erstellen und Verbreiten von Inhalten durch die Nutzer. Auch wenn sich die Anbieter sozialer Medien die Entfernung einzelner – etwa persönlichkeitsverletzender – Beiträge vorbehalten, erfolgt in der Regel keine systematische Anordnung und Auswahl der Inhalte im Sinne einer klassischen Endredaktion.

Dies hat sich gewandelt: Print- und Telekommunikationsunternehmen „experimentieren" im Internet und in sozialen Medien immer häufiger mit Formaten, deren Einordnung als Rundfunk oder Telemedium im Einzelfall umstritten ist. So stellt sich etwa bei dem auf der **Video-Plattform** YouTube angebotenen Kanal „Live" die Frage, ob dieser als Rundfunk oder Telemedium einzustufen ist.[443] Daneben ist auch im Falle anderer YouTube-Kanäle, wie etwa „PietSmiet" eine Einordnung wegen sich überschneidender Mediengattungen schwierig. Der YouTube-Kanal verbreitet täglich „Let's Player", die das Spielen von Games zeigen. Der Kanal wurde von der ZAK als zulassungspflichtiges Rundfunkangebot eingestuft, da die Inhalte entlang eines Sendeplans verbreitet wird und von den Nutzern weder zeitlich noch inhaltlich beeinflusst werden können.[444] Als Bundeskanzlerin Angela Merkel 2013 in einer im Internet gestreamten Videokonferenz (**„Google-Hangout"**) 500 Teilnehmer erreichte und damit die Schwelle des § 2 Abs. 3 Nr. 1 RStV überschritt, stellte sich ebenfalls die Frage, ob dies als Staatsrundfunk einzuordnen sei. Die ZAK verneinte – unabhängig von dem Problem der Staatsfreiheit des Rundfunks – das Angebot eines zulassungspflichtigen Rundfunkangebots mit der Begründung, dass es an einem Sendeplan fehle.[445]

Etwas anderes kann etwa im Falle eines **Blogs**[446] gelten, in dem die inhaltliche Partizipation der Nutzer gegenüber der systematischen Präsentation ausgewählter Informationen nahezu vollständig zurücktritt.[447] Hier stellt sich insbesondere die Frage, wie Blogger verfassungsrechtlich einzuordnen sind:[448] Sofern die Inhalte einer jour-

---

442 Vgl. dazu *Weiner/Schmelz*, K&R 2006, 453, 454 ff.; *Kitz*, ZUM 2007, 368, 371.

443 Dazu *Schwartmann* in: Schwartmann, Praxishandbuch Medienrecht, 3. Kap. Rn. 15 f.

444 Vgl. Pressemitteilung und Erläuterung der Entscheidung der ZAK v. 21.3.2017, abrufbar unter https://www.die-medienanstalten.de/atrium/rundfunk-oder-nicht-erlaeuterungen-zur-pietsmiet-tv-entscheidung-der-zak/ sowie *Schwartmann*, in: Schwartmann, Praxishandbuch Medienrecht Kap. 1 Rn. 16.

445 Pressemitteilung der *ZAK* v. 5.4.2013, abrufbar unter https://www.kjm-online.de/service/pressemitteilungen/meldung/news/zak-pressemitteilung-032013-medienanstalten-zu-hangouts-bei-google-geplanter-live-chat-mit-bun-1/ (zuletzt abgerufen: 20.02.2019) sowie dazu *Schwartmann*, in: Schwartmann, Praxishandbuch Medienrecht Kap. 3 Rn. 15.

446 Dabei handelt es sich um eine öffentlich-zugängliche Internet-Publikation im Sinne eines Online-Tagebuchs. Darin verbreitet der Autor (sog. Blogger) ausgewählte Inhalte zu bestimmten Themen in Text-, Audio- oder Videoform. Die Leser des Blogs können die Einträge des Bloggers regelmäßig kommentieren. Eingehend zum Begriff des Blogs sowie zu weiteren Arten sozialer Medien *Schwartmann/Ohr*, in: Schwartmann, Praxishandbuch Medienrecht, 11. Kap. Rn. 11 ff.

447 Dazu *Schwartmann/Ohr*, in: Schwartmann, Praxishandbuch Medienrecht, 11. Kap. Rn. 105.

448 Dazu *Schwartmann*, in: Schwartmann, Praxishandbuch Medienrecht, Kap. 3 Rn. 14.

nalistisch-redaktionellen Gestaltung unterliegen, unterfallen sie sowohl dem Schutz der Meinungsäußerungs- als auch der Presse- bzw. Rundfunkfreiheit.[449] Dies war insbesondere im Verfahren im Zusammenhang mit dem Internetportal netzpolitik.org relevant, als es um die Frage ging, ob die Veröffentlichung von Staatsgeheimnissen ein strafbares „Whistleblowing" (etwa nach § 94 StGB) darstellt oder ob die Publikation verfassungsrechtlich geschützt ist.[450]

Ferner sind in § 55 Abs. 1 RStV die Telemedien, die nicht ausschließlich persönlichen oder familiären Zwecken dienen, angesprochen. Damit wird die frühere Unterscheidung zwischen Medien- und Telediensten der Sache nach weitergeführt.[451] Das Einführen dieser Rechtsbegriffe, die kaum einen erkennbaren Anwendungsbereich haben, stiftet Verwirrung. So sind Telemedien, die ausschließlich familiären oder persönlichen Zwecken dienen, im Zusammenhang mit einer Verbreitung im Internet schwer vorstellbar.[452] Allenfalls kann eine ausschließlich persönliche Zwecksetzung dann angenommen werden, wenn etwa ein Profil im Rahmen eines sozialen Netzwerks zur Darstellung der eigenen Persönlichkeit lediglich den netzwerkinternen Kontaktpersonen zugänglich ist. In diesem Fall ist der Betroffene den Informationspflichten des § 55 Abs. 1 RStV nicht unterworfen.[453] Schließlich gelten gemäß § 58 Abs. 3 RStV für fernsehähnliche Telemedien Besonderheiten. Darunter sind diejenigen Telemedien zu verstehen, die audiovisuelle Mediendienste auf Abruf im Sinne der AVMD-RL darstellen. Für sie werden die für den Rundfunk geltenden Werbegrundsätze und Kennzeichnungspflichten (§ 7 RStV) sowie die für den Rundfunk geltende besondere Sponsoringregelung (§ 8 RStV) für entsprechend anwendbar erklärt. Damit wird sichergestellt, dass diese Telemedien die für audiovisuelle Mediendienste auf Abruf durch die AVMD-RL vorgegebenen Mindestbedingungen einhalten.[454]

2. Die Regelungen im TMG

273 Für Telemedien gilt daneben Bundesrecht. Im TMG sind nach dem Außerkrafttreten des TDG und TDDSG im Frühjahr 2007 diese Bereiche geregelt. Dabei werden die wirtschaftlich ausgerichteten Vorschriften einschließlich der von der E-Commerce-Richtlinie vorgegebenen weitgehend identisch fortgeführt.[455] Die Definition der Telemedien ergibt sich aus § 1 Abs. 1 TMG, die der des § 2 Abs. 1 S. 3 RStV entspricht. Bei der Negativabgrenzung zu den Telekommunikationsdiensten im Sinne des § 3 Nr. 24 TKG sowie den telekommunikationsgestützten Diensten des § 3 Nr. 25 TKG ergeben sich ebenfalls Schwierigkeiten. Letztere sind Formen der Individualkommunikation zwischen dem Diensteanbieter und dem Kunden. Es wird eine Inhaltsleistung noch während der Telekommunikationsverbindung erbracht. Dies ist etwa bei Mehrwertdiens-

449 Vgl. dazu *Schwartmann*, in: Schwartmann, Praxishandbuch Medienrecht, Kap. 3 Rn. 14.
450 *Schwartmann*, in: Schwartmann, Praxishandbuch Medienrecht, Kap. 3 Rn. 14.
451 *Engels/Jürgens/Fritzsche*, 2006, K&R 2007, 57 f.; *Schmitz*, K&R 2007, 135, 136.
452 *Kitz*, ZUM 2007, 368, 371 f.
453 Vgl. dazu *Schwartmann/Ohr*, in: Schwartmann, Praxishandbuch Medienrecht, 11. Kap. Rn. 106.
454 *Kreile*, in: HK-RStV, § 58 Rn. 6a ff.
455 Vgl. *Hoeren*, NJW 2007, 801 ff.; *Kitz*, ZUM 2007, 368, 374 f.; *Roßnagel*, K&R 2007, Heft 2, Die erste Seite. *Schmitz*, K&R 2007, 135, 137 ff.

ten der Fall, die damit gerade nicht die Merkmale eines Abruf- oder Verteildienstes erfüllen. Telekommunikationsdienste werden in der Regel gegen Entgelt erbracht. Sie dienen ganz oder überwiegend der Übertragung von Signalen über Telekommunikationsnetze, einschließlich Übertragungsdiensten in Rundfunknetzen. Solche Dienste können aber gleichzeitig ein Telemedium sein, wenn es nicht nur um die Übertragung von Signalen, sondern auch um eine inhaltliche Dienstleistung geht, so bei der Verschaffung eines Internet-Zugangs und der Möglichkeit der E-Mail-Übertragung.[456] Die Verantwortlichkeit eines Anbieters von Telemedien ist in §§ 7 ff. des TMG geregelt.[457]

Ein Diensteanbieter muss für veröffentlichte Inhalte einstehen, wenn die Vorschriften des Telemediengesetzes (TMG) anwendbar sind und es um eigenen Inhalt geht. Weil vom weiten Anwendungsbereich des TMG alle elektronischen Informations- und Kommunikationsdienste erfasst werden, die weder Rundfunk noch Telekommunikation sind, gilt das Gesetz nicht nur für Onlineangebote, sondern auch für die kommerzielle Verbreitung von Informationen per elektronischer Post (Werbemails) oder das Betreiben sog. Newsgroups. Das TMG unterscheidet Content-, Access- und Hostprovider. Es privilegiert Diensteanbieter, die fremde Informationen automatisch und zeitlich begrenzt zwischenspeichern (sog. Caching).

Wer eine Homepage betreibt, ist als Content-Anbieter nach dem TMG für den selbst generierten und auf der Seite platzierten Inhalt grundsätzlich voll verantwortlich (§ 7 Abs. 1 TMG). Auf die Haftungserleichterungen der §§ 8 bis 10 TMG kann er sich nicht berufen, unabhängig davon, ob es sich um eine private oder um eine gewerbliche Seite handelt. Die Verantwortlichkeit des Anbieters ergibt sich materiell aus dem Zivilrecht – etwa wegen Urheber- oder Markenrechtsverletzungen Dritter –, aus dem Strafrecht – etwa wegen beleidigender Texte – oder dem Öffentlichen Recht, wenn der Betreiber über seine Webseite z.B. verbotenes Glücksspiel veranstaltet oder gegen Jugendschutzvorgaben verstößt.[458] Für eigenen Inhalt haftet man auch dann, wenn man sich als Diensteanbieter fremde rechtsverletzende Informationen zu Eigen macht, die man etwa auf Webseiten Dritter gefunden hat. Von einem solchen zu Eigen machen ist dann auszugehen, wenn der Diensteanbieter nicht lediglich eine neutrale, sondern eine aktive Rolle inne hat, die ihm Kenntnis und Kontrolle über die fremden Inhalte ermöglicht.[459] Die Verantwortlichkeit für eigentlich fremde Informationen spielt auch bei der Haftung für Links eine wichtige Rolle. Wer als Homepagebetreiber einen Link auf fremde, rechtswidrige Inhalte mit zum Beispiel strafbarem oder ehrverletzendem Inhalt setzt, kann selbst für die Inhalte verantwortlich gemacht werden. Abzustellen ist dabei darauf, ob der Linksetzer sich aus dem Kontext der Website den fremden Inhalt

---

456 Vgl. zum Ganzen Amtl. Begründung zum TMG, Teil B, Zu Art. 1, § 1 Abs. 1 S. 1. Kritisch zur Unterscheidung *Hoeren*, NJW 2007, 801, 802.

457 Vgl. dazu oben, Rn. 211 und eingehend *Schmittmann,* in: Schwartmann, Praxishandbuch Medienrecht, 10. Kap. Rn. 3 ff.; *Keber,* in: Dörr/Kreile/Cole, Handbuch Medienrecht, M V, Rn. 55 ff.; *Schwartmann/Polzin,* in: Hoeren/Bensinger, Haftung im Internet, 6. Kap. Rn. 7 ff.

458 Dazu *Schwartmann/Keber*, Internetauftritt – So machen Sie Ihr soziales Netzwerk und Ihre Homepage rechtssicher, S. 53 ff.

459 Dazu eingehend *Schwartmann/Ohr,* in: Schwartmann, Praxishandbuch Medienrecht, 11. Kap. Rn. 175.

zu Eigen macht. Ist das der Fall, so haftet er.[460] Verlinkungen können allerdings auch dann rechtlich problematisch sein, wenn keine rechtswidrigen Inhalte betroffen sind. Zwar stellt das Setzen eines Links auf eine öffentlich zugängliche Webseite grundsätzlich keine Urheberrechtsverletzung dar.[461] Etwas anderes gilt aber dann, wenn der Link einen unmittelbaren Zugang zu solchen Inhalten ermöglicht, die durch technische Sicherungsmaßnahmen vor einem unbeschränkten Zugriff geschützt sein sollten.[462] In diesem Fall greift der Linksetzende in das Recht der öffentlichen Zugänglichmachung nach § 19a UrhG ein und haftet nach den Vorschriften der §§ 97 ff. UrhG.[463]

Einen Link, der von der Website des Linksetzers zu einem vollständigen Wechsel auf die verlinkte Zielseite führt, bezeichnet man als **Hyperlink**. Ob die Linksetzung das Recht des Urhebers auf öffentliche Wiedergabe verletzt, wurde 2016 durch den Europäischen Gerichtshof entschieden:[464] Ein Link, der einen Zugang zu urheberrechtswidrigen Inhalten vermittelt, stellt eine öffentliche Wiedergabe dar, da durch diesen ein neues Publikum erreicht werde.[465] Ob diese öffentliche Wiedergabe allerdings auch rechtswidrig ist, hängt maßgeblich von einem Verschulden des Linksetzenden ab. Für gewerbliche, mit Gewinnerzielungsabsicht handelnde, Anbieter wird grundsätzlich zu deren Nachteil vermutet, dass der Link in Kenntnis der Urheberrechtswidrigkeit gesetzt wurde. Für Privatpersonen gilt dies nicht.[466] Nachdem die deutsche Rechtsprechung diesem Urteil zunächst folgte[467], entschärfte sie diese strenge Linie 2017: Es müsse auch mit Gewinnerzielungsabsicht handelnden Linksetzenden möglich sein, sich darauf zu berufen, dass die Linksetzung im Rahmen eines Geschäftsmodells erfolge, bei dem die erforderlichen Nachprüfungen hinsichtlich der Rechtmäßigkeit der verlinkten Inhalte nicht zumutbar sind. Es seien nach dem Grundsatz der Gleichheit vor

---

460 Dazu *Schwartmann*, K&R Beihefter 2/2011, 16; vgl. auch *Schwartmann/Keber*, Internetauftritt – So machen Sie Ihr soziales Netzwerk und Ihre Homepage rechtssicher, S. 56 ff. Vgl. insofern auch *BVerfG*, MMR 2012, 246.

461 *BGH*, MMR 2003, 719 – Paperboy.

462 *BGH*, MMR 2011, 47 – Session-ID.

463 Umstritten ist die rechtliche Zulässigkeit des sog. Framings. Dabei wird ein Link dergestalt in die eigene Internet-Präsenz eingebettet, dass er die unmittelbare Wiedergabe des fremden Werkes ersetzt. Der BGH hat nach der Vorabentscheidung des EuGH vom 21.10.2014 (*EuGH*, ZUM 2015, 141 f.) mit Urt. v. 9.7.2015 (*BGH*, ZUM 2016, 365 ff.) entschieden, dass die Einbettung eines auf einer Internetseite mit Zustimmung des Urheberrechtsinhabers für alle Internetnutzer frei zugänglichen Werkes in eine eigene Internetseite im Wege des „Framing" grundsätzlich keine öffentliche Wiedergabe im Sinne von § 15 Abs. 2 und 3 UrhG darstellt und die Sache an das OLG München zurückverwiesen. Dieses wies die Klage mit Urt. v. 25.8.2016 (*OLG München*, ZUM 2016, 993 ff.) ab, da die Zustimmung des Berechtigten zur erstmaligen öffentlichen Zugänglichmachung dazu führe, dass es bereits an einem Eingriff in das unbenannte Ausschließlichkeitsrecht des Berechtigten fehle. Der Berechtigte habe daher im Prozess nach allgemeinen Grundsätzen seine fehlende Zustimmung zur erstmaligen öffentlichen Zugänglichmachung seines Werks darzulegen und zu beweisen. Dies sei dem Kläger nicht gelungen. Zu weiteren Einzelheiten *Schwartmann/Ohr*, in: Schwartmann, Praxishandbuch Medienrecht, 11. Kap. Rn. 56 ff.

464 *EuGH* Urt. v. 8.9.2016, Az. C-160/15.

465 *EuGH* Urt. v. 08.09.2016, Az. C-160/15 Rn. 54 f.

466 *EuGH* Urt. v. 08.09.2016, Az. C-160/15 Rn. 74 f.

467 *LG Hamburg* Beschluss v. 18.11.2016 – 310 O 402/16; GRUR-RR 2017,216 sowie *Schwartmann/Keber/Mühlenbeck*, Social Media: Soziale Netzwerke und Homepages sicher gestalten und nutzen, S. 69.

dem Gesetz nach Art. 20 GRCh für alle gewerblichen mit Gewinnerzielungsabsicht handelnden Linksetzenden durchgehend einheitliche Prüf- und Sorgfaltspflichten aufzuerlegen.[468]

Wer als Diensteanbieter nur die technische Infrastruktur für den Zugang zu Inhalten Dritter zur Verfügung stellt, nimmt als Access- oder Hostprovider keinen Einfluss auf die abgerufenen Inhalte. Eine Verantwortlichkeit für Rechtsverstöße scheidet deshalb grundsätzlich aus. Auch wenn fremde Inhalte für Dritte gespeichert werden, also wenn etwa im Rahmen des Sharehosting Webspace zur Verfügung gestellt wird und der Diensteanbieter vom rechtswidrigen Inhalt der gespeicherten Informationen keine Kenntnis hat, scheidet eine Haftung grundsätzlich aus. Es gibt aber wichtige Ausnahmen[469].

Haftungsrechtliche Probleme im Bereich der Telemedien ergeben sich in neuerer Zeit insbesondere aus der Verantwortlichkeit für automatisch generierte Inhalte. In den Fokus geraten ist dabei vor allem die rechtliche Verantwortlichkeit für die Suchwortergänzungsfunktion, die erstmals im Jahr 2009 durch den Suchmaschinenbetreiber Google bereitgestellt worden ist (sog. Autocomplete-Funktion). Dabei handelt es sich um eine Funktion, die dem Nutzer bei jeder Sucheingabe Ergänzungen zu dem eingegebenen Begriff anbietet. Auch wenn die ergänzenden Suchvorschläge aufgrund eines sog. Algorithmus – also eines mathematischen Rechenprogramms – automatisch erzeugt werden[470], nahm der Bundesgerichtshof eine Haftung Googles für eigene Inhalte an. Allerdings soll die Haftung erst dann einsetzen, wenn Google von einer Rechtsverletzung Kenntnis erlangt hat und daraufhin keine Entfernung der entsprechenden Vorschläge vornimmt.[471] Ebenfalls um automatisch generierte Inhalte handelt es sich bei sog. Snippets. Dies sind kurze Textfragmente der verlinkten Inhalte, die im Rahmen der Suchergebnisliste angezeigt werden. Auch hier stellt sich die Frage, ob der Suchmaschinenbetreiber für die Wiedergabe bestimmter Tatsachen, die durch die verkürzte Darstellung innerhalb des Snippets in ihr persönlichkeitsverletzendes Gegenteil verkehrt werden können, verantwortlich ist.[472]

Daher können Suchmaschinenbetreiber wie ein Host-Provider als Störer verpflichtet sein, wenn persönlichkeitsverletzende Inhalte über den Suchindex der Suchmaschine auffindbar gemacht werden.[473] Zwar besteht keine grundsätzliche Haftung eines Suchmaschinenbetreibers für die Auffindbarmachung von Internetseiten mit persönlichkeitsrechtsverletzenden Inhalten, da durch die Darstellung der Suchergebnisse keine eigene Behauptung getroffen oder sich Äußerungen Dritter zu eigen gemacht wer-

468 *LG Hamburg* Urt. v. 13.6.2017 – 310 O 117/17; GRUR-Prax 2017, 537 sowie *Schwartmann/Keber/Mühlenbeck*, Social Media: Soziale Netzwerke und Homepages sicher gestalten und nutzen, S. 69.

469 Vgl. eingehend *Schwartmann*, K&R Beihefter 2/2011, 5 ff.

470 Maßgeblich sind insoweit die vorherigen Suchworteingaben der anderen Nutzer sowie der Inhalt der von Google indexierten Webseiten, vgl. dazu *Dippelhofer*, MMR-Aktuell 2013, 352714.

471 *BGHZ* 197, 213. Vgl dazu unten Rn. 341.

472 Vgl. dazu etwa *OLG Hamburg*, MMR 2007, 315; *LG Hamburg*, MMR 2009, 290; *KG*, MMR 2010, 495; *OLG Hamburg*, MMR 2011, 685; *LG Berlin*, ZUM-RD 2011, 417; *KG*, MMR 2012, 129.

473 Vgl. dazu *LG Köln*, Urt. v. 16.9.2016 – 28 O 14/14; MMR 2016, 213.

den.[474] Eine Störerverantwortlichkeit kann sich allerdings dann ergeben, wenn der Suchmaschinenbetreiber, ohne Täter oder Teilnehmer zu sein zur Beeinträchtigung des Rechtsgutes (etwa Persönlichkeitsrecht) beiträgt und dabei zumutbare Prüfpflichten verletzt. Sofern also der Suchmaschinenbetreiber trotz Hinweises der betroffenen Person auf eine Persönlichkeitsverletzung die Inhalte nicht entfernt, kann der Suchmaschinenbetreiber wie ein Host-Provider als Störer verpflichtet sein.[475]

Sofern ein Diensteanbieter demgegenüber als **Access-Provider** nur die technische Infrastruktur für den Zugang zu Inhalten Dritter zur Verfügung stellt und keinerlei Einfluss auf die abgerufenen Inhalte nimmt, scheidet eine Verantwortlichkeit für Rechtsverstöße aus. So wurde die Störerhaftung für Betreiber offener W-LAN-Netze 2017 abgeschafft.[476] Bis zu diesem Zeitpunkt hafteten Betreiber offener Netze vor dem Hintergrund der „Goldesel"-Entscheidung des BGH[477] unter bestimmten Voraussetzungen für Urheberrechtsverletzungen von Nutzern, die in ihren Netzwerken begangen wurden. Die Haftung der Betreiber offener Netze ist nun vielmehr auf einen Sperranspruch der Rechteinhaber nach § 7 Abs. 4 S. 1 TMG beschränkt.[478]

VI. Informationstechnikrecht

274 RStV und TMG bilden den öffentlich-rechtlich geprägten Regulierungsrahmen. In der Praxis spielt aber auch der große Bereich des **Informationstechnikrechts** eine wichtige Rolle.[479] Vertragsschlüsse in diesem Bereich erfolgen oft über das **Internet**[480]. Dessen Vorteile sind seine ständige Verfügbarkeit sowie die Möglichkeit auch grenzüberschreitender Vertragsschlüsse vom heimischen Rechner aus. Das Internet bringt aber auch spezifische Risiken mit sich. Vor allem Verbraucher sind hier schutzbedürftig, da Onlinevertragsschlüsse einerseits keine besonderen Kenntnisse verlangen und bequem getätigt werden können. Andererseits ermöglicht es das Internet nicht oder nur sehr begrenzt, den Vertragspartner und die Gegenleistung – seien es Waren oder Dienstleistungen – zu prüfen.[481]

275 Daher gibt es ein Bedürfnis nach einem einheitlichen, auch internationalen Rechtsrahmen für den Internethandel. Allerdings bestehen keine einheitlichen, weltweit geltenden Regeln für das Internet und insbesondere keine weltweit einheitlichen Vorgaben für Geschäftsabschlüsse über dieses Medium. Es findet aber international eine

---

474 *LG Köln*, Urt. v. 16.9.2016 – 28 O 14/14; MMR 2016, 213.

475 *LG Köln*, Urt. v. 16.9.2016 – 28 O 14/14; MMR 2016, 213.

476 Drittes Gesetz zur Änderung des Telemediengesetzes v. 28.9.2017 durch BGBl. I v. 12.10.2017, 3530 sowie dazu *Schwartmann* in: Schwartmann, Praxishandbuch Medienrecht Kap. 1 Rn. 20.

477 *BGH* NJW 2016, 794.

478 Vgl. dazu *Schwartmann/Keber/Mühlenbeck*, Social Media: Soziale Netzwerke und Homepages sicher gestalten und nutzen, S. 62 sowie *Schwartmann* in: Schwartmann, Praxishandbuch Medienrecht, Kap. 1 Rn. 20.

479 Zu aktuellen Entwicklungen des Informationstechnikrechts *Gennen* und *Keber,* in: Schwartmann, Praxishandbuch Medienrecht, 21., 22. und 23. Kap.

480 Zum Begriff, s.o. Rn. 13.

481 Zum Folgenden *Gennen,* in: Schwartmann, Praxishandbuch Medienrecht, 22. Kap. Rn. 16.

stetige Rechtsentwicklung im Bereich des E-Commerce statt. Diese Entwicklung macht etwa das UN-Übereinkommen zum E-Commerce deutlich, das Deutschland allerdings noch nicht ratifiziert hat.[482]

Auch auf **europäischer Ebene** wurden eine Reihe von Regelungen getroffen, die Geschäftsschlüsse via Internet betreffen. Die **Fernabsatzrichtlinie**[483] von 1997 wurde erlassen, um einen Mindestschutz für die Verbraucher im elektronischen Geschäftsverkehr zu etablieren. Umgesetzt in das deutsche Recht wurde die Richtlinie durch das Fernabsatzgesetz[484], das im Wege des Gesetzes zur Modernisierung des Schuldrechts[485] zum 1. Januar 2002 in das BGB (§§ 312b ff. BGB) eingepasst worden ist. Die Fernabsatzrichtlinie wurde durch die Verbraucherrechte-Richtlinie 2011/83/EU mit Wirkung vom 14. Juni 2014 aufgehoben.[486] **276**

Der Europäische Gesetzgeber verabschiedete im Jahr 2000 die **E-Commerce-Richtlinie**[487], deren Anwendungsbereich sich zum Teil mit dem der Fernabsatzrichtlinie überschneidet, aber über deren Regelungsgegenstand hinausgeht. Neben Vorschriften zum Verbraucherschutz wurde eine Reihe von innerstaatlichen Bestimmungen, vor allem zum elektronischen Vertragsschluss und zur Verantwortlichkeit von Vermittlern eingeführt. In Deutschland wurde die E-Commerce-Richtlinie durch das Gesetz über die rechtlichen Rahmenbedingungen für den elektronischen Geschäftsverkehr[488] (**Elektronischer-Geschäftsverkehr-Gesetz, EGG**) vom 14. Dezember 2001 umgesetzt, was zu einer Änderung des Teledienstegesetzes (TDG) aus dem Jahr 1997 sowie des Teledienstedatenschutzgesetzes (TDDSG) führte. Diese Gesetze sind seit dem 1. März 2007 im Zusammenhang mit der Umsetzung der E-Commerce-Richtlinie durch das Telemediengesetz (TMG)[489] ersetzt worden, das einheitlich für alle elektronischen Informations- und Kommunikationsdienste gilt und die diesbezüglichen Bestimmungen des Teledienstedatenschutzes[490] einschließlich der haftungsrechtlichen Vorgaben übernommen hat. **277**

Ferner ist im Dezember 2011 die neue **Verbraucherrechte-Richtlinie**[491] in Kraft getreten. Diese stellt eine Zusammenführung und Aktualisierung zweier früherer Richtlinien dar, die sich mit dem Verbraucherschutz im Falle von außerhalb von Geschäftsräumen

---

482 Zu Einzelheiten vgl. *Hilberg*, CR 2006, 859.

483 Richtlinie 97/7/EG des Europäischen Rates und des Rates über den Verbraucherschutz bei Vertragsabschlüssen im Fernabsatz vom 20.5.1997, Abl. EG Nr. L 144 vom 4.6.1997, S. 19.

484 Gesetz über Fernabsatzverträge und andere Fragen des Verbraucherrechts sowie zur Umstellung von Vorschriften auf Euro vom 27.6.2000, BGBl. I 2000, S. 897.

485 BGBl. I 2001, S. 3138.

486 Vgl. Art. 31 der Verbraucherrechte-Richtlinie 2011/83/EU v. 25. Oktober 2011 Abl. EU Nr. L 304/64 v. 22.11.2011 sowie dazu *Gennen*, in: Schwartmann, Praxishandbuch Medienrecht Kap. 22. Rn. 18 mwN.

487 Richtlinie 2000/31/EG des Europäischen Parlaments und des Rates vom 8.6.2000 über bestimmte rechtliche Aspekte der Dienste der Informationsgesellschaft, insbesondere des elektronischen Geschäftsverkehrs, im Binnenmarkt („Richtlinie über den elektronischen Geschäftsverkehr") Abl. Nr. L 178 vom 17.7.2000 S. 1.

488 BGBl. I 2001, S. 3721.

489 Vgl. zur Abgrenzung des TMG vom RStV, Rn. 138 ff.

490 *Hoeren*, NJW 2007, 801.

491 Richtlinie 2011/83/EU des Europäischen Parlaments und des Rates vom 25.10.2011.

geschlossenen Verträgen[492] sowie dem Verbraucherschutz bei Vertragsabschlüssen im Fernabsatz[493] befasst hatten. Für Verträge im elektronischen Geschäftsverkehr gelten seither strengere Hinweis- und Informationspflichten des Verkäufers. Insbesondere muss die Bestellsituation im Rahmen eines Online-Kaufs so gestaltet sein, dass der Verbraucher die mit dem Anklicken des Bestell-Buttons ausgelöste Zahlungsverpflichtung klar erkennen kann.[494] Im deutschen Recht ist diese Vorgabe in § 312j Abs. 3 BGB umgesetzt worden.

278 Wesentliche **nationale Rechtsquellen** für Diensteanbieter sind das Telekommunikationsgesetz (TKG)[495] nebst dessen Ausführungsverordnungen sowie die bereits erwähnten Gesetze TMG und BGB (vor allem §§ 312b ff.). TKG und TMG regeln die Art und Weise des Anbietens von Telekommunikationsleistungen. Das TKG verfolgt den Zweck, Wettbewerb durch Regulierung zu fördern und flächendeckend angemessene und ausreichende Telekommunikationsdienstleistungen zur Verfügung zu stellen sowie eine Frequenzordnung festzulegen. Demgegenüber normiert das TMG allgemeine Informationspflichten, Verantwortlichkeiten der Diensteanbieter und datenschutzrechtliche Anforderungen an Telemedienanbieter, wobei sich die inhaltlichen Anforderungen an Telemedien nach dem Rundfunkstaatsvertrag richten (vgl. § 1 Abs. 4 TMG).

279-282 *Rn. 279–282 derzeit nicht belegt.*

1. Elektronische Geschäfte und Signaturgesetz

283 Im Wesentlichen veranlasst durch die europäische E-Commerce-Richtlinie, die das Funktionieren des elektronischen Geschäftsverkehrs sicherstellen soll, sind eine Vielzahl von Gesetzen erlassen bzw. geändert worden.

284 Die Regelungen zum Abschluss von Verträgen auf elektronischem Wege, z.B. die Frage des Zeitpunktes des Vertragsschlusses, sind ebenso von Bedeutung wie Bestimmungen zur Sicherheit im elektronischen Geschäftsverkehr, die z.B. durch die **elektronische Signatur** hergestellt werden soll. Deren verschiedene Formen, Inhalte, Vergabe, Sperrung etc. sind im Gesetz über die Rahmenbedingungen für elektronische Signaturen (SigG) festgelegt.[496] Es wird durch die Verordnung zur elektronischen Signatur (SigV) als untergesetzliches Regelwerk ergänzt. Sinn der elektronischen Signatur ist es, den elektronischen Geschäftsverkehr sicherer zu machen. Die Gleichstellung der elektronischen Signatur mit der körperlichen Unterschrift erfolgt kraft gesetzlicher Anordnung bei der Abgabe von elektronischen Erklärungen, derzeit in §§ 126a BGB, 130a ZPO, 174 Abs. 3 und 4 ZPO, 87a AO, 46c ArbGG, 125a PatG, 95a MarkenG, 25 DesignG (bis zum 1. Januar 2014 GeschmMG).

---

492 Richtlinie 85/577/EWG des Rates vom 20.12.1985.

493 Richtlinie 97/7/EG des Europäischen Parlaments und des Rates vom 20.5.1997.

494 Geschehen kann dies etwa durch Formulierungen wie „zahlungspflichtig bestellen" oder „kaufen".

495 Zum novellierten EU-Rechtsrahmen und dem daraus resultierenden Anpassungsbedarf im TKG vgl. *Klotz/Brandenberg*, MMR 2010, 147 ff. Inzwischen (Frühjahr 2012) ist ein Gesetz zur Änderung telekommunikationsrechtlicher Regelungen (TKG) in Kraft getreten, das u.a. die Bestimmungen zum Daten- und Verbraucherschutz modernisiert.

496 Dazu *Hoeren*, S. 336 ff.; *Fechner*, 12. Kapitel, Rn. 174 ff.; *Engel-Flechsig*, in: Nonta/Dreier, Rechtshandbuch zum E-Commerce, Teil F, Rn. 134 ff.

Rechtsstreitigkeiten sind aber auch im Multimediarecht heute noch ohne ein besonderes medienrechtliches Instrumentarium auf Basis des BGB von 1900 (!) zu lösen[497]. 285

■ **20. Übungsfrage:**[498] A ist Eigentümer eines Autos. Eines Tages erhält er einen Anruf von B, der diesen Wagen für 10 000 € auf einer „Internetauktion" ersteigert hat und dessen Herausgabe gegen Zahlung verlangt. A bestreitet, den Wagen im Netz angeboten zu haben und weigert sich, ihn B zu überlassen. Er habe das Auto nicht im Netz angeboten. Dies müsse ein Dritter gewesen sein. Daraufhin verklagt B den A auf Herausgabe des Autos gegen Zahlung der 10 000 €, hilfsweise auf Schadensersatz in Höhe von 5 000 €, weil er einen entsprechenden Wagen auf dem Markt für 15 000 € erstehen müsste. Hat B einen Anspruch auf Herausgabe oder Schadensersatz?

Eine solche Internetauktion ist keine Versteigerung im juristischen Sinne[499], sondern sie vermittelt einen Kaufvertrag. Mit dem Ablauf der Bietfrist entsteht die vertragliche Verpflichtung des Höchstbietenden (Käufer), das Angebot des Anbieters (Verkäufer) im Netz zum Abschluss eines Kaufvertrages anzunehmen[500]. Zugleich führt die antizipierte Annahmeerklärung des Verkäufers zu einem Vertrag mit dem Höchstbietenden. 286

Es kommt vor, dass einem vermeintlichen Bieter (Käufer) eine Annahme untergeschoben wird, indem mit seiner passwortgeschützten Nutzerkennung „mitgesteigert" wird. Das **Kennwort** kommt dann gleichsam **abhanden**, und ein Dritter nutzt es. In einem solchen Fall wird der vermeintliche Bieter (Käufer) nicht Vertragspartner, weil er nicht geboten hat. Die Rechtsprechung entnimmt der bloßen Verwendung der Kennung keinen Anscheinsbeweis für die Angebotsannahme durch den registrierten Nutzer[501]. Ein solcher läge vor, wenn die Verwendung typischerweise einen Rückschluss auf die Identität des Handelnden zuließe. Dafür ist das Internet aber zu unsicher und die Möglichkeit, ein Passwort zu missbrauchen, zu groß. Ebenso wenig kann eine Haftung nach den Grundsätzen der Anscheinsvollmacht angenommen werden. Eine solche Vollmacht ist anzunehmen, wenn der vermeintliche Bieter (Käufer) das Handeln des Dritten nicht kennt, er es aber bei pflichtgemäßer Sorgfalt hätte erkennen und verhindern können und der andere Teil (Verkäufer) darauf vertrauen durfte, der Vertretende (Käufer) dulde und billige das Handeln des Dritten.[502] Ein solches Vertrauen des Verkäufers kann im Falle von Online-Auktionen jedoch gerade nicht angenommen werden. Ebenso wenig wie derjenige, bei dem telefonisch unter Namen und Anschrift einer existenten Person missbräuchlich etwas bestellt wird, ist der Anbieter bei einer Internetauktion in seinem Vertrauen darauf geschützt, dass der Bieter mit dem Inhaber des Online-Profils, über das die Gebote abgegeben werden, identisch ist.[503] Überdies 287

497 Vgl. zu den zivilrechtlichen Problemen im Zusammenhang mit Willenserklärungen im elektronischen Rechtsverkehr *Hoeren*, S. 330 ff. Hier werden etwa Fragen der Anfechtung, Vollmacht und des Zugangs behandelt. Vgl. auch *Köhler/Arndt/Fetzer*, S. 59 ff.

498 Nach *LG Köln*, Urt. v. 27.10.2005, Az.: 8 O 15/05, BeckRS 2006, 07259. Dazu *Schwartmann/Maus*, F.A.Z. vom 29.3.2006, S. 27. Zu Internetversteigerungen insgesamt *Köhler/Arndt/Fetzer*, S. 106 ff.; *Wimmer-Leonhardt*, JR 2005, 353 ff.

499 Bei einer Versteigerung im Sinne von § 156 BGB kommt der Vertrag erst durch den Zuschlag zustande. An einem solchen Zuschlag fehlt es im Falle von Internetauktionen aber gerade.

500 *BGH,* MMR 2005, 37, 38.

501 *OLG Köln*, MMR 2002, 813.

502 *OLG Köln*, MMR 2002, 813, 814.

503 *OLG Köln*, MMR 2002, 813, 814; *BGH,* MMR 2011, 447, 449.

greifen die Rechtsgrundsätze der Anscheinsvollmacht regelmäßig nur dann ein, wenn das Verhalten des Dritten, der unter falschem Namen an der Versteigerung teilnimmt, von einer gewissen Dauer und Häufigkeit ist.[504]

288 Es ist auch umgekehrt möglich, dass dem Verkäufer (Anbieter) ein **Angebot untergeschoben** wird. Bestreitet der vermeintliche Anbieter (Verkäufer), Vertragspartner geworden zu sein, weil nicht er, sondern ein Dritter unter Verwendung seiner Kennung die Sache angeboten hat, so ist für das Zustandekommen eines Vertrages und die Abgabe eines entsprechenden Angebots grundsätzlich der Anspruchsteller beweisbelastet. Verlangt B also aus einer Internetauktion die Lieferung des Wagens oder Schadensersatz wegen der Nichtlieferung, muss er beweisen, dass gerade A die Sache zum Verkauf angeboten hat. Anderenfalls läuft seine Annahme ins Leere, und es ist kein Vertrag geschlossen. Fast zwangsläufig gerät B als Anspruchssteller hier in Schwierigkeiten. Weil sich die Parteien bei der Abgabe ihrer Willenserklärungen in der Regel gar nicht kennen, wissen sie nichts über die Umstände des Vertragsschlusses. Auch hier stellt sich die Frage nach dem Anscheinsbeweis. Entspricht es einem typischen Geschehensablauf, dass ein Kaufgegenstand von demjenigen angeboten wurde, der Berechtigter der in der Auktion verwandten Nutzerkennung ist? Die Rechtsprechung hält dies wegen des unzureichenden Sicherheitsstandards im Internet nicht für gegeben[505]. Auch, dass der registrierte Nutzer tatsächlich den zum Kauf angebotenen Wagen besaß und dieser in dem Angebot detailliert und zutreffend beschrieben ist, hilft dem Bieter normalerweise nicht, wenn viel für einen „üblen Streich" spricht. Wer das Netz zur Erweiterung seines Geschäftskreises nutzt und auf die Rechtmäßigkeit von dortigen Vertragsschlüssen vertraut, muss also Rechtsunsicherheiten in Kauf nehmen, wenn er nicht beweisen kann, dass ein für ihn günstiger Vertrag zustande gekommen ist. Da ein Anbieter sein eingestelltes Angebot nicht einfach zurückziehen kann[506], muss man befürchten, dass ein von dem Höchstgebot enttäuschter Anbieter einen „Identitätsdiebstahl" behauptet und das Beweisrecht missbraucht, um das Zustandekommen eines Vertrages zu verhindern.

289 Insgesamt geht die Lösung der Rechtsprechung nicht an der Lebenswirklichkeit vorbei. Sie ist eine Konsequenz des Zivilprozessrechts, wonach nur derjenige aus behaupteten günstigen Tatsachen ein Recht herleiten kann, der deren Vorliegen beweist. Würde die Beweislast umgekehrt oder großzügige Anscheinsbeweise zugelassen, so fehlte der Anreiz, derartige Geschäfte sicherer zu gestalten. Wer sich bei einem wichtigen Geschäft über die Identität des potenziellen Verkäufers unsicher ist, muss also vor dem Gebot versuchen, persönlichen Kontakt zu diesem aufzunehmen. Ein Restrisiko ist jedenfalls solange nicht auszuschließen, bis sich die Forderungen nach einer **elektronischen Signatur** für Internetkaufverträge durchgesetzt haben.

504 *BGH*, MMR 2011, 447, 449.
505 *LG Köln*, Urt. v. 27.10.2005, Az.: 8 O 15/05, BeckRS 2006, 07259.
506 *OLG Oldenburg*, NJW 2005, 2557.

2. Verbraucherschutz, insbesondere Fernabsatzverträge

Eine wichtige Rolle spielt bei elektronischen Rechtsgeschäften auch der Verbraucherschutz. Dem Schutz der Verbraucher dienen namentlich die zivilrechtlichen Bestimmungen über außerhalb von Geschäftsräumen geschlossene Verträge und Fernabsatzverträge in den §§ 312b–h BGB.[507] Hintergrund der gesetzlichen Regelung ist, dass bei einem Distanzgeschäft (Fernabsatz) die Vertragsparteien und der Vertragsgegenstand in der Regel nicht körperlich präsent sind. Dies birgt besondere Risiken für den Verbraucher. Ein Fernabsatzvertrag ist gemäß § 312c Abs. 1 BGB ein Vertrag, bei dem der Unternehmer (§ 14 BGB) oder eine in seinem Namen oder Auftrag handelnde Person und der Verbraucher (§ 13 BGB) für die Vertragsverhandlungen und den Vertragsschluss ausschließlich Fernkommunikationsmittel verwenden, es sei denn, dass der Vertragsschluss nicht im Rahmen eines für den Fernabsatz organisierten Vertriebs- oder Dienstleistungssystems, d.h. eher zufällig und nur ausnahmsweise fernkommunikativ, erfolgt. Als Fernkommunikationsmittel gelten dabei alle Kommunikationsmittel, die zur Anbahnung oder zum Abschluss eines Vertrags eingesetzt werden können, ohne dass die Vertragsparteien gleichzeitig körperlich anwesend sind, wie Briefe, Kataloge, Telefonanrufe, Telekopien, E-Mails, über den Mobilfunkdienst versendete Nachrichten (SMS) sowie Rundfunk und Telemedien (§ 312c Abs. 2 BGB). Liegt ein Fernabsatzvertrag vor, dann treffen den Unternehmer nach § 312d Abs. 1 BGB gegenüber dem Verbraucher vor und nach Vertragsschluss Informationspflichten gemäß Art. 246a §§ 1 bis 4 EGBGB. So muss der Unternehmer den Verbraucher etwa klar und verständlich über seine Identität und Anschrift sowie die wesentlichen Merkmale der vertraglichen Ware oder Dienstleistung und deren Gesamtpreis in Kenntnis setzen (Art. 246a § 1 Abs. 1 Nr. 1 bis 4 EGBGB). Nach § 312g i.V.m. §§ 355, 356 BGB ist der Verbraucher bei einem Fernabsatzvertrag grundsätzlich zum Widerruf seiner Vertragserklärung oder gegebenenfalls stattdessen zur Warenrückgabe berechtigt, wobei die Frist zur Ausübung dieser Rechte nicht zu laufen beginnt, bevor der Unternehmer seine Informationspflichten gemäß Art. 246a § 1 Abs. 2 S. 1 Nr. 1 EGBGB erfüllt hat und bei der Lieferung von Waren, bevor diese beim Empfänger eingegangen sind (§ 356 Abs. 2 Nr. 1a BGB). Dem Schutz der Verbraucher vor sog. Kosten- bzw. Abofallen im Internet dient eine aufgrund der Verbraucherrechte-RL[508] vorgenommene Änderung des § 312e BGB. Bei einem Vertrag im elektronischen Geschäftsverkehr (§ 312i, j Abs. 1 BGB) zwischen einem Unternehmer und einem Verbraucher, der eine entgeltliche Leistung des Unternehmers zum Gegenstand hat, ist der Unternehmer verpflichtet, dem Verbraucher bestimmte Informationen vor dessen Bestellung zur Verfügung zu stellen (§§ 312i Abs. 1 Nr. 2, 312j Abs. 2 BGB). Bei einem solchen Vertrag muss der Unternehmer insbesondere die Bestellsituation so gestalten, dass der Verbraucher mit seiner Bestellung ausdrücklich bestätigt, im Falle eines Vertragsschlusses zu einer Zahlung verpflichtet zu sein; erfolgt die Bestellung über einen „Bestell-Button", so ist diese Pflicht nur erfüllt, wenn die Schaltfläche mit einer eindeutigen Formulierung – etwa „zahlungspflichtig bestellen" – beschriftet ist (§ 312j Abs. 3 BGB). Die Nichterfüllung dieser Unternehmerpflicht zur Gestaltung der Bestellsituation führt dazu, dass zwi- 290

507 Dazu *Hoeren*, S. 363 ff.
508 Vgl. dazu oben Rn. 277a.

schen Unternehmer und Verbraucher kein Vertrag zustande gekommen ist (§ 312j Abs. 4 BGB).

3. Domainnamenrecht

291 Mit dem Domainnamenrecht hat das Multimediarecht einen weiteren Schwerpunkt erhalten. Dies liegt an der zunehmenden Bedeutung von Internetauftritten. Das Domainnamenrecht ist eine besondere Ausprägung des Namens- und Kennzeichenrechts[509]. Es geht dabei regelmäßig um die Frage, wem ein bestimmter Name, also eine elektronische Adresse im Internet, „gehören" soll[510]. Oft entsteht ein Konflikt zwischen den Domainnamen („shell.de", „epson.de") und älteren Rechten Dritter, insbesondere Marken- und Namensrechten[511] (z.B. Marken „shell" und „epson")[512]. Eine unberechtigte Namensanmaßung nach § 12 S. 1 Alt. 2 BGB liegt insbesondere dann vor, wenn ein Dritter, der kein Recht zur Namensführung hat, unbefugt den gleichen Namen wie der Namensträger gebraucht, dadurch eine Zuordnungsverwirrung eintritt und schutzwürdige Interessen des Berechtigten verletzt werden.[513]

Zur Vertiefung

Die Relevanz des Domainnamenrechts zeigte sich erst kürzlich in einem Rechtsstreit, den die Partei „Alternative für Deutschland" (AfD) gegen einen Websitebetreiber führte: Dieser betrieb eine Webseite unter der Domain „wir-sind-afd.de." Die AfD sah sich dadurch in ihren Namensrechten verletzt und verlangte Unterlassung.[514] Sowohl das LG Köln als auch das OLG Köln bejahten eine Zuordnungsverwirrung durch die Namensanmaßung. Der Websitebetreiber musste die Domain daher abgeben.

In diesen Bereich fällt auch das sog. „Domaingrabbing"[515]. Da die Adressvergabe der sog. URLs grundsätzlich nach dem Prioritätsprinzip erfolgt, entstehen Probleme zum einen im Zusammenhang mit der Frage, ob es sich bei der Domain um eine Marke[516] oder eine geschäftliche Bezeichnung[517] handelt und zum anderen im Hinblick auf das

---

509 Dazu *Köhler/Arndt/Fetzer*, S. 40 ff. Mit einer Einordnung in das allgemeine Wettbewerbsrecht *Eisenmann/Jautz*, Rn. 339a ff. Vgl. auch *Köhler/Arndt/Fetzer*, S. 34 ff.

510 Dazu *Köhler/Arndt/Fetzer*, S. 18 ff.

511 Vornamen in Alleinstellung besitzen allerdings regelmäßig keine Namensfunktion im Sinne des § 12 BGB. Zum einen ist der Verkehr, außerhalb des engeren persönlichen Kreises, an die Verwendung des Nachnamens gewöhnt. Zum anderen ist der Vorname angesichts seiner weiten Verbreitung als individualisierender Hinweis auf eine Person meist ungeeignet. Etwas anderes kann ausnahmsweise dann gelten, wenn bereits der alleinige Gebrauch des Vornamens bei den angesprochenen Verkehrskreisen die Erinnerung an einen bestimmten Träger weckt, vgl. dazu *OLG München,* K&R 2013, 678.

512 *Kunzmann*, in: Schwartmann, Praxishandbuch Medienrecht, 30. Kap Rn. 161 ff.

513 Statt aller *BGH,* MMR 2007, 38. Möglich ist eine unberechtigte Namensanmaßung nicht nur im Falle von natürlichen Personen. Vielmehr können hiervon auch Gebietskörperschaften betroffen sein. So ist etwa die Stadt Berlin erfolgreich gegen den Inhaber der Domain www.berlin.com vorgegangen, der auf der betreffenden Seite Informationen über die Hauptstadt bereithielt, vgl. dazu *KG,* MMR 2013, 656.

514 Vgl. dazu *LG Köln*, Urt. v. 06.02.2018, Az. 33 O 79/17 sowie *OLG Köln*, Beschl. v. 27.09.2018, Az. 7 U 85/18.

515 Dazu *Köhler/Arndt/Fetzer*, S. 34 ff.

516 *Eisenmann/Jautz*, Rn. 339c, siehe auch unten Rn. 419.

517 *Eisenmann/Jautz*, Rn. 339d.

Gesetz gegen den unlauteren Wettbewerb (UWG)[518]. Markenrechtlich ist für eine Ausnahme vom Prioritätsprinzip entscheidend, ob der Namensinhaber im Inland überragend bekannt ist. In diesem Fall kann ihm gegenüber gleichnamigen Privatpersonen auch dann ein Vorrecht zukommen, wenn die Domain zuvor von einer anderen Person registriert wurde. Der Prioritätsgrundsatz wird hier durchbrochen, weil der überwiegende Teil der Internetnutzer bei Eingabe der entsprechenden Domain davon ausgeht, die Seite des bekannten Namensinhabers (prominente Privatperson oder Firmenname) aufzurufen. Der bevorrechtigte Namensinhaber kann dann die Löschung verlangen und die Domain anschließend für sich registrieren lassen. Wettbewerbsrechtlich kommt es darauf an, ob der Wettbewerb zwischen Unternehmen beeinträchtigt wird. Wettbewerbswidrig ist eine irreführende Domainregistrierung. Dies kommt etwa bei der Verwendung von Gattungsbegriffen vor, die einen unzutreffenden Eindruck hervorrufen. Wer etwa „Alles Kostenlos" als Domain verwendet, um durch bewusste Täuschung Kunden auf seine Webseite zu locken, handelt wettbewerbswidrig.

4. IT-Vertragsrecht und IT-Sicherheit

Das IT-Vertragsrecht betrifft Verträge, deren Hauptgegenstand dem Bereich der Informationstechnologie entstammt und die durch zahlreiche nationale und internationale Vorschriften geregelt werden[519]. Für das Verständnis der rechtlichen Grundlagen und die Gestaltung von Lösungen im IT-Bereich sind gewisse technische Kenntnisse auf dem Gebiet der Informationstechnologie unverzichtbar[520]. IT-Verträge lassen sich nach deren Gegenstand – Hardware oder Software – unterscheiden. **291a**

Während **Softwareverträge** die Gesamtheit aller Datenverarbeitungsprogramme und deren Dokumentation, die auf einem Computer eingesetzt werden kann, betreffen, erfasst die **Hardware** die mechanischen und elektronischen Bestandteile eines Computers bzw. eines Computersystems. IT-Verträge können auch andere vertragsgegenständliche Leistungen, z.B. Wartung und Pflege von Software und Hardware, Beratungsleistungen, Supportleistungen, die Installation, das Outsourcing von IT-Leistungen beinhalten oder sich mit Softwareerstellung befassen[521]. Die Beschaffung von Hard- und/oder Software kann auf Dauer (Kauf) oder durch Überlassung auf Zeit (Miete, Leasing) erfolgen[522]. Differenziert werden kann zudem zwischen Verträgen in der Beschaffungsphase/Projektphase und solchen im Zeitraum nach der Beschaffung. **291b**

518 *Eisenmann/Jautz*, Rn. 339f ff.

519 Dazu *Gennen/Schreiner*, Recht der IT-Verträge.

520 Einen Überblick über die wichtigen Begriffe aus dem Bereich des IT-Vertrags gibt *Gennen/Völkel*, Recht der IT-Verträge, 2009, S. 22 ff.; *Gennen*, in: Schwartmann, Praxishandbuch Medienrecht, 21. Kap. Rn. 10 ff.

521 *Gennen*, in: Schwartmann, Praxishandbuch Medienrecht, 21. Kap Rn. 225 ff.; *Hoeren*, IT-Vertragsrecht, S. 197 ff., 266 ff.; *Schneider*, Handbuch des EDV-Rechts, Besonderer Teil H Rn. 1 ff.

522 Zu unterschiedlichen Sachverhalten im IT-Vertragsrecht (z.B. Kauf, Miete oder Leasing von Software und Hardware) siehe *Gennen*, in: Schwartmann, Praxishandbuch Medienrecht, 21. Kap. Rn. 34 ff.; *Hoeren*, IT-Vertragsrecht, S. 251 ff., 258 ff.; *Schneider*, Handbuch des EDV-Rechts, Besonderer Teil F Rn. 1 ff.

291c IT-Verträge betreffen zwar unterschiedliche Leistungen. Allerdings gelten eine Reihe von Grundsätzen und Rechtsfragen für einen großen Teil der IT-Verträge gleichermaßen. Dazu zählen u.a. die Qualität von Software, der allgemeine Aufbau eines IT-Vertrags, Vereinbarungen im Vorfeld seines Abschlusses, Fragen des Pflichtenhefts, der Dokumentation und der Quellcodes. Entsprechende Regelungen gelten auch für Mitwirkungspflichten und die Problematik von AGB-Klauseln in IT-Verträgen[523].

Für Aufsehen im Bereich des IT-Rechts hat der im August 2014 von Seiten des Bundesinnenministeriums veröffentlichte Entwurf eines Gesetzes zur Erhöhung der Sicherheit informationstechnischer Systeme (IT-Sicherheitsgesetz) gesorgt, das im Juli 2015 in Kraft getreten ist.[524] Die Neuregelungen sollen dazu dienen, den Schutz der Verfügbarkeit, Integrität und Vertraulichkeit datenverarbeitender Systeme zu verbessern und der gestiegenen Bedrohungslage im Hinblick auf die IT-Sicherheit anzupassen.[525] Das Gesetz erfasst ausschließlich Unternehmen, die solche Infrastrukturen vorhalten, deren Funktionsfähigkeit für das Gemeinwesen von überragender Bedeutung ist (sog. kritische Infrastrukturen). Namentlich betrifft dies etwa die Bereiche Energie, Informationstechnik und Telekommunikation, Transport und Verkehr, Gesundheit, Wasser, Ernährung sowie Finanz- und Versicherungswesen (§ 2 Abs. 10 BSIG). Hierfür werden verbindliche Mindeststandards zugunsten der IT-Sicherheit festgelegt (§ 8 Abs. 1 S. 1 BSIG). Die Betreiber der kritischen Infrastrukturen sind verpflichtet, angemessene organisatorische und technische Vorkehrungen zum Schutz ihrer informationstechnischen Systeme zu treffen (§ 8a Abs. 1 BSIG). Die ausreichende IT-Sicherheit ist mindestens alle zwei Jahre zu überprüfen (§ 8a Abs. 3 BSIG).[526] Beeinträchtigungen oder Ausfälle dieser Systeme sind dem Bundesamt für Sicherheit in der Informationstechnik unverzüglich zu melden (§ 8b Abs. 4 und 5 BSIG). Der Gesetzesentwurf stieß bei Datenschützern und Netzaktivisten auf heftige Kritik.[527] Zugleich ist in Wirtschaftskreisen die Frage nach den Kosten für den zusätzlichen Organisations- und Sicherheitsaufwand aufgeworfen worden.[528]

VII. Fazit und Glossar

292 Das Recht der Telemedien zeichnet sich durch eine Vielzahl offener Rechtsfragen aus, die vor dem Hintergrund der Konvergenz der Medien und der schwer zu prognostizierenden technischen Möglichkeiten bestehen. Das Recht läuft der Entwicklung in diesem Bereich oft hinterher. Eine Verfeinerung der Regelungen ist hier insbesondere mit

523 Dazu *Gennen/Völkel*, Recht der IT-Verträge; *Schneider*, Handbuch des EDV-Rechts, Allgemeiner Teil D., Rn. 172 ff.

524 Referentenentwurf des *Bundesministeriums des Inneren* vom 18.8.2014 sowie BGBl. I Nr. 31 v. 24.07.2015, S. 1324.

525 Referentenentwurf des Bundesministeriums des Inneren vom 18.8.2014, S. 2.

526 Vgl. Information des Bundesamts für Sicherheit und Informationstechnik, S. 7 abrufbar unter: https://www.bsi.bund.de/SharedDocs/Downloads/DE/BSI/Publikationen/Broschueren/IT-Sicherheitsgesetz.pdf?__blob=publicationFile&v=7 (zuletzt abgerufen: 18.10.2018).

527 Vgl. etwa http://www.spiegel.de/netzwelt/netzpolitik/it-sicherheitsgesetz-datenschuetzer-kritisieren-plan-von-de-maiziere-a-987582.html (zuletzt abgerufen: 13.02.2019).

528 Zum Entwurf eines IT-Sicherheitsgesetzes vgl. auch unten Rn. 375.

Blick auf zukünftige Entwicklungen notwendig. In diesem Bereich kursieren zudem zahlreiche technische Begriffe, die auch der Rechtsanwender kennen sollte.

Neue Medien	Der Begriff „Neue Medien" ist nicht präzise festgelegt. Sein Merkmal ist die „Multimedialität", d.h. die Möglichkeit, verschiedene Funktionen im Kommunikationsprozess gleichzeitig zu übernehmen.
Crossmediale Effekte	Crossmediale Effekte sind solche, die im Zuge der Konvergenz der Medien entstehen. Plattformen können Inhalte, massenmediale Transportleistungen und individuelle Kommunikationsleistungen (Daten/Internet/Telefonie) verketten, wodurch neue Wertschöpfungsmöglichkeiten entstehen.
Internet	Als Internet bezeichnet man den Zusammenschluss von etwa 48 000 Netzen der drei Netzwerkarten (LAN, WAN, MAN). Hierin finden sich Teilnetze, z.B. staatliche oder firmeneigene, die auf demselben Übertragungsprotokoll (TCP/IP) basieren, aber im Übrigen nicht organisiert sind.
Peer-to-Peer-Netz	In einem solchen Netz sind alle beteiligten Computer gleichberechtigt. Sie können sowohl Dienste in Anspruch nehmen als auch Dienste zur Verfügung stellen. Der einzelne Rechner wird als Arbeitsstation genutzt und übernimmt Aufgaben im Netz.
Server	Ein Server ist ein Computer, der in einem Netzwerk unterschiedliche „Dienste" übernehmen kann. Er kann etwa Daten, Programme und Speicherplatz bereithalten, E-Mails bearbeiten, empfangen oder versenden. Diese Funktionen stellt in der Regel das Netzwerkbetriebssystem bereit. An einen Server angemeldete Computer nennt man Clients oder Workstations.
Webserver	Ein Webserver ist ein besonderer Server zur Bereitstellung von Daten, in der Regel für einen Webbrowser über das Protokoll HTTP.
Netzwerkprotokoll	Das Netzwerkprotokoll (TCP/IP, NetBEUI) ermöglicht Computern die Kommunikation in einem Netzwerk.
FTP	Das file transfer protocol ist ein Übertragungsprotokoll (TCP/IP als Netzwerkprotokoll) im Internet oder in lokalen Netzen. Mit seiner Hilfe können von den zahlreichen Rechnern im Internet durch jeden Nutzer Dateien abgerufen werden, auch ohne dass ein Benutzereintrag (Account) auf diesem Rechner besteht.
Account	Ein Account ist ein Zugang zu einem Dienst, der regelmäßig aus einer Kombination aus Benutzername und Passwort besteht und der für eine (autorisierte) Person bestimmt ist. Einen Account verlangen Dienste für E-Mails, News-Server oder passwortgeschützte Homepages.
Web-Browser	Dabei handelt es sich um Programme für den Zugriff auf und die Darstellung von Seiten des World Wide Web. Sie dienen hauptsächlich dazu, HTML-Dokumente und die dazugehörige Bilder aus dem Internet herunterzuladen und anzuzeigen.
WWW	Das World Wide Web ist wesentlicher Bestandteil des Internet. Es wird durch die Subdomain als die erste Zeichenkombination vor dem Servernamen (www) gekennzeichnet.
HTTP	HTTP („hypertext transfer protocol") ist ein Protokoll zur Übertragung von HTML-Dokumenten im WWW, das alle Webbrowser und Webserver „verstehen".
HTTPS	HTTPS (hypertext transfer protocol secure) ist eine Unterart von HTTP, bei der Daten von einer Webseite verschlüsselt übertragen werden.
Domain	Domains sind sog. logische Subnetze („Unternetze") innerhalb von Netzwerken, die technisch insbesondere der Organisation des Internet und im Übrigen der Erkennung einer inhaltlichen Plattform ihres Inhabers dienen.

Top-Level-Domain	Sie hat besondere Bedeutung, weil sie anzeigt, ob ein Server zu einer Organisation gehört oder in einem Land mit Länderkürzel (etwa de, uk, us) steht.
Subdomain	Die erste Zeichenkombination vor dem Servernamen (www).
ICANN	Die Internet Corporation for Assigned Names and Numbers (ICANN) ist eine nicht auf Gewinn ausgerichtete privatrechtliche Organisation nach dem Recht der Vereinigten Staaten mit Sitz in Marina del Rey (Kalifornien, USA). Sie kann kein verbindliches Recht setzen. In der Praxis obliegt ihr die Entscheidung über die Grundlagen der Verwaltung von Namen und Adressen im Internet. Ebenso beschließt sie technische und Verfahrensstandards.
Telemedien	Unter dem Begriff Telemedien werden alle elektronischen Informations- und Kommunikationsdienste verstanden, die weder Rundfunk noch Telekommunikationsdienste oder telekommunikationsgestützte Dienste sind (§§ 1 Abs. 1 S. 1 TMG, 2 Abs. 1 S. 3 RStV). Für die Abgrenzung zum Rundfunk ist das Merkmal der Linearität entscheidend, das allerdings durch die technische Entwicklung überholt werden könnte. Mit dem 13. RÄndStV ist diese Abgrenzung verankert und an die AVMD-RL angepasst worden.
Internetauktion	Eine Internetauktion vermittelt Kaufverträge. Sie ist keine Versteigerung im juristischen Sinne. Mit Ablauf der Bietfrist entsteht die vertragliche Verpflichtung des Höchstbietenden (Käufer), das Angebot des Anbieters (Verkäufer) im Netz zum Abschluss eines Kaufvertrages anzunehmen.

F. Telekommunikationsrecht

I. Praktische Bedeutung des Telekommunikationsrechts

293 Das Telekommunikationsrecht – welches einfachgesetzlich hauptsächlich im **Telekommunikationsgesetz** (TKG) verankert[529] ist – hat seine Anfänge in ersten Regelungswerken zum Fernmelderecht. Diese waren insbesondere dadurch gekennzeichnet, dass der Staat sich in diesem Sektor ein Monopol für die Errichtung und das Betreiben von Fernmeldeanlagen vorbehalten hatte. Dies galt auch in der Bundesrepublik Deutschland bis zum Jahr 1998, als mit dem Sprachtelefonmonopol das letzte Telekommunikationsmonopol fiel. Bis zu diesem Zeitpunkt war lediglich der Bund berechtigt, solche Dienstleistungen anzubieten. Dazu bediente er sich der früheren Deutschen Bundespost und der aus ihr hervorgegangenen Deutschen Telekom. Insbesondere aufgrund der Einwirkung des Europarechts und einer damit einhergehenden weit reichenden Liberalisierung und Privatisierung haben sich das Telekommunikationsrecht und das Erscheinungsbild der Telekommunikation in der Öffentlichkeit in den letzten zehn Jahren erneuert und modernisiert. Auch die Deutsche Telekom wurde privatisiert. Die Aktien an dieser befinden sich zu ca. 17 % direkt in Bundesbe-

529 Dazu *Gersdorf*, TK, S. 30 ff. und *Holznagel/Enaux/Nienhaus*, S. 26 ff. Zur bisherigen Entwicklung *Frevert*, MMR 2005, 23; *Heun*, CR 2004, 893; *Dörr/Zorn*, NJW 2005, 3114, 3119. Die Entwicklung der Jahre 2003–2006 stellt *Scherer*, NJW 2006, 2016 ff. vor. Zur neueren Entwicklung auf europäischer und nationaler Ebene siehe *Kühling/Schall/Biendl*, Rn. 21 ff.; *Hoeren/Buchmüller*, MMR-Beil. 2014, 1, 32; *Oster*, in: Hoeren/Sieber/Holznagel, Multimedia-Recht, Teil 4 Rn. 33 ff. Vgl. auch den Rechtsprechungsbericht von *Nacimiento*, K&R 2014, 246 ff.

sitz und zu ca. 14 % in der Hand der Kreditanstalt für Wiederaufbau (KfW) als einer Bank des Bundes und der Länder. Die restlichen ca. 68 % sind im Streubesitz.[530]

Das Bild der Gegenwart bestimmen Begriffe wie Call by Call-Anbieter, UMTS-Lizenzen, **294** Internet- und Mobiltelefonie. Besondere Bedeutung hat im Bereich des Telekommunikationsrechts die **Sprachtelefonie**; daneben sind in diesem Bereich Datenübermittlungsdienste, Mobilfunktelefoniedienste, Rundfunkkabelnetze und Netzmanagementdienste sowie der Einstieg in das Fernsehen über Internetprotokoll[531] wichtige Themen.[532]

Zur Vertiefung

Allerdings haben sich die im Zusammenhang mit der Internet-Wirtschaft und dem Bereich der **295** Telekommunikation ursprünglich sehr optimistischen Prognosen nicht im erwarteten Umfang realisiert. Viele der neu entstandenen Anbieter im Telekommunikationssektor sind vom Markt verschwunden, die Ereignisse um die Einführung der dritten Mobilfunkgeneration, das sog. UMTS und die versteigerten Lizenzen, haben zu heftigen Konflikten auf verfassungsrechtlicher und ökonomischer Ebene geführt. Diese dauern teilweise noch immer an, so dass noch nicht abschätzbar ist, wie sich sowohl in tatsächlicher als auch in rechtlicher Hinsicht der Telekommunikationssektor in den nächsten Jahren weiterentwickelt. So versteigerte die Bundesnetzagentur ab dem 12. April 2010 bis zum 20. Mai 2010 Frequenzen in den Bereichen 800 MHz, 1,8 GHz, 2 GHz, 2,6 GHz für den drahtlosen Netzzugang zum Angebot von Telekommunikationsdiensten.

Um der politischen Zielsetzung einer flächendeckenden Breitbandversorgung nachzukommen, hat die Bundesnetzagentur mehrere Frequenzen in den Bereichen 700 MHz und 1,5 GHz ausgewählt, die ab dem Jahr 2014 an die Mobilfunkkonzerne versteigert werden sollten. Hierunter befanden sich auch Frequenzen, die bislang dem Rundfunk zugeordnet waren und für die Verbreitung von digitalem terrestrischen Fernsehen (DVB-T) genutzt wurden. Bei den Rundfunkanstalten und den Landesmedienanstalten ist das Vorhaben daher auf heftige Kritik gestoßen.[533] Seit März 2017 wird DVB-T in den verschiedenen Regionen sukzessive eingestellt und durch DVB-T2 ersetzt.

Das Telekommunikationsrecht spielt im Hinblick auf **Internetdatenleitungen** eine wichtige Rolle, weil die Art der technischen Signale, die übermittelt werden, kein Differenzierungskriterium ist. Die technische Entwicklung hat insoweit auch erhebliche Auswirkungen auf den Zugang zum Internet, der im Hinblick auf die Meinungsbildung der Bevölkerung im zunehmenden Maße wichtig wird. So wurden sog. DSL-Leitungen entwickelt, die einen Anschluss an das Internet mit höherer Datenübertragungskapazität ermöglichen. Dass die Internetgeschwindigkeit für die Nutzer immer bedeutsamer wird, bestätigt auch die Studie der Europäischen Kommission zur elektronischen Kommunikation in Privathaushalten aus dem Jahr 2013. Demnach würden 45 % der europäischen Haushalte ihren Internetanschluss aufrüsten oder den Anbieter wechseln, um eine höhere Geschwindigkeit zu erhalten.[534]

II. Der Begriff der Telekommunikation

Zunächst ist der Bereich der Telekommunikation verfassungsrechtlich geprägt. Ob- **296** gleich kein einheitlicher Rechtsbegriff der Telekommunikation existiert, ist insoweit auf die Vorgaben des Grundgesetzes abzustellen. Die Telekommunikation ist hier im Kom-

530 Vgl. dazu unter https://www.telekom.com/de/konzern/details/zahlen-und-fakten-336368 (zuletzt abgerufen: 06.03.2019).
531 Siehe dazu oben Rn. 256.
532 *Fechner*, 12. Kapitel, Rn. 116 ff.
533 Vgl. dazu *Schwartmann*, in: Schwartmann, Praxishandbuch Medienrecht, 1. Kap. Fn. 91.
534 Pressemitteilung der Europäischen Kommission vom 8.7.2013, IP/13/660.

petenzkatalog der ausschließlichen Gesetzgebungszuständigkeit des Bundes in Art. 73 Abs. 1 Nr. 7 GG aufgeführt[535]. Sie ersetzt den früher dort verwendeten Begriff des Fernmeldewesens, ohne dass sich durch die Begriffsänderung eine inhaltliche Veränderung ergeben hat.

297 Auch das Bundesverfassungsgericht hat sich mit dem Fernmelde-/Telekommunikationsbegriff auseinandergesetzt. Schon im ersten Rundfunkurteil ging es um die Abgrenzung zwischen dem technischen Sendevorgang, der zur Telekommunikation und damit in den Bereich der Gesetzgebungskompetenz des Bundes fällt, und dem inhaltlichen Bereich der Rundfunkprogrammproduktion.[536]

298 Zur Vertiefung

Der Bund hat seine Kompetenz im Bereich des Telekommunikationsrechts umfassend wahrgenommen und insbesondere durch die Entflechtung und Aufteilung der ehemaligen Deutschen Bundespost die Vorgaben aus dem Europarecht erfüllt. Die Fülle von unionsrechtlichen Richtlinien, deren Ziel die Herstellung von Wettbewerb im Telekommunikationsbereich ist – etwa die wichtige ONP (Open Network Provision)-Richtlinie zur Einführung eines offenen Netzzugangs[537] – führte zu einem entsprechenden Gesetzeswerk auf nationaler Ebene, das den Wettbewerb dauerhaft sicherstellen sollte. 1996 wurde das **Telekommunikationsgesetz** (TKG) a.F. erlassen, das den gesamten Bereich der Telekommunikation neu und umfassend regelte. Es diente aber nicht nur der Förderung des Wettbewerbs, sondern sollte vor allem auch die dauerhafte, flächendeckende, angemessene und ausreichende Zurverfügungstellung der Telekommunikationsdienstleistungen gewährleisten sowie die im technischen Bereich notwendige Frequenzabstimmung festlegen. Der neue europäische Rechtsrahmen für elektronische Kommunikation hat eine Novellierung des TKG von 1996 erforderlich gemacht, und das neue Telekommunikationsgesetz ist seit Mitte 2004 in Kraft[538].

Auch in Zukunft wird es im Bereich des Telekommunikationsrechts zu rechtlichen Anpassungen kommen. Für Aufsehen gesorgt hat insbesondere der Entwurf einer sog. Netzneutralitätsverordnung (NNVO). Diese Rechtsverordnung stammte aus der Feder der 2013 amtierenden Bundesregierung aus CDU/FDP und sollte eine Überprüfung und Regulierung der Geschäfts- und Tarifmodelle der Netzbetreiber im Sinne der Netzneutralität ermöglichen.[539] Dieser Begriff bezeichnet die neutrale und gleichberechtigte Übertragung aller Datenpakete im Internet, unabhängig von Inhalt, Herkunft oder Art der Anwendung.[540] Demgegenüber wurde dem Verordnungsentwurf aufgrund bestimmter Angebote, die nur gegen gesondertes Entgelt zugänglich

---

535 Dazu *Kühling/Schall/Biendl*, Rn. 61.

536 *BVerfGE* 12, 205. Dazu *BK-Badura*, Art. 73 Nr. 7 GG Rn. 25.

537 Richtlinie 90/387/EWG (ABl. EG, Nr. L 192, S. 1) zur Verwirklichung des Binnenmarktes für Telekommunikationsdienste durch Einführung eines offenen Netzzuganges. Außer Kraft seit 24.07.2003 aufgehoben durch Richtlinie 2002/21/EG des Europäischen Parlaments und des Rates vom 7.03.2002 über einen gemeinsamen Rechtsrahmen für elektronische Kommunikationsnetze und -dienste (Rahmenrichtlinie), ABl. EU Nr. L 108 v. 24.04.2002, S. 0033–0050.

538 Vgl. Telekommunikationsgesetz (TKG) v. 22. Juni 2004, BGBl. I S. 1190, zuletzt geändert durch Art. 10 Abs. 12 G zur Neuregelung des Schutzes von Geheimnissen bei der Mitwirkung Dritter an der Berufsausübung schweigepflichtiger Personen vom 30.10.2017 (BGBl. I S. 3618) sowie zum TK-Recht insgesamt und zur Entwicklung des TKG 2004 http://www.tkrecht.de/index.php4?modus=7 (zuletzt abgerufen: 18.10.2018). Vgl. auch *Scherer*, NJW 2006, 2016 ff. Zur TKG-Novelle 2012 siehe unten Rn. 301 f.

539 Gemäß § 41a Abs. 1 Hs. 1 TKG wird die Bundesregierung ermächtigt, in einer Rechtsverordnung mit Zustimmung des Bundestages und des Bundesrates gegenüber Unternehmen, die Telekommunikationsnetze betreiben, die grundsätzlichen Anforderungen an eine diskriminierungsfreie Datenübermittlung und den diskriminierungsfreien Zugang zu Inhalten und Anwendungen festzulegen, um eine willkürliche Verschlechterung von Diensten und eine ungerechtfertigte Behinderung oder Verlangsamung des Datenverkehrs in den Netzen zu verhindern.

540 So die Definition des wissenschaftlichen Dienstes des Deutschen Bundestages.

sein sollten, gerade ein erhebliches Diskriminierungspotenzial vorgeworfen.[541] Ohnedies wird die entsprechende Verordnung in nächster Zeit wohl nicht in Kraft treten. Da das EU-Parlament mittlerweile eine eigene Verordnung zur Neuregelung des europäischen Kommunikationsmarktes beschlossen hat, wäre der nationalen Regelung ein eigenständiger Anwendungsbereich weitgehend entzogen.[542] Zwar soll nach der europäischen Verordnung der gesamte Internetverkehr gleich und ohne Einschränkung, Diskriminierung oder Störung behandelt werden. Es soll aber dennoch möglich bleiben, datenintensive Inhalte, etwa geschäftliche Videokonferenzen, ohne Qualitätsminderung zu übertragen.

Nach der einfachgesetzlichen Definition des § 3 Nr. 22 TKG ist Telekommunikation der „technische Vorgang des Aussendens, Übermittelns und Empfangens von Signalen mittels Telekommunikationsanlagen"[543]. **299**

Die Begriffe Telekommunikationsrecht und Telekommunikation beziehen sich also auf einen technischen Vorgang, bei dem es grundsätzlich um die Übermittlung von Daten geht.

III. Verhältnis des Telekommunikationsrechts zum Medienrecht

Das Verhältnis des Telekommunikationsrechts zum Medienrecht lässt sich faustregelartig wie folgt beschreiben: Das Telekommunikationsrecht regelt die technischen Belange, während das Medienrecht im Übrigen inhaltliche Fragen betrifft[544]. Da aber auch die Regulierung der technischen Aspekte zu einem mittelbaren Eingriff in die Medienfreiheit führen kann und der Staat auf diesem Wege erhebliche Einflussmöglichkeiten besitzt, muss das Telekommunikationsrecht immer auch in Einheit mit dem Medienrecht gesehen werden[545]. Die Konvergenz der Mediendienstleistungen führt auch zu einer zunehmenden Verflechtung des technischen und inhaltlichen Rahmens. Es macht immer weniger Sinn, medienrechtlich ausgefeilte Regulierungswerke zu verabschieden, die nicht auch den Bereich der Technik, beispielsweise im Hinblick auf die allgemeine Verfügbarkeit der geregelten Medien, berücksichtigen. Dies würde auch für eine Datenübertragung der Deutschen Telekom, die inhaltlich einer Übertragung im Rundfunk gleichkommt, im größeren Stil gelten, bei der zur Sicherstellung der Grundversorgung auch die entsprechende technische Infrastruktur bei den Empfängern gewährleistet sein müsste.[546] Insoweit ist auch im Rahmen des Medienrechts das Telekommunikationsrecht als eine Art Annexmaterie zu betrachten. Dennoch hat sich das Telekommunikationsrecht zu einem eigenen Forschungssektor etabliert, der insbesondere eine erhebliche wirtschaftliche Dimension hat. **300**

---

541 Zur Kritik im Einzelnen *Schwartmann,* in: Schwartmann, Praxishandbuch Medienrecht, 1. Kap. Rn. 28.

542 Vgl. dazu *Schwartmann,* in: Schwartmann, Praxishandbuch Medienrecht, 1. Kap. Rn. 28.

543 Telekommunikationsanlagen sind technische Einrichtungen oder Systeme, die als Nachrichten identifizierbare elektromagnetische oder optische Signale senden, übertragen, vermitteln, empfangen, steuern oder kontrollieren können, vgl. § 3 Nr. 23 TKG.

544 Zur Abgrenzung der Telekommunikations- von den Telemedien- und Rundfunkdiensten siehe *Ufer*, in: Schwartmann, Praxishandbuch Medienrecht, 19. Kap. Rn. 107 ff. Zur dienenden Funktion des Telekommunikationsrechts *Bortnikov,* MMR 2014, 435.

545 Siehe auch § 2 Abs. 5 und § 27 Abs. 3 TKG.

546 Siehe oben Rn. 256 f.

300a Das Verhältnis von Telekommunikations- und Medienrecht ist insbesondere bei der Vergabe terrestrischer Rundfunkfrequenzen relevant. Dies soll nachfolgendes Schaubild am Beispiel Nordrhein-Westfalens veranschaulichen.

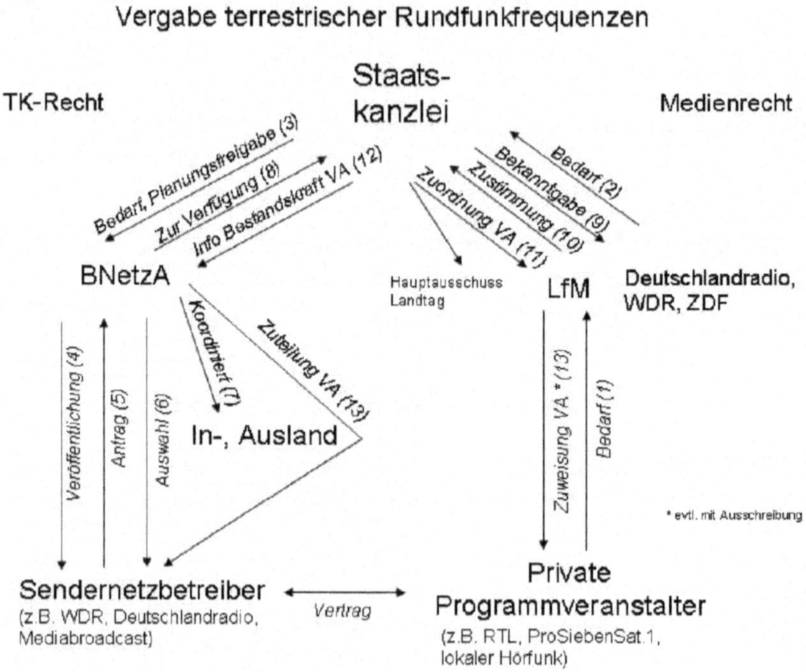

Die Zahlen indizieren die zeitliche Abfolge der Vorgänge (Pfeile).

300b Zu unterscheiden ist bei der Vergabe von Frequenzen zwischen dem telekommunikations- und dem medienrechtlichen Verfahren. Die telekommunikationsrechtliche Frequenzzuteilung erfolgt durch die Bundesnetzagentur (BNetzA). Die Bundesländer sind demgegenüber für die inhaltliche Belegung der Frequenzen zuständig. Bedarfsträger sind jeweils die öffentlich-rechtlichen Landesrundfunkanstalten sowie für die privaten Rundfunkveranstalter die Landesmedienanstalten. Dementsprechend weist das Verfahren im Hinblick auf öffentlich-rechtliche und private Programmveranstalter gewisse Unterschiede auf. Die Bedarfsanmeldung der öffentlich-rechtlichen Rundfunkanstalten erfolgt unmittelbar an die Staatskanzlei, während die privaten Rundfunkveranstalter zunächst ihren Bedarf an die Landesmedienanstalt heranzutragen haben. Die Staatskanzlei teilt der BNetzA nach eigener medienpolitischer Bedarfsprüfung den Versorgungsbedarf mit, § 57 Abs. 1 S. 2 TKG. Die BNetzA hat diesem Bedarf im Rahmen der nach § 55 TKG erfolgenden Frequenzzuteilung Rechnung zu tragen. Bei der Umsetzung des Versorgungsbedarfs erfolgt eine umfassende, auch internationale Koordinierung.

300c Die telekommunikationsrechtliche Frequenzzuteilung durch die BNetzA, d.h. „die behördliche oder durch Rechtsvorschriften erteilte Erlaubnis zur Nutzung bestimmter Frequenzen unter festgelegten Bedingungen" (§ 55 Abs. 1 S. 2 TKG), erfolgt in der Regel von Amts wegen als Allgemeinzuteilung für die Nutzung durch die Allgemeinheit oder einen nach allgemeinen Merkmalen bestimmten oder bestimmbaren Personenkreis (§ 55 Abs. 2 S. 1 TKG). Ist eine Allgemeinzuteilung nicht möglich, teilt die BNetzA auf Antrag natürlicher bzw. juristischer Personen oder Personenvereinigungen bestimmte Frequenzen durch Verwaltungsakt einzeln zu (§ 55 Abs. 3 S. 1 TKG). Relevant wird dies insbesondere dann, wenn eine Gefahr von funktechnischen Störungen nicht anders ausgeschlossen werden kann oder wenn eine Einzelzuteilung zur Sicherstellung einer effizienten Frequenznutzung notwendig ist (§ 55 Abs. 3 S. 2 TKG). Begünstigter einer derartigen Zuteilung ist regelmäßig der Betreiber einer Sendeanlage, über die ein bestimmtes Programm verbreitet werden soll. Dies kann, wie im Fall des WDR oder des Deutschlandradios, auch ein Rundfunkveranstalter selbst sein.

Auf medienrechtlicher Ebene werden die dem Land von der BNetzA zur Verfügung ge- **300d**
stellten Übertragungskapazitäten durch die Ministerpräsidentin oder den Ministerpräsidenten per Verwaltungsakt den jeweiligen Bedarfsträgern – also in Nordrhein-Westfalen[547] der Landesmedienanstalt für die privaten Rundfunkveranstalter und den zur programmlichen Versorgung des Landes zuständigen öffentlich-rechtlichen Rundfunkveranstaltern – zugeordnet (§ 11 Abs. 1 S. 1 LMG NRW). Der zuständige Ausschuss des Landtags ist über die erfolgte Zuordnung zu unterrichten (§ 11 Abs. 1 S. 2 LMG NRW). Liegen mehrere Anträge auf Zuordnung von Übertragungskapazitäten vor, wirkt die Ministerpräsidentin oder der Ministerpräsident darauf hin, dass sich die Beteiligten über eine sachgerechte Zuordnung der Frequenzen einigen (§ 11 Abs. 4 S. 1 LMG NRW). Kommt eine Einigung innerhalb von drei Monaten nicht zustande, entscheidet die Ministerpräsidentin oder der Ministerpräsident nach Anhörung des zuständigen Ausschusses im Landtag über die Zuordnung (§ 11 Abs. 4 S. 3 LMG NRW). Sind der Landesmedienanstalt bestimmte Frequenzen zugeordnet worden, weist sie diese durch schriftlichen Bescheid bestimmten privaten Rundfunkveranstaltern zu (§ 17 Abs. 1 S. 1 LMG NRW). Der entsprechende Verwaltungsakt enthält Bestimmungen über das Verbreitungsgebiet, die Übertragungstechnik sowie die zugeordnete Übertragungskapazität (§ 17 Abs. 1 S. 2 LMG NRW). Auch die Zuweisung erfordert einen schriftlichen Antrag (§ 16 Abs. 1 LMG NRW). In jedem Fall setzt die Nutzungserlaubnis im Hinblick auf die zugewiesene Frequenz die Erteilung einer gemäß § 4 Abs. 1 LMG NRW bzw. § 20 RStV erforderlichen Zulassung zur Veranstaltung privaten Rundfunks voraus. Die Rundfunkveranstalter haben, soweit sie nicht selbst Begünstigte einer Frequenzzuteilung sind, auf zivilrechtlicher Basis Verträge mit den jeweiligen Sendernetzbetreibern über die Übertragung ihrer Programme zu schließen.

IV. Regulierungsziele und -ausgestaltung

Das Telekommunikationsrecht ist hauptsächlich im Telekommunikationsgesetz ge- **301**
regelt. Dessen Hauptziel ist es, im Rahmen einer sektorspezifischen Regulierung Rahmenbedingungen für einen funktionsfähigen **Wettbewerb** im Bereich der Tele-

547 In den Bundesländern bestehen insoweit unterschiedliche Regelungen in den jeweiligen Landesrundfunk- bzw. Landesmediengesetzen.

kommunikation zu schaffen[548]. Dies ist wichtig, da die Deutsche Telekom als Rechtsnachfolgerin eines staatlichen Monopolisten auch heute noch über strukturelle Vorteile verfügt. Im Einzelnen wird im Rahmen der sog. Marktregulierung[549] (§§ 9 ff. TKG) der **Zugang** zum öffentlichen Telekommunikationsnetz **reguliert**[550] (§§ 16 ff. TKG). Vor dem Hintergrund einer optimalen Kommunikation durch die Nutzer muss jeder Betreiber eines öffentlichen Telekommunikationsnetzes anderen Betreibern auf Verlangen ein Angebot auf Zusammenschaltung unterbreiten. Zudem unterliegen die **Entgelte** für Zugangsleistungen einer Regulierung (§§ 27 ff. TKG)[551]. Eigene Bereiche des TKG befassen sich mit der **Rundfunkübertragung** auf digitalem Wege (§§ 48 ff. TKG), mit der Frequenzvergabe (§§ 52 ff. TKG) und dem Handel mit Frequenzen (§ 62 TKG)[552], mit der Verwaltung von Nummern (Nummerierung § 66 TKG) und der Einräumung von **Wegerechten** bei der Herstellung der Infrastruktur für Telekommunikationsleitungen (§§ 68 ff. TKG).

Mit den TK-Änderungsgesetzen 2007 und 2009 wurde der Verbraucherschutz gestärkt, indem eine Reihe von Normen (§§ 66a ff.) eingefügt wurden, die stark in die Produktgestaltung eingreifen und Anbietern sog. „Service-Dienste" Pflichten auferlegen. Darunter finden sich die Verpflichtung zur Preisangabe (§ 66a), für sprachgestützte Dienste die Verpflichtung zur Preisansage (§ 66b), Preishöchstgrenzen (§ 66d) und eine Pflicht zur Trennung jeder zeitabhängig abgerechneten Verbindung nach 60 Minuten (§ 66e).[553]

In die TKG-Novelle 2012 wurde u.a. – aufgrund anhaltender öffentlicher Diskussionen – eine Regelung zu Warteschleifen bei Service-Hotlines aufgenommen (§ 66g TKG).[554] Zugleich wurde der Wegfall des Entgeltanspruchs zulasten des Anbieters auf die Fälle erweitert, dass der Angerufene entgegen § 66g Abs. 1 während des Anrufs eine oder mehrere Warteschleifen einsetzt oder die Angaben nach § 66g Abs. 2 nicht, nicht vollständig oder nicht rechtzeitig gemacht werden. Der Gesetzesentwurf wurde im Oktober 2011 vom Bundestag verabschiedet, der Bundesrat hat daraufhin nach Einberufung des Vermittlungsausschusses der Änderung des TKG im Februar 2012 zugestimmt.[555]

302 **Zur Vertiefung:** Im Bereich des Telekommunikationsrechts ist im Hinblick auf die Wahrung von Persönlichkeitsrechten auch der **Datenschutz** von Bedeutung[556]. In diesem Zusammenhang sind insbesondere auch die Anforderungen der seit dem 25. Mai 2018 anwendungs-

548 Dazu *Holznagel/Enaux/Nienhaus*, S. 26 ff.; *Gersdorf*, TK, S. 31 ff. Zum Telekommunikationsrecht siehe auch *Spindler/Schuster*, Recht der elektronischen Medien, Zehnter Teil, TKG, S. 1023 ff.

549 Dazu *Ufer*, in: Schwartmann, Praxishandbuch Medienrecht, 19. Kap., Rn. 56 ff.; *Heun*, in Heun, Handbuch Telekommunikationsrecht, 2. Aufl. 2007, S. 565 ff.; *Kühling/Schall/Biendl*, Rn. 154 ff.

550 Zur Zugangsregulierung siehe *Ufer*, in: Schwartmann, Praxishandbuch Medienrecht, 19. Kap., Rn. 80 ff.; *Heun*, in: Heun, Handbuch Telekommunikationsrecht, 2. Aufl. 2007, S. 743 ff.; *Kühling/Schall/Biendl*, Rn. 267 ff.

551 Dazu *Ufer*, in: Schwartmann, Praxishandbuch Medienrecht, 19. Kap. Rn. 87 ff.; *Gramlich*, in Heun:, Handbuch Telekommunikationsrecht, 2. Aufl. 2007, S. 1085 ff.; *Kühling/Schall/Biendl*, Rn. 306 ff.

552 Zu Frequenzvergabe und -handel *Kühling/Schall/Biendl*, Rn. 569 ff.

553 *Ufer*, in: Schwartmann, Praxishandbuch Medienrecht, 19. Kap. Rn. 137 ff.

554 *Ufer*, in: Schwartmann, Praxishandbuch Medienrecht, 19. Kap. Rn. 137 ff.

555 Siehe die Entwicklungsgeschichte unter https://rsw.beck.de/aktuell/gesetzgebung/gesetzgebungsvorhaben-zusaetzliche-materialien/tkg-novelle (zuletzt abgerufen: 14.02.2019).

556 Zum Datenschutz im Telekommunikationsbereich *Kühling/Schall/Biendl*, Rn. 613 ff.

pflichtigen Datenschutz- Grundverordnung (DS-GVO)[557] zu beachten. Da etwa die Deutsche Telekom für alle so genannten Call by Call-Anbieter die Rechnung stellt, sofern diese über von ihr angemietete Leitungen ein Telekommunikationsangebot an den Endkunden weitergeben, ist die Gefahr von Datenmissbrauch offenkundig. In der Folge der Terroranschläge vom September 2001 ist eine **Telekommunikations-Überwachungsverordnung** (TKÜV) in Kraft getreten, die unter anderem sicherstellen soll, dass die Strafverfolgungsbehörden zum Beispiel auch Mobiltelefone punktgenau orten können. Nach der Gesetzesänderung durch die TKG-Novelle 2012 muss jede **Ortung eines Mobilfunkendgerätes** – soweit der Standort nicht nur auf dem georteten Gerät selbst angezeigt wird – durch Textmitteilung an das Endgerät, dessen Standort ermittelt wurde, angezeigt werden (§ 98 Abs. 1 S. 2 und 3 TKG). Weil die Diensteanbieter aufgrund dieser Standortdaten über sensible Nutzerinformationen verfügen, dürfen sie nur verwendet werden, soweit dies für die Bereitstellung von Diensten mit einem Zusatznutzen erforderlich ist und die Daten anonymisiert wurden oder der Teilnehmer dem Anbieter seine Einwilligung in Bezug auf die Nutzung eines bestimmten Dienstes erklärt hat (§ 98 Abs. 1 S. 1 TKG). Anfang des Jahres 2011 hat das Bundesverfassungsgericht einzelne Regelungen des TKG zur Speicherung und Verwendung von Telekommunikationsdaten im Interesse der öffentlichen Sicherheit (§§ 111 ff. TKG) teilweise, nämlich soweit sie Telekommunikationsunternehmen gegenüber Strafverfolgungs- und Sicherheitsbehörden sowie Nachrichtendiensten zur **Auskunft über Zugangssicherungscodes** wie Passworten oder PIN verpflichten (§ 113 Abs. 1 S. 2 TKG), wegen Verletzung des Grundrechts auf informationelle Selbstbestimmung für **verfassungswidrig** erklärt.[558] Das Gericht hat zudem entschieden, dass § 113 Abs. 1 S. 1 TKG nicht zu einer Zuordnung von dynamischen IP-Adressen berechtigt, die als Eingriff in Art. 10 Abs. 1 GG (Telekommunikationsgeheimnis) zu qualifizieren ist. Im April 2014 hat nunmehr auch der Europäische Gerichtshof innerhalb des Telekommunikationsbereichs eine bedeutsame Entscheidung zugunsten des Datenschutzes getroffen.[559] Darin erklärte er eine Richtlinie über die Vorratsspeicherung von Daten, die bei der Bereitstellung öffentlich zugänglicher elektronischer Kommunikationsdienste oder öffentlicher Kommunikationsnetze erzeugt oder verarbeitet werden,[560] für ungültig.[561] Zwar sah der EuGH den Wesensgehalt der europäischen Grundrechte, der gemäß Art. 52 Abs. 1 S. 1 GRCharta stets geachtet werden muss, im Hinblick auf die Achtung des Privatlebens (Art. 7 GRCharta) und des Schutzes personenbezogener Daten (Art. 8 GRCharta) durch die Vorratsdatenspeicherung nicht als verletzt an.[562] Es sei aber ein Grundrechtseingriff von großem Ausmaß und besonderer Schwere gegeben. Dieser Eingriff sei durch die Schranke des Art. 52 Abs. 1 S. 2 GRCharta aber nicht gerechtfertigt, weil nicht durch entsprechende Bestimmungen gewährleistet sei, dass sich der Eingriff tatsächlich auf das absolut Notwendige beschränke.[563] Demnach liegt aus Sicht des Europäischen Gerichtshofs eine Verletzung der Verhältnismäßigkeit vor.

Des Weiteren hat jüngst auch die Praxis des Datensammelns durch den Bundesnachrichtendienst (BND)[564] die Gerichte beschäftigt. Dabei ging es um die strategische Überwachung des E-Mail-Verkehrs durch den BND anhand von über 30 000 Suchbegriffen. Die hiergegen erho-

---

557 Verordnung (EU) 2016/679 des Europäischen Parlaments und des Rates zum Schutz natürlicher Personen bei der Verarbeitung personenbezogener Daten, zum freien Datenverkehr und zur Aufhebung der Richtlinie 95/46/EG (Datenschutz-Grundverordnung) v. 27.4.2016, zuletzt geändert durch ABl. EU Nr. L 119 v. 045.2016 sowie Abl. Nr. L 314 v. 22.11.2016, S.72 und v. 19.4.2019 (Interinstitutional File 2012/0011 (COD) – 8088/18), abrufbar unter http://data.consilium.europa.eu/doc/document/ST-8088-2018-INIT/en/pdf (zuletzt abgerufen: 06.03.2019).

558 *BVerfGE* 130, 151.

559 *EuGH,* MMR 2014, 412.

560 RL 2006/24/EG des Europäischen Parlaments und des Rates vom 15.3.2006.

561 Die Umsetzung der Richtlinie zur Vorratsdatenspeicherung im TKG (§§ 113a, 113b, 100g Abs. 1 S. 1) hatte das Bundesverfassungsgericht bereits im Jahr 2010 für verfassungswidrig erklärt, vgl. *BVerfGE* 125, 260.

562 *EuGH,* MMR 2014, 412, 413.

563 *EuGH,* MMR 2014, 412, 415.

564 Der Bundesnachrichtendienst arbeitet im Auftrag der Bundesregierung und ist für die wirtschaftliche, politische und militärische Auslandsaufklärung zuständig.

bene Klage auf Feststellung einer Verletzung des Fernmeldegeheimnisses wies das Bundesverwaltungsgericht als unzulässig ab, da es – selbst wenn eine persönliche Betroffenheit des Klägers kaum auszuschließen sei – an einem konkreten feststellungsfähigen Rechtsverhältnis fehle.[565] Aller Voraussicht nach wird jedoch das Bundesverfassungsgericht in nächster Zeit über die Rechtmäßigkeit der strategischen Telekommunikationsüberwachung zu entscheiden haben.[566] Dabei werden die einschlägigen Vorschriften des Gesetzes zur Beschränkung des Brief-, Post- und Fernmeldegeheimnisses (sog. G-10-Gesetz) an der Verfassung und insbesondere am Grundsatz der Verhältnismäßigkeit zu messen sein. Vergleichbare rechtliche Probleme wirft die geplante Überwachung sozialer Netzwerke durch den BND auf.[567]

Datenschutzrechtliche Probleme im Rahmen des Telekommunikationsrechts ergeben sich in neuerer Zeit insbesondere im Hinblick auf die Nutzung des Internet am Arbeitsplatz. Aufgrund ihrer erheblichen Verbreitung betrifft dies vor allem den Umgang mit sozialen Medien. Auf die private Nutzung sozialer Medien am Arbeitsplatz hat ein Arbeitnehmer grundsätzlich keinen Anspruch. Erlaubt jedoch der Arbeitgeber die Privatnutzung innerhalb der Arbeitszeit, tritt er den Arbeitnehmern als Diensteanbieter im Sinne von § 3 Nr. 6 TKG gegenüber. Als solcher ist er zur Wahrung des Fernmeldegeheimnisses gemäß § 88 Abs. 2 S. 1 TKG verpflichtet.[568] Dem Fernmeldegeheimnis unterliegen der Inhalt der Telekommunikation und ihre näheren Umstände, insbesondere die Tatsache, ob jemand an einem Telekommunikationsvorgang beteiligt ist oder war (§ 88 Abs. 1 S. 1 TKG). Kenntnisse über Tatsachen, die dem Fernmeldegeheimnis unterliegen, darf der Arbeitgeber folglich nur für die Erbringung der Telekommunikationsdienste einschließlich des Schutzes seiner technischen Systeme verwenden (§ 88 Abs. 3 S. 2 TKG). Eine Verwendung für andere Zwecke ist nur zulässig, soweit das TKG oder ein anderes Gesetz, welches sich ausdrücklich auf Telekommunikationsvorgänge bezieht, dies erlauben. Möglich ist dies etwa dann, wenn tatsächliche Anhaltspunkte für eine rechtswidrige Inanspruchnahme der Telekommunikationsdienste bestehen (§ 100 Abs. 3 S. 1 TKG). Kontrolliert der Arbeitgeber die private Nutzung sozialer Medien am Arbeitsplatz und geht dabei über die beschriebenen rechtlichen Grenzen hinaus, stehen dem Arbeitnehmer Unterlassungs- und Löschungsansprüche aus §§ 823 Abs. 1 BGB i.V.m. 1004 Abs. 1 S. 2 BGB analog (Unterlassung) bzw. § 35 Abs. 2 Nr. 1 oder 3 BDSG oder §§ 823 Abs. 1 BGB i.V.m. 1004 Abs. 1 S. 1 BGB analog (Löschung) zu.[569]

So urteilte auch der Europäische Gerichtshof für Menschenrechte (EGMR)[570], dass das Recht auf Privatsphäre des Arbeitnehmers verletzt ist, wenn der Arbeitgeber Online-Unterhaltungen des Arbeitnehmers ohne dessen vorherige Information über diese Möglichkeit aufzeichne.[571] Eine Überwachung der Internetkommunikation der Arbeitnehmer ist zwar möglich, setzt aber voraus, dass diese vorab über die Möglichkeit und das Ausmaß der Kontrolle informiert wurden und ein legitimer Grund für die Überwachung besteht. Andernfalls liegt eine Verletzung von Art. 8 EMRK vor.[572]

565 *BVerwG*, K&R 2014, 614.

566 Der Kläger des verwaltungsgerichtlichen Verfahrens hat die Erhebung einer Verfassungsbeschwerde angekündigt.

567 Vgl. dazu *Schwartmann/Ohr*, in: Schwartmann, Praxishandbuch Medienrecht, 11. Kap. Rn. 247 ff.

568 Dies gilt allerdings nur, soweit den Arbeitnehmern die private Nutzung des Internets gestattet ist. Erlaubt der Arbeitgeber die Verwendung der Arbeitsmittel dagegen ausschließlich zu beruflichen Zwecken, unterliegt er den Reglementierungen des Fernmeldegeheimnisses nach § 88 TKG nicht. Die Kontrolle des Kommunikationsverhaltens der Arbeitnehmer ist dann in vollem Umfang zulässig. Die Duldung von Kontrollen zur Befolgung des Verbots privater Internetnutzung stellt insoweit eine arbeitsvertragliche Nebenpflicht dar, deren Durchsetzung zur Durchführung des Beschäftigungsverhältnisses erforderlich ist (§ 32 Abs. 1 S. 1 BDSG), vgl. *Schwartmann/Ohr*, in: Schwartmann, Praxishandbuch Medienrecht, 11. Kap. Rn. 188.

569 Vgl. dazu eingehend *Schwartmann/Ohr*, in: Schwartmann, Praxishandbuch Medienrecht, 11. Kap. Rn. 179 ff.

570 *EGMR* , Urt. v. 05.09.2017 - 61496/08 Rn. 121 = NZA 2017, 1443.

571 Dazu *Schwartmann/Keber/Mühlenbeck* Social Media, S. 35.

572 Vgl. dazu *EGMR*, Urt. v. 05.09.2017 - 61496/08 Rn.121 ff.

V. Bundesnetzagentur

Gemäß der Vorgabe des Art. 87f Abs. 2 S. 2 GG werden Hoheitsaufgaben im Bereich der Telekommunikation in bundeseigener Verwaltung ausgeführt. Hierzu wurde 1998 eine Regulierungsbehörde für Telekommunikation und Post (RegTP) gegründet, die aus dem Bundesministerium für Post und Telekommunikation (BMPT) und dem Bundesamt für Post und Telekommunikation (BAPT) hervorgegangen war. Im Jahr 2005 wurde die Behörde in **Bundesnetzagentur** für Elektrizität, Gas, Telekommunikation, Post und Eisenbahnen umbenannt. Es handelt sich dabei um eine Bundesoberbehörde im Geschäftsbereich des Bundeswirtschaftsministeriums. Ihr obliegt es, durch Liberalisierung und Deregulierung für die Fortentwicklung des Elektrizitäts-, Gas-, Telekommunikations-, Post- und des Eisenbahninfrastrukturmarkts zu sorgen[573]. Überdies ist es Aufgabe der Bundesnetzagentur, einen diskriminierungsfreien Netzzugang zu gewährleisten sowie flächendeckende Dienstleistungen in den Bereichen Post und Telekommunikation sicherzustellen.[574] 303

■ **21. Übungsfrage:** Die Deutsche Telekom hat aufgrund der gewachsenen technischen Gegebenheit die Möglichkeit, Telefongespräche „über Draht" wesentlich günstiger anzubieten als kleinere Anbieter. Darf Sie das ohne weiteres? 304

Die mit Informations- und Untersuchungsrechten sowie abgestuften Sanktionsmöglichkeiten ausgestattete Bundesnetzagentur **überwacht** die für gewerbliche Betreiber von Telekommunikationsnetzen und die für gewerbliche Erbringer von Telekommunikationsdiensten nach § 6 Abs. 1 TKG bestehende **Meldepflicht**. Eine Lizensierungspflicht vor dem Eintritt in den Markt besteht nur in Ausnahmefällen, etwa für die Nutzung von Frequenzen, Nummern und Wegerechten. Zudem obliegt der Bundesnetzagentur die **Missbrauchsaufsicht** (§ 42 TKG)[575] und die Aufsicht über die **Preisgestaltung** der Anbieter (§§ 30 ff., 39 TKG). Die Behörde genehmigt die Entgelte für Telekommunikationsangebote nach den entsprechenden Vorschriften im TKG (§§ 29, 31, 39 TKG), um die Ausnutzung von Monopolstellungen zu verhindern. Die Bundesnetzagentur hat für ihre Aufsichtsentscheidungen sog. Beschlusskammern eingerichtet, die quasijudiziell entscheiden. Durch die Arbeit der Bundesnetzagentur soll der tatsächliche Netzzugang sichergestellt und die Verwendung bestehender Netze durch Wettbewerber (sog. Essential Facilities) überwacht werden. Daher ist die Deutsche Telekom bei ihrer Preisgestaltung keineswegs vollständig frei. 305

573 Dazu *Gersdorf*, TK, S. 27 ff.; *Holznagel/Enaux/Nienhaus*, S. 59 ff.; *Ekey*, Rn. 706 ff.

574 Zu Entstehung und Aufgaben der Bundesnetzagentur vgl. unter http://www.bundesnetzagentur.de.

575 Dazu *Scherer*, NJW 2006, 2016, 2020 und *Heinickel/Scherer,* NVwZ 2009, 1405 mit einem Rechtsprechungsüberblick sowie *Cornils,* in: Geppert/Schütz, Beck'scher TKG-Kommentar, 4. Aufl. 2013, Teil B Rn. 1 ff.

VI. Fazit und Glossar

306 Die weit reichende Liberalisierung und die revolutionären technischen Veränderungen haben die Bedeutung der Telekommunikation in der Öffentlichkeit in den letzten Jahren erheblich erhöht und zu gravierenden Änderungen des Telekommunikationsrechts geführt. Die technischen Neuerungen galt und gilt es, rechtlich zu erkennen, einzuordnen und zu gestalten. Dabei regelt das Telekommunikationsrecht die technischen Belange, während das Medienrecht im Übrigen die inhaltlichen Fragen betrifft. Das Glossar[576] enthält hier vorwiegend technische Termini und soll eine Orientierung im Dickicht der Begriffe bieten.

API (Application Programming Interface)	Softwareschnittstelle für Anwendungsprogramme, die einen direkten Zugriff auf Ressourcen des Betriebssystems oder der Benutzeroberfläche ermöglicht. Mit einer offenen API-Struktur sind Anwendungen von unterschiedlichen Anbietern mittels des gleichen Decoders möglich.
ADSL (Asymmetric Digital Subscriber Line)	DSL-System, bei dem über ein Kupferkabel Daten mit bis zu 6 Mbit/s empfangen (Downstream) und mit bis zu 768 Kbit/s gesendet (Upstream) werden können. Der Standard ADSL2+ ermöglicht bis zu 20 Mbit/s. Üblich sind Anschlüsse mit 1, 2 oder 3 Mbit/s.
Blog	Blogs (Abkürzung für Weblog, entstanden aus Web und Logbuch) sind Webseiten, die ständig fortgeschrieben werden, leicht erstellt werden können und die neue Beiträge jeweils oben anzeigen und Kommentare von Nutzern ermöglichen.
community	Aus Internetnutzern gebildete virtuelle Gemeinschaft im Internet, die über bestimmte Foren miteinander kommuniziert.
Conditional Access	Ein System zur Kontrolle des Zugangs von Pay-TV-Abonnenten zu Programmen, Serviceangeboten etc. Nichtabonnenten sind vom Empfang ausgeschlossen.
Datenreduktion	Ein Verfahren, bei dem bei einer Übertragung digitaler Rundfunkprogramme nicht alle Bild- und Toninformationen übertragen werden, in dem etwa Töne, die von anderen überlagert werden oder außerhalb wahrnehmbarer Frequenzbereiche liegen, entfernt werden. Videosignale werden nicht 25-mal pro Sekunde als vollständige Fernsehbilder übertragen. Es werden nur die Veränderungen gegenüber dem vorherigen Bild übertragen, aus dem ein Decoder bei einem Endgerät wieder das komplette Bild ermittelt.
Decoder	Ein Gerät zwischen Fernseher und Kabel- oder Satellitenanschluss zur Umwandlung datenreduzierter und/oder verschlüsselter digitaler Signale von Fernsehgeräten in normale Fernsehbilder.
DAB	Digital Audio Broadcasting.
DAB-IT	Andere Bezeichnung für DMB.
DMB	Auf der Basis von DAB können beim Digital Multimedia Broadcasting (DMB) über Satellit oder terrestrisch Rundfunkprogramme (TV, Hörfunk, Datendienste) ausgestrahlt werden, die über ein Mobilfunkendgerät empfangen werden.

576 Vgl. zu einem Teil der zusammengestellten Begriffe das Multimedia-Glossar im medienforum. magazin 2006 des 18. medienforum.nrw S. 38 f.

DVB-T	Digital Video Broadcasting ist eine Technik für digitales terrestrisches Fernsehen, das in der Regel mit Hilfe eines USB-Anschlusses empfangen werden kann.
DVB-T2	Digital Video Broadcasting 2nd Generation ist der Nachfolgestandard von DVB-T und zeichnet sich gegenüber seinem Vorgänger durch eine höhere spektrale Effizienz aus. Dies ermöglicht es, eine höhere Zahl von Programmen zu übertragen, die auch noch eine höhere technische Qualität haben.
DVB-H	Der Standard Digital Video Broadcasting for Handhelds baut auf DVB-T auf und macht eine Ausstrahlung von Rundfunkprogrammen (TV, Hörfunk, Datendienste) möglich, die über Handhelds – also kleine, tragbare Geräte – wie Mobilfunkendgeräte empfangen werden können.
DSL	Die Zugangstechnik Digital Subscriber Line ermöglicht Datenübertragung in hoher Geschwindigkeit über ein Zweidrahtkupferkabel.
DXB	Der Standard Digital eXtended Broadcasting steht für eine internetbasierte Kombination von DMB, DVB-H und UMTS.
EPG	Der Electronic Program Guide ist eine Menüführung mit Programmzeitschrift und Zusatzinformationen, mit deren Hilfe beim digitalen Fernsehen Programme auf dem Bildschirm übertragen werden können.
HDTV	High Definition Television ist eine Technik für hochauflösende TV-Qualität. Statt 575 × 720 werden mindestens 720 × 1280 Bildpunkte abgebildet. Bei HDTV 720p werden mit 921 000 Bildpunkten, die 25 × pro Sekunde vollständig übertragen werden. Der Standard HDTV 1080i ermöglicht es, 1080 Zeilen und 1920 Linien (2 073 600 Bildpunkte) 25 × Sekunde im Halbbildverfahren auszustrahlen.
Hot Spot	Einwahlknotenpunkt bei W-LAN als kabelloser Internetzugangspunkt mit räumlicher Begrenzung.
IPTV	Das Internet-Protokoll (IP) Television ist Fernsehen, das über das Internet-Protokoll (IP) online auf den PC-Monitor oder den Fernsehschirm übertragen wird.
LAN	Ein Local Area Network ist ein lokales Netzwerk für den Datenaustausch, das man bei drahtloser Übertragung „Wireless-LAN“ (W-LAN) nennt.
MHP	Die Multimedia Home Plattform ist ein Standard für das digitale Fernsehen bei multimedialen Anwendungen mit einer offenen, allgemein zugänglichen technischen Schnittstelle (Common Interface), die im Jahr 2000 europaweit als Norm verabschiedet wurde.
Mobile Media	Digitale Kombination von Rundfunk und Datendiensten auf Basis der Mobilfunktechnik zum mobilen und portablen Empfang von Inhalten der Massen- und/oder Individualkommunikation.
MPEG	Die Motion Picture Experts Group ist ein Expertengremium, das die Komprimierungsformate zur Datenreduktion (MPEG 1 1993, MPEG 2 1994/95 und MPEG 4 1998) zur Verbesserung der Videokompression festlegt.
Multiplexing	In einem Play-out-Center werden digitale Rundfunkinhalte digitalisiert und zu einem Transportdatenstrom (bis zu acht TV-Programme) gebündelt.
Open Source	Software mit offenen Quellcodes. Jedermann soll das Programm verändern, weiterentwickeln und in andere Programme integrieren können (z.B. Webbrowser Firefox).

PAL	Phase Alternating Line ist ein TV-System aus den 60er Jahren, das auf einem Halbbildverfahren basiert. Es werden 25 Bilder pro Sekunde ausgestrahlt und dabei wird abwechselnd jeweils nur jede zweite Bildzeile übertragen.
Podcast	Zusammengesetzter Begriff aus Broadcasting (Rundfunk) und iPod (Audioblogs). Es werden Blogs als Audiodateien erstellt, die zum Download zur Verfügung stehen und sich mittels iPod oder vergleichbarer Abspielsysteme anhören lassen.
Streaming	Eine Datenübertragung, bei der Multimediainhalte in Echtzeit während des Downloads abgespielt werden, ohne dass es zu einer Zwischenspeicherung kommt. Ein von einer Kamera aufgenommenes Live-Signal wird über eine Videokarte in den PC eingespeist und von einer Encoder-Software in einen Video-Stream umgewandelt, sodass es über das Internet übertragen werden kann.
Triple Play	Kommunikationsangebot bestehend aus Rundfunk (Fernsehen), Internetzugang und Sprachtelefonie, das über einen Netzzugang aus einer Hand angeboten wird.
Quadruple Play	Davon spricht man, wenn Triple Play um einen Mobilfunkservice ergänzt wird.
UMTS	Das Universal Mobil Telecommunications System ist ein auf Breitbandtechnik basierender Mobilfunkstandard, bei dem Daten mit 384 Kbits bis 2 Mbits übertragen werden. Für die Bundesrepublik Deutschland wurden im Jahr 2000 sechs entsprechende Lizenzen von der Regulierungsbehörde (heute Bundesnetzagentur) zu einem Wert von rund 50 Mrd. Euro versteigert. Die UMTS-Bandbreite soll mittels der Software HSDPA (High Speed Download Packet Access) vervierfacht werden.
URL	Uniform Resource Locater besteht i. d. R. aus einer Angabe des Protokolls (http://), eines Netzes (www.), der Second Level Domain und der Top Level Domain (.de)
VDSL	Very High Speed Digital Subscriber Line ist eine neue DSL-Generation, die Bandbreiten von bis zu 50 Mbits ermöglicht.
VoD	Video on Demand ist ein kostenpflichtiges Abrufen von Filmen auf Anforderung durch einen Kunden.
VoIP	Voice over Internet Protokoll ist eine Technik zur Internettelefonie, bei der Gespräche kostenlos oder sehr preiswert über das Internet geführt werden können.
Web 2.0	Begriff für das Internet der 2. Generation, bei dem die aktive Mitwirkung des Einzelnen im Vordergrund steht.
Weblog	Siehe Blog.

4. Teil

Allgemeines Persönlichkeitsrecht

A. Vorbemerkung

Das allgemeine Persönlichkeitsrecht (APR) ist ein subjektives Recht mit Verfassungsrang. Es gibt grundsätzlich jedermann die Befugnis selbst darüber zu entscheiden, ob und inwieweit er sein Leben in die Öffentlichkeit tragen möchte. Der Einzelne bestimmt selbst, wie er sich Dritten oder der Öffentlichkeit gegenüber darstellt; dies soll insbesondere nicht gegen seinen Willen geschehen. Auf der anderen Seite profitieren aber gerade auch Prominente von der Berichterstattung in den Medien, die einem speziellen Informationsbedürfnis der Bevölkerung über sie nachkommt. So ist die Grenze, bis zu der ein Prominenter Informationen über sich preisgeben will, oft nicht eindeutig zu bestimmen. Die Diskussion um den Schutz des allgemeinen Persönlichkeitsrechts ist also diffizil. **307**

22. Übungsfrage: Ein prominenter Fernsehmoderator, der Wert darauf legt, dass über seine Familie in den Medien nicht berichtet wird, wehrt sich gegen jegliche Berichterstattung über seine Hochzeit. Wie wäre es, wenn er die Berichterstattung über die Hochzeit verhindern will, aber Wert auf eine Berichterstattung über seine übrigen privaten Angelegenheiten legt? **308**

23. Übungsfrage: Die Ehefrau eines Spitzenpolitikers stellt in Kooperation mit einer Drogeriekette eine Hundefutterserie vor und beraumt zu diesem Zweck eine Pressekonferenz an. Eine Berichterstattung über die Adoption eines Kindes verbittet sich das Ehepaar. **309**

24. Übungsfrage: Bei einem terroristischen Anschlag auf eine Schule in Ossetien kommen auf tragische Weise Kinder zu Tode. Es geht eine Nahaufnahme einer unbekannten Mutter um die Welt, die um ihr Kind weint. **310**

Wie sind diese Sachverhalte vor dem Hintergrund des allgemeinen Persönlichkeitsrechts zu bewerten?

B. Verfassungsrechtliche Verankerung

Das allgemeine Persönlichkeitsrecht wird von der Rechtsprechung verfassungsrechtlich aus der allgemeinen Handlungsfreiheit in Verbindung mit der Menschenwürde nach **Art. 2 Abs. 1 i.V.m. Art. 1 Abs. 1 GG** abgeleitet und hat damit selbst Verfassungsrang.[1] Diese verfassungsrechtliche Verankerung ist insofern von Bedeutung als eine rein zivilrechtliche Regelung schwächere Möglichkeiten zur Grundrechtseinschränkung – etwa der Kunst- oder Pressefreiheit – böte. Aufgrund der verfassungsrechtlichen Verankerung erfolgt eine Abwägung zwischen den Grundrechten. Im Verhältnis zum Auffanggrundrecht der allgemeinen Handlungsfreiheit des Art. 2 Abs. 1 GG ist das all- **311**

1 Dazu *BVerfGE* 34, 238, 245; 54, 148, 153; 99, 185, 193; 101, 361, 380; *Pieroth/Schlink/Kingreen/Poscher*, Rn. 391.

gemeine Persönlichkeitsrecht spezieller und damit vorrangig und ergänzt als unbenanntes Freiheitsrecht die übrigen speziellen Freiheitsrechte.[2] Das Bundesverfassungsgericht erstreckt es auf verschiedene Entfaltungsweisen des Grundrechtsträgers, nämlich auf die (informationelle) Selbstbestimmung, die Selbstbewahrung und die Selbstdarstellung.[3]

I. Schutzbereich des allgemeinen Persönlichkeitsrechts

312 Für das Medienrecht sind im Hinblick auf den Schutzbereich des APR insbesondere der Schutz der persönlichen Ehre[4] vor ansehensschädigenden **Äußerungen** in der Öffentlichkeit[5], das Recht am eigenen **Bild**[6], das Recht am eigenen **Wort**[7], das Recht auf Gegendarstellung[8] und Berichtigung[9] sowie das in der Volkszählungsentscheidung als Auffanggrundrecht entwickelte Recht auf **informationelle Selbstbestimmung**[10] von Bedeutung, als dessen Ausprägung sich ein eigenständiges Datenschutzrecht entwickelt hat.[11]

313 Der Schutzbereich des APR umfasst den unmittelbaren Freiheitsbereich des Einzelnen, d.h. die engere persönliche Lebenssphäre, die vor staatlichen oder privaten Zugriffen geschützt werden soll. Im Sinne der vom BVerfG entwickelten **„Sphärentheorie"**[12] wird zwischen Intimsphäre, Geheimsphäre, Privatsphäre und einer Sozial- und Öffentlichkeitssphäre unterschieden.

Zur Vertiefung: Allerdings hat das Bundesverfassungsgericht zunächst nur drei Bereiche unterschieden, nämlich die Intimsphäre, Privatsphäre und den ungeschützten Öffentlichkeitsbereich[13].

314 – Die **Intimsphäre** gilt als unantastbar.[14] Demzufolge stellen alle Eingriffe in die Intimsphäre eine Verletzung des APR dar. Sie betrifft vor allem den Sexualbereich, ihr dürften jedoch etwa auch Details medizinischer Untersuchungen und Befunde, sowie das Beichtgeheimnis unterfallen. Die Unantastbarkeit begründet das Bundesverfassungsgericht damit, dass dieser Bereich von Art. 1 Abs. 1 GG erfasst wird und darüber hinaus den Wesensgehalt des APR nach Art. 19 Abs. 2 GG darstelle.[15]

---

2 *BVerfGE* 54, 148, 153.
3 Dazu *Pieroth/Schlink/Kingreen/Poscher*, Rn. 391 ff.
4 *BVerfGE* 54, 208, 217.
5 *BVerfGE* 99, 185, 193 f.
6 *BVerfGE* 35, 202, 220.
7 *BVerfGE* 34, 238, 246; 54, 148, 155.
8 *BVerfGE* 63, 131, 142 f.
9 *BVerfGE* 97, 125, 148 f.
10 *BVerfGE* 65, 1, 42; 80, 367, 373. Dazu BK-*Schwartmann*, Art. 73 Nr. 11 GG, Rn. 4.
11 Dazu unten Rn. 369 ff.
12 Vgl. etwa *BVerfGE* 27,344 (351); 32, 373 (379); 34, 205 (209); 35, 35 (39).
13 *BVerfGE* 34, 238, 245 ff.
14 *BVerfGE* 6, 32, 41; 34, 238, 245; 38, 312, 320; 80, 367, 374.
15 *BVerfGE* 34, 238, 245; 80, 367, 374.

- Unter die **Geheimsphäre** fallen alle Tatbestände der §§ 201 ff. StGB, wie unbefugtes Mitschneiden von Äußerungen und Telefongesprächen, Veröffentlichung von Briefen etc., sowie alle Lebensäußerungen in Bereichen, die durch besondere Vertrauensverhältnisse oder berufliche Verpflichtungen geschützt sind, wie gegenüber Arzt, Apotheker, Anwalt, Steuerberater u.Ä. **315**
- In der **Privatsphäre** gilt der Schutz nicht absolut; hier ist eine Güterabwägung zwischen der Freiheit der Berichterstattung und dem allgemeinen Persönlichkeitsrecht entscheidend. Die Zulässigkeit der Berichterstattung hängt von der Intensität des Eindringens und von der sozialen Position des Betroffenen ab. Personen, die im öffentlichen Leben stehen oder sich bewusst in die Öffentlichkeit stellen, müssen mehr dulden als der „reine" Privatmensch. Räumlich bezieht sich die Privatsphäre zunächst einmal auf die „eigenen vier Wände", darüber hinaus jedoch auf jeden anderen Ort, an dem der Betreffende sichtlich in Ruhe gelassen zu werden wünscht. Ein Eingriff ist hier nur bei ernsthaftem, also gewichtigem Informationsinteresse zulässig. **316**
- Bei der **Sozial- oder Öffentlichkeitssphäre** handelt es sich um Orte, Handlungen oder Begebenheiten, die von anderen ohne weiteres wahrgenommen werden können. Der Schutz ist daher hier am geringsten. **317**

Die Grenzen der Sphären sind fließend, eine strenge Katalogisierung ist verfassungsrechtlich problematisch. Auch bei einer Orientierung an einer solchen Einteilung muss eine Berücksichtigung aller Umstände des Einzelfalls maßgeblich sein. **318**

Zur Vertiefung

Der Schutz des allgemeinen Persönlichkeitsrechts endet nicht mit dem Tod. Seit der Mephisto-Entscheidung[16] des BVerfG, in der es darum ging, ob die Nachkommen des verstorbenen Schauspielers und Regisseurs Gustav Gründgens eine mögliche Persönlichkeitsrechtsverletzung durch das Buch **„Mephisto"** des mit Gründgens zu Lebzeiten anfänglich befreundeten Klaus Mann geltend machen können, muss zur Beurteilung der Schutzwirkung des Persönlichkeitsbereichs des Verstorbenen Art. 1 Abs. 1 GG wertend herangezogen werden. Diese Rechtsprechung hat der BGH erweitert, indem er Schadensersatz- und Schmerzensgeldansprüche auch nach dem Tod des Rechtsträgers anerkannt hat (z.B. Marlene Dietrich-Entscheidung)[17].

Demgegenüber hat das OLG Köln[18] im Rahmen der Veröffentlichung eines Buches über den ehemaligen Bundeskanzler **Helmut Kohl** zumindest einen Anspruch auf Entschädigung wegen einer Persönlichkeitsrechtsverletzung mangels Vererbbarkeit abgelehnt. Damit änderte das Gericht die Entscheidung des LG Köln[19], das einen Anspruch noch bejahte, dahingehend ab, weil Kohl während des Berufungsverfahrens verstarb. Denn die vom LG zugesprochene Entschädigung diene der Genugtuung des Klägers. Dieser Zweck sei aber mit dessen Tod weggefallen. Das Verbot persönlichkeitsrechtsverletzender Textpassagen des Buches erhielt das OLG Köln allerdings weiterhin aufrecht. Das OLG Köln knüpft damit an die Entscheidung des BGH aus dem Jahr 2017[20] an, wonach **Ansprüche auf Geldentschädigung** wegen einer Verletzung des Persönlichkeitsrechts **grundsätzlich nicht vererblich** sind. Ausnahmen kommen nur vor dem Hintergrund des Präventionsgedankens in Betracht, etwa dann, wenn eine vorsätzliche Verletzung des Persönlichkeitsrechts des Betroffenen wegen seines voraussichtlich baldigen Versterbens erfolgt wäre. Dies ist im Falle Kohl aber nicht geschehen.

16 *BVerfGE* 30, 173.
17 *BGHZ* 143, 214. Dazu *Soehring/Seelmann-Eggebert*, NJW 2005, 571, 572.
18 *OLG Köln*, Urt. v. 29.5.2018 – Az. 15 U 65/17.
19 *LG Köln*, Urt. v. 27.04.2017 - Az. 14 O 261/16.
20 *BGH*, Urt. v. 23.5.2017 – VI ZR261/16.

Mit der wachsenden Bedeutung **sozialer Medien** stellt sich die Frage des **postmortalen Persönlichkeitsschutzes** auch in der digitalen Welt und wird derzeit unter dem Begriff des **„digitalen Nachlasses"** diskutiert.[21] Inhaltlich entzündete sich die Diskussion insbesondere anhand einer Klage der Eltern eines verstorbenen Kindes, die nach dessen Tod von Facebook den Zugang zu dem Benutzerkonto ihrer Tochter und den dazugehörigen Kommunikationsinhalten verlangten. Das LG Berlin[22] verpflichtete Facebook dazu, den Eltern den entsprechenden Zugang zu gewähren mit der Begründung, dass auch der „digitale Nachlass" in Gestalt der vertraglichen Beziehungen zu Facebook im Rahmen der Kontonutzung sowie der Kommunikationsinhalte im Wege der Gesamtrechtsnachfolge auf die Eltern als Erben nach § 1922 Abs. 1 BGB übergegangen sei. Dem widersprach das KG Berlin[23] unter Verweis auf einen Verstoß gegen das Fernmeldegeheimnis aus § 88 Abs. 1 und 3 TKG sowie Art. 10 GG. Dabei ließ das KG die Frage nach der Vererbbarkeit eines „digitalen Nachlasses" im Ergebnis offen, äußerte aber gleichwohl, dass die Gesamtrechtsnachfolge der Eltern unter Umständen deswegen ausgeschlossen sei, weil der Nutzungsvertrag, den die Tochter mit Facebook geschlossen habe (vergleichbar zur Vereinsmitgliedschaft nach § 38 BGB) mit dem Tod des Kindes aufgrund des spezifischen Leistungsinhalts erlösche. Der Bundesgerichtshof[24] hat die Frage des digitalen Nachlasses nunmehr zumindest insoweit beantwortet, als dass er den Eltern als Erben den Zugang zu dem Nutzerkonto ihrer Tochter und den darin enthaltenen Kommunikationsdaten gewährte. Als Begründung führte der BGH insbesondere aus, dass das Fernmeldegeheimnis nach § 88 Abs. 3 S. 1 TKG einem Anspruch der Eltern nicht entgegen stehe, da diese aufgrund der Gesamtrechtsnachfolge nach § 1922 Abs. 2 BGB keine „anderen" im Sinne der Norm seien. Damit behandelt der BGH den „digitalen Nachlass" ebenso wie den analogen Nachlass und hat eine Vererbbarkeit grundsätzlich bejaht.[25] Ein Ausschluss der Vererbbarkeit höchstpersönlicher Rechtsgüter sowie eine Differenzierung zwischen vermögenswerten und nichtvermögenwerten Rechtspositionen im Rahmen von Kommunikationsinhalten sei vor dem Hintergrund der §§ 2047 S.2, 2773 S. 2 BGB laut BGH nicht überzeugend.[26] Hinsichtlich der Wahrung des geltenden Datenschutzrechts, insbesondere der seit dem 25. Mai 2018 anwendungspflichtigen Datenschutz-Grundverordnung (DS-GVO) entschied der BGH, dass eine Kollision nicht vorliege. Denn so sei zum einen überhaupt eine Anwendbarkeit der DS-GVO fraglich, weil diese nach Art. 2 Abs. 2 lit. c DS-GVO nur personenbezogene Daten lebender Personen erfasse.[27] Eine Anwendbarkeit der DS-GVO ist indes wegen der betroffenen personenbezogenen Daten der Kommunikationspartner der Tochter bereits gegeben. Darüber hinaus argumentiert der BGH es liege selbst im Falle einer Anwendbarkeit eine rechtmäßige Datenverarbeitung aufgrund eines Eingreifens der Erlaubnistatbestände aus Art. 6 Abs. 1 S. 1 lit. b[28] und f[29] DS-GVO vor, da die Datenverarbeitung zur Erfüllung einer vertraglichen Verpflichtung sowie aufgrund einer Interessenabwägung erforderlich sei.[30]

Problematisch ist im Rahmen dieser rechtlichen Fragestellung insbesondere, wem die Daten und Inhalte, die der Accountinhaber zu Lebzeiten generiert und gespeichert hat, nach seinem Tod zustehen. Zu beachten ist hierbei, dass die Frage nach der Vererbbarkeit von Daten und Kommunikationsinhalten von der datenschutzrechtlichen Frage nach der Rechtmäßigkeit der Verarbeitung durch Freigabe und Übermittlung dieser Daten an die Erben zu trennen ist.

---

21 Zur Darstellung der rechtlichen Fragen im Rahmen des digitalen Nachlasses vgl. *Martini,* JZ 2012, 1145 ff.; *Martini*, JZ 5/2019, 235 sowie *Heintz/Ludyga,* juris 2018, 398.

22 *LG Berlin*, Urt. v. 17.12.2015 – Az. 20 O 172/15.

23 *KG Berlin*, Urt. v. 31.5.2017 – Az. 21 U 9/16.

24 *BGH*, Urt. v. 12.7.2018 – Az. III ZR 183/17 Rn. 17 ff. = NJW 2018, 3178.

25 Zum Ganzen vgl. auch *Heintz/Ludyga,* juris 2018, 398.

26 *BGH*, Urt. v. 12.7.2018 – Az. III ZR 183/17 Rn. 47 ff.= NJW 2018, 3178 Rn. 24 ff.

27 Vgl. dazu ErwG 27 zur DS-GVO. Zur Frage der Anwendbarkeit des Datenschutzrechts nach dem Tod des Betroffenen iSe postmortalen Datenschutzes, insbesondere im Hinblick auf den Begriff des Personenbezugs nach altem Recht vgl. *Martini,* JZ 2012, 1145 (1148).

28 Dazu HK-DS-GVO-*Schwartmann/Klein,* Art. 6 Abs. 1 lit. b DS-GVO Rn. 31 ff.

29 Dazu HK-DS-GVO-*Schwartmann/Klein,* Art. 6 Abs. 1 lit. b DS-GVO Rn. 108 ff.

30 *BGH,* Urt. v. 12.7.2018 – Az. III ZR 183/17 Rn. 94 ff.= NJW 2018, 3178 Rn. 64 ff.

Aus erbrechtlicher Perspektive ergibt sich ein Zugriffsrecht der Erben auf die Accountdaten aus dem Eintritt in die Vertragsposition des verstorbenen Nutzers gegenüber dem Diensteanbieter (§ 1922 Abs. 1 BGB). Allerdings wird ein derartig unbeschränkter Zugang zu sämtlichen digitalen Accounts des Verstorbenen weder dem verfassungsrechtlich garantierten postmortalen Persönlichkeitsschutz noch den Belangen des Datenschutzes gerecht. Mit dem Wissen, dass seine Erben nach seinem Ableben auf sämtliche Kommunikationsinhalte Zugriff nehmen können, wird der jeweilige Nutzer faktisch bereits zu Lebzeiten an der freien Entfaltung seiner Persönlichkeit gehindert.[31] Auch der postmortale Schutz der Persönlichkeit des Verstorbenen würde zum „Plünderungsobjekt der Nachwelt"[32] wenn Erben als Dritte unbeschränkten Einblick in intime Details des Verstorbenen erhielten. Dies gilt gerade dann, wenn vertrauliche Informationen oder Daten an Erben übermittelt werden, die der Erblasser zu Lebzeiten diesen vorenthalten wollte. So vertraut auch der Erblasser darauf, dass durch den Passwortschutz des Facebook-Kontos die Informationen und Inhalte nur ihm und dem Diensteanbieter sowie den Kommunikationspartnern zur Verfügung stehen.[33] Denn der Schutz des postmortalen Persönlichkeitsrechts besteht letztlich „nicht um der Nachfahren, sondern um des Verstorbenen willen"[34]. Vor diesem Hintergrund muss dem Verstorbenen ein Recht auf Respektierung seines zu Lebzeiten kreierten Persönlichkeitsbildes zugestanden werden. Gleichwohl hat der BGH mit seinem Urteil einem derartigen Vertraulichkeitsinteresse des Erblassers und einem „Schutz vor Erben" nach dem Fernmeldegeheimnis eine Absage erteilt und räumt somit der erbrechtlichen Gesamtrechtsnachfolge den Vorrang ein.[35] Ein Datenzugriff der Erben darf daher grundsätzlich nur erfolgen, soweit vermögensrechtliche Belange betroffen sind, die mit der Abwicklung des Nachlasses in Zusammenhang stehen. Auf dieser Linie liegt auch die Wertung anderer Rechtsvorschriften wie etwa § 22 S. 3 KUG sowie § 60 Abs. 1 UrhG, die eine treuhänderische Wahrnehmung der Schutzrechte der betroffenen Person ermöglichen. Insoweit kommt speziell den Social Media-Anbietern die Aufgabe zu, die technischen Voraussetzungen für eine Trennung zwischen privaten und vermögensrechtlich relevanten Daten zu schaffen.[36]

Persönliche bzw. personenbezogene Daten dürfen den Erben dagegen nur dann zugänglich gemacht werden, wenn der Nutzer sowie die Kommunikationspartner zu Lebzeiten hierin eingewilligt haben oder ein sonstiger Erlaubnistatbestand der DS-GVO aus Art. 6 Abs. 1 DS-GVO einschlägig ist. Mangels ausdrücklicher Einwilligung stützt sich auch der BGH für die Rechtfertigung der Datenverarbeitung auf die Tatbestände der Art. 6 Abs. 1 S. 1 lit. b und f DS-GVO. Das Eingreifen von Art. 6 Abs. 1 S. 1 lit. b DS-GVO kann dabei allerdings in Zweifel gezogen werden. Die Vorschrift setzt voraus, dass die Verarbeitung der personenbezogenen Daten zur Erfüllung eines Vertrages erforderlich ist.[37] Eine Erforderlichkeit der Datenverarbeitung zur Erfüllung des Nutzungsvertrages durch Übermittlung von Daten und Kommunikationsinhalten bei Nutzung des Facebook-Kontos durch die Tochter zu Lebzeiten liegt vor. Ob diese Begründung[38] aber auch im Falle des Erbfalls noch haltbar ist, erscheint fraglich.[39] So liegt doch die Gewährung des Zugangs durch Facebook zum Benutzerkonto der verstorbenen Tochter außerhalb der ursprünglichen vertraglichen Verpflichtung. Gerade im Hinblick auf die Daten der Kommunikationspartner trägt diese Begründung nicht. Es bleibt damit nur die Möglichkeit einer einzelfallbezogenen

31 Übereinstimmend Gola-*Gola,* DS-GVO Art. 4 Nr. 1 Rn. 29; *Martini,* JZ 2012, 1145 (1150); *Herzog,* NJW 2013, 3745 (3749).

32 So *Martini,* JZ 2012, 1145 (1149) sowie *ders.,* JZ 5/2019, 235 f.

33 Gola-*Gola* DS-GVO Art. 4 Nr. 1 Rn. 29; *Martini,* JZ 2012, 1145 (1152) sowie *ders.,* JZ 5/2019, 235 f.

34 *Martini,* JZ 2012, 1145 (1150).

35 *BGH,* Urt. v. 12.7.2018 – Az. III ZR 183/17 = NJW 2018, 3178 Rn. 62 f. dazu auch *Preuß,* NJW 2018, 3146.

36 Übereinstimmend Gola-*Gola,* DS-GVO Art, 4 Nr. 1 Rn. 29; *Hoeren,* NJW 2005,2113 (2114); *Martini,* JZ 2012, 1145 (1152), *ders.,* JZ 5/2019, 235 f. sowie *Brinkert/Stolze/Heidrich,* ZD 2013,153 (155); ablehnend *BGH,* Urt. v. 12.7.2018 – Az. III ZR 183/17 = NJW 2018, 3178 Rn. 47.

37 HK-DS-GVO-*Schwartmann/Klein,* Art. 6 Abs. 1 lit. b DS-GVO Rn. 34 ff.

38 *KG Berlin,* Urt. v. 31.5.2017 – Az. 21 U 9/16. *BGH,* Urt. v. 12.7.2018 – Az. III ZR 183/17 = NJW 2018, 3178 Rn. 72 f.

39 Übereinstimmend *Preuß,* NJW 2018, 3146 (3147).

Interessenabwägung nach Art. 6 Abs. 1 S. 1 lit. f DS-GVO. Daher dürfte es zweckmäßig sein, den Social Media-Nutzern bereits bei der erstmaligen Anmeldung eine Entscheidung über den Datenumgang im Todesfall abzuverlangen.[40]

II. Schranken

Bei den Schranken ist je nach Schutzrichtung zu differenzieren:

1. Schranken aus Sicht des Betroffenen

319 Für den von einer Medienberichterstattung Betroffenen geht es darum, ob der Staat wegen des allgemeinen Persönlichkeitsrechts gehalten ist, ihn zu schützen. Das Bundesverfassungsgericht bejaht grundsätzlich eine solche Schutzpflicht.[41] Der Schutz des allgemeinen Persönlichkeitsrechts gilt abgesehen von der Intimsphäre nicht absolut, sondern unterliegt bestimmten Schranken. Fraglich ist, welche Schranken herangezogen werden können, diejenigen des Art. 2 Abs. 1 GG oder lediglich verfassungsimmanente Schranken. Das Bundesverfassungsgericht schien zunächst der Auffassung zuzuneigen, dass lediglich verfassungsimmanente Schranken, also Grundrechte anderer oder Rechtsgüter mit Verfassungsrang, in Betracht kommen.[42] In seiner neueren Rechtsprechung hat es klargestellt, dass das APR durch Gesetz unter Beachtung des Grundsatzes der Verhältnismäßigkeit beschränkt werden könne, also die Schranken des Art. 2 Abs. 1 GG grundsätzlich für anwendbar erklärt. Allerdings sei eine gesetzliche Beschränkung des APR wegen dessen Bedeutung nur zulässig, wenn sie zum Schutz eines **gewichtigen Gemeinschaftsguts** geeignet und erforderlich sei und der Schutzzweck so schwer wiege, dass er die Beeinträchtigung des Persönlichkeitsrechts in ihrem Ausmaß rechtfertige.[43] Das Recht auf Berichterstattung durch die Medien in Art. 5 Abs. 1 GG stellt ein solches gewichtiges Gemeinschaftsgut dar. Ein Eingriff kann zulässig sein, wenn und soweit die Öffentlichkeit ein berechtigtes Interesse hat, über eine Person, ihr Verhalten oder einen bestimmten Umstand informiert zu werden.

2. Schranken aus Sicht des Medienschaffenden

320 Aus Sicht des Rundfunkveranstalters bzw. des Presseunternehmens stellt sich ein etwaiges Berichterstattungsverbot, das auf Antrag des Betroffenen von einem Gericht ausgesprochen wird, um das allgemeine Persönlichkeitsrecht zu schützen, als Eingriff in die Rundfunk- bzw. Pressefreiheit dar. Die durch diese Grundrechte garantierte freie Berichterstattung steht aber unter der Schranke der **allgemeinen Gesetze** nach Art. 5 Abs. 2 GG. Als „sonstiges Recht“ ist das allgemeine Persönlichkeitsrecht durch die Bestimmung des § 823 Abs. 1 BGB geschützt. Diese Norm stellt ein allgemeines Gesetz

---

40 Vgl. dazu eingehend *Schwartmann/Ohr*, in: Schwartmann, Praxishandbuch Medienrecht, 11. Kap. Rn. 43 f.

41 *BVerfGE* 35, 202, 219 f. – Lebach.

42 *BVerfGE* 34, 238, 246.

43 *BVerfGE* 90, 263, 271; 96, 56, 61; 96, 171, 182.

i.S. von Art. 5 Abs. 2 GG dar.[44] Ob ein Eingriff in die Rundfunk- oder Pressefreiheit zum Schutz des APR gerechtfertigt ist, muss unter Berücksichtigung der **Wechselwirkungslehre**[45] als Konkretisierung des Verhältnismäßigkeitsprinzips entschieden werden.[46] Dabei spielen vor allem der Grad des öffentlichen Interesses an der Berichterstattung und die Schwere der Beeinträchtigung des APR die entscheidende Rolle. Um beurteilen zu können, wie schwer das APR beeinträchtigt wird, ist auch die Unterteilung in die verschiedenen Persönlichkeitssphären zu berücksichtigen.

Bekannte Beispiele der Berichterstattung in rechtlichen Problemfällen sind eine Serie **321**
von Gerichtsentscheidungen[47] zu Caroline und Prinz Ernst August von Hannover. Zunächst wurde auf eine Unterscheidung zwischen absoluter[48] und relativer Person der Zeitgeschichte abgestellt.[49] Nach dem sog. **Caroline I-Urteil** des Europäischen Gerichtshofs für Menschenrechte (EGMR) vom 24. Juni 2004[50] hat der BGH diese Differenzierung in seinen weiteren Urteilen aufgegeben.[51] Seither legt er besonderes Augenmerk darauf, ob der beanstandeten Berichterstattung ein Beitrag zu einer Diskussion von Allgemeininteresse zu entnehmen ist, die über die Befriedigung bloßer Neugier hinausgeht.[52] Anstelle des zuvor personenbezogenen Ansatzes ist nunmehr maßgeblich, ob es sich um ein Ereignis von zeitgeschichtlicher Bedeutung handelt.[53] Auch das Bundesverfassungsgericht hat die Abkehr von der „Person der Zeitgeschichte"[54] als mit der Verfassung in Einklang stehend gebilligt.[55] Es ging allerdings davon aus, dass der Schutz des Persönlichkeitsrechts durch den BGH teilweise zu weit geht. So müsse bei der Beurteilung, ob Bilder veröffentlicht werden dürften, der dazugehörige Text mit berücksichtigt werden. Zudem hat die 1. Kammer des Ersten Senats des Bundesverfassungsgerichts durch Beschluss vom 14. September 2010[56] entschieden, dass sich die verfassungsrechtlichen Anforderungen an eine Bildnisveröffentlichung von denen an eine Wortberichterstattung unterscheiden. Die Veröffentlichung eines Bildes einer Person begründe grundsätzlich eine rechtfertigungsbedürftige Beschränkung des allgemeinen Persönlichkeitsrechts, die durch Art. 5 Abs. 1 Satz 2 GG nur gerechtfertigt sei, wenn die Veröffentlichung der Meinungsbildung zu Fragen von allgemeinen Interessen dienen könne. Bei personenbezogenen Wortberichterstattungen biete das allgemeine Persönlichkeitsrecht dagegen nicht schon davor Schutz

44 *BVerfGE* 90, 263, 271; 96, 56, 61; 96, 171, 182. Zum allgemeinen Gesetz oben Rn. 74 ff.
45 Vgl. dazu *BVerfGE* 7, 198 (208 f.) – Lüth.
46 Dazu etwa *Grabenwarter*, in: Maunz/Dürig zu Art. 5 Rn. 139 ff. m.w.N.
47 Vgl. etwa *BVerfGE* 101, 361 ff.
48 *Fechner*, 4. Kapitel, Rn. 42.
49 Dazu *Fechner*, 4. Kapitel, Rn. 43 ff.
50 *EGMR*, Urt. v. 24.6.2004, Nr. 59320/00, NJW 2004, 2647.
51 *BGH*, ZUM 2007, 382; 470, unten Rn. 499 ff., 505 ff. Dazu *Peifer/Dörre*, Übungen im Medienrecht, S. 40 ff.
52 *BGH*, ZUM 2007, 382, 384; 470, 472 – Winterurlaub I und II; NJW 2008, 749, 751 – Oliver Kahn; NJW 2009, 1502, 1503 – Sabine Christiansen II.
53 *BGH*, AfP 2004, 533 f. – Charlotte Casiraghi I.
54 Gesetzlich in § 23 Abs. 1 Nr. 1 KUG verankert ist ohnehin nur der Begriff der „Zeitgeschichte". Die Rechtsfigur der absoluten und relativen „Person der Zeitgeschichte" wurde dagegen von der Literatur entwickelt (*Neumann-Duesberg*, JZ 1960, 114) und fortan von der Rechtsprechung verwendet.
55 *BVerfGE* 120, 180, 211 f.
56 *BVerfG*, NJW 2011, 740 ff.

überhaupt in einem Bericht individualisierend genannt zu werden. Entscheidend sei der Inhalt der Berichterstattung. Betreffe die Wortberichterstattung Vorgänge aus der Sozialsphäre einer Person, so sei sie grundsätzlich durch das Grundrecht der Meinungsfreiheit gedeckt.

322 **Zur Vertiefung:** Die Abwägung zwischen der Freiheit der Berichterstattung und dem allgemeinen Persönlichkeitsrecht ist hierdurch in ein Zentrum der Diskussion geraten, weil der EGMR die Privatsphäre Prominenter stark schützt und schärfer akzentuiert als das Bundesverfassungsgericht[57]. Der Korridor rechtlich zulässiger Bildberichterstattung über Prominente ist sehr eng geworden. Die Grenze ist hier noch nicht endgültig abgesteckt.[58]

323 Die familiäre Privatsphäre und die Kinder dieser Personen genießen wegen Art. 6 Abs. 1 und 2 GG weitergehenden Schutz.[59] Ähnliches gilt für Begleiter von Prominenten.[60]

324 Zu den Fragen 22 bis 24: Die Lebenssachverhalte bei den Fragen 22 (Fernsehmoderator) und 23 (Kanzlerehefrau) unterfallen der Privatsphäre und sind grundsätzlich einer Abwägung zugänglich. In Frage 22 (Fernsehmoderator) wird man der Presse einen größeren Spielraum lassen, wenn der Prominente die Medien in anderen Fällen dazu genutzt hat, aus seiner Privatsphäre zu berichten. Im Falle der Kanzlerfamilie wird das vor der Pressefreiheit bestehende Problem der „Hofberichterstattung" angesprochen, bei der der Prominente die Medien zu einem ihm genehmen Termin bestellt, um ein Thema zu platzieren. In Frage 24 (Ossetien) dürfte in jedem Fall die Privatsphäre betroffen sein. Sie gilt aber dann als aufgegeben, wenn der Mensch sich in den öffentlichen Raum begibt oder wenn er seinen privaten Bereich etwa aus kommerziellen Gründen der Öffentlichkeit zugänglich macht.[61] In einem derartigen Fall persönlichen Leidens dürfte aber auch die Intimsphäre tangiert und eine Berichterstattung gegen den Willen der betroffenen Person unzulässig sein. Dies muss umso mehr gelten, wenn die Öffentlichkeit nicht freiwillig gesucht wird. In dieser Situation offenbart sich freilich insofern eine Schwäche des Systems, als es praktisch kaum möglich sein dürfte, die Berichterstattung zu unterbinden.

325 In ihren beiden Urteilen vom 7. Februar 2012 in den Fällen **Caroline II**[62] und **Kommissar Balko**[63] hat die Große Kammer des EGMR die Abwägungsgrundsätze der Caroline I-Entscheidung nicht nur präzisiert, sondern auch erheblich zugunsten der Pressefreiheit verändert. Im Ausgangspunkt hält der EGMR daran fest, dass es entscheidend darauf ankomme, ob Fotos und dazu gehörige Presseartikel einen Beitrag zu einer Diskussion von allgemeinem Interesse leisten.[64] Dabei bestätigt er im Fall Caroline II

57 Siehe dazu unten Rn. 502.
58 *EGMR*, NJW 2006, 591 = JuS 2006, 634 (*Dörr*).
59 *Kingreen/Poscher*, Grundrechte, Staatsrecht II, Rn. 396; vgl. dazu *BGH*, NJW 2010, 1454 – Bildberichterstattung über minderjährige Kinder Prominenter; dazu *Stender-Vorwachs*, Veröffentlichung von Fotos minderjähriger Kinder von Prominenten, NJW 2010, 1414.
60 *Fechner*, 4. Kapitel, Rn. 57 ff.
61 *BVerfGE* 101, 361, 385 f.; *Kingreen/Poscher*, Rn. 396.
62 *EGMR*, Urt. v. 7.2.2012, NJW 2012, 1053, 1055 ff.
63 *EGMR*, Urt. v. 7.2.2012, NJW 2012, 1058, 1060.
64 *EGMR*, Urt. v. 7.2.2012, NJW 2012, 1053, 1055 f.; *EGMR*, Urt. v. 7.2.2012, NJW 2012, 1058, 1060.

das Bundesverfassungsgericht[65] und den BGH[66] in ihrer Annahme, dass es sich bei der damaligen Krankheit des regierenden Fürsten Rainier III. von Monaco und dem Verhalten der Familienmitglieder während der Krankheit um ein Ereignis von allgemeinem Interesse handele. Zudem erkennt der EGMR ausdrücklich an, dass der Informationsgehalt der Fotos unter Berücksichtigung des Begleitartikels zu prüfen ist.[67] Auch sind nach Ansicht des EGMR der Bekanntheitsgrad der Betroffenen, also die Frage, ob es sich um Personen des öffentlichen Lebens (public figures) handelt, der Gegenstand des Berichts, das vorherige Verhalten der Betroffenen sowie Inhalt, Form und Folgen der Veröffentlichung und die Begleitumstände, unter denen ein Foto aufgenommen wurde, Faktoren, die in die Abwägung mit einzubeziehen sind.[68] In diesem Zusammenhang geht der EGMR davon aus, dass es sich bei Caroline und Ernst August von Hannover um Personen des öffentlichen Lebens (public figures) handelt. Damit korrigiert er den in der ersten Caroline-Entscheidung entwickelten Grundsatz, dass es auf eine Amtsträgereigenschaft ankomme.[69] Im Fall Kommissar Balko waren die deutschen Gerichte zu dem Ergebnis gekommen, der Schauspieler, der Kommissar Balko darstellte, sei keine Person des öffentlichen Interesses. Dem widerspricht der Gerichtshof. Bei seiner Beurteilung stellt der EGMR insbesondere darauf ab, dass der Schauspieler zum Zeitpunkt seiner Festnahme in einer innerstaatlich bekannten TV-Krimiserie die Hauptfigur, einen Polizeikommissar, verkörpert habe. Im Normalfall sei zwar unproblematisch davon auszugehen, dass die Zuschauer zwischen der verkörperten Figur und der realen Person unterscheiden. Dies könne aber im Einzelfall anders sein, im Besonderen, wenn der jeweilige Schauspieler seine Popularität durch die spezielle Rolle erlangte und somit eine besondere Verbindung zwischen der Person und der Rolle bestehe. Aus diesen Gründen sei der Darsteller des Kommissars als „public figure" anzusehen.

Bei der Beurteilung, unter welchen Umständen Fotos aufgenommen wurden, billigt der EGMR den Vertragsstaaten einen weiten Spielraum zu. Darüber dürfe sich der EGMR nur bei Vorliegen gewichtiger Gründe hinwegsetzen. Dies sei im Fall Balko gegeben, da der Darsteller schon in der Vergangenheit Details seines Privatlebens der Öffentlichkeit preisgegeben habe. Zudem sei auch zu beachten, dass er schon vorher auf Grund eines Drogendelikts verurteilt worden war. In Bezug darauf stellt der EGMR fest, dass sich eine Person nicht auf eine rufschädigende Verletzung von Art. 8 EMRK berufen kann, wenn sie diese Schädigung durch eigenes Handeln, beispielsweise eine Straftat, provoziert hat. Dies gelte insbesondere dann, wenn der Betroffene einen Kommissar darstelle und damit eine Vorbildfunktion habe.[70]

Mit diesen beiden Entscheidungen hat der Gerichtshof die Meinungsfreiheit aus Art. 10 Abs. 1 EMRK im Bereich der Boulevardpresse sowohl in Bezug auf die Bildberichterstattung als auch auf die Wortberichterstattung deutlich gestärkt und ein Stück

65 *BVerfGE* 120, 180.
66 *BGHZ* 171, 275.
67 *EGMR*, Urt. v. 7.2.2012, NJW 2012, 1053, 1057.
68 *EGMR*, Urt. v. 7.2.2012, NJW 2012, 1053, 1056; *EGMR*, Urt. v. 7.2.2012, NJW 2012, 1058, 1060.
69 So zutreffend *Märten*, Entscheidungsanmerkung, ZJS 2012, 276, 277.
70 Vgl. dazu *Dörr*, in: HK-RStV, B 4 Rn. 10.

weit die in der ersten Caroline-Entscheidung entwickelten Maßstäbe korrigiert, indem er dem Umstand, ob es sich um bekannte Personen des öffentlichen Lebens handelt, nicht unerhebliches Gewicht beimisst.[71]

C. Zivilrechtliche Ausgestaltung

326 In der Praxis kommt dem allgemeinen Persönlichkeitsrecht als sonstiges Recht im Sinne von § 823 Abs. 1 BGB, als zivilrechtliches Instrument in Form der Abwehrmöglichkeit für Private gegenüber Medien, eine wichtige Bedeutung zu.[72] Entgegen der Grundregel des § 253 BGB kann bei einer Verletzung dieses Rechts eine Entschädigung in Geld verlangt werden.[73] Nach der zivilgerichtlichen Rechtsprechung sind insbesondere folgende Bereiche des Privatlebens geschützt:[74]

I. Schutz der häuslichen Sphäre und der Privatsphäre

327 Die häusliche Sphäre und die Privatsphäre schützen als „cordon sanitaire" einen räumlichen Rückzugsbereich. Jede Person soll sich in ihren vier Wänden frei und unbeobachtet bewegen und entfalten können und allein darüber entscheiden, ob ein anderer Einblick nehmen darf oder nicht.

328 **25. Übungsfrage:** A ist ein öffentlichkeitsscheuer, aber bekannter Schauspieler, der in der Abgeschiedenheit der Eifel ein mit hohen Mauern eingefriedetes und blickgeschützes Anwesen erworben hat. Als Fotoreporter P beim Drachenfliegen in der Eifel über das Haus schwebt, stellt er fest, dass gut verkäufliche Luftaufnahmen von A möglich sind, der sich gerade mit seiner Frau im Pool aufhält. Darf P die Gelegenheit zu Schnappschüssen nutzen?

329 Der Prominente kann sich nicht dagegen wehren, wenn P sein Domizil, so wie es von Außen unter normalen Umständen sichtbar ist, ablichtet. Wird aber ein verstecktes Anwesen aus der Luft aufgenommen, zu dem unter Namensnennung eine Wegbeschreibung veröffentlicht wird,[75] oder wird gar unter Verwendung von Teleobjektiven in die Privat- oder Intimsphäre eingedrungen, so ist dies als Verstoß gegen das allgemeine Persönlichkeitsrecht zu werten[76] und unzulässig.

---

71 Vgl. zur Bedeutung der beiden Entscheidungen auch *Frenz*, NJW 2012, 1039, 1042; *Dörr*, Rechtsprechungsbericht, JuS 2012, 1046, 1049, *Kugelmann*, Die Meinungs- und Pressefreiheit des Art. 10 EMRK und die Bildung von Kategorien und Fallgruppen, in: Festschrift E. Klein, 2013, 1127, 1138.

72 Dazu *Sprau*, in: Palandt, Bürgerliches Gesetzbuch Kommentar, § 823 BGB Rn. 84 (im Folgenden zitiert als *Palandt/Sprau* § 823 BGB Rn.).

73 *BVerfGE* 34, 269, 280.

74 Vgl. zu diesen und weiteren Fallgruppen auch *Fechner*, 4. Kapitel, Rn. 18 ff.

75 *BGH*, NJW 2004, 762. Dazu *Soehring/Seelmann-Eggebert*, NJW 2005, 571, 577 f. Vgl. auch *BVerfG*, WRP 2006, 1021 ff.

76 *Fechner*, 4. Kapitel, Rn. 20. Vgl. mit einer Examensklausur *Kremer*, Jura 2006, 459 ff.

II. Recht am gesprochenen Wort

Das Recht am gesprochenen Wort bietet Schutz gegen Entstellung und Unterschiebung von Äußerungen; jeder darf bestimmen, ob sein gesprochenes Wort auf Tonträger aufgezeichnet wird und ob und vor wem es abgespielt werden darf.[77] 330

26. Übungsfrage: Nachdem der Bundespräsident Einsicht in einen Kreditvertrag gewährt hatte, um die Person eines Kreditgebers für seinen privaten Hausbau offenzulegen, erfährt er von einer diesbezüglich geplanten Berichterstattung der Bild, mit deren Inhalt er nicht einverstanden ist. Daher ruft er während einer dienstlichen Auslandsreise zwischen zwei Terminen den Chefredakteur der Zeitung auf dessen geschäftlichem Handy an, erreicht jedoch nur dessen Mailbox. Er hinterlässt dort eine – im Genauen unbekannte – Nachricht, die sich zwischen Betteln und Drohen bewegen und von der Bitte um Vergebung bis hin zur Androhung rechtlicher Schritte reichen soll. Nach Angaben des Bundespräsidenten sei es ihm um eine Verschiebung, nicht um eine Verhinderung der Berichterstattung gegangen. Das Blatt bestreitet dies und erfragt bei dem Bundespräsidenten öffentlich dessen Einverständnis mit der Veröffentlichung der Aufnahme, was dieser noch am selben Tag mit einer öffentlichen Erklärung ablehnt.[78] Darf die Zeitung die Mailbox-Nachricht trotzdem veröffentlichen?

Um die Übungsfrage zu klären, sind unterschiedliche Fragen im Hinblick auf die Abwägung zwischen Persönlichkeitsrecht und öffentlichem Informationsinteresse zu beantworten. Zunächst geht es darum, ob eine Mailbox ein öffentlicher Ort ist und ihr Besprechen durch einen Amtsträger in einer privaten Angelegenheit von öffentlicher Bedeutung grundsätzlich ein privater oder öffentlicher Vorgang ist. Zum allgemeinen Persönlichkeitsrecht hat der BGH[79] die Rechtsprechung im Jahr 2011 wie folgt zusammengefasst: Das Allgemeine Persönlichkeitsrecht umfasst „das Recht auf Achtung der Privatsphäre, das jedermann einen autonomen Bereich der eigenen Lebensgestaltung zugesteht". „Der Schutz der Privatsphäre ist sowohl thematisch als auch räumlich bestimmt. Er umfasst insbesondere Angelegenheiten, die wegen ihres Informationsinhalts typischerweise als „privat" eingestuft werden, weil ihre öffentliche Erörterung oder Zurschaustellung als unschicklich gilt, das Bekanntwerden als peinlich empfunden wird oder nachteilige Reaktionen der Umwelt auslöst, wie es etwa (...) bei vertraulicher Kommunikation unter Eheleuten (BVerfGE 27, 344), (...), bei sozial abweichendem Verhalten (BVerfGE 44, 353) (...) der Fall ist." 331

Zunächst ist zu klären, ob die Mailboxnachricht des Bundespräsidenten der Sozialsphäre zuzuordnen ist, also einen öffentlichen Vorgang darstellt. Immerhin wurde sie vom Bundespräsidenten gelegentlich der Amtsausübung auf das geschäftliche Mobiltelefon eines Boulevardjournalisten gesprochen. Aus diesem Grunde wird vertreten, die Mailbox-Nachricht unterliege nicht dem Schutz der Privatsphäre, weil Wulff in diesem Moment als Bundespräsident und damit in der Sozialsphäre gesprochen habe.[80]

77 *Palandt/Sprau*, § 823 BGB Rn. 114.
78 Zu den Einzelheiten *Schwartmann*, Die Mailbox der Nation in K&R 2012, 73,74.
79 *BGH*, NJW 2012, 763, 764.
80 *Grimm*, Der Bundespräsident hat ein öffentliches Amt inne. Die Angelegenheit, um die es geht, ist von öffentlichem Interesse, mittlerweile sogar von überragendem öffentlichen Interesse, weil sie über den Anlassfall der Kreditgewährung hinausgeht und das Amtsverständnis und die Amtsausübung des Bundespräsidenten erfasst. Daran hat die Öffentlichkeit ein legitimes Interesse, hinter dem das Geheimhaltungsinteresse des Bundespräsidenten zurücksteht; http://verfassungsblog.de/dieter-grimm-wulffs-anruf-war-kein-eingriff-die-pressefreiheit/Branahl (zuletzt abgerufen: 11.03.2019) zitiert nach epd Nr. 2 v. 13.1.2012, S. 7.

Ob eine private oder öffentliche Handlung vorliegt, lässt sich nur durch eine **Würdigung der Gesamtumstände** ermitteln.

Allein dass die Persönlichkeitssphäre Dritter berührt wird, spricht noch nicht zwingend für eine Handlung im sozialen Umfeld. Das BVerfG grenzt **intime Handlungen mit „Sozialbezug"** danach ab, wie intensiv dieser Bezug ist.[81] Eine Öffnung hängt zunächst von der Intention des Betroffenen ab. Die Nachricht wurde auf eine Mailbox gesprochen, die ausdrücklich nur einer Person zugeordnet ist. Man rechnet nicht mit deren Veröffentlichung, auch wenn der Empfänger ein Journalist ist. Ganz im Gegenteil gehören Journalisten doch zu einem Berufsstand, der auch vom Schweigen lebt. „Das Geschäft des Journalisten ist die Indiskretion und seine Tugend die Diskretion" ist eine Aussage, die Theodor Heuss zugeschrieben wird. Stillt eine Familienministerin ihr Kind beim Parken vor einer Fernsehanstalt im verdunkelten Fond ihrer Dienstlimousine, so ist dieser Vorgang trotz der räumlichen Nähe zum Amt und zum Fernsehen privat. Mit der Mailbox des Chefredakteurs beim Anruf des Präsidenten ist es genauso. Anders läge es, wenn die Familienministerin bei heruntergelassenem Seitenfenster stillen würde oder wenn der Präsident den Anruf in Begleitung eines Journalisten tätigen würde. Es kommt zudem auf den Inhalt der Nachricht an. Hier geht es um eine emotionsgetragene Nachricht zwischen Drohen und Betteln.[82] Diese Äußerung ist ersichtlich nicht für Dritte bestimmt. Der Sozialbezug der Handlung ist unter Berücksichtigung der Gesamtumstände – wenn überhaupt vorhanden – wenig intensiv. Daher unterliegt die Mailboxnachricht des Bundespräsidenten jedenfalls der Privatsphäre.

Weiter ist nach dem **öffentlichen Interesse an der Veröffentlichung** zu fragen, weil der Bundespräsident im Fernsehen öffentlich gelogen haben soll als er von Verschiebung und nicht von Verhinderung der Berichterstattung sprach. Dem Bundespräsidenten steht grundsätzlich das Recht am eigenen Wort zu. Danach darf er selbst bestimmen, wem ein Kommunikationsinhalt eröffnet wird.[83] Ein Veröffentlichungsrecht ohne Einwilligung kann ausnahmsweise bei überwiegendem öffentlichem Interesse gegeben sein. Weil Bild und der Bundespräsident unterschiedliche Versionen über den Inhalt der Mailboxnachricht verbreitet hatten und eine völlige Aufklärung nur in Kenntnis des vollständigen Textes möglich war, war das Informationsinteresse groß.[84] Dieses hat durchaus einen hohen Rang. „Bei der Aufdeckung wirklicher Missstände (wird es) in der Regel höher sein als das Interesse der Behörde, Informationen nicht nach außen dringen zu lassen".[85] Ein Missstand liegt aber beim Verhalten einer einzelnen Person nicht vor, weil kein repräsentativer oder allgemeiner Bezug in der Handlung liegt. Wie schwer wiegt das Interesse an der Aufdeckung einer Lüge beziehungsweise einer Ungereimtheit in einer Detailfrage, wenn die gesamte Reputation angesichts der Gesamtumstände ohnehin leidet und dem Absender der Nachricht deren Gesamt-

81 *BVerfGE* 6, 389, 433.
82 *Der Spiegel*, Nr. 2 vom 9.1.2012, S. 23.
83 *BVerfGE* 106, 28, 39.
84 Die Frage, ob in der Drohung *Wulffs* mit strafrechtlichen Konsequenzen ein Straftatbestand oder ein Angriff auf die Pressefreiheit liegen könnte, wurde soweit erkennbar zu Recht nicht vertieft, weil es insoweit angesichts der Gesamtumstände ersichtlich an einer Ernsthaftigkeit fehlen dürfte.
85 *BVerfGE* 25, 296, 305 f.

inhalt derart peinlich ist, dass er sich für seine Äußerung beim Empfänger entschuldigt hat? Bei der Abwägung ist der Umstand zu berücksichtigen, dass die Eignung des Bundespräsidenten zur Amtsführung nach dem Grundgesetz allein in dessen Ermessen steht. Angesichts des insgesamt geringen Erkenntnisgewinns über die ohnehin nicht zur Disposition der Allgemeinheit stehende Eignung des Präsidenten dient die Veröffentlichung des Inhalts der Mailboxnachricht eher dem Sensationsinteresse an einer weiteren Ungereimtheit im Zusammenhang mit dem Bundespräsidenten als dem berechtigten Informationsinteresse der Allgemeinheit. Dies spricht im Ergebnis dafür, dass die Veröffentlichung nur mit Zustimmung des Präsidenten zulässig ist.[86]

III. Recht am geschriebenen Wort

Das Recht am geschriebenen Wort schützt persönliche Aufzeichnungen.[87] **332**

■ **27. Übungsfrage:** Ein Teilnehmer schreibt ein Tagebuch über die Zeit im Quartier der Deutschen Fußballnationalmannschaft während der Fußballweltmeisterschaft 2014, das er hinterher möglicherweise veröffentlichen möchte. Nach dem Turnier nimmt er von dieser Idee Abstand und wirft das Buch in seinen privaten Altpapierbehälter. Reporter R durchwühlt diesen und findet das Tagebuch. Er möchte Auszüge daraus veröffentlichen. Ist das zulässig?

Das weggeworfene Tagebuch ist erkennbar nicht für die Öffentlichkeit bestimmt. Insbesondere Briefe und andere persönliche Aufzeichnungen[88], wie vor allem Tagebücher[89], dürfen nicht ohne Einwilligung bzw. Genehmigung des Betroffenen veröffentlicht werden. Eine Einwilligung in die Veröffentlichung kann im Wegwerfen des Dokuments sicher nicht gesehen werden. **333**

IV. Recht am eigenen Bild

Das Recht am eigenen Bild schützt vor Verbreitung und öffentlicher Zurschaustellung von Bildern.[90] **334**

■ **28. Übungsfrage:** Die unbekannte weibliche Fußballanhängerin F entblößt im Freudentaumel anlässlich des Sieges ihrer Fußballnationalmannschaft beim „public viewing" in einer öffentlichen „Fan-Zone", in der sie mit etwa 50 000 anderen Fußballfans ein Fußballspiel anschaut, ihren Busen. Reporter R fotografiert sie in dieser Situation unbemerkt. Darf er das Bild veröffentlichen?

Das Fotografieren ohne Einwilligung in der Öffentlichkeit ist grundsätzlich von der Informationsfreiheit des Art. 5 Abs. 1 S. 1, 2. Alt. GG gedeckt. Hier geht es aber um eine **335**

---

86 Im Einzelnen dazu *Schwartmann*, Die Mailbox der Nation, K&R 2012, 73.
87 *Palandt/Sprau,* § 823 BGB Rn. 114.
88 *Palandt/Sprau,* § 823 BGB Rn. 114.
89 *BGHZ* 15, 249, 254 ff.
90 *Soehring/Seelmann-Eggebert*, NJW 2005, 571, 576 ff. zu neuerer Rechtsprechung; *Palandt/Sprau,* § 823 BGB Rn. 112a; *von Strobl-Alberg,* in: Wenzel, Das Recht der Wort- und Bildberichterstattung, Zweiter Teil, 7. Kapitel Rn. 42 ff.

Veröffentlichung solcher Bilder, die ohne **Einwilligung** nicht gestattet ist.[91] Dem steht das Recht am eigenen Bild entgegen, das seine Verankerung in § 22 Kunsturhebergesetz (KUG) findet. Danach dürfen Bildnisse nur mit Einwilligung der abgebildeten Person verbreitet oder öffentlich zur Schau gestellt werden.[92] Eine **Ausnahme** bildet § 23 KUG für Bildnisse aus dem Bereich der Zeitgeschichte.[93] Nach der neueren Rechtsprechung müssen auch solche Personen, die früher als „absolute Personen der Zeitgeschichte" eingestuft wurden, nicht jede Veröffentlichung hinnehmen.[94] Bei F handelt es sich nicht um eine Person der Zeitgeschichte. Allerdings greift hier die **Ausnahme** des § 23 Abs. 1 Nr. 3 KUG, wonach Bilder von „Versammlungen, Aufzügen und ähnlichen Vorgängen, an denen die dargestellten Personen teilgenommen haben", ohne Einwilligung veröffentlicht werden dürfen. Hierunter wird man das „public viewing" subsumieren können. Gemäß § 23 Abs. 2 KUG dürfen Bildnisse aus dem Bereich der Zeitgeschichte ohne Einwilligung verbreitet werden, es sei denn, durch die Abbildung werden berechtigte Interessen des Betroffenen verletzt.

Im Zuge der seit Mai 2018 anwendungspflichtigen EU-Datenschutz-Grundverordnung (DS-GVO) stellt sich darüber hinaus die Frage, ob das KUG überhaupt noch Anwendung findet, denn: Das Fotografieren bzw. Bildaufnahmen von Personen fallen zum einen in den Anwendungsbereich des KUG, soweit es um die Veröffentlichung und Zurschaustellung geht. Andererseits handelt es sich bei der Erstellung von Bildnissen aber auch um eine Verarbeitung personenbezogener Daten, so dass in der Regel der Anwendungsbereich der DS-GVO (vgl. Art. 2 Abs. 1 DS-GVO) eröffnet ist.[95]

Insoweit ist zwischen drei Fallgruppen zu differenzieren:

- **Bildaufnahmen zu privaten Zwecken:**
  Bei Bildaufnahmen zu privaten Zwecken greift das sog. „Haushaltsprivileg"[96]: Aufnahmen, die zu rein privaten Zwecken angefertigt werden, unterfallen nicht der DS-GVO (vgl. Art. 2 Abs. 2 lit. c DS-GVO). Es bleiben hinsichtlich der Zulässigkeit der Verbreitung der Bildnisse die Regelungen des KUG maßgeblich.
- **Bildaufnahmen zu journalistischen Zwecken:**
  Bei Bildaufnahmen zu journalistischen Zwecken greift das in Art. 85 DS-GVO statuierte „Medienprivileg"[97] in Gestalt der mitgliedstaatlichen Umsetzung (bspw.

91 *LG München I*, NJW 2004, 617; *OLG Karlsruhe*, VersR 94, 994.

92 *Schulenberg*, in: Schwartmann, Praxishandbuch Medienrecht, 9. Kap. Rn. 107 ff.; *von Strobl-Alberg*, in: Wenzel, Das Recht der Wort- und Bildberichterstattung, Zweiter Teil, 7. Kapitel Rn. 58 ff.

93 Zu den Ausnahmen gemäß § 23 KUG eingehend *von Strobl-Alberg*, in: Wenzel, Das Recht der Wort- und Bildberichterstattung, Zweiter Teil, 8. Kapitel Rn. 1 ff.; dazu auch *Schulenberg*, in: Schwartmann, Praxishandbuch Medienrecht, 9. Kap. Rn. 113 ff.

94 *Palandt/Sprau*, § 823 BGB Rn. 112a. Vgl. dazu auch unten Rn. 499 ff. und oben Rn. 320 f. u. 325.

95 Dazu ausführlich *Schwartmann/Jacquemain*, DataAgenda Arbeitspapier 02 Personenfotografie: DS-GVO vs. KUG sowie *Schwartmann/Hermann*, Befreiung von der DSGVO für beinahe jeden? F.A.Z. Einspruch v. 16.02.2019.

96 HK-DS-GVO/BDSG-*Pabst* Art. 2 Rn. 37.

97 HK-DS-GVO/BDSG-*Frey* Art. 85 Rn. 7 ff.

§ 57 RStV, § 12 LPG NRW)[98], das für Presse, Rundfunk und gleichgestellte Medien bereichsspezifische Ausnahmen ermöglicht. Hier verbleibt dem KUG ebenfalls hinsichtlich der Verbreitung der Bildnisse ein eigener Anwendungsbereich.[99]

– **Bildaufnahmen zu nicht-journalistischen Zwecken:**
  Problematisch ist die Fallgestaltung, dass Bildaufnahmen zu nicht-journalistischen Zwecken angefertigt werden. Dies fußt maßgeblich darauf, dass die DS-GVO – anders als § 1 Abs. 3 BDSG a.F. – das KUG nicht mehr für vorranging anwendbar erklärt.

Letztlich besteht dahingehend Uneinigkeit, ob die DS-GVO das KUG sowohl bei Erstellung des Bildnisses als auch bei einer etwaigen späteren Verbreitung verdrängt oder ob zumindest bei der Verbreitung der Bildnisse weiterhin das KUG anzuwenden ist. So wird zum einen vertreten, das KUG bleibe auch in diesem Fall weiterhin anwendbar, um eine Rechtsunsicherheit zu vermeiden.[100] Andere nehmen demgegenüber an, dass die DS-GVO die Regelungen des KUG vollständig verdrängt und sich die Rechtmäßigkeit der Verarbeitung ausschließlich nach den Vorschriften der DS-GVO (Art. 6 ff. DS-GVO) richtet.[101] Der letztgenannten Auffassung ist zuzugeben, dass sie eine konsequente Anwendung der DS-GVO darstellt. Entscheidend ist, dass nach beiden Auffassungen die DS-GVO entweder ausschließlich oder zumindest für den Zeitpunkt der Erstellung des Bildnisses als Verarbeitung personenbezogener Daten anwendbar ist, so dass sich die Frage stellt, wie insbesondere den Betroffenenrechten nach den Art. 12 ff. DS-GVO, insbesondere den Informationspflichten nach Art. 13 DS-GVO, durch den Verantwortlichen in der Praxis ausreichend Rechnung getragen werden kann.

V. Recht auf informationelle Selbstbestimmung

29. Übungsfrage: Eine Tageszeitung archiviert bei der Veröffentlichung von Geburtsanzeigen Geburtsdaten von neugeborenen Kindern. Ein Kindernahrungsmittelhersteller wendet sich mit der Bitte an das Unternehmen, ihm die Namen und Daten preiszugeben, um die Familien auf neue Produkte hinweisen zu können. Wäre diese Herausgabe zulässig? **336**

---

98 Umstritten ist dabei, ob diese pauschalen Freistellungen von den materiell-rechtlichen Datenverarbeitungsvorgaben in dieser Allgemeinheit mit den Vorgaben des Art. 85 DS-GVO vereinbar sind, vgl. dazu *Buchner/Tinnefeld,* in: Kühling/Buchner Art. 85 Rn. 31 sowie *Dix,* in: Simitis/Hornung/Spiecker DS-GVO Art. 85 Rn. 31 ff.; a.A. *Cornils,* Der Streit um das Medienprivileg ZUM 2018, 561 ff.

99 *Lauber-Rönsberg/Hartlaub,* NJW 2017, 1057 (1060 ff); *Krings* in seiner Antwort vom 20. September 2018 auf die Frage der Abgeordneten T. Rößner (Bündnis 90/Die Grünen), *OLG Köln,* Urt. v. 18.06.18 – Az. 15 W 27/18.

100 HK-DS-GVO-*Frey* Art. 85 Rn. 7 ff.; *Lauber-Rönsberg/Hartlaub*, NJW 2017, 1057 (1062).

101 So etwa *LfDI* in „Vermerk: Rechtliche Bewertung von Fotografien einer unüberschaubaren Anzahl von Menschen nach der DS-GVO außerhalb des Journalismus"; S. 4, abrufbar unter: https://www.filmverband-suedwest.de/wp-content/uploads/2018/05/Vermerk_DSGVO.pdf (zuletzt abgerufen: 08.03.2019); *Benedikt/Kranig,* ZD 2019. 4 (5 ff.).

337 Das Recht auf informationelle Selbstbestimmung wurde vom BVerfG aus dem allgemeinen Persönlichkeitsrecht im **Volkszählungsurteil**[102] von 1983 entwickelt. Es regelt die Befugnis des Einzelnen, über Preisgabe und Verwendung seiner persönlichen Daten zu bestimmen. Geschützte Daten sind etwa Einkommens- und Vermögensverhältnisse, Alter, Familienstand, Religion, Gesundheitszustand, persönliche Lebensumstände etc. Aufgrund moderner Verknüpfungsmöglichkeiten gibt es für das Bundesverfassungsgericht keine belanglosen Daten mehr.[103] Selbst Name und Geburtsdatum als auf den ersten Blick wenig aussagekräftige Daten eines neugeborenen Kindes dürfen also nicht ohne Einwilligung herausgegeben werden. Ein Mittel, die Einwilligung zu erlangen, um gezielte Kundeninformationen für Werbemaßnahmen zu erhalten, sind Kundenkarten, mit deren Hilfe das Konsumverhalten dokumentiert wird.

Zu beachten ist allerdings, dass der Einzelne keine absolute, uneingeschränkte Herrschaft über „seine" Daten hat. Schließlich entfaltet er seine Persönlichkeit innerhalb der sozialen Gemeinschaft. In dieser stellt die Information, auch soweit sie personenbezogen ist, einen Teil der sozialen Realität dar, der nicht ausschließlich dem Betroffenen allein zugeordnet werden kann. Dadurch kommt es zu einer Spannungslage zwischen Individuum und Gemeinschaft. Der Einzelne muss Einschränkungen seines Rechts auf informationelle Selbstbestimmung daher grundsätzlich hinnehmen, wenn und soweit solche Beschränkungen von hinreichenden Gründen des Gemeinwohls oder überwiegenden Rechtsinteressen Dritter getragen werden und bei einer Gesamtabwägung zwischen der Schwere des Eingriffs und dem Gewicht der ihn rechtfertigenden Gründe die Grenze des Zumutbaren noch gewahrt ist.[104]

Als aktuelles medienrechtliches und vor allem datenschutzrechtliches Problemfeld stellt sich insbesondere die Verarbeitung durch Erhebung und Nutzung von personenbezogenen Daten dar, die die Nutzer im Rahmen von Internetdiensten, etwa Suchmaschinen oder sozialen Medien, preisgeben. Werden die Dienste einer Suchmaschine in Anspruch genommen, muss der Nutzer damit rechnen, dass seine IP-Adresse, die von ihm verwendeten Suchbegriffe sowie die angeklickten Suchergebnisse gespeichert werden. Mithilfe eines sog. Persistent Cookies kann dabei nicht nur ein einzelner Suchvorgang, sondern das gesamte Surfverhalten des Nutzers über einen längeren Zeitraum erfasst werden. Diese Form der Datensammlung ermöglicht die Erstellung sensibler Persönlichkeitsprofile, die den Betroffenen in seinen Vorlieben und Gewohnheiten abbilden. Genutzt werden diese Profile vor allem zur gezielten Platzierung von Werbeanzeigen, die individuell auf die jeweiligen Nutzerinteressen zugeschnitten sind.[105]

Die **Zulässigkeit des Einsatzes von Tracking-Tools** ist gerade im Zeitraum bis zur Geltung der ePrivacy-VO, die spezialgesetzliche Regelungen für den Schutz personen-

---

102 *BVerfGE* 65, 1 ff. Dazu *Fechner*, 4. Kapitel, Rn. 68 ff.
103 *BVerfGE* 65, 1, 41 ff.; BK-*Schwartmann*, Art. 73 Nr. 11 GG, Rn. 4.
104 *BGHZ* 181, 328 = MMR 2009, 608, 611 – spickmich.de.
105 Regelmäßig verfügen die großen Suchmaschinenbetreiber über Werbenetzwerke, die sodann als Vermarkter der Werbeflächen auftreten, vgl. dazu *Elixmann*, Datenschutz und Suchmaschinen, 2012, S. 53 ff.

bezogener Daten in der elektronischen Kommunikation enthält, datenschutzrechtlich Gegenstand zahlreicher Diskussionen. Dies liegt insbesondere daran, dass der 4. Abschnitt des TMG (einschließlich § 15 Abs. 3 S. 1 TMG) seit dem 25. Mai 2018 neben der DS-GVO keine Anwendung mehr findet.[106] § 15 Abs. 3 S. 1 TMG trug dem Recht auf informationelle Selbstbestimmung dabei insoweit Rechnung, als die Erstellung von Nutzungsprofilen zu Werbezwecken ausschließlich unter Verwendung von Pseudonymen und darüber hinaus nur dann zulässig war, wenn der Nutzer der Profilbildung nicht widersprach (sog. Opt-out).[107] Der 4. Abschnitt des TMG stellt allerdings keine Umsetzung der ePrivacy-RL dar, so dass das TMG keinen Anwendungsvorrang als spezialgesetzliche Regelung im Rahmen der elektronischen Kommunikation nach Art. 95 DS-GVO genießt.[108]

Im Zuge dessen besteht hinsichtlich folgender Punkte Einigkeit:[109]

- Die ePrivacy-VO wird lex specialis zur DS-GVO im Hinblick auf die elektronische Kommunikation.
- Der 4. Abschnitt des TMG kommt seit dem 25. Mai 2018 nicht mehr zur Anwendung.
- Die Rechtsgrundlagen bei der Verarbeitung personenbezogener Daten durch Tracking-Tools folgen bis zur Geltung der ePrivacy-VO aus der DS-GVO.
- Technisch notwendige Verarbeitungen durch Tracking-Tools zur Bereitstellung eines Dienstes sind nach Art. 6 Abs. 1 lit. b oder f DS-GVO (Verarbeitung ist für Vertragserfüllung erforderlich bzw. Interessenabwägung) zulässig.

Uneinigkeit besteht demgegenüber insbesondere dahingehend, ob Tracking-Tools, die das Verhalten von Personen im Internet nachvollziehbar machen und die Erstellung von Nutzerprofilen ermöglichen aufgrund einer Einwilligung nach Art. 6 Abs. 1 lit. a

106 So *Schwartmann*, DataAgenda – Arbeitspapier Nr. 1 v. 15.05.2018, Positionsbestimmung der DSK vom 26. April 2018, S. 2, abrufbar unter https://www.ldi.nrw.de/mainmenu_Datenschutz/submenu_Technik/Inhalt/TechnikundOrganisation/Inhalt/Zur-Anwendbarkeit-des-TMG-fuer-nicht-oeffentliche-Stellen-ab-dem-25_-Mai-2018/Positionsbestimmung-TMG.pdf (zuletzt abgerufen: 07.03.2019) sowie HK-DS-GVO-*Schwartmann/Klein*, Art. 6 Abs. 1 lit. f DS-GVO Rn. 141 und übereinstimmend die Pressemitteilung der *Gesellschaft für Datenschutz und Datensicherheit e. V.* (GDD), v. 09. Mai 2018, abrufbar unter https://www.gdd.de/aktuelles/startseite/zulaessigkeit-des-tracking-nach-der-ds-gvo (zuletzt abgerufen: 07.03.2019).

107 Zu den teils abweichenden Vorgaben der europäischen Cookie-Richtlinie *Schwartmann/Keber/Godefroid*, Sicherheit beim Surfen und Kommunizieren im Internet, 2014, S. 54 ff.

108 Vgl. dazu die Positionsbestimmung der *DSK* vom 26. April 2018, S. 2, abrufbar unter https://www.ldi.nrw.de/mainmenu_Datenschutz/submenu_Technik/Inhalt/TechnikundOrganisation/Inhalt/Zur-Anwendbarkeit-des-TMG-fuer-nicht-oeffentliche-Stellen-ab-dem-25_-Mai-2018/Positionsbestimmung-TMG.pdf (zuletzt abgerufen: 07.03.2019) sowie HK-DS-GVO-*Schwartmann/Klein* Art. 6 Abs. 1 lit. f DS-GVO Rn. 141 und übereinstimmend die Pressemitteilung der *Gesellschaft für Datenschutz und Datensicherheit e. V.* (GDD) vom 09. Mai 2018, abrufbar unter https://www.gdd.de/aktuelles/startseite/zulaessigkeit-des-tracking-nach-der-ds-gvo (zuletzt abgerufen: 07.03.2019).

109 Dazu *Schwartmann*, DataAgenda – Arbeitspapier Nr. 1 v. 15.05.2018 in Thesen abrufbar unter https://www.rdv-online.com/news/zulaessigkeit-des-tracking-nach-der-ds-gvo (zuletzt abgerufen: 07.03.2019).

DS-GVO[110] oder aufgrund einer Interessenabwägung nach Art. 6 Abs. 1 lit. f DS-GVO[111] gerechtfertigt sein können.[112] Während erstgenannte Auffassung insbesondere annimmt, die Beeinträchtigungen durch derartige Tracking-Tools seien für die Betroffenen erheblich und daher nur über eine Einwilligung zu rechtfertigen, verweist die überzeugendere letztgenannte Auffassung insbesondere auf ErwG 47 S. 7 DS-GVO nach dem (Direkt-)Werbung ein zulässiges berechtigtes Interesse darstellen kann sowie darauf, dass Tracking-Tools eine weniger in das Persönlichkeitsrecht eingreifende Maßnahme als (Direkt-)Werbung iSd ErwG 47 S. 7 und daher „erst recht" zulässig sein können muss.[113]

VI. Recht der persönlichen Ehre

338 Das Recht der persönlichen Ehre schützt vor Diffamierung.[114] Erfolgt diese durch staatliche Funktionsträger, ist sie bereits unmittelbar verfassungsrechtlich untersagt. Anderenfalls – also wenn die Beeinträchtigung durch Presseunternehmen oder Rundfunkveranstalter vorgenommen wird – greifen die Normen des Zivil- und/oder Strafrechts ein. Allerdings sind diese Normen auch Ausdruck der Pflicht des Staates, Private vor Eingriffen in ihr Recht auf persönliche Ehre zu schützen.

339 Als strafwürdige Tatbestände kommen bei der persönlichen Ehre vor allem Verleumdung (§ 187 StGB), üble Nachrede (§ 186 StGB) und Beleidigung (§ 185 StGB) in Betracht.[115] Zivilrechtlich ist die persönliche Ehre als sonstiges Recht im Sinne des § 823 Abs. 1 BGB geschützt. Zu beachten ist allerdings, dass die jeweiligen Grundrechtspositionen bei der Auslegung der straf- und zivilrechtlichen Normen berücksichtigt werden müssen, also eine Abwägung zwischen der Meinungsfreiheit und der persönlichen Ehre zu erfolgen hat. Im Zweifel ist für die freie Rede zu entscheiden. Dies hat zur Folge, dass die Meinungsfreiheit regelmäßig gegenüber der persönlichen Ehre Vorrang hat. Die Grenze bildet beleidigende Schmähkritik.[116] Sie liegt dann vor, wenn nicht mehr die Auseinandersetzung in der Sache, sondern die Diffamierung der Person im

110 So insbesondere Positionsbestimmung der *DSK* vom 26. April 2018, S. 3 f., abrufbar unter https://www.ldi.nrw.de/mainmenu_Datenschutz/submenu_Technik/Inhalt/TechnikundOrganisation/Inhalt/Zur-Anwendbarkeit-des-TMG-fuer-nicht-oeffentliche-Stellen-ab-dem-25_-Mai-2018/Positionsbestimmung-TMG.pdf (zuletzt abgerufen: 07.03.2019).

111 So HK-DS-GVO-*Schwartmann/Klein* Art. 6 Abs. 1 lit. f Rn. 137 ff. sowie auf dieser Basis auch Pressemitteilung der Gesellschaft für Datenschutz und Datensicherheit e. V. (GDD) vom 09. Mai 2018, abrufbar unter https://www.gdd.de/aktuelles/startseite/zulaessigkeit-des-tracking-nach-der-ds-gvo (zuletzt abgerufen: 07.03.2019).

112 Dazu *Schwartmann*, DataAgenda – Arbeitspapier Nr. 1 v. 15.05.2018 in Thesen abrufbar unter https://www.rdv-online.com/news/zulaessigkeit-des-tracking-nach-der-ds-gvo (zuletzt abgerufen: 07.03.2019).

113 Dazu ausführlich HK DS-GVO-*Schwartmann/Klein* Art. 6 Abs. 1 lit. f Rn. 137 ff. und 141 sowie Pressemitteilung der Gesellschaft für Datenschutz und Datensicherheit e. V. (GDD) vom 09. Mai 2018, abrufbar unter https://www.gdd.de/aktuelles/startseite/zulaessigkeit-des-tracking-nach-der-ds-gvo (zuletzt abgerufen: 07.03.2019).

114 *Fechner*, 4, Kapitel, Rn. 25 ff.

115 *Fechner*, 4. Kapitel, Rn. 26.

116 Siehe oben Rn. 67.

Vordergrund steht.[117] Die Voraussetzungen für die Annahme einer Schmähkritik liegen dabei allerdings vor dem Hintergrund des Schutzes des Meinungsfreiheit äußerst hoch.

30. Übungsfrage: M ist Mutter und Managerin eines „Wunderkindes", das bereits im Alter von acht Jahren vor einem großen Publikum Klavierkonzerte gibt. Es ist zutreffend, dass M das Kind neben der Schule fünf Stunden üben lässt. Auch trifft es zu, dass M die Tätigkeit des Sohnes wirtschaftlich nutzt. Näheres ist diesbezüglich aber nicht bekannt. In der Presse wird sie als „Schikaneurin" mit „rechtswidrigen Finanzpraktiken" bezeichnet. Ist das rechtmäßig? **340**

Für die Rechtsprechung überschreitet die Bezeichnung als „Schikaneurin" die beanstandungsfähige Grenze der Schmähkritik nicht[118], bei Fehlen von tatsächlichen Bezugspunkten darf aber nicht von „rechtswidrigen Finanzpraktiken" gesprochen werden[119]. **341**

Einen Grenzfall im Spannungsverhältnis zwischen Meinungs- und Kunstfreiheit auf der einen Seite und dem Persönlichkeitsrecht bzw. dem Recht der persönlichen Ehre auf der anderen Seite stellt der Fall des **Böhmermann-Gedichts** dar:[120] In seiner Fernsehsendung trug der Fernsehmoderator Jan Böhmermann ein „Schmähgedicht" vor, in dem er den türkischen Staatspräsidenten Erdogan offen beleidigte. In strafrechtlicher Hinsicht sah die Staatsanwaltschaft den Tatbestand der Beleidigung weder gegenüber Erdogan als Privatperson (§ 185 StGB) noch in seiner Rolle als Staatsoberhaupt (§ 103 StGB) als erfüllt an, weil es an einer ernst gemeinten Herabwürdigung fehle und die Äußerungen zudem durch die Meinungs- und Kunstfreiheit gedeckt seien.[121] Die darüber hinaus eingereichte Unterlassungsklage führte demgegenüber zu einem teilweisen Verbot der Gedichts: Denn auch wenn die Beleidigungen letztlich nicht ernst gemeint seien, müsse sie der türkische Staatspräsident nicht hinnehmen.[122] Der Entscheidung liegt damit die an der Rechtsprechung des BVerfG[123] orientierte Wertung zugrunde, dass tiefgreifende Ehrverletzungen ohne Sachbezug außerhalb des Schutzbereichs der Meinungs- und Kunstfreiheit liegen.[124]

Demgegenüber hat das LG Hamburg die Bezeichnung einer Politikern der Partei Alternative für Deutschland als „Nazi-Schlampe" in der Satire-Sendung extra3 unbeanstandet gelassen, nachdem diese sich dahingehend geäußert hatte, dass die „political correctness auf den Müllhaufen der Geschichte" gehöre.[125] Der Grund dafür lag darin,

117 Vgl. etwa *BVerfG*, Beschl. v. 29.7.2003 – 1 BvR 2145/02 = NJW 2003, 3760.
118 *OLG Karlsruhe*, AfP 2004, 64.
119 *BVerfG*, NJW 2004, 277; *OLG Saarbrücken*, NJW-RR 2003, 176.
120 Ausführlich dazu *Schwartmann*, in: Schwartmann Praxishandbuch Medienrecht Kap. 3 Rn. 41 sowie *Schwartmann/Keber/Mühlenbeck*, Social Media, S. 31.
121 *Schwartmann*, in: Schwartmann Praxishandbuch Medienrecht Kap. 3 Rn. 41 sowie Pressemeldung der *Staatsanwaltschaft Mainz* v. 4.10.2016; *Fahl* NStZ 2016, 313 (315 f.).
122 *LG Hamburg* 10.2.2017 – 324 O 402/16 sowie *Schwartmann*, in: Schwartmann, Praxishandbuch Medienrecht Kap. 3 Rn. 41; *Schwartmann* Die Kunst des würdevollen Witzes, consulting.de v. 18.5.2017, abrufbar unter https://www.consulting.de/hintergruende/meinung/einzelansicht/die-kunst-des-wuerdevollen-witzes/ (zuletzt abgerufen: 07.03.2019).
123 Vgl. etwa *BVerfGE* 68, 226 (260); *BVerfGE* 7, 198 (208).
124 Dazu *Schwartmann*, in: Schwartmann, Praxishandbuch Medienrecht Kap. 3 Rn. 41 sowie *Schwartmann/Keber/Mühlenbeck*, Social Media, S. 31.
125 *LG Hamburg* v. 11.5.2017 – 324 O 217/17 sowie *Schwartmann/Keber/Mühlenbeck*, Social Media, S. 31.

dass der Witz in unmittelbarem Zusammenhang zur Äußerung der Politikern stand und damit einen konkreten Sachbezug aufwies, der im Falle des Böhmermann-Gedichts gerade fehlte.[126]

Immer größere Bedeutung kommt dem Recht der persönlichen Ehre auch mit Blick auf die **sozialen Medien** zu. Als digitales Abbild der realen Welt finden sich hier zahlreiche Äußerungen, die die Ebene der sachlichen Auseinandersetzung zugunsten persönlicher Herabsetzungen verlassen. Aufgrund seiner weitgehend anonym oder jedenfalls pseudonym nutzbaren Kommunikationsstrukturen bietet das Internet den Nutzern die Möglichkeit, ihre wahre Identität versteckt zu halten. Die mangelnde persönliche Gegenüberstellung lässt wiederum die Hemmschwelle in Bezug auf diffamierende Äußerungen erheblich sinken. Zugleich kommt Persönlichkeitsbeeinträchtigungen, die über das Internet begangen werden, regelmäßig eine höhere Verletzungsintensität zu. Zum einen erreichen derartige Äußerungen häufig einen breiten Rezipientenkreis. Zum anderen ist die Entfernung einmal veröffentlichter Inhalte aufgrund ihrer stetigen Weiterverbreitung von Nutzer zu Nutzer kaum oder jedenfalls nur noch unter erheblichem Aufwand möglich.

So musste sich der Schauspieler Til Schweiger vor Gericht verantworten, weil er eine **private Nachricht** einer Nutzerin auf Facebook samt ihres Klarnamens auf seinem Profil **veröffentlichte** und spöttisch kommentierte.[127] Die Veröffentlichung der Nachricht stellte dabei zwar eine Beeinträchtigung des Persönlichkeitsrechts der Nutzerin dar, diese war aber nach Auffassung der Richter durch das Informationsinteresse der Öffentlichkeit und das Recht auf Meinungsfreiheit des Schauspielers gerechtfertigt, da sich die Nutzerin ihrerseits zuvor kritisch gegenüber dem Schauspieler geäußert habe und sich daher ebenfalls im Sinne einer Gegenrede einer entsprechenden Kritik und damit einhergehenden öffentlichen Diskussion stellen müsse. Die Klage wurde daher abgewiesen.[128]

Die Brisanz der Veröffentlichung privater Mails in sozialen Netzwerken zeigt demgegenüber ein Fall aus Österreich:[129] Dort wurde eine Frau auf der Straße verbal belästigt und anschließend über die (scheinbar) selbe Person über Facebook erneut kontaktiert und beleidigt, woraufhin die Frau die Nachricht unter Hinweis auf den Nutzer veröffentlichte. Problematisch ist, dass das Verschicken beleidigender Nachrichten per Mail oder Messenger in Österreich keine Straftat ist. Zudem bestritt der Nutzer die Nachricht verfasst zu haben. Der Fall zeigt, dass solange nicht bewiesen ist, wer Urheber der Nachricht ist, derartige „Gegenschläge" von Opfern unter Umständen vorschnelle

126 Dazu *Schwartmann*, in: Schwartmann, Praxishandbuch Medienrecht Kap. 3 Rn. 41 sowie *Schwartmann/Keber/Mühlenbeck*, Social Media, S. 31 f.

127 *LG Saarbrücken* Beschl. v. 23.11.2017 – 4 O 328/17 sowie *Schwartmann/Keber/Mühlenbeck*, Social Media, S. 32.

128 Vgl. dazu auch *Schwartmann/Keber/Mühlenbeck*, Social Media, S. 32.

129 Vgl. dazu *Spiegel*, Per Facebook belästigt, dann verklagt v. 16.7.2018, abrufbar unter http://www.spiegel.de/panorama/justiz/oesterreich-empfaengerin-sexistischer-hassnachrichten-wird-verklagt-a-1218362.html (zuletzt abgerufen: 07.03.2019) sowie dazu *Schwartmann*, Opfer und Täter in KStA v. 1.10.2018, abrufbar unter https://www.ksta.de/kultur/digital-kolumne-opfer-und-taeter-31374188 (zuletzt abgerufen: 07.03.2019).

Selbstjustiz sein können. Denn es ist die Aufgabe des Staates, den Täter zu finden, sein Unrecht festzustellen und zu sanktionieren.[130]

Für Aufmerksamkeit sorgten in jüngerer Zeit auch sog. **Internet-Pranger**. Hierbei ist häufig das Recht auf informationelle Selbstbestimmung der Betroffenen gegen das Recht auf Meinungs- und Informationsfreiheit abzuwägen. So konnten etwa auf einem Fahrerbewertungsportal im Internet zur Bewertung des Fahrverhaltens von Kfz-Fahrern im Straßenverkehr einzelne Kennzeichen in eine Suchmaske eingegeben und von Nutzern nach einem Ampelschema (rot = negativ, gelb = neutral, grün = positiv) bewertet sowie um weitere Informationen (z.B. Angaben zum Fahrzeug, Ort etc.) ergänzt werden. Bei der Eingabe des Kfz-Kennzeichens handelt es sich um eine Verarbeitung personenbezogener Daten, weil durch das Kfz-Kennzeichen die Person des Halters bestimmbar ist.[131] Insoweit ist also verfassungsrechtlich das Recht auf informationelle Selbstbestimmung berührt. Im konkreten Fall fiel das Urteil zugunsten der betroffenen Halter aus, da das Verhalten im Straßenverkehr zwar der Sozialsphäre zuzuordnen sei, gleichwohl aber die Teilnahme am Straßenverkehr nicht zu dem Zwecke erfolge mit dem Umfeld in Beziehung zu treten und insofern eine gesteigerte Schutzbedürftigkeit bestehe.[132] Vor diesem Hintergrund sei nach Auffassung des Gerichts sowohl die enorme Breiten- und Öffentlichkeitswirkung des Portals sowie der Umstand zu berücksichtigen, dass die Halter über die Bewertung nicht informiert würden. Auch das Fehlen einer Kontrolle und Nachprüfbarkeit der abgegebenen Bewertungen führe dazu, dass das Recht auf Meinungs- und Informationsfreiheit hinter den Interessen der Halter zurückzutreten hätten.[133] Schwierigkeiten bereitet ferner die Einordnung persönlichkeitsverletzender Inhalte, die aufgrund automatisierter Verfahren (sog. **Algorithmen**) erzeugt werden. Brisanz hat insoweit die Suchwortergänzungsfunktion (Autocomplete) von Google erlangt. Umstritten ist schon die zivilrechtliche Frage, ob es sich bei den Ergänzungsvorschlägen um eigene Inhalte des Suchmaschinenbetreibers handelt.[134] Mit Blick auf das allgemeine Persönlichkeitsrecht ist problematisch, ob den Wortkombinationen aus Suchanfrage und Ergänzungsvorschlag überhaupt ein persönlichkeitsverletzender Aussagegehalt zukommen kann.

30a. Übungsfrage: B ist die Ehefrau des vormaligen Bundespräsidenten W, dessen Rücktritt für Schlagzeilen gesorgt hatte. Als B in die Suchmaske der Suchmaschine G ihren eigenen Namen eingeben will, wird bereits nach den ersten Buchstaben der vollständige Name der B in Kombination mit einigen Suchergänzungsvorschlägen angezeigt. B ist empört, als sie dabei die von G vorgeschlagene Wortkombination „B Prostituierte" erblickt. Augenblicklich fordert B die G zur Löschung der begrifflichen Verknüpfung auf. Da sie zu keinem Zeitpunkt im Rotlichtgewerbe tätig war, fühlt sie sich in ihrem verfassungsrechtlich garantierten Ehranspruch verletzt. G wendet ein, es handele sich bei den Vorschlägen um Ergebnisse eines automatisierten Verfahrens. Dieses spiegele lediglich die Häufigkeit bestimmter Wortkombinationen wider, nach denen vorherige Nutzer verstärkt gesucht hätten. Ein weitergehender Aussagegehalt komme den Ergänzungsvorschlägen nicht zu. Wer hat Recht?

---

130 Dazu *Schwartmann*, Opfer und Täter in KStA v. 1.10.2018, abrufbar unter https://www.ksta.de/kultur/digital-kolumne-opfer-und-taeter-31374188 (zuletzt abgerufen: 07.03.2019).

131 *OVG NRW*, Urt. v. 19.10.2017 – 16 A 770/17 = ZD 2018, 596 (597) Rn. 39 ff.

132 *OVG NRW*, Urt. v. 19.10.2017 – 16 A 770/17 = ZD 2018, 596 (598) Rn. 67.

133 *OVG NRW*, Urt. v. 19.10.2017 – 16 A 770/17 = ZD 2018, 596 (598) Rn. 67 ff.

134 So *BGHZ* 197, 213, 220; ebenso *OLG Köln*, MMR 2012, 840, 842; a.A. aber *OLG München*, ZUM-RD 2012, 344, 347.

Nach Auffassung des Bundesgerichtshofs kann den Ergänzungsvorschlägen nicht lediglich die Aussage entnommen werden, dass andere vorherige Nutzer die gewählten Begriffskombinationen zur Recherche eingegeben haben. Vielmehr erwartet der unvoreingenommene, verständige Durchschnittsnutzer von den angezeigten Suchvorschlägen einen inhaltlichen Bezug zu dem von ihm eingegebenen Suchbegriff. Zweckmäßig ist die Nutzung einer Suchmaschine mit Ergänzungsfunktion nur dann, wenn sie auf die Unterbreitung inhaltlich weiterführender Vorschläge angelegt ist. Die Präsentation von Wortkombinationen, die von anderen Nutzern häufig als Suchanfrage gestellt wurden, geschieht dabei in der berechtigten Erwartung, dass dies auch für den aktuell suchenden Nutzer hilfreich sein kann.[135]

Sofern also bereits nach Eingabe weniger Buchstaben der volle Name der B in Kombination mit dem Suchergänzungsvorschlag „Prostituierte" erscheint, wird der insoweit maßgebliche Durchschnittsnutzer davon ausgehen, dass zwischen B und dem genannten Begriff ein sachlicher Zusammenhang besteht.[136] Hierin liegt eine Beeinträchtigung des Persönlichkeitsrechts, soweit die B zu Unrecht mit dem Tätigkeitsbereich der Prostitution in Verbindung gebracht wird. Da dieser in erheblichem Maße mit negativen Vorstellungen besetzt ist, ist das Recht der persönlichen Ehre als spezielle Ausprägung des APR verletzt.

VII. Recht auf Resozialisierung

342 Das Persönlichkeitsrecht gibt dem Einzelnen auch ein Recht auf Resozialisierung. Dies gilt vor allem für verurteilte Straftäter. Es kann in Konflikt mit der Meinungs-, Rundfunk- und Pressefreiheit geraten, wenn die Medien über die zugrunde liegende Straftat berichten möchten. Das Informationsinteresse der Öffentlichkeit über begangene Straftaten hat meist Vorrang. Allerdings kann dies anders sein, wenn die Straftat schon eine Weile zurückliegt und die Medien im Umfeld der Entlassung des Verurteilten unter voller Namensnennung über den Fall berichten wollen. In seinen **Lebach I[137]/II[138] Entscheidungen** hat das BVerfG dem Recht, „mit seiner Straftat allein gelassen zu werden", Bedeutung zugemessen, aber auch das Informationsinteresse berücksichtigt.[139] Entscheidend sind bei dieser Abwägung die Art und Weise der Darstellung, die Schwere des Delikts sowie die zeitliche Distanz zur Straftat.[140] Auch in Anbetracht des Rechts auf Resozialisierung kann eine Namensnennung von Straftätern jedoch aus aktuellem Anlass, z.B. ihrer Entlassung aus dem Gefängnis, zulässig sein.[141] Fraglich erscheint die Zulässigkeit der Namensnennung hingegen insbesondere im Rahmen von

135 *BGHZ* 197, 213, 218 f.
136 *BGHZ* 197, 213, 218.
137 *BVerfGE* 35, 202 ff.
138 *BVerfG,* AfP 2000, 160 ff. Dazu *Fechner*, 4. Kapitel, Rn. 79 ff.
139 *BVerfGE* 35, 202, 219 ff.
140 *BVerfGE* 35, 202, 226 ff.
141 *BGH,* ZUM-RD 2010, 385 ff.– Sedlmayr-Mörder und Spiegel-Online.

Online-Archiven, die über Suchmaschinen auch noch Jahrzehnte später eine Verbindung zwischen dem Täter und seiner Tat herstellen.[142]

Zur Frage des an dieser Stelle relevanten sog. Rechts auf Vergessenwerden vgl. Rn. 258.

VIII. Grundrecht auf Gewährleistung der Vertraulichkeit und Integrität informationstechnischer Systeme

In seinem Urteil zur Online-Durchsuchung vom 27. Februar 2008[143] hat das Bundes- **342a**
verfassungsgericht aus dem allgemeinen Persönlichkeitsrecht ein Grundrecht auf Gewährleistung der Vertraulichkeit und Integrität informationstechnischer Systeme abgeleitet, das auch als „IT-Grundrecht" bezeichnet werden kann. Dieses neue Grundrecht ist immer dann betroffen, wenn aufgrund einer Eingriffsermächtigung EDV-Systeme erfasst werden und der Zugriff einen Einblick in wesentliche Teile der Lebensgestaltung einer Person bzw. die Erstellung von Persönlichkeitsprofilen ermöglicht.[144] Wegen der mit der Infiltration eines informationstechnischen Systems verbundenen erheblichen Gefahren ist ein solcher Eingriff verfassungsrechtlich nur zulässig, wenn erhebliche Gefahren für ein überragend wichtiges Rechtsgut bestehen. Solche überragend wichtigen Rechtsgüter stellen Leib, Leben und Freiheit der Person sowie der Bestand des Staates und die Grundlagen der Existenz der Menschen dar. Außerdem muss die Maßnahme grundsätzlich unter den Vorbehalt richterlicher Anordnung gestellt werden. Schließlich sind Vorkehrungen zu treffen, um den Kernbereich privater Lebensgestaltung zu schützen. Insoweit ist ein zweistufiges Schutzkonzept geboten. Es ist so weitgehend wie möglich sicher zu stellen, dass Daten, die den Kernbereich privater Lebensgestaltung berühren, schon nicht erhoben werden. Kommt es – wie bei dem heimlichen Zugriff auf ein informationstechnisches System praktisch unvermeidlich – zur Erhebung solcher Daten, so sind diese unverzüglich zu löschen, und ihre Verwertung ist ausgeschlossen.[145] Wie etwa in der Diskussion um den Staatstrojaner zeigt sich, dass insbesondere Festplatten eines hohen Schutzniveaus bedürfen, da sie häufig ein Spiegel großer Teile der Persönlichkeit ihres Inhabers sind.[146] Auch die Onlineüberwachung ist insoweit besonders prekär, als der Staat in vielen Fällen unwillkürlich auch auf intime Informationen stößt, ohne dass der Betroffene weiß, dass, wann und inwieweit er überwacht wird. Sie geht dabei auch weiter als die Telefonüberwachung, die nur Einblick in einen kleinen Ausschnitt des Privatbereichs zulässt.[147] Ob und wie

142 *Hoecht*, Die Zulässigkeit der freien Abrufbarkeit identifizierender Presseberichterstattung über einen Straftäter in Online-Archiven, AfP 2009, 342 ff.

143 *BVerfGE* 120, 274 = MMR 2008, 315 ff. Zu Rechtsfragen der „Online-Durchsuchung" auch *Rux*, JZ 2007, 285 ff.

144 Dazu *Bär*, MMR 2008, 325, 326.

145 Zur Unzulässigkeit der Vorratsdatenspeicherung vgl. *EuGH*, Urt. v. 8.4.2014 – C-293/12 und C 594/12, MMR 2014, 412.

146 *Schwartmann*, Datenschutz im Schwarm – Rechtsfragen des Schutzes der Privatsphäre im Internet, RDV 2012, 1,3.

147 *Schwartmann*, Datenschutz im Schwarm – Rechtsfragen des Schutzes der Privatsphäre im Internet, RDV 2012, 1,4.

die Überwachung sich in der Praxis unter Achtung der Menschenwürde umsetzen lässt, ist eine schwierige Frage.

D. Abwehransprüche und Durchsetzung des Allgemeinen Persönlichkeitsrechts

343 Wie gesehen, können strafrechtliche Sanktionen und zivilrechtliche Ansprüche auf Abwehr von Verletzungen des APR in Betracht kommen.

31. Übungsfrage: In Übungsfrage 2 werden einem Profisportler in einer Zeitung folgende fiktive Aussagen untergeschoben: „Heute ist Laktat-Test. Aber Schweini und ich haben überhaupt nicht geübt." „Wenn Trinidad und Tobago zusammenspielen, dürfen wir dann nicht mit Brasilien oder so?" Welche Abwehransprüche stehen dem Sportler zu?

I. Strafrechtliche Sanktionen

344 Sanktionen im Zusammenhang mit der Beeinträchtigung des allgemeinen Persönlichkeitsrechts enthält das Strafrecht insbesondere in den bereits erwähnten Tatbeständen der Beleidigung, Verleumdung etc. Zudem spielen auch §§ 201 ff. StGB eine Rolle, sofern eine Verletzung des Kernbereichs der persönlichen Geheimsphäre in Rede steht.

345 In Übungsfrage 31 ist eine Beleidigung nach § 185 StGB zu prüfen. Diese setzt voraus, dass ein anderer verächtlich gemacht oder herabgewürdigt werden soll. Bei der ersten, dem Fußballspieler in den Mund geschobenen Aussage geht es um einen Laktat-Test, also einen Test zur Ermittlung von chemischen Werten des Körpers. Der Satz enthält die inzidente Behauptung: „Ich weiß nicht, was ein Laktat-Test ist und glaube, man könne dafür üben." Der zweite Satz enthält inzident die Aussage: „Ich weiß nicht, dass Trinidad und Tobago ein Staat ist." Die erste Aussage deutet an, der Sportler wisse nicht, was ein Laktat-Test ist. Die zweite Aussage unterstellt schlechte Kenntnisse der politischen Weltkarte und des fußballerischen Regelwerks. Beides lässt den Fußballspieler als ungebildet dastehen. Allerdings lässt sich diese Aussage dem Bereich der Satire[148] zuordnen und sie ist ersichtlich nicht ernst gemeint, so dass strafrechtliche Konsequenzen schon deshalb nicht in Betracht kommen.

148 Dazu mit Beispielen der Rechtsprechung aus den Jahren 2000–2004 *Soehring/Seelmann-Eggebert*, NJW 2005, 571, 579 f.

II. Zivilrechtliche Ansprüche

Daneben bestehen vor allem zivilrechtliche Ansprüche.[149] Hier sind das Gegendarstellungsrecht, der Berichtigungsanspruch, der Unterlassungsanspruch und der Anspruch auf Schadensersatz zu unterscheiden. **346**

1. Gegendarstellungsrecht

Das Gegendarstellungsrecht dient dem Schutz des Selbstbestimmungsrechts der von einer Berichterstattung betroffenen Person. Diese soll bestimmen dürfen, wie sie in den Medien dargestellt wird. Daher wird ein Medienorgan nach den Landespressegesetzen verpflichtet, eine abweichende **Tatsachendarstellung** – das Gegendarstellungsrecht bezieht sich also nicht auf Meinungen, d.h. Werturteile – des von der beanstandeten Meldung Betroffenen ohne Wahrheitsprüfung und in gleicher Weise wie die Meldung zu veröffentlichen.[150] Das Gegendarstellungsrecht wurde im Presserecht entwickelt, inzwischen aber auch auf das Rundfunkrecht übertragen. Mit seiner Entscheidung vom 19. Dezember 2007 hat das Bundesverfassungsgericht das Gegendarstellungsrecht gegenüber mehrdeutigen Äußerungen eingeschränkt.[151] **347**

2. Berichtigungsanspruch

Bei einem Berichtigungsanspruch aus §§ 823, 1004 BGB handelt es sich, im Gegensatz zur Gegendarstellung, um einen zivilrechtlichen Schutzanspruch des Betroffenen auf eine eigene Widerrufserklärung desjenigen, der für die beanstandete Veröffentlichung verantwortlich ist, also des Medienunternehmens. Sie muss veröffentlicht werden, wenn sich eine **Tatsachenbehauptung** als unwahr erwiesen hat und das Persönlichkeitsrecht des Betroffenen durch die Aussage weiterhin beeinträchtigt ist.[152] Dogmatisch ist dies ein Folgenbeseitigungsanspruch. **348**

3. Unterlassungsanspruch

Droht die Wiederholung einer Äußerung, so kommt analog §§ 823 Abs. 1 und 2, 862, 1004 BGB ein Unterlassungsanspruch in Betracht, der auch gegenüber **Meinungsäußerungen** besteht.[153] Ein durch eine inkriminierte Äußerung Betroffener wird zunächst versuchen, der äußernden Stelle – etwa einem Verlag oder einer Rundfunkanstalt – eine mit einer Geldbuße bewehrte Unterlassungserklärung zur Unterschrift vorzulegen, die bei weiterer Verbreitung der Aussage fällig wird.[154] **349**

---

149 Dazu eingehend *Burckhardt*, in: Wenzel, Das Recht der Wort- und Bildberichterstattung, Dritter Teil, 11. Kapitel, Rn. 9 ff.; vgl. auch *Schulenberg*, in: Schwartmann, Praxishandbuch Medienrecht, 9. Kap. Rn. 151 ff.

150 Einzelheiten bei *Ricker/Weberling*, 23. Kapitel, Rn. 1 ff.

151 Vgl. *BVerfG*, MMR 2008, 327 und ferner *Holznagel*, MMR 2008, 330 f. und oben Rn. 128a.

152 *Ricker/Weberling*, 44. Kapitel, Rn. 16.

153 *BGH*, NJW 1982, 2246.

154 Eingehend *Ricker/Weberling*, 44. Kapitel, Rn. 1 ff. sowie *Schwartmann/Keber/Mühlenbeck*, Social Media, S. 123 f.

Als problematisch erweist sich teilweise eine Durchsetzung im Internet. Hier müssen Anbieter von Online-Archiven wirksam sicherstellen, dass auch die weitere Verbreitung verbotener Inhalte unterbunden wird.[155] Vgl. dazu auch die Ausführungen zum NetzDG in Rn. 236a.

Aufsehen erregt hat zudem ein Urteil des BGH aus dem Jahr 2013, wonach der Suchmaschinenbetreiber Google zur Unterlassung persönlichkeitsverletzender Sucherergänzungsvorschläge verpflichtet wurde.[156] Eine wesentliche Neuerung der Entscheidung lag darin, dass der BGH die mithilfe eines automatisierten Rechenprogramms (sog. Algorithmus) erzeugten Ergänzungsvorschläge zwar als eigene Inhalte Googles qualifizierte, jedoch in der Rechtsfolge lediglich eine Haftung als Störer annahm. Demnach ist der Suchmaschinenbetreiber nicht von vornherein zur Prüfung sämtlicher Ergänzungsvorschläge auf etwaige Rechtsverletzungen verpflichtet.[157] Angesichts der unüberschaubaren Anzahl möglicher Wortkombinationen würde eine derartige Vorabprüfungspflicht das Angebot einer Suchwortergänzungsfunktion schlichtweg unmöglich machen.[158] Den Betreiber einer Suchmaschine trifft eine Prüfungspflicht daher erst dann, wenn er Kenntnis von einer Persönlichkeitsrechtsverletzung erlangt hat. Weist ein Betroffener ihn auf eine tatsächlich bestehende Verletzung hin, ist der Betreiber verpflichtet, die rechtsverletzenden Ergänzungsvorschläge zu löschen und derartige Verletzungen künftig zu verhindern.[159]

Erst kürzlich entschied das OLG Frankfurt a.M.[160] dementsprechend, dass kein Anspruch gegen den Betreiber einer Suchmaschine darauf besteht es zu unterlassen beanstandete Inhalte und Berichterstattungen auf Internetseiten durch Anzeige in den Suchergebnissen mit entsprechender Verlinkung auffindbar zu machen. Kläger war der Geschäftsführer des X Mittelhessen, der über 500 Beschäftigte und mehr als 35.000 Mitglieder hat und über dessen finanzielle Schieflage mehrfach in der Presse berichtet wurde. Ein Anspruch nach §§ 823 Abs. 1, 1004 BGB iVm Art. 1 Abs. 1, 2 Abs. 1 GG besteht nach Ansicht des Gerichts allerdings nicht. Das Gericht begründete die Rechtmäßigkeit der Verlinkungen unter Verweis auf die Rechtsprechung des BGH[161] vielmehr damit, dass die Berichterstattungen wahre Tatsachenbehauptungen enthielten, die grundsätzlich vom Betroffenen hinzunehmen seien. Die auffindbaren Inhalte stammten zudem aus der Sozialsphäre des Betroffenen, so dass das Persönlichkeitsrecht aufgrund des erheblichen öffentlichen Interesses an der Berichterstattung zurücktrete.

---

155 Dazu *Soehring/Seelmann-Eggebert*, NJW 2005, 571, 581.
156 *BGH*, Urt. v. 14.5.2013 – VI ZR 269/12, *BGHZ* 197, 213.
157 *BGHZ* 197, 213, 224.
158 Etwas anderes gilt nur für besonders schutzwürdige Bereiche wie etwa Kinderpornographie. Hier ist eine präventive Filterung erforderlich und für den Internetdiensteanbieter zumutbar, vgl. dazu *BGHZ* 197, 213, 224.
159 *BGHZ* 197, 213, 224.
160 Vgl. *OLG Frankfurt a.M.*, Urt. v. 6.9.2018 – 16 U 193/17 = K&R 11/2018, S. 726 ff.
161 *BGH*, Urt. v. 27.2.2018 - VI ZR 489/16 = GRUR 2018, 642.

4. Auskunftsanspruch

Neben einem Unterlassungsanspruch kann dem Betroffenen grundsätzlich auch ein Anspruch auf Auskunft über Name und Anschrift des Verfassers eines persönlichkeitsverletzenden Beitrags zustehen. **349a**

Ein Auskunftsrecht im Falle der Verarbeitung personenbezogener Daten ist nunmehr ausdrücklich in **Art. 15 DS-GVO** enthalten. Die Regelungen des 4. Abschnitts des TMG (§§ 11-15a TMG) sind dementsprechend nicht mehr anwendbar. Nach Art. 15 DS-GVO hat die betroffene Person im Falle der Verarbeitung personenbezogener Daten das Recht von dem Verantwortlichen eine Bestätigung darüber zu verlangen, ob sie betreffende personenbezogene Daten verarbeitet werden und ein Recht auf Auskunft etwa hinsichtlich der Verarbeitungszwecke, der Kategorien personenbezogener Daten, die verarbeitet werden, der geplanten Dauer, für die die Daten gespeichert werden sollen (vgl. Art. 15 Abs. 1 DS-GVO). Der Verantwortliche stellt eine Kopie der personenbezogenen Daten, die Gegenstand der Verarbeitung sind zur Verfügung, vgl. Art. 15 Abs. 3 DS-GVO.

Außerhalb des (ehemaligen) TMG und der DS-GVO kommt ein Auskunftsanspruch nach dem Grundsatz von **Treu und Glauben (§ 242 BGB)** in Betracht. Danach besteht eine Auskunftspflicht bei jedem Rechtsverhältnis, dessen Wesen es mit sich bringt, dass der Berechtigte in entschuldbarer Weise über Bestehen oder Umfang seines Rechts im Ungewissen und der Verpflichtete unschwer in der Lage ist, die erforderliche Auskunft zu erteilen.[162] Das für den Auskunftsanspruch erforderliche Rechtsverhältnis kann sich dabei insbesondere aus einem rechtskräftig zuerkannten Unterlassungsanspruch ergeben.[163]

32. Übungsfrage[164]**:** In einem Bewertungsportal für Ärzte entdeckt der Arzt A eine Bewertung über seine Praxis. Darin wird unter anderem kritisiert, dass es unverhältnismäßig lange Wartezeiten gebe und eine deutliche Schilddrüsenüberfunktion durch A weder diagnostiziert noch behandelt worden sei. A wendet sich daraufhin an den Portalbetreiber, der die unwahren Behauptungen daraufhin löscht. Als der wortgleiche Beitrag kurze Zeit später erneut in dem Portal erscheint, verklagt A den Betreiber des Portals auf Unterlassung und Auskunft über Name und Anschrift des Verfassers der Bewertung. Mit Erfolg?

Ein Unterlassungsanspruch entsprechend §§ 823 Abs. 1, 1004 BGB i.V.m. Art. 1 Abs. 1, 2 Abs. 1 GG steht dem A zu. Da er den Betreiber des Portals auf eine rechtswidrige Verletzung seines Persönlichkeitsrechts hingewiesen hat, ist dieser von jenem Zeitpunkt an zur Verhinderung gleichartiger Verletzungen verpflichtet. Dass ein mit den beanstandeten Äußerungen wortgleicher Beitrag erneut in das Portal eingestellt wurde, zeigt, dass der Betreiber dieser Verpflichtung nicht hinreichend nachgekommen ist. Mit seinem Auskunftsanspruch wird A dagegen keinen Erfolg haben. Mangels gesetzlicher Grundlage ist dem Diensteanbieter die Herbeiführung des geschuldeten Erfol-

162 St. Rspr. seit *BGHZ* 10, 385, 386 f.

163 *BGH*, Urt. v. 1.7.2014 – VI ZR 345/13, Rn. 6, BeckRS 2014, 14783.

164 Nachgebildet dem Sachverhalt, der dem Urt. des *BGH* v. 1.7.2014 – VI ZR 345/13, BeckRS 2014, 14783 zugrunde lag.

ges – also die Erteilung der begehrten Auskünfte – rechtlich unmöglich (§ 275 Abs. 1 BGB).[165]

5. Schadensersatzansprüche

350 Darüber hinaus kommen Ansprüche auf Schadensersatz in Betracht, wobei die Differenzierung zwischen **materiellem** und **immateriellem Schaden** von Bedeutung ist. Materielle Schäden entstehen in der Praxis durch Eingriffe in den Gewerbebetrieb infolge einer unzulässigen Berichterstattung oder bei Boykottaufrufen, die sich etwa auf die Benutzung bestimmter Produkte beziehen können.[166] Seit der **Herrenreiter-Entscheidung**[167] ist anerkannt, dass im Falle schwerer Persönlichkeitsverletzungen, Verschulden des Schädigers und fehlender anderweitiger Ersatzmöglichkeit[168], entgegen § 253 BGB eine einmalige Entschädigung in Geld gezahlt wird (früher Schmerzensgeld).[169] Ob eine schwerwiegende Verletzung des Persönlichkeitsrechts gegeben ist, hängt insbesondere von der Bedeutung und Tragweite des Eingriffs, von Anlass und Beweggrund des Schädigers sowie von dem Grad seines Verschuldens ab.[170] Zur Frage der Vererbbarkeit von Ansprüchen auf Geldentschädigung wegen einer Verletzung des Persönlichkeitsrechts vgl. Ausführungen unter Rn. 318.

6. Verfahren und Prozessuales

351 Nach §§ 195, 199 BGB **verjähren** deliktische Ansprüche in **drei Jahren**. Sie sind bürgerlich-rechtlicher Natur und grundsätzlich vor den Zivilgerichten geltend zu machen.[171]

33. Übungsfrage: In einer Presserklärung der Staatsanwaltschaft wird in einem laufenden Ermittlungsverfahren darauf hingewiesen, dass gegen den Geschäftsführer eines Kindernahrungsherstellers ermittelt wird, da es nach Verzehr eines Produktes des Unternehmens zu Krankheitsfällen gekommen sei. Vor welchem Gericht kann der Unternehmer einen möglichen Unterlassungsanspruch geltend machen?

352 Weil bei Äußerungen von Beamten vermutet wird, dass diese in Wahrnehmung der dienstlichen Tätigkeit erfolgen, ist hier der Verwaltungsrechtsweg eröffnet.[172] Die neuere Rechtsprechung lässt es aber für Äußerungen der Staatsanwaltschaft in laufenden Ermittlungsverfahren auch zu, den Zivilrechtsweg zu beschreiten.[173]

---

165 *BGH*, Urt. v. 1.7.2014 – VI ZR 345/13, Rn. 9, BeckRS 2014, 14783.
166 *Ricker/Weberling*, 44. Kapitel, Rn. 35 ff.
167 *BGHZ* 26, 349, 354 ff.; vgl. auch *BVerfGE* 34, 269, 279 ff. – Soraya.
168 Zu den Anforderungen *Ricker/Weberling*, 44. Kapitel, Rn. 43c ff.
169 Vgl. zu jüngeren Entscheidungen und der Höhe des Anspruchs *Soehring/Seelmann-Eggebert*, NJW 2005, 571, 581 sowie *Haug*, K&R 2014, 235.
170 Vgl. dazu *Schwartmann/Ohr*, in: Schwartmann, Praxishandbuch Medienrecht, 11. Kap. Rn. 90.
171 *BGH*, NJW 1976, 1198; *BVerwG*, NJW 1994, 2500. Dazu sowie zur örtlichen und instanziellen Zuständigkeit *Ricker/ Weberling*, 44. Kapitel, Rn. 52 ff.
172 *BGH*, NJW 1978, 448.
173 *OVG Münster*, NJW 2001, 3803; *OLG Stuttgart*, NJW 2001, 3797; *Ricker/ Weberling*, 44. Kapitel, Rn. 52.

E. Fazit und Glossar

Das allgemeine Persönlichkeitsrecht (APR) spielt in der Praxis der Medienunternehmen eine wichtige Rolle. Es ist ein subjektives Recht mit Verfassungsrang, das grundsätzlich jedermann das Recht gewährt, selbst darüber zu entscheiden, ob und inwieweit er sein Leben in die Öffentlichkeit tragen möchte. Mit dem gleichen Inhalt ist das APR als sonstiges Recht im Sinne von § 823 Abs. 1 BGB anerkannt, das verschiedene zivilrechtliche Ansprüche auslöst. 353

Allgemeines Persönlichkeitsrecht	Das allgemeine Persönlichkeitsrecht (APR) ist ein subjektives Recht mit Verfassungsrang, das grundsätzlich jedermann das Recht gewährt, selbst darüber zu entscheiden, ob und inwieweit er sein Leben in die Öffentlichkeit tragen möchte. Es wird aus der allgemeinen Handlungsfreiheit in Verbindung mit der Menschenwürde nach Art. 2 Abs. 1 i.V.m. Art. 1 Abs. 1 GG abgeleitet. Daneben ist das allgemeine Persönlichkeitsrecht als sonstiges Recht durch § 823 Abs. 1 BGB geschützt. Diese Norm ist ein allgemeines Gesetz i.S.d. Art. 5 Abs. 2 GG.
Ausprägungen des APR	Wichtige Ausprägungen des APR als sonstiges Recht im Sinne von § 823 Abs. 1 BGB sind der Schutz der häuslichen Sphäre, das Recht am gesprochenen Wort, das Recht am geschriebenen Wort, das Recht am eigenen Bild, das Recht auf informationelle Selbstbestimmung und das Recht auf Gewährleistung der Vertraulichkeit und Integrität informationstechnischer Systeme.
Intimsphäre	Als Intimsphäre bezeichnet man den unantastbaren Kernbereich der menschlichen Lebenssphäre.
Geheimsphäre	Die Geheimsphäre schützt den Menschen vor der Offenbarung von durch ihn als geheim eingestuften, vertraulichen Äußerungen.
Privatsphäre	Die Privatsphäre schützt den persönlichen Lebensbereich. Sie ist im Gegensatz zur Intimsphäre nicht unantastbar, sondern unterliegt gesetzlichen Schranken. Dabei muss das einschränkende Gesetz zum Schutz eines gewichtigen Gemeinschaftsguts geeignet und erforderlich sein und der Schutzzweck muss so schwer wiegen, dass er die Beeinträchtigung des Persönlichkeitsrechts in ihrem Ausmaß rechtfertigt. Es ist also eine Güterabwägung zwischen der Freiheit der Berichterstattung der Medien und dem allgemeinen Persönlichkeitsrecht erforderlich. Zudem steht es dem Betroffenen frei, die Privatsphäre zu öffnen, indem er ein an sich privates Verhalten öffentlich macht.
Sozial- oder Öffentlichkeitssphäre	In der Sozial- oder Öffentlichkeitssphäre können Handlungen oder Begebenheiten ohne weiteres wahrgenommen werden.
Gegendarstellungsrecht	Es verpflichtet ein Medienorgan, eine abweichende Tatsachendarstellung des von der beanstandeten Tatsachenbehauptung Betroffenen ohne Wahrheitsprüfung und in gleicher Weise wie die Meldung zu veröffentlichen.
Berichtigungsanspruch	Ein Schutzanspruch des Betroffenen auf eine eigene Widerrufserklärung des für die Veröffentlichung Verantwortlichen, die veröffentlicht werden muss, wenn sich eine Tatsachenbehauptung als unwahr erwiesen hat und das Persönlichkeitsrecht des Betroffenen durch die Aussage weiterhin beeinträchtigt ist.
Unterlassungsanspruch	Anspruch auf Unterlassung einer Wiederholung von unwahren Tatsachenbehauptungen und unzulässigen Meinungsäußerungen.

Auskunftsanspruch	Anspruch auf Preisgabe bestimmter Informationen, über die der Betroffene ohne eigenes Verschulden im Ungewissen ist und über die der Verpflichtete unschwer Auskunft erteilen kann. Allerdings fehlt es bislang an einer datenschutzrechtlichen Ermächtigungsgrundlage, die den Anbieter einer Internetplattform zur Erfüllung des Auskunftsanspruchs gegenüber dem von einer Persönlichkeitsverletzung Betroffenen berechtigt.
Schadensersatzanspruch	Bei schweren Persönlichkeitsverletzungen, Verschulden des Schädigers sowie fehlender anderweitiger Ersatzmöglichkeit kann nicht nur Ersatz des materiellen Schadens, sondern auch eine Entschädigung in Geld (früher Schmerzensgeld) verlangt werden.

5. Teil

Übergreifende Regelungen zur Ausgestaltung und Beschränkung

A. Medienstraf- und -ordnungswidrigkeitenrecht

Auch Medienschaffende stehen nicht nur unter dem Einfluss des Medienzivilrechts, sondern müssen sich an die Vorgaben des materiellen Strafrechts sowie des Ordnungswidrigkeitenrechts halten[1]. Die relevanten Normen ergeben sich dabei nicht aus einem Gesetz, sondern aus einer Fülle von Bestimmungen des Kern- und Nebenstrafrechts sowie aus Bestimmungen des Strafverfahrensrechts.[2] **354**

I. Strafrecht

1. Anwendbarkeit deutschen Strafrechts

Für die Anwendung des deutschen Strafrechts im Bereich der Medien ist als Vorfrage immer zu prüfen, ob deutsches Strafrecht überhaupt Anwendung findet. Die Anwendbarkeit deutschen Strafrechts richtet sich dabei grundsätzlich nach den §§ 3–7 und 9 StGB. Diese Vorschriften normieren, wann ein Sachverhalt der deutschen Strafgewalt unterliegt. Unproblematisch sind Fälle, in denen die Straftat auf deutschem Staatsgebiet begangen wird. Diese unterfallen nach dem Territorialprinzip des § 3 StGB der deutschen Strafbarkeit. Schwieriger ist die Frage zu beantworten, ob eine im Ausland begangene Straftat der deutschen Strafgewalt unterliegt. Der BGH hatte in diesem Zusammenhang darüber zu entscheiden, ob die Äußerung eines Ausländers, die den Tatbestand der Volksverhetzung nach § 130 Abs. 1, 3 StGB erfüllt, die auf einem ausländischen Server, der Internetnutzern in Deutschland zugänglich ist und zum Abruf bereitgehalten wird, dem deutschen Strafrecht unterliegt.[3] Nach Ansicht des BGH ist die Anwendbarkeit deutschen Strafrechts gegeben, da hier ein zum Tatbestand gehörender Erfolg im Inland (§ 9 Abs. 1, 3. Alt. StGB) eintritt, da diese Äußerung konkret zur Friedensstörung im Inland geeignet ist. Damit ist nach dem BGH ein legitimer Anknüpfungspunkt für das deutsche Strafrecht gegeben. Soweit mit diesem Ansatz deutsches Strafrecht auf Internetsachverhalte angewendet wird, ist die Ausweitung der deutschen Zuständigkeit aus völkerrechtlichen Erwägungen kritisch zu betrachten.[4]

---

1 Zur Entwicklung des Medienstrafrechts in den Jahren 2006 und 2007 *Gercke*, ZUM 2007, 282 ff. (2006) und ZUM 2008, 545 ff. (2007).

2 Vgl. dazu weiter *Keber*, in: Schwartmann, Praxishandbuch Medienrecht, 23. Kap. Rn. 1 ff.

3 *BGH*, 12.12.2000, 1 StR 184/00 = NJW 2001, S. 624 ff. – Fall *Toeben*.

4 Zur Vertiefung *Keber*, in: Schwartmann, Praxishandbuch Medienrecht, 23. Kap. Rn. 21.

2. Delikte gegen den demokratischen Rechtsstaat

355 Zu den wichtigsten der im Strafgesetzbuch (StGB) verstreuten Vorschriften[5], die für Medienschaffende Relevanz haben – solche also, die häufig von diesen missachtet werden können –, zählen zunächst die Verbote, Schriften, Ton und Bildträger oder Abbildungen zu verbreiten, die insgesamt den demokratischen Rechtsstaat beschädigen (§§ 86, 86a StGB; §§ 130 Abs. 2, 4, 130a, 131 StGB). In der Verantwortung stehen dabei außer den einzelnen Verursachern unter bestimmten Umständen auch der Anbieter, in der Presse auch der Verleger oder der verantwortliche Redakteur und im Bereich der neuen Medien der Diensteanbieter.

3. Ehrschutzdelikte

356 Daneben gibt es eine Reihe von Vorschriften zum Schutz der Ehre (§§ 185 ff. StGB) anderer, also die Beleidigungstatbestände. Der Schutz etwa vor Verleumdungen besteht daher nicht nur zivilrechtlich, sondern auch strafrechtlich.[6]

4. Nebenstrafrecht

357 Medienspezifische Delikte finden sich auch im Nebenstrafrecht außerhalb des StGB, denkt man etwa an straf- oder bußgeldbewehrte Verstöße gegen das Urheberrechtsgesetz (§§ 106 ff. UrhG) oder gegen Vorschriften des Gesetzes gegen unlauteren Wettbewerb nach §§ 16 ff. UWG.

5. Mittels der Medien begangene Delikte

358 Vom Medienstrafrecht ist ein Bereich abzugrenzen, in dem Straftaten zwar mittels Medien begangen werden, in dem die Normen aber nicht spezifisch für den Medienbereich gelten.[7] So stellt z.B. die Computer- und Internetkriminalität ein erhebliches Problem dar, indem für betrügerische Aktivitäten lediglich ein anderes Medium genutzt wird. Ein **Betrug** kann im Internet bei Auktionen oder durch Installation eines Dialer-Programms erfolgen.[8] Länger bekannt ist § 263a StGB, der den **Computerbetrug** in Form von Input- oder Hardwaremanipulationen ohne Täuschungshandlung bestraft.[9] Das Ausspähen von Daten („**Hacking**")[10] bestraft § 202a StGB[11]. Weitere neue und verbotene Phänomene sind das Passwordfishing („**Phishing**")[12] sowie Spielarten der Datenveränderung nach § 303a StGB und die Computersabotage nach § 303b StGB.[13]

---

5 Dazu insgesamt *Malek*, Rn. 42 ff.; *Cole*, in: Dörr/Kreile/Cole, Handbuch Medienrecht, G Rn. 17 ff.
6 Dazu *Fechner*, 6. Kapitel, Rn. 93. Zu Ehrschutzdelikten *Malek*, Strafsachen im Internet, 2005, Rn. 100; *Cole*, in: Dörr/Kreile/Cole, Handbuch Medienrecht, G Rn. 25 ff.
7 Dazu *Cole*, in: Dörr/Kreile/Cole, Handbuch Medienrecht, G Rn. 30 ff.
8 *Malek*, Rn. 221 ff.
9 Dazu *Malek*, Rn. 206 ff.
10 Dazu *Malek*, Rn. 164 ff.
11 Dazu *Malek*, Rn. 145 ff.
12 Dazu *Malek*, Rn. 213.
13 Dazu *Malek*, Rn. 168, 184 ff. und *Wessels/Hillenkamp*, Strafrecht Besonderer Teil 2, Rn. 58 ff.

Immer häufiger werden soziale Medien auch für die Verwirklichung von anderen Straftatbeständen genutzt und können damit zur Begehung der Straftaten, zumindest indirekt, beitragen. Zu nennen sind in diesem Zusammenhang insbesondere die Verbreitung pornographischer Schriften (§§ 184 ff. StGB), die Anbahnung sexueller Kontakte zu Minderjährigen (§ 176 Abs. 4 Nr. 3 StGB), die Verletzung des persönlichen Lebens- und Geheimbereichs (§§ 201 ff. StGB), Nachstellung („Cyberstalking", § 238 StGB), Nötigung (§ 240 StGB) sowie Bedrohung (§ 241 StGB).[14] Von besonderer Relevanz für die eventuelle Strafbarkeit im Zusammenhang mit der Nutzung von sozialen Medien ist das Phänomen des sog. **Sexting**. Dieser Begriff setzt sich aus den Worten Sex und Texting zusammen und beschreibt eine Form der sexuellen Kommunikation, die häufig über soziale Netzwerke oder Instant Messaging-Dienste vorgenommen wird. Regelmäßig werden dabei selbst produzierte intime Bilder der eigenen oder einer anderen Person über die jeweiligen Internetdienste verbreitet.[15] Bei der Strafbarkeit ist zu unterscheiden, ob es sich bei den Bild- oder Videoaufnahmen um pornographische Darstellungen handelt. Wenn dem nicht so ist, kommt durch die Versendung eine Verletzung eines Rechts am eigenen Bild in Betracht (§§ 22, 23 KUG). Anderenfalls ist die Verbreitung gem. § 184 Abs. 1 StGB unter anderem strafbar, wenn das Material einer Person unter achtzehn Jahren zugänglich gemacht wird. Eine besondere Problematik liegt darin, dass es meistens Minderjährige sind, die erotische oder pornographische Bilder von sich erstellen und anschließend verschicken. Die Verbreitung kinder- und jugendpornographischer[16] Schriften[17] ist nach den §§ 184b und 184c StGB strafbar, unabhängig davon, an wen sie erfolgt. Ergebnis ist, dass sich oft sogar die/der Minderjährige selbst durch das Versenden strafbar macht und dadurch nicht nur häufig Opfer von Mobbing und Häme durch beispielsweise Mitschüler, sondern auch Opfer der Strafverfolgung wird. Nicht strafbar ist dagegen der Besitz oder die Besitzverschaffung von jugendpornographischen Materialien, soweit es sich um solche Schriften handelt, die ein Minderjähriger im Alter von unter achtzehn Jahren mit Einwilligung der dargestellten Person hergestellt hat (§ 184c Abs. 4 S. 2 StGB).[18]

II. Ordnungswidrigkeiten

Für alle Medienformen ist auch das Ordnungswidrigkeitenrecht relevant. So sind etwa **359**
Verstöße gegen das **Kartellrecht** nach § 81 GWB als Ordnungswidrigkeiten mit Bußgeldern sanktioniert. Auch Verstöße gegen Werbebestimmungen (vgl. § 49 RStV), den Datenschutz (z.B. § 83 DS-GVO) sowie im Bereich von technischen Maßnahmen zum

14 Vgl. dazu *Schwartmann/Ohr*, in: Schwartmann, Praxishandbuch Medienrecht, Kap. 11 Rn. 187.

15 Vgl. zur Definition https://praxistipps.chip.de/was-ist-sexting-einfach-erklaert_41433 (zuletzt abgerufen: 07.03.2019).

16 Kinder sind nach § 1 Abs. 1 Nr. 1 JuSchG, § 176 Abs. 1 StGB Personen unter vierzehn Jahren, Jugendliche sind nach § 1 Abs. 1 Nr. 2 StGB, § 184c Abs. 1 StGB Personen von vierzehn bis achtzehn Jahren.

17 Unter den Begriff Schriften fallen nach § 11 Abs. 3 StGB auch Ton- und Bildträger, Datenspeicher und Abbildungen.

18 Ausführlich zu der gesamten Thematik *Ohr*, in: Schwartmann, Praxishandbuch Medienrecht, Kap. 11 Rn. 189.

Schutz von Urheberrechten und Zugangskontrolldiensten (§ 111a UrhG und § 5 ZKDSG) stellen häufig Ordnungswidrigkeiten dar.

B. Jugendschutz

360 Dem Jugendschutzrecht, das als besondere Ausprägung des Straf- und Ordnungswidrigkeitenrechts angesehen werden kann, kommt eine besondere gesellschaftliche Bedeutung zu. Verstöße hiergegen wiegen besonders schwer, weil die Meinungsbildung in der Jugend gerade auch durch Fernsehprogramme vermittelt wird. Nicht nur dieser Konflikt zwischen den beiden Verfassungsrechtsgütern Kommunikationsgrundrechte und Jugendschutz, sondern auch die bestehende Kompetenzproblematik zwischen Bund und Ländern führte dazu, dass das neue Jugendschutzrecht erst im Jahr 2003 nach langer Diskussion in neuer Form in Kraft treten konnte.[19]

I. Verfassungsrechtliche Verankerung und Kompetenzproblematik

361 Aufgrund der besonderen Bedeutung des Jugendschutzes hat der Gesetzgeber eine verfassungsrechtliche Pflicht zum Schutze der Jugend. Dies belegt bereits Art. 5 Abs. 2 GG, der eine ausdrückliche diesbezügliche Schranke hinsichtlich der Medienfreiheiten enthält. Darüber hinaus ist dem Jugendschutz auch wegen des allgemeinen Persönlichkeitsrechts, das eine ungehinderte Entwicklung der Jugend erfordert, sowie auch im Hinblick auf die Menschenwürde Rechnung zu tragen. Aus dem Jugendschutzrecht ergeben sich Eingriffe in die Medienfreiheiten, z.B. durch Beschränkung der Ausstrahlungszeiten bestimmter Spielfilme im Fernsehen, die schwierige Abwägungsprozesse erfordern.

362 Zur Vertiefung

Dieses Kompetenzproblem ist bereits in der Verfassung angelegt. Der Bund hat für bestimmte Bereiche die Aufgabe, die Jugend zu schützen, die er insbesondere durch Erlass des so genannten **Jugendschutzgesetzes** erfüllt hat. Hier ist etwa geregelt, dass Jugendliche sich nach bestimmten Uhrzeiten nicht in Gaststätten aufhalten dürfen, keinen Alkohol zu sich nehmen dürfen etc. Die genaue Ausgestaltung des Jugendschutzes ist durch die Verfassung aber nicht vorgegeben, sondern dem Gesetzgeber steht ein erheblicher Gestaltungsspielraum zu. Der Staat hat aber aufgrund der Unantastbarkeit der Menschenwürde und seiner Verpflichtung, diese zu achten, eine **Schutzpflicht**. Insofern verlangt der Jugendschutz vom Gesetzgeber, eine Fehlentwicklung bei Kindern und Jugendlichen aktiv zu unterbinden, da diese anderenfalls nicht zu selbstbestimmten Menschen heranreifen können. Eine besondere Gefahr ist hier in der Suggestivkraft und besonderen Authentizität von Fernsehbildern zu sehen. Immer mehr rücken auch die Risiken, die insbesondere für die jugendlichen Nutzer von sozialen Netzwerken[20] bestehen, in den Vordergrund. Unter anderem mit Blick darauf und auf die weiteren mit der Nutzung der sich rasch wandelnden neuen Technologien durch Jugendliche und Kinder verbundenen Gefahren ist derzeit eine Novelle des Jugendmedienschutz-Staatsvertrages durch die Länder geplant.[21]

---

19 Zum Jugendmedienschutz-Staatsvertrag im Lichte des Gemeinschaftsrechts *Frey/Rudolph*, ZUM 2008, 564 ff.

20 Siehe oben Rn. 358.

21 Siehe unten Rn. 364a.

II. Einfachgesetzliche Ausgestaltung in Bund und Ländern

Im **Jugendschutzgesetz (JuSchG)** regelt der Bund neben dem allgemeinen Verhalten von Jugendlichen in der Öffentlichkeit bezogen auf die Medien in erster Linie den Bereich des Films (§§ 11 ff. JuSchG). So gilt für den Zugang zu Kinofilmen eine bindende Alterseinstufung, die Jugendlichen den Zutritt zu Filmen altersstufenabhängig gewährt (§ 14 JuSchG). Bestimmte jugendgefährdende Trägermedien dürfen überhaupt nicht an öffentlich zugänglichen Stellen gezeigt werden, sondern nur in eigens dafür vorgesehenen Lichtspieltheatern sowie in abgegrenzten Bereichen von Videotheken angeboten werden (§§ 15 JuSchG). Besondere Bedeutung hat die **Indizierung** von Filmen, also deren Ausschluss von der öffentlichen Ausstrahlung (§§ 18, 24 JuSchG) durch die Bundesprüfstelle für jugendgefährdende Medien (§ 17 JuSchG). Da der Jugendschutz eine verfassungsrechtliche Verankerung findet, die den gleichen Rang besitzt wie die Medienfreiheiten, ist eine solche Einschränkung des Verbreitungsweges eine zulässige Beschränkung der Medienfreiheit und keine unzulässige Vorzensur im Sinne von Art. 5 Abs. 1 S. 3 GG. **363**

Die **Länder** verfolgen im **Jugendmedienschutzstaatsvertrag** (JMStV) ähnlich wie der Bund eine präventive und repressive Kontrolle, die einen umfassenden Jugendschutz sicherstellen soll. So müssen vor der Ausstrahlung von Filmen bestimmte Regeln beachtet werden; auch im Fernsehen dürfen jugendgefährdende Filme nicht oder nur zu bestimmten Zeiten ausgestrahlt (§ 8 JMStV) und müssen angekündigt oder kenntlich gemacht werden (§ 10 JMStV). Da im Bereich des Films eine freiwillige Selbstkontrolle der Filmwirtschaft eingerichtet ist[22], ist mit der jüngsten Reform der Forderung der Fernsehveranstalter entsprochen worden, die ein ähnliches System auch für den Bereich des Rundfunks verlangt haben. Den Sendern wird im Rahmen der freiwilligen Selbstkontrolle (§§ 19 JMStV) die Einhaltung der Jugendschutzbestimmungen des JMStV wie z.B. die Sendezeitbeschränkung übertragen. Dies setzt allerdings voraus, dass sie sich einer Selbstkontrolleinrichtung anschließen und diese anerkannt wird. Bei ihrer Kontrolle werden die Selbstkontrolleinrichtungen jedoch weiterhin zurückhaltend von einer länderübergreifenden Kommission für Jugendmedienschutz (KJM) nach § 14 ff. JMStV überwacht, die bei Verstößen entsprechende Sanktionen einleiten kann (so genannte „Regulierte Selbstregulierung"). Die KJM ist auch für die Anerkennung der Selbstkontrolleinrichtungen zuständig. **364**

Nach intensiver und kontroverser Diskussion, insbesondere mit Blick auf mögliche Auswirkungen für Inhalteanbieter im Internet, sollte es zu einer **Reform des Jugendmedienschutzrechts** durch den Vierzehnten Rundfunkänderungsstaatsvertrag kommen, der den JMStV nach Ratifikation in den Ländern zum 1. Januar 2011 in Teilen umgestalten sollte. Dieses Vorhaben konnte nicht umgesetzt werden, weil der Landtag von Nordrhein-Westfalen den Änderungsstaatsvertrag im Dezember 2010 endgültig ablehnte.[23] In der – gescheiterten – Neufassung des Jugendmedienschutzstaatsvertrages (JMStV) waren die Jugendschutz-Richtlinien aus Rundfunk und Fernsehen **364a**

---

22 Siehe oben Rn. 249. Zur Altersverifikation im Versandhandel *Lober*, K&R 2005, 65 ff.
23 Siehe oben Rn. 235.

auch auf Neuerungen durch das Internet übertragen worden. Im Zentrum stand eine Alterseinstufung von Inhalten durch die Anbieter. Kontrollinstanz war weiterhin die Kommission für Jugendmedienschutz (KJM). Die Alterskennzeichnung sollte es technischen Jugendschutz-Programmen ermöglichen, bestimmte Inhalte im Netz für jüngere Nutzer zu sperren. Die Provider sollten verpflichtet werden, entsprechende Programme leichter zugänglich machen. Die staatlichen Stellen sollten die Eltern auf solche Filter-Software aufmerksam machen. Damit lag es in der Hand der Erziehungsberechtigten, ob sie ein Jugendschutzprogramm auf dem Rechner installieren, um ihren Kindern altersgerechtes Surfen zu ermöglichen und sie vor jugendgefährdenden bzw. entwicklungsbeeinträchtigenden Inhalten zu schützen.[24]

Am 01.10.2016 ist der überarbeitete JMStV in Kraft getreten.[25] Danach sind weiterhin potentiell jugendbeeinträchtigende Inhalte zu bewerten und anschließend Schutzmaßnahmen zu ergreifen. Änderungen gibt es zunächst im Bereich der Kompetenzzuweisung der Einrichtungen der freiwilligen Selbstkontrolle. Lag die Zuständigkeit für die Anerkennung von Jugendschutzprogrammen bisher bei der Kommission für Jugendmedienschutz (KJM), wurde sie nun auf die Einrichtungen der Freiwilligen Selbstkontrolle (USK, FSM, FSF, FSK) übertragen. Um die Jugendschutzprogramme zu fördern, wurden die anerkennungsfähigen Jugendschutzprogramme erweitert. Erfasst werden auch Programme, die lediglich auf einzelne Altersstufen ausgelegt sind und solche, die den Bereich proprietärer (geschlossener) Systeme betreffen.[26] Der novellierte JMStV erfuhr bereits im Vorfeld erhebliche Kritik. Hauptkritikpunkte waren der Vorwurf fehlender Innovation, die Wirkungslosigkeit eines freiwilligen Labeling-Konzepts, das bereits auf internationaler Ebene gescheitert ist sowie die vorgesehene Privilegierung derjenigen, die eine Alterskennzeichnung vornehmen, als Verstoß gegen das Haftungssystem der §§ 7 ff. TMG.[27]

364b ■ **33a. Übungsfrage:** Ein Privatsender zeigt im Tagesprogramm im Rahmen einer Casting-Show einen Kandidaten, der mit einem Fleck auf der Hose vor die Jury tritt. Dies wird in der Folge ausführlich thematisiert, mehrfach gezeigt und mittels verschiedener Inszenierungstechniken lächerlich gemacht. Ein Juror macht Anspielungen, der Kandidat könne seine Körperfunktionen wohl nicht kontrollieren. Der Kandidat wird auf diese Weise dem Spott eines Millionenpublikums ausgesetzt. Die Freiwillige Selbstkontrolle Fernsehen (FSF), welcher die Folge vor Ausstrahlung seitens des Senders zur Prüfung vorgelegt worden war, hatte die Sendung vor der Ausstrahlung für das Nachmittagsprogramm freigegeben.

a) Hat der Sender mit der Ausstrahlung gegen jugendschutzrechtliche Bestimmungen verstoßen?
b) Kann die KJM sich ggf. über die Entscheidung der FSF hinwegsetzen und Maßnahmen gegen den Sender ergreifen?

364c Die FSF ist ein gemeinnütziger Verein privater Fernsehanbieter in Deutschland und zugleich anerkannte Selbstkontrolleinrichtung im Sinne des JMStV. Sie entscheidet vor

---

24 Siehe dazu ausführlich Rn. 235.

25 Staatsvertrag über den Schutz der Menschenwürde und den Jugendschutz in Rundfunk und Telemedien (Jugendmedienschutz – Staatsvertrag – JMStV) v. 13. Sept. 2002, der zuletzt durch Art. 5 des Abkommens v. 3. Dez. 2015 geändert worden ist (GVBl. 2003, S. 147 und GVBl. 2016, S. 52), mWv 1.10.2016 durch 19. RÄndStV.

26 Vgl. dazu *Schwartmann*, in: Schwartmann, Praxishandbuch Medienrecht, Kap. 7 Rn. 42.

27 Vgl. *Schwartmann*, in: Schwartmann, Praxishandbuch Medienrecht, Kap. 7 Rn. 43.

der Ausstrahlung von Fernsehprogrammen, ob und zu welcher Zeit diese unter Jugendschutzgesichtspunkten gesendet werden dürfen. Maßstab ist hierbei stets die in § 5 JMStV normierte Entwicklungsbeeinträchtigung der Kinder und Jugendlichen. Verfügt eine Sendung über eine entwicklungsbeeinträchtigende Wirkung, so kann dem Sender für diesen Programminhalt eine Sendezeitbeschränkung (Ausstrahlung erst ab 22 bzw. 23 Uhr) auferlegt werden.

In Übungsfrage 33a. a) könnte der Umgang mit dem Kandidaten eine entwicklungsbeeinträchtigende Wirkung auf Kinder und Jugendliche haben. Denn beleidigende Äußerungen und antisoziales Verhalten werden nicht nur als normale Umgangsformen präsentiert, sondern vielmehr – durch die Bemerkungen der Juroren und die redaktionelle Inszenierung durch den Sender – Verhaltensmodelle vorgeführt, die Häme und Herabwürdigung anderer als legitimes Mittel darstellen. Erklärte Erziehungsziele wie Toleranz und Respekt sind hiermit nicht zu vereinbaren, so dass der Umgang mit dem Kandidaten – insbesondere durch den eine Vorbildfunktion ausübenden Hauptjuroren – eine desorientierende Wirkung auf Kinder haben kann[28]. **364d**

Fraglich ist aber, ob die KJM an den Sender mit dem Vorwurf herantreten kann, er habe gegen Bestimmungen des JMStV verstoßen (Übungsfrage 33a. b)). Die Einschätzung und Entscheidung der FSF, welche die Folge der Casting-Show für das Nachmittagsprogramm freigegeben hatte, könnte dem entgegenstehen. Gemäß § 20 JMStV sind Maßnahmen durch die KJM im Hinblick auf die Einhaltung der Bestimmungen zum Jugendschutz durch den Sender nur dann zulässig, wenn die Entscheidung der FSF die rechtlichen Grenzen ihres Beurteilungsspielraums überschreitet. Ein Überschreiten des Ermessensspielraums wird regelmäßig nur dann anzunehmen sein, wenn Verfahrensfehler vorliegen, die FSF den ihrer Entscheidung zugrunde liegenden Sachverhalt nicht richtig ermittelt hat oder allgemein gültige Wertungsmaßstäbe bei der Rechtsanwendung verletzt hat.[29] So geht beispielsweise das Verwaltungsgericht Hannover in seiner Entscheidung vom 8. Juli 2014 (Az.: 7 A 4679/12) davon aus, dass eine vorausgegangene – für den ausstrahlenden Sender positive – Entscheidung der FSF im Falle eines im Streit stehenden Verstoßes gegen die Menschenwürde im Sinne von § 4 Abs. 1 Satz 1 Nr. 8 JMStV keine Sperrwirkung nach § 11 Abs. 3 S. 1 JMStV entfalte, da der FSF bei Menschenwürdeverletzungen kein Beurteilungsspielraum zukomme. **364e**

Zur Kontrolle der Einhaltung jugendschutzrechtlicher Vorschriften innerhalb der Fernsehsender sind diese verpflichtet, **Jugendschutzbeauftragte** zu ernennen (§ 7 JMStV), die zumindest der Idee nach unabhängig programmberatend und gestaltend Einfluss nehmen sollen. **365**

---

28 Vgl. die Begründung der *KJM*, abrufbar unter https://www.kjm-online.de/service/pressemitteilungen/meldung/news/kjm-pressemitteilung-032010-kjm-deutschland-sucht-den-superstar-verstoesst-erneut-gegen-jugendsch-1/ (zuletzt abgerufen: 07.03.2019).

29 Zu Kompetenzstreitigkeiten zwischen *KJM* und *FSF* vgl. MMR 2009, 496; *VG Berlin*, MMR 2006, 704; *Hopf/Braml,*), MMR 2009, 153 ff. sowie *Cole*, ZUM 2010, 929 ff.

III. Praxisprobleme

366 Gerade im Zusammenhang mit Rundfunksendungen stellen sich im Jugendschutz zahlreiche Probleme. So sind beispielsweise nonfiktionale Sendungen wie Nachrichtensendungen nicht im Voraus kontrollierbar. Dennoch muss es hier die Möglichkeit geben, bei Verstößen im Nachhinein tätig zu werden.

367 Erhebliche Probleme im Hinblick auf den Jugendschutz hat auch das Internet gebracht.[30] Es ist für Eltern und Internetprovider kaum möglich, eine umfassende Kontrolle über den Zugang zu jugendgefährdenden oder auch pornografischen Inhalten, die im Internet leicht auffindbar sind und den Nutzern teilweise aufgedrängt werden, zu verhindern. Bei Versuchen zur tatsächlichen Durchsetzung gesetzlicher Vorschriften, wie z.B. der Sperrung von jugendgefährdenden Internetinhalten, gibt es im Internet erhebliche technische und auch rechtliche Schwierigkeiten. Diese werden immer wieder gerichtlich ausgetragen, wobei bereits über eine Novellierung der entsprechenden Passagen der Gesetze nachgedacht wird, weil ein Internetanbieter kaum die Möglichkeit hat, bestimmte Angebote dauerhaft zu sperren, geschweige denn einen Überblick über die privaten Angebote und Seiten, zu denen er Zugang vermittelt, zu behalten. Mit der geplanten Reform[31] will die Rundfunkkommission deshalb vor allem verbindliche Altersfreigabe-Kennzeichnungen für Online-Inhalte einführen: auffällige, farbige „Plaketten", in denen eine Zahl für das jeweilige Freigabe-Alter steht, wie sie bei Film- und Spiel-Verpackungen verwendet werden. Diese Plaketten sollen zudem digital, also durch Software, lesbar sein, vor allem von Jugendschutz- und Filterprogrammen. Das sind meist Browser- oder Betriebssystem-Erweiterungen, die von Eltern oder Administratoren eingesetzt werden können.

Im Bereich von Streamingdiensten lässt sich eine positive Entwicklung beobachten. So nimmt Netflix beispielsweise seine Verantwortung wahr und hat als erster Streamingdienst ein Jugendschutzprogramm implementiert, das nach Ansicht der Kommission für Jugendmedienschutz (KJM) den Vorgaben des deutschen Gesetzgebers entspricht.[32] Dazu hat das Unternehmen Netflix International B.V. der Freiwilligen Selbstkontrolle Multimedia-Diensteanbieter (FSM) seine accountbezogene Schutzfunktion einer Jugendschutz-PIN zur Prüfung vorgelegt. Mit seiner Jugendschutzfunktion ermöglicht Netflix den Accountinhabern, ihren gesamten Account über alle Profile hinweg mit einer Altersbeschränkung zu versehen, die die Nutzung nicht altersangemessener Einzeltitel von der Eingabe einer vierstelligen PIN abhängig macht. Hat der Accountinhaber eine PIN hinterlegt und die Altersbeschränkung aktiviert, muss diese in jedem Profil eingegeben werden, um Titel mit einer höheren als der ausgewählten Alterseinstufung abzuspielen. Die Selbstkontrolleinrichtung hat die Funktion als geeignet im Sinne des JMStV beurteilt. Diese Beurteilung hielt der Überprüfung durch

30 Vgl. hierzu *Braml*, ZUM 2009, 925 ff.
31 Siehe dazu Rn. 364a.
32 Siehe dazu Pressemeldung auf der Homepage der *KJM* v. 11.10.2018, abrufbar unter https://www.kjm-online.de/service/pressemitteilungen/meldung/news/erste-eignungspruefung-eines-jugendschutzprogramms-fuer-streaming-dienst/. (zuletzt abgerufen: 07.03.2019).

die Kommission für Jugendmedienschutz (KJM) im Rahmen der regulierten Selbstregulierung stand.

Zur Vertiefung

Das am 23. Februar 2010 in Kraft getretene Gesetz zur Erschwerung des Zugangs zu kinderpornographischen Inhalten in Kommunikationsnetzen (Zugangserschwerungsgesetz) soll den Zugang zu Webseiten mit Darstellungen sexueller Handlungen von und an Kindern (Kinderpornographie) im Internet erschweren. Das Bundeskriminalamt (BKA) soll zu diesem Zwecke eine fortlaufend zu aktualisierende Sperrliste einschlägiger Webseiten führen, die von den Internetanbietern zu blockieren sind, falls vorherige Bemühungen um eine Löschung des Inhalts scheitern. **367a**

IV. Glossar

Medienstrafrecht	Strafrechtlich haben für Medienschaffende Vorschriften zum Schutz des **demokratischen Rechtsstaates** (§§ 86, 86a StGB; §§ 130 Abs. 2, 4, 130a, 131 StGB) und **Ehrschutzdelikte** (§§ 185 ff. StGB) besondere Bedeutung. Von zunehmender Bedeutung sind mittels der sozialen Medien begangene Delikte, wie z.B. die Verbreitung pornographischer Schriften (§§ 184 ff. StGB), die Anbahnung sexueller Kontakte zu Minderjährigen (§ 176 Abs. 4 Nr. 3 StGB), die Verletzung des persönlichen Lebens- und Geheimbereichs (§§ 201 ff. StGB), Nachstellung („Cyberstalking", § 238 StGB), Nötigung (§ 240 StGB) sowie Bedrohung (§ 241 StGB).	**368**
Jugendschutz	Das Jugendschutzgesetz (JuSchG) regelt vornehmlich den Bereich des Films. Hier gelten Alterseinstufungen für den Zugang zu Filmen, und es können Filme durch die Bundesprüfstelle für jugendgefährdende Medien indiziert werden. Im Jugendmedienschutzstaatsvertrag (JMStV) wird die Einhaltung des Jugendschutzes präventiv und repressiv sichergestellt. Die Ausstrahlung von für Jugendliche ungeeigneten Filmen ist nur zu bestimmten Zeiten und nach Ankündigung zulässig. Die Überwachung erfolgt durch die **Kommission für Jugendmedienschutz** (KJM), die mit Sanktionsmöglichkeiten ausgestattet ist, und die anerkannten Selbstkontrolleinrichtungen wie die Freiwillige Selbstkontrolle Fernsehen (FSF). Man spricht dabei vom System der **regulierten Selbstregulierung**.	

Rn. 369–378 derzeit nicht belegt.

C. Wettbewerbs- und Kartellrecht

Auch die zusammenhängenden Gebiete des Wettbewerbs- und Kartellrechts haben im modernen Medienrecht eine wichtige Bedeutung. **379**

I. Regulatorischer Rahmen

Grundlegende Voraussetzung für Meinungsvielfalt und somit auch für die Möglichkeit einer unabhängigen Meinungsbildung ist ein funktionsfähiger Wettbewerb zwischen den Medien, der Monopole verhindert und sicherstellt, dass Informationen und Meinungen von verschiedenen Anbietern und Medien auf dem Markt zu finden sind. Dies **380** umfasst die Sicherung des Wettbewerbs zwischen Medienunternehmen, d.h. es muss gewährleistet werden, dass nicht nur ein oder zwei Anbieter von Inhalten den Markt beherrschen. Eine Vielzahl von Anbietern gewährleistet aber noch nicht die Vielfalt von Inhalten.

381 Zur Vertiefung

Im Bereich des frei empfangbaren Fernsehens gibt es zum Beispiel eine Menge verschiedener Programme bzw. Veranstalter; faktisch stehen sich hier jedoch lediglich drei Gruppen gegenüber: Die in der ARD zusammengeschlossenen Landesrundfunkanstalten und das ZDF als öffentlich-rechtlicher Bereich sowie die ProSiebenSat.1 Media AG und die RTL-Group. Den privaten Fernsehmarkt teilen sich somit die beiden Senderfamilien mit ihren Free-TV Sendern SAT.1, ProSieben, Kabel 1,Sat.1 Gold, sixx, ProSieben Maxx auf der einen Seite sowie RTL Television, RTL 2, Super RTL, VOX, n-tv und RTL Nitro auf der anderen Seite. Insbesondere auf dem Werbemarkt, wo die öffentlich-rechtlichen Sender aufgrund ihrer überwiegenden Beitragsfinanzierung eine geringe Rolle spielen, besteht damit faktisch ein Duopol. Diese beherrschende Marktmacht auf dem Werbemarkt hat das Bundeskartellamt bereits in mehreren Entscheidungen zum Anlass genommen, das Verhalten dieser beiden Sendergruppen zu untersuchen bzw. im Fall der Koordinierung zu untersagen.[33] Aber auch der Versuch von ARD/ZDF eine gemeinsame kommerzielle Video-On-Demand Plattform **„Germany's Gold"** aufzubauen wurde vom Bundeskartellamt mit der Begründung gestoppt, dass die gemeinsame Online-Vermarktung von entgeltlichen Videos, deren Produktion weitgehend mit Gebühren bzw. nunmehr Beiträgen finanziert wird, nicht nur eine Koordinierung der Preise sowie der Verfügbarkeit der Videos zur Folge hätte, sondern auch zu befürchten sei, dass alternative Plattformen keinen oder nur begrenzt Zugang zu den Videos erhalten würden.[34]

382 Im Gegensatz zum „normalen" Wettbewerb besteht bei Medienunternehmen die Besonderheit, dass auch **publizistische Vielfalt** gefragt und erforderlich ist. Diese ist zunächst durch ein privates Monopol, wie es insbesondere derzeit in Italien durch Berlusconis *Mediaset* zu beobachten ist, gefährdet. Auch ein funktionsfähiger Wettbewerb garantiert jedoch noch keine Meinungsvielfalt. Der ökonomische Wettbewerb zwischen den Medienunternehmen kann im Kampf um Quote und damit auch um Werbeaufträge im Gegenteil zu einem Qualitätsverlust führen, so dass die Qualität des Angebots auf dem beschriebenen Wege noch nicht gesichert ist. Der Erhalt von publizistischem Wettbewerb bzw. publizistischer Vielfalt ist daher zusätzlich und medienspezifisch im Rundfunkstaatsvertrag bzw. dem Medienrecht der Länder geregelt.

---

33 Z.B. Verbot des Bundeskartellamts zur Errichtung einer gemeinsamen Video-on-Demand-Plattform (Projekttitel *Amazonas*) durch die Mediengruppe RTL Deutschland und die ProSiebenSat.1 Media AG. Das Bundeskartellamt begründete das Verbot damit, dass mit der Plattform das marktbeherrschende Duopol der beiden Sendergruppen auf dem Markt für Fernsehwerbung in Deutschland weiter verstärkt würde. Das *OLG Düsseldorf* bestätigte mit Urt. v. 8.8.2012 (Az.: D 332 VI Kart 4/11 [V]) das Verbot des Bundeskartellamts. Vgl. dazu: Jahresbericht 2013 des Bundeskartellamts, S. 29, abrufbar unter: http://www.bundeskartellamt.de/SharedDocs/Publikation/DE/Jahresbericht/Jahresbericht_2013.pdf?__blob=publicationFile&v=6 (zuletzt abgerufen am 07.03.2019).

34 Vgl. dazu Meldung auf *Legal Tribune Online* vom 11.3.2013, abrufbar unter: http://www.lto.de/recht/nachrichten/n/germanys-gold-ard-zdf-online-video-plattform-on-demand-kartellrecht/; Jahresbericht 2013 (zuletzt überprüft am 07.03.2019) des Bundeskartellamts, S. 29, abrufbar unter: http://www.bundeskartellamt.de/SharedDocs/Publikation/DE/Jahresbericht/Jahresbericht_2013.pdf?__blob=publicationFile&v=6 (zuletzt abgerufen am 07.03.2019).

II. Gesetzliche Grundlagen

Die wichtigsten wettbewerbsrechtlichen Vorschriften, die auch den Medienbereich betreffen, sind das Gesetz gegen den unlauteren Wettbewerb (UWG), das Gesetz gegen Wettbewerbsbeschränkungen (Kartellgesetz, GWB) und die kartellrechtlichen Vorschriften des AEUV sowie die Bestimmungen des Werberechts. **383**

1. Das Gesetz gegen den unlauteren Wettbewerb (UWG)

Das UWG schützt die Lauterkeit des Wettbewerbs. Die Regelungen des UWG wurden immer wieder durch den Gesetzgeber im Laufe der Jahre angepasst. Seit 2016 ist die letzte Neuregelung des UWG in Kraft.[35] Mit § 4a UWG hat der Schutz vor aggressiven geschäftlichen Handlungen nun eine eigene Vorschrift. Die weiteren Umgestaltungen, die das Gesetz erfahren hat, sind überwiegend redaktioneller Natur, da die höchstrichterliche Rechtsprechung schon bisher Umsetzungsdefizite durch richtlinienkonforme Auslegung weitgehend kompensiert hat.[36] **384**

Nach § 3 Abs. 1 UWG sind unlautere geschäftliche Handlungen unzulässig. Geschäftliche Handlungen, die sich an Verbraucher richten oder diese erreichen, sind unlauter, wenn sie nicht der unternehmerischen Sorgfalt entsprechen und dazu geeignet sind, das wirtschaftliche Verhalten des Verbrauchers wesentlich zu beeinflussen. Dabei wird deutlich, dass zentraler Begriff des UWG die **„geschäftliche Handlung"** ist. Gem. § 2 Abs. 1 Nr. 1 UWG ist „geschäftliche Handlung" jedes Verhalten einer Person zugunsten des eigenen oder eines fremden Unternehmens vor, bei oder nach einem Geschäftsabschluss, das mit der Förderung des Absatzes oder des Bezugs von Waren oder Dienstleistungen oder mit dem Abschluss oder der Durchführung eines Vertrags über Waren oder Dienstleistungen objektiv zusammenhängt. Dabei gelten auch Grundstücke als Waren und Dienstleistungen als Rechte und Verpflichtungen. Der nötige objektive Unternehmensbezug für eine geschäftliche Handlung fehlt nur bei rein privaten Tätigkeiten.[37] Dagegen erfüllt auch das Handeln der öffentlichen Hand den objektiven Unternehmensbezug, wenn es sich nicht um amtliche Handlungen handelt, sondern mittelbar oder unmittelbar Waren oder Dienstleistungen vertrieben werden. Die Regeln des UWG gelten daher z.B. ohne weiteres für den öffentlichen Rundfunk im Zusammenhang mit Herstellung und Verbreitung der Programme.[38] **385**

Der Prüfungsaufbau des UWG ergibt sich aus der Struktur der §§ 3 ff. UWG. Dabei ist § 3 UWG der Ausgangspunkt jeder Unlauterkeitsprüfung. Wann eine geschäftliche Handlung unlauter ist, ergibt sich aus § 3 Abs. 1 UWG i.V.m. den Tatbeständen

35 Gesetz gegen den unlauteren Wettbewerb (UWG) in der Fassung der Bekanntmachung v. 03. März 2010 (BGBl. I S. 254), das zuletzt durch Art. 4 des Gesetzes v. 17.02.2016 (Gesetz zur Verbesserung der zivilrechtlichen Durchsetzung von verbraucherschützenden Vorschriften des Datenschutzrechts, BGBl. I S. 233) geändert worden ist.

36 *Eckardt*, in: Schwartmann, Praxishandbuch Medienrecht, 14. Kap. Rn. 5.

37 Zur Grenzziehung von privater zu unternehmerischer Tätigkeit bei Verkauf über eBay vgl. BGH NJW 2006, 2250 ff.

38 Dazu *Eckardt*, in: Schwartmann, Praxishandbuch Medienrecht, 14. Kap. Rn. 10 ff.

der §§ 3a–6 UWG. Als spezielle Tatbestände sind § 3a UWG (Rechtsbruch), § 4 UWG (Mitbewerberschutz), § 4a UWG (Aggressive geschäftliche Handlung), §§ 5, 5a UWG (Irreführende geschäftliche Handlung, auch durch Unterlassen) und § 6 UWG (Vergleichende Werbung) normiert. Findet sich die Handlung nicht in den speziellen Tatbeständen der §§ 3a–6 UWG, kann § 3 Abs. 1 UWG als Auffangtatbestand dienen. Zu berücksichtigen ist zudem die Aufnahme einer sog. **Black List** als Anhang zu § 3 Abs. 3 UWG, die per se verbotene geschäftliche Handlungen gegenüber Verbrauchern enthält. Erfüllt eine geschäftliche Handlung einen der im Anhang zu § 3 Abs. 3 UWG normierten Tatbestände, ist die Handlung ohne weitere Prüfung unzulässig.[39]

2. Das Gesetz gegen Wettbewerbsbeschränkungen (GWB)

386 Das GWB als das Kartellgesetz ist die Grundlage zur Verhinderung von Wettbewerbsbeschränkungen, insbesondere von wettbewerbsbeschränkenden Absprachen zwischen Unternehmen (**Kartellverbot**), missbräuchlicher Ausnutzung einer marktbeherrschenden Stellung (**Missbrauchsverbot**), der Aufforderung zu Liefer- und Bezugssperren (**Boykottverbot**) und der Entstehung oder Verstärkung einer marktbeherrschenden Stellung im Zuge von Unternehmenszusammenschlüssen.[40] Ziel ist hierbei die **Verhinderung von wettbewerbsbeschränkenden Verhaltensweisen** der Marktteilnehmer, wobei die Frage des Bestehens einer marktbeherrschenden Stellung und einer etwaigen Missbrauchsintensität wesentlich von der Vorfrage der geografischen und sachlichen Marktdefinition abhängt. Im Rahmen seiner marktregulierenden Aufsicht ist das Bundeskartellamt berechtigt, Missbrauchskontrollen eigenständig (ex officio) durchzuführen, ohne dass es hierzu des Antrags eines Marktteilnehmers bedarf.[41] Hierbei hat das Kartellamt das Recht, von Marktteilnehmern Auskünfte zu verlangen oder zum Zweck der Beweissicherung sogar Hausdurchsuchungen (Dawn Raids) durchführen zu lassen.[42] Sofern Unternehmen eine gewisse Marktrelevanz in Form von Umsatzgrößen erreicht haben, müssen sie Unternehmenszusammenschlüsse, die Gründung von Gemeinschaftsunternehmen (Joint Ventures) oder den Kauf wesentlicher Unternehmensbestandteile, die einem Kontrollerwerb des Unternehmens gleichkommen, dem Kartellamt zur Genehmigung anmelden, sofern keine vorrangige Zuständigkeit der EU-Kommission gemäß der Fusionskontrollverordnung (FKVO) VO Nr. 139/2004 gegeben ist.

387 ■ **33c. Übungsfrage:** Ein großes deutsches Verlagshaus möchte einen der beiden in der Bundesrepublik Deutschland vorhandenen großen privaten Rundfunkveranstalter kaufen. Der Verlag verfolgt das Ziel, sich in der crossmedialen Welt aus Print, Fernsehen und Internet zu behaupten und Synergien zu schaffen. Print- und elektronische Medien sollen miteinander verbunden werden, um die Basis für „das wirkliche Wachstumsgeschäft der Zukunft" zu schaffen, das „digitale Geschäft, mobile Endgeräte, Internet, digitales, interaktives Fernsehen". Auf diesen Feldern will sich das Presseunternehmen „nach der Fusion (vom) angestammten Print-

---

39 Vgl. dazu *Fechner*, Medienrecht, 6. Kap. Rn. 56 ff.

40 Dazu *Ekey*, Rn. 587 ff.

41 Vgl. § 54 Abs. 1 S. 1 GWB. Möglich ist nach dem Gesetzeswortlaut auch die Verfahrenseinleitung durch Antrag. Dies gilt allerdings nur in bestimmten Fällen, die im GWB abschließend festgelegt sind, vgl. hierzu *Becker*, in: Loewenheim/Meessen/Riesenkampff, § 54 Rn. 4.

42 *Becker*, in: Loewenheim/Meessen/Riesenkampff, § 59 Rn. 16.

geschäft mit dem TV-Geschäft schnell und umfassend aufstellen, weil (es) damit Zugriff auf bewegte Bilder und geschriebenen Text" hat.[43] Insgesamt soll das Unternehmen also für die Zukunft gerüstet werden. Welche rechtlichen Probleme wirft diese Fusion auf?

Die wichtigsten wettbewerbsrechtlichen Vorschriften, die auch den Medienbereich betreffen, enthält das Gesetz gegen Wettbewerbsbeschränkungen (GWB).[44] **388**

Am 30. Juni 2013 ist die **8. GWB-Novelle** in Kraft getreten, mit der unter anderem für die Zusammenschlusskontrolle der auf europäischer Ebene seit 2004 maßgebliche sog. SIEC-Test („significant impediment of effective competition") übernommen wurde. Danach sind Fusionen, durch die wirksamer Wettbewerb erheblich behindert würde, zu untersagen. Damit ist eine Angleichung an europäisches Recht erfolgt, die darauf abzielt, einen stärkeren ökonomischen Ansatz bei der Zusammenschlusskontrolle zu verfolgen. Die Leitidee ist hierbei, dass die wirtschaftlichen Auswirkungen eines Zusammenschlussvorhabens auf den betroffenen Märkten mittels des *SIEC-Tests* greifbarer untersucht werden sollen und die Entstehung einer marktbeherrschenden Stellung somit nicht nur auf der Basis der Addition von Marktanteilen unterstellt werden soll.[45] Mit der 8. GWB-Novelle sollte außerdem der Handlungsspielraum kleiner und mittlerer Presseunternehmen erweitert werden.[46]

Am 09. Juni 2017 ist die **9. GWB-Novelle**[47] in Kraft getreten, die umfassende Änderungen mit sich bringt. Durch die Novelle soll insbesondere auf „die Entwicklung neuer internet- und datenbasierter Geschäftsmodelle mit erkennbaren Konzentrationstendenzen in bestimmten Geschäftsfeldern"[48] reagiert werden.[49] So wurden etwa das Recht der Fusionskontrolle und der Marktbeherrschung angepasst (vgl. § 35 Abs. 1a GWB n.F. sowie § 18 Abs. 2a GWB n.F.). Insbesondere der neu eingefügte § 18 Abs. 2a GWB n.F. ist für die Medienmärkte von Bedeutung: Die Norm stellt klar, dass der Annahme eines Markes nicht entgegensteht, dass eine Leistung unentgeltlich erbracht wird.[50] § 18 Abs. 3a GWB n.F. berücksichtigt darüber hinaus bei mehrseitigen Märkten für die Prüfung der Marktbeherrschung nunmehr etwa direkte und indirekte Netzwerkeffekte, die parallele Nutzung mehrerer Dienste und den Wechselaufwand für die Nutzer.[51] Nennenswert ist zudem die Einführung einer Ausnahme vom Kartellverbot für Vereinbarungen zwischen Zeitungs- oder Zeitschriftenverlagen über eine verlagswirtschaftliche Zusammenarbeit nach § 30 Abs. 2b GWB n.F.[52] Darüber hinaus wurden die Vorschriften zur Konzernhaftung weiter an das EU-Recht angepasst, indem es für

43 *M. Döpfner* im Interview mit der F.A.Z. Nr. 3 vom 4.1.2006, S. 34.
44 In der Fassung der Bekanntmachung vom 26.6.2013.
45 Vgl. *Kundan*, in: Schwartmann, Praxishandbuch Medienrecht, 13. Kapitel Rn. 4.
46 Vgl. RegBegr. zum Gesetzesentwurf, BT-Drucks. 17/9856, S. 1.
47 Gesetz gegen Wettbewerbsbeschränkungen in der Fassung der Bekanntmachung v. 26.6.2013 (BGBl. II S. 1750, 3245), das durch Art. 2 Abs. 1 des Gesetzes vom 18.07.2017 (BGBl. I S. 2739) geändert worden ist, BT-Drs. 18/10207 mit den in BT-Drs. 18/11446 enthaltenen Änderungen.
48 Vgl. BT-Drs. 18/10207 v. 7.11.2016, S. 1.
49 Vgl. BT-Drs. 18/10207 v. 7.11.2016, S. 1 und 39.
50 BT-Drs. 18/10207 v. 7.11.2016, S. 14 sowie dazu *Kundan*, in: Schwartmann, Praxishandbuch Medienrecht Kap. 13 Rn. 6.
51 Zum Ganzen ausführlich *Kundan*, in: Schwartmann, Praxishandbuch Medienrecht Kap. 13 Rn. 6.
52 BT-Drs. 18/10207 v. 7.11.2016, S. 15.

einen Kartellverstoß nicht mehr auf ein Verschulden der Muttergesellschaft ankommt und zudem nunmehr neben der Konzernmutter künftig alle Rechtsnachfolger bußgeldrechtlich haftbar sind, vgl. § 81 Abs. 3b, 3c GWB n.F.[53] Ferner wurde die Kartellschadensersatz-Richtlinie 2014/104/EU für Schadensersatzklagen nach nationalem Recht wegen Zuwiderhandlungen gegen wettbewerbsrechtliche Bestimmungen der Mitgliedstaaten und der EU umgesetzt (§§ 33 ff. GWB n.F. und §§ 89a ff. GWB n.F.).[54] Dies beinhaltet insbesondere die widerlegliche Vermutung der Schadensverursachung durch ein Kartell (vgl. § 33a Abs. 2 S. 1 GWB n.F.), die Erleichterung des Zugangs zu Beweismitteln (vgl. § 33 g Abs. 1–10 GWB n.F.) sowie eine Neufassung der Regelungen zum Gesamtschuldnerausgleich (vgl. § 33d Abs. 1 GWB n.F.).[55]

389 Vorschriften des **AEUV**[56] und der **FKVO**[57] greifen zusätzlich ein, wenn eine Kartellvereinbarung über das Bundesgebiet hinaus wirkt (sog. grenzüberschreitender Sachverhalt). Die FKVO bestimmt, dass für Zusammenschlüsse von unionsweiter Bedeutung im Sinne von Art. 1 Abs. 2 und 3 FKVO ausschließlich diese anwendbar und die Kommission zuständig ist.[58]

Zur Vertiefung

Vom Kartellverbot des § 1 GWB[59] normiert **§ 30 GWB** für **Zeitungen und Zeitschriften** eine **Ausnahme**. „§ 1 gilt (danach) nicht für vertikale Preisbindungen, durch die ein Unternehmen, das Zeitungen oder Zeitschriften herstellt, die Abnehmer dieser Erzeugnisse rechtlich oder wirtschaftlich bindet, bei der Weiterveräußerung bestimmte Preise zu vereinbaren oder ihren Abnehmern die gleiche Bindung bis zur Weiterveräußerung an den letzten Verbraucher aufzuerlegen." **§ 30 Abs. 2a GWB** sieht außerdem vor, dass § 1 GWB nicht für Branchenvereinbarungen zwischen Vereinigungen von preisbindenden Presseverlagen einerseits und Vereinigungen von deren Abnehmern, die im Preis gebundene Zeitungen und Zeitschriften mit Remissionsrecht beziehen und mit Remissionsrecht an Letztveräußerer verkaufen, andererseits gilt. Voraussetzung ist, dass die preisbindenden Presseverlage und Presse-Grossisten den flächendeckenden und diskriminierungsfreien Vertrieb von Zeitungen und Zeitschriften im stationären Einkauf i.S.v. Art. 106 Abs. 2 AEUV gewährleisten. Auch für **Bücher** gilt nach §§ 3, 5 des Gesetzes über die Preisbindung für Bücher (BuchPrG) eine Ausnahme vom Kartellverbot, da hier eine Pflicht zur Einhaltung einer festgesetzten Preisbindung besteht.[60]

Der mit der 9. GWB-Novelle eingefügte **§ 30 Abs. 2b GWB** sieht vor, dass das Kartellverbot aus § 1 GWB nicht gilt „für Vereinbarungen zwischen Zeitungs- oder Zeitschiftenverlagen über eine verlagswirtschaftliche Zusammenarbeit, soweit die Vereinbarung den Beteiligten ermöglicht, ihre wirtschaftliche Basis für den intermedialen Wettbewerb zu stärken".[61] Voraussetzung für die Einschlägigkeit der Bereichsausnahme ist damit, dass die vereinbarte Zusammenarbeit eine Stärkung der wirtschaftlichen Grundlage der beteiligten Presseverlage ermöglicht, um im Wettbewerb mit anderen Medien zu bestehen.[62] Letztlich werden dadurch die kartellrechtlichen Spielräume von Presseverlagen zur Stabilisierung ihrer wirtschaftlichen Basis erweitert, um in-

53 Vgl. BT-Drs. 18/10207 v. 7.11.2016, S. 40.
54 Dazu ausführlich *Kundan*, in: Schwartmann, Praxishandbuch Medienrecht Kap. 13 Rn. 6.
55 BT-Drs. 18/10207 v. 7.11.2016, S. 16 ff.und 39 f.
56 Art. 81 ff. EG.
57 VO Nr. 139/2004. Siehe dazu noch unten Rn. 452.
58 Zum EG-Kartellrecht *Ekey*, Rn. 555 ff.; auch *Ricker/Weberling*, 87. Kapitel, Rn. 1 ff.; *Kundan*, in: Schwartmann, Praxishandbuch Medienrecht, 13. Kap, Rn. 48 ff.; *Heer-Reißmann*, in: Dörr/Kreile/Cole, Handbuch Medienrecht, F Rn. 87 ff.
59 Siehe sogleich Rn. 390.
60 Dazu *Kundan*, in: Schwartmann, Praxishandbuch Medienrecht, 13. Kap. Rn. 33 ff.
61 Vgl. dazu ausführlich BT-Drs. 18/10207 v. 7.11.2016, S. 54 f.
62 BT-Drs. 18/10207 v. 7.11.2016, S. 54.

folge des durch die Digitalisierung bedingten Umbruchs der Medienlandschaft und der damit einhergehenden strukturellen Änderungen die Pressevielfalt (insbesondere im Printbereich) auch weiterhin zu schützen.[63]

Die Vorgaben des Kartellrechts konkretisieren sich im **Kartellverbot**, der **Missbrauchsaufsicht** und in der **Fusionskontrolle.**

§ 1 GWB bzw. **Art. 101 AEU** verbieten **Kartelle**, also „Vereinbarungen zwischen Unternehmen, Beschlüsse von Unternehmensvereinigungen und aufeinander abgestimmte Verhaltensweisen, die eine Verhinderung, Einschränkung oder Verfälschung des Wettbewerbs bezwecken oder bewirken". Konkrete Ausnahmen von dem Kartellverbot sind in der europäischen Gruppenfreistellungsverordnung geregelt, die durch den Verweis in der allgemeinen Ausnahmevorschrift des § 2 GWB direkt in das deutsche Recht integriert wurde. **390**

Zur Vertiefung

Seit Juli 2005 sind hiervon sowohl Vereinbarungen zwischen miteinander im Wettbewerb stehenden Unternehmen (sog. horizontale Beschränkungen) als auch solche zwischen Unternehmen betroffen, die weder aktuelle noch potenzielle Wettbewerber sind (sog. vertikale Beschränkungen). Bestimmte Vereinbarungen zwischen Unternehmen sind ebenfalls seit 2005 unmittelbar durch das Gesetz freigestellt (§ 2 GWB), so dass die zuständige Kartellbehörde insoweit keine Befugnisse (mehr) hat. **391**

Neben der Fusionskontrolle und dem Kartellverbot dient die **Missbrauchsaufsicht** nach § 19 GWB der Sicherung des Wettbewerbs. Sie umfasst das Verbot der missbräuchlichen Ausnutzung einer marktbeherrschenden Stellung durch ein oder mehrere Unternehmen (§§ 19 ff. GWB). **392**

Die **Zusammenschluss-** oder **Fusionskontrolle**[64] ist in den §§ 35 bis 43a GWB geregelt und soll den Wettbewerb sichern und die Vielzahl der Konkurrenten erhalten.[65] Ihr Ziel ist es zu verhindern, dass durch einen Zusammenschluss eine marktbeherrschende Stellung entsteht oder verstärkt wird. Die Fusionskontrolle ist zweistufig aufgebaut[66]. Zum einen gibt es **393**

- Aufgreiftatbestände[67] und Umsatzschwellen und zum anderen die
- Eingriffsschwelle der Marktbeherrschung.

Das GWB definiert in § 37 GWB Unternehmenszusammenschlüsse in sog. **Aufgreiftatbeständen**. Solche sind der Vermögenserwerb eines anderen Unternehmens, der Anteils- oder Kontrollerwerb an einem anderen Unternehmen oder andere Fälle so genannten äußeren Wachstums. **394**

63 BT-Drs. 18/10207 v. 7.11.2016, S. 54.
64 Dazu *Ricker/ Weberling*, 85. Kapitel, Rn. 1 ff., auch *Ekey*, Rn. 656 ff.
65 Sie soll auf diese Weise zugleich die Meinungsvielfalt sichern. *Paetow*, Medienmacht, Medienvielfalt und wirtschaftliche Vernunft als kartellrechtliche Herausforderung, Abschnitt „Pressekonzentration", in: Sinclair-Haus-Gespräch 2003, 42, 46.
66 § 36 Abs. 1 GWB. Daneben gibt es für den Rundfunk besondere Regelungen im RStV. Siehe dazu sogleich.
67 Vgl. die in § 37 GWB genannten Tatbestände.

Zur Vertiefung

Hier können insbesondere die Übernahme einer Mehrheitsbeteiligung oder die gemeinsame Kontrolle und der Vermögenserwerb eines Unternehmens relevant werden. Auch der Kauf von Teilen des Vermögens eines Unternehmens oder das Einräumen von Nutzungsrechten kann äußeres Wachstum darstellen. Inneres Wachstum, das im Unternehmen selbst entsteht, wird nicht erfasst.

395 Damit die Fusionskontrolle greift, müssen zudem **Umsatzschwellen** überschritten sein. Dies ist grundsätzlich nach § 35 Abs. 1 und 2 GWB der Fall, wenn die betroffenen Marktteilnehmer im letzten Geschäftsjahr weltweit Umsatzerlöse von über 500 Millionen Euro erzielt und mindestens eines der beteiligten Unternehmen über 25 Millionen Euro Umsatzerlöse im Inland und ein anderes beteiligtes Unternehmen Umsatzerlöse von mehr als 5 Millionen Euro verzeichnet haben, wobei zu berücksichtigen ist, dass bei der Berechnung der Umsatzschwellen konzernzugehöriger Unternehmen gemäß § 36 Abs. 2 GWB der Umsatz des Gesamtkonzerns die relevante Umsatzgröße bildet. Es gibt aber auch besondere branchenspezifische Berechnungsregeln[68].

Durch die 9. GWB-Novelle gibt es darüber hinaus nunmehr eine zweite Aufgreifschwelle in § 35 Abs. 1 a GWB. Danach unterfällt der Zusammenschluss den Vorschriften der Fusionskontrolle auch dann, wenn die besonderen Voraussetzungen des § 35 Abs. 1a GWB vorliegen.

396 Untersagt werden Zusammenschlüsse nur bei Entstehung oder Verstärkung einer **marktbeherrschenden Stellung** des Unternehmens. Sie liegt insbesondere vor, wenn ein Unternehmen – oder eine Gruppe von Unternehmen (Oligopol) – die Macht besitzt, einen bestimmten abgegrenzten Markt beherrschen zu können, weil keine oder keine nennenswerte Konkurrenz besteht (§ 18 GWB).

397 Die in Frage 33c geschilderte „Elefantenhochzeit“ wirft insoweit kartellrechtliche Probleme auf, als dieser Zusammenschluss zu einer marktbeherrschenden Stellung führen oder eine marktbeherrschende Stellung verstärken kann.[69] Es kommt also darauf an, ob das Verlagshaus in bestimmten Zeitungsmärkten eine marktbeherrschende Stellung besitzt, die durch den Zusammenschluss wegen eventueller crossmedialer Effekte verstärkt wird. Auch ist daran zu denken, dass durch die Fusion auf dem Fernsehwerbemarkt eine gemeinsame Marktbeherrschung mit dem anderen großen privaten Rundfunkveranstalter entsteht. Ob dies zutrifft, ist unter einer genauen Analyse der verschiedenen Märkte und der jeweiligen Stellung der Unternehmen zu prüfen.

397a Zur Vertiefung

Das Bundeskartellamt und die KEK untersagten im Januar 2006 die Übernahme der ProSiebenSAT.1 Media AG durch die Axel Springer AG, da eine solche vorherrschende Meinungsmacht begründe. Dass diese crossmediale Verflechtung Probleme mit sich bringt, liegt auf der Hand. Die starke Position der ProSiebenSAT.1-Gruppe im bundesweiten privaten Fernsehen führte für die KEK in Kombination mit der überragenden Stellung der Axel Springer AG im Bereich der Tagespresse zur Gefahr des Entstehens vorherrschender Meinungsmacht. Neben dieser medienkonzentrationsrechtlichen Komponente wirft der Sachverhalt auch kartell- bzw. fusions-

68 Siehe unten Rn. 398 ff.

69 Zur Kartellaufsicht im Medienbereich *Kundan*, in: Schwartmann, Praxishandbuch Medienrecht, 13. Kap Rn. 35 ff.; zur Pressefusionskontrolle *Kübler*, Medien, Menschenrechte und Demokratie, Das Recht der Massenkommunikation, 2008, § 12.

kontrollrechtliche Rechtsfragen auf, die mittlerweile höchstrichterlich geklärt sind. Der BGH[70] bestätigte im Juni 2010 die Untersagung des Zusammenschlusses zwischen der Axel Springer AG und den Fernsehsendern ProSiebenSAT.1 durch das Bundeskartellamt. Dieses hatte die Untersagung u.a. damit begründet, dass bei Durchführung des Vorhabens eine beherrschende Stellung der Unternehmen auf dem bundesweiten Markt für die Bereitstellung von Werbezeiten in Fernsehprogrammen (Fernsehwerbemarkt) verstärkt worden wäre. Man muss sehen, dass sich in diesem Zusammenhang neue Fragen der **Marktabgrenzung** sowohl für die KEK als auch für das Kartellamt stellen. So ist nicht klar, wie die Gerichte mit der Abgrenzung von Märkten und – im Falle der KEK – der Zurechnung von Meinungsmacht im Internet umgehen. Es muss entschieden werden, ob ein Onlinelexikon dem Markt für Bücher oder einem eigenen Markt für Online-Angebote unterfällt. Auch ist nicht klar, ob die körperlichen Ausgaben des Lexikons noch demselben Markt zuzurechnen sind oder ob der gebundene Brockhaus künftig dem Markt für Einrichtungsgegenstände unterfällt, weil er in seiner Aktualität mit der Onlineausgabe nicht mehr vergleichbar ist und nur noch im Regal steht. Noch ungeklärt ist auch, wie die Meinungsmacht von Onlinenachrichtenportalen gemessen werden kann und welchem Markt der Dienst zuzuschlagen ist. Es käme der Markt für bundesweite Zeitschriften in Frage, weil er presseähnliche Inhalte enthält, oder der bundesweite Fernsehmarkt, weil bewegte Bilder verbreitet werden, oder ein eigener Markt für Onlinenachrichtenportale. Räumlich kann man sogar an den weltweiten Markt für eine der drei Erscheinungsformen denken, weil ein Portal weltweit verfügbar ist. Schwer fällt auch die Antwort auf Fragen zum lokalen und regionalen Bereich, etwa im Hinblick auf den Internetauftritt einer Lokalzeitung. Hier käme eine Zurechnung zum lokalen Tageszeitungsmarkt, weil er pressetypische Inhalte enthält und in erster Linie für die Stadt interessant ist, die er bedienen will, in Betracht. Denkbar ist aber auch der nationale Markt für Online-Angebote, weil der Netzauftritt in ganz Deutschland verfügbar ist. Dann müsste es aber konsequenterweise eine weltweite Betrachtung geben. Vielleicht muss aber etwas anderes gelten, weil der Dienst von einem deutschen Unternehmen und in deutscher Sprache verbreitet wird.[71]

a) Printmedien. Für Presseunternehmen gilt schon seit dem Jahr 1976 eine verschärfte *Pressefusionskontrolle* nach § 35 Abs. 1 i.V.m. § 38 Abs. 3 GWB. Ziel ist, durch die Erhaltung der Wettbewerbsstruktur auf den Pressemärkten auch die Meinungsvielfalt zu sichern und damit einen Beitrag zum Erhalt der Pressefreiheit gem. Art. 5 Abs. 1 GG zu leisten.[72] Mit der 8. GWB-Novelle wurde unter anderem auch die sog. *Presserechenklausel* des § 38 Abs. 3 GWB angepasst. Grund der Anpassung durch den Gesetzgeber ist die infolge der zunehmenden Digitalisierung der Medien und der zunehmend wachsenden Konkurrenz für Printmedien im Internet wirtschaftlich schwierige Lage von Presseunternehmen, die durch erleichterte Fusionsmöglichkeiten gemildert werden soll. Der Multiplikator in § 38 Abs. 3 GWB a.F. wurde daher auf 8 (vorher 20) gesenkt. Durch die Reduzierung des Multiplikators werden die Schwellenwerte erhöht, ab denen das Bundeskartellamt einen Zusammenschluss zwischen Presseverlagen prüft. Dadurch soll in erster Linie kleineren und mittleren Presseunternehmen die Möglichkeit eingeräumt werden, ihre Wettbewerbsfähigkeit durch Fusionen zu erhalten und abzusichern.[73] Von der Fusionskontrolle ausgenommen sind nun Zu- **398**

70 *BGH*, Beschl. v. 8.6.2010 – KVR 4/09.

71 Dazu *Schwartmann*, Wann ist ein Markt ein Markt? http://www.lto.de/recht/hintergruende/h/gescheiterte-fusion-axel-springer-und-prosiebensat1-wann-ist-ein-markt-ein-markt/ (zuletzt abgerufen: 07.03.2019); Zum Medienkonzentrationsrecht auch *Bremer/Grünwald*, MMR 2009, 80 ff.; *Schwartmann*, ZUM 2009, 842 ff.; *Krautscheid/Schwartmann*, Fesseln für die Vielfalt?, 2009, *Schwartmann*, Die Beteiligung von Presseunternehmen am Rundfunk, 2010; *Paal*, JZ 2010, 647 ff.

72 *Kundan*, in: Schwartmann Praxishandbuch, 13. Kap. Rn. 10.

73 Vgl. RegBegr. zum Gesetzesentwurf, BT-Drucks. 17/9856, S. 20.

sammenschlüsse mit Presseunternehmen, die einen Jahresumsatz von weniger als 1,25 Millionen Euro erzielen.[74]

Die presserechtliche Aufgreifschwelle des § 38 Abs. 3 wurde ursprünglich im Jahr 1976 als Reaktion auf die schon seit den 1950er Jahren drastisch abnehmende Anzahl der Zeitungen in der Bundesrepublik Deutschland und der infolgedessen in etwa der Hälfte der deutschen Großstädte entstandenen örtlichen Zeitungsmonopole eingeführt. Danach war „für den Verlag, die Herstellung und den Vertrieb von Zeitungen, Zeitschriften und deren Bestandteilen, die Herstellung, den Vertrieb und die Veranstaltung von Rundfunkprogrammen und den Absatz von Rundfunkwerbezeiten (…) das Zwanzigfache der Umsatzerlöse in Ansatz zu bringen."

Mit der Novellierung des GWB können sich nun auch Verlage auf die *Anschlussklausel* in § 35 Abs. 2 Satz 1 GWB berufen. Vorher war die Anwendbarkeit der *Anschlussklausel* für Presseunternehmen durch § 35 Abs. 2 Satz 2 a.F. ausgeschlossen.

Zur Vertiefung

Als Reaktion auf die zunehmende Digitalisierung der Medien hatte der Springer Verlag im Jahr 2013 das Hamburger Abendblatt, die Berliner Morgenpost, mehrere Anzeigenblätter, die Frauenzeitschriften und die Programmzeitschriften an die FUNKE Mediengruppe veräußert.[75] Der Springer Verlag hatte zunächst die Genehmigung aller Verkäufe in einem Verfahren beantragt, nachdem das Kartellamt hiergegen Bedenken äußerte, wurde das Zusammenschlussverfahren in vier Einzelpakete aufgeteilt. Mit Entscheidung vom 3. Dezember 2013 gab das Bundekartellamt die Übernahme des Hamburger Abendblattes, der Berliner Morgenpost, mehrerer Anzeigenblätter sowie der Frauenzeitschriften der Axel Springer AG durch die Funke Mediengruppe frei.[76] Mit Beschluss vom 25. April 2014 erfolgte die Freigabe des Erwerbs der Programmzeitschriften unter Bedingungen und Auflagen.[77] Die Entscheidung hinsichtlich der kartellrechtlichen Prüfung der geplanten Gründung zweier Gemeinschaftsunternehmen von Funke und Springer zur Vermarktung von Anzeigen und zum Vertrieb von Printerzeugnissen steht noch aus.[78]

399 **b) Rundfunk.** Bereits 1999 wurde die Presserechenklausel auf den Rundfunk erstreckt. Sie gilt damit für die Veranstaltung von Rundfunkprogrammen und den Absatz von Rundfunkwerbezeiten und bleibt auch nach der 8. GWB-Novelle unverändert mit einem Multiplikationsfaktor von 20 anwendbar. Da sich die Presse- und Rundfunkmärkte immer weiter regionalisieren, sollen auf diese Weise Zusammenschlüsse von kleineren Unternehmen auf lokalen Märkten vom Kartellrecht erfasst werden, um auch hier Konzentrationsprozessen entgegenzuwirken.

---

74 Zu den für den Medienbereich relevanten Änderungen im Rahmen der 8. GWB-Novelle vgl. *Kundan*, in: Schwartmann, Praxishandbuch Medienrecht, 13 Kap. Rn 3 ff. und 10 ff.

75 Siehe oben Rn. 7b.

76 Vgl. Pressemeldung des Bundeskartellamts vom 3.12.2013, abrufbar unter: http://www.bundeskartellamt.de/SharedDocs/Meldung/EN/Pressemitteilungen/2013/03_12_2013_Funke-Springer-Freigabe.html (zuletzt überprüft am 07.03.2019).

77 Zu den Gründen siehe Beschluss des Bundeskartellamts vom 25.4.2014, Az: B6 – 98/13, abrufbar unter: http://www.bundeskartellamt.de/SharedDocs/Entscheidung/DE/Entscheidungen/Fusionskontrolle/2014/B6-98-13.pdf?__blob=publicationFile&v=2 (zuletzt überprüft am 07.03.2019).

78 Vgl. dazu im Einzelnen: *Andreas Mundt*, Präsident der Bundeskartellamts, im Gespräch mit textintern, abrufbar unter: http://www.bundeskartellamt.de/SharedDocs/Interviews/DE/textintern_Kein_Bedarf_Erleichterungen.html (zuletzt überprüft am 07.03.2019).

Allerdings gibt es im Rundfunkrecht hinsichtlich der **Konzentrationskontrolle** eine Besonderheit.[79] Anders als bei der Presse[80] hält das Bundesverfassungsgericht im Rundfunk wirtschaftlichen Wettbewerb zur Pluralismussicherung nicht für ausreichend.[81] Wettbewerb und Werbefinanzierung schaden nach Auffassung des Bundesverfassungsgerichts der inhaltlichen Differenziertheit des Angebots. Daher hält es das Bundesverfassungsgericht für erforderlich, dass die Meinungsvielfalt im Rundfunk medienrechtlich gesichert wird.[82] Für die elektronischen Medien gibt es neben den allgemeinen wettbewerbsrechtlichen Vorschriften eine spezielle **rundfunkrechtliche Konzentrationsregelung** im Rundfunkstaatsvertrag (vgl. §§ 26, 30 RStV)[83], die von der KEK angewandt wird.[84] Auf diese Weise soll vorherrschende Meinungsmacht im Rundfunk verhindert werden. 400

c) Neue Medien. Neben den klassischen Medien wie Presse und Rundfunk kommt neuen Medien wie Internetportalen und Suchmaschinen eine wachsende Bedeutung für das Rezeptionsverhalten und insbesondere die Steuerung der Nutzer bei der Auswahl von Informationsquellen zu. In diesem Zusammenhang wird aktuell die Marktmacht von Google auf dem Markt der Internet-Suchmaschinen und der daraus resultierende Einfluss auf die Meinungsbildung kritisch bewertet[85], da Google auf diesem Markt über einen Marktanteil von ca. 90 % und somit über eine überragende marktbeherrschende Stellung verfügt. Vor diesem Hintergrund sprach sich Wirtschaftsminister Gabriel[86] sogar für eine Zerschlagung des Google Konzerns aus. Die Monopolkommission, die kraft Gesetzes die Aufgabe hat, die Bundesregierung in Wettbewerbsfragen zu beraten, schlug hingegen eine abwartende Haltung vor, da das Internet generell von einer sehr dynamischen Entwicklung geprägt ist und die Nutzungsgewohnheiten in der Online-Welt sich offenbar schneller ändern als in der „alten Welt" der klassischen Medien.[87] Auch aufgrund der Vielzahl von Beschwerden von Marktteilnehmern gegen das Verhalten von Google betrachten sowohl die EU-Kommission als auch das Bundeskartellamt die Fragen der Steuerung des Nutzungsverhaltens mit- 400a

79 Siehe bereits oben Rn. 203 ff.
80 *BVerfGE* 20, 162, 174.
81 So aber *BVerfGE* 57, 295, 322 ff.
82 Siehe auch *Heer-Reißmann*, in: Dörr/Kreile/Cole, Handbuch Medienrecht, F Rn. 69.
83 Siehe dazu schon oben Rn. 208 ff.
84 Siehe dazu schon oben Rn. 209 ff.
85 Vgl. dazu eingehend *Dörr/Schuster*, Suchmaschinen im Spannungsfeld zwischen Nutzung und Regulierung, in: Stark/Dörr/Aufenanger, Die Googleisierung der Informationssuche, 2014, 262 ff.; *Paal*, Rechtsgutachten – Intermediäre Regulierung und Vielfaltsicherung im Auftrag der Landesanstalt für Medien Nordrhein-Westfalen (LfM) v. März 2018, abrufbar unter https://www.medienanstalt-nrw.de/foerderung/forschung/abgeschlossene-projekte/intermediaere-regulierung-und vielfaltsicherung.html (zuletzt abgerufen: 07.03.2019
86 Vgl. dazu Gastbeitrag von *Sigmar Gabriel*, Unsere politischen Konsequenzen aus der Google-Debatte, F.A.Z vom 16.5.2014, auch abrufbar unter: http://www.faz.net/aktuell/feuilleton/debatten/die-digital-debatte/sigmar-gabriel-konsequenzen-der-google-debatte-12941865.html (zuletzt überprüft am 07.03.2019).
87 Vgl. zu den Gründen: Zwanzigstes Hauptgutachten der Monopolkommission vom 9.7.2014, Kapitel 1 „Google, Facebook und Co. – Eine Herausforderung für die Wettbewerbspolitik", abrufbar unter: http://www.monopolkommission.de/images/PDF/HG/HG20/1_Kap_1_A_HG20.pdf (zuletzt abgerufen am 07.03.2019).

tels eines intransparenten und marktdominanten Suchalgorithmus als kritisch, weshalb die EU-Kommission ein Ermittlungsverfahren gegen Google eingeleitet hat.[88] Auch gegen Internetportale wie Amazon und HRS wurden in der jüngeren Vergangenheit Missbrauchsverfahren geführt, aufgrund derer diese Unternehmen gezwungen wurden, missbräuchliche Geschäftspraktiken abzustellen.[89] Angesichts der großen Dynamik des Internet haben der europäische und nationale Gesetzgeber bislang Zurückhaltung geübt und die Lösung der spezifischen Problembereiche von Online-Medien im Wesentlichen den Kartellbehörden überlassen. Ob das Kartellrecht in der bisherigen Form allein ausreichen wird, den Anforderungen dieser Online Welt gerecht zu werden, ist allerdings sehr zweifelhaft.[90]

Dies zeigt etwa das Verfahren, dass das Bundeskartellamt 2016 gegen Facebook wegen des Verdachts des Missbrauchs seiner marktbeherrschenden Stellung durch Verstöße gegen das Datenschutzrecht einleitete.[91] Der Vorwurf lautete, dass Facebook im Rahmen seiner Vertragsbestimmungen eine für den Nutzer hinsichtlich ihres Umfangs nur schwer verständliche Einwilligung zur Verwendung von Nutzerdaten einhole und die Nutzung des Dienstes dabei von der Erteilung dieser Einwilligung abhängig mache.[92] Daher kam das Bundeskartellamt zu der Einschätzung, dass Facebook einen **„Konditionenmissbrauch"**[93] begehe, indem das Unternehmen die Nutzung des sozialen Netzwerks davon abhängig mache, unbegrenzt jegliche Art von Nutzerdaten aus

---

88 Es handelt sich um die Beschwerden der Unternehmen Foundem („Foundem/Google"- Case No. 39740), Ciao („Ciao/Google" – Case No. 39768) und 1plusV („Foundem/Google" – Case No. 39775); Kartellverwaltungsverfahren gegen HRS wegen Anwendung der Bestpreisklausel (Az.: B9 – 66/10), Fallbericht abrufbar unter: http://www.bundeskartellamt.de/SharedDocs/Entscheidung/DE/Fallberichte/Kartellverbot/2013/B9-66-10.pdf?__blob=publicationFile&v=3 (zuletzt überprüft am 07.03.2019).

89 Kartellverwaltungsverfahren gegen die Amazon Services Europe S.à.r.l., Luxemburg wegen der Ausgestaltung des Amazon Marketplace, insbesondere der Verpflichtung von Händlern zur Preisparität (Az.: B6-46/12), Fallbericht abrufbar unter: http://www.bundeskartellamt.de/SharedDocs/Entscheidung/DE/Fallberichte/Kartellverbot/2013/B6-46-12.pdf?__blob=publication File&v=2 (zuletzt abgerufen: 07.03.2019); Kartellverwaltungsverfahren gegen HRS wegen Best-Preis.

90 Vgl. dazu Online-Artikel „Alle gegen Google", Süddeutsche.de, in dem sich *Andreas Mundt*, Präsident des Bundeskartellamts, kritisch zu der Marktmacht von Google äußert und gesetzgeberische Maßnahmen fordert. Abrufbar unter: http://www.sueddeutsche.de/digital/markt macht-von-internetkonzernen-alle-gegen-google-1.1970354 (zuletzt überprüft am 07.03.2019); zu möglichen Lösungsansätzen des Suchmaschinenmarktes, die über das Kartellrecht hinausgehen, siehe *Kreile/Thalhofer*, ZUM 2014, 629, 623 ff. sowie *Dörr/Schuster*, Suchmaschinen im Spannungsfeld zwischen Nutzung und Regulierung, in: Stark/Dörr/Aufenanger, Die Googleisierung der Informationssuche, 2014, 262, 317 ff.

91 Vgl. dazu die Pressemitteilung des *BKartA* v. 2.3.2016, abrufbar unter https://www.bundeskartell amt.de/SharedDocs/Meldung/DE/Pressemitteilungen/2016/02_03_2016_Facebook.html (zuletzt abgerufen am 07.03.2019) sowie *Kundan*, in: Schwartmann, Praxishandbuch Medienrecht Kap. 13 Rn. 50.

92 Vgl. dazu die Pressemitteilung des *BKartA* v. 19.12.2017, abrufbar unter https://www.bundeskartellamt.de/SharedDocs/Meldung/DE/Pressemitteilungen/2017/19_12_2017_Facebook.html (zuletzt abgerufen: 07.03.2019 sowie *Kundan*, in: Schwartmann, Praxishandbuch Medienrecht Kap. 13 Rn. 50.

93 Vgl. dazu die Pressemitteilung des *BKartA* v. 2.3.2016, abrufbar unter https://www.bundeskartell amt.de/SharedDocs/Meldung/DE/Pressemitteilungen/2016/02_03_2016_Facebook.html (zuletzt abgerufen am 07.03.2019).

Drittquellen sammeln und mit dem Facebook-Konto zusammenführen zu dürfen.[94] Im Zuge der neuen Anforderungen der seit 25. Mai 2018 in Europa anzuwendenden Datenschutz-Grundverordnung (DS-GVO) hat Facebook seine Datenschutzrichtlinien angepasst.[95] Im Februar 2019 hat das BKartA schließlich Facebook das Zusammenführen von Nutzerdaten aus Drittquellen mit einem Facebook-Nutzerkonto untersagt: Dies ist nur noch nach vorheriger freiwilliger und informierter Einwilligung der Nutzer möglich.[96] Vgl. dazu auch Rn. 257.

III. Verfahren und Prozessuales

Im Wettbewerbs- und Kartellrecht bestehen verfahrensrechtliche Besonderheiten.

1. Rechtsschutz gegen Wettbewerbsverletzungen

Rechtsschutz gegen Wettbewerbsverletzungen nach dem UWG ist vor den Zivilgerichten **401** durch Beseitigungs- und Unterlassungsansprüche[97], Schadensersatzansprüche[98] und sog. Gewinnabschöpfungsansprüche[99] möglich. Dem gerichtlichen Verfahren – in der Regel zunächst auf Erlass einer einstweiligen Verfügung nach §§ 935 f. ZPO[100] – soll zunächst eine Abmahnung (§ 12 Abs. 1 S. 1 UWG) mit dem Ziel einer strafbewehrten Unterlassungsverpflichtungserklärung vorausgehen.[101]

2. Rechtsschutz gegen Fusions- und Konzentrationskontrolle

Insoweit ist zwischen dem Kartellrecht und dem Medienkonzentrationsrecht, also dem Vielfaltsicherungsrecht, zu unterscheiden.

a) Bundeskartellamt. Über Beschwerden gegen Fusionskontrollentscheidungen des **402** Bundeskartellamts entscheidet in erster Instanz das für das Bundeskartellamt zuständige Oberlandesgericht Düsseldorf und in zweiter Instanz gegebenenfalls der Bundesgerichtshof. Letzter entscheidet nur, wenn die Beschwerde durch das Oberlandesgericht zugelassen oder eine Nichtzulassungsbeschwerde erfolgreich ist. Unabhängig davon kann eine Ministerentscheidung zur Zulassung eines Zusammenschlusses beantragt werden. Allerdings unterliegt auch diese Ministerentscheidung der beschriebenen ge-

---

94 Pressemitteilung des *BKartA* v. 19.12.2017, abrufbar unter https://www.bundeskartellamt.de/SharedDocs/Meldung/DE/Pressemitteilungen/2017/19_12_2017_Facebook.html (zuletzt abgerufen: 07.03.2019).

95 Vgl. https://de-de.facebook.com/policy.php (zuletzt abgerufen: 07.03.2019).

96 Pressemitteilung des *BKartA* v. 07.02.2019, abrufbar unter https://www.bundeskartellamt.de/SharedDocs/Meldung/DE/Pressemitteilungen/2019/07_02_2019_Facebook.html (zuletzt abgerufen: 07.03.2019).

97 *Eisenmann/Jautz*, Rn. 681, zur Durchsetzung von Ansprüchen auch *Ekey*, Rn. 394 ff.

98 *Eisenmann/Jautz*, Rn. 682 ff.

99 *Eisenmann/Jautz*, Rn. 684 ff.

100 *Eisenmann/Jautz*, Rn. 702 ff.

101 *Eisenmann/Jautz*, Rn. 701.

richtlichen Kontrolle. Dabei kommt insbesondere in Betracht, dass ein Konkurrent eine positive Ministerentscheidung angreift.

403 **b) KEK.** Entscheidungen der KEK sind für die Landesmedienanstalten verbindlich, die auf dieser Grundlage den Antragsteller zu bescheiden haben. Gegenüber dem Antragsteller entscheidet stets die zuständige Landesmedienanstalt. Gegen ihre Entscheidung, die regelmäßig einen Verwaltungsakt darstellt, ist der Verwaltungsrechtsweg eröffnet.[102]

IV. Fazit und Glossar

404 Das Wettbewerbs- und Kartellrecht hat im Medienbereich aufgrund der wirtschaftlich interessanten Zusammenschlüsse von Unternehmen eine wichtige praktische Bedeutung. Es wirkt in Kombination mit dem Medienkonzentrationsrecht, das der Sicherung der Meinungsvielfalt dient.

Kartelle	Kartelle sind „Vereinbarungen zwischen Unternehmen, Beschlüsse von Unternehmensvereinigungen und aufeinander abgestimmte Verhaltensweisen, die eine Verhinderung, Einschränkung oder Verfälschung des Wettbewerbs bezwecken oder bewirken“.
Konzentrationsregelungen	Während bei der Presse der wirtschaftliche Wettbewerb zur Pluralismussicherung für ausreichend gehalten wird, muss im Rundfunk eine besondere Vielfaltsicherung erfolgen. Wettbewerb und Werbefinanzierung können die inhaltliche Differenziertheit des Angebots beeinträchtigen. Im Gegensatz zur Presse muss der Rundfunk vor „dem freien Spiel der Kräfte“ geschützt werden. Daher gibt es spezielle rundfunkrechtliche Konzentrationsregelungen im Rundfunkstaatsvertrag (vgl. §§ 26, 30 RStV), wobei die Kontrolle und Beurteilung der Erhaltung der Meinungsvielfalt der KEK obliegt.

D. Urheberrecht, Marken- und Werberecht

I. Urheberrecht

405 „Fast jeder ist ein Urheber, und fast alles ist geschützt.“[103] Mit diesem Satz brachte der für das Urheberrecht zuständige Gutachter des 70. Deutschen Juristentages die Praxisrelevanz und das Problem des modernen Urheberrechts auf den Punkt. Urheber geistiger Werke müssen vor einer unberechtigten Verwendung oder Veränderung ihrer Produkte geschützt werden. Da sich Leistungen bei geistigen Werken im Prozess der Schaffung erschöpfen, bedarf es eines über den Entstehungsprozess hinausreichenden Schutzes. Weil die meisten Medienprodukte geistige Werke sind, spielt das Urheberrecht im Zusammenhang mit den Medien eine wichtige Rolle.

102 Siehe auch oben Rn. 210.
103 *Ansgar Ohly*, zitiert nach Jahn, F.A.Z. v. 16.9.2014, S. 7.

Urheberrechtsschutz kann auf globaler Ebene – denkt man an Musiktauschbörsen, den Abruf von Filmen vor Veröffentlichung, die Verbreitung von Buch- und Zeitungsinhalten ohne Angabe oder Vergütung usw. – leicht umgangen werden. Dies hat eine Reform des Urheberrechts eingeleitet, an dessen Ende auch die Frage nach dessen Durchsetzungsfähigkeit steht. So ist 2002 das Gesetz zur Stärkung der vertraglichen Stellung von Urhebern und ausübenden Künstlern in Kraft getreten, mit dem die Vertragsbeziehungen zwischen Werkschöpfern und verwertenden Unternehmen auch im Hinblick auf Vergütungsansprüche im Urheberrecht festgeschrieben wurden. Seit 2003 gilt in Umsetzung der EG-Multimedia-Richtlinie das „Gesetz zur Regelung des Urheberrechts in der Informationsgesellschaft", welches das Urheberrecht zum Teil grundlegend verändert hat. Eine weitere Novelle ist zum 1. Januar 2008 in Kraft getreten. Es handelt sich dabei um die Umsetzung des sog. „zweiten Korbes" der Urheberrechtsnovelle, die Neuregelungen im Hinblick auf die digitale Nutzung von Werken enthält. Im Vordergrund stehen Regelungen zur Privatkopie, zu Rechten an unbekannten Nutzungsarten[104] und zur elektronischen Nutzung von Werken durch öffentliche Einrichtungen[105]. Viele Fragen waren jedoch noch offen geblieben. Deshalb stand bereits der „dritte Korb" zur Regelung des Urheberrechts in der Informationsgesellschaft im Raume.[106] Nach ersten Anhörungen im Sommer 2010 wurden ab Mitte 2013 einige Reformvorhaben nach und nach umgesetzt. So erfolgte mit Wirkung zum 01.03.2018 durch das **Gesetz zur Angleichung des Urheberrechts an die aktuellen Erfordernisse der Wissensgesellschaft (UrhWissG)**[107] eine weitere Umsetzung.[108] Nach Auffassung des Gesetzgebers hatte das Urheberrecht die urheberrechtlichen Verwertungsrechte und die gesetzlich erlaubten Nutzungen in Unterricht und Wissenschaft vor dem Hintergrund der Digitalisierung und Vernetzung nicht mehr ausreichend geregelt.[109] Das Gesetz gilt befristet bis zum 01.03.2023 und wird vier Jahre nach Inkrafttreten durch die Bundesregierung evaluiert. **406**

Die Möglichkeiten der Digitalisierung haben Urheberrechtsverletzungen im Internet zu einem Massenphänomen gemacht.[110] 19,9 Millionen Menschen in Deutschland haben im Jahr 2010 digitale Medieninhalte im Internet genutzt. Davon entfielen 15,6 Millionen Nutzer auf Musik, 5,8 Millionen auf TV-Serien, 4,3 Millionen auf Filme, 3,6 Millionen auf Spiele, 3,3 Millionen auf Hörbücher und 2,0 Millionen auf eBooks. 3,7 Mil-

104 Dazu *Klöhn*, K&R 2008, 77 ff.

105 Dazu *Kuck*, in: Schwartmann, Praxishandbuch Medienrecht, 24. Kap. Rn. 22 ff. und *Klett*, K&R 2008, 1 ff.; *Sprang/Ackermann*, K&R 2008, 7 ff.

106 Vgl. dazu *Dreyer*, in: Dreyer/Kotthoff/Meckel/Hentsch, Urheberrecht, Einleitung Rn. 174 ff.

107 Gesetz zur Angleichung des Urheberrechts an die aktuellen Erfordernisse der Wissensgesellschaft (Urheberrechts-Wissensgesellschaft-Gesetz – UrhWissG) v. 01. Sept. 2017, BGBl. I S. 3346.

108 Dazu *Dreyer*, in: Dreyer/Kotthoff/Meckel/Hentsch, Urheberrecht, Einleitung Rn. 174 ff.; *Schwartmann/Hermann*, in: Brodowski, Das große Handbuch für die Kita-Leitung, Kapitel 21, S. 724 ff.

109 *Hentsch*, in: Dreyer/Kotthoff/Meckel/Hentsch, Urheberrecht, Vor §§ 60a ff. Rn. 5.

110 Dazu *Schwartmann*, Vergleichende Studie über Modelle zur Versendung von Warnhinweisen durch Internet-Zugangsanbieter an Nutzer bei Urheberrechtsverletzungen, im Auftrag des Bundesministeriums für Wirtschaft und Technologie, 2012, S. 34 ff., abrufbar unter: https://www.bmwi.de/Redaktion/DE/Publikationen/Technologie/warnhinweise.pdf?__blob=publicationFile&v=3 (zuletzt abgerufen: 20.02.2019).

lionen der Nutzer sollen sich die Angebote dabei illegal verschafft haben.[111] Trotz eines Wachstums von 17,5 % im Bereich der digitalen Verkäufe ging das Umsatzvolumen der Musikbranche in Deutschland im Jahr 2010 um 4,6 % zurück[112] und blieb 2011 auf dieser Basis im Wesentlichen stabil. Studien gelangen zu dem Ergebnis, dass sog. „Internetpiraterie" ein ständig wachsendes Phänomen ist, welches für die Umsatzrückgänge der betroffenen Branchen ursächlich ist.[113] Es lässt sich beobachten, dass beispielsweise die weltweit erzielten legalen Umsätze mit Video- Streaming in den letzten Jahren konstant steigen.[114] So wird der Umsatz im Jahr 2017 auf 46,5 Milliarden US-Dollar taxiert. Im Jahr 2022 wird sogar mit einem Umsatzvolumen von 83,4 Milliarden US-Dollar gerechnet.[115] Auf der anderen Seite lässt sich aber auch beobachten, dass hier die Verluste durch Online-Piraterie zunehmen. Wurde der Verlust durch Online-Piraterie im Jahr 2017 auf 31,8 Milliarden US-Dollar geschätzt, liegt der prognostizierte Verlust im Jahr 2022 bei 51,6 Milliarden US-Dollar.[116] Weil so viele Menschen Urheberrechte verletzen, wurden immer wieder politische Forderungen zu einer drastischen Liberalisierung des Regimes erhoben. Das Programm der Piratenpartei zum Kopieren und Nutzen geistigen Eigentums lautete dazu auszugsweise wie folgt: „Weil die Kopierbarkeit von digitalen Werken sich technisch nicht sinnvoll einschränken lässt und die flächendeckende Durchsetzbarkeit von Verboten im privaten Lebensbereich als gescheitert betrachtet werden muss, sollten die Chancen der allgemeinen Verfügbarkeit von Werken erkannt und genutzt werden. Die nichtkommerzielle Vervielfältigung und Nutzung von Werken sollte als natürlich betrachtet werden und tangiert Urheberinteressen nicht negativ."

Verfassungsrechtlich sind diese Forderungen haltlos. Das Bundesverfassungsgericht spricht ausdrücklich von den „als geistiges Eigentum von der Verfassung gewährleisteten Urheberrechte(n)". Weiter heißt es: „Zu den konstituierenden Merkmalen des Urheberrechts als Eigentum im Sinne der Verfassung gehören die grundsätzliche Zuordnung des vermögenswerten Ergebnisses der schöpferischen Leistung an den Urheber im Wege privatrechtlicher Normierung sowie seine Freiheit, in eigener Verantwortung darüber verfügen zu können. Im Einzelnen ist es Sache des Gesetzgebers, im Rahmen der inhaltlichen Ausprägung des Urheberrechts nach Art. 14 Abs. 1 S. 2 GG sachgerechte Maßstäbe festzulegen, die eine der Natur und der sozialen Bedeutung des Rechts entsprechende Nutzung und angemessene Verwertung sicherstellen (vgl. BVerfGE 31, 229, 240 f.; 79, 1, 25). Dabei hat der Gesetzgeber einen verhältnismäßig weiten Entscheidungsspielraum (vgl. BVerfGE 21, 73, 83; 79, 29, 40). Eingriffe in das

111 *GfK*, Studie zur digitalen Content-Nutzung (DCN Studie) 2011, S. 6.
112 *BVMI*, Musikindustrie in Zahlen 2010, S. 12.
113 Dazu *Schwartmann*, Vergleichende Studie über Modelle zur Versendung von Warnhinweisen durch Internet-Zugangsanbieter an Nutzer bei Urheberrechtsverletzungen, im Auftrag des Bundesministeriums für Wirtschaft und Technologie, 2012, S. 51 ff.
114 Vgl. https://de.statista.com/statistik/daten/studie/777976/umfrage/legaler-umsatz-mit-video-streaming-und-verluste-durch-online-piraterie/ (zuletzt abgerufen: 07.03.2019).
115 Vgl. https://de.statista.com/statistik/daten/studie/777976/umfrage/legaler-umsatz-mit-video-streaming-und-verluste-durch-online-piraterie/ (zuletzt abgerufen: 07.03.2019).
116 Vgl. https://de.statista.com/statistik/daten/studie/777976/umfrage/legaler-umsatz-mit-video-streaming-und-verluste-durch-online-piraterie/ (zuletzt abgerufen: 07.03.2019).

Verwertungsrecht des Urhebers können freilich nur durch ein gesteigertes öffentliches Interesse gerechtfertigt werden (vgl. BVerfGE 31, 229, 243; 49, 382, 400; 79, 29, 41)."[117]

Dies schließt es nicht aus, Modifikationen am Urheberrecht vorzunehmen, die im Einklang mit der Verfassung stehen. Hier liegt die Herausforderung für Juristen. Wenn man einen Eingriff in die Eigentumssystematik vornehmen will, muss sich eine tragfähige Lösung dezidiert mit den Anforderungen des Grundgesetzes an einen solchen Schritt auseinandersetzen. Der Staat muss dabei die Nutzerinteressen in den Blick nehmen. Die Verfassung lässt es aber nicht zu, den zentralen Wert des Eigentums – seine Privatnützigkeit – zu entkernen. Seine Werthaltigkeit determiniert unser Wirtschaftssystem. Man würde die Verfassung an einer zentralen Stelle zur Disposition stellen, wenn ihre urheberorientierte Wertung aufgegeben würde. Zudem sind die ökonomischen, kulturellen und wirtschaftlichen Auswirkungen abzuwägen.[118]

Entsprechende Vorschläge hat der 70. Deutsche Juristentag am 18. September 2014 zum Thema „Urheberrecht in der digitalen Welt – Brauchen wir neue Regelungen zum Urheberrecht und dessen Durchsetzung?"[119] beschlossen. Neben Beschlüssen unter anderem zur Beibehaltung des Leistungsschutzrechts für Presseverleger und zur beschränkten Haftung von Gastronomen, die ein offenes WLAN betreiben, für Rechtsverstöße ihrer Gäste sprach sich der Deutsche Juristentag für die Einführung eines Warnhinweismodells bei Urheberrechtsverletzungen aus: „Zugangsvermittler sollten auf Anforderung eines Rechteinhabers verpflichtet sein, einen standardisierten Warnhinweis per E-Mail an Nutzer zu versenden, die das Urheberrecht oder verwandte Schutzrechte verletzt haben. Erst wenn ein solcher Warnhinweis ergangen ist, besteht gegenüber Privatpersonen, die erstmals ein geschütztes Recht verletzen, ein Anspruch auf Erstattung der Kosten einer Abmahnung."[120] Ein entsprechender Vorschlag wurde bereits 2012 als vorgerichtliches Mitwirkungsmodell im Rahmen einer „Vergleichende(n) Studie über Modelle zur Versendung von Warnhinweisen durch Internet-Zugangsanbieter an Nutzer bei Urheberrechtsverletzungen" von der Kölner Forschungsstelle für Medienrecht unterbreitet und rechtlich untersucht.[121]

---

117 *BVerfG*, ZUM 2010, 874, 880. Dazu *Paulus/Wesche*, Urheberrecht und Verfassung, Zeitschrift für Geistiges Eigentum 2010, 385 ff. Vgl. zu den verfassungsrechtlichen Grundlagen des Urheberrechts *Schwartmann/Hentsch*, JöR 62 (2014), 91, 93 ff.

118 Zur Entwicklung bis zu den Neuerungen bis zum Ende der 17. Legislaturperiode im Jahr 2013 *Schwartmann/Hentsch*, JöR 62 (2014), 91, 91 f.

119 http://www.djt.de/nachrichtenarchiv/meldungen/artikel/beschluss-abteilung-urheberrecht/ (zuletzt abgerufen: 07.03.2019).

120 Vgl. http://www.djt.de/nachrichtenarchiv/meldungen/artikel/beschluss-abteilung-urheberrecht/ (zuletzt abgerufen: 07.03.2019).

121 *Schwartmann*, Vergleichende Studie über Modelle zur Versendung von Warnhinweisen durch Internet-Zugangsanbieter an Nutzer bei Urheberrechtsverletzungen" verfügbar unter http://www.bmwi.de/DE/Redaktion/DE/Publikationen/Technologie/warnhinweise.pdf?--blob=publicationfile&v=3 (zuletzt abgerufen: 07.03.2019).

Bemerkenswert ist darüber hinaus die Diskussion zur Richtlinie über das Urheberrecht im digitalen Binnenmarkt,[122] insbesondere im Hinblick auf die in Art. 13 der RL vorgesehenen „Upload-Filter".[123]

Weiterer Reformbedarf besteht vor allem bei dem Thema **„Open Access"**. Hierunter versteht man den freien Zugang zu wissenschaftlicher Literatur und ähnlichen Beiträgen im Internet.[124] Mit Hilfe von „Open Access" soll ermöglicht werden, dass Forschungsergebnisse, die durch öffentliche Mittel finanziert werden, der Öffentlichkeit auch kostenfrei zur Verfügung gestellt werden. Das Bundesministerium für Bildung und Forschung sieht hierin die Möglichkeit den digitalen Wandel in der Wissenschaftspraxis zu erreichen und die Rahmenbedingungen für einen ungehinderten Informationszugang zu verbessern.[125]

1. Gegenstand und Träger des Urheberrechts

Die zentrale gesetzliche Verankerung des Urheberrechts im deutschen Recht findet sich im **Gesetz über Urheberrecht und verwandte Schutzrechte** (UrhG).

407 Das Urheberrecht ist das Recht des Urhebers (§§ 7 ff. UrhG)[126] an seinem **Werk** (§§ 2 ff. UrhG)[127] als „persönliche geistige Schöpfung" (§ 2 Abs. 2 UrhG). Zur Ausgestaltung des Urheberrechts gibt es zahlreiche Einzelregelungen bezogen auf verschiedene Werke. Das Urheberrechtsgesetz schützt die Urheber von Werken der Literaturwissenschaften und Kunst, also beispielsweise von Büchern, aber auch von Computerprogrammen, Tonträgern, Filmen u.a. (§ 2 Abs. 1 UrhG). Entscheidend ist die persönliche geistige Schöpfung eines solchen Werkes, das sinnlich wahrnehmbar ist und eine gewisse Originalität (Schöpfungshöhe) aufweisen muss. Der modernen Kommunikationswelt entsprechend sind heute auch Computerprogramme und Datenbanken erfasst.

Die urheberrechtlichen Leistungsschutzrechte schützen nicht das Ergebnis eines Schöpfungsvorgangs, aber das Ergebnis der Ausnutzung eines kreativen Gestaltungsspielraums. Dies kann der Schutz kreativer Leistungen, wie etwa der Schutz von wissenschaftlichen Ausgaben (§ 70 UrhG), Lichtbildern (§ 72 UrhG) oder Darbietungen (§§ 73 ff. UrhG) sein. Aber auch unternehmerische Leistungen, wie der Schutz des Veranstalters (§ 81 UrhG), des Tonträgerherstellers (§ 85 UrhG), des Sendeunternehmens (§ 87 UrhG), des Datenbankherstellers (§ 87b UrhG), des Filmherstellers (§ 94 UrhG) sowie des Presseverlegers (§ 87f UrhG) sind im Urhebergesetz geregelt und den Rechten des Urhebers in vielerlei Hinsicht gleichgestellt.

---

122 RL über das Urheberrecht im digitalen Binnenmarkt, COM/2016/0593 final – 2016/0280 (COD).

123 Vgl. zur Diskussion *Specht*, Entwicklung des IT-Rechts 2018, NJW 2018, 3686 (3689) sowie MMR-Aktuell 2018, 405308.

124 *Kuck*, in: Schwartmann, Praxishandbuch Medienrecht, 26. Kap. Rn. 26.

125 Siehe dazu Open Access in Deutschland – Die Strategie des Bundesministeriums für Bildung und Forschung, abrufbar unter: https://www.bmbf.de/pub/Open_Access_in_Deutschland.pdf (zuletzt abgerufen: 07.03.2019).

126 *Eisenmann/Jautz*, Rn. 28 ff.

127 *Eisenmann/Jautz*, Rn. 18 ff.; *Kreile*, in: Dörr/Kreile/Cole, Handbuch Medienrecht, K Rn. 6 ff.

a) Der Werkbegriff. Schutzgegenstand des Urheberrechts sind Werke der Literatur, Wissenschaft und Kunst, die eine persönliche, geistige Schöpfung des Urhebers darstellen. Dabei wird auch die sog. „kleine Münze" geschützt. Das bedeutet, dass an die Schöpfungshöhe keine zu hohen Anforderungen gestellt werden dürfen. Schutz genießen damit auch Werke, die nicht höchste schöpferische Qualität aufweisen. **408**

Anders hatte der BGH dies bei Werken aus dem Bereich der angewandten Kunst in der Vergangenheit beurteilt, also bei Gebrauchsgegenständen mit künstlerischer Formgebung.[128] In einer jüngeren Entscheidung hat der BGH jedoch festgestellt, dass aufgrund einer Reform des Geschmackmustergesetzes für die Anwendbarkeit des Urheberrechts an die Gestaltungshöhe bei Werken der angewandten Kunst keine höheren Anforderungen mehr zu stellen sind als bei Werken der zweckfreien Kunst.[129]

Kontrovers wurde die Frage diskutiert, ob Fernsehshowformate urheberrechtlich geschützt sind. Unter einem Format wird der Inbegriff aller charakteristischen audiovisuellen Elemente eines Serienbeitrags (Show, Fiction, Nachrichten, etc.) verstanden, der in jeder Folge wiederkehrt und als Identifikationsmerkmale wahrgenommen wird.[130] Dazu entschied der BGH, dass einem Format kein urheberrechtlicher Schutz zukomme.[131] Dagegen können einzelne Elemente eines Formates für sich betrachtet urheberrechtsfähig sein, wie z.B. das Logo, das Bühnenbild oder andere Gestaltungselemente.[132]

b) Der Urheber. Der Urheber steht im Mittelpunkt des gesetzlichen Schutzes. Urheber ist dabei derjenige, der das Werk geschaffen hat (Schöpferprinzip). Beim Plagiat (aus lat. plagiārius = Seelenverkäufer, Menschenräuber) handelt es sich nicht um eine eigene Schöpfung, sondern um die Anmaßung einer fremden Schöpfung, d.h. einer fremden geistigen Leistung. **409**

Urheber ist kein Beruf, so dass prinzipiell jeder, auch in Kombination mit anderen – als Miturheber oder Urheber verbundener Werke – Urheber sein kann. Das Urheberrecht des geistigen Schöpfers wirkt über seinen Tod hinaus und kann so von den Erben unter bestimmten Umständen geltend gemacht werden (§§ 28 ff. UrhG).[133]

2. Inhalte des Urheberrechts

Positiver Inhalt[134] des Urheberrechts sind zunächst die **Urheberpersönlichkeitsrechte** (§§ 12–14 UrhG), die Verwertungsrechte (§§ 15–24 UrhG) in körperlicher (§ 15 Abs. 1 UrhG) und unkörperlicher (§ 15 Abs. 2 UrhG) Form sowie sonstige Rechte (§§ 25–27 UrhG).[135] **410**

---

128 *BGH*, Urt. v. 22.6.1995 – I ZR 119/93 = ZUM 1995, 790.
129 *BGH*, Urt. v. 13.11.2013 – I ZR 143/12 = *BGHZ* 199, 52.
130 *BGH*, GRUR 2003, 876, 877.
131 *BGH*, GRUR 2003, 876, 877; *Kuck*, in: Schwartmann, Praxishandbuch Medienrecht, 26. Kap. Rn. 77.
132 Siehe dazu *Schwartmann/Hentsch*, in: Falltraining im Urheberrecht, Fall 6 Manifestation.
133 *Eisenmann/Jautz*, Rn. 80.
134 *Eisenmann/Jautz*, Rn. 53 ff.
135 Vgl. das Schaubild bei *Eisenmann/Jautz*, Rn. 69. Siehe auch *Kuck*, in: Schwartmann, Praxishandbuch Medienrecht, 26. Kap. Rn. 122 ff.

411 a) **Urheberpersönlichkeitsrechte**. Die Urheberpersönlichkeitsrechte schützen die besondere Beziehung des Urhebers zu seinem Werk. Sie bestehen aus dem Veröffentlichungsrecht (§ 12 UrhG), dem Recht auf Anerkennung der Urheberschaft (§ 13 UrhG) und dem Recht, eine Entstellung des Werkes zu verbieten (§ 14 UrhG).[136]

412 b) **Verwertungsrechte**. Verwertungsrechte (§§ 15–24 UrhG) sollen die wirtschaftlichen Interessen des Urhebers sichern. Man unterscheidet zwischen körperlichen und unkörperlichen Verwertungsrechten. Zu den körperlichen Verwertungsrechten zählen das Vervielfältigungsrecht (§ 16 UrhG), das Verbreitungsrecht (§ 17 UrhG) und das Ausstellungsrecht (§ 18 UrhG). Eine unkörperliche Verwertung umfasst hingegen jede Verwertungsform, die das Werk oder ein Vervielfältigungsstück nicht selbst, sondern nur mittelbar zum Gegenstand hat und dieses nicht körperlich, sondern lediglich in seinem geistigen Gehalt für die menschlichen Sinne wahrnehmbar macht. Der im UrhG beispielhaft enthaltene Katalog von unkörperlichen Verwertungsformen umfasst das Recht der öffentlichen Wiedergabe (Vortrag, Aufführung, Vorführung, § 19 UrhG), das Recht der öffentlichen Zugänglichmachung (§ 19a UrhG), das Senderecht (§ 20 UrhG), die Europäische Satellitensendung (§ 20a UrhG) sowie die Kabelweitersendung (§ 20b UrhG).[137] Diese Rechte sind als Nutzungsrechte (§§ 31 ff. UrhG) auf Dritte übertragbar (Vergabe von Lizenzen).

413 Eine besondere Rolle für das Medienrecht spielen Rechtsfragen der Verwertung von **Computerprogrammen**[138], Tonträgern (§ 85 Abs. 1 UrhG)[139] und Filmen.[140] Urheberrechte werden oft von sog. **Verwertungsgesellschaften** oder Wahrnehmungsgesellschaften (z.B. GEMA für Musik, VG Wort für Autoren, VG Bildkunst und die VG Media) wahrgenommen, da der Urheber selbst dies nicht leisten kann.[141] In der Regel lassen sich Verwertungsgesellschaften mit Hilfe von Wahrnehmungsverträgen die Rechte bestimmter Urheber oder Leistungsschutzberechtigter übertragen, so dass sie gegenüber den Nutzern als Lizenzgeber für Rechtekategorien auftreten. Abweichend davon nimmt die VG Media nicht nur die Urheber- und Leistungsschutzrechte von einigen inländischen und ausländischen Fernseh- und Hörfunksendern wahr, sondern nunmehr auch das neu eingeführte Leistungsschutzrecht der Presseverlage, welches primär gegenüber Internetsuchmaschinen wahrgenommen wird.[142] Rechte und Pflichten der Verwertungsgesellschaften sind in dem am 01.06.2016 neu erlassenen Verwertungsgesellschaftengesetz (VVG), das eine EU-Richtlinie[143] umsetzt und das bisherige Urheberrechtswahrnehmungsgesetz (UrhWahrnG) ablöst, geregelt.

---

136 Dazu *Kuck*, in: Schwartmann, Praxishandbuch Medienrecht, 26. Kap. Rn. 120 ff.

137 Ausführlich dazu *Kuck*, in: Schwartmann, Praxishandbuch Medienrecht, 26. Kap. Rn. 139 ff.

138 *Eisenmann/Jautz*, Rn. 98a ff.

139 *Eisenmann/Jautz*, Rn. 109; *Kuck*, in: Schwartmann, Praxishandbuch Medienrecht, 26. Kap. Rn. 277 ff.

140 *Eisenmann/Jautz*, Rn. 114.

141 Dazu *Hoeren*, S. 178 ff.

142 *Kuck*, in: Schwartmann, Praxishandbuch Medienrecht, 26. Kap. Rn. 172 ff., ausführlich *Sporn*, in: Schwartmann, Praxishandbuch Medienrecht, 27. Kap. Rn 36 ff.

143 RL 2014/26/EU v. 26.02.2014 über die kollektive Wahrnehmung von Urheber- und verwandten Schutzrechten und die Vergabe von Mehrgebietslizenzen für Rechte an Musikwerken für die Online-Nutzung im Binnenmarkt.

c) Sonstige Rechte. Sonstige Rechte sind das **Zugangsrecht** des Urhebers zu Werkstücken (§ 25 UrhG)[144], das sog. **Folgerecht** des Urhebers im Bereich der bildenden Künste (§ 26 UrhG)[145] und das Recht, eine Vermiet- oder Verleihtantieme zu verlangen (§ 27 UrhG)[146]. **414**

3. Einschränkungen des Urheberrechts

415 Der Inhalt des Urheberrechts wird wegen der Sozialgebundenheit des Eigentums (Art. 14 Abs. 2 GG) durch gesetzliche Regelungen im Interesse der Allgemeinheit beschränkt. Diese gesetzlichen Schranken haben die Form entweder einer gesetzlichen Lizenz, einer Freistellung oder einer Befristung der Schutzdauer und sind im sechsten Abschnitt des UrhG (§§ 44a–63a) geregelt. So genießen etwa sog. **gemeinfreie Werke** nach Ablauf einer Schutzfrist keinen urheberrechtlichen Schutz mehr. Zudem dürfen in der Öffentlichkeit getätigte Aussagen wie z.B. Reden weiterverbreitet werden (§ 48 UrhG). Eine der wichtigsten Schrankenregelungen ist das Zitatrecht (§ 51 UrhG), welches eine geistige Auseinandersetzung mit fremden Werken vergütungsfrei erlaubt[147].

Eine weitere Durchbrechung des Schutzes der Urheber wurde durch das Recht der **Privatkopie** gesetzlich festgelegt (§ 53 UrhG). Hierbei verfolgte der Gesetzgeber das Ziel, den Bürger vor einer unangemessenen Kriminalisierung zu schützen, indem die Herstellung einer Kopie eines geschützten Werkes (z.B. das Brennen einer CD mit Musikstücken) ausnahmsweise von der Lizenzpflicht gemäß § 16 UrhG befreit wird, wenn es sich gemäß § 53 UrhG um eine zu rein privaten Zwecken angefertigte Kopie eines rechtmäßig erworbenen Werkes handelt. Somit verstößt der Bürger bei der Herstellung von Privatkopien nicht gegen § 16 UrhG und macht sich nicht gemäß § 106 UrhG strafbar. Auch zu wissenschaftlichen Zwecken können gemäß § 52a UrhG lizenzfreie Kopien hergestellt werden. Als monetären Ausgleichsmechanismus hat der Gesetzgeber eine urheberrechtliche Abgabe auf Speichermedien und Kopiergeräte eingeführt, so dass die Marktteilnehmer, die derartige Geräte oder Produkte in den Markt bringen, gegenüber den in der ZPÜ (Zentralstelle für private Überspielungsrechte) zusammengeschlossenen Verwertungsgesellschaften gemäß § 54 UrhG Lizenzentgelte leisten müssen.

4. Leistungsschutzrechte

415a Das UrhG enthält Vorschriften über sog. verwandte Schutzrechte oder auch Leistungsschutzrechte. Hier werden insbesondere den Lichtbildnern (§ 72 UrhG), den ausübenden Künstlern (§§ 73–83 UrhG), den Tonträgerherstellern (§§ 85, 86 UrhG), den Sendeunternehmen (§ 87 UrhG) und den Herstellern von Filmen (§§ 88–95 UrhG) eigene dem Urheberrecht vergleichbare Rechte zugestanden. §§ 87a–87e UrhG sehen ein besonderes Leistungsschutzrecht für die Hersteller von Datenbanken (sog. sui-gene-

144 *Eisenmann/Jautz*, Rn. 68.
145 *Eisenmann/Jautz*, Rn. 69.
146 *Eisenmann/Jautz*, Rn. 70.
147 Vgl. zu Raubkopien in Hinblick auf § 53 UrhG *Leipold*, NJW-Spezial 2006, 327 ff.

ris-Schutz) vor.[148] Diese Leistungsschutzrechte bezwecken den Schutz derjenigen, die selbst keine schöpferische Leistung erbringen, sondern den wirtschaftlichen und organisatorischen Rahmen für das schöpferische Schaffen anderer ermöglichen.

Mit Wirkung zum 1. August 2013 wurde durch das 8. Gesetz zur Änderung des Urheberrechtsgesetzes ein vorher kontrovers diskutiertes[149] Leistungsschutzrecht für Presseverlage gemäß §§ 87f ff. UrhG im Onlinebereich eingeführt, um den Schutz von Presseerzeugnissen im Internet zu verbessern. Geschaffen wurde das Leistungsschutzrecht insbesondere mit Blick auf die systematische Ausnutzung fremder verlegerischer Leistungen durch Suchmaschinenbetreiber, die durch kurze Textausschnitte (sog. Snippets), verbunden mit Hyperlinks, ebenfalls Zugriff auf die redaktionellen Inhalte bieten, ohne dass der Nutzer noch einmal den eigentlichen Artikel abrufen muss. Es soll gewährleistet werden, dass Presseverlage im Onlinebereich nicht schlechter gestellt sind als andere Werkvermittler.[150]

415b *Zur Vertiefung*

§ 87f Abs. 1 S. 1 UrhG gesteht dem Presseverleger das ausschließliche Recht zu, Presseerzeugnisse zu gewerblichen Zwecken öffentlich zugänglich zu machen. In § 87f Abs. 2 S. 1 UrhG wird der Begriff des Presseerzeugnisses legal definiert. Ausgenommen sind nach § 87f Abs. 1 S. 1 UrhG „einzelne Wörter" und „kleinste Textausschnitte". Diese unbestimmten Rechtsbegriffe haben zu erneuten Diskussionen geführt und lassen erheblichen Auslegungsspielraum.[151] Der ursprüngliche Regierungsentwurf sah vor, dass auch kleinste Textteile vom Leistungsschutzrecht der Presseverleger umfasst sein sollten. Um Befürchtungen[152] entgegenzutreten, dass jede Nutzung eines solchen Bestandteils eine Rechtsverletzung darstellen würde, hat der Gesetzgeber diese Textbestandteile vom Leistungsschutzrecht ausgenommen. Die Konkretisierung der im besagten Leistungsschutzrecht zahlreich vorhandenen unbestimmten Rechtsbegriffe muss durch die Rechtsprechung erfolgen.[153] In der Praxis führt die nicht eindeutig definierte Reichweite des Leistungsschutzrechtes schon jetzt zu Auseinandersetzungen zwischen den in der VG Media zusammengeschlossenen großen Verlagen – Axel Springer, Burda, Die Funke Mediengruppe u.a. – und Internetsuchmaschinen wie Google. Gerade hat das Bundeskartellamt eine Beschwerde der VG Media gegen Google wegen missbräuchlichen Verhaltens abgewiesen. Unter anderem hatte die VG Media vorgetragen, dass Google unter Ausnutzung ihrer überragenden marktbeherrschenden Position das ihnen vom Gesetzgeber zugestandene Leistungsschutzrecht missachte, indem es von den Verlegern die Einwilligung in eine vergütungslose Verwertung ihrer Produkte, sog. „Opt-In"-Erklärung, in „Google News" verlange und anderenfalls mit einer Auslistung in der Google-Suche drohe. Das Kartellamt begründete seine Ent-

---

148 *Thum*, in: Wandtke/Bullinger, Praxiskommentar zum Urheberrecht, Vor §§ 87a ff. Rn. 2 ff.

149 *Hegemann/Heine*, Für ein Leistungsschutzrecht für Presseverleger, AfP 2009, 201 ff.; *Ehmann/Szilagyi*, Erforderlichkeit eines Leistungsschutzrechts für Presseverleger, K&R Beihefter 2/2009; *Schweizer*, Schutz der Leistungen von Presse und Journalisten, ZUM 2010, 7 ff.; *Frey*, Leistungsschutzrecht für Presseverleger – Überlegungen zur Struktur und zu den Auswirkungen auf die Kommunikation im Internet, MMR 2010, 291 ff. *Wandtke*, in: Wandtke/Bullinger Einl. Rn. 11 sowie *Wallraf*, Zur crossmedialen Herausforderung der Presseverlage, ZUM 2010, 492 ff.

150 Vgl. Regierungsentwurf eines siebenten Gesetzes zur Änderung des Urheberrechtsgesetzes, 29.8.2012, BT-Drucks. 17/11470, S. 6; *Kuck*, in: Schwartmann, Praxishandbuch Medienrecht, 26. Kap. Rn. 300 f. Eingehend auch *Schwartmann*, Gutachten zum Leistungsschutzrecht für Presseverleger im Auftrag des Bundesverbandes Deutscher Zeitungsverleger und des Verbandes Deutscher Zeitschriftenverleger, Januar 2013. Zu Pro und Contra *Schwartmann* bzw. *Dewenter* unter http://www.faz.net/aktuell/feuilleton/medien/pro-und-contra-sorgt-der-geplante-leistungsschutz-fuer-rechtsunsicherheit-12122660.html (zuletzt abgerufen: 07.03.2019).

151 *Spindler*, WRP 2013, 967 ff.; *Hassenfelder*, ZUM 2013, 374.

152 Vgl. Beschlussempfehlung des Rechtsausschusses, BT-Drucks. 17/12534, S. 4 f.

153 *Wandtke/Bullinger/Jani*, vor § 87f Rn. 2.

scheidung damit, dass die Vorwürfe nicht an ein konkretes Verhalten von Google anknüpften und es damit an einem für ein Kartellrechtsverfahren notwendigen Anfangsverdacht fehle.[154]

5. Durchsetzung des Urheberrechts

Zur Durchsetzung des Urheberrechts und entsprechender Ansprüche bei Rechtsverletzungen differenziert das UrhG in bürgerlich-rechtliche Vorschriften (§§ 97–105 UrhG), in Straf- und Bußgeldvorschriften (§§ 106 –111a UrhG) sowie Vorschriften über Maßnahmen der Zollbehörden (§§ 111b und 111c UrhG). Namentlich in den zivilrechtlichen Vorschriften zum negativen Inhalt des Urheberrechts[155], für die nach § 104 UrhG der ordentliche Rechtsweg eröffnet ist, sind Unterlassungs- und Schadensersatzansprüche (§ 97 UrhG) und Ansprüche auf Vernichtung und Überlassung vervielfältigter Stücke (§ 98 UrhG) sowie Auskunftsansprüche (§ 101 UrhG) geregelt.

33d. Übungsfrage: Über den WLAN-Anschluss der Familie F wird ein Musiktitel in einer Internet-Tauschbörse heruntergeladen und – in der Technik derartiger Peer-to-Peer-Netzwerke[156] bedingt – somit zugleich zum Download angeboten. Das Plattenlabel mahnt den Familienvater als Anschlussinhaber daraufhin ab und verlangt Unterlassung, Schadenersatz und die Erstattung der Abmahnkosten. Dieser verteidigt sich damit, dass er sich mit seiner Familie zum fraglichen Zeitpunkt im Sommerurlaub befunden habe. Zudem habe kein Dritter Zugang zu seinem PC gehabt und sein WLAN-Router sei werkseitig durch eine einfache WPA-Verschlüsselung geschützt. Stehen dem Plattenlabel die geltend gemachten Ansprüche zu? **416**

Die Inhaber von Rechten an einem urheberrechtlich geschützten Werk können – meist über ein privates Dienstleistungsunternehmen – die zu einer in einem P2P-Netzwerk begangenen Rechtsverletzung zugehörigen Daten, wie die IP-Adresse des entsprechenden Anschlussinhabers sowie Tag und Uhrzeit der Rechtsverletzung technisch ermitteln. Die Identifizierung des Anschlussinhabers über dessen IP-Adresse kann sodann nur seitens des Access-Providers erfolgen, da dieser aufgrund des mit dem Anschlussinhaber bestehenden Vertragsverhältnisses auch Kenntnis über Klarnamen, Anschrift, etc. hat. Die Herausgabe dieser Daten kann der Rechteinhaber bei Vorliegen der entsprechenden Voraussetzungen[157] im Rahmen des Auskunftsanspruchs nach § 101 UrhG verlangen. Hat der Rechteinhaber mit seinem Auskunftsersuchen Erfolg, so erhält er die Daten des Anschlussinhabers, der aber nicht zwingend auch die Rechtsverletzung begangen hat.[158]

Der BGH[159] verneinte in einem wie in Frage 33d. gelagerten Fall zwar eine täter- oder teilnehmerschaftliche **Haftung des Anschlussinhabers**[160] und entzog somit Schadenersatzforderungen die Grundlage. Anders als die Vorinstanz[161] bejahte er aber die Stö-

---

154 Schreiben des Bundeskartellamts an die VG Media vom 11.8.2014, abrufbar unter: http://irights.info/wp-content/uploads/2014/08/Bundeskartellamt-an-VG-Media-2014-08-11.pdf (zuletzt abgerufen: 07.03.2019).

155 Dazu *Eisenmann/Jautz*, Rn. 71 ff.

156 Zu Funktionsweise und rechtlicher Beurteilung von P2P-Filesharing s. *Schwartmann*, Filesharing, Sharehosting & Co., K&R Beihefter 2/2011, 9 ff.

157 Vgl. hierzu § 101 Abs. 2 und 9 UrhG.

158 Ausführlich hierzu *Schwartmann,* Filesharing, Sharehosting & Co., K&R Beihefter 2/2011, 10 f.

159 *BGH*, K&R 2010, 492 ff. – Sommer unseres Lebens; *Schwartmann/Kocks*, K&R 2010, 433 ff.

160 Ausführlich auch *Schwartmann*, Filesharing, Sharehosting & Co., K&R Beihefter 2/2011, 10 ff.

161 *OLG Frankfurt a.M.*, K&R 2008, 543.

rereigenschaft des Anschlussinhabers und machte diesen somit für die über sein nicht hinreichend geschütztes WLAN begangene Urheberrechtsverletzung auf Unterlassung haftbar. Auch Privatpersonen, die einen WLAN-Anschluss unterhalten, ist es nach Auffassung des BGH zumutbar zu prüfen, ob dieser hinreichend vor einem Zugriff durch Dritte geschützt ist. Ein Anschlussinhaber hat auch ohne das Bestehen konkreter Anhaltspunkte wie etwa bereits über seinen Anschluss begangene Urheberrechtsverletzungen entsprechende Sicherungsmaßnahmen zu treffen. So ist das Netzwerk jedenfalls mit der im Kaufzeitpunkt des WLAN-Routers für den Privatbereich „marktüblichen Sicherung" zu versehen; WPA 2.[162] In der Rechtsprechung umstritten[163] ist die Haftung für Rechtsverletzungen naher Familienangehöriger, insbesondere minderjähriger Kinder. Bei letzteren können die Eltern gegebenenfalls auch wegen einer Aufsichtspflichtverletzung nach § 832 BGB haftbar gemacht werden.[164]

Auch die **Haftung von Ehegatten** ist immer wieder Gegenstand gerichtlicher Entscheidungen. So entschied der BGH mit Urt. v. 06.10.2016, dass es dem Inhaber eines privaten Internetanschlusses regelmäßig nicht zumutbar sei, die Internetnutzung seines Ehegatten einer Dokumentation zu unterwerfen, um im gerichtlichen Verfahren seine täterschaftliche Haftung abwenden zu können.[165] Ebenfalls unzumutbar sei es regelmäßig, dem Anschlussinhaber die Untersuchung des Computers seines Ehegatten im Hinblick auf die Existenz von Filesharing-Software abzuverlangen. Damit hat der BGH dem Schutz von Ehe und Familie einen hohen Stellenwert verliehen. Mit Beschluss vom 17. März 2017 hat das Landgericht München I dem EuGH im Vorabentscheidungsverfahren mit der Frage der Vereinbarkeit dieser Rechtsprechung mit EU-Vorgaben betraut.[166] Das Landgericht München I wollte vom EuGH die Frage beantwortet haben, ob eine solche Handhabung des urheberrechtlichen Anspruchs auf Schadensersatz eine wirksame und abschreckende Sanktion bei Urheberrechtsverletzungen im Wege des Filesharing darstellt, wie sie das europäische Recht von den Mitgliedsstaaten fordert. Hintergrund war ein Rechtsstreit, in dem ein Hörbuchverlag den Inhaber einer Internetanschlusses auf Schadensersatz verklagt hat, weil über dessen Anschluss ein Hörbuch im Wege des Filesharing zum Download angeboten wurde. Der Beklagte bestritt, die Rechtsverletzung begangen zu haben und teilte mit, seine Eltern hätten ebenfalls Zugriff auf seinen Internetanschluss gehabt. Nach Ansicht des Landgericht München I schied eine Schadensersatzhaftung des Anschlussinhabers unter Zugrundelegung der Rechtsprechung des BGH damit aus. Mit Urt. v. 18.10.2018 entschied der EuGH, dass der Inhaber eines Internetanschlusses, über den Urheberrechtsverletzungen durch Filesharing begangen wurden, sich nicht dadurch von der Haftung befreien kann, dass er einfach ein Familienmitglied benennt, das ebenfalls Zugriff auf diesen Anschluss hat.[167] Laut EuGH müsse vielmehr ein angemessenes Gleichgewicht zwi-

162 Vgl. *Schwartmann/Kocks*, K&R 2010, 433 ff.

163 *OLG Köln*, Urt. v. 24.3.2011 – 6 W 42/11; *LG Düsseldorf*, Urt. v. 27.5.2009 – 12 O 134/09; *OLG Köln*, Urt. v. 23.12.2009 – 6 U 101/09; *LG Köln*, Urt. v. 27.1.2010 – 28 O 237/09.

164 Siehe dazu *Schwartmann*, Filesharing, Sharehosting & Co., K&R Beihefter 2/2011, 11 f.

165 *BGH*, Urt. v. 06.10.2016 – I ZR 154/15, GRUR 2017, 386 ff.

166 *LG München I*, Beschl. v. 17.03.2017 – 21 O 24454/14, abrufbar unter: http://www.jurpc.de/jurpc/show?id=20170050 (zuletzt abgerufen: 07.03.2019).

167 *EuGH*, Urt. v. 18.20.2018 – C-149/17; Pressemitteilung abrufbar unter: https://curia.europa.eu/jcms/upload/docs/application/pdf/2018-10/cp180158de.pdf (zuletzt abgerufen: 07.03.2019).

schen verschiedenen Grundrechten, nämlich zum einem dem Recht auf wirksamen Rechtsbehelf und dem Recht auf geistiges Eigentum und zum anderen dem Recht auf Achtung des Privat- und Familienlebens, gefunden werden. An einem solchen Gleichgewicht fehle es nach dem EUGH, wenn den Familienmitgliedern des Inhabers eines Internetanschlusses, über den Urheberrechtsverletzungen durch Filesharing begangen wurden, ein quasi absoluter Schutz gewährt wird.

Lange umstritten war die rechtliche Einordnung von sog. **Streaming-Angeboten** im Internet und die daraus resultierenden urheberrechtlichen Haftungsfragen. Streaming-Portale wie z.B. Kino.to und Youtube stellen den Nutzern Streaming-Vorlagen kostenfrei zum Abruf zur Verfügung. Unbestritten verletzen die Anbieter von sogenannten Piraterieseiten wie z.B. Kino.to die Rechte der Urheber und Leistungsschutzberechtigten, da die Bereitstellung von Film- oder Musikwerken zum Abruf im Internet eine gemäß § 19a UrhG lizenzpflichtige Verwertungshandlung darstellt. Derartige „Streaming-Lizenzen" werden von professionellen Anbietern bei den Rechteinhabern und oder deren Verwertungsgesellschaften erworben. Fehlen derartige Lizenzen, macht sich der Anbieter der Streamingangebote strafbar, jedoch wird die Strafverfolgung in der Praxis dadurch erschwert, dass die Angebote von Ländern wie Togo oder Russland aus bereitgestellt werden, wo eine Durchsetzung deutscher oder europäischer Urheberrechtsstandards nur schwer möglich ist.

Für die Fälle, in denen Streaming-Inhalte mit Zustimmung des Rechteinhabers im Internet zugänglich gemacht wurden, hat der Europäischen Gerichtshof entschieden, dass Bildschirm- und Cachekopien während des Internet-Browsings auch ohne die Zustimmung des Urheberrechtsinhabers erstellt werden dürfen, da dieser Vorgang von Art. 5 der Informationsrichtlinie gedeckt sei. Zwar erfolge bei der Nutzung von Streaming-Angeboten kurzfristig eine Zwischenspeicherung im Cache-Speicher, aber aufgrund des flüchtigen Charakters dieses Speichervorgangs sei dieser technische Vorgang des Cachings nicht einer Vervielfältigungshandlung gleichzustellen.[168] Um die Nutzung illegaler Streaming-Angebote zu erschweren, wurde in Österreich sogar ein Internetanbieter zur Sperrung des Zugangs zu derartigen Websites (z.B. Kino.to) verurteilt. Der in diesem Zusammenhang angerufene Europäische Gerichtshof hat jüngst Klarheit geschaffen, unter welchen Rahmenbedingungen Internetanbieter zur Erschwerung des Zugangs zu derartigen Angeboten verpflichtet werden können.[169]

Uneinigkeit bestand indes über die Frage, ob sich auch der Nutzer durch das Abspielen eines rechtswidrig erlangten Streams strafbar macht. Diese Frage hat der EuGH mit Urt. v. 26.04.2017 beantwortet.[170] Der EuGH befasste sich hier mit einem Sachverhalt, in dem es um einen multimedialen Medienabspieler ging, mit dem kostenlos und einfach auf einem Fernsehbildschirm Filme angesehen werden konnten, die rechtswidrig im Internet zugänglich gemacht worden sind. Nach Ansicht des EuGH verhalten sich die Nutzer des Medienabspielers zumindest dann rechtswidrig, wenn sie von der Rechtswidrigkeit des verbreiteten Streams Kenntnis hatten oder hätten haben müs-

168 Vgl. *EuGH,* Urt. v. 5.6.2014, C-360/13, EuZW 2014, 637.
169 *EuGH,* Urt. v. 27.3.2014, C314/12, NJW 2014, 1577 ff.
170 *EuGH,* Urt. v. 26.04.2017, C-527/15, GRUR 2017, 610 ff.

sen, wovon regelmäßig dann auszugehen sei, wenn aktuelle Kinofilme, die nicht über ein legales Angebot abrufbar sind, im Internet im Wege des Streamings verfügbar gemacht würden. Die Erkenntnisse dieser Entscheidung sind auf die einschlägigen Streamingportale, wie bspw. Kinox.to, etc. anwendbar, denn immer dort, wo aktuelle Kinofilme und Serien kostenlos angeboten werden, ist den Nutzern bewusst, dass die darüber zugänglichen Inhalte offensichtlich rechtswidrig sind.[171]

II. Markenrecht

417 Aufgrund des wirtschaftlichen Zusammenhangs ist hier auch das **Markenrecht** zu erwähnen, das von Bedeutung ist, um die am Wirtschaftsleben Beteiligten vor einer ungerechtfertigten Ausbeutung eigener Leistung zu schützen. Im Januar 2019 ist das Markenrechtmodernisierungsgesetz (MaMoG)[172] in Kraft getreten. Mit dem Gesetz wurde das MarkenG seiner bisher umfangreichsten Umgestaltung unterzogen und an die Vorgaben der neuen europäischen Markenrechts-Richtlinie aus dem Jahr 2015 angepasst.[173] Bei Verletzung einer Marke oder einer geschäftlichen Bezeichnung bestehen für den Inhaber ggf. Löschungs- (§§ 9 ff. MarkenG) sowie Unterlassungs- und Schadensersatzansprüche (§§ 14 ff. MarkenG).

1. Markenrecht im Allgemeinen

418 Im Zusammenhang mit den Medien geht es in der Regel um den Schutzumfang von Marken oder Kennzeichen wie z.B. bestimmten Firmennamen oder im Zusammenhang mit Fernsehsendungen stehenden Begriffen.

Zur Vertiefung

Marken sind in Unternehmen ein wertvolles Wirtschaftsgut. Das wird deutlich, wenn man sich die Werte der wertvollsten Marken der Welt nach ihrem Marktwert im Jahr 2018 vor Augen führt. So beläuft sich der Markenwert von Google auf rund 302,06 Milliarden US-Dollar.[174] Auf dem zweiten und dritten Rang folgen Apple (rund 300,6 Mrd. US-Dollar) und Amazon (207,59 Mrd. US-Dollar). Auf den Plätzen vier und fünf liegen Microsoft (rund 200,99 Mrd. US-Dollar) und Tencent (rund 178,99 Mrd. US-Dollar).[175] Insgesamt finden sich unter den Top 10 der weltweit wertvollsten Marken nur Tech-Unternehmen. Die wertvollste deutsche Marke ist SAP mit einem Wert von rund 55,37 Mrd. US-Dollar. SAP liegt damit im weltweiten Vergleich auf Rang 17.[176]

---

171 *Möllmann/Bießmann*, in: Schwartmann, Praxishandbuch Medienrecht, 34. Kap. Rn. 98,

172 Gesetz zur Umsetzung der Richtlinie (EU) 2015/2436 des Europäischen Parlaments und des Rates v. 16. Dez. 2015 zur Angleichung der Rechtsvorschriften der Mitgliedstaaten über die Marken (ABl. L 336 v. 23.12.2015, S. 1) – Markenrechtsmodernisierungsgesetz – MaMoG v. 11. Dez. 2018, BGBl. I S. 2357.

173 Erste gute Übersicht zu den Änderungen von *Hacker*, Das Markenrechtsmodernisierungsgesetz (MaMoG) in GRUR 2/2019, S 113 ff.

174 https://de.statista.com/statistik/daten/studie/6003/umfrage/die-wertvollsten-marken-weltweit/ (zuletzt abgerufen: 08.03.2019).

175 https://de.statista.com/statistik/daten/studie/6003/umfrage/die-wertvollsten-marken-weltweit/ (zuletzt abgerufen: 08.03.2019).

176 https://de.statista.com/statistik/daten/studie/6003/umfrage/die-wertvollsten-marken-weltweit/ (zuletzt abgerufen: 08.03.2019).

Marken sind im Gesetz über den Schutz von Marken und sonstigen Kennzeichen (MarkenG) geregelt. Es handelt sich dabei um individuelle (§§ 3, 4 MarkenG) oder kollektive (§ 97 MarkenG) Kennzeichen. Letztere kommen insbesondere bei Zusammenschlüssen von Unternehmen in Betracht, die vergleichbare Waren oder Dienstleistungen anbieten und größeren Wettbewerbern durch ein einheitliches markenmäßiges Auftreten prominenter gegenübertreten wollen.[177]

Markennamen sind beispielsweise für den Verkaufserfolg und die Werbepräsentation **419**
wichtig, da mit ihnen ein bestimmtes Image verbunden wird.[178] Aus diesem Grund können Marken eingetragen und geschützt werden. Der Markenschutz kann allerdings nicht nur durch die Eintragung eines Zeichens in das Register des Deutschen Patent- und Markenamtes entstehen (§ 4 Nr. 1 MarkenG). Vielmehr kann der entsprechende Schutz auch durch die Benutzung eines Zeichens im geschäftlichen Verkehr erlangt werden, soweit das Zeichen innerhalb beteiligter Verkehrskreise als Marke Verkehrsgeltung erworben hat (§ 4 Nr. 2 MarkenG). Ebenfalls ohne Eintragung geschützt sind notorisch bekannte Marken, die einen Bekanntheitsgrad von 60 bis 70 % im allgemeinen Verkehr erreichen (§ 4 Nr. 3 MarkenG).[179] Neben Marken schützt das MarkenG auch weitere Kennzeichen (§ 1 MarkenG), nämlich geschäftliche Bezeichnungen (§ 5 MarkenG) und geografische Herkunftsangaben (§ 126 MarkenG).

Über die nationalen Kennzeichenrechte hinaus kann ein entsprechender Schutz auch durch Anmeldung und Eintragung einer Unionsmarke begründet werden. Dadurch wird ein einheitlicher Schutz für alle Mitgliedstaaten der Europäischen Union geschaffen. Auf Grundlage der Unionsmarkenverordnung (UMV) kann eine für die gesamte EU geltende Unionsmarke angemeldet und eingetragen werden. Für die Eintragung einer Unionsmarke ist das Amt der Europäischen Union für geistiges Eigentum (EUIPO) in Alicante zuständig.[180] Soweit der Inhaber eines Zeichens sowohl über den Schutz aus der nationalen als auch aus der Unionsmarke verfügt, können Ansprüche dem Grunde nach aus beiden Rechtspositionen hergeleitet werden. Darüber hinaus ist auch eine internationale Markenregistrierung möglich.[181] Auf diese Weise kann der Inhaber einer deutschen Marke den Kennzeichenschutz auf andere Staaten ausdehnen.[182] Dort ist die Marke dann so geschützt, als ob sie in dem betreffenden Staat unmittelbar als nationales Kennzeichen registriert worden wäre.[183]

177 Vgl. dazu *Ingerl/Rohnke,* MarkenG, 3. Aufl. 2010, § 97 Rn. 5 ff.
178 *Eisenmann/Jautz*, Rn. 231 ff.
179 Vgl. dazu *Ingerl/Rohnke,* MarkenG, 3. Aufl. 2010, § 4 Rn. 31.
180 Das EUIPO hat eine eigene Homepage mit vielen Informationen und der Möglichkeit eine Marke online anzumelden, abrufbar unter; https://euipo.europa.eu/ohimportal/de/home (zuletzt abgerufen: 08.03.2019).
181 Der diesbezügliche Antrag ist über das Deutsche Patent- und Markenamt an die Weltorganisation für Geistiges Eigentum (WIPO) zu richten.
182 Über die internationale Registrierung kann für eine Marke Schutz in allen Staaten beansprucht werden, die Vertragsparteien des Madrider Markenabkommens (MMA) und des Protokolls zum Madrider Markenabkommen (PMMA) sind. Der jeweils aktuelle Stand der Vertragsparteien kann unter www.wipo.int/madrid unter dem Stichwort „members" abgerufen werden.
183 Der Vorteil einer internationalen Registrierung liegt gerade darin, dass der Markenschutz für alle gewünschten Vertragsstaaten zentral in einem Vorgang beantragt werden kann.

2. Markenrechtlicher Schutz von Internetdomainnamen

420 Eine besondere Rolle spielen Internetdomainnamen, die als elektronische Anschriften kennzeichenrechtlichen Schutz genießen, wenn sie die Voraussetzungen der §§ 3–5 MarkenG erfüllen.[184] Einem Schutz von vornherein unzugänglich sind allerdings die technisch notwendigen Bestandteile von Internet-Adressen wie „http://", „www." oder „.de". Markenschutz kann daher ausschließlich für den Domainnamen selbst (sog. Second Level Domain) erlangt werden.[185] In diesem Fall können sich bei unberechtigter Nutzung Beseitigungs-, Vernichtungs-, Unterlassungs- und Schadensersatzansprüche aus dem Gesichtspunkt der Verletzung einer Marke[186] und der geschäftlichen Bezeichnung[187] ergeben.[188]

III. Werberechtliche Vorschriften

421 Neben den oben bereits erwähnten allgemeinen wettbewerbsrechtlichen Aspekten, gibt es ein **medienspezifisches Werberecht**, dessen Regeln nur im Rahmen der Massenkommunikation einschlägig sind[189].

1. UWG

422 Im UWG werden neben den Tatbeständen zur Ausfüllung des Begriffes der Unlauterkeit in § 4 UWG[190] die Spezialfälle der **Irreführung**[191] (§ 5 UWG), der **vergleichenden Werbung** (§ 6 UWG)[192] und der unzumutbar **belästigenden Werbung** (§ 7 UWG)[193] behandelt.

423 Ein problematischer Bereich ist die gefühlsbetonte Werbung.

34. Übungsfrage: Ein Modehersteller wirbt in Kampagnen, unter anderem in Zeitungen und Zeitschriften, für seine Produkte, indem er H.I.V.-positive Menschen kommentarlos abbildet, die an einem entsprechenden Stempel auf dem nackten Gesäß zu erkennen sind. Ist das zulässig?

Bei dieser sog. **Schockwerbung** handelt es sich um eine Imagekampagne. Das Hervorrufen von Entsetzen und Ablehnung soll zu einer Solidarisierung mit dem werbenden Unternehmen gegen gesellschaftliche Missstände führen. Nachdem der BGH zunächst die Unterlassung der Werbung verfügt hatte, weil er darin einen Menschenwürdever-

---

184 Dazu *Hoeren*, S. 79 ff. Auch *Eisenmann/Jautz*, Rn. 339a sowie *Schwartmann/Keber/Mühlenbeck*, Social Media, S. 14 f.
185 Vgl. dazu *Schwartmann/Keber/Mühlenbeck*, Social Media, S. 12 f.
186 *Eisenmann/Jautz*, Rn. 339c.
187 *Eisenmann/Jautz*, Rn. 339d.
188 Zum Recht der Domains insgesamt *Fechner*, Medienrecht, 12. Kapitel Rn. 203 ff.; sowie *Schwartmann/Keber/Mühlenbeck*, Social Media, S. 15 f.
189 Dazu insgesamt *Kreile*, in: Dörr/Kreile/Cole, Handbuch Medienrecht, J II 1.
190 *Ekey*, Rn. 146 ff.
191 *Ekey*, Rn. 249 ff.
192 *Eisenmann/Jautz*, Rn. 599 ff.
193 *Eisenmann/Jautz*, Rn. 633 ff.

stoß sah[194], hob das Bundesverfassungsgericht diese Entscheidung auf die Verfassungsbeschwerde eines Zeitschriftenverlages hin auf. Es sah in der Unterlassungsverfügung eine Verletzung der Pressefreiheit des Art. 5 Abs. 1 S. 2 GG und hielt die Deutung der Anzeige als stigmatisierend für die Betroffenen und damit einen Menschenwürdeverstoß für nicht nahe liegend.[195] Daher wies es die Rechtssache an den BGH zurück, damit dieser sich mit dem Aussagegehalt der Werbung näher auseinandersetzen und für seine Lösung nachvollziehbare Gründe angeben könne. Dieser befasste sich auftragsgemäß mit dem sozialkritischen Ansatz der „Aufmerksamkeitswerbung" und wertete die wirtschaftliche Ausnutzung der Abbildung kranker Menschen als zynisch und menschenwürdeverachtend.[196] Daraufhin hob das Bundesverfassungsgericht auch diese Entscheidung wegen einer Überschätzung der Reichweite der Menschenwürde als Wettbewerbsschranke auf. In diesem Zusammenhang stellte es ausdrücklich fest, dass in der Werbeanzeige kein Verstoß gegen die Menschenwürde zu erblicken sei.[197] Diese Rechtsprechung belegt nicht nur die unterschiedlichen Möglichkeiten bei der Bewertung gesellschaftlicher Phänomene, sondern auch die Bedeutung des Grundsatzes der Meinungs- bzw. Pressefreiheit in der Rechtsprechung des Bundesverfassungsgerichts.[198]

Das UWG normiert in § 3 Abs. 1 ein Verbot unlauterer geschäftlicher Handlungen, die geeignet sind, die Interessen von Mitbewerbern, Verbrauchern oder sonstigen Marktteilnehmern spürbar zu beeinträchtigen. Gemäß § 3 Abs. 3 UWG findet sich im Anhang des Gesetzes – der sog. Black List – zudem ein Katalog stets und unter allen Umständen unzulässiger Geschäftspraktiken (sog. Per-Se-Verbote), die – übereinstimmend mit der UGP-Richtlinie – nur bei geschäftlichen Handlungen gegenüber Verbrauchern Anwendung finden.[199]

34a. Übungsfrage: Die Ausgabe der BILD am Sonntag präsentiert anderthalb Monate vor Beginn der Fußball-WM 2018 in Russland auf der Titelseite Fußballnationalspieler Manuel Neuer strahlend mit dem aktuellen PANINI-Sammelbild-Heft in der Hand, welches der Ausgabe gratis beiliegt. Im Sportteil beantwortet die Redaktion die wichtigsten Fragen zum Sammeln und weist darauf hin, dass in den nächsten Ausgaben jeweils 6 Bilder mit den Portraits der WM-Stars als Gratisbeilage enthalten sind. Neuer wird zitiert mit den Worten: „Auch ich habe früher mit Freude gesammelt!" Ist das zulässig?

Fraglich ist, ob es sich hier um einen Fall der getarnten Werbung, nämlich um „als Information getarnte Werbung" handelt. Eine solche stellt gemäß Nr. 11 der sog. Black List (Anhang zu § 3 Abs. 3 des UWG) eine unzulässige geschäftliche Handlung dar, sofern a) redaktionelle Inhalte in Medien zu Zwecken der Verkaufsförderung eingesetzt werden, b) der Unternehmer diese Verkaufsförderung finanziert hat und c) dies

194 *BGH*, NJW 1995, 2492 f. Zur Benetton-Rechtsprechung eingehend auch *Ekey*, Rn. 116 ff.
195 *BVerfGE* 102, 347, 367 f.
196 *BGHZ* 149, 247.
197 *BVerfGE* 107, 275, 281 ff.
198 Zur Bedeutung dieser Freiheiten in der Rechtsprechung des Europäischen Gerichtshofs für Menschenrechte und dem Verhältnis zur Rechtsprechung des Bundesverfassungsgerichts vgl. unten Rn. 492 ff.
199 Vgl. hierzu *Schöttle*, Aus eins mach zwei – die neuen Generalklauseln im Lauterkeitsrecht, GRUR 2009, 546 ff.

weder aus dem Inhalt noch aus der Art der optischen oder akustischen Darstellung (Bilder oder Töne) eindeutig hervorgeht. Der Leser wird insofern irregeführt, als er im redaktionellen Teil eine objektiv-kritische Berichterstattung bzw. Information erwartet, die nicht von fremden unternehmerischen Interessen gesteuert oder zumindest beeinflusst ist. Einem redaktionellen Beitrag, der Informationen über ein Unternehmen bzw. dessen Produkte enthält, misst er regelmäßig größere Bedeutung bei und steht ihm mit weniger Skepsis gegenüber, als wenn er sich bewusst ist, dass es sich hierbei um eine Werbung des betreffenden Unternehmens handelt. Diese Wirkung wollte sich Panini hier offensichtlich zu Nutze machen, da sie die Leserschaft der BILD am Sonntag über den Start der Sammelaktion zur WM auch über eine als solche erkennbare Werbeanzeige hätten informieren können. Wenn im Vorliegenden eine Finanzierung der Verkaufsförderung durch das Unternehmen (Panini) erfolgt ist, liegt eine unzulässige geschäftliche Handlung vor. Darüber hinaus läge dann auch ein Verstoß gegen das Gebot der **Trennung von Werbung und redaktionellen Inhalten** vor, weil die Überschrift als Schlagzeile des Tages und nicht als Anzeige gekennzeichnet ist.[200]

Soweit dem Umworbenen der Eindruck vermittelt wird, es handele sich um eine objektive, jedenfalls aber um eine Information, die nicht durch das in dem jeweiligen Beitrag erwähnte Unternehmen verbreitet worden ist, kann zugleich § 5 UWG einschlägig sein. Gemäß § 5 Abs. 1 S. 2 UWG ist eine geschäftliche Handlung irreführend, wenn sie unwahre Angaben oder sonstige zur Täuschung geeignete Angaben über bestimmte Umstände enthält. Bedeutung erlangt dieses Irreführungsverbot insbesondere auch im Rahmen von sozialen Medien. So werden etwa die Nutzer durch das Versprechen von Prämien oder sonstigen geldwerten Vorteilen dazu angehalten, die Produkte eines Unternehmens in Bewertungsportalen oder Blogs positiv hervorzuheben oder weiterzuempfehlen.[201]

34b. Übungsfrage[202]**:** Das Unternehmen U veranstaltet im Internet ein Gewinnspiel, dessen Teilnahme einen Klick auf den „Gefällt mir"-Button bei dem sozialen Netzwerk F voraussetzt. Konkurrent K hält dies für irreführend im Sinne des § 5 UWG. Da die Teilnahme am Gewinnspiel von der Betätigung des „Gefällt mir"-Buttons abhängig gemacht werde, erhöhe sich die Zahl derjenigen Personen, die bekundeten, dass ihnen die von U hergestellten Produkte gefielen. Dadurch werde den anderen Nutzern, denen diese Gefallensbekundung angezeigt wird, der falsche Eindruck vermittelt, dass die „Gefällt mir"-Aussage auf positiven Erfahrungen mit U und nicht lediglich auf der Gewinnspielteilnahme beruhe. Liegt hierin tatsächlich eine Irreführung?

Für die Beurteilung der Unlauterkeit kommt es auf das Verständnis der maßgeblichen Zielgruppe an. Dabei ist das Leitbild eines aufgeklärten, umsichtigen, kritisch prüfenden und verständigen Durchschnittsverbrauchers zugrunde zu legen, der aufgrund ausreichender Information in der Lage ist, seine Entscheidungen auf dem Markt frei zu treffen (vgl. auch § 3 Abs. 2 S. 2 und 3 UWG).[203] Vor diesem Hintergrund ist in Frage 34b davon auszugehen, dass die Nutzer des sozialen Netzwerks F in der Betätigung des „Gefällt mir"-Buttons lediglich eine allgemeine Gefallensäußerung sehen. Soweit

200 Siehe oben Rn. 123.

201 *Schwartmann/Ohr*, in: Schwartmann, Praxishandbuch Medienrecht, 11. Kap. Rn. 108.

202 Nachgebildet dem Fall des *LG Hamburg*, MMR 2013, 250; vgl. dazu auch *Schwartmann/Keber/Mühlenbeck*, Social Media, S. 100 f.

203 *Eckardt*, in: Schwartmann, Praxishandbuch Medienrecht, 14. Kap. Rn. 28 f.

der äußernde Nutzer seine Gefallensbekundung nicht durch eine Textmitteilung näher spezifiziert, bleiben Motiv und Hintergründe seiner Äußerung unbekannt. Daher geht das Verständnis der übrigen Nutzer nicht dahin, dass das Betätigen des „Gefällt mir"-Button die Äußerung einer besonderen Wertschätzung des Unternehmensangebots zum Gegenstand hat. Ebenso wenig wird dadurch eine persönliche Erfahrung des Nutzers mit einem Unternehmen oder dessen Produkten widergespiegelt.[204] Vielmehr handelt es sich um eine rein unverbindliche Gefallensäußerung, die sich – bezogen auf ein Unternehmen – auch in einem allgemeinen Informationsinteresse erschöpfen kann.[205] Unter Berücksichtigung dieses Verständnisses stellt auch die Verknüpfung einer Gewinnspielteilnahme mit dem Anklicken des „Gefällt mir"-Buttons kein irreführendes Verhalten dar. Da den Kontaktpersonen des Nutzers, der von der Betätigung des Buttons Gebrauch macht, die Motive der Gefallensäußerung regelmäßig verborgen bleiben, kann hierin keine positive Bewertung des Unternehmens gesehen werden, die als Bedingung für die Gewinnspielteilnahme unzulässigerweise erlangt würde.[206]

2. RStV

Daneben gibt es spezielle Regelungen für die Rundfunkwerbung im RStV.[207] **424**

35. Übungsfrage: In einer Vorabendserie einer öffentlich-rechtlichen Rundfunkanstalt wird in mehreren Szenen, die in einem Reisebüro spielen, ein fiktives Werbeplakat für Fernreisen gezeigt. Ein Unternehmen, dessen tatsächliches Logo der Werbeauftritt zeigt, zahlt in diesem Zusammenhang Geld. Ist das zulässig?

Im Bereich der Werbung ist für öffentlich-rechtliche Anstalten eine weitergehende Einschränkung der Möglichkeiten als für den privaten Rundfunk notwendig, um sicherzustellen, dass der öffentlich-rechtliche Rundfunk seinen spezifischen Auftrag erfüllen kann. Dazu dient in erster Linie die Beitragsfinanzierung für die öffentlich-rechtlichen Rundfunkanstalten. Auf der anderen Seite werden aber auch für private Veranstalter zeitliche und inhaltliche Vorgaben für die Werbung gemacht.[208] Damit soll vor allem die Programmautonomie gesichert und dem Verbraucherschutz Rechnung getragen werden.

Die Zulässigkeit von Werbung im öffentlich-rechtlichen Rundfunk richtet sich nach **425** dem RStV. Die **allgemeinen**, für Öffentlich-rechtliche und Private gleichermaßen geltenden **Vorgaben** für die Zulässigkeit von Werbung und Sponsoring, enthalten §§ 7 und 8 RStV. § 8a RStV regelt die Zulässigkeit von Gewinnspielsendungen und Gewinnspielen. Für den öffentlich-rechtlichen Rundfunk finden sich **spezielle Vorschriften** in den §§ 15 ff. RStV und für privaten Rundfunk in den §§ 44 ff. RStV.

---

204 *LG Hamburg*, MMR 2013, 250 sowie *Schwartmann/Keber/Mühlenbeck*, Social Media, S. 100 f.

205 *LG Hamburg*, MMR 2013, 250, 251.

206 Das Verfahren ist in nächster Instanz derzeit vor dem *OLG Hamburg* unter dem Az: 5 U 36/13 anhängig.

207 Dazu insgesamt eingehend *Hahn/Lamprecht-Weißenborn*, in: Schwartmann, Praxishandbuch Medienrecht, 6. Kap. Rn. 27 ff.

208 Durch die Umsetzung der AVRL sind die Werberegelungen liberalisiert worden. Siehe unten Rn. 455 ff., 459.

426 Begrifflich differenziert der RStV zwischen Werbung, Schleichwerbung und Sponsoring und Produktplatzierung.

- Nach § 2 Abs. 2 Nr. 7 RStV ist „**Werbung** jede Äußerung bei der Ausübung eines Handels, Gewerbes, Handwerks oder freien Berufs, die im Rundfunk von einem öffentlich-rechtlichen oder einem privaten Veranstalter oder einer natürlichen Person entweder gegen Entgelt oder eine ähnliche Gegenleistung oder als Eigenwerbung gesendet wird, mit dem Ziel, den Absatz von Waren oder die Erbringung von Dienstleistungen, einschließlich unbeweglicher Sachen, Rechte und Verpflichtungen, gegen Entgelt zu fördern."

  Beispiel hierfür ist die Ausstrahlung eines nach einem Hinweis auf eine Werbeunterbrechung gesendeten Werbespots.

427 – Nach § 2 Abs. 2 Nr. 8 RStV ist „**Schleichwerbung** die Erwähnung oder Darstellung von Waren, Dienstleistungen, Namen, Marken oder Tätigkeiten eines Herstellers von Waren oder eines Erbringers von Dienstleistungen in Sendungen, wenn sie vom Veranstalter absichtlich zu Werbezwecken vorgesehen ist und mangels Kennzeichnung die Allgemeinheit hinsichtlich des eigentlichen Zwecks dieser Erwähnung oder Darstellung irreführen kann. Eine Erwähnung oder Darstellung gilt insbesondere dann als zu Werbezwecken beabsichtigt, wenn sie gegen Entgelt oder eine ähnliche Gegenleistung erfolgt".

428 – Gemäß § 2 Abs. 2 Nr. 9 RStV ist „**Sponsoring** jeder Beitrag einer natürlichen oder juristischen Person oder einer Personenvereinigung, die an Rundfunktätigkeiten oder an der Produktion audiovisueller Werke nicht beteiligt ist, zur direkten oder indirekten Finanzierung einer Sendung, um den Namen, die Marke, das Erscheinungsbild der Person oder Personenvereinigung, ihre Tätigkeit oder ihre Leistungen zu fördern."

  Beispiel hierfür ist ein Hinweis auf „freundliche Unterstützung" oder „Präsentation" einer nachfolgenden Sendung durch ein Unternehmen.

428a – Nach § 2 Abs. 2 Nr. 11 RStV ist „**Produktplatzierung** die gekennzeichnete Erwähnung oder Darstellung von Waren, Dienstleistungen, Namen, Marken, Tätigkeiten eines Herstellers von Waren oder eines Erbringers von Dienstleistungen in Sendungen gegen Entgelt oder eine ähnliche Gegenleistung mit dem Ziel der Absatzförderung. Die kostenlose Bereitstellung von Waren oder Dienstleistungen ist Produktplatzierung, sofern die betreffende Ware oder Dienstleistung von bedeutendem Wert ist."

  Beispiel hierfür ist die bekannte Dating-Casting-Show „Der Bachelor", bei der die Flaschen eines südafrikanischen Likörs in verschiedenen Szenen auf den Tischen platziert wurden.

428b – Abzugrenzen ist die Produktplatzierung insbesondere von der Schleichwerbung. Eine Produktplatzierung ist dann gegeben, wenn es sich um eine gekennzeichnete werbliche Darstellung handelt. An einer solchen Offenlegung des Werbezwecks fehlt es im Falle der Schleichwerbung gerade. Aufgrund des damit einhergehenden Irreführungspotenzials ist die Schleichwerbung gemäß § 7 Abs. 7 S. 1 RStV stets unzulässig. Eine Produktplatzierung ist dagegen zulässig, soweit diese in Kinofilmen, Filmen und Serien, Sportsendungen und Sendungen der leichten

Unterhaltung, sofern es sich nicht um Sendungen für Kinder handelt, vorgenommen wird (§ 7 Abs. 7 S. 2 RStV i.V.m. §§ 15 S. 1 Nr. 1, 44 S. 1 Nr. 1 RStV). Im öffentlich-rechtlichen Rundfunk gilt dies aber gemäß § 15 Abs. 1 Nr. 1 RStV nur dann, wenn die betreffenden Filme und Serien bzw. Sendungen nicht vom Veranstalter selbst oder von einem mit ihm verbundenen Unternehmen produziert oder in Auftrag gegeben wurden. Damit ist dem öffentlich-rechtlichen Rundfunk diese Form der Produktplatzierung weitgehend verschlossen. Handelt es sich nicht um Sendungen der genannten Art, ist eine Produktplatzierung dann zulässig, wenn kein Entgelt geleistet wird, sondern lediglich bestimmte Waren oder Dienstleistungen im Hinblick auf ihre Einbeziehung in eine Sendung kostenlos bereitgestellt werden, sofern es sich nicht um Nachrichten, Sendungen zum politischen Zeitgeschehen, Ratgeber- und Verbrauchersendungen, Sendungen für Kinder oder Übertragungen von Gottesdiensten handelt (§ 7 Abs. 7 S. 2 RStV i.V.m. §§ 15 S. 1 Nr. 2, 44 S. 1 Nr. 2 RStV). Diese Form der Produktplatzierung, also insbesondere die Produktionshilfe, steht auch dem öffentlich-rechtlichen Rundfunk offen.

- Des Weiteren muss eine Produktplatzierung die redaktionelle Verantwortung und **428c** Unabhängigkeit hinsichtlich Inhalt und Sendeplatz unbeeinträchtigt lassen und darf nicht unmittelbar zu Kauf, Miete oder Pacht von Waren oder Dienstleistungen auffordern (§ 7 Abs. 7 S. 2 Nr. 1 und 2 RStV). Ferner darf das betreffende Produkt gemäß § 7 Abs. 7 S. 2 Nr. 3 RStV nicht zu stark herausgestellt werden. Hieraus ergibt sich, dass Werbeeffekte durch Produktplatzierung zwar zulässig sind, jedoch nur beiläufig sein dürfen. Eine zu starke Herausstellung des betreffenden Produkts ist folglich dann gegeben, wenn es nicht durch redaktionelle Erfordernisse des Programms oder die Notwendigkeit der Darstellung der Lebenswirklichkeit gerechtfertigt ist.[209]

In Frage 35 wird nicht offen geworben, sondern es besteht die in § 2 Abs. 2 Nr. 8 RStV **429** angesprochene Möglichkeit der Irreführung über die werblichen Zwecke des eingeblendeten Werbeplakats. Nach der Fiktion des § 2 Abs. 2 Nr. 8 S. 2 RStV wird in einem solchen Fall die Absicht zu werben aufgrund der **Gegenleistung** vermutet. Es handelt sich also um Schleichwerbung, die nach § 7 Abs. 7 S. 1 RStV unzulässig ist.

Neben diesem eindeutigen Fall kommen aber auch Grenzsituationen vor. **430**

Beispiele: In einer Kochsendung werden Besteck oder Lebensmittel bestimmter Marken benutzt. In einem „Tatort" fährt der Kommissar den neuesten Wagen eines bestimmten Fabrikats.

Hier stellt sich die Frage, ob es sich um verbotene Schleichwerbung oder schlichtweg um eine Abbildung der Lebenswirklichkeit handelt. Oftmals wird es gar nicht möglich sein, einen Markennamen zu verbergen. Während Markennennungen auf Besteck noch abgeklebt und Lebensmittel ohne Verpackung verwendet werden können, ist es unmöglich, für eine Fernsehsendung eigene Fahrzeuge herzustellen. Da die Fiktion des § 2 Abs. 2 Nr. 8 S. 2 RStV auf die Gewährung eines Entgeltes oder einer ähnlichen Gegenleistung abstellt, kommt diesem Umstand entscheidende Bedeutung zu. Sobald etwa ein Verantwortlicher für das Abfilmen eines bestimmten Produkts eine Leistung

209 *OVG Rheinland-Pfalz*, ZUM 2013, 980, 987.

annimmt, die nicht in Geld bestehen muss, sondern auch in anderen vermögenswerten Leistungen (Eintrittskarte zu einem Sportereignis, unentgeltliche Reisen, unentgeltliche Nutzungsmöglichkeiten eines Gegenstandes, sonstige Sachleistungen) liegen kann, gilt die Werbeabsicht als gegeben. Besteht darüber hinaus die Möglichkeit, dass die Allgemeinheit über diese Absicht irregeführt werden kann, was bei mangelnder Kennzeichnung der Werbezwecke regelmäßig zu bejahen ist, liegt Schleichwerbung vor.

3. Influencer Marketing

430a Auf der Suche nach mehr Aufmerksamkeit und Sichtbarkeit im Internet, speziell in den sozialen Medien, wenden sich immer mehr Unternehmen an sog. **Influencer**. Influencer sind Personen, die ihre starke Präsenz und Aktivität in den sozialen Netzwerken dazu nutzen, bestimmte Zielgruppen hinsichtlich ihrer Kaufentscheidungen zu beeinflussen.[210] Dazu beschreiben und bewerten sie auf Social Media-Kanälen von YouTube, Facebook und Instagram für ihre Follower neue Produkte. Oftmals sind dies Produkte aus den Bereichen Mode, Kosmetik, Technik und Reisen. Dafür erhalten Influencer von den jeweiligen Firmen Einladungen zu bestimmten Veranstaltungen, Sachgeschenke oder auch Geldbeträge. Rechtlich problematisch ist das Influencer Marketing insbesondere dann, wenn der Influencer die Werbung für die Produkte nicht ausreichend kennzeichnet. Immer öfter haben Gerichte mit Rechtsstreitigkeiten in diesem Zusammenhang zu tun. So beschloss beispielsweise das KG Berlin, wer in seinem Instagram-Auftritt Modeartikel und Kosmetika präsentiert, hierbei „sprechende" Links unmittelbar zu Internetauftritten der betreffenden Unternehmen setzt und dafür nach Lage der Dinge Entgelte oder sonstige Vorteile, wie z.B. Rabatte oder Zugaben, erhält (wie etwa auch die kostenlose Überlassung der präsentierten Produkte), kann lauterkeitsrechtlich dazu verpflichtet sein, den kommerziellen Zweck in dem Auftritt ausreichend kenntlich zu machen.[211] Zu den Voraussetzungen, wie diese Kennzeichnung zu erfolgen hat, existiert bislang keine genaue Linie in der Rechtsprechung. Hier gibt es in der Praxis verschiedene Methoden, wie beispielsweise eine Kennzeichnung einer Anzeige bzw. eines Posts mit „sponsored by" oder „#ad", mit denen sich die Gerichte zu befassen hatten und haben.[212] Die Pflicht zur Kenntlichmachung tritt dabei den Influencern immer stärker ins Bewusstsein. Durch einen Mangel Gerichtsentscheidungen herrscht aber noch eine große Unsicherheit in diesem Bereich.[213]

Erst kürzlich äußerte sich das KG Berlin zur Frage einer Kennzeichnungspflicht im Falle kommerzieller Werbung.[214] Nach Auffassung des Gerichts ist entscheidend, ob eine Verlinkung auf ein Unternehmen im Rahmen eines Posts durch einen Influencer einen „erkennbaren Bezug zum Text- oder Bildbeitrag" aufweise, oder „buchstäblich in der

---

210 *Brockhaus*, Influencer. http://brockhaus.de/ecs/enzy/article/influencer (zuletzt abgerufen: 07.03.2019).

211 *KG Berlin*, Beschluss vom 11,10.2017 – 5 W 221/17).

212 Zu „sponsored by" *LG München I*, Urt. V. 31.07.2015 – 4 HKO 21172/14, BeckRS 2015, 00369; zu #ad OLG Celle, GRUR 2017, 1158 – Hashtag #ad, mit Praxishinw. *Gerecke*, GRUR-Prax 2017, 446.

213 Siehe dazu insgesamt *Gerecke*, Kennzeichnung von werblichen Beiträgen im Online-Marketing, GRUR 2018, S. 153 ff.

214 *KG Berlin*, Urt. v. 08.01.2019 – 5 U 83/18.

Luft [hänge]“[215]. Sofern eine Verlinkung ausschließlich der Absatzförderung diene, erfolge keine redaktionelle Tätigkeit des Influceners mehr.[216] Entscheidend für die Frage einer Kennzeichnungspflicht ist damit, ob ein **inhaltlicher Bezug zwischen Verlinkung und Post** besteht oder nicht.

IV. Fazit und Glossar

Urheberrecht, Marken- und Werberecht haben eine Reihe medienrechtlicher Bezüge. **431**
In den Grundstrukturen dient das UrhG vor allem dem Schutz des geistigen Eigentums und zwar in zweierlei Hinsicht. Zum einen soll verhindert werden, dass dieses Eigentum derart entstellt wird, dass es zu einer Persönlichkeitsrechtsverletzung des Urhebers kommen kann. Das Urheberrecht stellt insoweit eine Konkretisierung des allgemeinen Persönlichkeitsrechts dar. Zum zweiten soll das Eigentum dem Urheber auch in finanzieller Hinsicht zugute kommen, d.h. seine Investitionen zur Herstellung des geistigen Schöpfungsprodukts belohnen und einen Gewinn bringen.

Markenrechtlich ist insbesondere der Schutz von Internet-Domain-Names relevant, **432**
die kennzeichenrechtlich geschützt sein können, so dass bei unberechtigter Nutzung Beseitigungs- und Unterlassungsansprüche möglich sind.

Eine wichtige Rolle im Medienbereich spielen – aufgrund der finanziellen Bedeutung **433**
der Werbung – auch **Werbebeschränkungen**, die im UWG und im RStV geregelt sind. Hier ist zwischen Werberegelungen, die für alle Medien gelten und solchen, die nur für bestimmte Medien Wirkung entfalten, zu unterscheiden. Zu letzteren gehört z.B. die detaillierte Regelungen von Fernsehwerbung, unterschieden nach Werbung im öffentlich-rechtlichen und privaten Fernsehprogramm. Diese werden vom Europarecht weitgehend vorgegeben. Übergreifende Regelungen beziehen sich aber beispielsweise auf den Grundsatz der Trennung von Werbung und Programm, was sich insbesondere im Fernsehbereich (z.B. screen-splitting) und dem Internet als nicht unproblematisch erwiesen hat. Traditionell ist das sog. „product placement“, respektive die Schleichwerbung ein Problem im Medienwerberecht. Heute ist zumindest für den Rundfunk die Zulässigkeit von Sponsoring und Produktplatzierung geregelt, die neben die Werbung als eigenständige Finanzierungsformen treten. Das UWG verbietet Werbung, soweit sie unlauter und zugleich geeignet ist, die Interessen von Mitbewerbern, Verbrauchern oder sonstigen Marktteilnehmern spürbar zu beeinträchtigen. Die im Anhang zum UWG aufgeführten geschäftlichen Handlungen gegenüber Verbrauchern sind stets unzulässig. Ebenso wenig wie im Falle unzumutbarer Belästigungen nach § 7 UWG bedarf es bei Verstößen gegen in der Black List aufgeführte Handlungen einer spürbaren Beeinträchtigung der Marktteilnehmer.

---

215 Urteilsanmerkung zu *KG Berlin*, Urt. v. 08.01.2019 – 5 U 83/18. von *Gerecke* GRUR-Prax 2019, 69.

216 Urteilsanmerkung zu *KG Berlin*, Urt. v. 08.01.2019 – 5 U 83/18. von *Gerecke* GRUR-Prax 2019, 69.

Urheberrecht	Das Urheberrecht ist das Recht des Urhebers an seinem Werk als „persönliche geistige Schöpfung“.
Inhalt des Urheberrechts	Inhalte des Urheberrechts sind das Urheberpersönlichkeitsrecht, Verwertungsrechte in körperlicher und unkörperlicher Form sowie sonstige Rechte.
Marke	Marken sind individuelle oder kollektive Kennzeichen. Markennamen sind für den Verkaufserfolg und die Werbepräsentation eines Produkts von Bedeutung, weil mit ihnen ein bestimmtes Image verbunden wird.
Werbung im Rundfunk	Die Zulässigkeit von Rundfunkwerbung richtet sich nach dem RStV. Dort finden sich allgemeine, für Öffentlich-rechtliche und Private gleichermaßen geltende Vorschriften über Werbung und Sponsoring. Zudem gibt es spezielle Vorschriften für den öffentlich-rechtlichen und den privaten Rundfunk.
Schockwerbung	Schockwerbung ist sog. Imagewerbung, bei der das Hervorrufen von Entsetzen und Ablehnung zu einer Solidarisierung mit dem werbenden Unternehmen gegen gesellschaftliche Missstände führen soll. Das Bundesverfassungsgericht hat diese Art der Werbung im Hinblick auf die Bedeutung der Pressefreiheit der abdruckenden Unternehmen grundsätzlich für zulässig erklärt. Es darf indes nicht zu Verstößen gegen die Menschenwürde kommen, die eine Schranke des Wettbewerbs darstellt. Allerdings ist bei der Annahme eines Menschenwürdeverstoßes Zurückhaltung geboten.

E. Sport und Medien

433a Die Verbindung von Sport und Medien eröffnet zahlreiche Betätigungsfelder. Sie reichen von der Durchsetzung von Persönlichkeitsrechten eines Sportlers gegenüber der Presse[217] bis zur Lizenzierung von Übertragungsrechten ins Ausland. Es entsteht zunehmend Bedarf für Juristen mit besonderem Fokus auf dem Sportrecht, etwa als Justitiare in einer Sportorganisation, als Schiedsrichter im Rahmen der Sportgerichtsbarkeit, als Verwaltungsjuristen in der öffentlichen Sportverwaltung, als Mitarbeiter in Rechtsabteilungen von Vereinen und Verbänden oder ganz allgemein als Sportlerberater. Auch die Vermarktungsagenturen, die regelmäßig das Rechtemanagement für die Veranstalter übernehmen, beschäftigen Juristen oder arbeiten mit spezialisierten Anwälten zusammen.

I. Das Hausrecht als zentrales Recht

433b Bei der Vermarktung von Sportveranstaltungen ist zu beachten, dass in Deutschland kein eigenständiges Recht existiert, das Sportveranstaltungen umfassend schützt und einem bestimmten Rechtssubjekt ausschließlich zuordnet. Sport ist weder eine Sache,

217 Dazu *Dörr*, Die Medienberichterstattung und das Persönlichkeitsrecht des Fußballspielers, in Württembergischer Fußballverband e.V. (Hrsg.), Das Persönlichkeitsrecht des Fußballspielers, 2010, S. 135 ff.

die einen Eigentümer hat, noch eine persönlich geistige Schöpfung, an der ein Urheberrecht entstehen kann. Nach allgemeinen Regeln steht dem Veranstalter jedoch das Hausrecht zu, das er vermarkten kann.[218] Ferner können sich die Veranstalter regelmäßig auch auf Kennzeichen- und Namensrechte berufen, die ihnen etwa an Logos und Emblemen zustehen, wie in einem Rechtsstreit zwischen der FIFA und Ferrero in Bezug auf die Verwendung der Bezeichnung „WM 2010". Oftmals produziert der Veranstalter auch das sog. audiovisuelle Basissignal und ist somit Inhaber des Leistungsschutzrechts nach § 95 UrhG.[219]

II. Bedeutung der Vertragsgestaltung

Da kein kodifiziertes Sportrecht existiert, ist es Aufgabe von praktizierenden Juristen, mediale Rechte zu definieren, die den praktischen Anforderungen gerecht werden. Die Hauptaufgabe liegt daher bei der Vertragsgestaltung und -verhandlung. Wichtig ist die rechtliche Ausgestaltung von Übertragungsrechten in den unterschiedlichsten Erscheinungsformen. Diese müssen definiert, fixiert und übertragen werden. Bei den audiovisuellen Rechten differenziert man zwischen Distributionskanälen, Verwertungsform und -umfang, Übertragungsinfrastruktur und -technik sowie der Aufbereitung des Datenstroms. Bei den „Fernsehrechten" kommt es also etwa darauf an, ob es sich um die Rechte für Kabelfernsehen, Satellitenfernsehen, Internetfernsehen, Pay- oder Free-TV, HD-Übertragungen, Public Viewing, Live-Übertragungen oder Aufzeichnungen, ausschnittsweise Wiedergabe oder Übertragung der Gesamtveranstaltung handelt. Bei allen Kriterien existieren Besonderheiten, die Auswirkungen auf die Vermarktung und die rechtliche Ausgestaltung haben und insofern beachtet werden müssen. **433c**

III. Werbung im Sport

Sport stellt durch Veranstaltungen, aber auch durch die Sportler selbst eine Werbeplattform dar, so dass Juristen oftmals mit Fragen des Sponsorings und Wettbewerbsrechts betraut werden.[220] Beim Sponsoring ist zwischen Veranstaltungssponsoring, etwa in Form der Banden- oder Trikotwerbung, und Sendungssponsoring, in Form von siebensekündigen Trailern zu Beginn der Übertragung, zu differenzieren. Neben der detaillierten Ausgestaltung der Sponsoringvereinbarung sind gerade beim Sendungssponsoring rundfunkrechtliche Besonderheiten nach § 8 RStV zu beachten. Beim Veranstaltungssponsoring finden die rundfunkrechtlichen Werberegelungen grundsätzlich keine unmittelbare Anwendung, da prinzipiell die Möglichkeit bestehen muss, Sport- **433d**

218 Dazu umfassend *K. Mailänder/P. Mailänder*, Freiheit und Schranken einer Hörfunk-Berichterstattung über den Spitzensport, in: Dörr/Mailänder, Freiheit und Schranken einer Hörfunk-Berichterstattung über den Spitzensport, 2003, S. 101 ff., 131 ff.; s. auch *Frey*, in: Schwartmann, Praxishandbuch Medienrecht, 15. Kap. Rn. 5 ff.

219 Vgl. hierzu *Frey*, in: Schwartmann, Praxishandbuch Medienrecht, 15. Kap. Rn. 23 ff. Zur Diskussion um ein Leistungsschutzrecht für Sportveranstalter vgl. *Heermann*, GRUR 2012, 791 ff.

220 Vgl. hierzu *Frey*, in: Schwartmann, Praxishandbuch Medienrecht, 15. Kap. Rn. 51 ff.

ereignisse zu übertragen, auch wenn die Veranstaltung selbst Werbung enthält. Die Ausstrahlung stellt dann lediglich eine Abbildung der Realität und keine Werbung im eigentlichen Sinne dar. Sofern aber das Veranstaltungssponsoring „inszeniert" ist, um damit die Werbewirkung über das Medium Rundfunk zu erhöhen, ist dies anders zu beurteilen. Plastisch wird dies am Beispiel der „Wok-WM". Im Gegensatz zu einem sonstigen Sportereignis, das auch unabhängig von einer Fernsehübertragung stattfindet, wird diese Veranstaltung ausschließlich für die Fernsehübertragung durchgeführt. Weil es sich hier nicht um aufgedrängte Werbung handelt, wie dies etwa bei Trikotwerbung im Fußball der Fall ist, gelten rundfunkrechtliche Besonderheiten und die „Wok-WM" muss als „Dauerwerbesendung" gekennzeichnet werden.[221] Veranstaltersponsoring ist nunmehr – nach dem Glücksspieländerungsstaatsvertrag 2012 – auch durch Anbieter von Sportwetten möglich, da die Verknüpfung mit Trikot- und Bandenwerbung nicht mehr verboten wird. Vielmehr wird Trikot- und Bandenwerbung in Form von Dachmarkenwerbung für zulässig erklärt (Art. 12 Abs. 1 Werberichtlinie nach § 5 Abs. 4 Satz 1 GlüStV).[222]

IV. eSports

433e Auch im Bereich des Sports macht sich die zunehmende Digitalisierung bemerkbar. So entstehen mit eSports neue Disziplinen, die großes wirtschaftliches Potential bergen. Der Begriff eSports (auch als „ESport", „e-Sport", „E-Sports" oder „"e-Sport" bezeichnet) ist die englische Abkürzung für „elektronischer Sport" und bezeichnet den professionellen Wettstreit in Computer- und Videospielen. Wie bei anderen, klassischen Sportarten auch geht es bei eSports um den Wettkampf bzw. das Messen mit anderen in einer Disziplin.[223] Beim eSports stellen sich rechtlich vergleichbare Fragen, wie dies im Zusammenhang von Sport und Recht allgemein der Fall ist. So wird beispielsweise auch hier versucht, für Online-Spiele-Anbieter unter Berufung auf das von der Rechtsprechung anerkannte „virtuelle Hausrecht" wirksame Rechtsschutzmöglichkeiten abseits des Vertragsrechts zu konstruieren.[224] Auch Fragen des Urheberrechts bei Nutzung von Spielen bei Großevents oder die arbeitsrechtliche Stellung bei dem Einsatz von eSports-Athleten werfen viele rechtliche Fragen auf, die es in der Zukunft zu beantworten gilt.

Unbeantwortet ist bisher die Frage, ob eSport grundsätzlich als Sport zu qualifizieren ist. Im Koalitionsvertrag der Bundesregierung von 2018 steht dazu konkret: „Wir erkennen die wachsende Bedeutung der eSport-Landschaft in Deutschland an. Da eSport wichtige Fähigkeiten schult, die nicht nur in der digitalen Welt von Bedeutung sind, Training und Sportstrukturen erfordert, werden wir eSport künftig vollständig als eigene Sportart mit Vereins- und Verbandsrecht anerkennen und bei der Schaffung einer

---

221 *VG Berlin*, ZUM-RD 2009, 292 ff.
222 Vgl. *Viniol/Hofmann*, MMR 2013, 435 ff.
223 Vgl. dazu https://www.game.de/esports/ (zuletzt überprüft am 08.03.2019).
224 Vgl. hierzu *Frey*, in: Schwartmann, Praxishandbuch Medienrecht, 15. Kap. Rn. 7; *Conraths/Krüger* MMR 2016, 310 ff.

olympischen Perspektiven unterstützen."[225] Nach Ansicht des Deutschen Olympischen Sportbundes (DOSB) dagegen ist eSports nicht als sportliche Aktivität zu qualifizieren. Wettkampfmäßig durchgeführte Computerspiele entsprächen in der Regel nicht den zentralen Aufnahmekriterien des DOSB.[226] Die Entscheidung des DOSB, eSports nicht als Sportart anzuerkennen, hat der *game*, der Verband der deutschen Games-Branche, deutlich kritisiert.[227] Die weitere Entwicklung dieser Grundsatzfrage wird man beobachten müssen.

F. Arbeitsrecht

Das allgemeine Arbeitsrecht gilt auch im Medienbereich. Hier haben sich aber spezifische Regelungen herausgebildet, die man als Sonderarbeitsrecht der Medienunternehmen bezeichnen kann.[228] **434**

Besonderheiten gelten zunächst für den arbeits-, sozialversicherungs- und steuerrechtlichen Status von Mitarbeitern in Medienunternehmen.[229] So ist die sozialversicherungsrechtliche Einordnung und Behandlung von Arbeitnehmern und freien Mitarbeitern genau vorzunehmen. Probleme können auch die Künstlersozialversicherung und sozialversicherungsrechtliche Folgen einer fehlerhaften Einstufung von Arbeitnehmern bereiten. **435**

■ **36. Übungsfrage:** R ist politischer Redakteur bei einer Tageszeitung. In seiner Berichterstattung und seinen Kommentaren vertritt er politische Meinungen, die denen des Verlegers nicht entsprechen. Er versetzt ihn daraufhin in die Reiseredaktion. Ist dies zulässig? **436**

Die Unabhängigkeit der Rundfunkberichterstattung kann nur gewährleistet werden, wenn auch die im Rundfunk tätigen Redakteure eine gewisse unabhängige Stellung genießen. Andererseits ist es zulässig, dass Printprodukte sich einer bestimmten politischen Richtung annähern und ein Verleger das Recht hat, Richtungsweisungen für Mitarbeiter herauszugeben. Damit ist verfassungsrechtlich das Problem der sog. **inneren Pressefreiheit** angesprochen.[230] Arbeitsrechtlich ist hier das Betriebsverfassungsgesetz (BetrVG) relevant, das auch für Medienunternehmen grundsätzlich gilt. Allerdings enthält § 118 Abs. 1 BetrVG eine sog. Bereichsausnahme für sog. Tendenzbe- **437**

225 Koalitionsvertrag zwischen CDU, CSU und SPD 19. Legislaturperiode, S. 48, abrufbar unter: https://www.cdu.de/system/tdf/media/dokumente/koalitionsvertrag_2018.pdf?file=1 (zuletzt überprüft am 08.03.2019).

226 Siehe Meldung bei www.heise.de, abrufbar unter: https://www.heise.de/newsticker/meldung/Olympischer-Sportbund-E-Gaming-ist-keine-sportliche-Aktivitaet-4207449.html (zuletzt überprüft am 08.03.2019).

227 Pressemeldung des game vom 29.10.2018, abrufbar unter: https://www.game.de/blog/2018/10/29/game-verband-der-deutschen-games-branche-kritisiert-dosb-entscheidung-zu-esports/ (zuletzt überprüft am 08.03.2019).

228 Dazu eingehend *Bezani/Müller*, Arbeitsrecht in Medienunternehmen, Rn. 1 ff. Zu Internet und Arbeitsrecht: *Hoeren*, S. 414 ff.

229 Dazu *Müller*, in: Schwartmann, Praxishandbuch Medienrecht, 16. Kap. Rn. 26 ff.

230 Dazu *Fechner*, 8. Kapitel, Rn. 65 ff.

triebe. Sie ist von Bedeutung, da Medienunternehmen, die der Berichterstattung und Meinungsäußerung dienen, als **Tendenzbetriebe**[231] einzustufen sind. Im Fall darf der Redakteur aufgrund verlegerischer Entscheidung ohne Zustimmung des Betriebsrats nach § 99 Abs. 1 BetrVG versetzt werden, wenn er die politische Einstellung des Verlegers nicht teilt.[232]

438 Als besonders relevant im Zusammenhang mit dem Arbeitsrecht hat sich aber die Gestaltung von **Arbeitsverträgen** mit Mitarbeitern im redaktionellen Bereich herausgestellt, wo oft mit sog. freien Mitarbeitern gearbeitet wird. Häufig ist nur ein Kernmitarbeiterstamm fest in einem Presse- oder Rundfunkunternehmen angestellt. In Presseunternehmen verhält es sich ähnlich. Die einzelnen Sendungen oder Redaktionsbereiche werden von diesen zwar in der Regel von festen Mitarbeitern überwacht, die Produktionsbeiträge stammen aber dann von zahlreichen frei tätigen Mitarbeitern. Diese haben eine weniger intensive Bindung mit dem Medienunternehmen und damit auch einen weniger ausgeprägten Kündigungsschutz. Dennoch ist es wichtig, dass auch diese, insbesondere wenn sie im programmlichen Bereich tätig sind, nicht einfach kündbar sind, weil sonst eine inhaltliche Einflussnahme auf deren Arbeit möglich wäre. Eine Vielzahl von Entscheidungen und Rechtsstreitigkeiten im Bereich des öffentlich-rechtlichen Rundfunks haben zu einer entsprechenden Anpassung der Mitarbeiterverträge geführt.[233] Häufig wird darüber gestritten, ob dem Mitarbeiter der Status eines Arbeitnehmers oder eines freien Mitarbeiters zukommt. Bei programmgestaltenden Mitarbeitern besteht innerhalb gewisser Grenzen für die Rundfunkveranstalter im Hinblick auf ihre Programmautonomie das Recht, den Status des freien Mitarbeiters zu wählen.[234]

439 Besondere Bedeutung haben auch Fragen der **Befristung** von Arbeitsverhältnissen mit festen und freien Mitarbeitern in Medienunternehmen nach § 14 Abs. 1 und 2 TzBfG und der Vereinbarung auflösender Bedingung mit Arbeitnehmern in Medienunternehmen (§ 21 TzBfG)[235]. Ferner bereiten die Auswirkungen des Allgemeinen Gleichbehandlungsgesetzes (AGG)[236] in der Praxis Schwierigkeiten. Schließlich gibt es neben dem allgemein für Medienunternehmen geltenden **Tarifvertragsrecht** konkrete Tarifverträge für Medienunternehmen, etwa den Tarifvertrag für Film- und Fernsehschaffende.

231 *Ricker/Weberling*, 37. Kapitel, Rn. 8 ff.; *Müller*, in: Schwartmann, Praxishandbuch Medienrecht, 16. Kap. Rn. 119 ff.
232 *Michalski*, Arbeitsrecht, Rn. 995.
233 *Bezani/Müller*, Arbeitsrecht in Medienunternehmen, Rn. 157 ff.
234 *BVerfGE* 59, 231, 257 ff.; 64, 256, 260 ff.; ausführlich dazu vgl. *Joch/Wenninger*, ZUM 2012, 538 ff.
235 *Müller*, in: Schwartmann, Praxishandbuch Medienrecht, 16. Kap. Rn. 52 ff.
236 Dazu *Wisskirchen*, DB 2006, 1491 ff.; *Röder/Krieger*, FA 2006, 199 ff.

6. Teil

Die völker- und europarechtliche Dimension des Medienrechts

Schon aufgrund der Völker- und Europarechtsfreundlichkeit des Grundgesetzes und der dadurch bedingten Offenheit der deutschen Rechtsordnung für internationales Recht wird das Medienrecht nicht nur durch nationale Normen bestimmt. Vielmehr gewinnen die **europarechtlichen Aspekte** der Medienordnung und Medienpolitik in der letzten Zeit fortwährend an Bedeutung, und es ist davon auszugehen, dass sich dieser Prozess in der Zukunft weiter beschleunigen wird. Der Grund erschließt sich gerade für den Rundfunk schon auf den ersten Blick, denn Rundfunkwellen machen an den Staatsgrenzen nicht Halt. Eine neue Dimension wird durch die europaweite Verbreitung der **Satellitentechnik** und die Möglichkeiten des IP-TV sowie des Smart-TV eröffnet. Zudem lassen sich alle digitalisierte Kommunikationsinhalte auf verschiedenen Übertragungswegen zu verbreiten und können somit die Empfänger auf beliebigen Endgeräten mit einem umfassenden Informations- und Unterhaltungsangebot europa- und weltweit zu versorgen. **440**

Zur Vertiefung

Über moderne Medium-Power-Satelliten ist es seit geraumer Zeit technisch möglich, mit einer Rundfunksendung allein in Europa etwa 400 Millionen Menschen zu erreichen. Das marktbeherrschende luxemburgische Astra-Satellitensystem etwa versorgte 2018 mit rund 17,409 Millionen Haushalten ca. 45 % der deutschen Fernsehzuschauer. Trotz unterschiedlicher Sprach- und Kulturräume ist zudem eine Entwicklung zu Programmen feststellbar, die mittels der Mehrkanaltechnik bei gleichem Bild mehrere Sprachfassungen für die verschiedenen Sprachräume anbieten. Schließlich haben sich in den letzten Jahren auch Sendeformen durchgesetzt, für die die Sprachgrenzen keine entscheidenden Barrieren mehr darstellen, wie etwa diverse Musikspartenprogramme. **441**

Die Fortschritte bei der Übertragungstechnik und die Entwicklung international ausgelegter Programme haben die elektronischen Medien insgesamt zu einer europäischen Herausforderung werden lassen, der sich die Europäische Union mit vielfältigen Aktivitäten angenommen hat. Dagegen sind die Initiativen Europas bezüglich der Presse noch spärlich. Der europäische Rechtsgeber hat in den „Neuen Medien" vor allem ein großes **wirtschaftliches Potenzial** gesehen, dessen Ausschöpfung Regelungen erforderlich macht, die eine möglichst liberale Nutzung ermöglichen. **442**

Zugleich müssen alte Regelungen an die neue **Medienwelt** angepasst werden und mit rechtlich verbindlichen Regelungen Rechts- und Planungssicherheit hergestellt werden. Freilich können bestimmte Bereiche der Neuen Medien insgesamt kaum in ein Regelungswerk einbezogen werden. Wenn schon das klassische Fernsehen und der klassische Hörfunk aufgrund der durch die Satellitentechnik zunehmenden Grenzüberschreitung transnationale Herangehensweisen erfordert, stellt namentlich das Internet mit seinen vielfältigen Möglichkeiten und als Prototyp Grenzen ignorierender Technik die nationale Regulierung zumindest in Frage. Nicht zuletzt deshalb ist auf europäischer Ebene in den vergangenen Jahren eine erhebliche Zunahme politischer **443** und rechtlicher Initiativen im Zusammenhang mit den Neuen Medien zu beobachten, die beispielsweise den Missbrauch dieser Medien bekämpfen sollen. Dies hat auch Auswirkungen auf den Sektor der audiovisuellen Politik.

444 Für die Medien in Europa sind neben den unionsrechtlichen Vorgaben auch die Aktivitäten des **Europarates** von erheblicher Bedeutung. Die Rechtsentwicklung ist hier weit weniger rasant. Dennoch darf nicht übersehen werden, dass der Europarat – der im Rahmen seiner Ziele und Aufgaben zur Förderung der Menschenrechte auch die Massenmedien behandelt – in geographischer Hinsicht über einen Einfluss verfügt, der weit über den der Europäischen Union hinausreicht. Ihm gehören mittlerweile nahezu alle mittel- und osteuropäischen Staaten an und seine Aktivitäten wirken in einem großen Radius.

445 Zur Vertiefung

Insbesondere spielt auch das europäische Übereinkommen über das grenzüberschreitende Fernsehen von 1989 in der Fassung von 2002 eine wichtige Rolle. Dies gilt ebenso für weitere Konventionen, die zu einzelnen medienrelevanten Themen verabschiedet worden sind, wie z.B. das Übereinkommen über Computerkriminalität. Schließlich wirken sich vor allem die Bestimmung des Art. 10 der Europäischen Konvention zum Schutze der Menschenrechte und Grundfreiheiten (EMRK) und die dazu ergangenen Entscheidungen des Europäischen Gerichtshofs für Menschenrechte auf den Medienbereich aus. Wichtig ist Art. 10 EMRK dabei nicht nur als für die Mitgliedstaaten verbindliche und im innerstaatlichen Recht zu berücksichtigende Vorgabe[1], sondern auch, weil er im Rahmen der Unionsgrundrechte der Europäischen Union auch in diesem Zusammenhang Wirkung entfaltet. Er war inhaltlich Vorbild für die Schaffung des entsprechenden Art. 11 EU-Grundrechtscharta. Hier können Unterschiede zu den nationalen Herangehensweisen an medienrechtliche Fragestellungen entstehen, wie am Beispiel der Auslegung der Rundfunkfreiheit durch den Europäischen Gerichtshof für Menschenrechte (EGMR) beobachtet werden kann, der tendenziell die Rundfunkfreiheit stärker individualrechtlich als das Bundesverfassungsgericht die vergleichbare Bestimmung des Art. 5 Abs. 1 S. 2 GG sieht[2]. Gerade aufgrund der 1998 erfolgten Einführung der Individualbeschwerde direkt zum Europäischen Gerichtshof für Menschenrechte sind weiterführende Judikate dieses Spruchkörpers ergangen.[3]

446 Schließlich wirken sich auch Regelungen des allgemeinen **Völkerrechts** auf die Medien aus. Dazu zählen nicht nur die menschenrechtlichen Bestimmungen, wie z.B. im Internationalen Pakt über bürgerliche und politische Rechte (IPBR), sondern auch Vorschriften in völkerrechtlichen Übereinkommen, vor allem im Rahmen der **Welthandelsorganisation,** oder die aus technischen Gründen notwendige Regelung der internationalen Verteilung von Frequenzen[4].

---

1 *Schwartmann*, AVR 43 (2005), 129, 131 f.
2 Siehe dazu noch unten Rn. 492.
3 Vgl. zur Bedeutung von Art. 10 EMRK und zur Rechtsprechung des EGMR eingehend *Dörr,* in: HK-RStV, B. 4 Rn. 5 ff. u. 92 ff. sowie *Oster/Wagner*, Kommunikation und Medien, in: Dauses, Handbuch des EU-Wirtschaftsrechts, 2013, E. V. Rn. 29 ff.
4 Vgl. *Köhler/Arndt/Fetzer*, Recht des Internet, 2006, S. 269 ff. Rn. 812 ff.

A. Europarechtliche Grundlagen

Das Medienrecht hat vielschichtige europarechtliche Grundlagen und Bezüge.[5] 447

I. Primärrechtliche Verankerung der Kommunikationsfreiheiten

1. Überblick über den Vertrag über die Arbeitsweise der Europäischen Union

Im Vertrag über die Arbeitsweise der Europäischen Union sind weiterhin die Grundfreiheiten der Art. 45 ff. AEUV, namentlich die **Dienstleistungs-** und **Niederlassungsfreiheit,** für die Regelung des Medienbereichs von entscheidender Bedeutung. Daneben ist der **Kulturartikel** des Art. 167 AEUV, der eine vereinheitlichende Regulierung der Kulturen der Mitgliedstaaten verbietet und die Europäische Union hier auf Fördermaßnahmen begrenzt, bedeutsam. Schließlich haben die allgemeinen wettbewerbsrechtlichen Regelungen in Art. 101 ff. AEUV einschließlich des Beihilfeverbots und des erläuternden Protokolls über den öffentlich-rechtlichen Rundfunk, das noch in Ergänzung zum damaligen EG-Vertrag vereinbart wurde, aber auch nach dem Inkrafttreten der Änderungen durch den Vertrag von Lissabon weiterhin gilt, eine besondere Bedeutung. 448

2. Grundfreiheiten und Grundrechte

Neben den Grundfreiheiten spielen die Unionsgrundrechte, also auch die **Meinungsfreiheit** des Art. 11 EU-Grundrechtecharta (GRCh) und des Art. 10 EMRK, der gemäß Art. 6 Abs. 3 EUV auch ein ungeschriebenes Unionsgrundrecht darstellt, eine wichtige Rolle. 449

Zudem wird die Union durch Art. 6 Abs. 2 EUV verpflichtet, der EMRK beizutreten. Dieser Beitritt, der bisher immer noch nicht erfolgt ist, würde bewirken, dass die Union unmittelbar an die EMRK gebunden wird und der Rechtsprechung des EGMR unterliegt. Der Entwurf eines Übereinkommens zum Beitritt der EU zur EMRK liegt seit Juni 2013 vor.[6] Zur Vereinbarkeit des geplanten Übereinkommen mit den Verträgen hat die Kommission beim EuGH gem. Art. 218 Abs. 11 AEUV ein Gutachten beantragt. Dieses Verfahren war beim EuGH seit 23. August 2013 anhängig. In seinem Gutachten vom 18 Dezember 2014[7] kam der EuGH zu dem Ergebnis, dass es die Autonomie, über die das Unionsrecht im Verhältnis zum Recht der Mitgliedstaaten sowie zum Völkerrecht verfüge, gebiete, dass die Auslegung der Grundrechte der EU-Grundrechtecharta (juris: EUGrdRCh) im Rahmen der Struktur und der Ziele der Union gewährleistet sei. Daher sei der Beitritt der Union zur EMRK, wie er im Übereinkunftsentwurf vorgesehen war, geeignet, die besonderen Merkmale der Union und die Autonomie des

5 Ein Überblick über die Entwicklung in der EU findet sich bei *Dörr,* in: HK-RStV, B. 4 Rn. 16 ff.
6 Vgl. Council of Europe, Fifth Negotiation Meeting between the CDDH Ad Hoc Negotiation Group and the European Commission on the accession of the European Union to the European Convention on Human Rights, Final report to the CDDH, 47+1(2013) 008rev2.
7 EuGH, JZ 2015, 773 ff.

Unionsrechts zu beeinträchtigen. Der Gerichtshof stört sich insbesondere daran, dass die Union und ihre Organe, einschließlich des Gerichtshofs, den in der EMRK vorgesehenen Kontrollmechanismen und insbesondere den Entscheidungen und Urteilen des EGMR unterliegen würden. Damit wird die in Art. 6 Abs. 2 EUV vorankerte Pflicht zum Beitritt konterkariert. Ein Beitritt der Union zur EMRK ist nach diesem Gutachten praktisch nahezu ausgeschlossen.[8]

Die Bestimmung des Art. 11 GRCh enthält eine dem Art. 10 EMRK weitgehend entsprechende Garantie der Meinungsfreiheit. Sie geht aber mit Abs. 2 über Art. 10 EMRK hinaus und spricht dort auch die Freiheit der Medien und ihre Pluralität an. Seit dem 1. Dezember 2009 ist die Grundrechtecharta gemäß Art. 6 Abs. 1 EUV verbindlich und dem übrigen Primärrecht, also auch den Grundfreiheiten gleichgestellt. Der EuGH wurde angesichts einiger Urteile, die die Verhältnismäßigkeitsprüfung bei Grundrechtseingriffen eher im Kursorischen beließen[9], in der Vergangenheit vor allem auch in der deutschen Literatur stark kritisiert.[10] In der neueren Judikatur ist jedoch die Tendenz des EuGH zu erkennen, eine umfassende Verhältnismäßigkeitsprüfung vorzunehmen[11], an deren Ende europäische Sekundärrechtsakte auch für ungültig weil unverhältnismäßig erklärt wurden.[12]

3. Harmonisierungs-„Auftrag"

450 Die Union versucht, durch eine Harmonisierung der rechtlichen Regelungen Hindernisse zumindest für den freien Austausch von Fernsehsendungen zu beseitigen. Dahinter stehen vor allem die Idee des Binnenmarktes und die Vorstellung von Fernsehen als entgeltliche Dienstleistung.

4. Wettbewerbsrecht

451 Auch das europäische Wettbewerbsrecht hat für den Medienbereich wichtige Bedeutung. Der EUV benennt in Art. 3 Abs. 3 die Wettbewerbsfreiheit als eine wesentliche Grundlage des Unionsrechts und fordert daher einen hohen Grad an Wettbewerbs-

---

8 Kritisch zum Gutachten des EuGH auch *Grabenwarter/Pabel*, Europäische Menschenrechtskonvention, 6. Auflage 2016, § 4 Rn. 16.

9 *Schroeder*, EuZW 2011, 462 (463) weist hier zu Recht exemplarisch auf die Entscheidung des *EuGH* zur Bananenmarkt-VO hin, *EuGH*, Urt. v. 5.10.1994, Rs. C-280/93, Slg. 1994, I-4973 – Deutschland / Rat, in der der *EuGH* lediglich prüfte, ob eine beschränkende Maßnahme „offensichtlich ungeeignet" sei, um das verfolgte agrarpolitische Ziel zu erreichen.

10 Statt vieler *Ehlers*, Europäische Grundrechte und Grundfreiheiten, 3. Aufl., 2009, § 14 Rn. 71 f.

11 Vgl. dazu im medienrechtlichen Bereich auch das Urteil des *EuGH* zur Kurzberichterstattung nach Art. 15 Abs. 6 AVMD-RL, *EuGH*, Urt. v. 22.1.2013, Rs. C-283/11 – Sky Österreich, EuZW 2013, 347 ff.

12 Vgl. dazu etwa *EuGH*, Urt. v. 9.11.2010, verb. Rs. C-92/09 und C-93/09, Slg. 2010, I-11063 – Schecke & Eifert sowie *EuGH*, Urt. v. 8.4.2014, verb. Rs. C-293/12 und C-594/12 – Digital Rights Ireland und Seitinger u.a. Die erste Entscheidung betraf die Veröffentlichungspflicht personenbezogener Daten bei Landwirtschaftsbeihilfen nach der Verordnung (EG) Nr. 1290/2005, die zweite Entscheidung die Richtlinie 2006/24/EG über die Vorratsdatenspeicherung. Zu Bereichen, in denen der *EuGH* dem Unionsgesetzgeber nach wie einen sehr weiten Gestaltungsspielraum einräumt und die Grenze bei „offensichtlich ungeeigneten" Maßnahmen zieht, vgl. *Wagner*, in: Festschrift Dauses, 2014, S. 475, 477 m.w.N.

fähigkeit. Gleichzeitig bemüht sich die Union um ein System, das den Wettbewerb innerhalb des Binnenmarktes vor Verfälschungen schützt und so die Wettbewerbsfähigkeit stärkt. Dementsprechend sieht das EU-Wettbewerbsrecht Mechanismen vor, um das privatwirtschaftliche Verhalten von Unternehmen zu kontrollieren, etwa durch das **Kartellverbot** des Art. 101 Abs. 1 AEUV, das Verbot des **Missbrauchs einer marktbeherrschenden Stellung** gem. Art. 102 AEUV, und das eher gegen die Mitgliedstaaten gerichtete Verbot unzulässiger **Beihilfen** gem. Art. 107 AEUV.

Das primärrechtliche Wettbewerbsrecht im Zusammenspiel mit den sekundärrechtlichen Kartell- und Fusionskontrollverordnungen ist für das Medienrecht von Bedeutung, weil zahlreiche Medienunternehmen transnational fusionieren und sich durch Absprachen vor zu großem Wettbewerb zu sichern suchen. Zur Verhinderung daraus resultierender Einschränkungen des ökonomischen Wettbewerbs im Binnenmarkt ist in erster Linie die Europäische Kommission zuständig. Angesichts des in den letzten Jahren zu beobachtenden Trends der Medienunternehmen, sich international zusammenzuschließen und auf dem europäischen Markt operierende Einheiten zu bilden, ist die Notwendigkeit einer europaweiten **Konzentrationskontrolle** vor allem im Rundfunksektor offensichtlich geworden. Die Fusionskontrollverordnung[13] begründet eine Kontrollbefugnis der Kommission nur dann, wenn der geplante Zusammenschluss unionsweite Bedeutung hat. Im Übrigen bleiben die nationalen Wettbewerbsbehörden zuständig.[14] Von besonderer Relevanz ist im audiovisuellen Bereich die Kontrolle von Unternehmenszusammenschlüssen nach der Fusionskontrollverordnung, die grundsätzlich auf Medienunternehmen anwendbar ist, wenngleich sie in Abweichung von ihrer ansonsten ausschließlichen Geltung die Mitgliedstaaten ermächtigt, weitergehende Regelungen zum Schutz der Meinungsvielfalt vorzusehen. 452

Schließlich ist das Verbot unzulässiger Beihilfen nach Art. 107 AEUV für alle Mitgliedstaaten, in denen ein duales Rundfunksystem besteht, für die Finanzierung des öffentlich-rechtlichen Rundfunks bedeutsam.[15]

Zur Vertiefung

Schon seit geraumer Zeit wird darüber gestritten, ob und inwieweit die Beihilfevorschriften der Gebühren- bzw. Beitragsfinanzierung oder einer anderen staatlichen Finanzierung des öffentlich-rechtlichen Rundfunks Grenzen setzen. Diese Frage, die auch in der deutschen juristischen Literatur intensiv diskutiert wird[16], beschäftigte und beschäftigt die Kommission auf der Grundlage von Beschwerden mehrerer privater Rundfunkveranstalter gegen die Modalitäten der Finanzierung konkurrierender öffentlich-rechtlicher oder staatlicher Anstalten aus Deutschland, 453

13 Verordnung (EG) Nr. 139/2004 vom 20.1.2004 über die Kontrolle von Unternehmenszusammenschlüssen.

14 *Streinz*, Europarecht, Rn. 1048.

15 Vgl. *Fink*, in: Dörr/Müller-Graff, Medien in der Europäischen Gemeinschaft, 2007, S. 121 ff.; siehe auch *Heer-Reißmann*, in: Dörr/Kreile/Cole, Handbuch Medienrecht, F, Rn. 93 ff.; *Schwartmann*, in: Schwartmann, Praxishandbuch Medienrecht, 4. Kap. Rn. 67 ff.; *Koenig/Kühling*, ZUM 2001, 537 ff.; *Pelny*, ZUM 2005, 22 ff.

16 Vgl. dazu eingehend *Dörr*, in: HK-RStV, B. 4 Rn. 35 ff.; *Heer-Reißmann*, in: Dörr/Kreile/Cole, Handbuch Medienrecht, F, Rn. 97 ff.; *Spoerr/Luczak*, ZUM 2010, 553; *Dörr*, K&R 2001, 233; *Ruttig*, Der Einfluss des EG-Beihilferechts auf die Gebührenfinanzierung der öffentlich-rechtlichen Rundfunkanstalten, 2001.

Frankreich, Italien, Österreich, Spanien, Portugal und den Niederlanden. [17] Besonders intensiv wurde die Beihilfefrage in der jüngeren Vergangenheit im Hinblick auf die deutsche Rundfunkgebühr beleuchtet. Die Kommission hatte im März 2005 ein Verfahren gegen Deutschland aufgrund einer Beschwerde des Privatrundfunkverbandes VPRT eingeleitet. Sie kam zu dem vorläufigen Ergebnis, dass die geltende deutsche Rundfunkfinanzierung teilweise mit Europarecht nicht vereinbar ist. Insbesondere wurde die Transparenz bei der Verteilung der Gebühreneinnahmen, der Online-Auftritt von ARD und ZDF sowie der Handel mit Sportübertragungsrechten bemängelt. Die Kommission verlangte eine eindeutige Definition des Grundversorgungsauftrags, die Führung getrennter Bücher, so dass zwischen den öffentlich-rechtlichen und sonstigen Tätigkeiten unterschieden werden kann, und geeignete Mechanismen, um eine Überkompensation der öffentlich-rechtlichen Tätigkeiten zu verhindern. Sie ging davon aus, dass im Hinblick auf die Beihilferegelungen des damaligen EG-Vertrages und insbesondere mit Blick auf Art. 86 Abs. 2 EG (Art. 106 Abs. 2 AEUV) der Auftrag des öffentlich-rechtlichen Rundfunks klar definiert und eindeutig durch den Staat übertragen werden muss. Im Dezember 2006 wurde zwischen der Bundesregierung und der Kommission schließlich ein Kompromiss ausgehandelt[18], der die Grundlage für die Verfahrenseinstellung durch die Entscheidung vom 24. April 2007 bildete.[19] Die erzielte Einigung mündete in förmlich unterbreiteten Zusagen Deutschlands, die in der Einstellungsentscheidung festgeschrieben sind. Diese sieht vor, dass Deutschland innerhalb von zwei Jahren verschiedene „zweckdienliche Maßnahmen" (die im einzelnen aufgeführten Zusagen) – durch Umsetzung im Rundfunkstaatsvertrag – ergreifen wird, die nach Ansicht der Kommission dazu geeignet sind, die beihilfenrechtlichen Bedenken auszuräumen.[20] Die entsprechenden förmlichen Zusagen Deutschlands waren bis zum 24. April 2009 umzusetzen. Der Entwurf der entsprechenden Rechtsvorschriften, also der Entwurf des Zwölften Rundfunkänderungsstaatsvertrages vom 12. Juni 2008[21], war der Kommission im Juni 2008 vorgelegt worden, nachdem er von den deutschen Ministerpräsidenten zur Kenntnis genommen worden war. Auch die endgültige ratifizierte Fassung wurde der Kommission unterbreitet, damit diese die Einhaltung der Zusagen prüfen konnte.[22] Die Umsetzung der europarechtlichen Vorgaben zu den Beihilferegelungen erfolgte im Zwölften Rundfunkänderungsstaatsvertrag, der allerdings erst am 1. Juni 2009 in Kraft trat.

Nach der Umstellung der Rundfunkgebührenfinanzierung zu einer Beitragsfinanzierung hat sich der EuGH im Rahmen eines Vorlageverfahrens erneut mit der Frage beschäftigt, ob die Beitragsfinanzierung mit den Vorgaben der Beihilfevorschriften vereinbar ist. In seinem Urt. v. 13. Dezember 2018[23] stellte der EuGH fest, dass die Ersetzung der Rundfunkgebühr (die für den Besitz eines Rundfunkempfangsgeräts zu entrichten war) durch den Rundfunkbeitrag (der insbesondere für das Innehaben einer Wohnung oder einer Betriebsstätte zu entrichten ist) keine erhebliche Änderung der Finanzierungsregelung für den öffentlich-rechtlichen Rundfunk in Deutschland darstellt. Es war daher nicht erforderlich, die Kommission von dieser Änderung als Änderung einer bestehenden Beihilfe zu unterrichten. Er verweist darauf, dass die Ersetzung der Rundfunkgebühr durch den Rundfunkbeitrag im Wesentlichen darauf abzielt, die Voraussetzungen für die Erhebung des Rundfunkbeitrags vor dem Hintergrund der technologischen Entwicklung in Bezug auf den Empfang der Programme der öffentlich-rechtlichen Sender zu vereinfachen und weiterhin dazu dient, die Kosten zu decken, die mit der Erfüllung ihres öffentlichen Auftrags verbunden sind. Außerdem stellt der Gerichtshof fest, dass es die

---

17 Vgl. dazu auch *Cole*, in: Fink/Cole/Keber, Europäisches Medienrecht, Rn. 172 ff. sowie *Grinschgl*, Öffentlich-rechtliche Angebote auf dem Prüfstand, 2014.

18 Vgl. epd medien 100/2006.

19 Entscheidung der Kommission vom 24.4.2007, K(2007) 1761 endg., teilweise abgedruckt in epd medien 39/2007, 3 ff.; vgl. dazu auch epd medien 32/2007, 12 f.; MMR 2007, XIV f.

20 Vgl. Pressemitteilung IP/07/543 und MEMO/07/150 zu den Details der Einigung im Rahmen der Entscheidung vom 24.4.2007, K(2007) 1761 endg., tw. abgedr. in epd medien 39/2007, Ziff. 7.4. ff. Kritisch zur Sichtweise der Kommission Editorial, ebda., 2.

21 https://www.ard.de/download/138948/index.pdf (zuletzt abgerufen: 20.02.2019).

22 Vgl. dazu im Einzelnen *Dörr*, in: HK-RStV, B. 4 Rn. 42 ff.

23 *EuGH*, Urt. v. 13.12.2018, C-492/17, Celex-Nr. 62017CJ0492.

Rechtsvorschriften der Union über staatliche Beihilfen nicht verbieten, den öffentlich-rechtlichen Sendern vom allgemeinen Recht abweichende Befugnisse einzuräumen, die es ihnen erlauben, die Zwangsvollstreckung von Forderungen aus rückständigen Rundfunkbeiträgen selbst zu betreiben.

II. Sekundärrechtliche Ausgestaltung

Neben den im Primärrecht wichtigen Regelungen, die unmittelbare Vorgaben für die **454** Verteilung der Rechtsetzungskompetenzen zwischen Europäischer Union und den Mitgliedstaaten machen, sind daraus abgeleitet eine Vielzahl relevanter sekundärrechtlicher Regelungen, insbesondere Richtlinien entstanden.[24] Diese Richtlinien sind von den Mitgliedstaaten, teilweise mit eigenem Spielraum, umzusetzen und innerstaatlich effektiv anzuwenden. Das bislang vielleicht wichtigste sekundärrechtliche Instrument war die Fernsehrichtlinie, weil sie die auf die Grundfreiheiten bezogenen Aspekte des Mediums Fernsehen in durchaus detaillierter Weise regelte. Sie ist durch die AVMD-Richtlinie ersetzt worden. Die AVMD-Richtlinie wurde durch die Richtlinie (EU) 2018/1808 vom 14. November 2018 nicht unerheblich geändert.

Im Presse- und Filmbereich ist die EU nur zurückhaltend tätig geworden, weil einerseits bereits liberale Marktstrukturen vorzufinden sind, die grenzüberschreitenden Handel ermöglichen und andererseits ein der Kultur zuzuordnender Bereich vorliegt, in dem die EU nur sehr begrenzt tätig werden darf.

1. Richtlinie über audiovisuelle Mediendienste

Die Europäische Union hat sich sekundärrechtlich vor allem den Bereich des Fernse- **455** hens vorgenommen. Bereits 1989 erließ sie die sog. Fernsehrichtlinie[25], die 1997 umfassend modifiziert wurde.[26] In dieser Fassung galt die Richtlinie bis Dezember 2007, als eine neue Änderungsrichtlinie die Fernsehrichtlinie zur „Richtlinie über audiovisuelle Mediendienste" weiterentwickelte. Die Richtlinie über audiovisuelle Mediendienste ist am 19. Dezember 2007 in Kraft getreten.[27] Diese Richtlinie wurde durch die Richtlinie 2010/13/EU vom 10. März 2010[28] zur Koordinierung bestimmter Rechts- und Verwaltungsvorschriften der Mitgliedstaaten über die Bereitstellung audiovisueller Mediendienste (Richtlinie über audiovisuelle Mediendienste, AVMD-RL) aus Gründen der Klarheit und Übersichtlichkeit aufgehoben und die bestehenden Vorschriften mit zusammengefassten Erwägungsgründen in durchgängiger Nummerierung neu kodifi-

24 Vgl. dazu *Dörr,* in: HK-RStV, B. 4 Rn. 61 ff.

25 Vgl. ABl. EG Nr. L 298 vom 17.10.1989, S. 23 ff., i.d.F. der Berichtigung gemäß ABl. EG Nr. L 331 vom 16.1.1989, S. 51.

26 Richtlinie 97/36/EG, ABl. EG Nr. L 202 vom 30.7.1997, S. 60 ff.; konsolidierte Fassung auch abgedruckt in *Ring*, Medienrecht, Bd. IV, A I 2.101, und in *Fink/Schwartmann/Cole/Keber*, Europäisches und Internationales Medienrecht – Vorschriftensammlung, 2. Aufl. 2012, Nr. A 65 und 65a.

27 Vgl. ABl. EG Nr. L 332 vom 18.12.2007, 27 ff. Vgl. zum Inhalt der neuen Richtlinie auch *Schwartmann/Lamprecht-Weißenborn,* in: Schwartmann, Praxishandbuch Medienrecht, 2. Kap. Rn. 34 ff.; *Stender-Vorwachs*, ZUM 2007, 613 ff.

28 Vgl. Abl. EU Nr. L 95 vom 15.4.2010, 1 ff.

ziert. Inhaltlich sind mit der Neukodifizierung keine Änderungen verbunden, insbesondere bleiben die Fristen für die Umsetzung, die bereits am 19. Dezember 2009 abgelaufen waren, gemäß Art. 34 AVMD unberührt. Zwischen Parlament, Kommission und Rat herrschte Übereinstimmung, dass der geltende Rechtsrahmen reformbedürftig war. Insbesondere die Digitalisierung und die Konvergenz der Medien machten es aus deren Sicht notwendig, ihn an die neuen Herausforderungen anzupassen. In Zukunft wird es möglich sein, digitalisierte Kommunikationsinhalte auf verschiedenen Übertragungswegen zu verbreiten und somit die Empfänger auf beliebigen Endgeräten mit einem umfassenden Informations- und Unterhaltungsangebot zu versorgen. Dieser Entwicklung muss das Recht schon deshalb Rechnung tragen, um Wettbewerbsverzerrungen zwischen klassischen Fernsehdiensten und sonstigen Mediendiensten zu vermeiden. Die Richtlinie enthielt deshalb einige bedeutende Änderungen des bisher durch die Fernsehrichtlinie gezogenen Rahmens. Durch die Richtlinie (EU) 2018/1808 vom 14. November 2018 wurde die AVMD-Richtlinie nicht unerheblich modifiziert. Zwar hält auch die geänderte AVMD-Richtlinie an der definitorischen Unterscheidung am Maßstab der Linearität fest (dazu sogleich), ebnet aber die Unterschiede zwischen Fernsehen und audiovisuellen Mediendiensten auf Abruf im Rahmen der anzuwendenden Vorschriften in wesentlichen Teilen ein. Neu eingeführt wird zudem die Kategorie der „Videoplattformdienste".[29] Diese zeichnen sich in Abgrenzung zu den audiovisuellen Mediendiensten dadurch aus, dass sie für die im Rahmen ihrer Dienste angebotenen Inhalte keine redaktionelle Verantwortung tragen. Gleichwohl werden auch den Videoplattformanbietern bestimmte Pflichten auferlegt. Hierzu gehören beispielsweise Vorgaben zur Formulierung der Geschäftsbedingungen, Mechanismen, die das Anzeigen und Melden von Inhalten ermöglichen oder die Einrichtung und den Betrieb von Altersüberprüfungssystemen.

456 **a) Audiovisuelle Mediendienste**. Die Richtlinie erfasst nur audiovisuelle Mediendienste. Darunter sind nach der Definition des Art. 1 lit. a AVMD-RL Dienstleistungen im Sinne von Art. 56 und 57 AEUV, für die ein Mediendiensteanbieter die redaktionelle Verantwortung trägt und deren **Hauptzweck** die Bereitstellung von Sendungen zur Information, Unterhaltung oder Bildung der allgemeinen Öffentlichkeit über elektronische Kommunikationsnetze ist, zu verstehen. Damit kommt dem **Merkmal der Sendung** entscheidende Bedeutung zu, um die Mediendienste, die unter die neue Richtlinie fallen, von denen abzugrenzen, die nicht von der neuen Richtlinie erfasst werden. Wie Erwägungsgrund 17 deutlich macht, muss es sich um „fernsehähnliche" Angebote handeln. Deshalb werden alle Formen privater Korrespondenz aus dem Anwendungsbereich der Richtlinie ausgeschlossen. Auch Internetseiten, die lediglich zu Ergänzungszwecken audiovisuelle Elemente enthalten, oder Glücksspiele fallen, wie Erwägungsgrund 18 deutlich macht, nicht unter die Richtlinie. Schließlich betont Erwägungsgrund 21, dass **elektronische Ausgaben von Zeitungen und Zeitschriften** nicht erfasst werden.

29 Vgl. hierzu die durch Art. 1 Abs. 1 des Kommissionsentwurfs neu eingefügte Definition in Art. 1 Abs. 1 lit. aa) der AVMD-Richtlinie.

Gegenüber der Fernsehrichtlinie wurde der Geltungsbereich also nur ein Stück weit ausgedehnt, indem die AVMD-Richtlinie auch auf „audiovisuelle Mediendienste auf Abruf" (Art. 1 lit. g) erstreckt wird. Dies kommt auch in dem neuen Namen „Richtlinie über audiovisuelle Mediendienste" zum Ausdruck. Dabei differenziert sie zwischen **Fernsehprogrammen** (linearen audiovisuellen Mediendiensten) und **audiovisuellen Mediendiensten** auf Abruf (nicht-linearen audiovisuellen Mediendiensten). Fernsehprogramme, also lineare audiovisuelle Mediendienste, sind solche, die von einem Anbieter für den zeitgleichen Empfang von Sendungen auf der Grundlage eines Sendeplans bereitgestellt werden. Dagegen handelt es sich bei einem audiovisuellen Mediendienst auf Abruf (nicht-linearen audiovisuellen Mediendienst) um ein Angebot, das von einem Anbieter für den Empfang zu dem vom Nutzer gewählten Zeitpunkt und auf dessen individuellen Abruf hin aus einem vom Anbieter festgelegten Programmkatalog bereitgestellt wird. Danach zählen Live-Streaming, Webcasting und der zeitversetzte Videoabruf („Near-Video-on-Demand"), wie Erwägungsgrund 20 verdeutlicht, zu den Fernsehprogrammen, während echtes „Video-on-Demand" ein audiovisueller Mediendienst auf Abruf ist. **456a**

b) Abgestufte Regulierung. Die Richtlinie bekennt sich zu abgestuften Regelungen. Die audiovisuellen Mediendienste auf Abruf sollen nur den für alle audiovisuellen Mediendienste geltenden Bestimmungen der Art. 5 bis 11 und der Bestimmung des Art. 13 unterliegen. Dagegen unterliegen Fernsehprogramme, also lineare audiovisuelle Mediendienste, auch den Bestimmungen über ausschließliche Rechte an und Kurzberichterstattung in Fernsehsendungen (Art. 14 f.), über die Förderung der Verbreitung und Herstellung von Fernsehprogrammen (Art. 16 ff.) sowie über Fernsehwerbung und Teleshopping (Art. 19 ff.) und dem Recht auf Gegendarstellung in Fernsehsendungen (Art. 28). Für Videoplattformen gelten nur die Regelungen der Art. 28a und Art. 28 b. **457**

c) Kurzberichterstattungsrecht. Durch Art. 15 wird das Recht auf grenzüberschreitende nachrichtenmäßige Kurzberichterstattung verankert. Die Mitgliedstaaten sind nach Art. 6 verpflichtet, mit angemessenen Mitteln dafür zu sorgen, dass alle audiovisuellen Mediendienste nicht zu Hass aufgrund von Geschlecht, Rasse oder ethnischer Herkunft, Religion oder Glauben, Behinderung, Alter oder sexueller Ausrichtung aufstacheln. Zudem müssen sie gemäß Art. 6a angemessene Maßnahmen ergreifen, um zu gewährleisten, dass audiovisuelle Mediendienste, die von ihrer Rechtshoheit unterworfenen Mediendiensteanbietern bereitgestellt werden und die körperliche, geistige oder sittliche Entwicklung von Minderjährigen beeinträchtigen können, nur so bereitgestellt werden,dass sichergestellt ist, dass sie von Minderjährigen üblicherweise nicht gehört oder gesehen werden können. **458**

d) Werberegelungen, Sponsoring und Produktplatzierungen. Die qualitativen Werbe-, Sponsoring- und Produktplatzierungsregelungen werden als Art. 9 bis 11 „vor die Klammer" gezogen. Dabei bezeichnet die Richtlinie diese Angebote als „audiovisuelle kommerzielle Kommunikation". Als Grundsatz wird die klare Erkennbarkeit kommerzieller Kommunikation festgeschrieben. Schleichwerbung und der Einsatz subliminaler Techniken bleiben verboten. Die Produktplatzierung ist gemäß Art. 11 in allen **459**

audiovisuellen Mediendiensten gestattet, außer in Nachrichtensendungen und Sendungen zur politischen Information, Verbrauchersendungen, Sendungen religiösen Inhalts und Kindersendungen.

Bemerkenswert ist, dass die **quantitativen Regelungen der Fernsehwerbung** nur eine **moderate Liberalisierung** erfahren. So hält Art. 19 Abs. 2 an dem Grundsatz fest, dass einzeln gesendete Spots die Ausnahme bleiben müssen. Eine Ausnahme von dieser Grundregel wird lediglich für die Übertragung von Sportveranstaltungen anerkannt. Nach Art. 20 Abs. 2 der Richtlinie dürfen Fernsehfilme, Kinospielfilme, Kinderprogramme und Nachrichtensendungen für jeden Zeitraum von 30 Minuten nur einmal für Werbung und/oder Teleshopping unterbrochen werden. Nach Art. 23 darf der Sendezeitanteil von Fernsehwerbespots und Teleshoppingspots im Zeitraum von 6.00 Uhr bis 18.00 Uhr 20 % dieses Zeitraums und im Zeitraum von 18.00 Uhr bis 24.00 Uhr 20 % dieses Zeitraums nicht überschreiten.

459a **e) Umsetzung.** Die Mitgliedstaaten hatten gemäß der ursprünglichen Richtlinie über audiovisuelle Mediendienste (nicht neu kodifiziert) **zwei Jahre Zeit zur Umsetzung** der neuen Vorschriften. Tatsächlich umgesetzt wurde die Richtlinie durch den am 1. April 2010 in Kraft getretenen Zwölften und den Dreizehnten Rundfunkänderungsstaatsvertrag. Die geänderten Vorschriften müssen bis zum bis zum 19. September 2020 umgesetzt werden.

2. Neuer Rechtsrahmen

460 Im Jahr 2000 legte die Europäische Kommission einen Vorschlag für einen neuen Rechtsrahmen für elektronische Kommunikationsnetze und -dienste vor.[30] Der neue Rechtsrahmen für die gesamte Kommunikationsinfrastruktur und die zugehörigen Dienste sollte für alle Netze, d.h. (feste oder mobile) Kommunikationsnetze, Satellitennetze, Kabelfernsehnetze und terrestrische Rundfunknetze sowie für Einrichtungen wie Anwenderprogramm-Schnittstellen (API), die den Zugang zu Diensten kontrollieren, und auf Kommunikationsdienste, die sich auf diese Netze stützen, anwendbar sein. Ausgenommen waren Rundfunkdienste oder Dienste der Informationsgesellschaft, die über die Kommunikationsinfrastruktur angeboten werden, also die inhaltliche Seite.

461 **Zur Vertiefung**

Während der bisherige Rechtsrahmen in erster Linie die Umstellung vom staatlichen Monopolbetrieb auf den privatwirtschaftlichen Wettbewerb steuern sollte, war der neue Rahmen darauf ausgerichtet, der technologischen Entwicklung, d.h. insbesondere der Konvergenz von verschiedenen Kommunikationsmitteln und Übertragungswegen, Rechnung zu tragen. Er sollte den Wettbewerb auf allen Marktsegmenten intensivieren, ohne die Grundrechte der Verbraucher zu vernachlässigen. Seit der Tagung des Europäischen Rates in Lissabon im Jahr 2000 galt auch als ein wesentliches Ziel, dass europäische Unternehmen und Bürger Zugang zu einer kostengünstigen Kommunikationsinfrastruktur von Weltrang und einer breiten Palette von Diensten erhalten müssen.[31]

30 Dazu *Dörr/Zorn*, NJW 2003, 3020, 3021.
31 Vgl. eingehend *Cole*, in: Fink/Cole/Keber, Europäisches und Internationales Medienrecht, Rn 109.

Nachdem sich bereits bei früheren Diskussionen die Erkenntnis abgezeichnet hatte, dass die Regulierung der technischen Infrastruktur von der Inhalteregulierung strikt zu trennen ist, erfasste der neue Rechtsrahmen nur die Seite der **technischen Infrastruktur**. Mit den entsprechenden Regelungen sollten die bisher getrennten rechtlichen Rahmenbedingungen an die sich aus der technischen Konvergenz ergebenden Veränderungen des Marktes angepasst werden. Die Konvergenz von Telekommunikation, Informationstechnologien und Medien sowie die Entwicklung des Internet erforderten nach Ansicht der Kommission Vorschriften, die gewährleisten, dass trotz schnellen Wandels des technologischen Umfelds die Märkte für alle elektronischen Kommunikationsdienste vom Wettbewerb bestimmt werden und bleiben. Einen solchen Wettbewerb sah sie als Voraussetzung dafür an, dass den Nutzern die gesamten Vorteile der rasanten Entwicklung zugute kommen. Nach dem neuen Rechtsrahmen wurden Zugangsregelungen unabhängig davon getroffen, in welchem Netz der Zugang erfolgte. Die partielle Vereinheitlichung bisher getrennter Bereiche führte teilweise auch zu einer Konvergenz des Rechts. Das bedeutete aber auch, dass sich die Union auf diesem Wege die Rundfunkregulierung in gewissem Maße „einzuverleiben“ versuchte. **462**

Ziel war auch eine Vereinheitlichung der **sektorspezifischen Regulierung**, die grundsätzlich technologieneutral ausgestaltet werden soll, so dass die Betreiber verschiedener Infrastrukturen einem einheitlichen normativen Rahmen unterworfen wurden. **463**

Die Richtlinien waren auf eine Vereinfachung und „Deregulierung“ der bisherigen Rechtslage gerichtet. Dementsprechend wurden die vorher bestehenden 20 Regelungswerke auf sechs reduziert. An die Stelle der alten Vorschriften traten eine Rahmenrichtlinie und vier bereichsspezifische Richtlinien über Zugang zu und Zusammenschaltung von Kommunikationsinfrastrukturen, Genehmigungen, Universaldienste sowie Daten- und Persönlichkeitsschutz[32]. Den sechsten Bestandteil des neuen Rechtsrahmens bildete die Verordnung EG/1887/2000 über den entbündelten Teilnehmeranschluss. Die Richtlinien wurden im Rechtsetzungsverfahren der Mitentscheidung nach dem damaligen Art. 251 EG erlassen. Von besonderer Bedeutung für den Rundfunk war Art. 31 der Universaldienstrichtlinie (UDLR). Die Vorschrift ließ es zu, dass die Mitgliedstaaten Netzbetreibern Must-carry-Verpflichtungen auferlegen. Sie mussten dabei allerdings die Verhältnismäßigkeit berücksichtigen. Eine Entgeltpflicht bestand entgegen dem Vorschlag der Kommission nicht. Vielmehr oblag den Mitgliedstaaten die Entscheidung darüber, ob die Netzbetreiber ein Entgelt für die Must-carry-Verpflichtung erhalten oder nicht. Damit sollte auch den Besonderheiten des Rundfunks Rechnung getragen werden.[33] Der „neue Rechtsrahmen“ wurde durch das Telekommunikationsgesetz in der Fassung vom 25. April 2004[34] in deutsches Recht umgesetzt. **464**

32 Vgl. dazu eingehend *Dörr*, in Dörr/Kreile/Cole (Hrsg.), Handbuch Medienrecht, B II, Rn. 105 ff.; *Ufer*, in: Schwartmann, Praxishandbuch Medienrecht, 19. Kap. Rn. 17 ff.

33 Vgl. zum Rechtsrahmen *Scherer*, Die Umgestaltung des europäischen und deutschen Telekommunikationsrechts durch das EU-Richtlinienpaket, K&R 2002, 273 ff., 329 ff. und 385 ff. sowie *Bartosch*, Europäisches Telekommunikationsrecht in den Jahren 2000 und 2001, EuZW 2002, 389 ff. und *Cole*, in: Fink/Cole/Keber, Rn. 105 ff.

34 BGBl 2004 I, 1190.

464a Im Jahr 2007 wurden die Konsultationen über eine Revision des Rechtsrahmens abgeschlossen. Die Vorschläge für eine Änderung der Richtlinien und für eine Verordnung zur Errichtung der europäischen Behörde für Märkte der elektronischen Kommunikation wurden im November 2007 vorgestellt und im Jahr 2009 verabschiedet.[35] Die Must-carry-Regelung in Art. 31 UDLR wurde unverändert beibehalten. Daher spielt die Auslegung von Art. 31 UDLR für die Frage, ob die öffentlich-rechtlichen Rundfunkanstalten auch nach der fristgemäßen Kündigung der Einspeiseverträge für die Weitersendung ihrer Must-carry-Programme Einspeiseentgelte an die Kabelunternehmen bezahlen müssen, eine entscheidende Rolle.[36]

464b Die Mitgliedstaaten mussten bis Ende Mai 2011 die Vorgaben des geänderten Rechtsrahmens umsetzen. Bei dem Gesetzgebungspaket handelt es sich um ein komplexes Regelwerk, das u. a. Zuständigkeiten und Verfahren nationaler Aufsichtsbehörden, die Verarbeitung personenbezogener Daten sowie den Umgang mit Spam behandelt. Besonders die Durchsetzung eines Richtervorbehalts bei der Anordnung von Internetsperren hat die politische Diskussion um das Vorschriftenpaket angetrieben.[37]

3. Weiteres Sekundärrecht

465 a) **Urheberrecht**. Zu urheberrechtlichen Fragen traf die Fernsehrichtlinie aufgrund der Komplexität dieser Materie zunächst keine Regelung. Die Europäische Union hat allerdings auf dem Gebiet des **Urheberrechts,** unabhängig vom Trägermedium, Richtlinien verabschiedet, die von erheblicher Bedeutung sind. Zu den wichtigsten Harmonisierungsmaßnahmen gehört die im Jahre 1993 erlassene Richtlinie 93/83/EWG zur Koordinierung bestimmter urheber- und leistungsschutzrechtlicher Vorschriften betreffend Satellitenrundfunk und Kabelweiterverbreitung. Die Richtlinie regelt die öffentliche Wiedergabe von urheberrechtlich geschützten Werken über Satellit und trifft Vorgaben zur Ausübung des Kabelweiterverbreitungsrechts in den Mitgliedstaaten.

466 **Zur Vertiefung**

Grundlegendes Element ist wie auch in der AVMD-RL das Sendestaatsprinzip. Werden für eine Sendung die Urheber- und Leistungsschutzrechte eines Mitgliedstaats erworben, so darf die Sendung auch mittels Satelliten in die anderen Mitgliedstaaten ausgestrahlt werden, ohne dass ein zusätzlicher Rechterwerb nach den jeweiligen nationalen Urheberrechten erforderlich ist. Insgesamt beschränkt sich die Richtlinie in ihrem Anwendungsbereich auf den Zweck, einen europäischen audiovisuellen Rahmen zu schaffen, und überlässt die nähere Ausgestaltung der Urheber- und Leistungsschutzrechte, etwa die Festlegung der von einer Kabelweiterverbreitung betroffenen Rechteinhaber, der Reichweite des Urheberrechts und die Ausgestaltung des Urheberpersönlichkeitsrechts, weiterhin den Mitgliedstaaten.

---

35 Richtlinie 2009/140/EG des Europäischen Parlaments und des Rates vom 25.11.2009 zur Änderung der Richtlinie 2002/21/EG, der Richtlinie 2002/19/EG und der Richtlinie 2002/20/EG; ABl. EU Nr. L 337, S. 37; Richtlinie 2009/136/EG des Europäischen Parlaments und des Rates vom 25.11.2009 zur Änderung der Richtlinie 2002/22/EG, der Richtlinie 2002/58/EG und der Verordnung (EG) Nr. 2006/2004, ABl. EU Nr. L 337, S. 11; Verordnung (EG) Nr. 1211/2009 des Europäischen Parlaments und des Rates vom 25.11.2009 zur Einrichtung des Gremiums Europäischer Regulierungsstellen für elektronische Kommunikation (GEREK) und des Büros, ABl. EU Nr. L 337, S. 1. Konsolidierte Fassungen der Ursprungsrichtlinien sind abgedruckt in *Fink/Schwartmann/Cole/Keber*, Europäisches und Internationales Medienrecht – Vorschriftensammlung, 2. Aufl., 2011.

36 Vgl. dazu oben Rn. 211i.

37 *Harms*, promedia 1/2010, 15; *Schweda*, IRIS plus 2009/10, 9.

b) **Telekommunikation**. Der Telekommunikationsbereich wurde in den neunziger Jahren durch verschiedene Richtlinien umfassend liberalisiert[38]. Am Anfang stand die Richtlinie über die erste Phase der gegenseitigen Anerkennung der Allgemeinzulassungen von Telekommunikations-Endgeräten. Wegweisend kam 1990 die Diensterichtlinie hinzu. Kern dieser Richtlinie ist die Verpflichtung der Mitgliedstaaten, das Monopol der Fernmeldeorganisationen auch für die Telekommunikationsdienste aufzuheben. Die Diensterichtlinie wird durch die Richtlinie über den offenen Netzzugang ergänzt. 1996 erging die Richtlinie zur Liberalisierung des Sprachtelefondienstes und der Infrastruktur, eine weitere Richtlinie für die Liberalisierung der Kabelfernsehnetze, für bereits liberalisierte Telekommunikationsdienste und eine Richtlinie zur Liberalisierung von Satellitenkommunikation. **467**

Von besonderer Bedeutung ist für den Medienbereich die Richtlinie zur Aufhebung von Einschränkungen bei der Nutzung von **Kabelfernsehdiensten** für die Erbringung bereits liberalisierter Telekommunikationsdienste, die seit 1996 in Kraft ist. Sie ermöglicht allen Netzbetreibern, Multimediadienste wie z.B. TV-Shopping, Online-Dienste usw. anzubieten. 1999 ist die RL 1999/64/EG von der Kommission angenommen worden, die eine rechtliche Trennung der Kabelfernsehnetze von den Telefonkabelnetzen anordnet und in den Mitgliedstaaten für einige bedeutsame Änderungen gesorgt hat. Die Richtlinien zur Liberalisierung der Telekommunikation sind in Deutschland umfassend durch das neue Telekommunikationsgesetz (TKG) und die dazu ergangenen Verordnungen umgesetzt. **468**

III. Das Medienrecht in der EuGH-Rechtsprechung

Die Rechtsprechung des Europäischen Gerichtshofs (EuGH) ist im Unionsrecht traditionell von besonderer Bedeutung, weil diesem Gericht bei der Auslegung der Gründungsverträge die Jurisdiktionshoheit zusteht. Die Entscheidungen des EuGH sind für sämtliche Organe der Mitgliedstaaten verbindlich und die Kompetenz des Gerichtshofs wurde prinzipiell auch vom Bundesverfassungsgericht schon in der Entscheidung zur unmittelbaren Wirkung von Richtlinien anerkannt.[39] **469**

Zur Vertiefung

Dem EuGH kommt also eine zentrale Rolle für die Weiterentwicklung der Unionsrechtsordnung zu. Er pflegte eine dynamische Interpretation der Gründungsverträge und bekannte sich zur „integration by jurisprudence". Dabei nahm er keine Abgrenzung von ergänzender Rechtsfortbildung und Rechtsfindung vor. Zudem waren seine Begründungen für die von ihm eingesetzten Auslegungs-, Rechtsfortbildungs- und Ergänzungstechniken gemessen an deutschen Maßstäben häufig karg. Eine allzu dynamische Interpretation des EuGH, die auch im Maastricht-Urteil des Bundesverfassungsgerichts[40] Kritik erfahren hat, berührt die Stellung der Mitgliedstaaten als „Herren der Verträge" erheblich. Nach dem Unionsrecht sind nämlich allein die Mitgliedstaaten für Vertragsänderungen zuständig. Der EuGH nahm bisweilen aber der Sache nach auch gegen bzw. ohne den Willen der Mitgliedstaaten mit seiner dynamischen Rechtsprechung Vertrags- **470**

38 Dazu *Holznagel/Enaux/Nienhaus*, S. 300 ff. Dort auch zu internationalen Regelungen im Recht von WTO und ITU, S. 285 ff. Zur Entwicklung im Jahr 2005 *Ladeur*, K&R 2006, 197 ff.

39 *BVerfGE* 75, 223, 240 ff.

40 *BVerfGE* 89, 155.

änderungen vor. Es bleibt aber dabei, dass sich die Mitgliedstaaten freiwillig der Jurisdiktionshoheit des EuGH unterworfen haben und diese Rechtsprechung, von den verfassungsrechtlichen Grenzen abgesehen, für die Vertragsauslegung entscheidend ist. Zudem hat sich die Rechtsprechung des EuGH in der jüngsten Zeit erkennbar verändert. Mehr und mehr versteht sich der Gerichtshof auch als Kontrolleur der anderen Unionsorgane.[41]

Auch im Bereich des Medienrechts hat der EuGH erhebliche Weichenstellungen vorgenommen. Die nachfolgend exemplarisch herausgehobenen Entscheidungen sollen die Bedeutung des Gerichts für die nationale Medienrechtsordnung aufzeigen.[42]

1. Kompetenz der Union

471 Das grundsätzliche Spannungsverhältnis zwischen Unions- und Mitgliedstaatskompetenzen kann gerade im Medienbereich zu Konflikten führen. Mit der Frage, ob der Union **Kompetenzen** zur Regelung des Fernsehbereichs zustehen[43], hat der EuGH im Fall *Sacchi* klargestellt, dass die Ausstrahlung von Fernsehsendungen als Dienstleistung anzusehen ist.[44] Eine nähere Begründung für diese Feststellung erfolgte allerdings nicht. Mit der Entscheidung *Debauve* nahm der EuGH im Jahre 1980 auf die Sacchi-Entscheidung lediglich Bezug und führte aus, dass es keinen Grund gebe, die Übertragung von Fernsehsendungen im Wege des Kabelfernsehens anders zu behandeln[45]. Bestätigt wurde dies in der *Coditel I-Entscheidung*[46]. Auch in dem sog. *Kabelregeling-Urteil*[47] aus dem Jahr 1988 hielt der EuGH daran fest, dass Dienstleistungen im Sinne der damaligen EGV-Bestimmungen vorliegen, wenn in einem Mitgliedstaat ansässige Betreiber von Kabelnetzen Fernsehprogramme verbreiten, die von Sendern in anderen Mitgliedstaaten angeboten werden und Werbemitteilungen enthalten. In der Begründung sind erstmals Ausführungen enthalten, warum eine grenzüberschreitende Dienstleistung vorliegt.

472 Auch in weiteren Fällen bestätigte der Gerichtshof diese Beurteilung und bejahte den Dienstleistungscharakter von Fernsehsendungen[48]. Daran hielt der EuGH 1994 im Fall *TV 10 SA*[49] fest und wies nochmals darauf hin, dass sich das Konzept des freien Dienstleistungsverkehrs auf die Übertragung von Fernsehprogrammen eines Rundfunkveranstalters im Kabelnetz eines Mitgliedstaates bezieht, selbst wenn der Rundfunkveranstalter in einem anderen Mitgliedstaat ansässig ist und den Sitz deshalb dort gewählt hat. Das im Empfangsstaat für einheimische Rundfunkveranstalter geltende Recht soll nicht umgangen werden können.

41 Zur Rolle des EuGH, *Streinz*, Europarecht, Rn. 407 ff.
42 Vgl. auch hierzu auch *Cole*, in: Fink/Cole/Keber, Europäisches und Internationales Medienrecht, Rn. 6 u. 11 ff.
43 *Gersdorf*, Rn. 532 ff.; *Dörr*, in: Dörr/Kreile/Cole, Handbuch Medienrecht, B II, Rn. 57 ff.
44 Slg. 1974, 409, 428 ff. Dazu *Schütz/Bruha/König*, Casebook Europarecht, S. 716 ff.
45 Slg. 1980, 833.
46 Slg. 1980, 881.
47 Slg. 1988, 2085.
48 Vgl. die Entscheidungen *Stichting Collective Gouda*, Slg. 1991, I-4007, *Kommission/Niederlande*, Slg. 1991, I-4115.
49 Slg. 1994, I-3257.

2. Fernsehen und EU

473 Mit dem Urteil in der Sache *ERT*[50] begründete der EuGH 1991 erstmals ausdrücklich, warum die Fernsehtätigkeit überhaupt von den damaligen Gemeinschaftsverträgen erfasst wird. Bemerkenswert an dieser Entscheidung ist, dass nach Ansicht des EuGH ein Fernsehmonopol als solches nicht gegen den Grundsatz des freien Warenverkehrs und das sonstige damalige Gemeinschaftsrecht verstößt. Allerdings müsse ein solches Monopol den Begrenzungen des Wettbewerbsrechts entsprechen. In der Sache *Stichting Collectieve Gouda*[51], ebenfalls aus dem Jahr 1991, und in der Entscheidung *Kommission gegen Niederlande*[52] traf der Gerichtshof dann die bis heute bedeutsame Klarstellung, dass insbesondere die Aufrechterhaltung eines pluralistischen Rundfunkwesens im Allgemeininteresse liegt und Einschränkungen der Dienstleistungsfreiheit zu rechtfertigen vermag.

Zur Vertiefung

474 1995 hat der Gerichtshof in einem französischen Vorabentscheidungsverfahren eine wichtige Entscheidung zur Auslegung der EG-Fernsehrichtlinie getroffen. Darin erkannte er ausdrücklich an, dass Mitgliedstaaten für Fernsehveranstalter, die ihrer Rechtshoheit unterstehen, gemäß Art. 3 Abs. 1 EG-Fernsehrichtlinie strengere und ausführlichere Werbebestimmungen vorsehen konnten, als sie in der Richtlinie niedergelegt waren[53]. Diese Möglichkeit der so genannten Inländerdiskriminierung hat der EuGH auch in der Folgezeit bestätigt. Zum britischen Broadcasting Act stellte der EuGH im Folgejahr klar, welcher Staat als Sendestaat im Sinne der EG-Fernsehrichtlinie anzusehen war. Er wies des Weiteren nachdrücklich darauf hin, dass ein Mitgliedstaat nicht berechtigt war, unterschiedliche Zulassungsbedingungen vorzusehen, etwa mit der Erwägung, dass seine Bürger von den Sendungen der betreffenden Veranstalter unterschiedlich stark betroffen sind[54]. In der zugleich ergangenen Entscheidung zum belgischen Fernsehrecht[55] ging es darum, inwieweit das in Belgien geltende nationale Fernsehrecht der flämischsprachigen, der französischsprachigen und der deutschsprachigen Gemeinschaft sowie das Fernsehrecht im Gebiet „Brüssel/Hauptstadt" mit der EG-Fernsehrichtlinie, nämlich mit dem Grundsatz der freien Weiterverbreitung, vereinbar war. Sowohl das innerhalb der französischen Gemeinschaft des Königreichs Belgien als auch das innerhalb der flämischen Gemeinschaft im Königreich Belgien geltende Fernsehrecht sahen vor, dass die Kabelweiterverbreitung von Fernsehsendungen aus anderen Mitgliedstaaten einer vorherigen Genehmigung bedurfte, deren Erteilung an bestimmte Bedingungen geknüpft und widerrufbar war. Der EuGH stellte fest, dass diese Regelungen gegen den in der EG-Fernsehrichtlinie verankerten Grundsatz der freien Weiterverbreitung verstießen. Er machte damit erneut deutlich, dass die Weiterverbreitung nur unter den engen Voraussetzungen des Art. 2a Abs. 2 EG-Fernsehrichtlinie ausgesetzt und daher auch nicht von Bedingungen und vorherigen Genehmigungen abhängig gemacht werden durfte. Diese Entscheidungen haben weiterhin für die Auslegung der entsprechenden Bestimmungen in der AVMD-Richtlinie Bedeutung, die die EG-fernsehrichtlinie abgelöst hat.

IV. Grenzen europarechtlicher Kompetenz

475 Bei der Betrachtung der Kompetenzen der Union sind aber auch die sich aus dem Primärrecht ergebenden Grenzen dieser Kompetenzen und die des Umfangs ihrer In-

50 Slg. 1991, I-2925.
51 Slg. 1991, I-4007.
52 Slg. 1991, I-4115.
53 Slg. 1995, I-179.
54 Slg. 1996, I-4025.
55 Slg. 1996, I-4115.

anspruchnahme durch die Unionsorgane einzubeziehen, die der EuGH bisher nicht klar beschrieben hat. Gleichwohl ist die Union nicht berechtigt, den gesamten Bereich der Medien, insbesondere des Rundfunks, zu regeln. Aus dem Gebot der **Unionstreue** des Art. 4 Abs. 3 EUV kann im Gegenteil eine Pflicht der EU zur Rücksichtnahme auf die Verfassungen der Mitgliedstaaten abgeleitet werden. Die EU darf also keine Rechtsetzungsakte auf dem Gebiet des Rundfunks erlassen, die der Bundesrepublik Deutschland eine Rundfunkordnung zumuten, die im Widerspruch mit den elementaren nationalen Verfassungsprinzipien des Art. 5 Abs. 1 und des Art. 20 GG stehen. Allerdings stellt der Grundsatz der Unionstreue eine reine Kompetenzausübungsschranke dar.

476 Zur Vertiefung

Wenn es um die Abgrenzung von Kompetenzen der Union und Zuständigkeiten der Mitgliedstaaten geht, spielt auch das **Subsidiaritätsprinzip** als Abgrenzungskriterium eine Rolle. Gemäß Art. 5 Abs. 3 EUV gilt das Prinzip jedoch nur für geteilte Zuständigkeiten der Union. Nach Art. 4 AEUV handelt es sich im Bereich der Dienstleistungsfreiheit um eine geteilte Zuständigkeit, so dass das Subsidiaritätsprinzip tatbestandlich eingreift. Man muss aber skeptisch sein, ob das Subsidiaritätsprinzip eine wirksame Kompetenzausübungsschranke darstellt. Es ist angesichts der Interpretationsmethode des Gerichtshofs nicht ohne weiteres zu erwarten, dass dieser die Begriffe des Art. 5 Abs. 3 EUV im Sinne der Regionen, Länder und Mitgliedstaaten auslegen wird. Vielmehr liegt die Annahme nahe, dass er auch diese Begriffe „unionsfreundlich" verstehen und daher im Regelfall annehmen wird, dass eine Aufgabe besser auf der Unionsebene als auf der Ebene der einzeln handelnden Mitgliedstaaten geregelt werden sollte. Der Text des Art. 5 Abs. 3 EUV kann allenfalls einen ersten Schritt darstellen. Vielmehr müsste das Subsidiaritätsprinzip präziser ausgeformt und dabei deutlicher zum Ausdruck gebracht werden, dass im Regelfall auf der Ebene der Mitgliedstaaten bzw. ihrer Untergliederungen und nur im Ausnahmefall – soweit die Erfüllung der Aufgabe auf europäischer Ebene im Interesse der Bürger unerlässlich ist – auf Unionsebene zu handeln ist. An diesem Befund ändert auch das Protokoll zum EG-Vertrag über die Anwendung der Grundsätze der Subsidiarität und der Verhältnismäßigkeit nichts, das mit dem Inkrafttreten des Lissabonner Vertrages zum 1. Dezember 2009 Bestandteil des Unionsrechts geworden ist. Dennoch hat auch das Subsidiaritätsprinzip dazu beigetragen, dass der Zenit des Konvergenzdrucks bzw. der Bestrebungen, die nationalen Rechtsordnungen durch europäische Regulierungen zu harmonisieren, überschritten zu sein scheint. So entwickelt sich eher ein Verständnis dafür, die Rechtsordnung der EU stärker als wechselseitige Auffang- und Gegenseitigkeitsordnung zu begreifen.

477 Der audiovisuelle Bereich wird gemäß Art. 167 Abs. 2 AEUV zum Kultursektor gerechnet. Hier ist die Unionskompetenz durch Art. 167 Abs. 5 AEUV auf Fördermaßnahmen begrenzt. Eine Harmonisierung der Rechts- und Verwaltungsvorschriften ist durch diese Bestimmung ausgeschlossen, und die Union darf bei ihren Aktivitäten im Dienstleistungssektor diese Kompetenzverteilung nicht unterlaufen.

478 Zur Vertiefung

Zur Kompetenzabgrenzung bietet sich die Theorie vom **Regelungsschwerpunkt**[56] an. Liegt der Regelungsschwerpunkt im wirtschaftlichen Bereich, fällt die Maßnahme danach in die Kompetenz der Union, liegt er im kulturellen Bereich, bleibt der Mitgliedstaat für diese rundfunkrechtliche Frage zuständig. Auch das Bundesverfassungsgericht hat in seiner Maastricht-Entscheidung den Kulturartikel in diesem kompetenzbegrenzenden und nicht in einem kompetenzausweitenden Sinne interpretiert.[57] Der *EuGH* erkennt zudem die Gewährleistung des Pluralismus im Rundfunkwesen als ein Ziel an, das im Allgemeininteresse liegt und Einschränkungen der Dienstleistungsfreiheit zu rechtfertigen vermag[58].

56 *EuGHE* 1993, I 993, Rs C-155/91.
57 *BVerfGE* 89, 155, 194.
58 Slg. 1996, I-4115 Ziff. 55 – *Kommission ./. Belgien*.

Für den öffentlich-rechtlichen Rundfunk bestätigt darüber hinaus das **Protokoll über den öffentlich-rechtlichen Rundfunk**, dass die Mitgliedstaaten weiterhin die primäre Zuständigkeit besitzen, dessen Funktionsbereich zu bestimmen. 479

Zur Vertiefung

Dieses Protokoll ist keine bloße Absichtserklärung, sondern ein integrierter rechtsverbindlicher Bestandteil der Verträge. Es gilt auch nach Inkrafttreten des Lissabonner Vertrages fort. Sein Einleitungssatz verdeutlicht, dass es sich um eine auslegende Bestimmung handelt, d.h., dass das Protokoll das Primärrecht nicht selbst modifiziert, sondern vielmehr klarstellenden Charakter hat. Es zeigt aber, wie die entsprechenden Bestimmungen des Vertrages nach dem Willen der Mitgliedstaaten, der „Herren der Verträge", verstanden werden sollen. Daher hat das Protokoll für die Auslegung des AEUV eine nicht zu unterschätzende Bedeutung. Es erkennt ausdrücklich die Kompetenz der Mitgliedstaaten an, dem öffentlich-rechtlichen Rundfunk einen bestimmten Aufgabenkreis oder Funktionsbereich zu übertragen und auszugestalten. In Übereinstimmung mit der Bestimmung des Art. 167 AEUV bestätigt es, dass die Ausgestaltung des Aufgabenbereichs der öffentlich-rechtlichen Rundfunkanstalten Aufgabe der Mitgliedstaaten ist. 480

B. Völkerrechtliche Grundlagen

I. Allgemeines Völkerrecht

Auch das Völkerrecht ist für den Medienbereich von Bedeutung. Es wirkt in unterschiedlicher Weise auf die nationale Rechtsordnung ein. Im deutschen Recht bedarf es – abgesehen von den allgemeinen Regeln des Völkerrechts (vgl. Art. 25 GG) – einer Transformation bzw. eines Anwendungsbefehls zur Übernahme in das innerstaatliche Recht (Art. 59 Abs. 2 GG)[59]. 481

Inhaltlich ist die **Meinungsfreiheit** in Art. 19 der Allgemeinen Erklärung der Menschenrechte (**AEMR**) sowie in Art. 19 des Internationalen Pakts über bürgerliche und politische Rechte (**IPBR**) verankert. Damit bekennt sich auch das Völkerrecht zu den Kommunikationsfreiheiten. Die Mechanismen zur Durchsetzung dieser Menschenrechte sind aber insgesamt schwach ausgestaltet.[60]

II. Wirtschaftsvölkerrecht

Im Wirtschaftsvölkerrecht spielen zahlreiche internationale Vereinbarungen vor allem im Bereich des Post- und **Fernmeldewesen** eine wichtige Rolle. So müssen Funkfrequenzen abgestimmt und die Zusammenarbeit organisiert werden. Im gesamten **Telekommunikationssektor** ist die internationale Zusammenarbeit durch Verträge und innerhalb internationaler Organisationen und Einrichtungen unabdingbar, weil beispielsweise die Funkfrequenzen zwischen den Staaten aufgeteilt und abgestimmt werden müssen. Ähnliches gilt z.B. bei der Verlegung von Tiefseekabeln. 482

59 Eingehend zu den Medienfreiheiten im Völkerrecht *Fink*, in: Fink/Cole/Keber, Europäisches und Internationales Medienrecht, Rn. 196 ff.
60 Dazu *Schwartmann*, Private im Wirtschaftsvölkerrecht, 2005, S. 107 ff.

483 *Zur Vertiefung* Als wichtige Abkommen sind hier etwa die Konstitution der Internationalen Fernmeldeunion aus dem Jahr 1992 (ITU-Satzung), die Konvention der Internationalen Fernmeldeunion und die Internationale Fernmeldesatellitenorganisation Intelsat, INMARSAT und EUTELSAT sowie die Declaration on electronic commerce und die Uniform Rules on Electronic Trade. Für die Vergabe von Domain-Names spielt die ICANN eine Rolle[61].

484 Auch im Rahmen der Welthandelsorganisation (**WTO**) spielen audiovisuelle Güter und damit die Medien eine immer wichtigere Rolle. Neben dem **GATT**, das den Warenhandel betrifft, und dem Übereinkommen über technische Schranken des Warenhandels, sind die internationalen Übereinkommen des **GATS** über den Handel mit Dienstleistungen, das Protokoll und das Referenzpapier über Basiskommunikation, sowie das **TRIPS**, das den Handel mit geistigem Eigentum betrifft, von Bedeutung.

485 *Zur Vertiefung* Gerade Letzteres und die weiteren Abkommen zum Schutz des geistigen Eigentums wie das Übereinkommen zur Errichtung der Weltorganisation für geistiges Eigentum und außerhalb der WTO, die Berner Übereinkunft in revidierter Fassung (RBÜ) zum Schutz von Werken der Literatur und Kunst, das Internationale Abkommen über den Schutz ausübender Künstler, der Hersteller von Tonträgern und der Sendeunternehmen, der WIPO[62]-Vertrag über Darbietungen und Tonträger (WPPT), der WIPO-Urheberrechtsvertrag, und der WIPO-Copyright Treaty (WCT) sind hier von Bedeutung.

486 Es ist streitig, ob und inwieweit audiovisuelle Güter wie andere Waren zu behandeln sind oder wegen ihrer kulturellen Bedeutung vor dem Hintergrund des Schutzes der eigenen Kultur einen Sonderstatus genießen dürfen. Die derzeitigen Verhandlungen im Rahmen der WTO gestehen der Kultur nicht per se diesen besonderen Status zu. Jedoch entwickeln sich z.B. im Rahmen der UNESCO Bestrebungen zum Schutz kultureller Eigenständigkeit gegen zu stark liberalisierende Tendenzen hin zu einem Weltmarkt[63].

487 Die internationale **Streitschlichtung** richtet sich in den für das internationale Medienrecht relevanten Bereichen nach den Arbitration Rules der WIPO, der Uniform Dispute Resolution Policy (UDRP) der ICANN und nach dem Dispute Settlement Understanding (DSU) der WTO.

III. Völkerrecht im Europarat

1. Europarat

488 Der Europarat[64] entfaltet zahlreiche Aktivitäten, die sich auf den Medienbereich auswirken. Vor allem das europäische Übereinkommen über das grenzüberschreitende Fernsehen aus dem Jahr 1989 in der Fassung des Protokolls vom 9. September 1998

61 Weiterführend *Hoeren*, S. 19 ff.
62 *World Intellectual Property Organisation (WIPO).*
63 Dazu eingehend *Fink*, in: Fink/Cole/Keber, Europäisches und Internationales Medienrecht, Rn. 366 f.
64 Dazu *Grabenwarter/Pabel*, Europäische Menschenrechtskonvention, 6. Aufl., 2016, § 1 Rn. 2.

(FsÜ),[65] das in wesentlichen Teilen mit der EG-Fernsehrichtlinie von 1989 in der Fassung der Änderungsrichtlinie vom 30. Juni 1997 übereinstimmt, die allerdings durch die AVMD-Richtlinie abgelöst wurde, hat weiterhin Bedeutung.

Zur Vertiefung

Dies rührt daher, dass zwischenzeitlich alle mittel- und osteuropäischen Staaten einschließlich Russland Mitgliedstaaten des Europarates geworden sind und zunehmend von diesen Staaten auch das Fernsehübereinkommen ratifiziert wird. Es ist abzusehen, dass das Übereinkommen zu einem europaweit geltenden Medienrahmenrecht für das Fernsehen führt, wobei zu berücksichtigen ist, dass – soweit sich einzelne Regelungen der AVMD-Richtlinie und des europäischen Übereinkommens unterscheiden – im Verhältnis der EU-Mitgliedstaaten untereinander die AVMD-Richtlinie Vorrang hat. **489**

Allerdings ist es nicht gelungen, das FsÜ an die AVMD-Richtlinie anzupassen. Dies liegt daran, dass die Europäische Kommission geltend macht, dass die von dem FsÜ erfassten Bereiche zu einem großen Teil in die Zuständigkeit der Union fielen. Dies habe zur Folge, dass den Mitgliedstaaten jedenfalls seit dem Lissabonner Vertrag die Vertragsabschlusskompetenz auf diesem Gebiet fehle. Die Union hat zudem deutlich gemacht, dass sie selbst kein Interesse daran hat, einem an die AVMD-Richtlinie angepassten FsÜ, dessen Entwurf bereits erarbeitet war, als Vertragspartner beizutreten.[66]

2004 hat der Europarat das Übereinkommen über Computerkriminalität verabschiedet, mit der strafrechtliche Sanktionen bei Straftaten im Internet angemahnt werden[67]. Durch sein Ministerkomitee hat er zudem eine Reihe unverbindlicher, aber politisch wirksamer **Empfehlungen** auf dem Gebiet des Medienrechts erlassen. **490**

Zur Vertiefung

Hierzu gehören etwa die Empfehlungen über die Grundsätze der Fernsehwerbung, über die Nutzung von Satellitenkapazitäten, über die Grundsätze betreffend urheberrechtliche Fragen im Bereich des Satelliten- und Kabelfernsehens, über die Förderung der audiovisuellen Produktion in Europa und über die Verteilung von Filmen in Europa. Weitere Empfehlungen mit Bedeutung für das Fernsehen sind z.B. diejenigen über die Grundsätze des Vertriebs von Videoprogrammen mit gewalttätigem, brutalem oder pornografischem Inhalt von 1989 und zum Recht der Kurzberichterstattung über bedeutende Ereignisse. 1999 und 2007 wurden wichtige Empfehlungen zur Förderung von Medienpluralismus abgegeben, in der verschiedene mögliche Maßnahmen zur Sicherung von Pluralismus den Mitgliedstaaten vorgeschlagen werden. [68] Darüber hinaus beraten Expertengremien die Parlamentarische Versammlung und das Ministerkomitee und tragen mit den erstellten Gutachten zu einer Weiterentwicklung medienrechtlicher Fragen bei.[69] **491**

2. Art. 10 EMRK als Ausgangspunkt

Es handelt sich bei den Menschenrechten und Grundrechten der EMRK nicht nur um von der Bundesrepublik Deutschland unterschriebene und ratifizierte Vertragsbestimmungen, sondern darüber hinaus um innerhalb der Europäischen Union zu beachten- **492**

65 BGBl. 1994 II S. 638, European Treaty Series 1989, Nr. 132, *Ring*, Medienrecht, Bd. IV, Teil 2, A 1. Dazu *Fink*, in: Fink/Cole/Keber, Rn. 270 ff.

66 Vgl. zum Ganzen und den sich daraus ergebenden Problemen *Fink/Keber/Roguski*, ZUM 2011, 292 ff.

67 Dazu *Valerius*, MMR 2004, 513; *Dörr/Zorn*, NJW 2005, 3114, 3116.

68 Vgl. Empfehlung R (99) 1 vom 19.1.1999; dazu IRIS 2/1999, S. 5, und Empfehlung CM/Rec(2007)2 v. 31.1.2007 über Medienpluralismus und Vielfalt von Medieninhalten.

69 Vgl. dazu *Dörr,* in: HK-RStV, B. 4 Rn. 89.

de, auch die Unionsgewalt bindende Unionsgrundrechte, wie dies durch Art. 6 Abs. 3 EUV ausdrücklich hervorgehoben wird[70]. Zu diesen Unionsgrundrechten zählt das Recht auf **Meinungs- und Informationsfreiheit** des Art. 10 EMRK.[71] Zudem besteht mit dem Europäischen Gerichtshof für Menschenrechte (EGMR) ein Kontrollorgan, das von jedem Bürger eines Mitgliedstaats, der möglicherweise durch einen Vertragsstaat in seinen Menschenrechten verletzt wird, mittels der Individualbeschwerde angerufen werden kann.

3. Die Medienfreiheiten in der Auslegung des EGMR

493 **a) Bedeutung des EGMR.** Durch das 11. Zusatzprotokoll zur EMRK, das am 1. November 1998 in Kraft trat, ist der EGMR deutlich aufgewertet worden. Er ist seitdem ein ständiger Gerichtshof, der mittels einer Individualbeschwerde von jedem angerufen werden kann, der sich durch eine Maßnahme eines Vertragsstaates in seinen Rechten aus der EMRK verletzt sieht. Zudem wurde die Mitgliedschaft im Europarat zwingend mit dem Beitritt zur EMRK verknüpft. Damit ist die EMRK eine der gerichtlichen Kontrolle unterliegende, auf hohem Niveau stehende Gewährleistung der Menschenrechte in Europa, die in ihrer Bedeutung oft unterschätzt wird.

494 **b) Medienrechtliche Entscheidungen.** Die Entscheidungen[72] des Europäischen Gerichtshofs für Menschenrechte (EGMR) zu Art. 10 EMRK gewinnen für die europäische Medienordnung zunehmend an Bedeutung. Speziell zum **Rundfunk** ist zunächst auf den Fall *Groppera*[73] aus dem Jahr 1990 hinzuweisen. Darin geht der EGMR implizit davon aus, dass Art. 10 Abs. 1 EMRK auch die Freiheit schützt, privaten Rundfunk zu veranstalten. Zudem erkennt der EGMR in der *Autronic*-Entscheidung[74], ebenfalls von 1990, an, dass Art. 10 Abs. 1 S. 1 und 2 EMRK auch die Empfangsfreiheit einschließlich des Rechts, Empfangseinrichtungen zu betreiben, um unmittelbar von einem Telekommunikationssatelliten Programme empfangen zu können, schützt.

495 *Zur Vertiefung*

Nach den Maßstäben beider Entscheidungen haben Einschränkungen und Ausgestaltungsregelungen der Rundfunkfreiheit stets den materiellen Voraussetzungen des Art. 10 Abs. 2 EMRK zu genügen. Ob daneben die sog. Rundfunkklausel des Art. 10 Abs. 1 S. 3 EMRK überhaupt noch einen eigenständigen Anwendungsbereich für Eingriffe in die Rundfunkfreiheit hat, blieb offen. Der Rundfunkklausel kam nach diesen Entscheidungen zunächst[75] nur noch insoweit Bedeutung zu, als sie eine Auslegungshilfe zu Abs. 2 darstellen konnte, indem sie festhält, dass ein Genehmigungsverfahren für Rundfunkunternehmen als solches jedenfalls nicht von vornherein Art. 10 EMRK widerspricht. Bei der Schranke des Art. 10 Abs. 2 EMRK kommen der Geeignetheit und der Verhältnismäßigkeit, also der Frage, ob die Einschränkungen „notwendig in einer demokratischen Gesellschaft" sind, entscheidende Bedeutung zu. Der EGMR nimmt dabei eine recht weitgehende Verhältnismäßigkeitsprüfung vor.

---

70 Dazu *Schwartmann*, AVR 43 (2005), 129, 132 f.
71 Dazu *Grabenwarter/Pabel*, Europäische Menschenrechtskonvention, § 23 Rn. 1 ff.
72 Dazu *Dörr/Zorn*, NJW 2005, 3114, 3117 f.
73 EuGRZ, 1990, 255.
74 EuGRZ, 1990, 201.
75 Siehe aber sogleich Rn. 496.

1993 hat der EGMR zum **Rundfunkmonopol in Österreich** festgestellt, dass ein öffentlich-rechtliches Monopol mit Art. 10 Abs. 2 EMRK unvereinbar ist[76]. 496

Zur Vertiefung

Bemerkenswert ist hier zunächst, dass der Gerichtshof der Schranke des Art. 10 Abs. 1 S. 3 EMRK wieder einen eigenständigen Anwendungsbereich zuerkennt. In diesem Zusammenhang stellt er fest, dass der Zweck dieser Bestimmung darin besteht, den Staaten die Regulierung durch ein Lizenzsystem speziell im Hinblick auf technische Aspekte zu erlauben. Allerdings müsse die Vereinbarkeit eines Rundfunkmonopols stets im Lichte der allgemeinen Schrankenbestimmung des Art. 10 Abs. 2 EMRK beurteilt werden. Ausgehend von diesem Befund stellt der Gerichtshof zunächst fest, dass das Rundfunkmonopol prinzipiell mit Art. 10 Abs. 1 S. 3 EMRK vereinbar ist. Es entspreche aber nicht den maßgeblichen Bedingungen des Art. 10 Abs. 2 EMRK. Da ein Monopol die größtmögliche Einschränkung der Meinungsäußerungsfreiheit darstelle, sei es bei zwingenden Gründen dafür zulässig. Es könne heute weder mit der begrenzten Anzahl von Frequenzen noch mit ökonomischen Argumenten gerechtfertigt werden. Als einziger Rechtfertigungsgrund komme die Erhaltung des Pluralismus in Betracht. Ein plurales Angebot könne aber, wie die Beispiele anderer europäischer Staaten zeigten, in einem dualen System gewahrt werden. Daher sei eine solch weitgehende Einschränkung „nicht notwendig" und verstoße insgesamt gegen Art. 10 EMRK. Österreich war aus diesem Grunde gehalten, ein duales Rundfunksystem einzuführen, zumal Art. 10 EMRK dort Verfassungsrang hat. Dies geschah endgültig im Jahr 2001 durch die Überarbeitung der Rundfunkgesetze.

Die Rechtsprechung des EGMR betonte in den dargestellten Entscheidungen stets den individuellen Charakter der Rundfunkfreiheit als Teil der Meinungsfreiheit des Art. 10 Abs. 1 EMRK und stand deshalb in einem gewissen Spannungsverhältnis zur Rechtsprechung des Bundesverfassungsgerichts. Diesbezüglich bedeutet die Manole-Entscheidung vom 17. September 2009[77] eine wichtige Weiterentwicklung. In dieser Entscheidung hebt der EGMR ebenso wie das Bundesverfassungsgericht die Verpflichtung der Konventionsstaaten hervor, durch eine **gesetzliche Ausgestaltung** die Vielfalt im Rundfunk zu gewährleisten. Dabei weist er darauf hin, dass dem Fernsehen wegen seiner Macht, Botschaften durch Bilder und Töne zu vermitteln, eine stärkere Kraft als der Presse zukomme. Daher seien die Staaten nicht nur verpflichtet, Eingriffe zu unterlassen, sondern müssten auch positive Schutzmaßnahmen durch ihre Rechtsetzung ergreifen. Insbesondere müssten die Staaten der Garant für den Pluralismus sein. Diese Sichtweise bestätigte der EGMR in der Centro-Entscheidung vom 7. Juni 2012[78] ausdrücklich und wies darauf hin, dass in einem so sensiblen Bereich wie dem der audiovisuellen Medien zu der negativen Verpflichtung des Staates, nicht einzugreifen, die positive Verpflichtung tritt, zum Schutz eines wirksamen Pluralismus eine geeignete rechtliche und verwaltungsmäßige Regelung vorzusehen. 496a

4. Das Verhältnis zur Rechtsprechung des EuGH

Die Entscheidung des EGMR zum österreichischen Rundfunk ist Beleg für einen bemerkenswerten Unterschied zur damaligen Rechtsprechung des EuGH, der in der ERT-Entscheidung[79] ein öffentlich-rechtliches Fernsehmonopol als grundsätzlich mit dem Unionsrecht vereinbar bewertet hatte. Allerdings erging diese Entscheidung vor dem 497

---

76 *EGMR*, Urt. v. 24.11.1993, EuGRZ 1994, 549.
77 *EGMR*, Urt. v. 17.9.2009, Nr. 13936/02, §§ 95-102.
78 *EGMR*, Urt. v. 7.6.2012, Nr. 38433/09, §§ 129-135=NVwZ-RR 2014, 48, 52 f.
79 Siehe oben Rn. 473.

Urteil des EGMR und hat eine dezidierte Prüfung des Art. 10 EMRK vermissen lassen. Es ist daher zu erwarten, dass der EuGH die Rechtsprechung des EGMR bei der Auslegung des Art. 10 EMRK und des Art. 11 GRCh in Zukunft berücksichtigen wird, zumal er in seiner neueren Rechtsprechung detaillierte Grundrechtsprüfungen vornimmt.[80]

5. Das Verhältnis zur Rechtsprechung des Bundesverfassungsgerichts

498 Schließlich steht die Rechtsprechung des EGMR in einem gewissen Spannungsverhältnis zur bisherigen Rechtsprechung des Bundesverfassungsgerichts, das auch in seinen jüngeren Rundfunkentscheidungen jedenfalls im Grundsatz weiterhin offen gelassen hat, ob der Gesetzgeber verpflichtet ist, privaten Rundfunk zuzulassen. Eine Änderung deutete sich allerdings 1998 in der *Extra-Radio-Entscheidung* an[81]. Zudem hat das Bundesverfassungsgericht im Zehnten Rundfunkurteil[82] anerkannt, dass eine private Rundfunkveranstalterfreiheit besteht.[83] Außerdem ist der EGMR als Vorreiter eines modernen Verständnisses von Kommunikations- und Medienfreiheit im Sinne der Garantie von Pluralismus hervorgetreten. Bislang hat er sowohl für den Fernsehbereich als auch allgemein die Bedeutung der Meinungs- und Pressefreiheit wiederholt hervorgehoben und die besondere Rolle der Journalisten als „watchdog of democracy" betont. Auch in der für die Medien besonders wichtigen Frage des Umfangs des Persönlichkeitsrechts Prominenter hat der EGMR von nationalen Gerichten abweichende Entscheidungen getroffen.

499 ▪ **37. Übungsfrage:** Prinzessin C ist die Tochter des langjährigen Fürsten von M. und die Schwester des amtierenden Fürsten. Als Familienmitglied der Herrscherfamilie ist sie Vorsitzende verschiedener humanitärer und kultureller Stiftungen, und bei zahlreichen öffentlichen und wohltätigen Zwecken repräsentiert sie die Herrscherfamilie. Sie hat aber weder eine offi zielle Staatsfunktion inne noch übt sie ein Amt im Fürstentum aus. In einer „Boulevardzeitschrift" erscheinen Fotos, die C in verschiedenen Alltagsszenen, so z.B. mit ihren Kindern und beim Gespräch mit einem Schauspieler in einer abgeschiedenen Ecke eines Restaurants, beim Einkauf, beim Pferdesport, im Skiurlaub, wie sie im privaten Schwimmbad stolpert und zu Boden fällt usf., zeigen. Dabei ist sie häufig in Begleitung ihres Ehemanns Prinz E. Gegen die Veröffentlichung der Fotos klagte C. vor deutschen Land- und Oberlandesgerichten sowie vor dem BGH auf Unterlassung. Schließlich beschäftigte C das *BVerfG* mit der Angelegenheit, das eine Verletzung des Persönlichkeitsrechts hinsichtlich der Fotos mit den Kindern und im Restaurant, weil sie dort im schwach erleuchteten Bereich erkennbar abgeschieden sein wollte, bejahte. Bezüglich der übrigen Fotos wies das *BVerfG* die Verfassungsbeschwerde unter Hinweis auf §§ 22, 23 KUG und C als absolute Person der Zeitgeschichte als unbegründet zurück[84]. Danach erschienen weitere Fotos, die Caroline erneut im Urlaub bei einem Spaziergang im winterlichen St. Moritz zeigten. Die begleitenden Wortberichterstattungen thematisierten unter anderem die schwere Erkrankung des regierenden Fürsten von Monaco. Auch dagegen klagte sie erfolglos vor den deutschen Gerichten. Der BGH begründete seine klageabweisende Entscheidungen damit, dass die Erkrankung des Fürsten Rainier eine Frage des allgemeinen Interesses darstelle. Ein Bezug zu diesem Ereignis könne darin gesehen werden, dass seine Familien-

80 Vgl. zum Verhältnis *Schwartmann*, AVR 43 (2005), 129, 138 ff.
81 *BVerfGE* 97, 298. Siehe dazu auch oben Rn. 150, 181 f.
82 *BVerfGE* 121, 30.
83 Vgl. oben Rn. 182a.
84 Annahme einer Verfassungsbeschwerde abgelehnt in *BVerfG*, NJW 2000, 2192.

mitglieder trotzdem auf ihre Winterferien nicht verzichteten.[85]. Die dagegen gerichtete Verfassungsbeschwerde hatte keinen Erfolg[86].
C wandte sich daher in beiden Fällen an den EGMR und rügte die Verletzung von Art. 8 EMRK. Wie wird dieser entscheiden und wäre das Bundesverfassungsgericht an diese Entscheidung gebunden?

Im ersten Fall der Frage 37[87] entschied der EGMR in seiner ersten Caroline-Entscheidung, dass Art. 8 EMRK, der das Recht auf Achtung des Privatlebens schützt, verletzt sei und verurteilte die Bundesrepublik Deutschland wegen Verstoßes gegen die EMRK. Die Bundesregierung ergriff kein Rechtsmittel[88], so dass das Urteil rechtskräftig wurde[89]. Die Frage einer gerechten Entschädigung nach Art. 41 EMRK sah der EGMR als noch nicht entscheidungsreif an. Allerdings hat der EGMR diese Rechtsprechung mit der zweiten Caroline-Entscheidung[90] und der Balko-Entscheidung[91] revidiert.[92] Nach den Maßstäben der neuen Entscheidungen sind bei der Abwägung des Rechts auf Achtung des Privatlebens nach Art. 8 EMRK mit der Freiheit der Meinungsäußerung nach Art. 10 EMRK der Bekanntheitsgrad des Betroffenen, sein vorheriges Verhalten, Inhalt, Form und Auswirkungen der Veröffentlichung sowie der Gegenstand der Berichterstattung zu berücksichtigen. Dabei ist zwar, wie in der ersten Caroline-Entscheidung betont, grundsätzlich zwischen einem Beitrag zu einer Diskussion über Fragen des allgemeinen Interesses, z.B. bei einem Bericht über Politiker bei Wahrnehmung ihrer Amtsgeschäfte, und Berichten über Privatpersonen zu unterscheiden. Die Öffentlichkeit habe aber unter besonderen Umständen ein Recht auch auf Informationen über Einzelheiten des Privatlebens von Personen des öffentlichen Lebens (public figures). Damit hat der Gerichtshof die Meinungsfreiheit aus Art. 10 Abs. 1 EMRK im Bereich der Boulevardpresse sowohl in Bezug auf die Bildberichterstattung als auch auf die Wortberichterstattung deutlich gestärkt und ein Stück weit die in der ersten Caroline-Entscheidung entwickelten Maßstäbe korrigiert. Auf dieser Grundlage kam der Gerichtshof im zweiten Fall zu dem Ergebnis, dass Art. 8 EMRK nicht verletzt sei und wies die Beschwerde zurück. **500**

Diese Entscheidungen sind nicht nur für die Auslegung von Art. 8 EMRK, sondern insbesondere auch für das Verhältnis zwischen EGMR und Bundesverfassungsgericht bedeutsam. Zwischen den einschlägigen Bestimmungen der Europäischen Menschenrechtskonvention und des deutschen Grundgesetzes besteht keine Text-, wohl aber eine Sinnidentität. Der einschlägige Art. 8 Abs. 1 EMRK schützt das Privat- und Familienleben, die Wohnung und den Briefverkehr, gewährleistet also vier verschiedene Rechte. Der EGMR stützte seine Entscheidungen nur auf die Verletzung des Rechts auf **501**

85 *BGHZ* 171, 275 = NJW 2007, 1977, 1981; *BGH*, NJW 2007, 1981 (1982).
86 *BVerfGE* 120, 180 = NJW 2008, 1793 (m. Anm. *Frenz*, NJW 2008, 3102) = JuS 2008, 1107 (*Dörr*).
87 NJW 2004, 2647 ff.
88 Die Bundesrepublik Deutschland hätte als beklagte Partei nach Art. 43 Abs. 1 EMRK die Verweisung an die Große Kammer zur Überprüfung der Kammerentscheidung beantragen können.
89 Zahlreiche deutsche Medien und der BDZV hatten von der Bundesregierung unter Hinweis auf drohende Gefahren für die Pressefreiheit und Vorwürfen einer „Zensur" eine Rechtsmitteleinlegung verlangt, vgl. die Angaben bei beck-aktuell.de vom 1.9.2004.
90 *EGMR*, Urt. v. 7.2.2012, NJW 2012, 1053, 1055 f.
91 *EGMR*, Urt. v. 7.2.2012, NJW 2012, 1058, 1060.
92 Vgl. dazu im einzelnen oben Rn. 325

Achtung des Privatlebens. Er stellt grundsätzlich fest, dass zum Begriff des „Privatlebens" auch das Recht am eigenen Bild[93] sowie die körperliche und geistige Integrität einer Person gehört. Mit der Vorschrift des Art. 8 EMRK werde vorrangig das Recht des Einzelnen geschützt, seine Persönlichkeit in seinen Beziehungen zu seinen Mitmenschen ohne Einmischung von außen zu entwickeln[94], weshalb der Bereich von Beziehungen zu Dritten selbst dann zum „Privatleben" gehören könne, wenn er sich in den öffentlichen Raum erstrecke[95]. Dies gelte vor allem dann, wenn der Einzelne eine „berechtigte Erwartung" haben könne, sich unter dem Schutz des Privatlebens entfalten zu können, wenn er also darauf vertrauen durfte, dabei nicht von außen gestört zu werden[96].

502 In Anlehnung an eine früher entwickelte Prüfung, ob es sich um Abbildungen von öffentlichem oder privatem Geschehen handle und ob das gewonnene Bildmaterial zur beschränkten Nutzung oder allgemeinen Veröffentlichung verwendet wird[97], kam der Gerichtshof zu dem Schluss, dass in allen drei Fällen die Veröffentlichung der Fotos in deutschen Zeitschriften in den Schutzbereich der Vorschrift falle. Ob eine Verletzung des Art. 8 EMRK vorliegt oder ob die Bildveröffentlichung mit der Vorschrift vereinbar ist, prüft der EGMR unter Berücksichtigung der **Presse- und Meinungsfreiheit** des Art. 10 EMRK. Dabei bezieht er sich als Prüfungsgegenstand auf eine Grundsatzentscheidung des BVerfG[98], das zwei Kriterien herangezogen habe, um im Rahmen der §§ 22 und 23 KUG den Ausgleich zwischen den Erfordernissen der Pressefreiheit und denen des Schutzes der Privatsphäre herzustellen.

503 Gegenüber der ersten Caroline-Entscheidung nahm der EGMR bereits in einer 2004 ergangenen Entscheidung[99] einen deutlich pressefreundlicheren Standpunkt ein. Es ging allerdings nicht um Bildberichterstattung über eine prominente Person ohne ein öffentliches Amt, sondern um einen Artikel über ein Strafverfahren gegen den Ehemann einer Politikerin und seinen Angriff auf einen Polizeibeamten. Dabei wurde auf die politische Funktion seiner Ehefrau hingewiesen. Der EGMR sah in der Verurteilung des Chefredakteurs und des Herausgebers der Zeitung eine Verletzung des Art. 10 EMRK, weil die Berichterstattung zu einer Debatte beitragen könne, für die ein Allgemeininteresse bestehe.[100] Zudem müssten Politiker grundsätzlich eine weitergehende Berichterstattung hinnehmen als Privatpersonen. Daher gebühre im Ergebnis der durch Art. 10 EMRK garantierten Meinungsfreiheit der Vorrang gegenüber dem Schutz des Privatlebens aus Art. 8 EMRK.

93 Vgl. *EGMR*, vom 21.2.2002 – Beschw. Nr. 42409/98 – Schüssel/Österreich – unveröffentlicht.
94 Slg. 1998-I, S. 422 Nr. 32 – Botta/Italien.
95 In diesem Sinne *EGMR*, Slg. 2000-IX Nr. 56 – P. G. und J. H./Vereinigtes Königreich; Slg. 2003-1 Nr. 57 – Peck/Vereinigtes Königreich.
96 Bezüglich des Abhörens eines Telefongesprächs, bei dem die Bf. „zu Recht darauf vertrauen durfte, dass es sich hier um vertrauliche Anrufe handele": *EGMR*, Slg. 1997-III, 1016 Nr. 45 – Halford/Vereinigtes Königreich.
97 *EGMR*, Slg. 2003-1 Nr. 61 – Peck/Vereinigtes Königreich.
98 *BVerfGE* 101, 361 ff. = NJW 2000, 2192 – Caroline II.
99 *EGMR*, NJW 2006, 591 = JuS 2006, 634 (*Dörr*).
100 Ähnlich im Ergebnis und in der Begründung bezüglich einer Berichterstattung über einen Verkehrsverstoß von Ernst August von Hannover, *BVerfG*, 1 BvR 555/06 vom 13.6.2006, NJW 2006, 2835, 2836.

a) Bundesverfassungsgericht. In dem der ersten Caroline-Entscheidung des EGMR zugrunde liegenden BGH-Urteil wurden zwei Kriterien zur Abgrenzung entwickelt. 504

- Zunächst ist funktional darauf abzustellen, ob es sich bei dem Prominenten um eine **„absolute"**[101] **Person der Zeitgeschichte** handelt.
- Zusätzlich existiert das **räumliche Kriterium**, dass der Schutz des Privatlebens zwar auch außerhalb der Wohnung gilt, aber nur in Situationen örtlicher Abgeschiedenheit, in die sich die Person zurückgezogen hat, um dort objektiv erkennbar für sich allein zu sein und auf diese Einschätzung vertraut hat.

Diese beiden Kriterien hat das BVerfG als grundgesetzkonform bestätigt.

b) EGMR. Der EGMR hielt diese Kriterien bzw. deren Anwendung in der ersten Caroline-Entscheidung für mit Art. 8 EMRK nicht vereinbar[102]. Das Einordnungskriterium der „absoluten" Person der Zeitgeschichte sei trotz des daraus folgenden geringen Schutzniveaus bezüglich des Privatlebens für Personen des politischen Lebens zwar grundsätzlich tauglich, jedoch könne eine Privatperson wie C, die einzig wegen ihrer Zugehörigkeit zu einem Fürstenhaus das Interesse der Öffentlichkeit auf sich ziehe, nicht als solche eingeordnet werden. Im Unterschied dazu geht der EGMR seiner zweiten Caroline-Entscheidung davon aus, dass es sich bei Caroline und ihrem Ehemann um Personen des öffentlichen Lebens (public figures) handele. Damit korrigiert er den in der ersten Caroline-Entscheidung entwickelten Grundsatz, dass es auf eine Amtsträgereigenschaft ankomme. 505

Um der aus Art. 8 EMRK folgenden Schutzpflicht zu genügen, muss der beklagte Staat nach den Maßstäben der ersten Entscheidung zumindest eine einschränkende Auslegung des KUG durchsetzen. Auch müsse es für den Einzelnen besser erkennbar sein, wonach sich die Einordnung als relative[103] oder absolute Person der Zeitgeschichte richte. Nach den Ausführungen in der ersten Caroline-Entscheidung ist dies in einem Rechtsstaat nötig, damit das Individuum weiß, wo es mit einem Eindringen der Sensationspresse rechnen muss. Die von den deutschen Gerichten angewandten Kriterien hält der EGMR in der ersten Caroline-Entscheidung demzufolge zum Schutz des Privatlebens von C für nicht ausreichend. Allerdings hat er diese Sichtweise in der zweiten Caroline-Entscheidung und insbesondere in der Balko-Entscheidung deutlich korrigiert. In der zweiten Caroline-Entscheidung lehnt er eine Verletzung von Art. 8 EMRK ab, in der Balko-Entscheidung beanstandet er sogar, dass die deutschen Gerichte der Pressefreiheit in der Abwägung mit Art. 8 EMRK zu wenig Gewicht beigemessen hätten. 506

Zur Vertiefung: In der ersten Caroline-Entscheidung beanstandet der EGMR auch, dass die Prinzessin lediglich in örtlich abgeschiedenen Räumen unter Ausschluss der Öffentlichkeit geschützt sei und auch nur, wenn sie das Vorliegen einer solchen Situation beweisen könne. Das prinzipiell zur Schaffung von Klarheit geeignete Kriterium **„örtliche Abgeschiedenheit"** sei in 507

---

101 *Fechner*, 4. Kapitel, Rn. 31 ff.

102 NJW 2004, 2467 ff. Kritisch dazu *Schulz*, epd medien Nr. 57/2004, 5; *Grabenwarter*, AfP 2004, 309; *Vetter/Warneke*, DVBl 2004, 1226, 1228 f.; zustimmend *Herrmann*, ZUM 2004, 665; *Stürner*, JZ 2004, 1018; *Beuthien*, K& R 2004, 457, auch *Cole*, ZRP 2005, 181 ff.

103 *Fechner*, 4. Kapitel, Rn. 31 ff.

der Praxis zu unbestimmt und für Betroffene schwer zu handhaben. Als Ergebnis der Abwägung kommt der EGMR in der ersten Caroline-Entscheidung zum Schluss, dass beim Ausgleich zwischen den widerstreitenden Rechten das Bestehen der Möglichkeit entscheidend sei, ob der Beitrag der relevanten Meinungsäußerung, hier die Fotoaufnahmen und Begleitartikel, zu einer Diskussion von allgemeinem Interesse beitragen könne. Wegen der fehlenden offiziellen Aufgaben von C habe die Öffentlichkeit trotz ihres Bekanntheitsgrades kein berechtigtes Interesse daran, über deren Privatleben informiert zu werden. Auch bei Vorliegen eines solchen Interesses und eines wirtschaftlichen Interesses der Medien an der Veröffentlichung entsprechender Fotos trete dieses Interesse gegenüber dem Recht der C auf wirksamen Schutz ihres Privatlebens zurück. Die von den deutschen Gerichten entwickelten Kriterien reichten nicht aus, um der „berechtigten" Erwartung von C auf diesen Schutz zu entsprechen. Daher sei auch unter Berücksichtigung des dem Staat zustehenden Beurteilungsspielraums ein gerechter Ausgleich zwischen den widerstreitenden Interessen nicht erfolgt und somit eine Verletzung von Art. 8 EMRK gegeben. Dagegen geht er in der zweiten Caroline-Entscheidung davon aus, dass es sich bei der Krankheit des regierenden Fürsten Rainier III und dem Verhalten der Familienmitglieder während der Krankheit um ein Ereignis von allgemeinem Interesse handele. Außerdem sei anzuerkennen, dass das Foto unter Berücksichtigung der sie begleitenden Zeitungsartikel zumindest in gewissem Umfang zu einer Diskussion von allgemeinem Interesse beigetragen habe.

508 **c) Verhältnis der Entscheidungen zueinander.** In der Bundesrepublik Deutschland genießt die EMRK gemäß Art. 59 Abs. 2 GG den Rang einfachen Rechts. Verstöße gegen deren Vorschriften können also nicht im Wege der Verfassungsbeschwerde vor dem Bundesverfassungsgericht gerügt werden. Dieses misst der EMRK in der Rechtsprechung des EGMR aber wegen der Völkerrechtsfreundlichkeit des Grundgesetzes[104] eine große Bedeutung für die Konkretisierung der innerstaatlichen verfassungsrechtlichen Standards bei und legt das Grundgesetz unter Beachtung der Rechtsprechung des EGMR völkerrechtskonform aus. Die Rechtsprechung des EGMR begreift das Bundesverfassungsgericht als „Auslegungshilfe für die Bestimmung von Inhalt und Reichweite von Grundrechten und rechtsstaatlichen Grundsätzen des Grundgesetzes". Dabei sind die Menschenrechte und die dazu ergangene Rechtsprechung des EGMR bei der Auslegung des Grundgesetzes, insbesondere der Grundrechte, von besonderer Bedeutung.[105]

509 *Zur Vertiefung*

Dies gilt jedenfalls dann, wenn dies nicht zu einer von der Konvention selbst nicht gewollten Einschränkung oder Minderung des Grundrechtsschutzes führt.[106] Zudem müssen auch die übrigen Träger der staatlichen Gewalt aufgrund der völkerrechtlichen Bindung die EMRK und die dazu ergangenen Entscheidungen des EGMR bei der Auslegung einfachen Rechts beachten[107]. Auch die deutschen Gerichte unterliegen als Träger hoheitlicher Gewalt einer Pflicht zur Berücksichtigung der Entscheidungen des Gerichtshofs[108]. Daran hält das BVerfG in einem auf die erste Caroline-Entscheidung des EGMR ergangenen Beschluss aus dem Jahr 2004[109] zu einer familienrechtlichen Fragestellung und in einer Entscheidung aus dem Jahr 2006, in der es um die Veröffentlichung eines Fotos mit Bericht über Verfehlungen von Ernst August von Hannover ging[110], ausdrücklich fest.

---

104 Sie wird abgeleitet aus einer Gesamtschau der Präambel des Grundgesetzes und Art. 1 Abs. 2, 24, 25 und 26 GG.

105 Vgl. eingehend dazu *Dörr*, Faires Verfahren, 1984, S. 147 ff.

106 *BVerfGE* 74, 358, 370; 83, 119, 128; *BVerfG*, NJW 2001, 2245 ff.

107 *BVerfG*, NJW 2004, 3407.

108 Grundlegend zur Berücksichtigungspflicht *BVerfG*, NJW 1986, 1425 ff. – Pakelli; *KG*, GRUR 2005, 76.

109 *BVerfGE* 111, 307, 308 ff.

110 *BVerfG*, 1 BvR 656/06, NJW 2006, 2835, 2836.

Alle Behörden und Gerichte der Bundesrepublik Deutschland – einschließlich des Bundesverfassungsgerichts – sind verpflichtet, die EMRK in der Auslegung durch den EGMR zu berücksichtigen[111]. Die Grenze sieht das Bundesverfassungsgericht insbesondere in Bereichen mit gefestigter Abwägungsdogmatik in den deutschen Grundrechten und dem Rechtsstaatsprinzip.[112] **510**

Nach der ersten Caroline-Entscheidung des EGMR hat der BGH mit seinen Urteilen vom 6. März 2007[113], die erneut Bildberichterstattungen über die Familie von Caroline von Monaco betrafen, einen Mittelweg eingeschlagen, der sowohl den Vorgaben des EGMR als auch des Bundesverfassungsgerichts Rechnung tragen sollte. Er gab die Kategorien der „absoluten Person" und „relativen Person der Zeitgeschichte" auf und stellte, da es sich bei Caroline von Monaco um keine Amtsträgerin handelt, entscheidend darauf ab, ob der Beitrag, also die Fotos und der Begleittext, zu einer Diskussion von allgemeinem Interesse führen könne. Dies sei zu bejahen, wenn er einen Bezug zu einem zeitgeschichtlichen Ereignis aufweise. Soweit die konkrete Berichterstattung nur der reinen Neugierbefriedigung diene und keine Debatte von gesellschaftlicher Relevanz anstoßen könne, bestehe kein berücksichtigenswertes Informationsinteresse der Öffentlichkeit. **510a**

Das gegen diese Entscheidungen angerufene Bundesverfassungsgericht sah sich veranlasst, in seinem Beschluss vom Februar 2008[114] erneut grundlegend zur Reichweite des Persönlichkeitsrechts im Verhältnis zur Pressefreiheit Stellung zu nehmen. Es akzeptierte zwar grundsätzlich das neue Konzept des BGH, die Figuren der absoluten und relativen Person der Zeitgeschichte aufzugeben und im Einzelfall zwischen der Pressefreiheit und dem Schutz der Privatsphäre abzuwägen. Bei dieser Abwägung verfügen die Fachgerichte auch über einen Einschätzungsspielraum und müssen nicht davon ausgehen, dass jede Bildberichterstattung mit einem relevanten Beitrag zur Meinungsbildung verbunden ist. Allerdings schützt die Pressefreiheit nach zutreffender Ansicht des Bundesverfassungsgerichts auch die Unterhaltung bzw. unterhaltende Beiträge über das Privat- oder Alltagsleben von Prominenten und ihres soziales Umfeldes, insbesondere der ihnen nahe stehenden Personen. Bei der Frage, ob ein öffentliches Informationsinteresse besteht, sei insbesondere auch die zu dem Bild gehörende Wortberichterstattung zu berücksichtigen. Aus Sicht des Bundesverfassungsgerichts vermag auch ein Beitrag über Verhaltensweisen einer kleinen Schicht wohlsituierter Prominenter einen Anlass zu einer Sachdebatte in einer demokratischen Gesellschaft zu leisten. Dies habe der BGH im Hinblick auf die Verurteilung zur Unterlassung einer Bildberichterstattung – Abbildung von Caroline von Monaco und ihres Ehemanns anlässlich der Vermietung ihrer in Kenia gelegenen Villa – nicht hinreichend berücksichtigt. Daher hob das Bundesverfassungsgericht diese Entscheidung auf und verwies sie zur erneuten Überprüfung an den BGH zurück. Daraufhin wies der **510b**

111 *BVerfGE* 111, 307, 315 ff. – vgl. dazu *Dörr*, JuS 2005, 161; *KG*, GRUR 2005, 76.

112 Dazu *Dörr/Zorn*, NJW 2005, 3114, 3117.

113 ZUM 2007, 382, 470, 651. Siehe dazu *Fechner*, 4. Kapitel, Rn. 41 ff.; *Teichmann*, NJW 2007, 1917 ff.; *Engels/Jürgens*, NJW 2007, 2517 ff.

114 *BVerfG*, 1 BvR 1602/07, 1 BvR 1606/07, 1 BvR 1626/07, Urt. v. 26.2.2008, ZUM 2008, 420 ff.; dazu *Klass*, ZUM 2008, 432 ff. und *Starck*, JZ 2008, 634 f.

BGH mit Urt. v. 1. Juli 2008 die Klage auf Grundlage der Vorgaben des Bundesverfassungsgerichts ab.[115]

Mit seiner zweiten Caroline-Entscheidung hat der EGMR diese Sichtweise der Sache nach akzeptiert. Zudem hat er mit der Balko-Entscheidung verdeutlicht, dass bei der Berichterstattung über Prominente der Pressefreiheit genügend Gewicht beigemessen werden muss.

C. Fazit und Glossar

511 Die völker- und europarechtlichen Bezüge des Medienrechts sind vielschichtig. Sie reichen vom primären und sekundären Europarecht über das allgemeine Völkerrecht, namentlich des Europarats, bis zum Wirtschaftsvölkerrecht der Welthandelsorganisation und darüber hinaus. Gerade für den europäischen Rechtsgeber gilt es bei der Schaffung einer europaweiten Medienordnung die Kompetenzen seines Handels zu beachten. Wirtschaftsvölkerrechtlich spielt traditionell das Recht zum Schutz des geistigen Eigentums eine besondere Rolle.

Richtlinie über audiovisuelle Mediendienste	Die Richtlinie über audiovisuelle Mediendienste erfasst nur audiovisuelle Mediendienste. Darunter sind nach der Definition des Art. 1 lit. a Dienstleistungen im Sinne von Art. 56 und 57 AEUV, für die ein Mediendiensteanbieter die redaktionelle Verantwortung trägt und deren Hauptzweck die Bereitstellung von Sendungen zur Information, Unterhaltung oder Bildung der allgemeinen Öffentlichkeit über elektronische Kommunikationsnetze ist, zu verstehen. Dabei regelt sie neben dem Sendestaatsprinzip und dem Grundsatz der freien Weiterverbreitung Fragen der Werbung, des Sponsorings, der Produktplatzierungen und differenziert zwischen Fernsehprogrammen und audiovisuellen Mediendiensten auf Abruf.
Neuer Rechtsrahmen	Die EU hat einen neuen Rechtsrahmen für elektronische Kommunikationsnetze und -dienste verabschiedet, der 2009 umfassend revidiert wurde. Er umfasst fünf Richtlinien sowie eine Verordnung und betrifft die gesamte Kommunikationsinfrastruktur und die zugehörigen Dienste und soll für alle Netze, d.h. (feste oder mobile) Kommunikationsnetze, Satellitennetze, Kabelfernsehnetze und terrestrische Rundfunknetze sowie für Einrichtungen wie Anwenderprogramm-Schnittstellen (API), die den Zugang zu Diensten kontrollieren sowie Kommunikationsdienste, die sich auf diese Netze stützen, gelten. Inhalte werden nicht geregelt.
Kompetenz der EU	Die EU ist nicht berechtigt, den gesamten Bereich der Medien insbesondere des Rundfunks zu regeln. Vielmehr ergibt sich aus dem Gebot der Unionstreue als Kompetenzausübungsschranke eine Pflicht zur Rücksichtnahme auf die Verfassungen der Mitgliedstaaten. So dürfen also keine Rechtsetzungsakte auf dem Gebiet des Rundfunks erlassen werden, die im Widerspruch zu elementaren nationalen Verfassungsprinzipien stehen. Weitere Grenzen für die Unionskompetenzen ergeben

115 ZUM 2008, 785.

	sich aus dem Subsidiaritätsprinzip, dem Verbot der Kulturharmonisierung in Art. 167 Abs. 5 AEUV und dem Protokoll über den öffentlich-rechtlichen Rundfunk in den Mitgliedstaaten.
Medienrecht und EuGH	Der EuGH hat in grundlegenden Entscheidungen die Ausstrahlung von Fernsehsendungen einschließlich der über das Kabel verbreiteten als Dienstleistung angesehen.
Medienrecht und EGMR	Die Entscheidungen des EGMR zu Art. 10 EMRK sind für die europäische Medienordnung besonders bedeutsam. Alle Behörden und Gerichte der Bundesrepublik Deutschland müssen die EMRK in der Auslegung durch den EGMR berücksichtigen. Der EGMR hat anerkannt, dass die EMRK auch die Freiheit zur Veranstaltung von privatem Rundfunk schützt. In jüngerer Vergangenheit hat die Rechtsprechung des EGMR zur Berichterstattung über Prominente eine besondere Rolle gespielt.

Stichwortverzeichnis

Die Zahlen verweisen auf die Randnummern.